2024

합격의 모든 것!

기출이 답이다

[국가직 · 지방직 등 공무원 채용 대비]

☑ 2023년 국가직 · 지방직 최신 기출문제 수록
☑ 최근 3개년 30회분 기출문제 수록
☑ 핵심을 파악하는 실속있는 해설 수록

9급 공무원

일반행정직

한권으로 끝내기

문제편

3 개년 기출

SD에듀
(주)시대고시기획

기출이 답이다

9급 공무원

일반행정직

3개년 기출

SD에듀

(주)시대고시기획

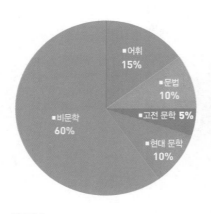

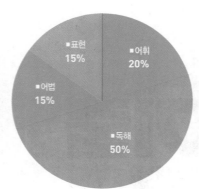

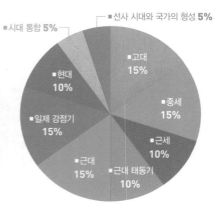

국어

문법 영역의 비중이 줄고 비문학 영역의 비중이 늘어났다. 그러나 지문의 길이가 짧고 난도가 높지 않아 비문학 독해에 대한 준비가 되어 있는 수험생들은 큰 어려움이 없었을 것이다. 문법과 한자성어도 기출문제를 여러 번 풀어봤으면 쉽게 해결할 수 있었을 것이다.

영어

과년도 기출문제와 비슷한 난도로 평이했다. 이번 시험에서는 어휘, 어법이 1문제씩 줄고 대신 표현과 독해가 1문제씩 더 늘어났다. 특히, 표현 영역에서 생소한 표현이 출제되어 변별력이 있었을 것이다. 전반적으로 지엽적인 내용보다는 주요 논점을 중심으로 출제했다.

한국사

작년보다는 다소 어렵게 출제되었다. 근현대사와 관련된 문제 비중이 높아졌으며, 사료에 대한 학습이 필수적이었다. 그러나 쉬운 문제에서 실수하지 않도록 꾸준하게 학습했다면 좋은 결과가 있었을 것이라 예상된다.

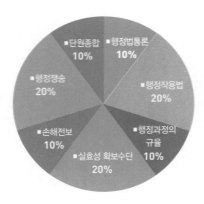

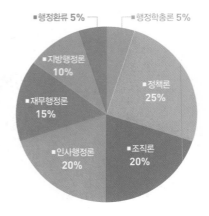

행정법총론

올해는 작년과 비슷한 난도로 출제되었으나 사례형 문제와 생소한 지문들이 출제되어 체감 난도는 훨씬 높았을 것이다. 하지만 소거법을 활용하면 답을 쉽게 찾을 수 있는 시험이었으므로, 기본을 충실하게 학습한 수험생들은 고득점을 맞출 수 있었을 것이다.

행정학개론

법령 관련 문제가 큰 비중으로 출제되었으며, 이론적으로 어렵고 지엽적인 내용이 많이 출제되어 난도가 높은 시험이었다. 그러나 꼼꼼한 이론학습을 바탕으로 기출문제를 여러 번 풀어본 수험생들이라면 소거법을 통해 문제를 해결할 수 있었을 것이다.

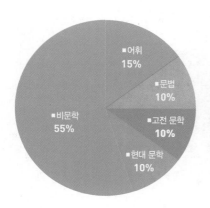

국어

2023년도 국가직 9급 공무원 시험과 유사한 난도로 출제되었다. 비문학 영역의 비중이 가장 높았으나 국가직과 마찬가지로 지문의 길이가 짧고 난도가 높지 않았다. 문학은 현대 시와 현대 소설, 고전 운문, 고전 산문 등이 출제되었으며 기본적인 지식을 묻는 문제가 대다수였으므로 기출문제를 여러 번 풀어 본 수험생들이라면 쉽게 해결할 수 있었을 것이다.

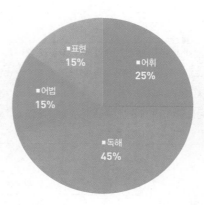

영어

과년도 기출문제보다 다소 쉽게 출제되어 전체적으로는 평이했으며, 국가직 시험과 마찬가지로 어법은 1문제 줄고 표현은 1문제 늘어나 수험생의 부담을 줄였다. 하지만 어법에서 다소 지엽적인 문법 사항을 묻는 문제가 출제되어서 빈출 문법 포인트를 중심으로 학습할 필요가 있을 것으로 보인다.

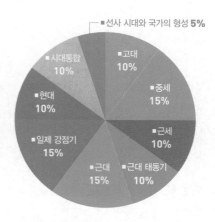

한국사

작년보다 비교적 쉽게 출제되었다. 전체적으로 매우 평이한 난도였으며, 사료 제시형 문항수가 줄고 인물사 중심으로 많이 출제되었다. 기본 개념과 기출문제만 충실히 학습했다면 충분히 고득점이 가능한 시험이었다.

행정법총론

올해는 작년과 비슷한 난도로 출제되었다. 이번 시험에서도 어김없이 빈출 지문, 키워드가 다수 출제되어 체감 난도가 그리 높지 않았지만 법령 문제의 출제 비중이 늘고 있다는 점은 주목할 만하다. 내년 시험을 대비하기 위해서 기출문제뿐 아니라 법령 학습은 필수이다.

행정학개론

2023년도 국가직 9급 공무원 시험과는 달리 전반적으로 평이한 난도로 출제되었다. 기출문제를 중심으로 학습한 수험생들이라면 어렵지 않게 고득점을 받을 수 있었을 것이다. 기계적인 암기보다는 꾸준한 이론학습과 충분한 기출문제 회독을 통한 대비가 중요하다는 것을 확인할 수 있었던 시험이었다.

눈 크게 뜨고 일반행정직 파악하기(국가직)

국어

어휘	관용 표현, 한자성어, 혼동 어휘, 한자 표기 등이 출제되었다.
문법	한글 맞춤법과 표준어 규정 관련 문제가 출제되었다.
고전 문학	고전 운문(사설시조)이 출제되었다.
현대 문학	현대 시「매미 울음 끝에」, 현대 소설「무진기행」이 출제되었다.
비문학	말하기 방식, 글의 전개 순서, 내용 추론 등이 출제되었다.

영어

어휘	동의어 유형이 출제되었다.
독해	제목, 문장 삽입, 무관한 문장, 글의 순서, 빈칸 완성 등의 유형이 출제되었다.
어법	비문 찾기, 영작하기 유형이 출제되었다.
표현	일반회화 형식의 빈칸 완성 유형이 출제되었다.

한국사

고대	진대법, 매소성 전투, 시기별 사건 등이 출제되었다.
중세	전민변정도감, 서희의 외교담판, 고려의 문화유산 등이 출제되었다.
근대	흥선대원군의 정책, 강화도 조약, 조ㆍ청 상민 수륙 무역 장정, 홍범 14조 등이 출제되었다.
일제 강점기	대한민국 임시정부, 회사령, 시기별 사건 등이 출제되었다.

행정법총론

행정법통론	공법과 사법, 행정기본법상 제재처분이 출제되었다.
행정작용법	행정행위의 부관, 하자 등이 출제되었다.
행정과정의 규율	행정절차법상 송달과 처분절차 등이 출제되었다.
실효성 확보수단	질서위반행위규제법, 행정대집행 등이 출제되었다.
손해전보	국가배상법과 손실보상이 출제되었다.
행정쟁송	항고소송의 대상, 사정판결, 원고적격 등 판례의 입장을 묻는 문제가 출제되었다.
단원종합	공공기관의 정보공개에 관한 법률, 행정법, 서훈 등이 골고루 출제되었다.

행정학개론

행정학총론	행정학의 기초이론에 대한 문제가 출제되었다.
정책론	무의사결정론, 앨리슨(Allison)의 관료정치모형, 집단사고 등이 출제되었다.
조직론	관료제, 조직구조의 유형, 조직이론 등이 출제되었다.
인사행정론	연공주의, 직무평가 방법, 공무원의 직위해제 등이 출제되었다.
재무행정론	예산이론, 통합재정, 우리나라의 재정사업 성과관리 등이 출제되었다.
지방행정론	인사위원회, 주민참여제도 등이 출제되었다.
행정환류	롬젝(Romzeck)의 행정책임 유형이 출제되었다.

국어

어휘	한자 표기, 한자 어휘 등이 출제되었다.
문법	통사론, 단어의 쓰임 등이 출제되었다.
고전 문학	고전 운문(시조), 고전 산문 「춘향전」이 출제되었다.
현대 문학	현대 시 「빈 집」, 현대 소설 「아홉 켤레의 구두로 남은 사내」가 출제되었다.
비문학	말하기 방식, 글의 순서 파악, 내용 추론 등이 출제되었다.

영어

어휘	동의어, 빈칸 완성 유형이 출제되었다.
독해	내용 (불)일치, 빈칸 완성, 무관한 문장, 문장 삽입 등의 유형이 출제되었다.
어법	비문 찾기, 영작하기 유형이 출제되었다.
표현	일반회화 형식에서 어색한 대화 찾기, 빈칸 완성 유형이 출제되었다.

한국사

고대	삼국의 역사서, 문화재 등이 출제되었다.
중세	삼별초, 의천, 이규보의 「동명왕편」 등이 출제되었다.
근세	곽재우, 조선의 과거 제도 등이 출제되었다.
현대	좌우 합작 7원칙, 6 · 25 전쟁 등이 출제되었다.

행정법총론

행정법통론	사인의 공법행위 등이 출제되었다.
행정작용법	행정입법의 사법적 통제, 행정상 사실행위, 하자의 승계 등이 출제되었다.
행정과정의 규율	공공기관의 정보공개에 관한 법률, 행정절차법이 출제되었다.
실효성 확보수단	행정의 실효성 확보 수단, 질서위반행위규제법이 출제되었다.
손해전보	국가배상법 등이 출제되었다.
행정쟁송	행정소송의 판결, 당사자소송 등이 골고루 출제되었다.

행정학개론

행정학총론	행정이론의 발달, 블랙스버그 선언과 행정재정립운동, 행정가치, 공공가치창출론 등이 출제되었다.
정책론	정책결정모형, 엘리트이론과 다원주의이론, 정책흐름모형 등이 출제되었다.
조직론	민츠버그(Mintzberg)의 조직유형, 동기부여, 변혁적 리더십 등이 출제되었다.
인사행정론	대표관료제, 근무성적평정상의 오류 등이 출제되었다.
재무행정론	품목별 예산제도, 정부예산의 종류, 예산팽창이론 등이 출제되었다.
지방행정론	지방정부의 사무, 정부간관계모형 등이 출제되었다.

이 책의 구성과 특징

문제편

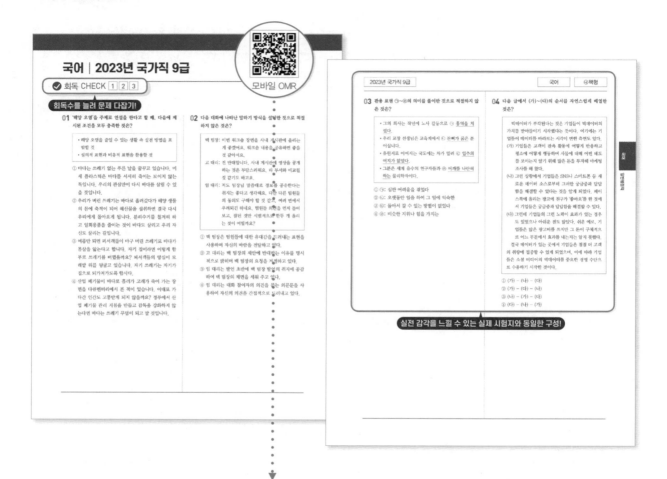

실전 감각을 느낄 수 있는 실제 시험지와 동일한 구성!

OMR 입력　　채점결과　　성적분석

풀이 시간 측정, 자동 채점 그리고 결과 분석까지!

모바일 OMR 답안분석 서비스

문제편에 수록된 기출문제에 대한 객관적인 결과(점수, 순위)를 종합적으로 분석

❶ 스마트폰을 활용하여 QR코드 접속
❷ 시험 시간에 맞춰 풀고, 모바일 OMR로 답안 입력 (3회까지 가능)
❸ 종합적 결과 분석으로 현재 나의 합격 가능성 예측

QR코드 찍기 ▸ 로그인 ▸ 시작하기 ▸ 응시하기 ▸ 모바일 OMR 카드에 답안 입력 ▸ 채점결과&성적분석 ▸ 내 실력 확인하기

해설편

국어 | 2023년 국가직 9급

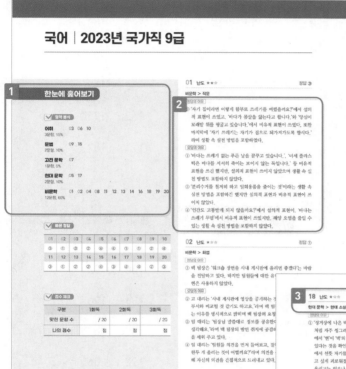

1 한눈에 훑어보기

어떤 영역에서 출제되었는지 또는 주로 출제되는 영역은 무엇인지 한눈에 확인할 수 있어요!

2 정답의 이유/오답의 이유

각 문제마다 정답의 이유, 오답의 이유를 수록하여 혼자서도 학습이 가능해요!

3 난도와 영역

난도와 문항별 세분화된 출제 영역 분석을 통해 부족한 영역을 확인하고 보충할 수 있어요!

4 더 알아보기

이해도를 높일 수 있도록 문제와 관련된 핵심 이론과 개념을 알기 쉽게 정리했어요!

이 책의 목차

일반행정직

문제편

PART 1

국어

2023년 출제경향

01 '해양 오염'을 주제로 연설을 한다고 할 때, 다음에 제시된 조건을 모두 충족한 것은?

> • 해양 오염을 줄일 수 있는 생활 속 실천 방법을 포함할 것
> • 설의적 표현과 비유적 표현을 활용할 것

① 바다는 쓰레기 없는 푸른 날을 꿈꾸고 있습니다. 미세 플라스틱은 바다를 서서히 죽이는 보이지 않는 독입니다. 우리의 관심만이 다시 바다를 살릴 수 있을 것입니다.

② 우리가 버린 쓰레기는 바다로 흘러갔다가 해양 생물의 몸에 축적이 되어 해산물을 섭취하면 결국 다시 우리에게 돌아오게 됩니다. 분리수거를 철저히 하고 일회용품을 줄이는 것이 바다도 살리고 우리 자신도 살리는 길입니다.

③ 여름만 되면 피서객들이 마구 버린 쓰레기로 바다가 몸살을 앓는다고 합니다. 자기 집이라면 이렇게 함부로 쓰레기를 버렸을까요? 피서객들의 양심이 모래밭 위를 뒹굴고 있습니다. 자기 쓰레기는 자기가 집으로 되가져가도록 합시다.

④ 산업 폐기물이 바다로 흘러가 고래가 죽어 가는 장면을 다큐멘터리에서 본 적이 있습니다. 이대로 가다간 인간도 고통받게 되지 않을까요? 정부에서 산업 폐기물 관리 지침을 만들고 감독을 강화하지 않는다면 바다는 쓰레기 무덤이 되고 말 것입니다.

02 다음 대화에 나타난 말하기 방식을 설명한 것으로 적절하지 않은 것은?

> 백 팀장: 이번 워크숍 장면을 사내 게시판에 올리는 게 좋겠어요. 워크숍 내용을 공유하면 좋을 것 같아서요.
>
> 고 대리: 전 반대합니다. 사내 게시판에 영상을 공개하는 것은 부담스러워요. 타 부서와 비교될 것 같기도 하고요.
>
> 임 대리: 저도 팀장님 말씀대로 정보를 공유한다는 취지는 좋다고 생각해요. 다만 다른 팀원들의 동의도 구해야 할 것 같고, 여러 면에서 우려되긴 하네요. 팀원들 의견을 먼저 들어 보고, 잘된 것만 시범적으로 한두 개 올리는 것이 어떨까요?

① 백 팀장은 팀원들에 대한 유대감을 드러내는 표현을 사용하며 자신의 바람을 전달하고 있다.

② 고 대리는 백 팀장의 제안에 반대하는 이유를 명시적으로 밝히며 백 팀장의 요청을 거절하고 있다.

③ 임 대리는 발언 초반에 백 팀장 발언의 취지에 공감하여 백 팀장의 체면을 세워 주고 있다.

④ 임 대리는 대화 참여자의 의견을 묻는 의문문을 사용하여 자신의 의견을 간접적으로 드러내고 있다.

03 관용 표현 ㉠~㉣의 의미를 풀이한 것으로 적절하지 않은 것은?

> • 그의 회사는 작년에 노사 갈등으로 ㉠ 홍역을 치렀다.
> • 우리 교장 선생님은 교육계에서 ㉡ 잔뼈가 굵은 분이십니다.
> • 유원지로 이어지는 국도에는 차가 밀려 ㉢ 입추의 여지가 없었다.
> • 그분은 세계 유수의 연구자들과 ㉣ 어깨를 나란히 하는 물리학자이다.

① ㉠: 심한 어려움을 겪었다

② ㉡: 오랫동안 일을 하여 그 일에 익숙한

③ ㉢: 돌아서 갈 수 있는 방법이 없었다

④ ㉣: 비슷한 지위나 힘을 가지는

04 다음 글에서 (가)~(다)의 순서를 자연스럽게 배열한 것은?

> 빅데이터가 부각된다는 것은 기업들이 빅데이터의 가치를 받아들이기 시작했다는 뜻이다. 여기에는 기업들이 데이터를 바라보는 시각이 변한 측면도 있다.
> (가) 기업들은 고객이 판촉 활동에 어떻게 반응하고 평소에 어떻게 행동하며 사물에 대해 어떤 태도를 보이는지 알기 위해 많은 돈을 투자해 마케팅 조사를 해 왔다.
> (나) 그런 상황에서 기업들은 SNS나 스마트폰 등 새로운 데이터 소스로부터 그러한 궁금증과 답답함을 해결할 수 있다는 것을 알게 되었다. 페이스북에 올리는 광고에 친구가 '좋아요'를 한 것에서 기업들은 궁금증과 답답함을 해결할 수 있다.
> (다) 그런데 기업들의 그런 노력이 효과가 있는 경우도 있었으나 아쉬운 점도 많았다. 쉬운 예로, 기업들은 많은 광고비를 쓰지만 그 돈이 구체적으로 어느 부분에서 효과를 내는지는 알지 못했다.
> 결국 데이터가 있는 곳에서 기업들은 점점 더 고객의 취향에 집중할 수 있게 되었으며, 이에 따라 기업들은 소셜 미디어의 빅데이터를 중요한 경영 수단으로 수용하기 시작한 것이다.

① (가) – (나) – (다)

② (가) – (다) – (나)

③ (나) – (가) – (다)

④ (다) – (나) – (가)

05 ㉠을 이해한 내용으로 적절하지 않은 것은?

> "㉠ 무진(霧津)엔 명산물이 …… 뭐 별로 없지요?" 그들은 대화를 계속하고 있었다. "별게 없지요. 그러면서도 그렇게 많은 사람들이 살고 있다는 건 좀 이상스럽거든요." "바다가 가까이 있으니 항구로 발전할 수도 있었을 텐데요?" "가 보시면 아시겠지만 그럴 조건이 되어 있는 것도 아닙니다. 수심(水深)이 얕은 데다가 그런 얕은 바다를 몇백 리나 밖으로 나가야만 비로소 수평선이 보이는 진짜 바다다운 바다가 나오는 곳이니까요." "그럼 역시 농촌이군요?" "그렇지만 이렇다 할 평야가 있는 것도 아닙니다." "그럼 그 오륙만이 되는 인구가 어떻게들 살아가나요?" "그러니까 그럭저럭이란 말이 있는 게 아닙니까!" 그들은 점잖게 소리 내어 웃었다. "원, 아무리 그렇지만 한 고장에 명산물 하나쯤은 있어야지." 웃음 끝에 한 사람이 말하고 있었다.
>
> 무진에 명산물이 없는 게 아니다. 나는 그것이 무엇인지 알고 있다. 그것은 안개다. 아침에 잠자리에서 일어나서 밖으로 나오면, 밤사이에 진주해 온 적군들처럼 안개가 무진을 뻥 둘러싸고 있는 것이었다. 무진을 둘러싸고 있는 산들도 안개에 의하여 보이지 않는 먼 곳으로 유배당해 버리고 없었다.
>
> – 김승옥, 「무진기행」에서 –

① 수심이 얕아서 항구로 개발하기 어려운 공간이다.
② 산으로 둘러싸여 있고 평야가 발달하지 않은 공간이다.
③ 지역의 경제적 여건에 비해 인구가 적지 않은 공간이다.
④ 누구나 인정할 만한 지역의 명산물로 안개가 유명한 공간이다.

06 다음 글의 빈칸에 들어갈 사자성어로 적절한 것은?

> 세상에는 어려운 일들이 많지만 외국 여행 다녀온 사람의 입을 막는 것도 그중 하나이다. 특히 그것이 그 사람의 첫 외국 여행이었다면, 입 막기는 포기하고 미주알고주알 늘어놓는 여행 경험을 들어 주는 편이 정신 건강에 좋다. 그 사람이 별것 아닌 사실을 ☐☐☐☐하거나 특수한 경험을 지나치게 일반화한들, 그런 수다로 큰 피해를 입는 것도 아니지 않은가?

① 刻舟求劍
② 捲土重來
③ 臥薪嘗膽
④ 針小棒大

07 다음 글을 감상한 내용으로 가장 적절한 것은?

> 어이 못 오던가 무슴 일로 못 오던가
> 너 오는 길 위에 무쇠로 성(城)을 쓰고 성안에 담 쓰고 담 안에란 집을 짓고 집 안에란 뒤주 노코 뒤주 안에 궤를 노코 궤 안에 너를 결박(結縛)ㅎ여 너코 쌍(雙)비목 외걸쇠에 용(龍)거북 즈믈쇠로 수기수기 즘갓더냐 네 어이 그리 아니 오던가
> 흔 둘이 서른 날이여니 날 보라 올 하루 업스랴
>
> – 작자 미상, 「어이 못 오던가」 –

① 동일 구절을 반복하여 '너'에 대한 섭섭한 감정을 표출하고 있다.
② 날짜 수를 대조하여 헤어진 기간이 길다는 것을 강조하고 있다.
③ 동일한 어휘를 연쇄적으로 나열하여 감정의 기복을 표현하고 있다.
④ 단계적으로 공간을 축소하여 '너'를 만날 수 있다는 희망을 표현하고 있다.

08 (가)와 (나)에 들어갈 말로 가장 적절한 것은?

특정한 작업을 수행하기 위해 신체 근육의 특정 움직임을 조작하는 능력을 운동 능력이라고 한다. 언어에 관한 운동 능력은 '발음 능력'과 '필기 능력' 두 가지인데 모두 표현을 위한 능력이다.

말로 표현하기 위해서는 발음 능력이 필요한데, 이는 음성 기관을 움직여 원하는 음성을 만들어 내는 능력이다. 이 능력은 영·유아기에 수많은 시행착오와 꾸준한 훈련을 통해 습득된다. 이렇게 발음 능력을 습득하면 음성 기관의 움직임은 자동화되어 음성 기관의 어느 부분을 언제 어떻게 움직일지를 화자가 거의 의식하지 않는다. 우리가 모어에 없는 외국어 음성을 발음하기 어려운 이유는 　(가)　 있기 때문이다.

글로 표현하기 위해서는 필기 능력이 필요하다. 필기에서는 글자의 모양을 서로 구별되게 쓰는 것은 기본이고 그 수준을 넘어서서 쉽게 알아볼 수 있는 모양으로 잘 쓰는 것도 필요하다. 글씨를 쓰기 위해 손을 놀리는 것은 발음을 하기 위해 음성 기관을 움직이는 것에 비해 상당히 의식적이라 할 수 있다. 그렇지만 개인의 의지와 관계없이 필체가 꽤 일정하다는 사실은 손을 놀리는 데에 　(나)　 의미한다.

① (가): 음성 기관의 움직임이 모어의 음성에 맞게 자동화되어
　(나): 무의식적이고 자동적인 면이 있음을

② (가): 낯선 음성은 무의식적으로 발음하도록 훈련되어
　(나): 유아기에 수행한 훈련이 효과적이지 않음을

③ (가): 음성 기관의 움직임이 모어의 음성에 맞게 자동화되어
　(나): 유아기에 수행한 훈련이 효과적이지 않음을

④ (가): 낯선 음성은 무의식적으로 발음하도록 훈련되어
　(나): 무의식적이고 자동적인 면이 있음을

09 ㉠~㉢ 중 한글 맞춤법에 맞게 쓰인 것만을 모두 고르면?

- 혜인 씨에게 ㉠ 무정타 말하지 마세요.
- 재아에게는 ㉡ 섭섭치 않게 사례해 주자.
- 규정에 따라 딱 세 명만 ㉢ 선발토록 했다.
- ㉣ 생각컨대 그의 보고서는 공정하지 못했다.

① ㉠, ㉡

② ㉠, ㉢

③ ㉡, ㉣

④ ㉢, ㉣

10 ㉠~㉣의 한자로 적절하지 않은 것은?

예정보다 지연되긴 했으나 열 시쯤에는 마애불에 ㉠ 도착할 수가 있었다. 맑은 날씨에 빛나는 햇살이 환히 비춰 ㉡ 불상들은 불그레 물들어 있었다. 만일 신비로운 ㉢ 경지라는 말을 할 수 있다면 바로 이런 경우가 아닐지 모르겠다. 꼭 보고 싶다는 숙원이 이루어진 기쁨에 가슴이 벅차 왔다. 아마 잊을 수 없는 ㉣ 추억의 한 토막으로 남을 것 같다.

① ㉠: 到着

② ㉡: 佛像

③ ㉢: 境地

④ ㉣: 記憶

11 다음 글을 이해한 내용으로 적절하지 <u>않은</u> 것은?

> 사람의 '지각과 생각'은 항상 어떤 맥락, 관점 혹은 어떤 평가 기준이나 가정하에서 일어난다. 이러한 맥락, 관점, 평가 기준, 가정을 프레임이라고 한다. 지각과 생각은 인간의 모든 정신 활동을 뜻한다. 따라서 우리의 모든 정신 활동은 진공 상태에서 일어나는 것이 아니라, 어떤 맥락이나 가정하에서 일어난다. 한마디로 우리가 프레임이라는 안경을 쓰고 세상을 보고 있음을 의미한다. 간혹 어떤 사람이 자신은 어떤 프레임의 지배도 받지 않고 세상을 있는 그대로, 객관적으로 본다고 주장한다면, 그 주장은 진실이 아닐 것이다.

① 인간의 정신 활동은 프레임 없이 일어나지 않는다.
② 프레임은 인간이 세상을 바라볼 때 어떤 편향성을 가지게 한다.
③ 인간의 지각과 사고를 확장하는 과정에서 프레임은 극복해야 할 대상이다.
④ 프레임은 인간의 정신 활동에 영향을 미치는 어떤 맥락이나 평가 기준이다.

12 다음 글을 이해한 내용으로 가장 적절한 것은?

> 전 세계를 대표하는 항공기인 보잉과 에어버스의 중요한 차이점은 자동조종시스템의 활용 정도에 있다. 보잉의 경우, 조종사가 대개 항공기를 조종간으로 직접 통제한다. 조종간은 비행기의 날개와 물리적으로 연결되어 있어서 어떤 상황에서도 조종사가 조작한 대로 반응한다. 이와 다르게 에어버스는 조종간 대신 사이드스틱을 설치하여 컴퓨터가 조종사의 행동을 제한하거나 조종에 개입할 수 있게 설계되었다. 보잉에서는 조종사가 항공기를 통제할 수 있는 전권을 가지지만 에어버스에서는 컴퓨터가 조종사의 조작을 감시하고 제한한다.
>
> 보잉과 에어버스의 이러한 차이는 기계를 다루는 인간을 바라보는 관점이 서로 다른 데서 비롯된다. 보잉사를 창립한 윌리엄 보잉의 철학은 "비행기를 통제하는 최종 권한은 언제나 조종사에게 있다."이다. 시스템은 불안정하고 완벽하지 않기 때문에 컴퓨터가 조종사의 판단보다 우선시될 수 없다는 것이다. 반면 에어버스의 아버지라고 불리는 베테유는 "인간은 실수할 수 있는 존재"라고 전제한다. 베테유는 이런 자신의 신념을 토대로 에어버스를 설계함으로써 조종사의 모든 조작을 컴퓨터가 모니터링하고 제한하게 만든 것이다.

① 보잉은 시스템의 불완전성을, 에어버스는 인간의 실수 가능성을 고려하여 설계되었다.
② 베테유는 인간이 실수할 수 있는 존재라고 보지만 윌리엄 보잉은 그렇지 않다고 본다.
③ 에어버스의 조종사는 항공기 운항에서 자동조종시스템을 통제하고 조작한다.
④ 보잉의 조종사는 자동조종시스템을 사용하지 않고 항공기를 조종한다.

13 다음 글에서 추론한 내용으로 가장 적절한 것은?

공포의 상태와 불안의 상태를 구분하는 것은 쉽지 않다. 왜냐하면 두 감정을 함께 느끼거나 한 감정이 다른 감정을 유발할 때가 많기 때문이다. 가령, 무시무시한 전염병을 목도하고 공포에 빠진 사람은 자신도 언젠가 그 병에 걸릴지 모른다는 불안 상태에 빠지게 된다. 이처럼 두 감정은 서로 밀접하게 얽혀 있다는 점에서 혼동하기 쉽다. 하지만 두 감정을 야기한 원인을 따져 보면 두 감정을 명확하게 구분할 수 있다. 공포는 실재하는 객관적 위협에 의해 야기된 상태를 의미하고, 불안은 현재 발생하지 않았으며 미래에 일어날지 모르는 불명확한 위협에 의해 야기된 상태를 의미한다. 공포와 불안의 감정은 둘 다 자아와 관련되어 있지만 여기에서도 차이를 찾을 수 있다. 공포를 느끼는 것은 '나 자신'이 위험한 상황에 놓여 있다는 사실을 아는 것이고, 불안의 경험은 '나 자신'이 위해를 입을까 봐 걱정하는 것이다.

① 자신이 처한 위험한 상황을 정확히 인식하는 경우에는 공포감에 비해 불안감이 더 크다.

② 전기·가스 사고가 날까 두려워 외출하지 못하는 사람은 불안한 상태에 있는 것이다.

③ 시험에 불합격할 수 있다는 생각에 사로잡힌 사람은 공포감에 빠져 있는 것이다.

④ 과거에 큰 교통사고를 경험한 사람은 공포감은 크지만 불안감은 작다.

14 다음 글의 내용과 부합하지 않는 것은?

과학 혁명 이전 아리스토텔레스 철학은 로마 가톨릭교의 정통 교리와 결합되어 있었기 때문에 오랜 시간 동안 지배적인 영향력을 발휘하였다. 천문 분야 또한 예외는 아니었다. 아리스토텔레스의 세계관을 따라 우주의 중심은 지구이며, 모든 천체는 원운동을 하면서 지구의 주위를 공전한다는 천동설이 정설로 자리 잡고 있었다. 프톨레마이오스가 천체들의 공전 궤도를 관찰하던 도중, 행성들이 주기적으로 종전의 운동과는 반대 방향으로 움직인다는 관찰 결과를 얻었을 때도 그는 이를 행성의 역행 운동을 허용하지 않는 천동설로 설명하고자 하였다. 그래서 지구를 중심으로 공전하는 원 궤도에 중심을 두고 있는 원, 즉 주전원(周轉圓)을 따라 공전 궤도를 그리면서 행성들이 운동한다고 주장하였다.

과학과 아리스토텔레스 철학의 결별은 서서히 일어났다. 그 과정에서 일어난 가장 중요한 사건은 1543년 코페르니쿠스가 행성들의 운동 이론에 관한 책을 발간한 일이다. 코페르니쿠스는 천체의 중심에 지구 대신 태양을 놓고 지구가 태양의 주위를 공전한다고 주장하였다. 태양을 우주의 중심에 둔 코페르니쿠스의 지동설은 행성들의 운동에 대해 프톨레마이오스보다 수학적으로 단순하게 설명하였다.

① 과학 혁명 이전 시기에는 천동설이 정설로 받아들여졌다.

② 프톨레마이오스의 주전원은 지동설을 지지하고자 만든 개념이다.

③ 천동설과 지동설은 우주의 중심을 어디에 두느냐에 따라 구분된다.

④ 행성의 공전에 대한 프톨레마이오스의 설명은 코페르니쿠스의 설명보다 수학적으로 복잡하였다.

15 밑줄 친 단어가 표준어 규정에 맞게 쓰인 것은?

① 저기 보이는 게 <u>암염소</u>인가, <u>수염소</u>인가?
② 오늘 <u>윗층</u>에 사시는 분이 이사를 가신대요.
③ 봄에는 여기저기에서 <u>아지랭이</u>가 피어오른다.
④ 그는 수업을 마치면 <u>으레</u> 친구들과 운동을 한다.

16 ㉠~㉣을 문맥에 맞게 수정하는 방안으로 적절한 것은?

> 난독(難讀)을 해결하려면 정독을 해야 한다. 여기서 말하는 정독은 '뜻을 새겨 가며 자세히 읽음', 즉 '정교한 독서'라는 뜻으로 한자로는 '精讀'이다. '精讀'은 '바른 독서'를 의미하는 '正讀'과 ㉠ <u>소리는 같지만 뜻이 다르다.</u> 무엇이 정교한 것일까? 모든 단어에 눈을 마주치면서 제대로 인식하는 것이다. 이와 같은 ㉡ <u>정독(精讀)</u>의 결과로 생기는 어문 실력이 문해력이다. 문해력이 발달하면 결국 독서 속도가 빨라져, '빨리 읽기'인 속독(速讀)이 가능해진다. 빨리 읽기는 정독을 전제로 할 때 빛을 발한다. 짧은 시간에 같은 책을 제대로 여러 번 읽을 수 있기 때문이다. 그래서 문해력의 증가는 '정교하고 빠르게 읽기', 즉 ㉢ <u>정속독(正速讀)</u>에서 일어나게 되어 있다. 정독이 생활화되면 자기도 모르게 정속독의 경지에 오르게 된다. 그런 경지에 오른 사람들은 뭐든지 확실히 읽고 빨리 이해한다. 자연스레 집중하고 여러 번 읽어도 빠르게 읽으므로 시간이 여유롭다. ㉣ <u>정독이 빠진 속독</u>은 곧 빼먹고 읽는 습관, 즉 난독의 일종임을 잊지 말아야 한다.

① ㉠을 '다르게 읽지만 뜻이 같다'로 수정한다.
② ㉡을 '정독(正讀)'으로 수정한다.
③ ㉢을 '정속독(精速讀)'으로 수정한다.
④ ㉣을 '속독이 빠진 정독'으로 수정한다.

17 다음 글을 감상한 내용으로 적절하지 않은 것은?

> 막바지 뙤약볕 속
> 한창 매미 울음은
> 한여름 무더위를 그 절정까지 올려놓고는
> 이렇게 다시 조용할 수 있는가.
> 지금은 아무 기척도 없이
> 정적의 소리인 듯 쟁쟁쟁
> 천지(天地)가 하는 별의별
> 희한한 그늘의 소리에
> 멍청히 빨려 들게 하구나.
>
> 사랑도 어쩌면
> 그와 같은 것인가.
> 소나기처럼 숨이 차게
> 정수리부터 목물로 들이붓더니
> 얼마 후에는
> 그것이 아무 일도 없었던 양
> 맑은 구름만 눈이 부시게
> 하늘 위에 펼치기만 하노니.
>
> – 박재삼, 「매미 울음 끝에」 –

① 갑작스럽게 변화한 자연 현상을 감각적으로 제시하고 있다.
② 청각적 이미지와 시각적 이미지를 활용하여 시상을 전개하고 있다.
③ 소나기가 그치고 맑은 구름이 펼쳐진 것을 통해 사랑의 속성을 드러내고 있다.
④ 매미 울음소리가 절정에 이르렀다가 사라진 직후의 상황을 반어법으로 표현하고 있다.

18 다음 글을 이해한 내용으로 가장 적절한 것은?

> 루카치는 그리스 세계를 신과 인간의 결합 정도를 가리키는 '총체성' 개념을 기준으로 세 시대로 구분하였다. 첫 번째 시대에서 후대로 갈수록 총체성의 정도는 낮아진다. 첫째는 총체성이 완전히 구현되어 있는 '서사시의 시대'이다. 호메로스의 『일리아드』와 『오디세이아』에서는 신과 인간의 세계가 하나로 얽혀 있다. 인간들이 그리스와 트로이 두 패로 나뉘어 전쟁을 벌일 때 신들도 인간의 모습을 하고 두 패로 나뉘어 전쟁에 참여했다. 둘째는 '비극의 시대'이다. 소포클레스나 에우리피데스의 비극에서는 총체성이 흔들려 신과 인간의 세계가 분리된다. 하지만 두 세계가 완전히 분리되지는 않고 신탁이라는 약한 통로로 이어져 있다. 비극에서 신은 인간의 행위에 직접 개입하지 않고 신탁을 통해서 자신의 뜻을 그저 전달하는 존재로 바뀐다. 셋째는 플라톤으로 대표되는 '철학의 시대'이다. 이 시대는 이미 계몽된 세계여서 신탁 같은 것은 신뢰할 수 없게 되었다. 신과 인간의 세계가 완전히 분리됨으로써 신의 세계는 인격적 성격을 상실하여 '이데아'라는 추상성의 세계로 바뀐다. 신의 세계와 인간의 세계는 그 사이에 어떤 통로도 존재할 수 없는, 절대적으로 분리된 세계가 되었다.

① 계몽사상은 서사시의 시대에서 철학의 시대로의 전환을 이끌었다.
② 플라톤의 이데아는 신탁이 사라진 시대의 비극적 세계를 표현한다.
③ 루카치는 각기 다른 기준에 따라 그리스 세계를 세 시대로 구분하였다.
④ 에우리피데스의 비극에 비해 『오디세이아』에서는 신과 인간의 결합 정도가 높다.

19 다음 글의 내용과 부합하지 않는 것은?

> 몽유록(夢遊錄)은 '꿈에서 놀다 온 기록'이라는 뜻으로, 어떤 인물이 꿈에서 과거의 역사적 인물을 만나 특정 사건에 대한 견해를 듣고 현실로 돌아온다는 특징이 있다. 이때 꿈을 꾼 인물인 몽유자의 역할에 따라 몽유록을 참여자형과 방관자형으로 구분할 수 있다. 참여자형에서는 몽유자가 꿈에서 만난 인물들의 모임에 초대를 받고 토론과 시연에 직접 참여한다. 방관자형에서는 몽유자가 인물들의 모임을 엿볼 뿐 직접 그 모임에 참여하지는 않는다. 16~17세기에 창작되었던 몽유록에는 참여자형이 많다. 참여자형에서는 몽유자와 꿈속 인물들이 동질적인 이념을 공유하고 현실의 고통스러운 문제에 대해 의견을 나누며 비판적 목소리를 낸다. 그러나 주로 17세기 이후에 창작된 방관자형에서는 몽유자가 꿈속 인물들과 함께 현실을 비판하는 것이 아니라 구경꾼의 위치에 서 있다. 이 시기의 몽유록이 통속적이고 허구적인 성격으로 변모하는 것은 몽유자의 역할 변화와 무관하지 않다.

① 몽유자가 꿈속 인물들의 모임에 직접 참여하는지, 참여하지 않는지에 따라 몽유록의 유형을 나눌 수 있다.
② 17세기보다 나중 시기의 몽유록에서는 몽유자가 현실을 비판하는 경향이 강하게 나타난다.
③ 몽유자가 모임의 구경꾼 역할을 하는 몽유록은 통속적이고 허구적인 성격이 강하다.
④ 몽유자가 꿈속 인물들과 함께 현실을 비판하는 몽유록은 참여자형에 해당한다.

20 다음 글을 이해한 내용으로 적절한 것은?

> 디지털 트윈은 현실 세계와 똑같은 가상의 세계이다. 최근 주목받고 있는 메타버스와 개념은 유사하지만 활용 목적의 측면에서 구별된다. 메타버스는 가상 세계와 현실 세계가 융합된 플랫폼으로 이용자들에게 새로운 경제·사회·문화적 경험을 제공하는 데 목적을 둔다. 반면 디지털 트윈은 현실 세계에 존재하는 사물, 공간, 환경, 공정 등을 컴퓨터상에 디지털 데이터 모델로 표현하여 똑같이 복제하고 실시간으로 서로 반응할 수 있도록 한다. 그래서 디지털 트윈의 이용자는 가상 세계에서의 시뮬레이션을 통해 미래 상황을 예측할 수 있게 된다. 디지털 트윈에 대한 수요가 증가하면서 관련 시장도 확대되고 있으며, 국내외의 글로벌 기업들은 여러 산업 분야에서 디지털 트윈을 도입하여 사전에 위험 요소를 제거하고 수익 모델의 효율성을 높이고 있다. 디지털 트윈이 이렇게 주목받는 이유는 안정성과 경제성 때문인데 현실 세계를 그대로 옮겨 놓은 가상 세계에 데이터를 전송, 취합, 분석, 이해, 실행하는 과정은 실제 실험보다 매우 빠르고 정밀하며 안전할 뿐 아니라 비용도 적게 든다.

① 디지털 트윈을 활용함에 따라 글로벌 기업들의 고용률이 향상되었다.

② 디지털 트윈의 데이터 모델은 현실 세계의 각종 실험 모델보다 경제성이 낮다.

③ 디지털 트윈에서의 시뮬레이션으로 현실 세계의 위험 요소를 찾아내고 방지할 수 있다.

④ 디지털 트윈은 현실 세계의 이용자에게 새로운 문화적 경험을 제공하는 데 목적이 있다.

국어 | 2023년 지방직 9급

01 ㉠~㉢의 말하기 방식을 설명한 내용으로 가장 적절한 것은?

> 김 주무관: AI에 대한 국민 이해도를 높이기 위해 설명회를 개최할 필요가 있다고 생각해요.
> 최 주무관: ㉠ 저도 요즘 그 필요성을 절감하고 있어요.
> 김 주무관: ㉡ 그런데 어떻게 준비해야 효과적으로 전달할 수 있을지 고민이에요.
> 최 주무관: 설명회에 참여할 청중 분석이 먼저 되어야겠지요.
> 김 주무관: 청중이 주로 어떤 분야에 관심이 있는지 알면 준비할 때 유용하겠네요.
> 최 주무관: ㉢ 그럼 청중의 관심 분야를 파악하려면 청중의 특성 중에서 어떤 것들을 조사하면 좋을까요?
> 김 주무관: ㉣ 나이, 성별, 직업 등을 조사할까요?

① ㉠: 상대의 의견에 대해 공감을 표현하고 있다.
② ㉡: 정중한 표현을 사용하여 직접 질문하고 있다.
③ ㉢: 자신의 반대 의사를 우회적으로 드러내고 있다.
④ ㉣: 의문문을 통해 상대의 의견을 반박하고 있다.

02 (가)~(다)를 맥락에 따라 가장 자연스럽게 배열한 것은?

> 독서는 아이들의 전반적인 뇌 발달에 큰 영향을 미친다.
> (가) 그에 따르면 뇌의 전두엽은 상상력을 관장하는데, 책을 읽으면 상상력이 자극되어 전두엽을 많이 사용하게 된다.
> (나) A 교수는 책을 읽을 때와 읽지 않을 때의 뇌 변화를 연구해서 세계적인 명성을 얻었다.
> (다) 이처럼 책을 많이 읽으면 전두엽이 훈련되어 전반적인 뇌 발달의 가능성이 높아지는데, 그 결과는 교육 현장에서 실증된 바 있다.
> 독서를 많이 한 아이는 학교에서 더 좋은 성적을 낼 뿐 아니라 언어 능력도 발달한다는 사실이 밝혀진 것이다.

① (나) - (가) - (다)
② (나) - (다) - (가)
③ (다) - (가) - (나)
④ (다) - (나) - (가)

03 ㉠~㉣을 설명한 내용으로 적절하지 않은 것은?

> • ㉠ 지원은 자는 동생을 깨웠다.
> • 유선은 도자기를 ㉡ 만들었다.
> • 물이 ㉢ 얼음이 되었다.
> • ㉣ 어머나, 현지가 언제 이렇게 컸지?

① ㉠: 동작의 주체를 나타내는 주어이다.
② ㉡: 주어와 목적어를 요구하는 서술어이다.
③ ㉢: 서술어를 꾸며주는 부사어이다.
④ ㉣: 문장의 다른 성분과 직접적으로 관련을 맺지 않는 독립어이다.

04 ㉠~㉣과 바꿔 쓸 수 있는 유사한 표현으로 적절하지 않은 것은?

> • 서구의 문화를 ㉠ 맹종하는 이들이 많다.
> • 안일한 생활에서 ㉡ 탈피하여 어려운 일에 도전하고 싶다.
> • 회사의 생산성을 ㉢ 제고하기 위해 노력하자.
> • 연못 위를 ㉣ 부유하는 연잎을 바라보며 여유를 즐겼다.

① ㉠: 무분별하게 따르는
② ㉡: 벗어나
③ ㉢: 끌어올리기
④ ㉣: 헤엄치는

05 (가)와 (나)를 이해한 내용으로 적절하지 않은 것은?

> (가) 청산(靑山)은 내 뜻이오 녹수(綠水)는 님의 정(情)이
> 　　녹수(綠水) ㅣ 흘너간들 청산(靑山)이야 변(變)홀손가
> 　　녹수(綠水)도 청산(靑山)을 못 니저 우러 녜여 가는고.
> (나) 청산(靑山)는 엇뎨ᄒᆞ야 만고(萬古)애 프르르며
> 　　유수(流水)는 엇뎨ᄒᆞ야 주야(晝夜)애 긋디 아니는고
> 　　우리도 그치디 마라 만고상청(萬古常靑)호리라.

① (가)는 '청산'과 '녹수'의 대조를 활용하여 화자가 처한 상황을 제시하고 있다.
② (나)는 시각적 심상과 청각적 심상을 활용하여 주제를 강조하고 있다.
③ (가)와 (나) 모두 대구를 활용하여 시상을 전개하고 있다.
④ (가)와 (나) 모두 설의적 표현을 활용하여 화자의 정서를 드러내고 있다.

06 다음 글의 중심 내용으로 가장 적절한 것은?

> 교환가치는 거래를 통해 발생하는 가치이며, 사용가치는 어떤 상품을 사용할 때 느끼는 가치이다. 전자가 시장에서 결정된다는 점에서 객관적이라면, 후자는 개인에 따라 다르다는 점에서 주관적이다. 상품에는 사용가치와 교환가치가 섞여 있는데, 교환가치가 아무리 높아도 '나'에게 사용가치가 없다면 해당 상품을 구매하지 않을 것이다.
> 　하지만 이 같은 상식이 통하지 않는 경우를 종종 볼 수 있다. 예를 들어 보자. 인터넷 커뮤니티에서 백만 원짜리 공연 티켓을 판매하는데, 어떤 사람이 "이 공연의 가치는 돈으로 환산할 수 없어요." 등의 댓글들을 보고서 애초에 관심도 없던 이 공연의 티켓을 샀다. 그에게 그 공연의 사용가치는 처음에는 없었으나 많은 댓글로 인해 사용가치가 있을 것으로 잘못 판단한 것이다. 안타깝게도, 그는 그 공연에서 조금도 만족하지 못했다.
> 　이 사례에서 볼 때 건강한 소비를 위해서는 구매하려는 상품의 사용가치가 어떤 과정을 거쳐 결정된 것인지 곰곰이 생각해봐야 한다. '나'에게 얼마나 필요한가에 대한 고민 없이 다른 사람들의 말에 휩쓸려 어떤 상품의 사용가치가 결정될 때, 그 상품은 '나'에게 쓸모없는 골칫덩이가 될 수 있다.

① 사용가치보다 교환가치가 큰 상품을 구매해야 한다.
② 상품을 구매할 때 사용가치와 교환가치를 두루 고려해야 한다.
③ 상품에 대한 다른 사람들의 평가를 반영해서 상품을 구매해야 한다.
④ 상품을 구매할 때 사용가치가 자신의 필요에 의해 결정된 것인지 신중하게 따져야 한다.

07 ㉠~㉣ 중 어색한 곳을 찾아 수정하는 방안으로 가장 적절한 것은?

> 조선 후기에 서학으로 불린 천주학은 '학(學)'이라는 말에서도 짐작할 수 있듯이 ㉠ 종교적인 관점에서보다 학문적인 관점에서 받아들여졌다. 당시의 유학자 중 서학 수용에 적극적인 이들까지도 서학을 무조건 따르자고 ㉡ 주장하지는 않았는데, 서학은 신봉의 대상이 아니라 분석의 대상이었기 때문이다. 그들은 조선 사회를 바로잡고 발전시키기 위해 새로운 학문과 지식이 필요하다고 생각했지만, 외부에서 유입된 사유 체계에는 양명학이나 고증학 등도 있어서 서학이 ㉢ 유일한 대안은 아니었다. 그들은 서학을 검토하며 어떤 부분은 수용했지만, 반대로 어떤 부분은 ㉣ 지향했다.

① ㉠: '학문적인 관점에서보다 종교적인 관점에서'로 수정한다.
② ㉡: '주장하였는데'로 수정한다.
③ ㉢: '유일한 대안이었다'로 수정한다.
④ ㉣: '지양했다'로 수정한다.

08 다음 글의 맥락을 고려할 때 빈칸에 들어갈 말로 가장 적절한 것은?

> 능숙한 필자와 미숙한 필자는 글쓰기 과정 중 '계획하기'에서 뚜렷한 차이를 보인다. 전자는 이 과정에 오랜 시간 공을 들이는 반면, 후자는 그렇지 않다. 글쓰기에서 계획하기는 글쓰기의 목적 수립, 주제 선정, 예상 독자 분석 등을 포함한다. 이 중 예상 독자 분석이 중요한 이유는 ☐☐☐☐☐ 때문이다. 글을 쓸 때 독자의 수준에 비해 너무 어려운 개념과 전문용어를 사용한다면 독자가 글을 이해하기 어렵게 된다. 글쓰기는 필자가 글을 통해 자신의 메시지를 독자에게 전달하는 행위라는 점을 고려하면 계획하기 단계에서 반드시 예상 독자를 분석해야 한다.

① 계획하기 과정이 글쓰기 전체 과정의 첫 단계이기
② 글에 어려운 개념이나 전문용어를 어느 정도 포함해야 하기
③ 필자의 메시지를 독자에게 효과적으로 전달하는 데 도움이 되기
④ 독자의 배경지식 수준을 고려해야 글의 목적과 주제가 결정되기

09 다음 시를 이해한 내용으로 적절하지 않은 것은?

> 사랑을 잃고 나는 쓰네
>
> 잘 있거라, 짧았던 밤들아
> 창밖을 떠돌던 겨울 안개들아
> 아무것도 모르던 촛불들아, 잘 있거라
> 공포를 기다리던 흰 종이들아
> 망설임을 대신하던 눈물들아
> 잘 있거라, 더 이상 내 것이 아닌 열망들아
>
> 장님처럼 나 이제 더듬거리며 문을 잠그네
> 가엾은 내 사랑 빈집에 갇혔네
>
> — 기형도, 「빈집」 —

① 대상들을 호명하며 안타까운 심정을 표현하고 있다.
② '빈집'은 상실감으로 공허해진 내면을 상징하고 있다.
③ 영탄형 어조를 활용해 이별에 따른 정서를 부각하고 있다.
④ 글 쓰는 행위를 통해 잃어버린 사랑의 회복을 열망하고 있다.

10 다음 글을 이해한 내용으로 가장 적절한 것은?

> 반드시 갚는 조건임을 강조하면서 그는 마치 성경책 위에다 오른손을 얹고 말하듯이 엄숙한 표정을 했다. 하마터면 나는 잊을 뻔했다. 그가 적시에 일깨워 주었기 망정이지 안 그랬더라면 빌려주는 어려움에만 골똘한 나머지 빌려줬다 나중에 돌려받는 어려움이 더 클 거라는 사실은 생각도 못 할 뻔했다. 그렇다. 끼니조차 감당 못 하는 주제에 막벌이가 아니면 어쩌다 간간이 얻어걸리는 출판사 싸구려 번역 일 가지고 어느 해가*에 빚을 갚을 것인가. 책임이 따르는 동정은 피하는 게 상책이었다. 그리고 기왕 피할 바엔 저쪽에서 감히 두말을 못 하도록 야멸치게 굴 필요가 있었다.
>
> "병원 이름이 뭐죠?" "원 산부인곱니다." "지금 내 형편에 현금은 어렵군요. 원장한테 바로 전화 걸어서 내가 보증을 서마고 약속할 테니까 권 선생도 다시 한번 매달려 보세요. 의사도 사람인데 설마 사람을 생으로 죽게야 하겠습니까. 달리 변통할 구멍이 없으시다면 그렇게 해 보세요."
>
> 내 대답이 지나치게 더디 나올 때 이미 눈치를 챈 모양이었다. 도전적이던 기색이 슬그머니 죽으면서 그의 착하디착한 눈에 다시 수줍음이 돌아왔다. 그는 고개를 좌우로 흔들어 보였다.
>
> "원장이 어리석은 사람이길 바라고 거기다 희망을 걸기엔 너무 늦었습니다. 그 사람은 나한테서 수술 비용을 받아 내기가 수월치 않다는 걸 입원시키는 그 순간에 벌써 알아차렸어요."
>
> — 윤흥길, 「아홉 켤레의 구두로 남은 사내」에서 —
>
> * 해가(奚暇): 어느 겨를

① 서술자가 등장인물의 심리를 전지적 위치에서 전달하고 있다.
② 서술자가 등장인물이 되어 다른 등장인물의 행동을 진술하고 있다.
③ 서술자가 주인공으로서 유년 시절을 회상하며 갈등 원인을 해명하고 있다.
④ 서술자가 주관을 배제하고 외부 관찰자의 시선으로 사건을 이야기하고 있다.

11 다음 대화를 분석한 내용으로 적절하지 <u>않은</u> 것은?

> 은지: 최근 국민 건강 문제와 관련해 '설탕세' 부과 여부가 논란인데. 나는 설탕세를 부과해야 한다고 생각해. 그러면 당 함유 식품의 소비가 감소하게 되고, 비만이나 당뇨병 등의 질병이 예방되니까 국민 건강 증진에 도움이 되기 때문이야.
>
> 운용: 설탕세를 부과하면 당 소비가 감소한다고 믿을 만한 근거가 있니?
>
> 은지: 세계보건기구 보고서를 보면 당이 포함된 음료에 설탕세를 부과하면 이에 비례해 소비가 감소한다고 나와 있어.
>
> 재윤: 그건 나도 알아. 그런데 설탕세 부과가 질병을 예방한다는 것은 타당하지 않아. 여러 연구 결과를 보면 당 섭취와 질병 발생은 유의미한 상관관계가 없어.

① 은지는 첫 번째 발언에서 화제를 제시하고 있다.
② 운용은 은지의 주장에 반대하고 있다.
③ 은지는 두 번째 발언에서 자신의 주장에 대한 근거를 제시하고 있다.
④ 재윤은 은지가 제시한 주장의 근거를 부정하고 있다.

12 ㉠~㉣에 들어갈 단어로 적절하지 <u>않은</u> 것은?

> • 우리 회사는 올해 최고 수익을 창출해서 전성기를 ┌─㉠─┐ 하고 있다.
> • 그는 오래 살아온 자기 명의의 집을 ┌─㉡─┐ 하려 했는데 사려는 사람이 없다.
> • 그들 사이에 ┌─㉢─┐ 이 심해서 중재자가 필요하다.
> • 제가 부족하니 앞으로 많은 ┌─㉣─┐ 을 부탁드립니다.

① ㉠: 구가(謳歌)   ② ㉡: 매수(買受)
③ ㉢: 알력(軋轢)   ④ ㉣: 편달(鞭撻)

13 밑줄 친 단어의 쓰임이 올바르지 <u>않은</u> 것은?

① 이 일은 정말 힘에 <u>부치는</u> 일이다.
② 그와 나는 전부터 <u>알음</u>이 있던 사이였다.
③ 대문 앞에 서 있는데 대문이 저절로 <u>닫혔다</u>.
④ 경기장에는 <u>걷잡아서</u> 천 명이 넘게 온 듯하다.

14 ㉠~㉢의 한자 표기로 올바른 것은?

> • 복지부 ㉠ 장관은 의료시설이 대도시에 편중된 문제에 대해 대책을 마련하라고 지시하였다.
> • 박 주무관은 사유지의 국유지 편입으로 발생한 주민들의 피해를 ㉡ 보상하는 업무를 맡고 있다.
> • 김 주무관은 이 팀장에게 부서 운영비와 관련된 ㉢ 결재를 올렸다.

	㉠	㉡	㉢
①	長官	補償	決裁
②	將官	報償	決裁
③	長官	報償	決濟
④	將官	補償	決濟

15 다음 글에서 추론한 내용으로 적절하지 않은 것은?

우리는 개별적으로 고립된 채 살아가는 존재일 수 없다. 사회 속에서 여럿이 모여 '복수(複數)'의 상태로 살아갈 수밖에 없는 존재라는 것이다. 복수의 상태로 살아가는 우리는 종(種)적인 차원에서 보면 보편적이고 동등한 존재이다. 그러나 우리는 각각 유일무이성을 지닌 '단수(單數)'이기도 하다. 즉 모든 인간은 개인으로서 고유한 인격체라는 특수성을 지닌다. 사회 속에서 우리는 보편적 복수성과 특수한 단수성을 겸비한 채 살아가고 있는 셈이다. 바로 이러한 이유로 우리는 다원적 존재이다. 이러한 존재들로 구성된 다원적 사회에서는 어떠한 획일화도 시도되어서는 안 된다. 우리가 이 같은 사회에서 살아가기 위해서는 타인을 포용하는 공존의 태도가 필요하다. 공동체 정화 등을 목적으로 개별적 유일무이성을 제거하는 것은 우리가 살아가는 사회의 다원성을 파괴하는 일이다.

① 우리는 고립된 상태에서 '단수'로 살아가는 존재가 아니다.
② 우리는 다원성을 지닌 존재로서 포용적으로 공존해야 한다.
③ 개인의 유일무이성을 보존하려는 제도는 개인의 보편적 복수성을 침해한다.
④ 개인의 특수한 단수성을 제거하려는 시도는 사회의 다원성을 파괴하는 결과로 이어질 수 있다.

16 다음 글을 이해한 내용으로 적절하지 않은 것은?

매우 치라 소리 맞춰, 넓은 골에 벼락치듯 후리쳐 딱 붙이니, 춘향이 정신이 아득하여, "애고 이것이 웬일인가?" 일자(一字)로 운을 달아 우는 말이, "일편단심 춘향이 일정지심 먹은 마음 일부종사 하겠더니 일신난처 이 몸인들 일각인들 변하리까? 일월 같은 맑은 절개 이리 힘들게 말으시오."

"매우 치라." "꽤 때리오." 또 하나 딱 부치니, "애고." 이자(二字)로 우는구나. "이부불경 이내 마음 이군불사와 무엇이 다르리까? 이 몸이 죽더라도 이도령은 못 잊겠소. 이 몸이 이러한들 이 소식을 누가 전할까? 이왕 이리 되었으니 이 자리에서 죽여 주오."

"매우 치라." "꽤 때리오." 또 하나 딱 부치니, "애고." 삼자(三字)로 우는구나. "삼청동 도련님과 삼생연분 맺었는데 삼강을 버리라 하소? 삼척동자 아는 일을 이내 몸이 조각조각 찢겨져도 삼종지도 중한 법을 삼생에 버리리까? 삼월삼일 제비같이 훨훨 날아 삼십삼천 올라가서 삼태성께 하소연할까? 애고애고 서러운지고."

– 「춘향전」에서 –

① 동일한 글자를 반복함으로써 리듬감을 조성하고 있다.
② 숫자를 활용하여 주인공이 처한 상황을 제시하고 있다.
③ 등장인물 간의 대화를 통해 주인공의 내적 갈등이 해결되고 있다.
④ 유교적 가치를 담고 있는 말을 활용하여 주인공의 의지를 드러내고 있다.

17 다음 글을 이해한 내용으로 적절하지 않은 것은?

　　고소설의 유통 방식은 '구연에 의한 유통'과 '문헌에 의한 유통'으로 나눌 수 있다. 구연에 의한 유통은 구연자가 소설을 사람들에게 읽어 주는 방식으로, 글을 모르는 사람들과 글을 읽을 수 있지만 남이 읽어 주는 것을 선호하는 이들을 대상으로 이루어졌다. 구연자는 '전기수'로 불렸으며, 소설 구연을 통해 돈을 벌던 전문적 직업인이었다. 하지만 이 방식은 문헌에 의한 유통에 비해 시간과 공간의 제약이 많아서 유통 범위를 넓히는 데 뚜렷한 한계가 있었다.

　　문헌에 의한 유통은 차람, 구매, 상업적 대여로 나눌 수 있다. 차람은 소설을 소유하고 있는 사람에게 직접 빌려서 보는 것으로, 알고 지내던 개인들 사이에서 이루어졌다. 구매는 서적 중개인에게 돈을 지불하고 책을 사는 것인데, 책값이 상당히 비쌌기 때문에 소설을 구매할 수 있는 사람은 그리 많지 않았다. 상업적 대여는 세책가에 돈을 지불하고 일정 기간 동안 소설을 빌려 보는 것이다. 세책가에서는 소설을 구매하는 것보다 훨씬 적은 비용으로 빌려 볼 수 있었기 때문에 경제적으로 넉넉하지 않은 사람도 소설을 쉽게 접할 수 있었다. 이로 인해 조선 후기 사회에서 세책가가 성행하게 되었다.

① 전기수는 글을 모르는 사람들에게 소설을 구연하였다.

② 차람은 알고 지내던 사람에게 대가를 지불하고 책을 빌려 보는 방식이다.

③ 문헌에 의한 유통은 구연에 의한 유통에 비해 시간과 공간의 제약이 적었다.

④ 조선 후기에 세책가가 성행한 원인은 소설을 구매하는 비용보다 세책가에서 빌리는 비용이 적다는 데 있다.

18 다음 글을 이해한 내용으로 가장 적절한 것은?

　　『삼국사기』는 본기 28권, 지 9권, 표 3권, 열전 10권의 체제로 되어 있다. 이 중 열전은 전체 분량의 5분의 1을 차지하며, 수록된 인물은 86명으로, 신라인이 가장 많고, 백제인이 가장 적다. 수록 인물의 배치에는 원칙이 있는데, 앞부분에는 명장, 명신, 학자 등을 수록했고, 다음으로 관직에 있지는 않았으나 기릴 만한 사람을 실었다.

　　반신(叛臣)의 경우 열전의 끝부분에 배치되어 있다. 이들을 수록한 까닭은 왕을 죽인 부정적 행적을 드러내어 반면교사로 삼는 데에 있었으나, 그 목적에 부합하지 않는 내용이 있어 흥미롭다. 가령 고구려의 연개소문은 반신이지만, 당나라에 당당히 대적한 민족적 영웅의 모습도 포함되어 있다. 흔히 『삼국사기』에 대해, 신라 정통론에 기반해 있으며, 유교적 사관에 따라 당시의 지배 질서를 공고히 하고자 했다고 평가한다. 하지만 연개소문의 사례에서 볼 수 있듯 『삼국사기』는 기존 평가와 달리 다면적이고 중층적인 역사 텍스트라고 할 수 있다.

① 『삼국사기』 열전에 고구려인과 백제인도 수록되었다는 점은 이 책이 신라 정통론을 계승하지 않았다는 것을 보여준다.

② 『삼국사기』 열전에 수록된 반신 중에는 이 책에 대한 기존 평가를 다르게 할 수 있는 사례가 있다.

③ 『삼국사기』 열전에는 기릴 만한 업적이 있더라도 관직에 오르지 못한 사람은 수록되지 않았다.

④ 『삼국사기』의 체제 중에서 열전이 가장 많은 권수를 차지한다.

19 다음 글에서 추론한 내용으로 적절하지 않은 것은?

> 프랑스에서 의무교육 제도를 실시하면서 정규학교에 입학하기 어려운 지적장애아, 학습부진아를 가려 내고자 하였다. 이에 기초 학습 능력 평가를 목적으로, 1905년 최초의 IQ 검사가 이루어졌다. 이 검사를 통해 비로소 인간의 지능을 구체적으로 수치화하고 객관적으로 비교할 수 있게 되었다.
>
> 이후 오랫동안 IQ가 높으면 똑똑한 사람, 그렇지 않으면 머리가 좋지 않고 학습에도 부진한 사람으로 판단했다. 물론 IQ가 높은 아이는 그렇지 않은 아이에 비해 읽기나 계산 등 사고 기능과 관련된 과목에서 높은 성취도를 보이는 경우가 많다. 이는 IQ 검사가 기초 학습에 필요한 최소 능력인 언어이해력, 어휘력, 수리력 등을 측정하기 때문이다. 학습의 기초 능력을 측정하는 IQ 검사에서 높은 점수를 받은 아이는 동일한 능력을 측정하는 학업 평가에서도 높은 점수를 받을 가능성이 크다. 하지만 문제는 IQ 검사가 인간의 지능 중 일부만을 측정한다는 점이다.

① 최초의 IQ 검사는 학습 능력이 우수한 아이를 고르기 위해 시행되었다.

② IQ 검사가 만들어지기 전에는 인간의 지능을 수치로 비교할 수 없었다.

③ IQ가 높은 아이라도 전체 지능은 높지 않을 수 있다.

④ IQ가 높은 아이가 읽기 능력이 좋을 확률이 높다.

20 다음 글에서 추론한 내용으로 적절하지 않은 것은?

> 한글은 소리를 나타내는 표음문자여서 한국어 문장을 읽는 데 학습해야 할 글자가 적지만, 한자는 음과 상관없이 일정한 뜻을 나타내는 표의문자여서 한문을 읽는 데 익혀야 할 글자 수가 훨씬 많다. 이러한 번거로움에도 한글과 달리 한자가 갖는 장점이 있다. 한글에서는 동음이의어, 즉 형태와 음이 같은데 뜻이 다른 단어가 많아 글자만으로 의미를 파악하지 못하는 경우가 많다. 하지만 한자는 그렇지 않다. 예컨대, 한글로 '사고'라고만 쓰면 '뜻밖에 발생한 사건'인지 '생각하고 궁리함'인지 구별할 수 없다. 한자로 전자는 '事故', 후자는 '思考'로 표기한다. 그런데 한자는 문맥에 따라 같은 글자가 다른 뜻으로 쓰이지는 않지만 다른 문장성분으로 사용되기도 해 혼란을 야기한다. 가령 '愛人'은 문맥에 따라 '愛'가 '人'을 수식하는 관형어일 때도, '人'을 목적어로 삼는 서술어일 때도 있는 것이다.

① 한문은 한국어 문장보다 문장성분이 복잡하다.

② '淨水'가 문맥상 '깨끗하게 한 물'일 때 '淨'은 '水'를 수식한다.

③ '愛人'에서 '愛'의 문장성분이 바뀌더라도 '愛'는 동음이의어가 아니다.

④ '의사'만으로는 '병을 고치는 사람'인지 '의로운 지사'인지 구별할 수 없다.

모바일 OMR

국어
일반행정직

01 밑줄 친 말의 쓰임이 옳지 않은 것은?

① 그는 아까운 능력을 썩히고 있다.
② 음식물 쓰레기를 썩혀서 거름으로 만들었다.
③ 나는 이제까지 부모님 속을 썩혀 본 적이 없다.
④ 그들은 새로 구입한 기계를 창고에서 썩히고 있다.

02 (가)~(라)를 고쳐 쓴 것으로 옳지 않은 것은?

> (가) 오빠는 생김새가 나하고는 많이 틀려.
> (나) 좋은 결실이 맺어졌으면 하는 바람입니다.
> (다) 내가 오직 바라는 것은 네가 잘됐으면 좋겠어.
> (라) 신은 인간을 사랑하기도 하지만 시련을 주기도 한다.

① (가): 오빠는 생김새가 나하고는 많이 달라.
② (나): 좋은 결실을 맺었으면 하는 바램입니다.
③ (다): 내가 오직 바라는 것은 네가 잘됐으면 좋겠다는 거야.
④ (라): 신은 인간을 사랑하기도 하지만 인간에게 시련을 주기도 한다.

03 사자성어의 쓰임이 적절하지 않은 것은?

① 그는 구곡간장(九曲肝腸)이 끊어지는 듯한 슬픔에 빠졌다.
② 학문의 정도를 걷지 않고 곡학아세(曲學阿世)하는 이가 있다.
③ 이유 없이 친절한 사람은 구밀복검(口蜜腹劍)일 수 있으니 조심해야 한다.
④ 신중한 태도로 문제의 본질에 접근하는 당랑거철(螳螂拒轍)의 자세가 필요하다.

04 다음 대화에서 나타난 '지민'의 의사소통 방식으로 가장 적절한 것은?

> 정수: 지난번에 너랑 같이 들었던 면접 전략 강의가 정말 유익했어.
> 지민: 그랬어? 나도 그랬는데.
> 정수: 특히 아이스크림 회사의 면접 내용이 도움이 많이 됐어.
> 지민: 맞아. 그중에서도 두괄식으로 답변하라는 첫 번째 내용이 정말 인상적이더라. 핵심 내용을 먼저 말하는 전략이 면접에서 그렇게 효과적일 줄 몰랐어.
> 정수: 어! 그래? 나는 두 번째 내용이 훨씬 더 인상적이었는데.
> 지민: 그랬구나. 하긴 아이스크림 매출 증가에 관한 통계 자료를 인용해서 답변한 전략도 설득력이 있었어. 하지만 초두 효과의 효용성도 크지 않을까 해.
> 정수: 그렇긴 해.

① 자신의 면접 경험을 예로 들어 상대방을 설득하고 있다.
② 상대방의 약점을 공략하며 상대방의 이견을 반박하고 있다.
③ 상대방의 견해를 존중하면서 자신의 의견을 제시하고 있다.
④ 상대방과의 갈등 해소를 위해 자신의 감정을 표현하고 있다.

05 다음 글에 대한 이해로 적절하지 않은 것은?

> 승상이 말을 마치기도 전에 구름이 걷히더니 노승은 간 곳이 없고 좌우를 돌아보니 팔낭자도 간 곳이 없었다. 승상이 놀라 어찌할 바를 모르는 중에 높은 대와 많은 집들이 한순간에 사라지고 자기의 몸은 작은 암자의 포단 위에 앉아 있었는데, 향로의 불은 이미 꺼져 있었고 지는 달이 창가에 비치고 있었다.
>
> 자신의 몸을 보니 백팔염주가 걸려 있고 머리를 손으로 만져보니 갓 깎은 머리털이 까칠까칠하더라. 완연한 소화상의 몸이요, 전혀 대승상의 위의가 아니었으니, 이에 제 몸이 인간 세상의 승상 양소유가 아니라 연화도량의 행자 성진임을 비로소 깨달았다.
>
> 그리고 생각하기를, '처음에 스승에게 책망을 듣고 풍도옥으로 가서 인간 세상에 환도하여 양가의 아들이 되었지. 그리고 장원급제를 하여 한림학사가 된 후 출장입상하고 공명신퇴하여 두 공주와 여섯 낭자로 더불어 즐기던 것이 다 하룻밤 꿈이었구나. 이는 필시 사부가 나의 생각이 그릇됨을 알고 나로 하여금 이런 꿈을 꾸게 하시어 인간 부귀와 남녀 정욕이 다 허무한 일임을 알게 하신 것이로다.'
>
> – 김만중, 「구운몽」에서 –

① '양소유'는 장원급제를 하여 한림학사가 되었다.
② '양소유'는 인간 세상에 환멸을 느껴 스스로 '성진'의 모습으로 되돌아왔다.
③ '성진'이 있는 곳은 인간 세상이 아니다.
④ '성진'은 자신의 외양을 통해 꿈에서 돌아왔음을 인식한다.

06 (가)~(라)의 ㉠~㉣에 대한 설명으로 적절하지 않은 것은?

> (가) 간밤의 부던 ᄇᆞ람에 눈서리 치단 말가
> ㉠ <u>낙락장송(落落長松)</u>이 다 기우러 가노ᄆᆡ라
> ᄒᆞ믈며 못다 핀 곳이야 닐러 무슴 ᄒᆞ리오.
>
> (나) 철령 노픈 봉에 쉬여 넘는 져 구름아
> 고신원루(孤臣冤淚)를 비 사마 씌여다가
> ㉡ <u>님</u> 계신 구중심처(九重深處)에 ᄲᅮ려 본들 엇ᄃᆞ리.
>
> (다) 이화우(梨花雨) 흣ᄲᅮ릴 제 울며 잡고 이별ᄒᆞᆫ 님
> 추풍낙엽(秋風落葉)에 ㉢ <u>저</u>도 날 ᄉᆡᆼ각ᄂᆞᆫ가
> 천리(千里)에 외로온 ᄭᅮᆷ만 오락가락 ᄒᆞ노매.
>
> (라) 삼동(三冬)의 뵈옷 닙고 암혈(巖穴)의 눈비 마자
> 구롬 낀 볏뉘도 ᄧᅵᆫ 적이 업건마ᄂᆞᆫ
> 서산의 ㉣ <u>ᄒᆡ</u> 디다 ᄒᆞ니 그를 셜워 ᄒᆞ노라.

① ㉠은 억울하게 해를 입은 충신을 가리킨다.
② ㉡은 궁궐에 계신 임금을 가리킨다.
③ ㉢은 헤어진 연인을 가리킨다.
④ ㉣은 오랜 세월을 함께한 벗을 가리킨다.

07 ㉠~㉢에 들어갈 말로 가장 적절한 것은?

> • 그들의 끈기가 이 경기의 승패를 [㉠]했다.
> • 올해 영화제 시상식은 11개 [㉡]으로 나뉜다.
> • 그 형제는 너무 닮아서 누가 동생이고 누가 형인지 [㉢]할 수 없다.

	㉠	㉡	㉢
①	가름	부문	구별
②	가름	부분	구분
③	갈음	부문	구별
④	갈음	부분	구분

08 다음 글의 '동기화 단계 조직'에 따라 (가)~(마)를 배열한 것으로 가장 적절한 것은?

> 설득하는 말하기의 메시지를 조직하는 방법으로 '동기화 단계 조직'이 있다. 이 방법의 세부 단계는 다음과 같다.
> 1단계: 주제에 대한 청자의 주의나 관심을 환기한다.
> 2단계: 특정 문제를 청자와 관련지어 설명함으로써 청자의 요구나 기대를 자극한다.
> 3단계: 해결 방안을 제시하여 청자의 이해와 만족을 유도한다.
> 4단계: 해결 방안이 청자에게 어떤 도움이 되는지 구체화한다.
> 5단계: 구체적인 행동의 내용과 방법을 제시하여 특정 행동을 요구한다.

> (가) 지난주 제 친구는 일을 마친 후 자전거를 타고 집으로 돌아오다가 사고를 당해 머리를 다쳤습니다.
> (나) 여러분이 자전거를 탈 때 헬멧을 착용하면 머리를 보호할 수 있습니다.
> (다) 아마 여러분도 가끔 자전거를 타는 경우가 있을 것입니다. 그런데 매년 2천여 명이 자전거를 타다가 머리를 다쳐 고생한다고 합니다.
> (라) 만약 자전거를 타는 모든 사람이 헬멧을 착용한다면 자전거 사고를 당해도 뇌손상을 비롯한 신체 피해를 75% 줄일 수 있습니다. 또 자전거 타기가 주는 즐거움과 편리함을 안전하게 누릴 수 있습니다.
> (마) 자전거를 탈 때는 안전을 위해서 반드시 헬멧을 착용하시기 바랍니다.

① (가) – (나) – (다) – (라) – (마)
② (가) – (다) – (나) – (라) – (마)
③ (가) – (다) – (라) – (나) – (마)
④ (가) – (라) – (다) – (나) – (마)

09 다음 글에 대한 이해로 적절하지 않은 것은?

> 국가정보자원관리원과 ○○시는 빅데이터 기반의 맞춤형 복지 서비스 분석 사업을 수행했다. 국가정보자원관리원은 자체 확보한 공공 데이터와 ○○시로부터 받은 복지 사업 관련 데이터를 활용하여 '복지 공감 지도'를 제작하고, 복지 기관 접근성 분석을 통해 취약 지역 지원 방안을 제시했다.
> 복지 공감 지도는 공간 분석 시스템을 활용하여 ○○시에 소재한 복지 기관들의 다양한 지원 항목과 이를 필요로 하는 복지 대상자, 독거노인, 장애인 등의 수급자 현황을 한눈에 확인할 수 있도록 구현한 것이다. 이 지도를 활용하면 복지 혜택이 필요한 지역과 수급자를 빨리 찾아낼 수 있으며, 생필품 지원이나 방문 상담 등 복지 기관의 맞춤형 대응이 가능하고, 최적의 복지 기관 설립 위치를 선정할 수 있다.
> 이 사업을 통해 ○○시는 그동안 복지 기관으로부터 도보로 약 15분 내 위치한 수급자에게 복지 혜택이 집중되고 있는 것도 확인했다. 이에 교통이나 건강 등의 문제로 복지 기관 방문이 어려운 수급자를 위해 맞춤형 복지 서비스가 절실하게 필요한 상황임을 발견하고, 복지 셔틀버스 노선을 4개 증설할 계획을 수립했다.

① 빅데이터를 활용하여 복지 사각지대를 줄이는 방안을 마련할 수 있다.
② 복지 기관과 수급자 거주지 사이의 거리는 복지 혜택의 정도에 영향을 준다.
③ 복지 기관 접근성 분석 결과는 복지 셔틀버스 노선 증설의 근거가 된다.
④ 복지 공감 지도로 복지 혜택에 대한 수급자들의 개별 만족도를 파악할 수 있다.

10 ㉠~㉣의 사례로 적절하지 않은 것은?

> 단어의 의미가 변화하는 양상은 다양하다. 첫째, "아침 먹고 또 공부하자."에서 '아침'은 본래의 의미인 '하루 중의 이른 시간'을 가리키지 않고 '아침에 먹는 밥'이라는 의미로 쓰인다. '밥'의 의미가 '아침'에 포함되어서 '아침'만으로도 '아침밥'의 의미를 표현하게 된 것으로, ㉠ 두 개의 단어가 긴밀한 관계여서 한쪽이 다른 한쪽의 의미까지 포함하는 의미로 변화하게 된 경우이다. 둘째, '바가지'는 원래 박의 껍데기를 반으로 갈라 썼던 물건을 가리켰는데, 오늘날에는 흔히 플라스틱 바가지를 가리킨다. 이것은 ㉡ 언어 표현은 그대로인데 시대의 변화에 따라 지시 대상 자체가 바뀌어서 의미 변화가 발생한 경우이다. 셋째, '묘수'는 본래 바둑에서 만들어진 용어이지만 일상적인 언어생활에서도 '쉽게 생각해 내기 어려운 좋은 방안'이라는 의미로 사용된다. 이는 ㉢ 특수한 영역에서 사용되던 말이 일반화되면서 단어의 의미가 변화한 경우에 해당한다. 넷째, 호랑이를 두려워하던 시절에 사람들은 '호랑이'라는 이름을 직접 부르기 꺼려서 '산신령'이라고 부르기도 했는데, 이는 ㉣ 심리적인 이유로 특정 표현을 피하려다 보니 그것을 대신하는 단어의 의미에 변화가 생긴 경우이다.

① ㉠: '아이들의 코 묻은 돈'에서 '코'는 '콧물'의 의미로 쓰인다.

② ㉡: '수세미'는 원래 식물의 이름이었지만 오늘날에는 '그릇을 씻는 데 쓰는 물건'이라는 의미로 쓰인다.

③ ㉢: '배꼽'은 일반적으로 '탯줄이 떨어지면서 배의 한가운데에 생긴 자리'를 가리키지만 바둑에서는 '바둑판의 한가운데'라는 의미로 쓰인다.

④ ㉣: 무서운 전염병인 '천연두'를 꺼려서 '손님'이라고 불렀다.

11 다음 글에 대한 이해로 적절하지 않은 것은?

> △△시 시장님께
>
> 안녕하십니까? 저는 △△시에서 농장을 운영하는 □□□입니다. 이렇게 글을 쓰게 된 것은 우리 농장 근처에 신축된 골프장의 빛 공해 문제에 대해 말씀드리기 위함입니다. 빛이 공해가 될 수 있다는 말이 다소 생소하실 수도 있습니다. 하지만 지나친 야간 조명이 식물의 성장에 부정적인 영향을 끼쳐 작물 수확량을 감소시킬 수 있음은 이미 여러 연구를 통해 입증된 바 있습니다. 좀 늦었지만 △△시에서도 이 문제에 대해 경각심을 가질 필요가 있습니다. 실제로 골프장이 야간 운영을 시작했을 때를 기점으로 우리 농장의 수확률이 현저히 낮아졌음을 제가 확인했습니다. 물론, 이윤을 추구하는 골프장의 야간 운영을 무조건 막는다면 골프장 측에서 반발할 것입니다. 그래서 계절에 따라 야간 운영 시간을 조정하거나 운영 제한에 따른 손실금을 보전해 주는 등의 보완책도 필요합니다. 또한 ○○군에서도 빛 공해 문제를 해결하기 위해 야간 조명의 조도를 조정하는 프로젝트를 진행한 바 있으니 참고해 보시기 바랍니다. 모쪼록 시장님께서 이 문제에 관심을 가지고 농장과 골프장이 상생할 수 있는 정책을 펼쳐 주시기를 부탁드립니다.

① 시장에게 빛 공해로 농장이 겪는 어려움에 대해 관심을 촉구하고 있다.

② 건의에 대한 신뢰성을 높이기 위해 인용한 자료의 출처를 밝히고 있다.

③ 다른 지역에서 야간 조명으로 인한 폐해를 해결하기 위해 노력한 사례를 언급하고 있다.

④ 골프장의 야간 운영을 제한할 때 예상되는 문제점과 그 해결 방안에 대해 제시하고 있다.

12 다음 대화의 ㉠~㉤에 대한 설명으로 적절하지 않은 것은?

> 이진: 태민아, ㉠ 이 책 읽어 봤니?
>
> 태민: 아니, ㉡ 그 책은 아직 읽어 보지 못했어.
>
> 이진: 그렇구나. 이 책은 작가의 문체가 독특해서 읽어 볼 만해.
>
> 태민: 응, 꼭 읽어 볼게. 한 권 더 추천해 줄래?
>
> 이진: 그럼 ㉢ 저 책은 어때? 한국 대중문화를 다양한 시각에서 다룬 재미있는 책이야.
>
> 태민: 그래, ㉣ 그 책도 함께 읽어 볼게.
>
> 이진: (두 책을 들고 계산대로 간다.) 읽어 보겠다고 하니, 생일 선물로 ㉤ 이 책 두 권 사 줄게.
>
> 태민: 고마워. 잘 읽을게.

① ㉠은 청자보다 화자에게, ㉡은 화자보다 청자에게 가까이 있는 대상을 가리킨다.

② ㉢은 화자보다 청자에게 멀리 있는 대상을 가리킨다.

③ ㉢과 ㉣은 같은 대상을 가리킨다.

④ ㉤은 ㉡과 ㉢ 모두를 가리킨다.

13 다음 글에 대한 이해로 적절하지 않은 것은?

> 아동이 부모의 소유물 또는 종족의 유지나 국가의 방위를 위한 수단으로 간주되었던 전근대사회에서는 아동의 권리에 대한 인식이 존재하지 않았다. 산업혁명으로 봉건제도가 붕괴되고 자본주의가 탄생한 근대사회에 이르러 구빈법에 따른 국가 개입과 민간단체의 자발적인 참여로 아동보호가 시작되었다.
>
> 1922년 잽 여사는 아동권리사상을 담아 아동권리에 대한 내용을 성문화하였다. 이를 기초로 1924년 국제연맹에서는 전문과 5개의 조항으로 된 「아동권리에 관한 제네바 선언」을 채택하였다. 여기에는 "아동은 물질적으로나 정신적으로 정상적인 발달을 위해 필요한 조건이 충족되어야 한다."라든지 "아동의 재능은 인류를 위해 쓰인다는 자각 속에서 양육되어야 한다." 등의 내용이 포함되었다.
>
> 그러나 여기에서도 아동은 보호의 객체로만 인식되었을 뿐 생존, 보호, 발달을 위한 적극적인 권리의 주체로 인식되지는 않았다. 최근에 와서야 국제사회의 노력에 힘입어 아동은 보호되어야 할 수동적인 존재에서 자신의 권리를 주장할 수 있는 능동적인 존재로 자리매김할 수 있게 되었다. 1989년 유엔총회에서 채택된 「아동권리협약」이 그것이다.
>
> 우리나라는 이를 토대로 2016년 「아동권리헌장」 9개 항을 만들었다. 이 헌장은 '생존과 발달의 권리', '아동이 최선의 이익을 보장 받을 권리', '차별 받지 않을 권리', '자신의 의견이 존중될 권리' 등 유엔의 「아동권리협약」의 네 가지 기본 원칙을 포함하고 있다. 또한 전문에는 아동의 권리와 더불어 "부모와 사회, 국가와 지방자치단체는 아동의 이익을 최우선으로 고려해야 하며, 다음과 같은 아동의 권리를 확인하고 실현할 책임이 있다."라고 명시하여 아동을 둘러싼 사회적 주체들의 책임을 명확히 하였다.

① 아동의 권리에 대한 인식은 근대 이후에 형성되었다.

② 「아동권리헌장」은 「아동권리협약」을 토대로 만들어졌다.

③ 「아동권리에 관한 제네바 선언」, 「아동권리협약」, 「아동권리헌장」에는 모두 아동의 발달에 대한 내용이 들어가 있다.

④ 「아동권리에 관한 제네바 선언」은 아동을 적극적인 권리의 주체로 인식함으로써 아동의 권리에 대한 진전된 성과를 이루었다.

14 다음 시에 대한 이해로 적절하지 않은 것은?

> 봄은
> 남해에서도 북녘에서도
> 오지 않는다.
>
> 너그럽고
> 빛나는
> 봄의 그 눈짓은,
> 제주에서 두만까지
> 우리가 디딘
> 아름다운 논밭에서 움튼다.
>
> 겨울은,
> 바다와 대륙 밖에서
> 그 매운 눈보라 몰고 왔지만
> 이제 올
> 너그러운 봄은, 삼천리 마을마다
> 우리들 가슴속에서
> 움트리라.
>
> 움터서,
> 강산을 덮은 그 미움의 쇠붙이들
> 눈 녹이듯 흐물흐물
> 녹여버리겠지.
>
> – 신동엽, 「봄은」 –

① 현실을 초월한 순수 자연의 세계를 노래하고 있다.
② 희망과 신념을 드러내는 단정적 어조로 표현하고 있다.
③ 시어들의 상징적인 의미를 통해 주제를 형성하고 있다.
④ '봄'과 '겨울'의 이원적 대립으로 시상을 전개하고 있다.

15 다음 글의 전개 순서로 가장 자연스러운 것은?

> (가) 이 기관을 잘 수리하여 정련하면 그 작동도 원활하게 될 것이요, 수리하지 아니하여 노둔해지면 그 작동도 막혀 버릴 것이니 이런 기관을 다스리지 아니하고야 어찌 그 사회를 고취하여 발달케 하리오.
> (나) 이러므로 말과 글은 한 사회가 조직되는 근본이요, 사회 경영의 목표와 지향을 발표하여 그 인민을 통합시키고 작동하게 하는 기관과 같다.
> (다) 말과 글이 없으면 어찌 그 뜻을 서로 통할 수 있으며, 그 뜻을 서로 통하지 못하면 어찌 그 인민들이 서로 이어져 번듯한 사회의 모습을 갖출 수 있으리오.
> (라) 그뿐 아니라 그 기관은 점점 녹슬고 상하여 필경은 쓸 수 없는 지경에 이를 것이니 그 사회가 어찌 유지될 수 있으리오. 반드시 패망을 면하지 못할지라.
> (마) 사회는 여러 사람이 그 뜻을 서로 통하고 그 힘을 서로 이어서 개인의 생활을 경영하고 보존하는 데에 서로 의지하는 인연의 한 단체라.
>
> – 주시경, 「대한국어문법 발문」에서 –

① (마) – (가) – (다) – (나) – (라)
② (마) – (가) – (라) – (다) – (나)
③ (마) – (다) – (가) – (라) – (나)
④ (마) – (다) – (나) – (가) – (라)

16 한자 표기가 옳지 않은 것은?

① 오늘 협상에서 만족(滿足)할 만한 성과를 거두었다.
② 김 위원의 주장을 듣고 그 의견에 동의하여 재청(再請)했다.
③ 우리 지자체의 해묵은 문제를 해결(解結)할 방안이 생각났다.
④ 다수가 그 의견에 동의하지 않았기에 재론(再論)이 필요하다.

17 다음 문장이 들어가기에 가장 적절한 곳을 ㉠~㉣에서 고르면?

> 신분에 따라 문체를 고착화하는 것을 인정하지 않았던 것이다.

> 유럽이 교회로부터 정신적으로 해방된 것은 그리스와 로마의 고대 작가들에 대한 재발견을 통해서였다. ㉠ 그 이후 고대 작가들의 문체는 귀족 중심의 유럽 문화에서 모범으로 여겨졌다. ㉡ 이러한 상황은 대략 1770년대에 시작되는 낭만주의에서부터 변화하기 시작했다. ㉢ 이 낭만주의 시기에 평등과 민주주의를 꿈꿨던 신흥 시민계급은 문학에서 운문과 영웅적 운명을 귀족에게만 전속시키고 하층민에게는 산문과 우스꽝스러운 상황을 배정하는 전통 시학을 거부했다. ㉣ 고전 문학은 더 이상 문학의 규범이 아니었으며, 문학을 현실의 모방으로 인식하는 태도도 포기되었다.

① ㉠

② ㉡

③ ㉢

④ ㉣

18 다음 글에 대한 이해로 적절하지 않은 것은?

> 정거장에 나온 박은 수염도 깎은 지 오래어 터부룩한 데다 버릇처럼 자주 찡그려지는 비웃는 웃음은 전에 못 보던 표정이었다. 그 다니는 학교에서만 지싯지싯* 붙어 있는 것이 아니라 이 시대 전체에서 긴치 않게 여기는, 지싯지싯 붙어 있는 존재 같았다. 현은 박의 그런 지싯지싯함에서 선뜻 자기를 느끼고 또 자기의 작품들을 느끼고 그만 더 울고 싶게 괴로워졌다.
>
> 한참이나 붙들고 섰던 손목을 놓고, 그들은 우선 대합실로 들어왔다. 할 말은 많은 듯하면서도 지껄여 보고 싶은 말은 골라낼 수가 없었다. 이내 다시 일어나 현은,
>
> "나 좀 혼자 걸어 보구 싶네."
>
> 하였다. 그래서 박은 저녁에 김을 만나 가지고 대동강가에 있는 동일관이란 요정으로 나오기로 하고 현만이 모란봉으로 온 것이다.
>
> 오면서 자동차에서 시가도 가끔 내다보았다. 전에 본 기억이 없는 새 빌딩들이 꽤 많이 늘어섰다. 그중에 한 가지 인상이 깊은 것은 어느 큰 거리 한 뿌다귀*에 벽돌 공장도 아닐 테요 감옥도 아닐 터인데 시뻘건 벽돌만으로, 무슨 큰 분묘와 같이 된 건축이 웅크리고 있는 것이다. 현은 운전사에게 물어보니, 경찰서라고 했다.
>
> – 이태준, 「패강랭」에서 –

> * 지싯지싯: 남이 싫어하는지는 아랑곳하지 아니하고 제가 좋아하는 것만 짓궂게 자꾸 요구하는 모양
> * 뿌다귀: '뿌다구니'의 준말로, 쑥 내밀어 구부러지거나 꺾어져 돌아간 자리

① '현'은 예전과 달라진 '박'의 태도가 자신의 작품 때문이라고 생각하고 있다.

② '현'은 자신과 비슷한 처지에 있는 '박'을 통해 자신을 연민하고 있다.

③ '현'은 새 빌딩들을 보고 도시가 많이 변화하고 있음을 인지하고 있다.

④ '현'은 시뻘건 벽돌로 만든 경찰서를 보고 암울한 분위기를 느끼고 있다.

19 다음 규정에 근거할 때 옳지 않은 것은?

> **한글 맞춤법 제30항**
>
> 사이시옷은 다음과 같은 경우에 받치어 적는다.
> (가) 순우리말로 된 합성어로서 앞말이 모음으로 끝나면서 뒷말의 첫소리가 된소리로 나는 것
> (나) 순우리말과 한자어로 된 합성어로서 앞말이 모음으로 끝나면서 뒷말의 첫소리가 된소리로 나는 것

① (가)에 따라 '아래＋집'은 '아랫집'으로 적는다.
② (가)에 따라 '쇠＋조각'은 '쇳조각'으로 적는다.
③ (나)에 따라 '전세＋방'은 '전셋방'으로 적는다.
④ (나)에 따라 '자리＋세'는 '자릿세'로 적는다.

20 글쓴이의 견해에 부합하는 것은?

> 문화란 공동체의 구성원들이 공유하는 생각과 행동 양식의 총체라고 할 수 있다. 문화를 연구하는 사람들의 주된 관심사는 특정 생각과 행동 양식이 하나의 공동체 안에서 전파되는 기제이다.
>
> 이에 대한 견해 중 하나는 문화를 생각의 전염이라는 각도에서 바라보는 것이다. 예컨대, 리처드 도킨스는 '밈(meme)'이라는 개념을 통해 생각의 전염 과정을 설명하고자 했다. 그에 따르면 문화는 복수의 밈으로 이루어져 있는데, 유전자에 저장된 생명체의 주요 정보가 번식을 통해 복제되어 개체군 내에서 확산되듯이, 밈 역시 유전자와 마찬가지로 공동체 내에서 복제를 통해 확산된다.
>
> 그러나 문화 전파의 기제를 설명하는 이론으로는 밈 이론보다 의사소통 이론이 더 적절해 보인다. 일례로, 요크셔 지역에 내려오는 독특한 푸딩 요리법은 누군가가 푸딩 만드는 것을 지켜본 후 그것을 그대로 따라 하는 방식으로 전파되었다기보다는 요크셔 푸딩 요리법에 대한 부모와 친척, 친구들의 설명을 통해 입에서 입으로 전파되고 공유되었을 가능성이 크다.
>
> 생명체의 경우와 달리 문화는 완벽하게 동일한 형태로 전파되지 않는다. 전파된 문화와 그것을 수용한 결과는 큰 틀에서는 비슷하더라도 세부적으로는 다를 수밖에 없다. 다시 말해 요크셔 지방의 푸딩 요리법은 다른 지방의 푸딩 요리법과 변별되는 특색을 지니는 동시에 요크셔 지방 내부에서도 가정이나 개인에 따라 약간씩의 차이를 보인다. 이는 푸딩 요리법의 수신자가 발신자가 전해 준 정보에다 자신의 생각을 덧붙였기 때문인데, 복제의 관점에서 문화의 전파를 설명하는 이론으로는 이와 같은 현상을 설명하기 어렵다. 반면, 의사소통 이론으로는 설명 가능하다. 이에 따르면 사람들은 자신이 들은 이야기를 남에게 전달할 때 들은 이야기에다 자신의 생각을 더해서 그 이야기를 전달하기 때문이다.

① 문화의 전파 기제는 밈 이론보다는 의사소통 이론으로 설명하는 것이 적절하다.
② 의사소통 이론에 따르면 문화의 수용 과정에는 수용 주체의 주관이 개입하지 않는다.
③ 의사소통 이론에 따르면 특정 공동체의 문화는 다른 공동체로 복제를 통해 전파될 수 있다.
④ 요크셔 푸딩 요리법이 요크셔 지방의 가정이나 개인에 따라 세부적인 차이를 보이는 현상은 밈 이론에 의해 설명할 수 있다.

✔ 회독 CHECK 1 2 3

01 언어 예절로 가장 적절한 것은?

① 지금부터 회장님의 말씀이 계시겠습니다.
② (시누이에게) 고모, 오늘 참 예쁘게 차려 입으셨네요?
③ (처음 자신을 소개하면서) 처음 뵙겠습니다. 박혜정입니다.
④ (다른 사람에게 자기 아내를 가리키며) 이쪽은 제 부인입니다.

02 다음 글의 주된 서술 방식은?

> 이지러는 졌으나 보름을 가제 지난 달은 부드러운 빛을 흐븟이 흘리고 있다. 대화까지는 칠십 리의 밤길. 고개를 둘이나 넘고 개울을 하나 건너고, 벌판과 산길을 걸어야 된다. 길은 지금 긴 산허리에 걸려 있다. 밤중을 지난 무렵인지 죽은 듯이 고요한 속에서 짐승 같은 달의 숨소리가 손에 잡힐 듯이 들리며, 콩 포기와 옥수수 잎새가 한층 달에 푸르게 젖었다.

① 묘사
② 설명
③ 유추
④ 분석

03 다음 글에 대한 이해로 적절하지 않은 것은?

> 연출자가 자신의 저작권을 침해당했다고 주장하기 위해서는 우선 그가 유효한 저작권을 소유하고 있어야 한다. 즉 저작권 보호 가능성이 있는 창작물이 필요하다. 다음으로 창작적인 표현을 도용당했는지 밝혀야 하는데, 이것이 쉽지 않다. 왜냐하면 연출자가 주관적으로 창작성이 있다고 느끼는 부분일지라도 객관적인 시각에서는 이미 공연 예술 무대에서 흔히 사용되는 표현 기법일 수 있고, 저작권법상 보호 대상이 아닌 아이디어의 요소와 보호 가능한 요소인 표현이 얽혀 있는 경우가 있기 때문이다. 쉬운 예로 셰익스피어를 보자. 그의 명작 중에 선대에 있었던 작품에 의거하지 않고 탄생한 작품이 있는가. 대부분의 연출자는 선행 예술가로부터 영향을 받아 창작에 임하는 것이 너무도 당연하고 자연스럽다. 따라서 무대 연출 작업 중에서 독보적인 창작을 걸러내서 배타적인 권한인 저작권을 부여하는 것은 매우 흔치 않은 경우이고, 후발 창작을 방해하는 요소로 작용할 수도 있다. 저작권법은 창작자에게 개인적인 인센티브를 제공하여 창작을 장려함과 동시에 일반 공중이 저작물을 원활하게 이용할 수 있도록 해야 하는 두 가지 가치의 균형을 이루는 것이 목표다.

① 무대연출의 창작적인 표현의 도용 여부를 밝히기는 쉽지 않다.
② 저작권 침해를 당했다고 주장하려면 유효한 저작권을 소유하고 있어야 한다.
③ 독보적인 무대연출 작업에 저작권을 부여한다고 해서 후발 창작에 방해가 되지는 않는다.
④ 저작권법의 목표는 창작자의 창작을 장려하고 일반 공중의 저작물 이용을 원활하게 하는 것이다.

04 ㉠~㉣의 고쳐 쓰기로 적절하지 않은 것은?

파놉티콘(panopticon)은 원형 평면의 중심에 감시탑을 설치해 놓고, 주변으로 빙 둘러서 죄수들의 방이 배치된 감시 시스템이다. 감시탑의 내부는 어둡게 되어 있는 반면 죄수들의 방은 밝아 교도관은 죄수를 볼 수 있지만, 죄수는 교도관을 바라볼 수 없다. 죄수가 잘못했을 때 교도관은 잘 보이는 곳에서 처벌을 가한다. 그렇게 수차례의 처벌이 있게 되면 죄수들은 실제로 교도관이 자리에 ㉠ 있을 때조차도 언제 처벌을 받을지 모르는 공포감에 의해서 스스로를 감시하게 된다. 이렇게 권력자에 의한 정보 독점 아래 ㉡ 다수가 통제된다는 점에서 파놉티콘의 디자인은 과거 사회 구조와 본질적으로 같았다.

현대사회는 다수가 소수의 권력자를 동시에 감시할 수 있는 시놉티콘(synopticon)의 시대가 되었다. 시놉티콘에 가장 크게 기여한 것은 인터넷의 ㉢ 동시성이다. 권력자에 대한 비판을 신변 노출 없이 자유롭게 표현할 수 있게 되었기 때문이다. 정보화 시대가 오면서 언론과 통신이 발달했고, ㉣ 특정인이 정보를 수용하고 생산하게 되었다. 그로 인해 사회에서 일어나는 일에 대한 비판적 인식 교류와 부정적 현실 고발 등 네티즌의 활동으로 권력자들을 감시하는 전환이 일어났다.

① ㉠을 '없을'로 고친다.
② ㉡을 '소수'로 고친다.
③ ㉢을 '익명성'으로 고친다.
④ ㉣을 '누구나가'로 고친다.

05 ㉠~㉣에 대한 이해로 가장 적절한 것은?

㉠ 산(山)새도 오리나무
위에서 운다
산새는 왜 우노, 시메산골
영(嶺) 넘어가려고 그래서 울지

눈은 내리네, 와서 덮이네
오늘도 하룻길은
㉡ 칠팔십 리(七八十里)
돌아서서 육십 리는 가기도 했소

㉢ 불귀(不歸), 불귀, 다시 불귀
삼수갑산에 다시 불귀
사나이 속이라 잊으련만
십오 년 정분을 못 잊겠네

산에는 오는 눈, 들에는 녹는 눈
산새도 오리나무
㉣ 위에서 운다
삼수갑산 가는 길은 고개의 길

— 김소월, 「산」 —

① ㉠은 시적 화자와 상반되는 처지에 놓여 있다.
② ㉡은 시적 화자에게 놓인 방랑길을 비유한다.
③ ㉢은 시적 화자의 이국 지향 의식을 강조한다.
④ ㉣은 시적 화자가 지닌 분노의 정서를 대변한다.

06 다음 글에 대한 감상으로 적절하지 않은 것은?

> "같이 가시지. 내 보기엔 좋은 여자 같군."
> "그런 거 같아요."
> "또 알우? 인연이 닿아서 말뚝 박구 살게 될지. 이런 때 아주 뜨내기 신셀 청산해야지."
> 영달이는 시무룩해져서 역사 밖을 멍하니 내다보았다. 백화는 뭔가 쑤군대고 있는 두 사내를 불안한 듯이 지켜보고 있었다. 영달이가 말했다.
> "어디 능력이 있어야죠."
> "삼포엘 같이 가실라우?"
> "어쨌든……."
> 영달이가 뒷주머니에서 꼬깃꼬깃한 오백 원짜리 두 장을 꺼냈다.
> "저 여잘 보냅시다."
> 영달이는 표를 사고 삼립빵 두 개와 찐 달걀을 샀다. 백화에게 그는 말했다.
> "우린 뒤차를 탈 텐데……. 잘 가슈."
> 영달이가 내민 것들을 받아 쥔 백화의 눈이 붉게 충혈되었다. 그 여자는 더듬거리며 물었다.
> "아무도…… 안 가나요?"
> "우린 삼포루 갑니다. 거긴 내 고향이오."
> 영달이 대신 정 씨가 말했다. 사람들이 개찰구로 나가고 있었다. 백화가 보퉁이를 들고 일어섰다.
> "정말, 잊어버리지…… 않을게요."
> 백화는 개찰구로 가다가 다시 돌아왔다. 돌아온 백화는 눈이 젖은 채로 웃고 있었다.
> "내 이름 백화가 아니에요. 본명은요…… 이점례예요."
> 여자는 개찰구로 뛰어나갔다. 잠시 후에 기차가 떠났다.
>
> — 황석영, 「삼포 가는 길」에서 —

① 정 씨는 영달이 백화와 함께 떠날 것을 권유했군.
② 백화는 영달의 선택이 어떤 것일지 몰라 불안했군.
③ 영달은 백화를 신뢰할 수 없었기 때문에 같이 떠나지 않았군.
④ 백화가 자신의 본명을 말한 것은 정 씨와 영달에 대한 고마움의 표현이었군.

07 다음 글의 전개 순서로 가장 자연스러운 것은?

> (가) 과거에는 고통만을 안겨 주었던 지정학적 조건이 이제는 희망의 조건이 되고 있습니다. 이제 한반도는 사람과 물자가 모여드는 동북아 물류와 금융, 비즈니스의 중심지가 될 것입니다. 우리가 주도해서 평화와 번영의 동북아 시대를 열어 나가야 합니다.
>
> (나) 100년 전 우리는 수난과 비극의 역사를 겪었습니다. 해양으로 나가려는 세력과 대륙으로 진출하려는 세력이 한반도를 가운데 놓고 싸움을 벌였습니다. 마침내 우리는 국권을 상실하는 아픔을 감수해야 했습니다.
>
> (다) 지금은 무력이 아니라 경제력이 국력을 좌우하는 시대입니다. 우리나라는 전쟁의 폐허를 극복하고 세계적인 경제 강국을 건설하고 있습니다. 우수한 인력과 세계 선두권의 정보화 기반을 갖추고 있습니다. 바다와 하늘과 땅을 연결하는 물류 기반도 손색이 없습니다.
>
> (라) 그 아픔은 분단으로 이어져서 오늘에 이르고 있습니다. 그 과정에서는 정의가 패배하고 기회주의가 득세하는 불행한 역사를 겪었습니다. 그러나 이제 우리에게도 새로운 희망의 시대가 열리고 있습니다. 세계의 변방으로 머물러 왔던 동북아시아가 북미·유럽 지역과 함께 세계 경제의 3대 축으로 떠오르고 있습니다.

① (가) - (나) - (다) - (라)
② (가) - (라) - (나) - (다)
③ (나) - (가) - (라) - (다)
④ (나) - (라) - (다) - (가)

08 다음 대화에 대한 설명으로 가장 적절한 것은?

> A: 예은 씨. 오늘 회의 내용을 팀원들에게 공유해 주시면 좋겠네요.
>
> B: 네. 알겠습니다. 팀장님, 오늘 회의 내용을 요약 정리해서 메일로 공유하면 되겠지요?
>
> A: (고개를 끄덕이며) 맞습니다.
>
> B: 네. 그럼 회의 내용은 개조식으로 요약하고, 팀장님을 포함해서 전체 팀원에게 메일로 보내도록 하겠습니다.
>
> A: 예은 씨. 그런데 개조식으로 회의 내용을 요약하는 방식에는 문제가 있지 않을까요?
>
> B: (고개를 끄덕이며) 그렇겠네요. 개조식으로 요약할 경우 회의 내용이 과도하게 생략되어 이해가 어려울 수 있겠네요.

① A는 B에게 내용 요약 방식을 제안하고 있다.

② A와 B는 대화 중에 공감의 표지를 드러내며 상대방의 말을 듣고 있다.

③ B는 회의 내용 요약 방식에 대한 A의 문제 제기에 대해 자신이 다른 입장임을 드러내고 있다.

④ A는 개조식 요약 방식이 회의 내용을 과도하게 생략하여 이해에 어려움을 줄 수 있다고 명시하고 있다.

09 다음 글에 대한 이해로 적절하지 않은 것은?

> 올해 A시는 '청소년 의회 교실' 운영에 관한 조례를 발표함으로써 청소년들이 지방의회의 역할과 기능을 이해하고 민주 시민으로서의 소양과 자질을 함양할 수 있는 근거를 마련하였다. 청소년 의회 교실이란 청소년을 대상으로 실시하는 의회 체험 프로그램을 의미한다. 여기에 참여할 수 있는 대상은 A시에 있는 학교에 재학 중인 만 19세 미만의 청소년이다. 이 조례에 따르면 시의회 의장은 의회 교실의 참가자 선정 및 운영 방안을 결정할 수 있다. 운영 방안에는 지방자치 및 의회의 기능과 역할, 민주 시민의 소양과 자질 등에 관한 교육 내용이 포함된다. 또한 시의회 의장은 고유 권한으로 본회의장 시설 사용이 가능하도록 지원할 수 있다. 최근 A시는 '수업 시간 스마트폰 사용 제한에 관한 조례안'을 주제로 본회의장에서 첫 번째 의회 교실을 운영하였다. 참석 학생들은 1일 시의원이 되어 의원 선서를 한 후 주제에 관한 자유 발언 시간을 가졌다. 이어서 관련 조례안을 상정한 후 찬반 토론을 거쳐 전자 투표로 표결 처리하였다. 학생들이 의회 과정 전반에 대해 체험할 수 있었던 뜻깊은 시간이었다.

① A시에 있는 학교의 만 19세 미만 재학생은 청소년 의회 교실에 참여할 수 있는 대상이다.

② A시의 시의회 의장은 청소년 의회 교실의 민주 시민 소양과 관련된 교육 내용을 결정할 수 있다.

③ A시에서 시행된 청소년 의회 교실에서 시의회 의장은 본회의장 시설을 사용하도록 지원해 주었다.

④ A시의 올해 청소년 의회 교실은 의원 선서, 조례안 상정, 자유 발언, 찬반 토론, 전자 투표의 순서로 진행되었다.

10 단어에 대한 설명으로 적절하지 않은 것은?

① 가난: 한자어 '간난'에서 'ㄴ'이 탈락하면서 된 말이다.

② 어리다: '어리석다'는 뜻에서 '나이가 적다'는 뜻으로 바뀐 말이다.

③ 수탉: 'ㅎ'을 종성으로 갖고 있던 '숳'에 '닭'이 합쳐져 이루어진 말이다.

④ 점잖다: '의젓함'을 나타내는 '점잔'에 '하다'가 붙어 형성된 말이다.

11 다음 글의 주제로 가장 적절한 것은?

　　예전에 '혐오'는 대중에게 관심을 끄는 말이 아니었지만, 요즘에는 익숙하게 듣는 말이 되었다. 이는 과거에 혐오가 존재하지 않았다는 말이 아니다. 단지 최근 몇 년 사이에 이 문제가 폭발하듯 가시화되었다는 뜻이다. 혐오 현상은 외계에서 뚝 떨어진 괴물이 만들어 낸 것이 아니라, 거기엔 자체의 역사와 사회적 배경이 반드시 선행한다.

　　이 문제를 바라볼 때 주의 사항이 있다. 혐오나 증오라는 특정 감정에 집착해선 안 된다는 것이다. 혐오가 주제인데 거기에 집중하지 말라니, 얼핏 이율배반처럼 들리지만 이는 매우 중요한 포인트다. 왜 혐오가 나쁘냐고 물어보면 많은 사람들은 이렇게 답한다. "나쁜 감정이니까 나쁘다.", "약자와 소수자를 차별하게 만드니까 나쁘다." 이 대답들은 분명 선량한 마음에서 나온 것이다. 하지만 문제의 성격을 오인하게 만들 수 있다. 혐오나 증오라는 감정에 집중할수록 우린 '달을 가리키는 손가락만 바라보는' 잘못을 범하기 쉬워진다.

　　인과관계를 혼동하면 곤란하다. 우리가 문제시하고 있는 각종 혐오는 자연 발생한 게 아니라 사회적으로 형성된 감정이다. 사회문제의 기원이나 원인이 아니라, 발현이며 결과다. 더 정확히 말하자면 혐오는 증상이다. 증상을 관찰하는 일은 중요하지만 거기에만 매몰되면 곤란하다. 우리는 혐오나 증오 그 자체를 사회악으로 지목해 도덕적으로 지탄하는 데서 그치지 말아야 한다.

① 혐오 현상에는 인과관계가 존재하지 않는다.

② 혐오 현상은 선량한 마음으로 바라보아야 한다.

③ 혐오 현상을 만들어 내는 근본 원인을 찾아야 한다.

④ 혐오라는 감정에 집중할수록 사회문제는 잘 보인다.

12 ㉠~㉣에 대한 이해로 적절하지 않은 것은?

有此茅亭好	이 멋진 ㉠ 초가 정자 있고
綠林細徑通	수풀 사이로 오솔길 나 있네
微吟一杯後	술 한 잔 하고 시를 읊조리면서
高座百花中	온갖 꽃 속에서 ㉡ 높다랗게 앉아 있네
丘壑長看在	산과 계곡은 언제 봐도 그대로건만
樓臺盡覺空	㉢ 누대는 하나같이 비어 있구나
莫吹紅一點	붉은 꽃잎 하나라도 흔들지 마라
老去惜春風	늙어갈수록 ㉣ 봄바람이 안타깝구나

－ 심환지, 「육각지하화원소정염운(六閣之下花園小亭拈韻)」 －

① ㉠: 시간적 흐름에 따른 시상 전개를 매개하고 있다.

② ㉡: 시적 화자의 초연한 태도를 드러내고 있다.

③ ㉢: 자연에 대비되는 쇠락한 인간사를 암시하고 있다.

④ ㉣: 꽃잎을 흔드는 부정적 이미지로 기능하고 있다.

13 밑줄 친 단어 중 사람의 몸을 지시하는 말이 포함되지 않은 것은?

① 선생님께서는 슬하에 세 명의 자녀를 두셨다고 한다.

② 그는 수완이 좋아서 사람들에게 인정을 받는다.

③ 여러 팀이 우승을 위해 긴 시간 동안 각축을 벌였다.

④ 사업단의 발족으로 미뤄 뒀던 일들이 진행되기 시작했다.

14 ㉠과 ㉡에 대한 설명으로 가장 적절한 것은?

> (가) ㉠ 계월이 여자 옷을 벗고 갑옷과 투구를 갖춘 후 용봉황월(龍鳳黃鉞)과 수기를 잡아 행군해 별궁에 자리를 잡았다. 그리고 군사를 시켜 보국에게 명령을 전하니 보국이 전해져 온 명령을 보고 화가 머리끝까지 났다. 그러나 보국은 예전에 계월의 위엄을 보았으므로 명령을 거역하지 못해 갑옷과 투구를 갖추고 군문에 대령했다.
>
> 　이때 계월이 좌우를 돌아보며 말했다.
>
> 　"보국이 어찌 이다지도 거만한가? 어서 예를 갖추어 보이라."
>
> 　호령이 추상과 같으니 군졸의 대답 소리로 장안이 울릴 정도였다. 보국이 그 위엄을 보고 겁을 내어 갑옷과 투구를 끌고 몸을 굽히고 들어가니 얼굴에서 땀이 줄줄 흘러내렸다.
>
> 　　　　　　　　　　　－ 작자 미상, 「홍계월전」에서 －
>
> (나) 장끼 고집 끝끝내 굽히지 아니하여 ㉡ 까투리 홀로 경황없이 물러서니, 장끼란 놈 거동 보소. 콩 먹으러 들어갈 제 열두 장목 펼쳐 들고 꾸벅꾸벅 고개 조아 조츰조츰 들어가서 반달 같은 혀뿌리로 들입다 꽉 찍으니, 두 고패 둥그레지며 …(중략)… 까투리 하는 말이
>
> 　"저런 광경 당할 줄 몰랐던가. 남자라고 여자의 말 잘 들어도 패가하고, 계집의 말 안 들어도 망신하네."
>
> 　까투리 거동 볼작시면, 상하평전 자갈밭에 자락머리 풀어 놓고 당굴당굴 뒹굴면서 가슴치고 일어앉아 잔디풀을 쥐어뜯어 애통하며, 두 발로 땅땅 구르면서 붕성지통(崩城之痛) 극진하니, 아홉 아들 열두 딸과 친구 벗님네들도 불쌍타 의논하며 조문 애곡하니 가련 공산 낙망천에 울음소리뿐이로다.
>
> 　　　　　　　　　　　－ 작자 미상, 「장끼전」에서 －

① ㉠과 ㉡은 모두 상대에 비해 우월한 지위를 가지고 있다.

② ㉠이 상대의 행동을 비판하는 반면, ㉡은 옹호하고 있다.

③ ㉠이 갈등 상황을 타개하는 데 적극적인 반면, ㉡은 소극적이다.

④ ㉠이 주변으로부터 호의적인 반응을 얻은 반면, ㉡은 적대적인 반응을 얻는다.

15 밑줄 친 말의 쓰임이 올바른 것은?

① 습관처럼 중요한 말을 되뇌이는 버릇이 있다.

② 나는 친구 집을 찾아 골목을 헤매이고 다녔다.

③ 너무 급하게 밥을 먹으면 목이 메이기 마련이다.

④ 그는 어린 시절 기계에 손가락이 끼이는 사고를 당했다.

16 밑줄 친 부분의 한자 표기가 옳지 않은 것은?

① 우리 시대 영웅으로 소방관(消防官)이 있다.

② 과학자(科學者)는 청소년들이 선망하는 직업이다.

③ 그는 인공지능 연구소의 연구원(研究員)이 되었다.

④ 그는 법원의 명령에 따라 변호사(辯護事)로 선임되었다.

17 다음 글에 대한 이해로 적절하지 않은 것은?

> 르네상스가 일어나게 된 요인으로 많은 것들이 거론되어 왔지만, 의학사의 관점에서 볼 때 흥미롭고 논쟁적인 원인은 페스트이다. 페스트가 유럽의 인구를 격감시킴으로써 사회 경제 구조가 급변하게 되었고, 사람들은 재래의 전통이 지니고 있던 강력한 권위에 의문을 품기 시작했다. 예컨대 사람들은 이 무시무시한 질병을 예측하지 못한 기존의 의학적 전통을 불신하게 되었으며, 페스트로 인해 '사악한 자'들만이 아니라 '선량한 자'들까지 무차별적으로 죽는 것을 보고 이전까지 의심하지 않았던 신과 교회의 막강한 권위에 대해서도 회의하게 되었다.
>
> 속수무책으로 당할 수밖에 없었던 죽음에 대한 경험은 사람들을 여러 방향에서 변화시켰다. 사람들은 거리에 시체가 널려 있는 광경에 익숙해졌고, 인간의 유해에 대한 두려움 또한 점차 옅어졌다. 교회에서 제시한 세계관 및 사후관에 대한 신뢰가 떨어지고, 삶과 죽음 같은 인간의 본질적인 문제에 대해 새롭게 사유하기 시작했다. 중세의 지적 전통에 대한 의구심은 고대의 학문과 예술, 언어에 대한 재평가로 이어졌으며, 이에 따라 신에 대한 무조건적 찬양과 복종 대신 인간에 대한 새로운 관심과 사유가 활발해졌다.
>
> 이러한 움직임은 미술사에서 두드러지게 포착된다. 인간에 대한 관심의 증대에 따라 인체의 아름다움이 재발견되었고, 인체를 묘사하는 다양한 화법도 등장했다. 인체에 대한 관심은 보이는 부분뿐만 아니라 보이지 않는 부분에 대한 관심으로 이어졌다. 기존의 의학적 전통을 여전히 신봉하던 의사들에게 해부학적 지식은 불필요한 것으로 인식되었던 반면, 당시의 미술가들은 예술가이면서 동시에 해부학자이기도 할 만큼 인체의 내부 구조를 탐색하는 데 골몰했다.

① 전염병의 창궐은 르네상스의 발생을 설명하는 다양한 요인 가운데 하나이다.

② 페스트로 인한 선인과 악인의 무차별적인 죽음은 교회가 유지하던 막강한 권위를 약화시켰다.

③ 예술가들이 인체의 아름다움을 재발견함으로써 고대의 학문과 언어에 대한 재평가도 이루어졌다.

④ 르네상스 시기에 해부학은 의사들보다도 미술가들의 관심을 끌었다.

18 밑줄 친 부분에 어울리는 한자성어로 가장 적절한 것은?

> 추사 김정희의 '세한도'는 글씨를 쓰다 남은 먹을 버리기 아까워 그린 듯이 갈필(渴筆)의 거친 선 몇 개로 이루어져 있다. 정말 큰 기교는 겉으로 보기에는 언제나 서툴러 보이는 법이다. 그러나 대가의 덤덤한 듯, 툭 던지는 한마디는 예리한 비수가 되어 독자의 의식을 헤집는다.

① 巧言令色
② 寸鐵殺人
③ 言行一致
④ 街談巷說

19 다음 글에서 추론한 내용으로 가장 적절한 것은?

> 논리실증주의자들에 따르면, 만약 어떤 것이 과학일 경우 거기에서 사용되는 문장은 유의미하다. 그들은 유의미한 문장의 기준으로 소위 '검증 원리'라고 불리는 것을 제안했다. 검증 원리란, 경험을 통해 참이나 거짓을 검증할 수 있는 문장은 유의미하고 그렇지 않은 문장은 유의미하지 않다는 것이다. 다음 두 문장을 예로 생각해 보자.
>
> (가) 달의 다른 쪽 표면에 산이 있다.
> (나) 절대자는 진화와 진보에 관계하지만, 그 자체는 진화하거나 진보하지 않는다.
>
> 위 두 문장 중 경험을 통해 검증할 수 있는 것은 무엇인가? 비록 현실적으로 큰 비용이 들기는 하지만 (가)는 분명히 경험을 통해 진위를 밝힐 수 있다. 즉 우리는 (가)의 진위를 확정하기 위해서 무엇을 경험해야 하는지 알고 있다는 것이다. 이런 점에 근거하여 논리실증주의자들은 (가)는 검증할 수 있고, 유의미한 문장이라고 판단한다. 그럼 (나)는 어떠한가? 우리는 무엇을 경험해야 (나)의 진위를 확정할 수 있는가? 논리실증주의자들은 그런 것은 없다고 주장하고, 이에 (나)는 검증할 수 없고 과학에서 사용될 수 없는 무의미한 문장이라고 말한다.

① 논리실증주의자들에 따르면 무의미한 문장을 사용하는 것은 과학이 아니다.

② 논리실증주의자들에 따르면 과학의 문장들만이 유의미하다.

③ 검증 원리에 따르면 아직까지 경험되지 않은 것을 언급한 문장은 무의미하다.

④ 검증 원리에 따르면 거짓인 문장은 무의미하다.

20 다음 글에서 추론할 수 있는 것만을 〈보기〉에서 모두 고르면?

> 컴퓨터에는 자유의지가 있을까? 나아가 컴퓨터에 도덕적 의무를 귀속시킬 수 있을까? 컴퓨터는 다양한 전기회로로 구성되어 있고, 물리법칙, 프로그래밍 방식, 하드웨어의 속성 등에 따라 필연적으로 특정한 초기 상태로부터 다음 상태로 넘어간다. 마찬가지로 두 번째 상태에서 세 번째 상태로 이동하고, 이러한 과정이 계속해서 이어진다. 즉 컴퓨터는 결정론적 법칙의 지배를 받는 시스템이라는 것이다. 그럼 이러한 시스템에는 자유의지가 있을까?
>
> 결정론적 법칙의 지배를 받는 시스템의 중요한 특징은 주어진 조건에 따라 결과가 하나로 고정된다는 점이다. 다시 말해, 이러한 시스템에는 항상 하나의 선택지만 있을 뿐이다. 그런 뜻에서 결정론적 지배를 받는다는 것과 자유의지를 가진다는 것은 양립할 수 없음이 분명하다. 어떤 선택을 할 때 그것과 다른 선택을 할 수도 있다는 것은 자유의지의 필요조건이기 때문이다. 결국 결정론적 법칙의 지배를 받는 시스템은 자유의지를 가지지 않는다. 또한 자유의지를 가지지 않는 시스템에 도덕적 의무를 귀속시킬 수 없음은 당연하다.

〈보 기〉

㉠ 컴퓨터는 자유의지를 가지지 않으며 도덕적 의무의 귀속 대상일 수도 없다.

㉡ 도덕적 의무를 귀속시킬 수 있는 시스템은 결정론적 법칙의 지배를 받지 않는다.

㉢ 어떤 선택을 할 때 그것과 다른 선택을 할 수 없는 시스템은 자유의지를 가지지 않는다.

① ㉠, ㉡

② ㉠, ㉢

③ ㉡, ㉢

④ ㉠, ㉡, ㉢

국어 | 2021년 국가직 9급

01 맞춤법에 맞는 것만으로 묶은 것은?

① 돌나물, 꼭지점, 페트병, 낚시꾼
② 흡입량, 구름양, 정답란, 칼럼난
③ 오뚝이, 싸라기, 법석, 딱다구리
④ 찻간(車間), 홧병(火病), 셋방(貰房), 곳간(庫間)

02 ㉠의 단어와 의미가 같은 것은?

> 친구에게 줄 선물을 예쁜 포장지에 ㉠ 싼다.

① 사람들이 안채를 겹겹이 싸고 있다.
② 사람들은 봇짐을 싸고 산길로 향한다.
③ 아이는 몇 권의 책을 싼 보퉁이를 들고 있다.
④ 내일 학교에 가려면 책가방을 미리 싸 두어라.

03 가장 자연스러운 문장은?

① 날씨가 선선해지니 역시 책이 잘 읽힌다.
② 이렇게 어려운 책을 속독으로 읽는 것은 하늘의 별 따기이다.
③ 내가 이 일의 책임자가 되기보다는 직접 찾기로 의견을 모았다.
④ 그는 시화전을 홍보하는 일과 시화전의 진행에 아주 열성적이다.

04 다음 글의 설명 방식으로 적절하지 않은 것은?

> 빛 공해란 인공조명의 과도한 빛이나 조명 영역 밖으로 누출되는 빛이 인간의 건강하고 쾌적한 생활을 방해하거나 환경에 피해를 주는 상태를 말한다. 국제 과학 저널인 『사이언스 어드밴스』의 '전 세계 빛 공해 지도'에 따르면, 우리나라는 빛 공해가 심각한 국가이다. 빛 공해는 멜라토닌 부족을 초래해 인간에게 수면 부족과 면역력 저하 등의 문제를 유발하고, 농작물의 생산량 저하, 생태계 교란 등의 문제를 일으킨다.

① 빛 공해의 정의를 제시하고 있다.
② 빛 공해의 주요 요인인 인공조명의 누출 원인을 제시하고 있다.
③ 자료를 인용하여 빛 공해가 심각한 국가로 우리나라를 제시하고 있다.
④ 사례를 들어 빛 공해의 악영향을 제시하고 있다.

05 ㉠, ㉡의 사례로 옳은 것만을 짝 지은 것은?

> 용언의 불규칙 활용은 크게 ㉠ 어간만 불규칙하게 바뀌는 부류, ㉡ 어미만 불규칙하게 바뀌는 부류, 어간과 어미 둘 다 불규칙하게 바뀌는 부류로 나눌 수 있다.

	㉠	㉡
①	걸음이 **빠름**	꽃이 **노람**
②	잔치를 **치름**	공부를 **함**
③	라면이 **불음**	합격을 **바람**
④	우물물을 **품**	목적지에 **이름**

06 ㉠~㉣의 의미로 적절하지 않은 것은?

> 二月ㅅ 보로매 아으 노피 ㉠ 현 燈ㅅ블 다호라
> 萬人 비취실 즈싀샷다 아으 動動다리
> 三月 나며 開き 아으 滿春 돌욋고지여
> ㄴ믹 브롤 ㉡ 즈슬 디녀 나샷다 아으 動動다리
> 四月 아니 ㉢ 니저 아으 오실셔 곳고리새여
> ㉣ 므슴다 錄事니문 녯 나를 닛고신뎌 아으 動動다리
> — 작자 미상, 「動動」에서 —

① ㉠은 '켠'을 의미한다.
② ㉡은 '모습을'을 의미한다.
③ ㉢은 '잊어'를 의미한다.
④ ㉣은 '무심하구나'를 의미한다.

07 한자 표기가 옳은 것은?

① 그분은 냉혹한 현실(現室)을 잘 견뎌 냈다.
② 첫 손님을 야박(野薄)하게 대해서는 안 된다.
③ 그에게서 타고난 승부 근성(謹性)이 느껴진다.
④ 그는 평소 희망했던 기관에 채용(債用)되었다.

08 다음 토의에 대한 설명으로 적절하지 않은 것은?

> 사회자: 오늘의 토의 주제는 '통일 시대의 남북한 언어가 나아갈 길'입니다. 먼저 최○○ 교수님께서 '남북한 언어 차이와 의사소통'이라는 제목으로 발표해 주시겠습니다.
> 최 교수: 남한과 북한의 말은 비슷하지만 다른 점이 있습니다. 남한과 북한의 어휘 차이가 대표적입니다. 남한과 북한의 어휘 차이를 분석한 결과, …(중략)… 앞으로도 남북한 언어 차이에 대한 연구가 지속되어야 합니다.
> 사회자: 이로써 최 교수님의 발표를 마치겠습니다. 다음은 정○○ 박사님의 '남북한 언어의 동질성 회복 방안'에 대한 발표가 있겠습니다.
> 정 박사: 앞으로 통일을 대비해 남북한 언어의 다른 점을 줄여 나가는 노력이 필요합니다. 실제로도 남한과 북한의 학자들로 구성된 '겨레말큰사전 편찬위원회'에서는 남북한 공통의 사전인 『겨레말큰사전』을 만들며 서로의 차이를 이해하고 받아들이기 위한 노력을 하고 있습니다. …(중략)…
> 사회자: 그러면 질의응답이 있겠습니다. 시간상 간략하게 질문해 주시기 바랍니다.
> 청중 A: 두 분의 말씀 잘 들었습니다. 남북한 언어의 차이와 이를 극복하는 방안을 말씀하셨는데요. 그렇다면 통일 시대에 대비한 언어 정책에는 무엇이 있을까요?

① 학술적인 주제에 대해 발표 형식으로 진행되고 있다.
② 사회자는 발표자 간의 이견을 조정하여 의사결정을 유도하고 있다.
③ 발표자는 주제에 대한 자신의 견해를 밝혀 청중에게 정보를 제공하고 있다.
④ 청중 A는 발표자의 발표 내용을 확인하고 주제와 관련된 질문을 하고 있다.

09 ㉠~㉣은 '공손하게 말하기'에 대한 설명이다. ㉠~㉣을 적용한 B의 대답으로 적절하지 않은 것은?

> ㉠ 자신을 상대방에게 낮추어 겸손하게 말해야 한다.
> ㉡ 상대방의 처지를 고려하여 상대방이 부담을 갖지 않도록 말해야 한다.
> ㉢ 상대방이 관용을 베풀 수 있도록 문제를 자신의 탓으로 돌려 말해야 한다.
> ㉣ 상대방의 의견에서 동의하는 부분을 찾아 인정해 준 다음에 자신의 의견을 말해야 한다.

① ㉠ ┌ A: "이번에 제출한 디자인 시안 정말 멋있었어."
      └ B: "아닙니다. 아직도 여러모로 부족한 부분이 많습니다."

② ㉡ ┌ A: "미안해요. 생각보다 길이 많이 막혀서 늦었어요."
      └ B: "괜찮아요. 쇼핑하면서 기다리니 시간 가는 줄 몰랐어요."

③ ㉢ ┌ A: "혹시 내가 설명한 내용이 이해 가니?"
      └ B: "네 목소리가 작아서 내용이 잘 안 들렸는데 다시 한 번 크게 말해 줄래?"

④ ㉣ ┌ A: "가원아, 경희 생일 선물로 귀걸이를 사주는 것은 어때?"
      └ B: "그거 좋은 생각이네. 하지만 경희의 취향을 우리가 잘 모르니까 귀걸이 대신 책을 선물하는 게 어떨까?"

10 하버마스의 주장에 부합하는 사례로 가장 적절한 것은?

> 하버마스는 18세기부터 현대까지 미디어의 등장 배경과 발전 과정을 분석하면서, 공공 영역의 부상과 쇠퇴를 추적했다. 하버마스에게 공공 영역은 일반적 쟁점에 대한 토론과 의견을 형성하는 공공 토론의 민주적 장으로서 역할을 한다.
>
> 하버마스는 17세기와 18세기 유럽 도시의 살롱에서 당시의 공공 영역을 찾았다. 비록 소수의 사람들만이 살롱 토론 문화에 참여했으나, 공공 토론을 통해 정치적 문제를 해결하는 논리를 도입할 수 있었기 때문에 살롱이 초기 민주주의 발전에 중요한 역할을 했다고 그는 주장한다. 적어도 살롱 문화의 원칙에서 공개적 토론을 위한 공공 영역은 각각의 참석자들에게 동등한 자격을 부여했다.
>
> 그러나 하버마스에 따르면, 현대 사회에서 민주적 토론은 문화 산업의 발달과 함께 퇴보했다. 대중매체와 대중오락의 보급은 공공 영역이 공허해지는 원인으로 작용했다. 상업적 이해관계는 공공의 이해관계에 우선하게 되었다. 공공 여론은 개방적이고 합리적 토론을 통해서가 아니라 광고에서처럼 조작과 통제를 통해 형성되고 있다.
>
> 미디어가 점차 상업화되면서 하버마스가 주장한 대로 공공 영역이 침식당하고 있다. 상업화된 미디어는 광고 수입에 기대어 높은 시청률과 수익을 보장하는 콘텐츠 제작만을 선호하게 되었다. 그 결과 공적 주제에 대한 시민들의 논의와 소통의 장이 줄어들어 결과적으로 공공 영역이 축소되었다. 많은 것을 약속한 미디어는 이제 민주주의 문제의 일부로 변해 버린 것이다.

① 살롱 문화에서 특정 사회 계층에 대한 비판적인 토론은 허용되지 않았다.

② 인터넷의 발달과 보급은 상업적 광고뿐만 아니라 공익 광고도 증가시켰다.

③ 글로벌 미디어가 발달하더라도 국제 사회의 공공 영역은 공허해지지 않는다.

④ 수익성 위주의 미디어 플랫폼과 콘텐츠가 더 많아지면서 민주적 토론이 감소되었다.

11 ㉠~㉤의 전개 순서로 가장 자연스러운 것은?

> 폭설, 즉 대설이란 많은 눈이 시간적, 공간적으로 집중되어 내리는 현상을 말한다.
> ㉠ 그런데 눈은 한 시간 안에 5cm 이상 쌓일 수 있어 순식간에 도심 교통을 마비시키는 위력을 가지고 있다.
> ㉡ 또한, 경보는 24시간 신적설이 20cm 이상 예상될 때이다.
> ㉢ 다만, 산지는 24시간 신적설이 30cm 이상 예상될 때 발령된다.
> ㉣ 이때 대설의 기준으로 주의보는 24시간 새로 쌓인 눈이 5cm 이상이 예상될 때이다.
> ㉤ 이뿐만 아니라 운송, 유통, 관광, 보험을 비롯한 서비스 업종과 사회 전반에 영향을 미친다.

① ㉠ - ㉤ - ㉡ - ㉢ - ㉣
② ㉠ - ㉣ - ㉤ - ㉢ - ㉡
③ ㉣ - ㉡ - ㉢ - ㉠ - ㉤
④ ㉣ - ㉠ - ㉤ - ㉢ - ㉡

12 다음 글의 사례로 적절하지 않은 것은?

> 인간은 언어를 사용하며 언어는 인간의 사고, 사회, 문화를 반영한다. 인간의 지적 능력이 발달하게 된 것은 바로 언어를 사용하기 때문이다.
> 언어와 사고는 기본적으로 상호작용을 한다. 둘 중 어느 것이 먼저 발달하고 어떻게 영향을 주는지는 알 수 없다. 그러나 언어와 사고가 서로 깊은 관계를 맺고 있다는 사실은 여러 가지 근거를 통해서 뒷받침된다.

① 영어의 '쌀(rice)'에 해당하는 우리말에는 '모', '벼', '쌀', '밥' 등이 있다.
② 어떤 사람은 산도 파랗다고 하고, 물도 파랗다고 하고, 보행신호의 녹색등도 파랗다고 한다.
③ 일상생활에서 어떠한 사물의 개념은 머릿속에서 맴도는데도 그 명칭을 떠올리지 못할 때가 있다.
④ 우리나라는 수박(watermelon)은 '박'의 일종으로 보지만 어떤 나라는 '멜론(melon)'에 가까운 것으로 파악한다.

13 다음 글의 주된 서술 방식은?

> 변지의가 천 리 길을 마다하지 않고 나를 찾아왔다. 내가 그 뜻을 물었더니, 문장 공부를 하기 위해 나를 찾아왔다고 했다. 때마침 이날 우리 아이들이 나무를 심었기에 그 나무를 가리켜 이렇게 말해 주었다. "사람이 글을 쓰는 것은 나무에 꽃이 피는 것과 같다. 나무를 심는 사람은 가장 먼저 뿌리를 북돋우고 줄기를 바로잡는 일에 힘써야 한다. …(중략)… 나무의 뿌리를 북돋아 주듯 진실한 마음으로 온갖 정성을 쏟고, 줄기를 바로잡듯 부지런히 실천하며 수양하고, 진액이 오르듯 독서에 힘쓰고, 가지와 잎이 돋아나듯 널리 보고 들으며 두루 돌아다녀야 한다. 그렇게 해서 깨달은 것을 헤아려 표현한다면 그것이 바로 좋은 글이요, 사람들이 칭찬을 아끼지 않는 훌륭한 문장이 된다. 이것이야말로 참다운 문장이라고 할 수 있다."

① 서사
② 분류
③ 비유
④ 대조

14 다음 글에 대한 이해로 적절하지 않은 것은?

> 언어마다 고유의 표기 체계가 있는데, 이는 읽기 과정에 영향을 미친다. 알파벳 언어는 표기 체계에 따라 철자 읽기의 명료성 수준이 달라진다. 철자 읽기가 명료하다는 것은 한 글자에 대응되는 소리가 규칙적이어서 글자와 소리의 대응이 거의 일대일이라는 것을 의미한다. 그 예로 이탈리아어와 스페인어가 있다. 이 두 언어의 사용자는 의미를 전혀 모르는 새로운 단어를 발견하더라도 보자마자 정확한 발음을 할 수 있다. 이에 비해 영어는 철자 읽기의 명료성이 낮은 언어이다. 영어는 발음이 아예 나지 않는 묵음과 같은 예외도 많은 편이고 글자에 대응하는 소리도 매우 다양하다.
>
> 한편 알파벳 언어를 읽을 때 사용하는 뇌의 부위는 유사하지만 뇌의 부위에 의존하는 방식에는 차이가 있다. 영어와 이탈리아어를 읽는 사람은 동일하게 좌반구의 읽기 네트워크를 사용한다. 하지만 무의미한 단어를 읽을 때 영어를 읽는 사람은 암기된 단어의 인출과 연관된 뇌 부위에 더 의존하는 반면 이탈리아어를 읽는 사람은 음운 처리에 연관된 뇌 부위에 더 의존한다. 왜냐하면 무의미한 단어를 읽을 때 이탈리아어를 읽는 사람은 규칙적인 음운 처리 규칙을 적용하는 반면에, 영어를 읽는 사람은 암기해 둔 수많은 예외들을 떠올리기 때문이다.

① 알파벳 언어의 철자 읽기는 소리와 표기의 대응과 관련되는데, 각 소리가 지닌 특성은 철자 읽기의 명료성을 판단하는 기준이 된다.
② 영어 사용자는 무의미한 단어를 읽을 때 좌반구의 읽기 네트워크를 활용하면서 암기된 단어의 인출과 연관된 뇌 부위에 더욱 의존한다.
③ 이탈리아어는 소리와 글자의 대응이 규칙적이어서 낯선 단어를 발음할 때 영어에 비해 철자 읽기의 명료성이 높다.
④ 영어는 음운 처리 규칙에 적용되지 않는 예외들이 많아서 스페인어에 비해 소리와 글자의 대응이 덜 규칙적이다.

15 (가)~(라)에 대한 이해로 적절하지 않은 것은?

> (가) 반중(盤中) 조홍(早紅)감이 고아도 보이느다
> 유자 아니라도 품엄즉도 ᄒ다마는
> 품어 가 반기리 업슬새 글노 셜워ᄒ느이다
>
> (나) 동짓ᄃᆞᆯ 기나긴 밤을 한 허리를 버혀 내여
> 춘풍 니불 아래 서리서리 너헛다가
> 어론 님 오신 날 밤이여든 구뷔구뷔 펴리라
>
> (다) 말 업슨 청산(靑山)이오 태(態) 업슨 유수(流水)로다
> 갑 업슨 청풍(淸風)이오 님ᄌ 업슨 명월(明月)이로다
> 이 중에 병 업슨 이 몸이 분별 업시 늘그리라
>
> (라) 농암(籠巖)에 올라보니 노안(老眼)이 유명(猶明)이로다
> 인사(人事)이 변ᄒᆞᆫ들 산천이ᄯᆞᆫ 가샐가
> 암전(巖前)에 모수 모구(某水 某丘)이 어제 본 ᄃᆞᆺ ᄒᆞ예라

① (가)는 고사의 인용을 통해 돌아가신 부모님에 대한 그리움을 표현하고 있다.

② (나)는 의태적 심상을 통해 임에 대한 기다림을 표현하고 있다.

③ (다)는 대구와 반복을 통해 자연에 귀의하려는 의지를 표현하고 있다.

④ (라)는 자연과의 대조를 통해 허약해진 노년의 무력함을 표현하고 있다.

16 다음 글에 대한 이해로 가장 적절한 것은?

> 암소의 뿔은 수소의 그것보다도 한층 더 겸허하다. 이 애상적인 뿔이 나를 받을 리 없으니 나는 마음 놓고 그 곁 풀밭에 가 누워도 좋다. 나는 누워서 우선 소를 본다.
>
> 소는 잠시 반추를 그치고 나를 응시한다.
>
> '이 사람의 얼굴이 왜 이리 창백하냐. 아마 병인인가 보다. 내 생명에 위해를 가하려는 거나 아닌지 나는 조심해야 되지.'
>
> 이렇게 소는 속으로 나를 심리하였으리라. 그러나 오 분 후에는 소는 다시 반추를 계속하였다. 소보다도 내가 마음을 놓는다.
>
> 소는 식욕의 즐거움조차를 냉대할 수 있는 지상 최대의 권태자다. 얼마나 권태에 지질렸길래 이미 위에 들어간 식물을 다시 게워 그 시큼털털한 반소화물의 미각을 역설적으로 향락하는 체해 보임이리오?
>
> 소의 체구가 크면 클수록 그의 권태도 크고 슬프다. 나는 소 앞에 누워 내 세균 같이 사소한 고독을 겸손하면서 나도 사색의 반추는 가능할는지 불가능할는지 몰래 좀 생각해 본다.
>
> – 이상, 「권태」에서 –

① 대상의 행위를 통해 글쓴이의 심리가 투사되고 있다.

② 과거의 삶을 회상하며 글쓴이의 처지를 후회하고 있다.

③ 공간의 이동을 통해 글쓴이의 무료함을 표현하고 있다.

④ 현실에 대한 글쓴이의 불만이 반성적 어조로 표출되고 있다.

17 다음 글에서 '황거칠'이 처한 상황에 어울리는 한자성
어로 가장 적절한 것은?

> 황거칠 씨는 더 참을 수가 없었다. 그는 거의 발작
> 적으로 일어섰다.
> "이 개 같은 놈들아, 어쩌면 남이 먹는 식수까지
> 끊으려노?"
> 그는 미친 듯이 우르르 달려가서 한 인부의 괭이를
> 억지로 잡아서 저만큼 내동댕이쳤다. …(중략)…
> 경찰은 발포를 — 다행히 공포였지만 — 해서 겨우
> 군중을 해산시키고, 황거칠 씨와 청년 다섯 명을 연
> 행해 갔다. 물론 강제집행도 일시 중단되었었다.
> 경찰에 끌려간 사람들은 밤에도 풀려나오지 못했
> 다. 공무집행 방해에다, 산주의 권리행사 방해, 그리
> 고 폭행죄까지 뒤집어쓰게 되었던 것이다. 그래서 그
> 이튿날도 풀려 나오질 못했다. 쌍말로 썩어 갔다.
> 황거칠 씨는 모든 죄를 자기가 안아맡아서 처리하
> 려고 했다. 그러나 그것이 뜻대로 되지 않았다. 면회
> 를 오는 가족들의 걱정스런 얼굴을 보자, 황거칠 씨
> 는 가슴이 아팠다. 그는 만부득이 담당 경사의 타협
> 안에 도장을 찍기로 했다. 석방의 조건으로서, 다시
> 는 강제집행을 방해하지 않겠다는 각서였다.
> 이리하여 황거칠 씨는 애써 만든 산수도를 포기하
> 게 되고 '마삿등'은 한때 도로 물 없는 지대가 되고 말
> 았다.
>
> — 김정한, 「산거족」에서 —

① 同病相憐
② 束手無策
③ 自家撞着
④ 輾轉反側

18 다음 글의 특징으로 가장 적절한 것은?

> 살아가노라면
> 가슴 아픈 일 한두 가지겠는가
>
> 깊은 곳에 뿌리를 감추고
> 흔들리지 않는 자기를 사는 나무처럼
> 그걸 사는 거다
>
> 봄, 여름, 가을, 긴 겨울을
> 높은 곳으로
> 보다 높은 곳으로, 쉼임 없이
> 한결같이
>
> 사노라면
> 가슴 상하는 일 한두 가지겠는가
>
> — 조병화, 「나무의 철학」 —

① 문답법을 통해 과거의 삶을 반추하고 있다.
② 반어적 표현을 활용하여 슬픔의 정서를 나타내고
있다.
③ 사물을 의인화하여 현실을 목가적으로 보여 주고
있다.
④ 설의적 표현을 활용하여 삶의 깨달음을 강조하고
있다.

19 ㉠에 들어갈 말로 가장 적절한 것은?

> 한 민족이 지닌 문화재는 그 민족 역사의 누적일 뿐 아니라 그 누적된 민족사의 정수로서 이루어진 혼의 상징이니, 진실로 살아 있는 민족적 신상(神像)은 이를 두고 달리 없을 것이다. 더구나 국보로 선정된 문화재는 우리 민족의 성력(誠力)과 정혼(精魂)의 결정으로 그 우수한 질과 희귀한 양에서 무비(無比)의 보(寶)가 된 자이다. 그러므로 국보 문화재는 곧 민족 전체의 것이요, 민족을 결속하는 정신적 유대로서 민족의 힘의 원천이라 할 것이다.
>
> 로마는 하루아침에 만들어지지 않는다는 말도 그 과거 문화의 존귀함을 말하는 것이요, (㉠)는 말도 국보 문화재가 얼마나 힘 있는가를 밝힌 예증이 된다.

① 구르는 돌에는 이끼가 끼지 않는다
② 지식은 나눌 수 있지만 지혜는 나눌 수 없다
③ 사람은 겪어 보아야 알고 물은 건너 보아야 안다
④ 그 무엇을 내놓는다고 해도 셰익스피어와는 바꾸지 않는다

20 다음 글에서 추론한 내용으로 적절하지 않은 것은?

> 과학의 개념은 분류 개념, 비교 개념, 정량 개념으로 구분할 수 있다. 식물학과 동물학의 종, 속, 목처럼 분명한 경계를 가지고 대상들을 분류하는 개념들이 분류 개념이다. 어린이들이 맨 처음에 배우는 단어인 '사과', '개', '나무' 같은 것 역시 분류 개념인데, 하위 개념으로 분류할수록 그 대상에 대한 정보가 더 많이 전달된다. 또한, 현실 세계에 적용 대상이 하나도 없는 분류 개념도 있을 수 있다. 예를 들어 '유니콘'이라는 개념은 '이마에 뿔이 달린 말의 일종임' 같은 분명한 정의가 있기에 '유니콘'은 분류 개념으로 인정되는 것이다.
>
> '더 무거움', '더 짧음' 등과 같은 비교 개념은 분류 개념보다 설명에 있어서 정보 전달에 더 효과적이다. 이것은 분류 개념처럼 자연의 사실에 적용되어야 하지만, 분류 개념과 달리 논리적 관계도 반드시 성립해야 한다. 예를 들면, 대상 A의 무게가 대상 B의 무게보다 더 무겁다면, 대상 B의 무게가 대상 A의 무게보다 더 무겁다고 말할 수 없는 것처럼 '더 무거움' 같은 비교 개념은 논리적 관계를 반드시 따라야 한다.
>
> 마지막으로 정량 개념은 비교 개념으로부터 발전된 것인데, 이것은 자연의 사실로부터 파악할 수 있는 물리량을 측정함으로써 만들어진다. 물리량을 측정하기 위해서는 몇 가지 규칙이 필요한데, 그 규칙에는 두 물리량의 크기를 비교하는 경험적 규칙과 물리량의 측정 단위를 정하는 규칙 등이 포함된다. 이러한 정량 개념은 자연에 의해서 주어지는 것이 아니라 우리가 자연현상에 수를 적용하는 과정에서 생겨나는 것이다. 정량 개념은 과학의 언어를 수많은 비교 개념 대신 수를 사용할 수 있게 하여 과학 발전의 기초가 되었다.

① '호랑나비'는 '나비'와 동일한 종에 속하지만, 나비에 비해 정보량이 적다.
② '용(龍)'은 현실 세계에 적용할 수 있는 지시물이 없더라도 분류 개념으로 인정된다.
③ '꽃'이나 '고양이'와 같은 개념은 논리적 관계를 따라야 하는 것은 아니기 때문에 비교 개념에 포함되지 않는다.
④ 물리량을 측정할 수 있는 'cm'나 'kg'과 같은 측정 단위는 자연현상에 수를 적용할 수 있게 해 주었다.

모바일 OMR

✔ 회독 CHECK 1 2 3

01 밑줄 친 부분이 바르게 쓰이지 않은 것은?

① 바쁘다더니 여긴 웬일이야?
② 결혼식이 몇 월 몇 일이야?
③ 굳은살이 박인 오빠 손을 보니 안쓰럽다.
④ 그는 주말이면 으레 친구들과 야구를 한다.

02 밑줄 친 조사의 쓰임이 옳은 것은?

① 언니는 아버지의 딸로써 부족함이 없다.
② 대화로서 서로의 갈등을 풀 수 있을까?
③ 드디어 오늘로써 그 일을 끝내고야 말았다.
④ 시험을 치는 것이 이로서 세 번째가 됩니다.

03 단어의 뜻풀이가 옳지 않은 것은? 〈변형〉

① 명후일: 오늘의 바로 다음 날
② 달포: 한 달이 조금 넘는 기간
③ 그끄저께: 오늘로부터 사흘 전의 날
④ 해거리: 한 해를 거른 간격

04 밑줄 친 부분과 바꿔 쓸 수 있는 관용 표현으로 적절하지 않은 것은?

① 몹시 가난한 형편에 누구를 돕겠느냐? – 가랑이가 찢어질
② 그가 중간에서 연결해 주어 물건을 쉽게 팔았다. – 호흡을 맞춰
③ 그는 상대편을 보고는 속으로 깔보며 비웃었다. – 코웃음을 쳤다
④ 주인의 말에 넘어가 실제보다 비싸게 이 물건을 샀다. – 바가지를 쓰고

05 ㉠~㉣에 대한 설명으로 옳지 않은 것은?

> 이때는 오월 단옷날이렷다. 일 년 중 가장 아름다운 시절이라. ㉠ 이때 월매 딸 춘향이도 또한 시서 음률이 능통하니 천중절을 모를쏘냐. 추천을 하려고 향단이 앞세우고 내려올 제, 난초같이 고운 머리 두 귀를 눌러 곱게 땋아 봉황 새긴 비녀를 단정히 매었구나. …(중략)… 장림 속으로 들어가니 ㉡ 녹음방초 우거져 금잔디 좌르르 깔린 곳에 황금 같은 꾀꼬리는 쌍쌍이 날아든다. 버드나무 높은 곳에서 그네 타려 할 때, 좋은 비단 초록 장옷, 남색 명주 홑치마 훨훨 벗어 걸어 두고, 자주색 비단 꽃신을 썩썩 벗어 던져 두고, 흰 비단 새 속옷 턱밑에 훨씬 추켜올리고, 삼 껍질 그넷줄을 섬섬옥수 넌지시 들어 두 손에 갈라 잡고, 흰 비단 버선 두 발길로 흘쩍 올라 발 구른다. …(중략)… ㉢ 한 번 굴러 힘을 주며 두 번 굴러 힘을 주니 발밑에 작은 티끌 바람 쫓아 펄펄, 앞뒤 점점 멀어 가니 머리 위의 나뭇잎은 몸을 따라 흔들흔들. 오고갈 제 살펴보니 녹음 속의 붉은 치맛자락 바람결에 내비치니, 높고 넓은 흰 구름 사이에 번갯불이 쏘는 듯 잠깐 사이에 앞뒤가 바뀌는구나. …(중략)… 무수히 진퇴하며 한참 노닐 적에 시냇가 반석 위에 옥비녀 떨어져 쟁쟁하고, '비녀, 비녀' 하는 소리는 산호채를 들어 옥그릇을 깨뜨리는 듯 ㉣ 그 형용은 세상 인물이 아니로다.
>
> – 작자 미상, 「춘향전」에서 –

① ㉠: 설의적 표현을 통해 춘향이도 천중절을 당연히 알 것이라는 점을 서술하고 있다.
② ㉡: 비유법을 사용하고 음양이 조화를 이룬 아름다운 봄날의 풍경을 서술하고 있다.
③ ㉢: 음성상징어를 사용하여 춘향의 그네 타는 모습을 시각적으로 서술하고 있다.
④ ㉣: 서술자의 편집자적 논평을 통해 춘향이의 내면적 아름다움을 서술하고 있다.

06 다음 대화에 대한 설명으로 적절한 것은?

> A: 지난번 제안서 프레젠테이션을 마친 후 "검토하고 연락드리겠습니다."라고 답변을 받았는데 아직 별다른 연락이 없어서 고민이에요.
>
> B: 어떤 연락을 기다리신다는 거예요?
>
> A: 해당 사업에 관하여 제 제안서를 승낙했다는 답변이잖아요. 그런데 후속 사업 진행을 위해 지금쯤 연락이 와야 할 텐데 싶어서요.
>
> B: 글쎄요. 보통 그런 상황에서는 완곡하게 거절하는 의사 표현이라 볼 수 있어요. 그리고 해당 고객이 제안서 내용은 정리가 잘되었지만, 요즘 같은 코로나 시기에는 이전과 동일한 사업적 효과가 있을지 궁금하다고 말한 것을 보면 알 수 있죠.
>
> A: 네, 기억납니다. 하지만 궁금하다고 말한 것이지 사업을 수용하지 않는다는 것은 아니지 않나요? 답변을 할 때도 굉장히 표정도 좋고 박수도 쳤는데 말이죠. 목소리도 부드러웠고요.

① A와 B는 고객의 답변에 대해 제안서 승낙이라는 의미로 동일하게 이해한다.

② A는 동일한 사업적 효과가 있을지 궁금하다는 표현을 제안한 사업에 대한 부정적 평가라고 판단한다.

③ B는 고객이 제안서에 의문을 제기한 내용을 근거로 고객의 답변에 대해 판단한다.

④ A는 비언어적 표현을 바탕으로 하여 고객의 답변을 제안서에 대한 완곡한 거절로 해석한다.

07 다음 글의 내용과 부합하지 않는 것은?

> 무슈 리와 엄마는 재혼한 부부다. 내가 그를 아버지라고 부르기 어려운 것은 거의 그런 말을 발음해 본 적이 없는 습관의 탓이 크다.
>
> 나는 그를 좋아할뿐더러 할아버지 같은 이로부터 느끼던 것의 몇 갑절이나 강한 보호 감정 — 부친다움 같은 것도 느끼고 있다.
>
> 그러나 나는 그의 혈족은 아니다.
>
> 무슈 리의 아들인 현규와도 마찬가지다. 그와 나는 그런 의미에서는 순전한 타인이다. 스물두 살의 남성이고 열여덟 살의 계집아이라는 것이 진실의 전부이다. 왜 나는 이 일을 그대로 알아서는 안 되는가?
>
> 나는 그를 영원히 아무에게도 주기 싫다. 그리고 나 자신을 다른 누구에게 바치고 싶지도 않다. 그리고 우리를 비끄러매는 형식이 결코 '오누이'라는 것이어서는 안 될 것을 알고 있다.
>
> 나는 또 물론 그도 나와 마찬가지로 같은 일을 생각하고 있기를 바란다. 같은 일을 — 같은 즐거움일 수는 없으나 같은 이 괴로움을.
>
> 이 괴로움과 상관이 있을 듯한 어떤 조그만 기억, 어떤 조그만 표정, 어떤 조그만 암시도 내 뇌리에서 사라지는 일은 없다. 아아, 나는 행복해질 수는 없는 걸까? 행복이란, 사람이 그것을 위하여 태어나는 그 일을 말함이 아닌가?
>
> 초저녁의 불투명한 검은 장막에 싸여 짙은 꽃향기가 흘러든다. 침대 위에 엎드려서 나는 마침내 느껴 울고 만다.
>
> — 강신재, 「젊은 느티나무」에서 —

① '나'는 '현규'도 '나'와 같은 감정을 갖고 있기를 기대하고 있다.

② '나'와 '현규'는 혈연적으로는 아무런 관계가 없는 타인이며, 법률상의 '오누이'일 뿐이다.

③ '나'는 '현규'에 대한 감정 때문에 '무슈 리'를 아버지로 부르는 것에 거부감을 갖고 있다.

④ '나'는 사회적 인습이나 도덕률보다는 '현규'에 대한 '나'의 감정에 더 충실해지고 싶어 한다.

08 글쓴이의 견해에 부합하는 대응으로 가장 적절한 것은?

정중하고 단호한 태도를 보이는 것과, 수동적이거나 공격적인 반응을 하는 것은 엄청난 차이가 있다. 수동적인 사람들은 마음속에 있는 자신의 생각을 표현하면 분란이 일어날까 봐 두려워한다. 그러나 자신의 의견을 말하지 않는 한 자신이 원하는 것을 얻을 수는 없다. 이와 반대로 공격적인 태도는 자신의 권리를 앞세워 생각해서 남을 희생시켜서라도 자신이 원하는 것을 얻으려는 것이다. 공격적인 사람은 사람들이 싫어하는 행동을 하곤 한다. 그러나 단호한 반응은 공격적인 반응과 다르다. 단호한 반응은 다른 사람의 권리를 침해하지 않으면서 자신의 권리를 존중하고 지키겠다는 것이다. 이것은 상대방을 배려하는 태도를 보여 준다. 상대방을 존중하면서도 얼마든지 자신의 의견을 내세울 수 있다. 단호한 주장은 명쾌하고 직접적이며 요점을 찌른다.

그럼 실제로 연습해 보자. 어느 흡연자가 당신의 차 안에서 담배를 피워도 되는지 묻는다. 당신은 담배 연기를 싫어하고 건강에 해롭다는 것도 잘 알고 있어 달갑지 않다. 어떻게 대응하는 것이 좋을까?

① 좀 그러긴 하지만, 괜찮아요. 창문 열고 피우세요.

② 안 되죠. 흡연이 얼마나 해로운데요. 좀 참아 보시겠어요.

③ 안 피우시면 좋겠어요. 연기가 해롭잖아요. 피우고 싶으시면 차를 세워 드릴게요.

④ 물어봐 줘서 고마워요. 피워도 그렇고 안 피워도 좀 그러네요. 생각해 보시고서 좋은 대로 결정하세요.

09 (가)에 들어갈 한자성어로 적절한 것은?

"집안 내력을 알고 보믄 동기간이나 진배없고, 성환이도 이자는 대학생이 됐으니께 상의도 오빠겉이 그렇게 알아놔라."하고 장씨 아저씨는 말하는 것이었다. 그러나 상의는 처음 만났을 때도 그랬지만 두 번째도 거부감을 느꼈다. 사람한테 거부감을 느꼈기보다 제복에 거부감을 느꼈는지 모른다. 학교규칙이나 사회의 눈이 두려웠는지 모른다. 어쨌거나 그들은 청춘남녀였으니까. 호야 할매 입에서도 성환의 이름이 나오기론 이번이 처음이 아니었다.

"   (가)   , 손주 때문에 눈물로 세월을 보내더니, 이자는 성환이도 대학생이 되었으니 할매가 원풀이 한풀이를 다 했을 긴데 아프기는 와 아프는고, 옛말 하고 살아야 하는 긴데."

– 박경리, 「토지」에서 –

① 오매불망(寤寐不忘)

② 망운지정(望雲之情)

③ 염화미소(拈華微笑)

④ 백아절현(伯牙絶絃)

10 (가)와 (나)에 대한 설명으로 적절하지 않은 것은?

> (가) 오백년 도읍지를 필마로 돌아드니
>   산천은 의구하되 인걸은 간 데 없네.
>   어즈버 태평연월이 꿈이런가 하노라.
>
> (나) 벌레먹은 두리기둥 빛 낡은 단청(丹靑) 풍경 소
>   리 날려간 추녀 끝에는 산새도 비둘기도 둥주리
>   를 마구쳤다. 큰 나라 섬기다 거미줄 친 옥좌(玉
>   座) 위엔 여의주(如意珠) 희롱하는 쌍룡(雙龍)
>   대신에 두 마리 봉황(鳳凰)새를 틀어올렸다. 어
>   느 땐들 봉황이 울었으랴만 푸르른 하늘 밑 추석
>   을 밟고 가는 나의 그림자. 패옥(佩玉) 소리도
>   없었다. 품석(品石) 옆에서 정일품(正一品) 종구
>   품(從九品) 어느 줄에도 나의 몸둘 곳은 바이 없
>   었다. 눈물이 속된 줄을 모를 양이면 봉황새야
>   구천(九泉)에 호곡(呼哭)하리라.

① (가)는 '산천'과 '인걸'을 대비함으로써 인생의 무상
  함을 드러내고 있다.
② (나)는 '쌍룡'과 '봉황'을 대비함으로써 사대주의적
  역사에 대한 비판적 시각을 드러내고 있다.
③ (가)와 (나) 모두 선경후정의 기법을 사용하고 있다.
④ (가)와 (나) 모두 정해진 율격과 음보에 맞춰 시상을
  전개하고 있다.

11 다음 글의 내용과 부합하는 것은?

> 미국의 어머니들은 자녀와 함께 놀이를 할 때 특정
> 사물에 초점을 맞추고 그 사물의 속성을 아이들에게
> 가르친다. 사물의 속성 자체에 관심을 기울이도록 훈
> 련받은 아이들은 스스로 독립적인 행동을 하도록 교
> 육받는다. 미국에서는 아이들에게 의사소통을 가르
> 칠 때 자신의 생각을 분명하게 표현하고 말하는 사람
> 의 입장에서 대화에 임해야 하며, 대화 과정에서 오
> 해가 발생하면 그것은 말하는 사람의 잘못이라고 강
> 조한다.
>
> 반면에 일본의 어머니들은 대상의 '감정'에 특별히
> 신경을 써서 가르친다. 특히 자녀가 말을 안 들을 때
> 에 그러하다. 예를 들어 "네가 밥을 안 먹으면, 고생
> 한 농부 아저씨가 얼마나 슬프겠니?", "인형을 그렇
> 게 던져 버리다니, 저 인형이 울잖아. 담장도 아파하
> 잖아." 같은 말들로 꾸중하는 모습을 자주 볼 수 있
> 다. 다른 사람과의 관계에 초점을 맞춘 훈련을 받은
> 아이들은 자신의 생각을 드러내기보다는 행동에 영
> 향을 받는 다른 사람들의 감정을 미리 예측하도록 교
> 육받는다. 곧 일본에서는 아이들에게 듣는 사람의 입
> 장에서 말할 것을 강조한다.

① 미국의 어머니는 듣는 사람의 입장, 일본의 어머니
  는 말하는 사람의 입장을 강조한다.
② 일본의 어머니는 사물의 속성을 아는 것이 관계를
  아는 것보다 더 중요하다고 생각한다.
③ 미국의 어머니는 어떤 일을 있는 그대로 보지 말고
  이면에 있는 감정을 읽어야 한다고 생각한다.
④ 미국의 어머니는 자녀가 독립적인 행동을 하도록 교
  육하며, 일본의 어머니는 자녀가 타인의 감정을 예
  측하도록 교육한다.

12 다음 글의 결론으로 가장 적절한 것은?

> 인공지능(AI)은 비즈니스 패러다임을 획기적으로 바꾸고 있다. 인공지능은 생물학 분야에도 광범위하게 영향을 미칠 것이며, 애완동물이 인공지능(AI)으로 대체될 수도 있을 것이다. 인공지능(AI)은 스스로 수학도 풀고 글도 쓰고 바둑을 두며 사람을 이길 수도 있다. 어느 영화에서처럼 실제로 인간관계를 대신할 수도 있다. 인공지능(AI)은 배우면서 성장할 수도 있다. 인공지능(AI)이 사람보다 똑똑해질 수 있을지도 모른다.
>
> 인공지능(AI)이 사람보다 똑똑해질 수 있는지는 차치하고, 인공지능(AI)이 사람을 게으르게 만들 수도 있지 않을까? 이 게으름은 우리의 건강과 행복, 그리고 일상생활의 패턴을 바꿔 놓을 수도 있다.
>
> 인공지능(AI)이 앱을 통해 좀 더 편리한 삶을 제공하여 사람의 뇌를 어떻게 바꾸는지를 일상에서 보여 주는 대표적 사례가 바로 GPS다. 불과 몇 년 전만 해도 지도를 보고 스스로 거리를 가늠하고 도착 시간을 계산했던 운전자들은 이 내비게이션의 등장으로 어디에서 어떻게 가라는 기계 속 음성에 전적으로 의존하기 시작했다. 예전의 방식으로도 충분히 잘 찾아가던 길에서조차 습관적으로 내비게이션을 켠다. 이것이 없으면 자주 다니던 길도 제대로 찾지 못하고 멀쩡한 어른도 길을 잃는다.
>
> 이와 같이 기계에 의존해서 인간이 살아가는 사례는 오늘날 우리의 두뇌가 게을러진 것을 보여 주는 여러 사례 가운데 하나일 뿐이다. 삶을 더 편하게 해 준다며 지름길을 제시하는 도구들이 도리어 우리의 기억력과 창조력을 퇴보시키고 있다. 인간을 태만하고 나태하게 만들어 뇌의 가장 뛰어난 영역인 상상력을 활용하지 않도록 만드는 것이다.

① 인간의 인공지능(AI)에 대한 독립성은 지속적으로 증가하게 될 것이다.
② 인공지능(AI)으로 인해 인간의 두뇌가 게을러지는 부작용이 발생하게 될 것이다.
③ 인공지능(AI)은 인간을 능가하는 사고력을 가질 것이다.
④ 인공지능(AI)은 궁극적으로 상상력을 가지게 될 것이다.

13 다음 글에 대한 이해로 적절한 것은?

> 국제기구인 유엔은 영어, 중국어, 러시아어, 프랑스어, 스페인어, 아랍어 등이 공용어로 사용되나 그곳에 근무하는 모든 외교관들이 이 공용어들을 전부 다 잘해야 하는 것은 아니다. 유럽연합에서의 공용어 개념도 유엔에서의 경우와 마찬가지로 여러 공용어 중 하나만 알아도 공식 업무상 불편이 없게끔 한다는 것이지 모든 유럽연합인들이 열 개가 넘는 공용어를 전부 다 배워야 하는 것은 아니다.
>
> 마찬가지 논리로 우리가 만일 한국어와 영어를 공용어로 지정한다면 이는 한국에서는 한국어와 영어 중 어느 하나를 알기만 하면 공식 업무상 불편이 없게끔 국가에서 보장한다는 뜻이지 모든 한국인들이 영어를 할 줄 알아야 된다는 뜻은 아니다. 따라서 우리가 영어를 한국어와 함께 공용어로 지정하기만 하면 모든 한국인이 영어를 잘할 수 있게 되리라는 믿음은 공용어의 개념을 제대로 이해하지 못한 데서 오는 망상에 불과하다.

① 유엔에서 근무하는 외교관들은 유엔의 공용어를 다 구사하지 않으면 안 된다.
② 유럽연합은 복수의 공용어를 지정하여 공무상 편의를 도모하였다.
③ 한국에서 영어를 공용어로 지정하면 한국인들은 영어를 다 잘할 수 있을 것이다.
④ 한국에서 머지않아 영어가 공용어로 지정될 것이다.

14 다음 글의 내용과 부합하지 않는 것은?

> 인터넷이 있는 곳이면 어디나 악플이 있기 마련이지만, 한국은 정도가 심하다. 악플러들 가운데는 피해의식과 열등감에 시달리는 이들이 많다고 한다. 그들에게 악플의 즐거움은 무엇인가. 자신이 올린 글 한 줄에 다른 사람들이 동요하는 모습을 보면서 자기 효능감(self-efficacy)을 맛볼 수 있다. 아무에게도 영향력을 행사하지 못하고 자신의 삶과 환경을 통제하지도 못하면서 무력감에 시달리는 사람일수록 공격적인 발설로 자기 효능감을 느끼려 한다.
>
> 그런데 자기 효능감은 상대방의 반응에 좌우된다. 마구 욕을 퍼부었는데 상대방이 별로 개의치 않는다면, 계속할 마음이 사라질 것이다. 무시당했다는 생각에 오히려 자괴감에 빠질 수도 있다. 개인주의가 안착된 사회에서는 자신을 향한 비판에 대해 '그건 너의 생각'이라면서 넘겨 버리는 사람들이 많다. 말도 안 되는 욕설이나 험담이 날아오면 제정신이 아닌 사람의 소행으로 웃어넘기거나 법적인 조치를 취할 것이다.
>
> 개인주의는 여러 속성을 지니고 있지만, 자신의 존재 가치를 스스로 매긴다는 긍정적 측면이 있다. 한국에는 그런 의미에서의 개인주의가 뿌리내리지 못했다. 남에 대해 신경을 너무 곤두세운다. 그것은 두 가지 차원으로 나뉘는데, 한편으로 타인에게 필요 이상의 관심을 보이면서 참견하고 타인의 영역을 침범한다. 다른 한편으로 자기에 대한 타인의 평가와 반응에 너무 예민하다. 이 두 가지 특성이 인터넷 공간에서 맞물려 악플을 양산한다. 우선 다른 사람들에게 너무 쉽게 험담을 늘어놓고 당사자에게 악담을 던진다. 그렇게 약을 올리면 상대방이 발끈하거나 움츠러든다. 이따금 일파만파로 사회가 요동을 치기도 한다. 악플러 입장에서는 재미가 쏠쏠하다. 예상했던 피드백을 즉각적으로 받으면서 자기 효능감을 맛볼 수 있기 때문이다.

① 악플러는 자신의 말에 타인이 동요하는 것을 보면서 자기 효능감을 느낀다.

② 개인주의자는 악플에 무반응함으로써 악플러를 자괴감에 빠지게 할 수 있다.

③ 자신의 삶을 잘 통제하는 악플러일수록 타인을 더욱 엄격한 잣대로 비판한다.

④ 한국에서 악플이 양산되는 것은 한국인들이 타인에 대해 신경을 많이 쓰는 것과 관계가 있다.

15 다음 글의 밑줄 친 부분이 지시하는 대상이 다른 것은?

> 수박을 먹는 기쁨은 우선 식칼을 들고 이 검푸른 ⊙ 구형의 과일을 두 쪽으로 가르는 데 있다. 잘 익은 수박은 터질 듯이 팽팽해서, 식칼을 반쯤만 밀어 넣어도 나머지는 저절로 열린다. 수박은 천지개벽하듯이 갈라진다. 수박이 두 쪽으로 벌어지는 순간, '앗!' 소리를 지를 여유도 없이 초록은 ⓒ 빨강으로 바뀐다. 한 번의 칼질로 이처럼 선명하게도 세계를 전환시키는 사물은 이 세상에 오직 수박뿐이다. 초록의 껍질 속에서, ⓒ 새까만 씨앗들이 별처럼 박힌 선홍색의 바다가 펼쳐지고, 이 세상에 처음 퍼져나가는 비린 향기가 마루에 가득 찬다. 지금까지 존재하지 않던, ⓔ 한바탕의 완연한 아름다움의 세계가 칼 지나간 자리에서 홀연 나타나고, 나타나서 먹히기를 기다리고 있다. 돈과 밥이 나오지 않았다 하더라도, 이것은 필시 흥부의 박이다.
>
> — 김훈, 「수박」에서 —

① ⊙

② ⓒ

③ ⓒ

④ ⓔ

16 (가)~(라)에 들어갈 말로 가장 적절한 것은?

> 정철, 윤선도, 황진이, 이황, 이조년 그리고 무명씨. 우리말로 시조나 가사를 썼던 이들이다. 황진이는 말할 것도 없고 무명씨도 대부분 양반이 아니었겠지만 정철, 윤선도, 이황은 양반 중에 양반이었다. 　(가)　 그들이 우리말로 작품을 썼던 걸 보면 양반들도 한글 쓰는 것을 즐겨 했다는 것을 부정할 수는 없다. 　(나)　 허균이나 김만중은 한글로 소설까지 쓰지 않았던가. 　(다)　 이들이 특별한 취향을 가진 소수의 양반이었다면 이야기는 달라진다. 우리말로 된 문학 작품을 만들겠다는 생각을 가진 특별한 양반들을 제외하고 대다수 양반은 한문을 썼기 때문에 한글을 모를 수도 있었기 때문이다. 실학자 박지원이 당시 양반 사회를 풍자한 작품 「호질」은 한문으로 쓰여 있다. 　(라)　 한 가지 분명한 것은 양반 대부분이 한글을 이해하지 못하는 상황이었다면 정철도 이황도 윤선도도 한글로 작품을 쓰지는 않았을 것이란 사실이다.

	(가)	(나)	(다)	(라)
①	그런데	게다가	그렇지만	그러나
②	그런데	그리고	그래서	또는
③	그리고	그러나	하지만	즉
④	그래서	더구나	따라서	하지만

17 (가)~(라)의 고쳐 쓰기 방안으로 적절하지 않은 것은?

> (가) 현재 우리 구청 조직도에는 기획실, 홍보실, 감사실, 행정국, 복지국, 안전국, 보건소가 있었다.
>
> (나) 오늘은 우리 시청이 지양하는 '누구나 행복한 ○○시'를 실현하기 위한 추진 방안을 논의합니다.
>
> (다) 지난달 수해로 인한 준비 기간이 짧았기 때문에 지역 축제는 예년보다 규모가 줄어들었다.
>
> (라) 공과금을 기한 내에 지정 금융 기관에 납부하지 않으면 연체료를 내야 한다.

① (가): '있었다'는 문맥상 시제 표현이 적절하지 않으므로 '있다'로 고쳐 쓴다.

② (나): '지양'은 어떤 목표로 뜻이 쏠리어 향한다는 의미인 '지향'으로 고쳐 쓴다.

③ (다): '지난달 수해로 인한'은 '준비 기간'을 수식하는 절이 아니므로 '지난달 수해로 인하여'로 고쳐 쓴다.

④ (라): '납부'는 맥락상 금융 기관이 돈이나 물품 따위를 받아 거두어들인다는 '수납'으로 고쳐 쓴다.

18 다음 글을 잘못 이해한 것은?

> 서연: 여보게, 동연이.
>
> 동연: 왜?
>
> 서연: 자네가 본뜨려는 부처님 형상은 누가 언제 그렸는지 몰라도 흔히 있는 것을 베껴 놓은 걸세. 그런데 자네는 그 형상을 또다시 베껴 만들 작정이군. 자넨 의심도 없는가? 심사숙고해 보게. 그런 형상이 진짜 부처님은 아닐세.
>
> 동연: 나에겐 전혀 의심이 없네.
>
> 서연: 의심이 없다니……?
>
> 동연: 무엇 때문에 의심해서 아까운 시간을 낭비해야 하는가?
>
> 서연: 음…….
>
> 동연: 공부를 하게, 괜히 의심 말고! (허공에 걸려 있는 탱화를 가리키며) 자넨 얼마나 형상 공부를 했는가? 이 십일면관세음보살의 머리 위에는 열한 개의 얼굴들이 있는데, 그 얼굴 하나하나를 살펴나 봤었는가? 귀고리, 목걸이, 손에 든 보병과 기현화란 꽃의 형태를 꼼꼼히 연구했었는가? 자네처럼 게으른 자들은 공부는 안 하고, 아무 의미 없다 의심만 하지!
>
> 서연: 자넨 정말 열심히 공부했네. 그렇다면 그 형태 속에 부처님 마음은 어디 있는지 가르쳐 주게.
>
> — 이강백, 「느낌, 극락 같은」에서 —

① 불상 제작에 대한 동연과 서연의 입장은 다르다.
② 서연은 전해지는 부처님 형상을 의심하는 인물이다.
③ 동연은 부처님 형상을 독창적으로 제작하는 인물이다.
④ 동연과 서연의 대화는 예술에 있어서 형식과 내용의 논쟁을 연상시킨다.

19 글의 통일성을 고려할 때 (가)에 들어갈 말로 가장 적절한 것은?

> 혼정신성(昏定晨省)이란 저녁에는 부모님의 잠자리를 봐 드리고 아침에는 문안을 드린다는 뜻으로 자식이 아침저녁으로 부모의 안부를 물어 살핌을 뜻하는 말로 '예기(禮記)'의 '곡례편(曲禮篇)'에 나오는 말이다. 아랫목 요에 손을 넣어 방 안 온도를 살피면서 부모님께 문안을 드리던 우리의 옛 전통은 온돌을 통한 난방 방식과 관련 깊다. 온돌을 통한 난방 방식은 방바닥에 깔려 있는 돌이 열기로 인해 뜨거워지고, 뜨거워진 돌의 열기로 방바닥이 뜨거워지면 방 전체에 복사열이 전달되는 방법이다. 방바닥 쪽의 차가운 공기는 온돌에 의해 따뜻하게 데워지므로 위로 올라가고, 위로 올라간 공기가 다시 식으면 아래로 내려와 다시 데워져 위로 올라가는 대류 현상으로 인해 결국 방 전체가 따뜻해진다. 벽난로를 통한 서양식의 난방 방식은 복사열을 이용하여 상체와 위쪽 공기를 데우는 방식인데, 대류 현상으로 바닥 바로 위 공기까지는 따뜻해지지 않는다. 그 이유는 ____(가)____.

① 벽난로에 의한 난방은 방바닥의 따뜻한 공기가 위로 올라가 식으면 복사열로 위쪽의 공기만을 따뜻하게 하기 때문이다
② 벽난로에 의한 난방이 복사열에 의한 난방에서 대류 현상으로 인한 난방이라는 순서로 이루어졌기 때문이다
③ 대류 현상을 통한 난방 방식은 상체와 위쪽의 공기만 따뜻하게 하기 때문이다
④ 상체와 위쪽의 따뜻한 공기는 차가운 바닥으로 내려오지 않기 때문이다

20 다음 글에서 추론할 수 있는 것은?

> 포도주는 유럽 문명을 대표하는 술이자 동시에 음료수다. 우리는 대개 포도주를 취하기 위해 마시는 술로만 생각하기 쉬우나 유럽에서는 물 대신 마시는 '음료수'로서의 역할이 크다. 유럽의 많은 지역에서는 물이 워낙 안 좋아서 맨 물을 그냥 마시면 위험하기 때문에 제조 과정에서 안전성이 보장된 포도주나 맥주를 마시는 것이다. 이런 용도로 일상적으로 마시는 식사용 포도주로는 당연히 고급 포도주와는 다른 저렴한 포도가 쓰이며, 술이 약한 사람들은 여기에 물을 섞어서 마시기도 한다.
>
> 소비의 확대와 함께, 포도주의 생산을 다른 지역으로 확산시키려는 노력도 계속되어 왔다. 포도주 생산의 확산에서 가장 큰 문제는 포도 재배가 추운 북쪽 지역으로 확대되기 힘들다는 점이다. 자연 상태에서는 포도가 자라는 북방 한계가 이탈리아 정도에서 멈춰야 했지만, 중세 유럽에서 수도원마다 온갖 노력을 기울인 결과 포도 재배가 상당히 북쪽까지 올라갔다. 대체로 대서양의 루아르강 하구로부터 크림반도와 조지아를 잇는 선이 상업적으로 포도를 재배할 수 있는 북방한계선이다.
>
> 적정한 기온은 포도주 생산 가능 여부뿐 아니라 생산된 포도주의 질을 결정하는 중요한 요인이다. 너무 추운 지역이나 너무 더운 지역에서는 포도주의 품질이 떨어질 수밖에 없다. 추운 지역에서는 포도에 당분이 너무 적어서 그것으로 포도주를 담그면 신맛이 강하게 된다. 반면 너무 더운 지역에서는 섬세한 맛이 부족해서 '흐물거리는' 포도주가 생산된다(그 대신 이를 잘 활용하면 포르토나 셰리처럼 도수를 높인 고급 포도주를 만들 수 있다). 그러므로 고급 포도주 주요 생산지는 보르도나 부르고뉴처럼 너무 덥지도 않고 너무 춥지도 않은 곳이다. 다만 달콤한 백포도주의 경우는 샤토 디켐(Château d'Yquem)처럼 뜨거운 여름 날씨가 지속하는 곳에서 명품이 만들어진다.
>
> 포도주의 수요는 전 유럽적인 데 비해 생산은 이처럼 지리적으로 제한됐기 때문에 포도주는 일찍부터 원거리 무역 품목이 됐고, 언제나 고가품 취급을 받았다. 그런데 한 가지 기억해야 할 점은 이렇게 수출되는 고급 포도주는 오래된 포도주가 아니라 바로 그해에 만든 술이라는 점이다. 우리는 포도주는 오래될

> 수록 좋아진다고 믿는 경향이 있지만, 대부분의 백포도주 혹은 중급 이하 적포도주는 시간이 지날수록 오히려 품질이 떨어진다. 시간이 흐를수록 품질이 개선되는 것은 일부 고급 적포도주에만 한정된 이야기이며, 그나마 포도주를 병에 담아 코르크 마개를 끼워 보관한 이후의 일이다.

① 고급 포도주는 모두 너무 덥지도 춥지도 않은 곳에서 재배된 포도로 만들어졌다.

② 루아르강 하구로부터 크림반도와 조지아를 잇는 선은 이탈리아보다 남쪽에 있을 것이다.

③ 유럽에서 일상적으로 마시는 식사용 포도주는 저렴한 포도주거나 고급 포도주에 물을 섞은 것이다.

④ 병에 담겨 코르크 마개를 끼운 고급 백포도주는 보관 기간에 비례하여 품질이 개선되지는 않을 것이다.

PART 2

영어

2023년 출제경향

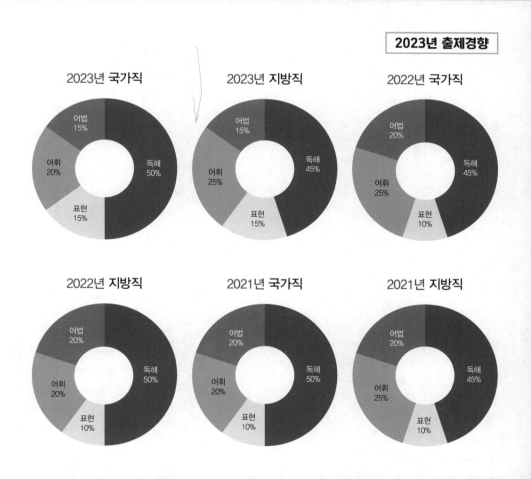

2023년 **국가직**

어법 15%
어휘 20%
표현 15%
독해 50%

2023년 **지방직**

어법 15%
어휘 25%
표현 15%
독해 45%

2022년 **국가직**

어법 20%
어휘 25%
표현 10%
독해 45%

2022년 **지방직**

어법 20%
어휘 20%
표현 10%
독해 50%

2021년 **국가직**

어법 20%
어휘 20%
표현 10%
독해 50%

2021년 **지방직**

어법 20%
어휘 25%
표현 10%
독해 45%

[01~04] 밑줄 친 부분의 의미와 가장 가까운 것을 고르시오.

01

Jane wanted to have a small wedding rather than a fancy one. Thus, she planned to invite her family and a few of her intimate friends to eat delicious food and have some pleasant moments.

① nosy
② close
③ outgoing
④ considerate

02

The incessant public curiosity and consumer demand due to the health benefits with lesser cost has increased the interest in functional foods.

① rapid
② constant
③ significant
④ intermittent

03

Because of the pandemic, the company had to hold off the plan to provide the workers with various training programs.

① elaborate
② release
③ modify
④ suspend

04

The new Regional Governor said he would abide by the decision of the High Court to release the prisoner.

① accept
② report
③ postpone
④ announce

05 밑줄 친 부분 중 어법상 옳지 않은 것은?

While advances in transplant technology have made ① it possible to extend the life of individuals with end-stage organ disease, it is argued ② that the biomedical view of organ transplantation as a bounded event, which ends once a heart or kidney is successfully replaced, ③ conceal the complex and dynamic process that more ④ accurately represents the experience of receiving an organ.

06 어법상 옳지 않은 것은?

① All assignments are expected to be turned in on time.

② Hardly had I closed my eyes when I began to think of her.

③ The broker recommended that she buy the stocks immediately.

④ A woman with the tip of a pencil stuck in her head has finally had it remove.

07 우리말을 영어로 잘못 옮긴 것은?

① 내 고양이 나이는 그의 고양이 나이의 세 배이다.
→ My cat is three times as old as his.

② 우리는 그 일을 이번 달 말까지 끝내야 한다.
→ We have to finish the work until the end of this month.

③ 그녀는 이틀에 한 번 머리를 감는다.
→ She washes her hair every other day.

④ 너는 비가 올 경우에 대비하여 우산을 갖고 가는 게 낫겠다.
→ You had better take an umbrella in case it rains.

08 다음 글의 내용과 일치하지 않는 것은?

Are you getting enough choline? Chances are, this nutrient isn't even on your radar. It's time choline gets the attention it deserves. A shocking 90 percent of Americans aren't getting enough choline, according to a recent study. Choline is essential to health at all ages and stages, and is especially critical for brain development. Why aren't we getting enough? Choline is found in many different foods but in small amounts. Plus, the foods that are rich in choline aren't the most popular: think liver, egg yolks and lima beans. Taylor Wallace, who worked on a recent analysis of choline intake in the United States, says, "There isn't enough awareness about choline even among health-care professionals because our government hasn't reviewed the data or set policies around choline since the late '90s."

① A majority of Americans are not getting enough choline.

② Choline is an essential nutrient required for brain development.

③ Foods such as liver and lima beans are good sources of choline.

④ The importance of choline has been stressed since the late '90s in the U.S.

09 다음 글의 내용과 일치하는 것은?

Around 1700 there were, by some accounts, more than 2,000 London coffeehouses, occupying more premises and paying more rent than any other trade. They came to be known as penny universities, because for that price one could purchase a cup of coffee and sit for hours listening to extraordinary conversations. Each coffeehouse specialized in a different type of clientele. In one, physicians could be consulted. Others served Protestants, Puritans, Catholics, Jews, literati, merchants, traders, Whigs, Tories, army officers, actors, lawyers, or clergy. The coffeehouses provided England's first egalitarian meeting place, where a man chatted with his tablemates whether he knew them or not.

① The number of coffeehouses was smaller than that of any other business.

② Customers were not allowed to stay for more than an hour in a coffeehouse.

③ Religious people didn't get together in a coffeehouse to chat.

④ One could converse even with unknown tablemates in a coffeehouse.

[10~11] 밑줄 친 부분에 들어갈 말로 알맞은 것을 고르시오.

10

A: I got this new skin cream from a drugstore yesterday. It is supposed to remove all wrinkles and make your skin look much younger.

B: _____

A: Why don't you believe it? I've read in a few blogs that the cream really works.

B: I assume that the cream is good for your skin, but I don't think that it is possible to get rid of wrinkles or magically look younger by using a cream.

A: You are so pessimistic.

B: No, I'm just being realistic. I think you are being gullible.

① I don't buy it.

② It's too pricey.

③ I can't help you out.

④ Believe it or not, it's true.

11

> A: I'd like to go sightseeing downtown. Where do you think I should go?
>
> B: I strongly suggest you visit the national art gallery.
>
> A: Oh, that's a great idea. What else should I check out?
>
> B: _____
>
> A: I don't have time for that. I need to meet a client at three.
>
> B: Oh, I see. Why don't you visit the national park, then?
>
> A: That sounds good. Thank you!

① This is the map that your client needs. Here you go.

② A guided tour to the river park. It takes all afternoon.

③ You should check it out as soon as possible.

④ The checkout time is three o'clock.

12 두 사람의 대화 중 자연스럽지 않은 것은?

① A: He's finally in a hit movie!

   B: Well, he's got it made.

② A: I'm getting a little tired now.

   B: Let's call it a day.

③ A: The kids are going to a birthday party.

   B: So, it was a piece of cake.

④ A: I wonder why he went home early yesterday.

   B: I think he was under the weather.

13 다음 글의 제목으로 알맞은 것은?

> The feeling of being loved and the biological response it stimulates is triggered by nonverbal cues: the tone in a voice, the expression on a face, or the touch that feels just right. Nonverbal cues—rather than spoken words—make us feel that the person we are with is interested in, understands, and values us. When we're with them, we feel safe. We even see the power of nonverbal cues in the wild. After evading the chase of predators, animals often nuzzle each other as a means of stress relief. This bodily contact provides reassurance of safety and relieves stress.

① How Do Wild Animals Think and Feel?

② Communicating Effectively Is the Secret to Success

③ Nonverbal Communication Speaks Louder than Words

④ Verbal Cues: The Primary Tools for Expressing Feelings

14 다음 글의 주제로 알맞은 것은?

There are times, like holidays and birthdays, when toys and gifts accumulate in a child's life. You can use these times to teach a healthy nondependency on things. Don't surround your child with toys. Instead, arrange them in baskets, have one basket out at a time, and rotate baskets occasionally. If a cherished object is put away for a time, bringing it out creates a delightful remembering and freshness of outlook. Suppose your child asks for a toy that has been put away for a while. You can direct attention toward an object or experience that is already in the environment. If you lose or break a possession, try to model a good attitude ("I appreciated it while I had it!") so that your child can begin to develop an attitude of nonattachment. If a toy of hers is broken or lost, help her to say, "I had fun with that."

① building a healthy attitude toward possessions
② learning the value of sharing toys with others
③ teaching how to arrange toys in an orderly manner
④ accepting responsibility for behaving in undesirable ways

15 다음 글의 요지로 알맞은 것은?

Many parents have been misguided by the "self-esteem movement," which has told them that the way to build their children's self-esteem is to tell them how good they are at things. Unfortunately, trying to convince your children of their competence will likely fail because life has a way of telling them unequivocally how capable or incapable they really are through success and failure. Research has shown that how you praise your children has a powerful influence on their development. Some researchers found that children who were praised for their intelligence, as compared to their effort, became overly focused on results. Following a failure, these same children persisted less, showed less enjoyment, attributed their failure to a lack of ability, and performed poorly in future achievement efforts. Praising children for intelligence made them fear difficulty because they began to equate failure with stupidity.

① Frequent praises increase self-esteem of children.
② Compliments on intelligence bring about negative effect.
③ A child should overcome fear of failure through success.
④ Parents should focus on the outcome rather than the process.

16 밑줄 친 부분에 들어갈 말로 알맞은 것은?

In recent years, the increased popularity of online marketing and social media sharing has boosted the need for advertising standardization for global brands. Most big marketing and advertising campaigns include a large online presence. Connected consumers can now zip easily across borders via the internet and social media, making it difficult for advertisers to roll out adapted campaigns in a controlled, orderly fashion. As a result, most global consumer brands coordinate their digital sites internationally. For example, Coca-Cola web and social media sites around the world, from Australia and Argentina to France, Romania, and Russia, are surprisingly _____. All feature splashes of familiar Coke red, iconic Coke bottle shapes, and Coca-Cola's music and "Taste the Feeling" themes.

① experimental

② uniform

③ localized

④ diverse

17 다음 글의 흐름상 어색한 문장은?

In our monthly surveys of 5,000 American workers and 500 U.S. employers, a huge shift to hybrid work is abundantly clear for office and knowledge workers. ① An emerging norm is three days a week in the office and two at home, cutting days on site by 30% or more. You might think this cutback would bring a huge drop in the demand for office space. ② But our survey data suggests cuts in office space of 1% to 2% on average, implying big reductions in density not space. We can understand why. High density at the office is uncomfortable and many workers dislike crowds around their desks. ③ Most employees want to work from home on Mondays and Fridays. Discomfort with density extends to lobbies, kitchens, and especially elevators. ④ The only sure-fire way to reduce density is to cut days on site without cutting square footage as much. Discomfort with density is here to stay according to our survey evidence.

18 주어진 문장이 들어갈 위치로 알맞은 것은?

> They installed video cameras at places known for illegal crossings, and put live video feeds from the cameras on a Web site.

Immigration reform is a political minefield. (①) About the only aspect of immigration policy that commands broad political support is the resolve to secure the U.S. border with Mexico to limit the flow of illegal immigrants. (②) Texas sheriffs recently developed a novel use of the Internet to help them keep watch on the border. (③) Citizens who want to help monitor the border can go online and serve as "virtual Texas deputies." (④) If they see anyone trying to cross the border, they send a report to the sheriff's office, which follows up, sometimes with the help of the U.S. Border Patrol.

19 주어진 글 다음에 이어질 글의 순서로 알맞은 것은?

> All civilizations rely on government administration. Perhaps no civilization better exemplifies this than ancient Rome.

(A) To rule an area that large, the Romans, based in what is now central Italy, needed an effective system of government administration.

(B) Actually, the word "civilization" itself comes from the Latin word *civis*, meaning "citizen."

(C) Latin was the language of ancient Rome, whose territory stretched from the Mediterranean basin all the way to parts of Great Britain in the north and the Black Sea to the east.

① (A) - (B) - (C)
② (B) - (A) - (C)
③ (B) - (C) - (A)
④ (C) - (A) - (B)

20 밑줄 친 부분에 들어갈 말로 알맞은 것은?

> Over the last fifty years, all major subdisciplines in psychology have become more and more isolated from each other as training becomes increasingly specialized and narrow in focus. As some psychologists have long argued, if the field of psychology is to mature and advance scientifically, its disparate parts (for example, neuroscience, developmental, cognitive, personality, and social) must become whole and integrated again. Science advances when distinct topics become theoretically and empirically integrated under simplifying theoretical frameworks. Psychology of science will encourage collaboration among psychologists from various sub-areas, helping the field achieve coherence rather than continued fragmentation. In this way, psychology of science might act as a template for psychology as a whole by integrating under one discipline all of the major fractions/factions within the field. It would be no small feat and of no small import if the psychology of science could become a model for the parent discipline on how to combine resources and study science _____.

① from a unified perspective

② in dynamic aspects

③ throughout history

④ with accurate evidence

✔ 회독 CHECK 1 2 3

[01~04] 밑줄 친 부분의 의미와 가장 가까운 것을 고르시오.

01

Further explanations on our project will be given in subsequent presentations.

① required
② following
③ advanced
④ supplementary

02

Folkways are customs that members of a group are expected to follow to show courtesy to others. For example, saying "excuse me" when you sneeze is an American folkway.

① charity
② humility
③ boldness
④ politeness

03

These children have been brought up on a diet of healthy food.

① raised
② advised
③ observed
④ controlled

04

Slavery was not done away with until the nineteenth century in the U.S.

① abolished
② consented
③ criticized
④ justified

05 밑줄 친 부분에 들어갈 말로 가장 적절한 것은?

Voters demanded that there should be greater _____ in the election process so that they could see and understand it clearly.

① deception
② flexibility
③ competition
④ transparency

06 밑줄 친 부분 중 어법상 옳지 않은 것은?

One reason for upsets in sports—① in which the team ② predicted to win and supposedly superior to their opponents surprisingly loses the contest—is ③ what the superior team may not have perceived their opponents as ④ threatening to their continued success.

07 밑줄 친 부분이 어법상 옳지 않은 것은?

① I should have gone this morning, but I was feeling a bit ill.

② These days we do not save as much money as we used to.

③ The rescue squad was happy to discover an alive man.

④ The picture was looked at carefully by the art critic.

08 우리말을 영어로 잘못 옮긴 것은?

① 우리는 그의 연설에 감동하게 되었다.
→ We were made touching with his speech.

② 비용은 차치하고 그 계획은 훌륭한 것이었다.
→ Apart from its cost, the plan was a good one.

③ 그들은 뜨거운 차를 마시는 동안에 일몰을 보았다.
→ They watched the sunset while drinking hot tea.

④ 과거 경력 덕분에 그는 그 프로젝트에 적합하였다.
→ His past experience made him suited for the project.

[09~10] 밑줄 친 부분에 들어갈 말로 가장 적절한 것을 고르시오.

09

A: Pardon me, but could you give me a hand, please?

B: _____

A: I'm trying to find the Personnel Department. I have an appointment at 10.

B: It's on the third floor.

A: How can I get up there?

B: Take the elevator around the corner.

① We have no idea how to handle this situation.

② Would you mind telling us who is in charge?

③ Yes. I could use some help around here.

④ Sure. Can I help you with anything?

10

A: You were the last one who left the office, weren't you?

B: Yes. Is there any problem?

A: I found the office lights and air conditioners on this morning.

B: Really? Oh, no. Maybe I forgot to turn them off last night.

A: Probably they were on all night.

B: _____

① Don't worry. This machine is working fine.

② That's right. Everyone likes to work with you.

③ I'm sorry. I promise I'll be more careful from now on.

④ Too bad. You must be tired because you get off work too late.

11 두 사람의 대화 중 자연스럽지 않은 것은?

① A: How would you like your hair done?

　B: I'm a little tired of my hair color. I'd like to dye it.

② A: What can we do to slow down global warming?

　B: First of all, we can use more public transportation.

③ A: Anna, is that you? Long time no see! How long has it been?

　B: It took me about an hour and a half by car.

④ A: I'm worried about Paul. He looks unhappy. What should I do?

　B: If I were you, I'd wait until he talks about his troubles.

12 다음 글의 제목으로 가장 적절한 것은?

Well-known author Daniel Goleman has dedicated his life to the science of human relationships. In his book *Social Intelligence* he discusses results from neuro-sociology to explain how sociable our brains are. According to Goleman, we are drawn to other people's brains whenever we engage with another person. The human need for meaningful connectivity with others, in order to deepen our relationships, is what we all crave, and yet there are countless articles and studies suggesting that we are lonelier than we ever have been and loneliness is now a world health epidemic. Specifically, in Australia, according to a national Lifeline survey, more than 80% of those surveyed believe our society is becoming a lonelier place. Yet, our brains crave human interaction.

① Lonely People

② Sociable Brains

③ Need for Mental Health Survey

④ Dangers of Human Connectivity

13 다음 글의 주제로 가장 적절한 것은?

Certainly some people are born with advantages (e.g., physical size for jockeys, height for basketball players, an "ear" for music for musicians). Yet only dedication to mindful, deliberate practice over many years can turn those advantages into talents and those talents into successes. Through the same kind of dedicated practice, people who are not born with such advantages can develop talents that nature put a little farther from their reach. For example, even though you may feel that you weren't born with a talent for math, you can significantly increase your mathematical abilities through mindful, deliberate practice. Or, if you consider yourself "naturally" shy, putting in the time and effort to develop your social skills can enable you to interact with people at social occasions with energy, grace, and ease.

① advantages some people have over others

② importance of constant efforts to cultivate talents

③ difficulties shy people have in social interactions

④ need to understand one's own strengths and weaknesses

14 다음 글의 요지로 가장 적절한 것은?

Dr. Roossinck and her colleagues found by chance that a virus increased resistance to drought on a plant that is widely used in botanical experiments. Their further experiments with a related virus showed that was true of 15 other plant species, too. Dr. Roossinck is now doing experiments to study another type of virus that increases heat tolerance in a range of plants. She hopes to extend her research to have a deeper understanding of the advantages that different sorts of viruses give to their hosts. That would help to support a view which is held by an increasing number of biologists, that many creatures rely on symbiosis, rather than being self-sufficient.

① Viruses demonstrate self-sufficiency of biological beings.

② Biologists should do everything to keep plants virus-free.

③ The principle of symbiosis cannot be applied to infected plants.

④ Viruses sometimes do their hosts good, rather than harming them.

15 다음 글의 내용과 일치하지 않는 것은?

The traditional way of making maple syrup is interesting. A sugar maple tree produces a watery sap each spring, when there is still lots of snow on the ground. To take the sap out of the sugar maple tree, a farmer makes a slit in the bark with a special knife, and puts a "tap" on the tree. Then the farmer hangs a bucket from the tap, and the sap drips into it. That sap is collected and boiled until a sweet syrup remains—forty gallons of sugar maple tree "water" make one gallon of syrup. That's a lot of buckets, a lot of steam, and a lot of work. Even so, most of maple syrup producers are family farmers who collect the buckets by hand and boil the sap into syrup themselves.

① 사탕단풍나무에서는 매년 봄에 수액이 생긴다.

② 사탕단풍나무의 수액을 얻기 위해 나무껍질에 틈새를 만든다.

③ 단풍나무시럽 1갤론을 만들려면 수액 40갤론이 필요하다.

④ 단풍나무시럽을 만들기 위해 기계로 수액 통을 수거한다.

16 다음 글의 흐름상 어색한 문장은?

I once took a course in short-story writing and during that course a renowned editor of a leading magazine talked to our class. ① He said he could pick up any one of the dozens of stories that came to his desk every day and after reading a few paragraphs he could feel whether or not the author liked people. ② "If the author doesn't like people," he said, "people won't like his or her stories." ③ The editor kept stressing the importance of being interested in people during his talk on fiction writing. ④ Thurston, a great magician, said that every time he went on stage he said to himself, "I am grateful because I'm successful." At the end of the talk, he concluded, "Let me tell you again. You have to be interested in people if you want to be a successful writer of stories."

17 주어진 글 다음에 이어질 글의 순서로 가장 적절한 것은?

> Just a few years ago, every conversation about artificial intelligence (AI) seemed to end with an apocalyptic prediction.

> (A) More recently, however, things have begun to change. AI has gone from being a scary black box to something people can use for a variety of use cases.
>
> (B) In 2014, an expert in the field said that, with AI, we are summoning the demon, while a Nobel Prize winning physicist said that AI could spell the end of the human race.
>
> (C) This shift is because these technologies are finally being explored at scale in the industry, particularly for market opportunities.

① (A) - (B) - (C)

② (B) - (A) - (C)

③ (B) - (C) - (A)

④ (C) - (A) - (B)

18 주어진 문장이 들어갈 위치로 가장 적절한 것은?

> Yet, requests for such self-assessments are pervasive throughout one's career.

> The fiscal quarter just ended. Your boss comes by to ask you how well you performed in terms of sales this quarter. How do you describe your performance? As excellent? Good? Terrible? (①) Unlike when someone asks you about an objective performance metric (e.g., how many dollars in sales you brought in this quarter), how to subjectively describe your performance is often unclear. There is no right answer. (②) You are asked to subjectively describe your own performance in school applications, in job applications, in interviews, in performance reviews, in meetings—the list goes on. (③) How you describe your performance is what we call your level of self-promotion. (④) Since self-promotion is a pervasive part of work, people who do more self-promotion may have better chances of being hired, being promoted, and getting a raise or a bonus.

19

We live in the age of anxiety. Because being anxious can be an uncomfortable and scary experience, we resort to conscious or unconscious strategies that help reduce anxiety in the moment—watching a movie or TV show, eating, video-game playing, and overworking. In addition, smartphones also provide a distraction any time of the day or night. Psychological research has shown that distractions serve as a common anxiety avoidance strategy. _____, however, these avoidance strategies make anxiety worse in the long run. Being anxious is like getting into quicksand-the more you fight it, the deeper you sink. Indeed, research strongly supports a well-known phrase that "What you resist, persists."

① Paradoxically

② Fortunately

③ Neutrally

④ Creatively

20

How many different ways do you get information? Some people might have six different kinds of communications to answer—text messages, voice mails, paper documents, regular mail, blog posts, messages on different online services. Each of these is a type of in-box, and each must be processed on a continuous basis. It's an endless process, but it doesn't have to be exhausting or stressful. Getting your information management down to a more manageable level and into a productive zone starts by _____. Every place you have to go to check your messages or to read your incoming information is an in-box, and the more you have, the harder it is to manage everything. Cut the number of in-boxes you have down to the smallest number possible for you still to function in the ways you need to.

① setting several goals at once

② immersing yourself in incoming information

③ minimizing the number of in-boxes you have

④ choosing information you are passionate about

영어 | 2022년 국가직 9급

✔ 회독 CHECK 1 2 3

[01~03] 밑줄 친 부분의 의미와 가장 가까운 것을 고르시오.

01

For years, detectives have been trying to <u>unravel</u> the mystery of the sudden disappearance of the twin brothers.

① solve
② create
③ imitate
④ publicize

02

Before the couple experienced parenthood, their four-bedroom house seemed unnecessarily <u>opulent</u>.

① hidden
② luxurious
③ empty
④ solid

03

The boss <u>hit the roof</u> when he saw that we had already spent the entire budget in such a short period of time.

① was very satisfied
② was very surprised
③ became extremely calm
④ became extremely angry

[04~05] 밑줄 친 부분에 들어갈 말로 가장 적절한 것을 고르시오.

04

A mouse potato is the computer _____ of television's couch potato: someone who tends to spend a great deal of leisure time in front of the computer in much the same way the couch potato does in front of the television.

① technician
② equivalent
③ network
④ simulation

05

Mary decided to _____ her Spanish before going to South America.

① brush up on
② hear out
③ stick up for
④ lay off

06 어법상 옳은 것은?

① A horse should be fed according to its individual needs and the nature of its work.

② My hat was blown off by the wind while walking down a narrow street.

③ She has known primarily as a political cartoonist throughout her career.

④ Even young children like to be complimented for a job done good.

07 다음 글의 내용과 일치하지 않는 것은?

Umberto Eco was an Italian novelist, cultural critic and philosopher. He is widely known for his 1980 novel *The Name of the Rose*, a historical mystery combining semiotics in fiction with biblical analysis, medieval studies and literary theory. He later wrote other novels, including *Foucault's Pendulum* and *The Island of the Day Before*. Eco was also a translator: he translated Raymond Queneau's book *Exercices de style* into Italian. He was the founder of the Department of Media Studies at the University of the Republic of San Marino. He died at his Milanese home of pancreatic cancer, from which he had been suffering for two years, on the night of February 19, 2016.

① *The Name of the Rose* is a historical novel.

② Eco translated a book into Italian.

③ Eco founded a university department.

④ Eco died in a hospital of cancer.

08 밑줄 친 부분 중 어법상 옳지 않은 것은?

To find a good starting point, one must return to the year 1800 during ① which the first modern electric battery was developed. Italian Alessandro Volta found that a combination of silver, copper, and zinc ② were ideal for producing an electrical current. The enhanced design, ③ called a Voltaic pile, was made by stacking some discs made from these metals between discs made of cardboard soaked in sea water. There was ④ such talk about Volta's work that he was requested to conduct a demonstration before the Emperor Napoleon himself.

09 다음 글의 제목으로 가장 적절한 것은?

Lasers are possible because of the way light interacts with electrons. Electrons exist at specific energy levels or states characteristic of that particular atom or molecule. The energy levels can be imagined as rings or orbits around a nucleus. Electrons in outer rings are at higher energy levels than those in inner rings. Electrons can be bumped up to higher energy levels by the injection of energy—for example, by a flash of light. When an electron drops from an outer to an inner level, "excess" energy is given off as light. The wavelength or color of the emitted light is precisely related to the amount of energy released. Depending on the particular lasing material being used, specific wavelengths of light are absorbed (to energize or excite the electrons) and specific wavelengths are emitted (when the electrons fall back to their initial level).

① How Is Laser Produced?

② When Was Laser Invented?

③ What Electrons Does Laser Emit?

④ Why Do Electrons Reflect Light?

10 다음 글의 흐름상 가장 어색한 문장은?

Markets in water rights are likely to evolve as a rising population leads to shortages and climate change causes drought and famine. ① But they will be based on regional and ethical trading practices and will differ from the bulk of commodity trade. ② Detractors argue trading water is unethical or even a breach of human rights, but already water rights are bought and sold in arid areas of the globe from Oman to Australia. ③ Drinking distilled water can be beneficial, but may not be the best choice for everyone, especially if the minerals are not supplemented by another source. ④ "We strongly believe that water is in fact turning into the new gold for this decade and beyond," said Ziad Abdelnour. "No wonder smart money is aggressively moving in this direction."

[11~12] 밑줄 친 부분에 들어갈 말로 가장 적절한 것을 고르시오.

11

A: I heard that the university cafeteria changed their menu.
B: Yeah, I just checked it out.
A: And they got a new caterer.
B: Yes. Sam's Catering.
A: _____?
B: There are more dessert choices. Also, some sandwich choices were removed.

① What is your favorite dessert
② Do you know where their office is
③ Do you need my help with the menu
④ What's the difference from the last menu

12

A: Hi there. May I help you?
B: Yes, I'm looking for a sweater.
A: Well, this one is the latest style from the fall collection. What do you think?
B: It's gorgeous. How much is it?
A: Let me check the price for you. It's $120.
B: _____.
A: Then how about this sweater? It's from the last season, but it's on sale for $50.
B: Perfect! Let me try it on.

① I also need a pair of pants to go with it
② That jacket is the perfect gift for me
③ It's a little out of my price range
④ We are open until 7 p.m. on Saturdays

[13~14] 우리말을 영어로 잘못 옮긴 것을 고르시오.

13 ① 우리가 영어를 단시간에 배우는 것은 결코 쉬운 일이 아니다.
→ It is by no means easy for us to learn English in a short time.
② 우리 인생에서 시간보다 더 소중한 것은 없다.
→ Nothing is more precious as time in our life.
③ 아이들은 길을 건널 때 아무리 조심해도 지나치지 않다.
→ Children cannot be too careful when crossing the street.
④ 그녀는 남들이 말하는 것을 쉽게 믿는다.
→ She easily believes what others say.

14

① 커피 세 잔을 마셨기 때문에, 그녀는 잠을 이룰 수 없다.

→ Having drunk three cups of coffee, she can't fall asleep.

② 친절한 사람이어서, 그녀는 모든 이에게 사랑받는다.

→ Being a kind person, she is loved by everyone.

③ 모든 점이 고려된다면, 그녀가 그 직위에 가장 적임인 사람이다.

→ All things considered, she is the best-qualified person for the position.

④ 다리를 꼰 채로 오랫동안 앉아 있는 것은 혈압을 상승시킬 수 있다.

→ Sitting with the legs crossing for a long period can raise blood pressure.

15 밑줄 친 (A), (B)에 들어갈 말로 가장 적절한 것은?

> Beliefs about maintaining ties with those who have died vary from culture to culture. For example, maintaining ties with the deceased is accepted and sustained in the religious rituals of Japan. Yet among the Hopi Indians of Arizona, the deceased are forgotten as quickly as possible and life goes on as usual. ___(A)___, the Hopi funeral ritual concludes with a break-off between mortals and spirits. The diversity of grieving is nowhere clearer than in two Muslim societies—one in Egypt, the other in Bali. Among Muslims in Egypt, the bereaved are encouraged to dwell at length on their grief, surrounded by others who relate to similarly tragic accounts and express their sorrow. ___(B)___, in Bali, bereaved Muslims are encouraged to laugh and be joyful rather than be sad.

	(A)	(B)
①	However	Similarly
②	In fact	By contrast
③	Therefore	For example
④	Likewise	Consequently

16 밑줄 친 부분에 들어갈 말로 가장 적절한 것은?

> Scientists have long known that higher air temperatures are contributing to the surface melting on Greenland's ice sheet. But a new study has found another threat that has begun attacking the ice from below: Warm ocean water moving underneath the vast glaciers is causing them to melt even more quickly. The findings were published in the journal *Nature Geoscience* by researchers who studied one of the many "ice tongues" of the Nioghalvfjerdsfjorden Glacier in northeast Greenland. An ice tongue is a strip of ice that floats on the water without breaking off from the ice on land. The massive one these scientists studied is nearly 50 miles long. The survey revealed an underwater current more than a mile wide where warm water from the Atlantic Ocean is able to flow directly towards the glacier, bringing large amounts of heat into contact with the ice and _____ the glacier's melting.

① separating

② delaying

③ preventing

④ accelerating

17 다음 글의 제목으로 가장 적절한 것은?

Do people from different cultures view the world differently? A psychologist presented realistic animated scenes of fish and other underwater objects to Japanese and American students and asked them to report what they had seen. Americans and Japanese made about an equal number of references to the focal fish, but the Japanese made more than 60 percent more references to background elements, including the water, rocks, bubbles, and inert plants and animals. In addition, whereas Japanese and American participants made about equal numbers of references to movement involving active animals, the Japanese participants made almost twice as many references to relationships involving inert, background objects. Perhaps most tellingly, the very first sentence from the Japanese participants was likely to be one referring to the environment, whereas the first sentence from Americans was three times as likely to be one referring to the focal fish.

① Language Barrier Between Japanese and Americans

② Associations of Objects and Backgrounds in the Brain

③ Cultural Differences in Perception

④ Superiority of Detail-oriented People

18 주어진 문장이 들어갈 위치로 가장 적절한 곳은?

Thus, blood, and life-giving oxygen, are easier for the heart to circulate to the brain.

People can be exposed to gravitational force, or g-force, in different ways. It can be localized, affecting only a portion of the body, as in getting slapped on the back. It can also be momentary, such as hard forces endured in a car crash. A third type of g-force is sustained, or lasting for at least several seconds. (①) Sustained, body-wide g-forces are the most dangerous to people. (②) The body usually withstands localized or momentary g-force better than sustained g-force, which can be deadly because blood is forced into the legs, depriving the rest of the body of oxygen. (③) Sustained g-force applied while the body is horizontal, or lying down, instead of sitting or standing tends to be more tolerable to people, because blood pools in the back and not the legs. (④) Some people, such as astronauts and fighter jet pilots, undergo special training exercises to increase their bodies' resistance to g-force.

19 다음 글의 요지로 가장 적절한 것은?

If someone makes you an offer and you're legitimately concerned about parts of it, you're usually better off proposing all your changes at once. Don't say, "The salary is a bit low. Could you do something about it?" and then, once she's worked on it, come back with "Thanks. Now here are two other things I'd like..." If you ask for only one thing initially, she may assume that getting it will make you ready to accept the offer (or at least to make a decision). If you keep saying "and one more thing...," she is unlikely to remain in a generous or understanding mood. Furthermore, if you have more than one request, don't simply mention all the things you want—A, B, C, and D; also signal the relative importance of each to you. Otherwise, she may pick the two things you value least, because they're pretty easy to give you, and feel she's met you halfway.

① Negotiate multiple issues simultaneously, not serially.

② Avoid sensitive topics for a successful negotiation.

③ Choose the right time for your negotiation.

④ Don't be too direct when negotiating salary.

20 주어진 글 다음에 이어질 글의 순서로 가장 적절한 것은?

Today, Lamarck is unfairly remembered in large part for his mistaken explanation of how adaptations evolve. He proposed that by using or not using certain body parts, an organism develops certain characteristics.

(A) There is no evidence that this happens. Still, it is important to note that Lamarck proposed that evolution occurs when organisms adapt to their environments. This idea helped set the stage for Darwin.

(B) Lamarck thought that these characteristics would be passed on to the offspring. Lamarck called this idea *inheritance of acquired characteristics.*

(C) For example, Lamarck might explain that a kangaroo's powerful hind legs were the result of ancestors strengthening their legs by jumping and then passing that acquired leg strength on to the offspring. However, an acquired characteristic would have to somehow modify the DNA of specific genes in order to be inherited.

① (A) - (C) - (B)

② (B) - (A) - (C)

③ (B) - (C) - (A)

④ (C) - (A) - (B)

모바일 OMR

✔ 회독 CHECK 1 2 3

[01~03] 밑줄 친 부분의 의미와 가장 가까운 것을 고르시오.

01

School teachers have to be <u>flexible</u> to cope with different ability levels of the students.

① strong   ② adaptable
③ honest   ④ passionate

02

Crop yields <u>vary</u>, improving in some areas and falling in others.

① change   ② decline
③ expand   ④ include

03

I don't feel inferior to anyone <u>with respect to</u> my education.

① in danger of   ② in spite of
③ in favor of   ④ in terms of

04 밑줄 친 부분에 들어갈 말로 가장 적절한 것은?

Sometimes we _____ money long before the next payday.

① turn into
② start over
③ put up with
④ run out of

[05~06] 어법상 옳지 않은 것을 고르시오.

05 ① He asked me why I kept coming back day after day.
② Toys children wanted all year long has recently discarded.
③ She is someone who is always ready to lend a helping hand.
④ Insects are often attracted by scents that aren't obvious to us.

06 ① You can write on both sides of the paper.
② My home offers me a feeling of security, warm, and love.
③ The number of car accidents is on the rise.
④ Had I realized what you were intending to do, I would have stopped you.

[07~08] 우리말을 영어로 잘못 옮긴 것을 고르시오.

07 ① 나는 단 한 푼의 돈도 낭비할 수 없다.
→ I can afford to waste even one cent.
② 그녀의 얼굴에서 미소가 곧 사라졌다.
→ The smile soon faded from her face.
③ 그녀는 사임하는 것 외에는 대안이 없었다.
→ She had no alternative but to resign.
④ 나는 5년 후에 내 사업을 시작할 작정이다.
→ I'm aiming to start my own business in five years.

08 ① 식사를 마치자마자 나는 다시 배고프기 시작했다.
→ No sooner I have finishing the meal than I started feeling hungry again.
② 그녀는 조만간 요금을 내야만 할 것이다.
→ She will have to pay the bill sooner or later.
③ 독서와 정신의 관계는 운동과 신체의 관계와 같다.
→ Reading is to the mind what exercise is to the body.
④ 그는 대학에서 의학을 공부했으나 결국 회계 회사에서 일하게 되었다.
→ He studied medicine at university but ended up working for an accounting firm.

09 두 사람의 대화 중 가장 어색한 것은?

① A: I like this newspaper because it's not opinionated.
B: That's why it has the largest circulation.
② A: Do you have a good reason for being all dressed up?
B: Yeah, I have an important job interview today.
③ A: I can hit the ball straight during the practice but not during the game.
B: That happens to me all the time, too.
④ A: Is there any particular subject you want to paint on canvas?
B: I didn't do good in history when I was in high school.

10 밑줄 친 부분에 들어갈 말로 가장 적절한 것은?

A: Hey! How did your geography test go?
B: Not bad, thanks. I'm just glad that it's over! How about you? How did your science exam go?
A: Oh, it went really well. _____.
I owe you a treat for that.
B: It's my pleasure. So, do you feel like preparing for the math exam scheduled for next week?
A: Sure. Let's study together.
B: It sounds good. See you later.

① There's no sense in beating yourself up over this
② I never thought I would see you here
③ Actually, we were very disappointed
④ I can't thank you enough for helping me with it

11 주어진 글 다음에 이어질 글의 순서로 가장 적절한 것은?

For people who are blind, everyday tasks such as sorting through the mail or doing a load of laundry present a challenge.

(A) That's the thinking behind Aira, a new service that enables its thousands of users to stream live video of their surroundings to an on-demand agent, using either a smartphone or Aira's proprietary glasses.

(B) But what if they could "borrow" the eyes of someone who could see?

(C) The Aira agents, who are available 24/7, can then answer questions, describe objects or guide users through a location.

① (A) - (B) - (C)

② (A) - (C) - (B)

③ (B) - (A) - (C)

④ (C) - (A) - (B)

12 주어진 문장이 들어갈 위치로 가장 적절한 곳은?

The comparison of the heart to a pump, however, is a genuine analogy.

An analogy is a figure of speech in which two things are asserted to be alike in many respects that are quite fundamental. Their structure, the relationships of their parts, or the essential purposes they serve are similar, although the two things are also greatly dissimilar. Roses and carnations are not analogous. (①) They both have stems and leaves and may both be red in color. (②) But they exhibit these qualities in the same way; they are of the same genus. (③) These are disparate things, but they share important qualities: mechanical apparatus, possession of valves, ability to increase and decrease pressures, and capacity to move fluids. (④) And the heart and the pump exhibit these qualities in different ways and in different contexts.

13 다음 글의 제목으로 가장 적절한 것은?

One of the areas where efficiency can be optimized is the work force, through increasing individual productivity—defined as the amount of work (products produced, customers served) an employee handles in a given time. In addition to making sure you have invested in the right equipment, environment, and training to ensure optimal performance, you can increase productivity by encouraging staffers to put an end to a modern-day energy drain: multitasking. Studies show it takes 25 to 40 percent longer to get a job done when you're simultaneously trying to work on other projects. To be more productive, says Andrew Deutscher, vice president of business development at consulting firm The Energy Project, "do one thing, uninterrupted, for a sustained period of time."

① How to Create More Options in Life
② How to Enhance Daily Physical Performance
③ Multitasking is the Answer for Better Efficiency
④ Do One Thing at a Time for Greater Efficiency

14 글의 흐름상 가장 어색한 문장은?

The skill to have a good argument is critical in life. But it's one that few parents teach to their children. ① We want to give kids a stable home, so we stop siblings from quarreling and we have our own arguments behind closed doors. ② Yet if kids never get exposed to disagreement, we may eventually limit their creativity. ③ Children are most creative when they are free to brainstorm with lots of praise and encouragement in a peaceful environment. ④ It turns out that highly creative people often grow up in families full of tension. They are not surrounded by fistfights or personal insults, but real disagreements. When adults in their early 30s were asked to write imaginative stories, the most creative ones came from those whose parents had the most conflict a quarter-century earlier.

[15~16] 다음 글의 내용과 일치하지 않는 것을 고르시오.

15

Christopher Nolan is an Irish writer of some renown in the English language. Brain damaged since birth, Nolan has had little control over the muscles of his body, even to the extent of having difficulty in swallowing food. He must be strapped to his wheelchair because he cannot sit up by himself. Nolan cannot utter recognizable speech sounds. Fortunately, though, his brain damage was such that Nolan's intelligence was undamaged and his hearing was normal; as a result, he learned to understand speech as a young child. It was only many years later, though, after he had reached 10 years, and after he had learned to read, that he was given a means to express his first words. He did this by using a stick which was attached to his head to point to letters. It was in this 'unicorn' manner, letter-by-letter, that he produced an entire book of poems and short stories, *Dam-Burst of Dreams*, while still a teenager.

① Christopher Nolan은 뇌 손상을 갖고 태어났다.

② Christopher Nolan은 음식을 삼키는 것도 어려웠다.

③ Christopher Nolan은 청각 장애로 인해 들을 수 없었다.

④ Christopher Nolan은 10대일 때 책을 썼다.

16

In many Catholic countries, children are often named after saints; in fact, some priests will not allow parents to name their children after soap opera stars or football players. Protestant countries tend to be more free about this; however, in Norway, certain names such as Adolf are banned completely. In countries where infant mortality is very high, such as in Africa, tribes only name their children when they reach five years old, the age in which their chances of survival begin to increase. Until that time, they are referred to by the number of years they are. Many nations in the Far East give their children a unique name which in some way describes the circumstances of the child's birth or the parents' expectations and hopes for the child. Some Australian aborigines can keep changing their name throughout their life as the result of some important experience which has in some way proved their wisdom, creativity or determination. For example, if one day, one of them dances extremely well, he or she may decide to re-name him/herself 'supreme dancer' or 'light feet'.

① Children are frequently named after saints in many Catholic countries.

② Some African children are not named until they turn five years old.

③ Changing one's name is totally unacceptable in the culture of Australian aborigines.

④ Various cultures name their children in different ways.

17 다음 글의 요지로 가장 적절한 것은?

> In one study, done in the early 1970s when young people tended to dress in either "hippie" or "straight" fashion, experimenters donned hippie or straight attire and asked college students on campus for a dime to make a phone call. When the experimenter was dressed in the same way as the student, the request was granted in more than two-thirds of the instances; when the student and requester were dissimilarly dressed, the dime was provided less than half the time. Another experiment showed how automatic our positive response to similar others can be. Marchers in an antiwar demonstration were found to be more likely to sign the petition of a similarly dressed requester and to do so without bothering to read it first.

① People are more likely to help those who dress like themselves.

② Dressing up formally increases the chance of signing the petition.

③ Making a phone call is an efficient way to socialize with other students.

④ Some college students in the early 1970s were admired for their unique fashion.

18 (A)와 (B)에 들어갈 말로 가장 적절한 것은?

> Duration shares an inverse relationship with frequency. If you see a friend frequently, then the duration of the encounter will be shorter. Conversely, if you don't see your friend very often, the duration of your visit will typically increase significantly. (A) , if you see a friend every day, the duration of your visits can be low because you can keep up with what's going on as events unfold. If, however, you only see your friend twice a year, the duration of your visits will be greater. Think back to a time when you had dinner in a restaurant with a friend you hadn't seen for a long period of time. You probably spent several hours catching up on each other's lives. The duration of the same dinner would be considerably shorter if you saw the person on a regular basis. (B) , in romantic relationships the frequency and duration are very high because couples, especially newly minted ones, want to spend as much time with each other as possible. The intensity of the relationship will also be very high.

	(A)	(B)
①	For example	Conversely
②	Nonetheless	Furthermore
③	Therefore	As a result
④	In the same way	Thus

[19~20] 밑줄 친 부분에 들어갈 말로 가장 적절한 것을 고르시오.

19

One of the most frequently used propaganda techniques is to convince the public that the propagandist's views reflect those of the common person and that he or she is working in their best interests. A politician speaking to a blue-collar audience may roll up his sleeves, undo his tie, and attempt to use the specific idioms of the crowd. He may even use language incorrectly on purpose to give the impression that he is "just one of the folks." This technique usually also employs the use of glittering generalities to give the impression that the politician's views are the same as those of the crowd being addressed. Labor leaders, businesspeople, ministers, educators, and advertisers have used this technique to win our confidence by appearing to be ＿＿＿＿＿＿＿＿＿＿＿＿.

① beyond glittering generalities

② just plain folks like ourselves

③ something different from others

④ better educated than the crowd

20

As a roller coaster climbs the first lift hill of its track, it is building potential energy—the higher it gets above the earth, the stronger the pull of gravity will be. When the coaster crests the lift hill and begins its descent, its potential energy becomes kinetic energy, or the energy of movement. A common misperception is that a coaster loses energy along the track. An important law of physics, however, called the law of conservation of energy, is that energy can never be created nor destroyed. It simply changes from one form to another. Whenever a track rises back uphill, the cars' momentum—their kinetic energy—will carry them upward, which builds potential energy, and roller coasters repeatedly convert potential energy to kinetic energy and back again. At the end of a ride, coaster cars are slowed down by brake mechanisms that create ＿＿＿＿＿＿＿＿＿ between two surfaces. This motion makes them hot, meaning kinetic energy is changed to heat energy during braking. Riders may mistakenly think coasters lose energy at the end of the track, but the energy just changes to and from different forms.

① gravity

② friction

③ vacuum

④ acceleration

✔ 회독 CHECK 1 2 3

[01~03] 밑줄 친 부분의 의미와 가장 가까운 것을 고르시오.

01

Privacy as a social practice shapes individual behavior in conjunction with other social practices and is therefore central to social life.

① in combination with
② in comparison with
③ in place of
④ in case of

02

The influence of Jazz has been so pervasive that most popular music owes its stylistic roots to jazz.

① deceptive
② ubiquitous
③ persuasive
④ disastrous

03

This novel is about the vexed parents of an unruly teenager who quits school to start a business.

① callous
② annoyed
③ reputable
④ confident

04 밑줄 친 부분에 들어갈 말로 가장 적절한 것은?

A group of young demonstrators attempted to _____ the police station.

① line up
② give out
③ carry on
④ break into

05 다음 글의 내용과 일치하는 것은?

> The most notorious case of imported labor is of course the Atlantic slave trade, which brought as many as ten million enslaved Africans to the New World to work the plantations. But although the Europeans may have practiced slavery on the largest scale, they were by no means the only people to bring slaves into their communities: earlier, the ancient Egyptians used slave labor to build their pyramids, early Arab explorers were often also slave traders, and Arabic slavery continued into the twentieth century and indeed still continues in a few places. In the Americas some native tribes enslaved members of other tribes, and slavery was also an institution in many African nations, especially before the colonial period.

① African laborers voluntarily moved to the New World.

② Europeans were the first people to use slave labor.

③ Arabic slavery no longer exists in any form.

④ Slavery existed even in African countries.

06 어법상 옳은 것은?

① This guide book tells you where should you visit in Hong Kong.

② I was born in Taiwan, but I have lived in Korea since I started work.

③ The novel was so excited that I lost track of time and missed the bus.

④ It's not surprising that book stores don't carry newspapers any more, doesn't it?

07 다음 글의 제목으로 가장 적절한 것은?

> Warming temperatures and loss of oxygen in the sea will shrink hundreds of fish species—from tunas and groupers to salmon, thresher sharks, haddock and cod—even more than previously thought, a new study concludes. Because warmer seas speed up their metabolisms, fish, squid and other water-breathing creatures will need to draw more oxygen from the ocean. At the same time, warming seas are already reducing the availability of oxygen in many parts of the sea. A pair of University of British Columbia scientists argue that since the bodies of fish grow faster than their gills, these animals eventually will reach a point where they can't get enough oxygen to sustain normal growth. "What we found was that the body size of fish decreases by 20 to 30 percent for every 1 degree Celsius increase in water temperature," says author William Cheung.

① Fish Now Grow Faster than Ever

② Oxygen's Impact on Ocean Temperatures

③ Climate Change May Shrink the World's Fish

④ How Sea Creatures Survive with Low Metabolism

08 밑줄 친 부분 중 어법상 옳지 않은 것은?

Urban agriculture (UA) has long been dismissed as a fringe activity that has no place in cities; however, its potential is beginning to ① be realized. In fact, UA is about food self-reliance: it involves ② creating work and is a reaction to food insecurity, particularly for the poor. Contrary to ③ which many believe, UA is found in every city, where it is sometimes hidden, sometimes obvious. If one looks carefully, few spaces in a major city are unused. Valuable vacant land rarely sits idle and is often taken over—either formally, or informally—and made ④ productive.

09 주어진 문장이 들어갈 위치로 가장 적절한 것은?

For example, the state archives of New Jersey hold more than 30,000 cubic feet of paper and 25,000 reels of microfilm.

Archives are a treasure trove of material: from audio to video to newspapers, magazines and printed material—which makes them indispensable to any History Detective investigation. While libraries and archives may appear the same, the differences are important. (①) An archive collection is almost always made up of primary sources, while a library contains secondary sources. (②) To learn more about the Korean War, you'd go to a library for a history book. If you wanted to read the government papers, or letters written by Korean War soldiers, you'd go to an archive. (③) If you're searching for information, chances are there's an archive out there for you. Many state and local archives store public records—which are an amazing, diverse resource. (④) An online search of your state's archives will quickly show you they contain much more than just the minutes of the legislature—there are detailed land grant information to be found, old town maps, criminal records and oddities such as peddler license applications.

*treasure trove: 귀중한 발굴물(수집물)

*land grant: (대학 · 철도 등을 위해) 정부가 주는 땅

10 다음 글의 흐름상 가장 어색한 문장은?

The term burnout refers to a "wearing out" from the pressures of work. Burnout is a chronic condition that results as daily work stressors take their toll on employees. ① The most widely adopted conceptualization of burnout has been developed by Maslach and her colleagues in their studies of human service workers. Maslach sees burnout as consisting of three interrelated dimensions. The first dimension—emotional exhaustion—is really the core of the burnout phenomenon. ② Workers suffer from emotional exhaustion when they feel fatigued, frustrated, used up, or unable to face another day on the job. The second dimension of burnout is a lack of personal accomplishment. ③ This aspect of the burnout phenomenon refers to workers who see themselves as failures, incapable of effectively accomplishing job requirements. ④ Emotional labor workers enter their occupation highly motivated although they are physically exhausted. The third dimension of burnout is depersonalization. This dimension is relevant only to workers who must communicate interpersonally with others (e.g. clients, patients, students) as part of the job.

[11~12] 밑줄 친 부분에 들어갈 말로 가장 적절한 것을 고르시오.

11

A: Were you here last night?

B: Yes. I worked the closing shift. Why?

A: The kitchen was a mess this morning. There was food spattered on the stove, and the ice trays were not in the freezer.

B: I guess I forgot to go over the cleaning checklist.

A: You know how important a clean kitchen is.

B: I'm sorry. _____

① I won't let it happen again.

② Would you like your bill now?

③ That's why I forgot it yesterday.

④ I'll make sure you get the right order.

12

A: Have you taken anything for your cold?

B: No, I just blow my nose a lot.

A: Have you tried nose spray?

B: _____

A: It works great.

B: No, thanks. I don't like to put anything in my nose, so I've never used it.

① Yes, but it didn't help.

② No, I don't like nose spray.

③ No, the pharmacy was closed.

④ Yeah, how much should I use?

13 다음 글의 내용과 일치하지 않는 것은?

Deserts cover more than one-fifth of the Earth's land area, and they are found on every continent. A place that receives less than 25 centimeters (10 inches) of rain per year is considered a desert. Deserts are part of a wider class of regions called drylands. These areas exist under a "moisture deficit," which means they can frequently lose more moisture through evaporation than they receive from annual precipitation. Despite the common conceptions of deserts as hot, there are cold deserts as well. The largest hot desert in the world, northern Africa's Sahara, reaches temperatures of up to 50 degrees Celsius (122 degrees Fahrenheit) during the day. But some deserts are always cold, like the Gobi Desert in Asia and the polar deserts of the Antarctic and Arctic, which are the world's largest. Others are mountainous. Only about 20 percent of deserts are covered by sand. The driest deserts, such as Chile's Atacama Desert, have parts that receive less than two millimeters (0.08 inches) of precipitation a year. Such environments are so harsh and otherworldly that scientists have even studied them for clues about life on Mars. On the other hand, every few years, an unusually rainy period can produce "super blooms," where even the Atacama becomes blanketed in wildflowers.

① There is at least one desert on each continent.

② The Sahara is the world's largest hot desert.

③ The Gobi Desert is categorized as a cold desert.

④ The Atacama Desert is one of the rainiest deserts.

[14~15] 우리말을 영어로 가장 잘 옮긴 것을 고르시오.

14 ① 나는 너의 답장을 가능한 한 빨리 받기를 고대한다.

→ I look forward to receive your reply as soon as possible.

② 그는 내가 일을 열심히 했기 때문에 월급을 올려 주겠다고 말했다.

→ He said he would rise my salary because I worked hard.

③ 그의 스마트 도시 계획은 고려할 만했다.

→ His plan for the smart city was worth considered.

④ Cindy는 피아노 치는 것을 매우 좋아했고 그녀의 아들도 그랬다.

→ Cindy loved playing the piano, and so did her son.

15 ① 당신이 부자일지라도 당신은 진실한 친구들을 살 수는 없다.

→ Rich as if you may be, you can't buy sincere friends.

② 그것은 너무나 아름다운 유성 폭풍이어서 우리는 밤새 그것을 보았다.

→ It was such a beautiful meteor storm that we watched it all night.

③ 학위가 없는 것이 그녀의 성공을 방해했다.

→ Her lack of a degree kept her advancing.

④ 그는 사형이 폐지되어야 하는지 아닌지에 대한 에세이를 써야 한다.

→ He has to write an essay on if or not the death penalty should be abolished.

[16~17] 밑줄 친 부분에 들어갈 말로 가장 적절한 것을 고르시오.

16

Social media, magazines and shop windows bombard people daily with things to buy, and British consumers are buying more clothes and shoes than ever before. Online shopping means it is easy for customers to buy without thinking, while major brands offer such cheap clothes that they can be treated like disposable items—worn two or three times and then thrown away. In Britain, the average person spends more than £1,000 on new clothes a year, which is around four percent of their income. That might not sound like much, but that figure hides two far more worrying trends for society and for the environment. First, a lot of that consumer spending is via credit cards. British people currently owe approximately £670 per adult to credit card companies. That's 66 percent of the average wardrobe budget. Also, not only are people spending money they don't have, they're using it to buy things _____. Britain throws away 300,000 tons of clothing a year, most of which goes into landfill sites.

① they don't need
② that are daily necessities
③ that will be soon recycled
④ they can hand down to others

17

Excellence is the absolute prerequisite in fine dining because the prices charged are necessarily high. An operator may do everything possible to make the restaurant efficient, but the guests still expect careful, personal service: food prepared to order by highly skilled chefs and delivered by expert servers. Because this service is, quite literally, manual labor, only marginal improvements in productivity are possible. For example, a cook, server, or bartender can move only so much faster before she or he reaches the limits of human performance. Thus, only moderate savings are possible through improved efficiency, which makes an escalation of prices _____. (It is an axiom of economics that as prices rise, consumers become more discriminating.) Thus, the clientele of the fine-dining restaurant expects, demands, and is willing to pay for excellence.

① ludicrous
② inevitable
③ preposterous
④ inconceivable

18 주어진 글 다음에 이어질 글의 순서로 가장 적절한 것은?

> To be sure, human language stands out from the decidedly restricted vocalizations of monkeys and apes. Moreover, it exhibits a degree of sophistication that far exceeds any other form of animal communication.

> (A) That said, many species, while falling far short of human language, do nevertheless exhibit impressively complex communication systems in natural settings.
>
> (B) And they can be taught far more complex systems in artificial contexts, as when raised alongside humans.
>
> (C) Even our closest primate cousins seem incapable of acquiring anything more than a rudimentary communicative system, even after intensive training over several years. The complexity that is language is surely a species-specific trait.

① (A) - (B) - (C)

② (B) - (C) - (A)

③ (C) - (A) - (B)

④ (C) - (B) - (A)

19 다음 글의 주제로 가장 적절한 것은?

> During the late twentieth century socialism was on the retreat both in the West and in large areas of the developing world. During this new phase in the evolution of market capitalism, global trading patterns became increasingly interlinked, and advances in information technology meant that deregulated financial markets could shift massive flows of capital across national boundaries within seconds. 'Globalization' boosted trade, encouraged productivity gains and lowered prices, but critics alleged that it exploited the low-paid, was indifferent to environmental concerns and subjected the Third World to a monopolistic form of capitalism. Many radicals within Western societies who wished to protest against this process joined voluntary bodies, charities and other non-governmental organizations, rather than the marginalized political parties of the left. The environmental movement itself grew out of the recognition that the world was interconnected, and an angry, if diffuse, international coalition of interests emerged.

① The affirmative phenomena of globalization in the developing world in the past

② The decline of socialism and the emergence of capitalism in the twentieth century

③ The conflict between the global capital market and the political organizations of the left

④ The exploitative characteristics of global capitalism and diverse social reactions against it

20 다음 글에 나타난 Johnbull의 심경으로 가장 적절한 것은?

> In the blazing midday sun, the yellow egg-shaped rock stood out from a pile of recently unearthed gravel. Out of curiosity, sixteen-year-old miner Komba Johnbull picked it up and fingered its flat, pyramidal planes. Johnbull had never seen a diamond before, but he knew enough to understand that even a big find would be no larger than his thumbnail. Still, the rock was unusual enough to merit a second opinion. Sheepishly, he brought it over to one of the more experienced miners working the muddy gash deep in the jungle. The pit boss's eyes widened when he saw the stone. "Put it in your pocket," he whispered. "Keep digging." The older miner warned that it could be dangerous if anyone thought they had found something big. So Johnbull kept shoveling gravel until nightfall, pausing occasionally to grip the heavy stone in his fist. Could it be?

① thrilled and excited
② painful and distressed
③ arrogant and convinced
④ detached and indifferent

✅ 회독 CHECK 1 2 3

01 밑줄 친 부분의 의미와 가장 가까운 것은?

> For many compulsive buyers, the act of purchasing, rather than what they buy, is what leads to gratification.

① liveliness
② confidence
③ tranquility
④ satisfaction

[02~04] 밑줄 친 부분에 들어갈 말로 가장 적절한 것을 고르시오.

02

> Globalization leads more countries to open their markets, allowing them to trade goods and services freely at a lower cost with greater _____.

① extinction
② depression
③ efficiency
④ caution

03

> We're familiar with the costs of burnout: Energy, motivation, productivity, engagement, and commitment can all take a hit, at work and at home. And many of the _____ are fairly intuitive: Regularly unplug. Reduce unnecessary meetings. Exercise. Schedule small breaks during the day. Take vacations even if you think you can't afford to be away from work, because you can't afford not to be away now and then.

① fixes
② damages
③ prizes
④ complications

04

> The government is seeking ways to soothe salaried workers over their increased tax burdens arising from a new tax settlement system. During his meeting with the presidential aides last Monday, the President _____ those present to open up more communication channels with the public.

① fell on
② called for
③ picked up
④ turned down

05 밑줄 친 부분의 의미와 가장 가까운 것은?

> In studying Chinese calligraphy, one must learn something of the origins of Chinese language and of how they were originally written. However, except for those brought up in the artistic traditions of the country, its aesthetic significance seems to be very difficult to apprehend.

① encompass
② intrude
③ inspect
④ grasp

[06~07] 우리말을 영어로 잘못 옮긴 것을 고르시오.

06 ① 그의 소설들은 읽기가 어렵다.
　　　→ His novels are hard to read.
② 학생들을 설득하려고 해 봐야 소용없다.
　　　→ It is no use trying to persuade the students.
③ 나의 집은 5년마다 페인트칠 된다.
　　　→ My house is painted every five years.
④ 내가 출근할 때 한 가족이 위층에 이사 오는 것을 보았다.
　　　→ As I went out for work, I saw a family moved in upstairs.

07 ① 경찰 당국은 자신의 이웃을 공격했기 때문에 그 여성을 체포하도록 했다.
　　　→ The police authorities had the woman arrested for attacking her neighbor.
② 네가 내는 소음 때문에 내 집중력을 잃게 하지 말아라.
　　　→ Don't let me distracted by the noise you make.
③ 가능한 한 빨리 제가 결과를 알도록 해 주세요.
　　　→ Please let me know the result as soon as possible.
④ 그는 학생들에게 모르는 사람들에게 전화를 걸어 성금을 기부할 것을 부탁하도록 시켰다.
　　　→ He had the students phone strangers and ask them to donate money.

08 어법상 옳은 것은?

① My sweet-natured daughter suddenly became unpredictably.
② She attempted a new method, and needless to say had different results.
③ Upon arrived, he took full advantage of the new environment.
④ He felt enough comfortable to tell me about something he wanted to do.

09 다음 글의 제목으로 가장 적절한 것은?

> The definition of 'turn' casts the digital turn as an analytical strategy which enables us to focus on the role of digitalization within social reality. As an analytical perspective, the digital turn makes it possible to analyze and discuss the societal meaning of digitalization. The term 'digital turn' thus signifies an analytical approach which centers on the role of digitalization within a society. If the linguistic turn is defined by the epistemological* assumption that reality is constructed through language, the digital turn is based on the assumption that social reality is increasingly defined by digitalization. Social media symbolize the digitalization of social relations. Individuals increasingly engage in identity management on social networking sites(SNS). SNS are polydirectional, meaning that users can connect to each other and share information.
>
> *epistemological: 인식론의

① Remaking Identities on SNS

② Linguistic Turn Versus Digital Turn

③ How to Share Information in the Digital Age

④ Digitalization Within the Context of Social Reality

10 주어진 글 다음에 이어질 글의 순서로 가장 적절한 것은?

> Growing concern about global climate change has motivated activists to organize not only campaigns against fossil fuel extraction consumption, but also campaigns to support renewable energy.

> (A) This solar cooperative produces enough energy to power 1,400 homes, making it the first large-scale solar farm cooperative in the country and, in the words of its members, a visible reminder that solar power represents "a new era of sustainable and 'democratic' energy supply that enables ordinary people to produce clean power, not only on their rooftops, but also at utility scale."
>
> (B) Similarly, renewable energy enthusiasts from the United States have founded the Clean Energy Collective, a company that has pioneered "the model of delivering clean power-generation through medium-scale facilities that are collectively owned by participating utility customers."
>
> (C) Environmental activists frustrated with the UK government's inability to rapidly accelerate the growth of renewable energy industries have formed the Westmill Wind Farm Co-operative, a community-owned organization with more than 2,000 members who own an onshore wind farm estimated to produce as much electricity in a year as that used by 2,500 homes. The Westmill Wind Farm Co-operative has inspired local citizens to form the Westmill Solar Co-operative.

① (C) - (A) - (B)

② (A) - (C) - (B)

③ (B) - (C) - (A)

④ (C) - (B) - (A)

11 밑줄 친 부분에 들어갈 말로 가장 적절한 것은?

> A: Did you have a nice weekend?
> B: Yes, it was pretty good. We went to the movies.
> A: Oh! What did you see?
> B: *Interstellar*. It was really good.
> A: Really? _____
> B: The special effects. They were fantastic. I wouldn't mind seeing it again.

① What did you like the most about it?
② What's your favorite movie genre?
③ Was the film promoted internationally?
④ Was the movie very costly?

12 두 사람의 대화 중 가장 어색한 것은?

① A: I'm so nervous about this speech that I must give today.
　 B: The most important thing is to stay cool.
② A: You know what? Minsu and Yujin are tying the knot!
　 B: Good for them! When are they getting married?
③ A: A two-month vacation just passed like one week. A new semester is around the corner.
　 B: That's the word. Vacation has dragged on for weeks.
④ A: How do you say 'water' in French?
　 B: It is right on the tip of my tongue, but I can't remember it.

13 다음 글의 내용과 일치하지 않는 것은?

> Women are experts at gossiping, and they always talk about trivial things, or at least that's what men have always thought. However, some new research suggests that when women talk to women, their conversations are far from frivolous, and cover many more topics (up to 40 subjects) than when men talk to other men. Women's conversations range from health to their houses, from politics to fashion, from movies to family, from education to relationship problems, but sports are notably absent. Men tend to have a more limited range of subjects, the most popular being work, sports, jokes, cars, and women. According to Professor Petra Boynton, a psychologist who interviewed over 1,000 women, women also tend to move quickly from one subject to another in conversation, while men usually stick to one subject for longer periods of time. At work, this difference can be an advantage for men, as they can put other matters aside and concentrate fully on the topic being discussed. On the other hand, it also means that they sometimes find it hard to concentrate when several things have to be discussed at the same time in a meeting.

① 남성들은 여성들의 대화 주제가 항상 사소한 것들이라고 생각해 왔다.
② 여성들의 대화 주제는 건강에서 스포츠에 이르기까지 매우 다양하다.
③ 여성들은 대화하는 중에 주제의 변환을 빨리한다.
④ 남성들은 회의 중 여러 주제가 논의될 때 집중하기 어렵다.

14 다음 글의 흐름상 적절하지 않은 문장은?

There was no divide between science, philosophy, and magic in the 15th century. All three came under the general heading of 'natural philosophy'. ① Central to the development of natural philosophy was the recovery of classical authors, most importantly the work of Aristotle. ② Humanists quickly realized the power of the printing press for spreading their knowledge. ③ At the beginning of the 15th century Aristotle remained the basis for all scholastic speculation on philosophy and science. ④ Kept alive in the Arabic translations and commentaries of Averroes and Avicenna, Aristotle provided a systematic perspective on mankind's relationship with the natural world. Surviving texts like his *Physics*, *Metaphysics*, and *Meteorology* provided scholars with the logical tools to understand the forces that created the natural world.

15 어법상 옳지 않은 것은?

① Fire following an earthquake is of special interest to the insurance industry.
② Word processors were considered to be the ultimate tool for a typist in the past.
③ Elements of income in a cash forecast will be vary according to the company's circumstances.
④ The world's first digital camera was created by Steve Sasson at Eastman Kodak in 1975.

[16~17] 밑줄 친 부분에 들어갈 말로 가장 적절한 것을 고르시오.

16

The slowing of China's economy from historically high rates of growth has long been expected to _____ growth elsewhere. "The China that had been growing at 10 percent for 30 years was a powerful source of fuel for much of what drove the global economy forward", said Stephen Roach at Yale. The growth rate has slowed to an official figure of around 7 percent. "That's a concrete deceleration", Mr. Roach added.

① speed up
② weigh on
③ lead to
④ result in

17

As more and more leaders work remotely or with teams scattered around the nation or the globe, as well as with consultants and freelancers, you'll have to give them more _____. The more trust you bestow, the more others trust you. I am convinced that there is a direct correlation between job satisfaction and how empowered people are to fully execute their job without someone shadowing them every step of the way. Giving away responsibility to those you trust can not only make your organization run more smoothly but also free up more of your time so you can focus on larger issues.

① work
② rewards
③ restrictions
④ autonomy

18 다음 글의 요지로 가장 적절한 것은?

"In Judaism, we're largely defined by our actions," says Lisa Grushcow, the senior rabbi at Temple Emanu-El-Beth Sholom in Montreal. "You can't really be an armchair do-gooder." This concept relates to the Jewish notion of tikkun olam, which translates as "to repair the world." Our job as human beings, she says, "is to mend what's been broken. It's incumbent on us to not only take care of ourselves and each other but also to build a better world around us." This philosophy conceptualizes goodness as something based in service. Instead of asking "Am I a good person?" you may want to ask "What good do I do in the world?" Grushcow's temple puts these beliefs into action inside and outside their community. For instance, they sponsored two refugee families from Vietnam to come to Canada in the 1970s.

① We should work to heal the world.

② Community should function as a shelter.

③ We should conceptualize goodness as beliefs.

④ Temples should contribute to the community.

19 (A)와 (B)에 들어갈 말로 가장 적절한 것은?

Ancient philosophers and spiritual teachers understood the need to balance the positive with the negative, optimism with pessimism, a striving for success and security with an openness to failure and uncertainty. The Stoics recommended "the premeditation of evils," or deliberately visualizing the worst-case scenario. This tends to reduce anxiety about the future: when you soberly picture how badly things could go in reality, you usually conclude that you could cope.   (A) , they noted, imagining that you might lose the relationships and possessions you currently enjoy increases your gratitude for having them now. Positive thinking,   (B) , always leans into the future, ignoring present pleasures.

	(A)	(B)
①	Nevertheless	in addition
②	Furthermore	for example
③	Besides	by contrast
④	However	in conclusion

20 주어진 문장이 들어갈 위치로 가장 적절한 것은?

> And working offers more than financial security.

> Why do workaholics enjoy their jobs so much? Mostly because working offers some important advantages. (①) It provides people with paychecks—a way to earn a living. (②) It provides people with self-confidence; they have a feeling of satisfaction when they've produced a challenging piece of work and are able to say, "I made that". (③) Psychologists claim that work also gives people an identity; they work so that they can get a sense of self and individualism. (④) In addition, most jobs provide people with a socially acceptable way to meet others. It could be said that working is a positive addiction; maybe workaholics are compulsive about their work, but their addiction seems to be a safe—even an advantageous—one.

인생의 실패는 성공이 얼마나 가까이 있는지도 모르고 포기했을 때 생긴다.

– 토마스 에디슨 –

PART 3
한국사

출제경향

2023년 국가직

- 시대 통합 5%
- 선사 시대와 국가의 형성 5%
- 고대 15%
- 중세 15%
- 근세 10%
- 근대 태동기 10%
- 근대 15%
- 일제 강점기 15%
- 현대 10%

2023년 지방직

- 선사 시대와 국가의 형성 5%
- 고대 10%
- 중세 15%
- 근세 10%
- 근대 태동기 10%
- 근대 15%
- 일제 강점기 15%
- 현대 10%
- 시대 통합 10%

2022년 국가직

- 선사 시대와 국가의 형성 5%
- 고대 15%
- 중세 10%
- 근세 10%
- 근대 태동기 5%
- 근대 15%
- 일제 강점기 10%
- 현대 10%
- 시대 통합 20%

2022년 지방직

- 시대 통합 10%
- 고대 20%
- 중세 15%
- 근세 15%
- 근대 태동기 5%
- 근대 10%
- 일제 강점기 10%
- 현대 15%

2021년 국가직

- 선사 시대와 국가의 형성 5%
- 고대 15%
- 중세 15%
- 근세 10%
- 근대 태동기 5%
- 근대 15%
- 일제 강점기 15%
- 현대 10%
- 시대 통합 10%

2021년 지방직

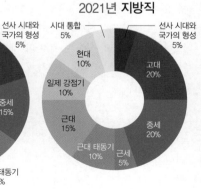

- 시대 통합 5%
- 선사 시대와 국가의 형성 5%
- 고대 20%
- 중세 20%
- 근세 5%
- 근대 태동기 10%
- 근대 15%
- 일제 강점기 10%
- 현대 10%

✔ 회독 CHECK 1 2 3

01 다음 유물이 사용된 시대에 대한 설명으로 옳은 것은?

> 미송리식 토기, 팽이형 토기, 붉은 간 토기

① 비파형 동검이 사용되었다.
② 오수전 등의 화폐가 사용되었다.
③ 아슐리안형 주먹도끼가 사용되었다.
④ 철이 많이 생산되어 낙랑과 왜에 수출되었다.

02 밑줄 친 '왕'에 대한 설명으로 옳은 것은?

> 16년 겨울 10월, 왕이 질양(質陽)으로 사냥을 갔다가 길에 앉아 우는 자를 보았다. 왕이 말하기를 "아! 내가 백성의 부모가 되어 백성들이 이 지경에 이르게 하였으니 나의 죄로다." …(중략)… 그리고 관리들에게 명하여 매년 봄 3월부터 가을 7월까지 관청의 곡식을 내어 백성들의 식구 수에 따라 차등 있게 빌려주었다가, 10월에 이르러 상환하게 하는 것을 법규로 정하였다.
>
> – 『삼국사기』 –

① 낙랑군을 축출하였다.
② 「진대법」을 시행하였다.
③ 백제의 침입으로 전사하였다.
④ 영락이라는 독자적인 연호를 사용하였다.

03 (가)에 대한 설명으로 옳은 것은?

> 신돈이 [(가)] 을/를 설치하자고 요청하자, …(중략)… 이제 도감이 설치되었다. …(중략)… 명령이 나가자 권세가 중에 전민을 빼앗은 자들이 그 주인에게 많이 돌려주었으며, 전국에서 기뻐하였다.
>
> – 『고려사』 –

① 시전의 물가를 감독하는 임무를 담당하였다.
② 국가재정의 출납과 회계 업무를 총괄하였다.
③ 불법적으로 점유된 토지와 노비를 조사하였다.
④ 부족한 녹봉을 보충하고자 관료에게 녹과전을 지급하였다.

04 다음과 같이 말한 인물에 대한 설명으로 옳은 것은?

> 우리나라가 곧 고구려의 옛 땅이다. 그리고 압록강의 안팎 또한 우리의 지역인데 지금 여진이 그 사이에 몰래 점거하여 저항하고 교활하게 대처하고 있어서 …(중략)… 만일 여진을 내쫓고 우리 옛 땅을 되찾아서 성보(城堡)를 쌓고 도로를 통하도록 하면 우리가 어찌 사신을 보내지 않겠는가?
>
> – 『고려사』 –

① 목종을 폐위하였다.
② 귀주에서 거란군을 물리쳤다.
③ 여진을 몰아내고 동북 9성을 쌓았다.
④ 소손녕과 담판하여 강동 6주를 획득하였다.

05 밑줄 친 '이곳'에 대한 설명으로 옳은 것은?

> • 장수왕은 남진정책의 일환으로 수도를 이곳으로 천도하였다.
> • 묘청은 이곳으로 수도를 옮길 것을 주장하였다.

① 쌍성총관부가 설치되었다.
② 망이·망소이가 반란을 일으켰다.
③ 제너럴 셔먼호 사건이 발생하였다.
④ 1923년 조선 형평사가 결성되었다.

06 다음 전투 이후에 일어난 사건으로 옳은 것만을 모두 고르면?

> 이근행이 군사 20만 명의 대군을 이끌고 매소성(買肖城)에 머물렀다. 우리 군사가 공격하여 달아나게 하고 전마 30,380필을 얻었는데, 남겨놓은 병장기도 그 정도 되었다.
>
> － 『삼국사기』 －

> ㉠ 웅진도독부가 설치되었다.
> ㉡ 김흠돌이 반란을 일으켰다.
> ㉢ 교육 기관인 국학이 설립되었다.
> ㉣ 복신과 도침이 부여풍과 함께 백제 부흥 운동을 일으켰다.

① ㉠, ㉡　　　　　　② ㉠, ㉣
③ ㉡, ㉢　　　　　　④ ㉢, ㉣

07 다음 사건을 시기순으로 바르게 나열한 것은?

> (가) 신라의 우산국 복속
> (나) 고구려의 서안평 점령
> (다) 백제의 대야성 점령
> (라) 신라의 금관가야 병합

① (가) → (나) → (다) → (라)
② (가) → (라) → (나) → (다)
③ (나) → (가) → (라) → (다)
④ (나) → (다) → (가) → (라)

08 고려시대 문화유산에 대한 설명으로 옳지 않은 것은? 〈변형〉

① 황해도 사리원 성불사 응진전은 다포 양식의 건물이다.
② 월정사 팔각 9층 석탑은 원의 석탑을 모방하여 제작하였다.
③ 여주 고달사지 승탑은 통일 신라의 팔각원당형 양식을 계승하였다.
④ 『직지심체요절』은 세계기록유산으로 등재된 현존하는 가장 오래된 금속활자본이다.

09 조선시대 지도와 천문도에 대한 설명으로 옳지 않은 것은?

① 대동여지도는 거리를 알 수 있도록 10리마다 눈금을 표시하였다.
② 혼일강리역대국도지도는 중국에서 들여온 곤여만국전도를 참고하였다.
③ 천상열차분야지도는 하늘을 여러 구역으로 나누고 별자리를 표시한 그림이다.
④ 동국지도는 정상기가 실제 거리 100리를 1척으로 줄인 백리척을 적용하여 제작하였다.

10 (가)에 대한 설명으로 옳지 않은 것은?

> 임진왜란 이후에 우의정 유성룡도 역시 미곡을 거두는 것이 편리하다고 주장하였으나, 일이 성취되지 못하였다. 1608년에 이르러 좌의정 이원익의 건의로 [(가)]을/를 비로소 시행하여, 민결(民結)에서 미곡을 거두어 서울로 옮기게 하였다.
>
> ― 『만기요람』 ―

① 장시의 확대에 기여하였다.
② 지주에게 결작을 부과하였다.
③ 공납의 폐단을 막기 위해 실시하였다.
④ 공인에게 비용을 지급하고 필요 물품을 조달하였다.

11 (가) 인물이 추진한 정책으로 옳지 않은 것은?

> 선비들 수만 명이 대궐 앞에 모여 만동묘와 서원을 다시 설립할 것을 청하니, [(가)]이/가 크게 노하여 한성부의 조례(皂隸)와 병졸로 하여금 한강 밖으로 몰아내게 하고 드디어 천여 곳의 서원을 철폐하고 그 토지를 몰수하여 관에 속하게 하였다.
>
> ― 『대한계년사』 ―

① 사창제를 실시하였다.
② 『대전회통』을 편찬하였다.
③ 비변사의 기능을 강화하였다.
④ 통상 수교 거부 정책을 추진하였다.

12 다음과 같은 선포문을 발표하면서 성립한 정부의 정책으로 옳지 않은 것은?

> 제1조 대한민국은 민주공화제로 함
> …(중략)…
> 민국 원년 3월 1일 우리 대한민족이 독립을 선언한 뒤 …(중략)… 이제 본 정부가 전 국민의 위임을 받아 조직되었으니 전 국민과 더불어 전심(專心)으로 힘을 모아 국토 광복의 대사명을 이룰 것을 선서한다.

① 독립 공채를 발행하였다.
② 기관지로 『독립신문』을 발간하였다.
③ 비밀 행정 조직인 연통부를 설치하였다.
④ 재정 확보를 위하여 전환국을 설립하였다.

13 밑줄 친 '나'가 집권하여 추진한 사실로 옳은 것은?

> 나는 우리 국민이 선천적으로 타고난 재질을 최대한으로 활용하여 다각적인 생산 활동을 더욱 활발하게 하고, …(중략)… 공산품 수출을 진흥시키는 데 가일층 노력할 것을 요망합니다. 끝으로 나는 오늘 제1회 「수출의 날」 기념식에 즈음하여 …(중략)… 이 뜻깊은 날이 자립경제를 앞당기는 또 하나의 계기가 될 것을 기원합니다.

① 대통령 직선제 개헌을 추진하였다.
② 3·1 민주 구국 선언을 발표하였다.
③ 반민족 행위 특별 조사 위원회를 구성하였다.
④ 베트남 파병에 필요한 조건을 명시한 브라운 각서를 체결하였다.

14 다음과 같이 상소한 인물이 속한 붕당에 대한 설명으로 옳은 것만을 모두 고르면?

> 상소하여 아뢰기를, "신이 좌참찬 송준길이 올린 차자를 보았는데, 상복(喪服) 절차에 대하여 논한 것이 신과는 큰 차이가 있었습니다. 장자를 위하여 3년을 입는 까닭은 위로 '정체(正體)'가 되기 때문이고 또 전중(傳重: 조상의 제사나 가문의 법통을 전함)하기 때문입니다. …(중략)… 무엇보다 중요한 것은 할아버지와 아버지의 뒤를 이은 '정체'이지, 꼭 첫째이기 때문에 참최 3년복을 입는 것은 아닙니다."라고 하였다.
> ― 『현종실록』 ―

> ㉠ 기사환국으로 정권을 장악하였다.
> ㉡ 인조반정을 주도하여 집권세력이 되었다.
> ㉢ 정조 시기에 탕평정치의 한 축을 이루었다.
> ㉣ 이이와 성혼의 문인을 중심으로 형성되었다.

① ㉠, ㉡　　　　　　② ㉠, ㉢
③ ㉡, ㉣　　　　　　④ ㉢, ㉣

15 (나) 시기에 일어난 사실로 옳은 것은?

> | (가) 삼포왜란이 발발하였다. |
> | :---: |
> | ↓ |
> | (나) |
> | ↓ |
> | (다) 임진왜란이 발발하였다. |

① 을사사화가 일어났다.
② 『경국대전』이 반포되었다.
③ 『향약집성방』이 편찬되었다.
④ 금속활자인 갑인자가 주조되었다.

16 다음 법령이 시행된 시기에 있었던 사실로 옳은 것은?

> 제1조 회사의 설립은 조선 총독의 허가를 받아야 한다.
> 제5조 회사가 본령이나 본령에 따라 나오는 명령과 허가 조건을 위반하거나 공공질서와 선량한 풍속에 반하는 행위를 할 때 조선 총독은 사업의 정지, 지점의 폐쇄, 또는 회사의 해산을 명할 수 있다.

① 산미 증식 계획이 폐지되었다.
② 「국가 총동원법」이 제정되었다.
③ 원료 확보를 위한 남면북양 정책이 추진되었다.
④ 보통학교 수업 연한을 4년으로 정한 「조선교육령」이 공포되었다.

17 다음과 같은 결의문에 근거하여 시행된 조치로 옳은 것은?

> 소총회는 …(중략)… 한국 인민의 대표가 국회를 구성하여 중앙정부를 수립할 수 있도록 선거를 시행함이 긴요하다고 여기며, 총회의 의결에 따라 국제연합 한국 임시위원단이 접근할 수 있는 지역에서 결의문 제2호에 기술된 계획을 시행함이 동 위원단에 부과된 임무임을 결의한다.

① 미 군정청이 설치되었다.
② 5·10 총선거가 실시되었다.
③ 좌우 합작 위원회가 구성되었다.
④ 미·소 공동 위원회가 개최되었다.

18 (가), (나) 조약 사이의 시기에 있었던 사실로 옳은 것은?

> (가) 제10관 일본국 인민이 조선국 지정의 각 항구에 머무는 동안에 죄를 범한 것이 조선국 인민에 관계되는 사건일 때에는 일본국 관원이 재판한다.
> (나) 제4관 중국 상인이 조선의 양화진 및 한성에 영업소를 개설할 경우를 제외하고, 각종 화물을 내륙으로 운반하여 상점을 차리고 파는 것을 허가하지 않는다. 단, 내륙행상이 필요한 경우 지방관의 허가서를 받아야 한다.

① 개항장에서는 일본 화폐가 통용되었다.
② 러시아가 압록강 유역의 산림 채벌권을 획득하였다.
③ 황국 중앙 총상회가 조직되어 상권 수호 운동을 전개하였다.
④ 함경도의 방곡령에 불복하여 일본 상인이 손해 배상을 요구하였다.

19 밑줄 친 '14개 조목'에 해당하는 것만을 모두 고르면?

> 이제부터는 다른 나라를 의지하지 않으며 융성하도록 나라의 발걸음을 넓히고 백성의 복리를 증진하여 자주독립의 터전을 공고하게 할 것입니다. …(중략)… 이에 저 소자는 14개 조목의 홍범(洪範)을 하늘에 계신 우리 조종의 신령 앞에 맹세하노니, 우러러 조종이 남긴 업적을 잘 이어서 감히 어기지 않을 것입니다.

> ㉠ 탁지아문에서 조세 부과
> ㉡ 왕실과 국정 사무의 분리
> ㉢ 지계 발급을 위한 지계아문 설치
> ㉣ 대한 천일 은행 등 금융기관 설립

① ㉠, ㉡
② ㉠, ㉣
③ ㉡, ㉢
④ ㉢, ㉣

20 (가) 시기에 볼 수 있었던 모습으로 옳지 않은 것은?

① 소학교에 등교하는 조선인 학생
② 황국 신민 서사를 암송하는 청년
③ 『제국신문』 기사를 작성하는 기자
④ 쌍성보에서 항전하는 한국독립당 군인

한국사 | 2023년 지방직 9급

모바일 OMR

✔ 회독 CHECK 1 2 3

01 밑줄 친 '주먹도끼'가 사용된 시대에 대한 설명으로 옳은 것은?

> 이 유적은 경기도 연천군 한탄강 언저리에 넓게 위치하고 있다. 이곳에서 아슐리안 계통의 주먹도끼가 다량으로 출토되어 더욱 많은 관심이 집중되었다. 이곳에서 발견된 주먹도끼는 그 존재 유무로 유럽과 동아시아 문화가 나뉘어진다고 한 모비우스의 학설을 무너뜨리는 결정적 증거가 되었다.

① 동굴이나 바위 그늘, 강가의 막집 등에서 살았다.
② 내부에 화덕이 있는 움집이 일반적인 주거 형태였다.
③ 토기를 만들어 음식을 조리하거나 식량을 저장하였다.
④ 구릉에 마을을 형성하고 그 주변에 도랑을 파고 목책을 둘렀다.

02 (가) 군사 조직에 대한 설명으로 옳은 것은?

> 고려 정부는 몽골과 강화를 맺고 개경으로 환도하였다. 대몽항전에 적극적이었던 (가) 은/는 개경 환도를 반대하고 반란을 일으켰다. 이어 진도로 근거지를 옮기면서 항쟁을 전개하였다.

① 포수, 사수, 살수의 삼수병으로 편제되었다.
② 윤관의 건의로 편성된 기병 중심의 부대였다.
③ 도적을 잡기 위해 설치한 야별초에서 시작되었다.
④ 양계 지방에서 국경 지역 방어를 맡았던 상비적인 전투부대였다.

03 다음과 같은 주장을 한 인물은?

> 일단 강화를 맺고 나면 저 적들의 욕심은 물화를 교역하는 데 있습니다. …(중략)… 저들이 비록 왜인이라고 하나 실은 양적(洋賊)입니다. 강화의 일이 한번 이루어지면 사학(邪學)의 서적과 천주의 상(像)이 교역하는 가운데 섞여 들어갈 것입니다.

① 박규수   ② 최익현
③ 김홍집   ④ 김윤식

04 다음에서 설명하는 신문은?

> • 서재필이 정부 지원을 받아 창간하였다.
> • 한글판을 발행하여 서양의 문물과 제도를 소개하였다.
> • 영문판을 발행하여 국내 사정을 외국인에게도 전달하였다.

① 제국신문   ② 독립신문
③ 한성순보   ④ 황성신문

일반행정직

05 (가), (나)에 들어갈 왕의 업적으로 옳은 것은?

> 삼국의 역사서로는 고구려에 『유기』가 있었는데, 영양왕 때 이문진이 이를 간추려 『신집』 5권을 편찬하였다. 백제에서는 ___(가)___ 시기에 고흥이 『서기』를, 신라에서는 ___(나)___ 시기에 거칠부가 『국사』를 편찬하였다.

① (가) – 국호를 남부여로 바꾸었다.
② (가) – 동진으로부터 불교를 받아들여 공인하였다.
③ (나) – 화랑도를 국가적 조직으로 개편하였다.
④ (나) – 병부를 처음으로 설치하여 군권을 장악하였다.

06 다음 문화재와 이를 통해 알 수 있는 내용의 연결이 옳지 않은 것은?

① 사택지적비 – 백제가 영산강 유역까지 영역을 확장하였다.
② 임신서기석 – 신라에서 청년들이 유교 경전을 공부하였다.
③ 충주 고구려비 – 고구려가 5세기에 남한강 유역까지 진출하였다.
④ 호우명 그릇 – 5세기 초 고구려와 신라가 밀접한 관계를 맺고 있었다.

07 밑줄 친 '곽재우'에 대한 설명으로 옳지 않은 것은?

> 여러 도에서 의병이 일어났다. …(중략)… 도내의 거족(巨族)으로 명망 있는 사람과 유생 등이 조정의 명을 받들어 의(義)를 부르짖고 일어나니 소문을 들은 자들은 격동하여 원근에서 이에 응모하였다. …(중략)… 호남의 고경명·김천일, 영남의 곽재우·정인홍, 호서의 조헌이 가장 먼저 일어났다.
> – 『선조수정실록』 –

① 홍의장군이라 칭하였다.
② 의령을 거점으로 봉기하였다.
③ 행주산성에서 일본군을 크게 무찔렀다.
④ 익숙한 지리를 활용한 기습 작전으로 일본군에 타격을 주었다.

08 다음과 같은 취지로 전개된 운동에 대한 설명으로 옳은 것은?

> 지금 우리들은 정신을 새로이 하고 충의를 떨칠 때이니, 국채 1,300만 원은 우리 대한 제국의 존망에 직결된 것입니다. 이것을 갚으면 나라가 보존되고 이것을 갚지 못하면 나라가 망할 것은 필연적인 사실이나, 지금 국고에서는 도저히 갚을 능력이 없으며, 만일 나라에서 갚지 못한다면 그때는 이미 삼천리 강토는 내 나라 내 민족의 소유가 못 될 것입니다.
> – 『대한매일신보』 –

① 조선 형평사를 조직하였다.
② 조선 물산 장려회를 조직하였다.
③ 신사 참배 거부 운동을 전개하였다.
④ 1907년 대구에서 시작되어 전국으로 확산되었다.

09 (가), (나)에 들어갈 말을 바르게 연결한 것은?

> 조선시대 과거 제도에는 문과·무과·잡과가 있었는데, 이 가운데 문과를 가장 중시하였다. 『경국대전』에 따르면 문과 시험 업무는 　(가)　에서 주관하고, 정기 시험인 식년시는 　(나)　마다 실시하는 것이 원칙이었다.

	(가)	(나)
①	이조	2년
②	이조	3년
③	예조	2년
④	예조	3년

10 다음 원칙이 발표된 이후에 있었던 사실로 옳지 않은 것은?

> - 조선의 민주 독립을 보장한 삼상 회의 결정에 의하여 남북을 통한 좌우 합작으로 민주주의 임시 정부를 수립할 것
> - 토지 개혁에 있어서 몰수, 유조건 몰수, 체감매상 등으로 토지를 농민에게 무상으로 나누어 주며, …(중략)… 민주주의 건국 과업 완수에 매진할 것
> - 입법 기구에 있어서는 일체 그 권능과 구성 방법 운영에 관한 대안을 본 합작 위원회에서 작성하여 적극적으로 실행을 기도할 것

① 3·15 부정선거에 대항하여 4·19 혁명이 일어났다.
② 친일파를 청산하기 위한 「반민족행위처벌법」이 공포되었다.
③ 제헌 국회에서 대통령에 이승만, 부통령에 이시영을 선출하였다.
④ 임시 민주 정부 수립을 논의하기 위해 제1차 미·소 공동 위원회가 개최되었다.

11 밑줄 친 '그'에 대한 설명으로 옳은 것은?

> 그는 화엄종을 중심으로 교종을 통합하고 해동 천태종을 창시하여 선종까지 포섭하려 하였다. 그러나 그의 사후에 교단은 다시 분열되었고, 권력층과 밀착되어 타락하는 양상까지 나타났다.

① 이론적인 교리 공부와 실천적인 수행을 아우를 것을 주장하였다.
② 참선과 독경은 물론 노동에도 힘을 쓰자고 하면서 결사를 제창하였다.
③ 삼국시대 이래 고승들의 전기를 정리하여 『해동고승전』을 편찬하였다.
④ 백련사를 결성하여 극락왕생을 기원하는 참회와 염불 수행을 강조하였다.

12 (가) 시기에 있었던 사실로 옳지 않은 것은?

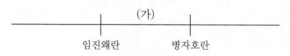

① 인조반정이 발생하였다.
② 영창 대군이 사망하였다.
③ 강홍립이 후금에 항복하였다.
④ 청에 인질로 끌려갔던 봉림 대군이 귀국하였다.

13 여름 휴가를 맞아 강화도로 답사 여행을 떠나고자 한다. 다음 중 유적(지)과 주제의 연결이 옳지 않은 것은?

	유적(지)	주제
①	외규장각	동학 농민 운동
②	고려궁지	대몽 항쟁
③	고인돌	청동기 문화
④	광성보	신미양요

14 조선시대 붕당의 상황에 대한 설명으로 옳지 않은 것은?

① 선조 대 – 사림이 동인과 서인으로 분열하였다.
② 광해군 대 – 북인이 집권하였다.
③ 인조 대 – 남인이 정권을 독점하였다.
④ 숙종 대 – 서인이 노론과 소론으로 갈라졌다.

15 조선 세종 대에 있었던 사실로 옳지 않은 것은?

① 갑인자를 주조하였다.
② 화통도감을 설치하였다.
③ 역법서인 『칠정산』을 편찬하였다.
④ 간의를 만들어 천체를 관측하였다.

16 다음과 같은 강령을 발표한 단체의 활동으로 옳은 것은?

> ㅡ. 우리는 정치적, 경제적 각성을 촉진함
> ㅡ. 우리는 단결을 공고히 함
> ㅡ. 우리는 기회주의를 일체 부인함

① 조선 민립 대학 기성회를 창립하였다.
② 파리 강화 회의에 대표를 파견하였다.
③ 6 · 10 만세 운동을 사전에 계획하였다.
④ 광주 학생 항일 운동이 일어나자 조사단을 파견하였다.

17 다음 글을 쓴 인물에 대한 설명으로 옳은 것은?

> 세상에서 동명왕의 신이(神異)한 일을 많이 말한다. …(중략)… 지난 계축년 4월에 『구삼국사』를 얻어 「동명왕 본기」를 보니 그 신기한 사적이 세상에서 얘기하는 것보다 더하였다. 그러나 처음에는 믿지 못하고 귀신이나 환상이라고만 생각하였는데, 두세 번 반복하여 읽어서 점점 그 근원에 들어가니 환상이 아닌 성스러움이며, 귀신이 아닌 신성한 이야기였다.

① 사실의 기록보다 평가를 강조한 강목체 사서를 편찬하였다.
② 단군부터 고려 충렬왕 때까지의 역사를 서사시로 기록하였다.
③ 단군신화와 전설 등 민간에서 전승되는 자료를 광범위하게 수록하였다.
④ 김부식의 『삼국사기』에 동명왕의 신이한 사적이 생략되어 있다고 평하였다.

18 1910년대에 있었던 사실로 옳은 것은?

① 중국 화북 지방에서 조선 독립 동맹이 결성되었다.
② 만주에서 참의부, 정의부, 신민부 등 3부가 조직되었다.
③ 임병찬이 주도한 독립 의군부는 항일 운동을 전개하였다.
④ 조선 혁명군이 양세봉의 지휘 아래 영릉가에서 일본군을 격파하였다.

19 다음 주장을 한 인물에 대한 설명으로 옳은 것은?

> 우리 조선의 역사적 발전의 전 과정은 가령 지리적 조건, 인종학적 골상, 문화 형태의 외형적 특징 등 다소의 차이는 인정되더라도, 다른 문화 민족의 역사적 발전 법칙과 구별되어야 하는 독자적인 것이 아니다. 세계사적인 일원론적 역사 법칙에 의해 다른 민족과 거의 같은 궤도로 발전 과정을 거쳐왔다.

① 민족정신으로서 조선 국혼을 강조하였다.

② 민족주의 사학을 계승하여 조선의 얼을 강조하였다.

③ 마르크스 유물 사관을 바탕으로 한국사를 연구하였다.

④ 진단 학회를 조직하여 문헌 고증을 중시하는 실증주의 사학을 정립하였다.

20 6·25 전쟁 중 있었던 사실로 옳지 않은 것은?

① 국군과 유엔군이 인천 상륙 작전을 감행하였다.

② 대통령 직선제를 포함한 발췌 개헌안이 국회에서 통과되었다.

③ 이승만 정부가 북한 송환을 거부하는 반공 포로를 석방하였다.

④ 미국이 한반도를 미국의 태평양 지역 방위선에서 제외한다는 애치슨 선언을 발표하였다.

✔ 회독 CHECK 1 2 3

01 다음 풍습이 있었던 나라에 대한 설명으로 옳은 것은?

> • 가족이 죽으면 시체를 가매장하였다가 나중에 그 뼈를 추려서 가족 공동 무덤인 커다란 목곽에 안치하였다.
> • 목곽 입구에는 죽은 자가 먹을 양식으로 쌀을 담은 항아리를 매달아 놓기도 하였다.
>
> – 『삼국지』 위서 동이전 –

① 민며느리제라는 혼인 풍습이 있었다.
② 제가가 별도로 사출도를 다스렸다.
③ 소도라는 신성 구역이 존재하였다.
④ 무천이라는 제천행사를 열었다.

02 우리나라 유네스코 세계유산에 대한 설명으로 옳지 않은 것은?

① 미륵사지에는 목탑 양식의 석탑이 있다.
② 정림사지에는 백제의 5층 석탑이 남아 있다.
③ 능산리 고분군에는 계단식 돌무지무덤이 있다.
④ 무령왕릉에는 무덤 주인공을 알려주는 지석이 있었다.

03 조선 시대의 관청에 대한 설명으로 옳은 것은?

① 사간원 – 교지를 작성하였다.
② 한성부 – 시정기를 편찬하였다.
③ 춘추관 – 외교문서를 작성하였다.
④ 승정원 – 국왕의 명령을 출납하였다.

04 (가)에 대한 설명으로 옳은 것은?

> 3·1 운동 직후에 만들어진 (가) 은/는 연통제라는 비밀 행정 조직을 만들었으며, 국내 인사와의 연락과 이동을 위해 교통국을 두었다. 또 외교 선전물을 간행하여 일제 침략의 부당성을 널리 알리고자 하였다. 그러나 이러한 활동은 뚜렷한 성과를 내지 못하였다. 그러한 가운데 (가) 의 활동 방향을 두고 외교 운동 노선과 무장투쟁 노선 사이에서 갈등이 빚어지기도 하였다.

① 외교 운동을 위해 미국에 구미 위원부를 설치하였다.
② 비밀결사 운동을 추진하고자 독립 의군부를 만들었다.
③ 이인영, 허위 등을 중심으로 서울 진공 작전을 추진하였다.
④ 영국인 베델을 발행인으로 한 「대한매일신보」를 창간하였다.

05 다음 (가), (나) 승려에 대한 설명으로 옳은 것은?

> (가) 중국 유학에서 돌아와 부석사를 비롯한 여러 사원을 건립하였으며, 문무왕이 경주에 성곽을 쌓으려 할 때 만류한 일화로 유명하다.
> (나) 진골 귀족 출신으로 대국통을 역임하였으며, 선덕 여왕에게 황룡사 9층탑의 건립을 건의하였다.

① (가)는 모든 것이 한마음에서 나온다는 일심사상을 제시하였다.
② (가)는 『화엄일승법계도』를 만들었다.
③ (나)는 『왕오천축국전』이라는 여행기를 남겼다.
④ (나)는 이론과 실천을 같이 강조하는 교관겸수를 제시하였다.

06 (가) 왕에 대한 설명으로 옳은 것은?

> 당 현종 개원 7년에 대조영이 죽으니, 그 나라에서 사사로이 시호를 올려 고왕(高王)이라 하였다. 아들 (가) 이/가 뒤이어 왕위에 올라 영토를 크게 개척하니, 동북의 모든 오랑캐가 겁을 먹고 그를 섬겼으며, 또 연호를 인안(仁安)으로 고쳤다.
>
> — 『신당서』 —

① 수도를 상경성으로 옮겼다.
② '해동성국'이라고 불릴 만큼 전성기를 이루었다.
③ 장문휴를 시켜 당의 등주(산동성)를 공격하였다.
④ 고구려 유민과 말갈족을 이끌고 동모산에 도읍을 정하였다.

07 (가)~(라) 국왕 대에 있었던 사실로 옳지 않은 것은?

> 조선 시대 국가를 운영하는 핵심 법전인 『경국대전』은 세조 대에 그 편찬이 시작되어 (가) 대에 완성되었다. 이후 여러 차례의 전쟁으로 혼란에 빠진 국가 체제를 수습하고 새로운 정치·사회적 변화에 대응하기 위해 법전 정비가 필요하게 되었다. 이에 따라 (나) 대에 『속대전』을 편찬하였으며, (다) 대에 『대전통편』을, 그리고 (라) 대에는 『대전회통』을 편찬하였다.

① (가) - 홍문관을 두어 집현전을 계승하였다.
② (나) - 서원을 붕당의 근거지로 인식하여 대폭 정리하였다.
③ (다) - 사도세자의 무덤을 옮기고 화성을 축조하였다.
④ (라) - 삼정의 문란을 바로잡기 위해 삼정이정청을 설치하였다.

08 밑줄 친 '사건'의 명칭은?

> 중종에 의해 등용된 조광조는 현량과를 통해 사림을 대거 등용하였다. 그는 3사의 언관직을 통해 개혁을 추진해 나갔고, 위훈 삭제를 주장하기도 하였다. 이러한 움직임은 반발을 불러일으켰으며, 중종도 급진적인 개혁 조치에 부담을 느껴 조광조 등을 제거하였다. 이 사건으로 사림은 큰 피해를 입었다.

① 갑자사화 ② 기묘사화
③ 무오사화 ④ 을사사화

09 (가), (나)에 대한 설명으로 옳은 것은?

> (가) 역사서의 저자는 다음과 같은 글을 지어 왕에게 바쳤다. "성상 전하께서 옛 사서를 널리 열람하시고, '지금의 학사 대부는 모두 오경과 제자의 책과 진한(秦漢) 역대의 사서에는 널리 통하여 상세히 말하는 이는 있으나, 도리어 우리나라의 사실에 대하여서는 망연하고 그 시말(始末)을 알지 못하니 심히 통탄할 일이다. 하물며 신라·고구려·백제가 나라를 세우고 정립하여 능히 예의로써 중국과 통교한 까닭으로 범엽의 『한서』나 송기의 『당서』에는 모두 열전이 있으나 국내는 상세하고 국외는 소략하게 써서 자세히 실리지 않았다. …(중략)… 일관된 역사를 완성하고 만대에 물려주어 해와 별처럼 빛나게 해야 하겠다.'라고 하셨다."
>
> (나) 역사서에는 다음과 같은 서문이 실려 있다. "부여씨와 고씨가 망한 다음에 김씨의 신라가 남에 있고, 대씨의 발해가 북에 있으니 이것이 남북국이다. 여기에는 마땅히 남북국사가 있어야 할 터인데, 고려가 그것을 편찬하지 않은 것은 잘못이다."

① (가)는 동명왕의 업적을 칭송한 영웅 서사시이다.
② (가)는 불교를 중심으로 고대 설화를 수록하였다.
③ (나)는 만주 지역까지 우리 역사의 범위를 확장하였다.
④ (나)는 고조선부터 고려에 이르는 역사를 체계적으로 정리하였다.

10 다음 주장을 한 실학자가 쓴 책은?

> 토지를 겸병하는 자라고 해서 어찌 진정으로 빈민을 못살게 굴고 나라의 정치를 해치려고 했겠습니까? 근본을 다스리고자 하는 자라면 역시 부호를 심하게 책망할 것이 아니라 관련 법제가 세워지지 않은 것을 걱정해야 할 것입니다. …(중략)… 진실로 토지의 소유를 제한하는 법령을 세워, "어느 해 어느 달 이후로는 제한된 면적을 초과해 소유한 자는 더는 토지를 점하지 못한다. 이 법령이 시행되기 이전부터 소유한 것에 대해서는 아무리 광대한 면적이라 해도 불문에 부친다. 자손에게 분급해 주는 것은 허락한다. 만약에 사실대로 고하지 않고 숨기거나 법령을 공포한 이후에 제한을 넘어 더 점한 자는 백성이 적발하면 백성에게 주고, 관(官)에서 적발하면 몰수한다."라고 하면, 수십 년이 못 가서 전국의 토지 소유는 균등하게 될 것입니다.

① 반계수록   ② 성호사설
③ 열하일기   ④ 목민심서

11 (가) 시기에 있었던 사실로 옳은 것은?

> 한국을 식민지로 삼은 일제는 헌병에게 경찰 업무를 부여한 헌병 경찰제를 시행했다. 헌병 경찰은 정식 재판 없이 한국인에게 벌금 등의 처벌을 가하거나 태형에 처할 수도 있었다. 한국인은 이처럼 강압적인 지배에 저항해 3·1 운동을 일으켰으며, 일제는 이를 계기로 지배 정책을 전환했다. 일제가 한국을 병합한 직후부터 3·1 운동이 벌어진 때까지를 ☐(가)☐ 시기라고 부른다.

① 토지 조사령이 공포되었다.
② 창씨개명 조치가 시행되었다.
③ 초등 교육 기관의 명칭이 국민학교로 변경되었다.
④ 전쟁 물자 동원을 내용으로 한 국가총동원법이 적용되었다.

12 밑줄 친 '그'에 대한 설명으로 옳은 것은?

> 한국 국민당을 이끌던 그는 독립운동 세력을 통합하고자 한국 독립당을 결성해 항일 운동을 주도하였다. 광복 직후 귀국한 그는 정부 수립을 위한 활동을 이어나갔으며, 남한 단독 선거가 결정되자 김규식과 더불어 남북 협상을 위해 평양을 방문하기도 하였다.

① 좌우 합작 위원회를 구성해 좌우 합작 7원칙을 발표하였다.
② 광복 직후 안재홍 등과 함께 조선 건국 준비 위원회를 만들었다.
③ 무장 항일투쟁을 위해 하와이로 건너가 대조선 국민군단을 결성하였다.
④ 모스크바 3국 외상 회의의 결정 사항이 알려지자 신탁통치 반대 운동을 펼쳤다.

13 제헌 국회에 대한 설명으로 옳은 것은?

① 반민족 행위 특별 조사 위원회를 구성하였다.
② 한·일 기본 조약 체결에 반대하는 성명을 내놓았다.
③ 통일 3대 원칙이 언급된 7·4 남북 공동 성명을 발표하였다.
④ 통일 주체 국민 회의에서 대통령을 뽑는다는 내용의 개헌안을 통과시켰다.

14 밑줄 친 '그'에 대한 설명으로 옳은 것은?

> 고종이 즉위한 직후에 실권을 장악한 그는 러시아를 견제하기 위해 천주교 선교사를 통해 프랑스와 교섭하려 했다. 하지만 천주교를 금지해야 한다는 유생의 주장이 높아지자 다수의 천주교도와 선교사를 잡아들여 처형한 병인박해를 일으켰다. 이후 고종의 친정이 시작됨에 따라 물러난 그는 임오군란이 일어났을 때 잠시 권력을 장악했지만, 청군의 개입으로 곧 물러났다.

① 미국에 보빙사라는 사절단을 파견하였다.
② 전국 여러 곳에 척화비를 세우도록 했다.
③ 국경을 획정하고자 백두산정계비를 세웠다.
④ 통리기무아문을 설치하고 그 아래에 12사를 두었다.

15 밑줄 친 '이 왕'에 대한 설명으로 옳은 것은?

> 백제 개로왕은 장기와 바둑을 좋아하였는데, 도림이 고하기를 "제가 젊어서부터 바둑을 배워 꽤 묘한 수를 알게 되었으니 개로왕께 알려드리기를 원합니다." 라고 하였다. …(중략)… 개로왕이 (도림의 말을 듣고) 나라 사람을 징발하여 흙을 쪄서 성(城)을 쌓고 그 안에는 궁실, 누각, 정자를 지으니 모두가 웅장하고 화려하였다. 이로 말미암아 창고가 비고 백성이 곤궁하니, 나라의 위태로움이 알을 쌓아 놓은 것보다 더 심하게 되었다. 그제야 도림이 도망을 쳐 와서 그 실정을 고하니 이 왕이 기뻐하여 백제를 치려고 장수에게 군사를 나누어 주었다.
>
> — 『삼국사기』 —

① 평양으로 도읍을 천도하였다.
② 진대법을 처음으로 시행하였다.
③ 낙랑군을 점령하고 한 군현 세력을 몰아내었다.
④ 신라에 침입한 왜군을 낙동강 유역에서 물리쳤다.

16 다음 설명에 해당하는 문화유산은?

> 이 건물은 주심포 양식에 맞배지붕 건물로 기둥은 배흘림 양식이다. 1972년 보수 공사 중에 공민왕 때 중창하였다는 상량문이 나와 우리나라에서 가장 오래된 목조 건물로 보고 있다.

① 서울 흥인지문
② 안동 봉정사 극락전
③ 영주 부석사 무량수전
④ 합천 해인사 장경판전

17 (가) 단체에 대한 설명으로 옳은 것은?

> 아관파천 이후 러시아의 영향력이 강화되고 열강의 이권 침탈이 가속화되었다. 이러한 가운데 서재필 등은 ⎡(가)⎤ 을/를 만들었다. ⎡(가)⎤ 은/는 고종에게 자주독립을 군건히 하고 내정 개혁을 단행하라는 내용이 담긴 상소문을 제출하였으며, 만민공동회를 개최하여 외국의 간섭과 일부 관리의 부정부패를 비판하였다.

① 「교육 입국 조서」를 작성해 공포하였다.
② 영은문이 있던 자리 부근에 독립문을 세웠다.
③ 개혁의 기본 강령인 「홍범 14조」를 발표하였다.
④ 일본에 진 빚을 갚자는 국채 보상 운동을 일으켰다.

18 (가) 시기의 사실로 옳지 <u>않은</u> 것은?

① 만권당이 만들어졌다.
② 정동행성이 설치되었다.
③ 쌍성총관부가 수복되었다.
④ 『제왕운기』가 저술되었다.

19 밑줄 친 '이 나라'의 경제 상황에 대한 설명으로 옳지 <u>않은</u> 것은?

이 나라에는 관리에게 정해진 면적의 토지에서 조세를 거둘 수 있는 권리를 나누어주는 전시과라는 제도가 있었다. 농민은 소를 이용해 깊이갈이를 하기도 했으며, 시비법의 발달로 휴경지가 점차 줄어들었다. 밭농사는 2년 3작의 윤작법이 점차 보급되었다. 이 나라의 말기에는 직파법 대신 이앙법이 남부 지방 일부에 보급될 정도로 논농사에 변화가 나타났다. 또한 이암에 의해 중국 농서인 『농상집요』도 소개되었다.

① 재정을 운영하는 관청으로 삼사를 두었다.
② 공물 부과 기준이 가호에서 토지로 바뀌었다.
③ 생산량의 10분의 1에 해당하는 조세를 거두었다.
④ '소'라는 행정구역의 주민이 국가에서 필요로 하는 물품을 생산하였다.

20 (가) 시기에 있었던 일로 옳은 것은?

① 을사늑약 체결
② 정미 의병 발생
③ 오페르트 도굴 미수 사건
④ 조ㆍ미 수호 통상 조약 체결

모바일 OMR

회독 CHECK 1 2 3

01 밑줄 친 '그'에 대한 설명으로 옳은 것은?

> 이날 소정방이 부총관 김인문 등과 함께 기벌포에 도착하여 백제 군사와 마주쳤다. …(중략)… 소정방이 신라군이 늦게 왔다는 이유로 군문에서 신라 독군 김문영의 목을 베고자 하니, 그가 군사들 앞에 나아가 "황산 전투를 보지도 않고 늦게 온 것을 이유로 우리를 죄주려 하는구나. 죄도 없이 치욕을 당할 수는 없으니, 결단코 먼저 당나라 군사와 결전을 한 후에 백제를 쳐야겠다."라고 말하였다.

① 살수에서 수의 군대를 물리쳤다.
② 김춘추의 신라 왕위 계승을 지원하였다.
③ 청해진을 설치하고 해상 무역을 전개하였다.
④ 대가야를 정벌하여 낙동강 유역을 확보하였다.

02 다음 사건이 있었던 시기의 신라 국왕에 대한 설명으로 옳은 것은?

> 이찬 이사부가 하슬라주 군주가 되어, '우산국 사람이 우매하고 사나워서 위엄으로 복종시키기는 어려우니 계책을 써서 굴복시키는 것이 좋겠다.'라고 생각하였다. 이에 나무로 사자 모형을 많이 만들어 배에 나누어 싣고 우산국 해안에 이르러, 속임수로 통고하기를 "만약에 너희가 항복하지 않는다면 곧바로 이 맹수들을 풀어 너희를 짓밟아 죽이겠다."라고 하였다. 그 나라 사람이 두려워 즉시 항복하였다.

① 독서삼품과를 실시하였다.
② 국호를 '신라'로 확정하였다.
③ 관료전을 지급하고 녹읍을 폐지하였다.
④ 장문휴를 보내 당의 등주를 공격하였다.

03 밑줄 친 '이 나라'에 대한 설명으로 옳은 것은?

> • 이 나라에서 귀하게 여기는 것에는 태백산의 토끼, 남해부의 다시마, 책성부의 된장, 부여부의 사슴, 막힐부의 돼지, 솔빈부의 말, 현주의 베, 옥주의 면, 용주의 명주, 위성의 철, 노성의 쌀 등이 있다.
> – 「신당서」 –
> • 이 나라의 땅은 영주(營州)의 동쪽 2천 리에 있으며, 남으로는 신라와 서로 접한다. 월희말갈에서 동북으로 흑수말갈에 이르는데, 사방 2천 리, 호는 십여 만, 병사는 수만 명이다.
> – 「구당서」 –

① 중앙에 6좌평의 관제를 마련하였다.
② 9서당 10정의 군사 조직을 갖추었다.
③ 지방을 5경 15부 62주로 편성하였다.
④ 제가 회의에서 국가의 중대사를 결정하였다.

04 밑줄 친 '왕'의 업적으로 옳은 것은?

> 풍토에 따라 곡식을 심고 가꾸는 법이 다르니, 고을의 경험 많은 농부를 각 도의 감사가 방문하여 농사짓는 방법을 알아본 후 아뢰라고 왕께서 명령하셨다. 이어 왕께서 정초와 변효문 등을 시켜 감사가 아뢴 바 중에서 꼭 필요하고 중요한 것만을 뽑아 「농사직설」을 편찬하게 하셨다.

① 공법을 제정하였다.
② 한양으로 도읍을 옮겼다.
③ 「경국대전」을 완성하였다.
④ 조광조를 등용하여 개혁 정치를 실시하였다.

05 밑줄 친 '이들'에 해당하는 것은?

> 이들의 과거 응시와 벼슬을 제한한 것은 우리나라의 옛 법이 아니다. 그런데 『경국대전』을 편찬한 뒤부터 이들을 금고(禁錮)하였으니, 아직 백 년이 채 되지 않았다. 또한 다른 나라에 이러한 법이 있다는 말은 듣지 못했다. 경대부(卿大夫)의 자식인데 오직 어머니가 첩이라는 이유만으로 대대로 이들의 벼슬길을 막아, 비록 훌륭한 재주와 쓸만한 자질이 있어도 이를 발휘할 수 없게 하였으니, 참으로 안타깝다.

① 향리　　　　　　　② 노비
③ 서얼　　　　　　　④ 백정

06 밑줄 친 '왕'의 재위 기간에 있었던 일로 옳은 것은?

> • 평농서사 권신(權信)이 대상(大相) 준홍(俊弘)과 좌승(佐丞) 왕동(王同) 등이 반역을 꾀한다고 참소하자 王이 이들을 내쫓았다.
> • 왕이 쌍기의 건의를 받아 처음으로 과거를 실시하였다. 시(詩) · 부(賦) · 송(頌) 및 시무책을 시험하여 진사를 뽑았으며, 더불어 명경업 · 의업 · 복업 등도 뽑았다.

① 노비안검법을 제정하였다.
② 전민변정도감을 설치하였다.
③ 토지제도로서 전시과를 시행하였다.
④ 12목을 설치하고 지방관을 파견하였다.

07 다음 글은 어떤 사건이 일어났을 때 발표되었는가?

> 1. 마산, 서울 기타 각지의 데모는 주권을 빼앗긴 국민의 울분을 대신하여 궐기한 학생들의 순수한 정의감의 발로이며 부정과 불의에는 언제나 항거하는 민족 정기의 표현이다.
> 　　　　　　　…(중략)…
> 3. 합법적이고 평화적인 데모 학생에게 총탄과 폭력을 거리낌 없이 남용하여 참극을 빚어낸 경찰은 자유와 민주를 기본으로 한 대한민국의 국립 경찰이 아니라 불법과 폭력으로 권력을 유지하려는 일부 정부 집단의 사병이다.
> 　　　　　　　　– 「대학 교수단 4 · 25 선언문」 –

① 4 · 19 혁명
② 5 · 18 민주화 운동
③ 6 · 3 시위
④ 6 · 29 민주화 선언

08 밑줄 친 '이 시기'에 있었던 사실로 옳은 것은?

> 이 시기의 불교 조각은 지역에 따라 다양하게 제작되었다. 처음에는 하남 하사창동의 철조 석가여래 좌상과 같은 대형 철불이 많이 제작되었다. 또한 덩치가 큰 석불이 유행하였는데, 논산 관촉사 석조 미륵보살 입상이 대표적이다. 이 불상은 큰 규모에 비해 조형미는 다소 떨어지지만, 소박한 지방 문화의 모습을 잘 보여 준다.

① 성골 출신의 국왕이 재위하였다.
② 지방 세력으로 호족이 존재하였다.
③ 풍양 조씨 등 특정 가문이 정권을 장악하였다.
④ 성리학에 투철한 사림 세력이 정국을 주도하였다.

09 역사서에 대한 설명으로 옳은 것만을 모두 고르면?

> ㉠ 김부식의 『삼국사기』에는 단군 신화가 수록되어 있다.
> ㉡ 이규보의 『동명왕편』은 고구려 계승 의식을 강조하였다.
> ㉢ 안정복의 『동사강목』은 기사 본말체로 역사를 서술하였다.
> ㉣ 유득공의 『발해고』에는 남북국이라는 용어가 사용되었다.

① ㉠, ㉡　　　　　　② ㉠, ㉢
③ ㉡, ㉣　　　　　　④ ㉢, ㉣

11 (가) 시기에 있었던 사실로 옳은 것은?

① 독립문이 건립되었다.
② 통감부가 설치되었다.
③ 동양 척식 주식회사가 설립되었다.
④ 임진왜란 때 소실된 경복궁이 중건되었다.

10 밑줄 친 '나'가 국왕으로 재위하던 기간에 있었던 일은?

> 팔순 동안 내가 한 일을 만약 나 자신에게 묻는다면 첫째는 탕평책인데, 스스로 '탕평'이란 두 글자가 부끄럽다.
> 둘째는 균역법인데, 그 효과가 승려에게까지 미쳤다.
> 셋째는 청계천 준설인데, 만세에 이어질 업적이다.
> ⋯(하략)⋯
> － 『어제문업(御製問業)』 －

① 장용영이 창설되었다.
② 나선 정벌이 단행되었다.
③ 홍경래의 난이 발생하였다.
④ 『동국문헌비고』가 편찬되었다.

12 밑줄 친 '왕'의 재위 기간에 있었던 일로 옳은 것은?

> 왕의 어릴 때 이름은 모니노이며, 신돈의 여종 반야의 소생이었다. 어떤 사람은 "반야가 낳은 아이가 죽어서 다른 아이를 훔쳐서 길렀는데, 공민왕이 자신의 아들이라고 칭하였다."라고 하였다. 왕은 공민왕이 죽은 뒤 이인임의 추대로 왕위에 올랐다. 이후 이인임, 염흥방, 임견미 등이 권력을 잡아 극심하게 횡포를 부렸다.

① 이종무가 왜구의 소굴인 대마도를 정벌하였다.
② 삼별초가 반란을 일으켜 대몽 항쟁을 계속하였다.
③ 쌍성총관부를 공격해 철령 이북 지역을 수복하였다.
④ 요동 정벌을 위해 출병한 이성계가 위화도에서 회군하였다.

13 다음과 관련된 운동에 대한 설명으로 옳은 것은?

① 가뭄과 홍수로 인해 중단되었다.
② 조선 총독부의 「회사령」에 맞서기 위해 전개되었다.
③ 일부 사회주의자는 자본가 계급을 위한 운동이라고 비판하였다.
④ 조선에 사는 일본인이 일본 자본에 대항하기 위해 일으켰다.

14 다음과 같은 대통령 선출 방식이 포함된 헌법의 내용으로 옳지 않은 것은?

> 제39조 ① 대통령은 통일주체국민회의에서 토론 없이 무기명 투표로 선거한다.
> ② 통일주체국민회의에서 재적 대의원 과반수의 찬성을 얻은 자를 대통령 당선자로 한다.

① 대통령은 국회를 해산할 수 있다.
② 대통령의 임기는 7년으로 하며, 중임할 수 없다.
③ 대법원장은 대통령이 국회의 동의를 얻어 임명한다.
④ 대통령은 국정 전반에 걸쳐 필요한 긴급조치를 할 수 있다.

15 다음 사건을 시기순으로 바르게 나열한 것은?

> (가) 신라의 한강 유역 확보
> (나) 관산성 전투
> (다) 백제의 웅진 천도
> (라) 고구려의 평양 천도

① (가) → (라) → (나) → (다)
② (나) → (다) → (가) → (라)
③ (다) → (나) → (가) → (라)
④ (라) → (다) → (가) → (나)

16 (가) 인물에 대한 설명으로 옳은 것은?

> 군대를 이끌고 통주성 남쪽으로 나가 진을 친 (가) 은/는 거란군에게 여러 번 승리를 거두었다. 하지만 자만하게 된 그는 결국 패해 거란군의 포로가 되었다. 거란의 임금이 그의 결박을 풀어 주며 "내 신하가 되겠느냐?"라고 물으니, (가) 은/는 "나는 고려 사람인데 어찌 너의 신하가 되겠느냐?"라고 대답하였다. 재차 물었으나 같은 대답이었으며, 칼로 살을 도려내며 물어도 대답은 같았다. 거란은 마침내 그를 처형하였다.

① 묘청의 난을 진압하였다.
② 별무반의 편성을 건의하였다.
③ 목종을 폐위하고 현종을 옹립하였다.
④ 거란과 협상하여 강동 6주 지역을 고려 영토로 확보하였다.

17 밑줄 친 '저'에 대한 설명으로 옳은 것은?

> 올해 초가을에 비로소 저는 책을 완성하여 그 이름을 『성학집요』라고 하였습니다. 이 책에는 임금이 공부해야 할 내용과 방법, 정치하는 방법, 덕을 쌓아 실천하는 방법과 백성을 새롭게 하는 방법이 실려 있습니다. 또한 작은 것을 미루어 큰 것을 알게 하고 이것을 미루어 저것을 밝혔으니, 천하의 이치가 여기에서 벗어나지 않을 것입니다. 따라서 이것은 저의 글이 아니라 성현의 글이옵니다.

① 예안향약을 만들었다.
② 『동호문답』을 저술하였다.
③ 백운동 서원을 건립하였다.
④ 왕자의 난 때 죽임을 당했다.

18 밑줄 친 '나'에 대한 설명으로 옳은 것만을 모두 고르면?

> 오늘날 사람은 모두 법에 의하여 생활하고 있는데 실제로 사람을 죽인 자가 벌을 받지 않고 생존할 도리는 없는 것이다. …(중략)… 나는 한국의 의병이며 지금 적군의 포로가 되어 와 있으므로 마땅히 만국공법에 의해 처단되어야 할 것으로 생각한다.

> ㉠ 일본에서 순국하였다.
> ㉡ 한인 애국단 소속이었다.
> ㉢ 『동양평화론』을 집필하였다.
> ㉣ 연해주에서 의병 투쟁을 전개하였다.

① ㉠, ㉡
② ㉠, ㉣
③ ㉡, ㉢
④ ㉢, ㉣

19 다음 조항을 포함한 법률에 대한 설명으로 옳지 않은 것은?

> 제1조 일본 정부와 통모하여 한일 합병에 적극 협력한 자, 한국의 주권을 침해하는 조약 또는 문서에 조인한 자와 이를 모의한 자는 사형 또는 무기 징역에 처하고, 그 재산과 유산의 전부 혹은 2분의 1 이상을 몰수한다.

① 이 법률은 제헌국회에서 제정되었다.
② 이 법률은 농지개혁법이 제정된 후 제정되었다.
③ 이 법률에 의해 반민특위와 특별 재판부가 구성되었다.
④ 이 법률에 의해 친일 경력을 지닌 고위 경찰 간부가 체포되었다.

20 다음 글은 (가)의 부탁을 받고 (나)가 지은 것이다. (가)와 (나)에 대한 설명으로 옳은 것은?

> 우리는 '외교', '준비' 등의 미련한 꿈을 버리고 민중 직접 혁명의 수단을 취함을 선언하노라. 조선 민족의 생존을 유지하자면 강도 일본을 쫓아내야 하고, 강도 일본을 쫓아내려면 오직 혁명으로써만 가능하니, 혁명이 아니고는 강도 일본을 쫓아낼 방법이 없는 바이다.

① (가)는 조선 의용대를 결성하였고, (나)는 '국혼'을 강조하였다.
② (가)는 신흥 무관 학교를 세웠고, (나)는 형평사를 창립하였다.
③ (가)는 조선 건국 동맹을 조직하였고, (나)는 식민 사학의 한국사 정체성론을 반박하였다.
④ (가)는 황포 군관 학교에서 훈련받았고, (나)는 민족주의 역사 서술의 기본 틀을 제시하였다.

✔ 회독 CHECK 1 2 3

01 다음 시가를 지은 왕의 재위 기간에 있었던 사실은?

> 펄펄 나는 저 꾀꼬리
> 암수 서로 정답구나
> 외로울사 이 내 몸은
> 뉘와 더불어 돌아가랴

① 진대법을 시행하였다.
② 낙랑군을 축출하였다.
③ 졸본에서 국내성으로 천도하였다.
④ 율령을 반포하여 중앙집권 체제를 강화하였다.

02 밑줄 친 '유학자'에 대한 설명으로 옳은 것은?

> 풍기군수 주세붕은 고려시대 유학자의 고향인 경상도 순흥면 백운동에 회헌사(晦軒祠)를 세우고, 1543년에 교육시설을 더해서 백운동 서원을 건립하였다.

① 해주향약을 보급하였다.
② 원 간섭기에 성리학을 국내로 소개하였다.
③ 『성학십도』를 저술하여 경연에서 강의하였다.
④ 일본의 동정을 담은 『해동제국기』를 저술하였다.

03 밑줄 친 '왕'에 대한 설명으로 옳은 것은?

> 1919년 3월 1일 탑골 공원에서 민족대표 33인이 서명한 독립 선언서가 낭독되었다. 이 공원에 있는 탑은 왕이 세운 것으로 경천사 10층 석탑의 영향을 받았다.

① 우리나라 전쟁사를 정리한 『동국병감』을 편찬하였다.
② 우리나라 역대 문장의 정수를 모은 『동문선』을 편찬하였다.
③ 6조 직계제를 실시하여 국왕 중심의 정치체제를 구축하였다.
④ 한양으로 다시 천도하면서 이궁인 창덕궁을 창건하였다.

04 (가) 인물에 대한 설명으로 옳은 것은?

> ┌─(가)─┐ 이/가 올립니다. "지방의 경우에는 관찰사와 수령, 서울의 경우에는 홍문관과 육경(六卿), 그리고 대간(臺諫)들이 모두 능력 있는 사람을 천거하게 하십시오. 그 후 대궐에 모아 놓고 친히 여러 정책과 관련된 대책 시험을 치르게 한다면 인물을 많이 얻을 수 있을 것입니다. 이는 역대 선왕께서 하지 않으셨던 일이요, 한나라의 현량과와 방정과의 뜻을 이은 것입니다. 덕행은 여러 사람이 천거하는 바이므로 반드시 헛되거나 그릇되는 일이 없을 것입니다."

① 기묘사화로 탄압받았다.
② 조의제문을 사초에 실었다.
③ 문정왕후의 수렴청정을 지지하였다.
④ 연산군의 생모 윤씨를 폐비하는 데 동조하였다.

05 신석기시대 유적과 유물을 바르게 연결한 것만을 모두 고르면?

> ㉠ 양양 오산리 유적 – 덧무늬토기
> ㉡ 서울 암사동 유적 – 빗살무늬토기
> ㉢ 공주 석장리 유적 – 미송리식토기
> ㉣ 부산 동삼동 유적 – 아슐리안형 주먹도끼

① ㉠, ㉡
② ㉠, ㉣
③ ㉡, ㉢
④ ㉢, ㉣

06 (가) 시기에 신라에서 있었던 사실은?

> 고구려의 침입으로 한성이 함락되자,
> 수도를 웅진으로 옮겼다.
> ↓
> (가)
> ↓
> 성왕은 사비로 도읍을 옮겼다.

① 대가야를 정복하였다.
② 황초령 순수비를 세웠다.
③ 거칠부가 『국사』를 편찬하였다.
④ 이차돈의 순교를 계기로 불교가 공인되었다.

07 시기별 대외 교류에 관한 설명으로 옳지 않은 것은?

① 백제: 노리사치계가 일본에 불경과 불상을 전하였다.
② 통일신라: 장보고가 청해진을 설치하여 해상권을 장악하였다.
③ 고려: 예성강 하구의 벽란도가 국제항으로 번성하였다.
④ 조선: 명과의 교류에서 중강개시와 책문후시가 전개되었다.

08 우리나라 세계유산과 세계기록유산에 대한 설명으로 옳은 것만을 모두 고르면?

> ㉠ 공주 송산리 고분군에는 전축분인 6호분과 무령왕릉이 있다.
> ㉡ 양산 통도사는 금강계단 불사리탑이 있는 삼보 사찰이다.
> ㉢ 남한산성은 병자호란 때 인조가 피난했던 산성이다.
> ㉣ 『승정원 일기』는 역대 왕의 훌륭한 언행을 『실록』에서 뽑아 만든 사서이다.

① ㉠, ㉡
② ㉡, ㉢
③ ㉠, ㉡, ㉢
④ ㉠, ㉢, ㉣

09 다음은 발해 수도에 대한 답사 계획이다. 각 수도에 소재하는 유적에 대한 탐구 내용으로 옳은 것만을 모두 고르면?

발해 유적
답사 계획서

📅 일시	출발 ○○○○년 ○월 ○○일 귀국 ○○○○년 ○월 ○○일
👥 인원	○○명
📍 장소	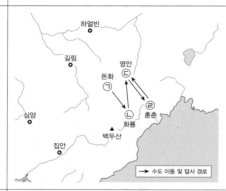
📖 탐구 내용	㉠ 정효공주 무덤을 찾아 벽화에 그려진 인물들의 복식을 탐구한다. ㉡ 용두산 고분군을 찾아 벽돌무덤의 특징을 탐구한다. ㉢ 오봉루 성문터를 찾아 성의 구조를 당의 장안성과 비교해 본다. ㉣ 정혜공주 무덤을 찾아 고구려 무덤과의 계승성을 탐구한다.

① ㉠, ㉡
② ㉠, ㉣
③ ㉡, ㉢
④ ㉢, ㉣

10 다음 상소문을 올린 왕대에 있었던 사실은?

> 석교(釋敎)를 행하는 것은 수신(修身)의 근본이요, 유교를 행하는 것은 이국(理國)의 근원입니다. 수신은 내생의 자(資)요, 이국은 금일의 요무(要務)로서, 금일은 지극히 가깝고 내생은 지극히 먼 것인데도 가까움을 버리고 먼 것을 구함은 또한 잘못이 아니겠습니까.

① 양경과 12목에 상평창을 설치하였다.
② 균여를 귀법사 주지로 삼아 불교를 정비하였다.
③ 국자감에 7재를 두어 관학을 부흥하고자 하였다.
④ 전지(田地)와 시지(柴地)를 지급하는 경정 전시과를 실시하였다.

11 이승만 정부의 경제 정책으로 옳지 않은 것은?

① 한미 원조 협정을 체결하였다.
② 농지개혁에 따른 지가증권을 발행하였다.
③ 제분, 제당, 면방직 등 삼백 산업을 적극 지원하였다.
④ 제1차 경제개발 5개년 계획을 추진하였다.

12 중일전쟁 이후 조선총독부가 시행한 민족 말살 정책이 아닌 것은?

① 아침마다 궁성요배를 강요하였다.
② 일본에 충성하자는 황국 신민 서사를 암송하게 하였다.
③ 공업 자원의 확보를 위하여 남면북양 정책을 시행하였다.
④ 황국 신민 의식을 강화하고자 소학교를 국민학교로 개칭하였다.

13 밑줄 친 '조약'에 대한 설명으로 옳지 않은 것은?

> 1905년 8월 4일 오후 3시, 우리가 앉아 있는 곳은 새거모어 힐의 대기실, 루스벨트의 저택이다. 새거모어 힐은 루스벨트의 여름용 대통령 관저로 3층짜리 저택이다. …(중략)… 대통령과 마주하자 나는 말했 씻. "감사합니다. 각하. 저는 대한제국 황제의 친필 밀서를 품고 지난 2월에 헤이 장관을 만난 사람입니 다. 그 밀서에서 우리 황제는 1882년에 맺은 <u>조약</u>의 거중 조정 조항에 따른 귀국의 지원을 간곡히 부탁했 습니다."

① 영사재판권이 인정되었다.
② 임오군란을 계기로 체결되었다.
③ 최혜국 대우 조항이 포함되었다.
④ 『조선책략』의 영향을 받았다.

14 고려시대 향리에 대한 설명으로 옳은 것만을 모두 고르면?

> ㉠ 부호장 이하의 향리는 사심관의 감독을 받았다.
> ㉡ 상층 향리는 과거로 중앙 관직에 진출할 수 있었다.
> ㉢ 일부 향리의 자제들은 기인으로 선발되어 개경으로 보내졌다.
> ㉣ 속현의 행정 실무는 향리가 담당하였다.

① ㉠
② ㉠, ㉡
③ ㉡, ㉢, ㉣
④ ㉠, ㉡, ㉢, ㉣

15 밑줄 친 '이 농법'에 대한 설명으로 옳은 것만을 모두 고르면?

> 대개 <u>이 농법</u>을 귀중하게 여기는 이유는 다음과 같다. 두 땅의 힘으로 하나의 모를 서로 기르는 것이고, …(중략)… 옛 흙을 떠나 새 흙으로 가서 고갱이를 씻어 내어 더러운 것을 제거하는 것이다. 무릇 벼를 심는 논에는 물을 끌어들일 수 있는 하천이나 물을 댈 수 있는 저수지가 꼭 필요하다. 이러한 것이 없다면 볏논이 아니다.
>
> － 『임원경제지』 －

> ㉠ 세종 때 편찬된 『농사직설』에도 등장한다.
> ㉡ 고랑에 작물을 심도록 하였다.
> ㉢ 『경국대전』의 수령칠사 항목에서도 강조되었다.
> ㉣ 직파법보다 풀 뽑는 노동력을 절약할 수 있었다.

① ㉠, ㉡
② ㉠, ㉣
③ ㉡, ㉢
④ ㉢, ㉣

16 밑줄 친 '헌법'이 시행 중인 시기에 일어난 사건은?

> 이 <u>헌법</u>은 한 사람의 집권자가 긴급조치라는 형식적인 법 절차와 권력 남용으로 양보할 수 없는 국민의 기본 인권과 존엄성을 억압하였다. 그리고 이러한 권력 남용에 형식적인 합법성을 부여하고자 …(중략)… 입법, 사법, 행정 3권을 한 사람의 집권자에게 집중시키고 있다.

① 부 · 마 민주 항쟁이 일어났다.
② 국민교육헌장을 선포하였다.
③ 7 · 4 남북공동성명이 발표되었다.
④ 한일 협정 체결을 반대하는 6 · 3 시위가 있었다.

17 밑줄 친 '회의'에서 있었던 사실은?

> 본 회의는 2천만 민중의 공정한 뜻에 바탕을 둔 국민적 대화합으로 최고의 권위를 가지고 국민의 완전한 통일을 공고하게 하며, 광복 대업의 근본 방침을 수립하여 우리 민족의 자유를 만회하며 독립을 완성하기를 기도하고 이에 선언하노라. …(중략)… 본 대표 등은 국민이 위탁한 사명을 받들어 국민적 대단결에 힘쓰며 독립운동이 나아갈 방향을 확립하여 통일적 기관 아래에서 대업을 완성하고자 하노라.

① 대한민국 건국 강령이 상정되었다.
② 박은식이 임시대통령으로 선출되었다.
③ 민족유일당운동 차원에서 조선혁명당이 참가하였다.
④ 임시정부를 대체할 새로운 조직을 만들자는 주장이 나왔다.

18 다음 법령에 따라 시행된 사업에 대한 설명으로 옳은 것은?

> 제1조 토지의 조사 및 측량은 본령에 따른다.
> 제4조 토지 소유자는 조선 총독이 정한 기간 내에 주소, 성명 또는 명칭 및 소유지의 소재, 지목, 자 번호, 사표, 등급, 지적, 결수를 임시토지조사국장에게 신고해야 한다. 단, 국유지는 보관 관청이 임시토지조사국장에게 통지해야 한다.

① 농상공부를 주무 기관으로 하였다.
② 역둔토, 궁장토를 총독부 소유로 만들었다.
③ 토지약탈을 위해 동양척식회사를 설립하였다.
④ 춘궁 퇴치, 농가 부채 근절을 목표로 내세웠다.

19 개항기 무역에 대한 설명으로 옳지 않은 것은?

① 개항장에서 조선인 객주가 중개 활동을 하였다.
② 조 · 청 무역장정으로 청국에서의 수입액이 일본을 앞질렀다.
③ 일본 상인은 면제품을 팔고, 쇠가죽 · 쌀 · 콩 등을 구입하였다.
④ 조 · 일 통상장정의 개정으로 곡물 수출이 금지되기도 하였다.

20 밑줄 친 '그'에 대한 설명으로 옳은 것은?

> 군역에 뽑힌 장정에게 군포를 거두었는데, 그 폐단이 많아서 백성들이 뼈를 깎는 원한을 가졌다. 그런데 사족들은 한평생 한가하게 놀며 신역(身役)이 없었다. …(중략)… 그러나 유속(流俗)에 끌려 이행되지 못하였으나 갑자년 초에 그가 강력히 나서서 귀천이 동일하게 장정 한 사람마다 세납전(歲納錢) 2민(緡)을 바치게 하니, 이를 동포전(洞布錢)이라고 하였다.
> – 『매천야록』 –

① 만동묘 건립을 주도하였다.
② 군국기무처 총재를 역임하였다.
③ 통리기무아문을 폐지하고 5군영을 부활하였다.
④ 탕평 정치를 정리한 『만기요람』을 편찬하였다.

✅ 회독 CHECK 1 2 3

01 다음에 해당하는 나라에 대한 설명으로 옳은 것은?

> • 은력(殷曆) 정월에 지내는 제천행사는 나라에서 여는 대회로 날마다 먹고 마시고 노래하고 춤추는데, 이를 영고라 하였다. 이때 형옥을 중단하고 죄수를 풀어주었다.
> • 국내에 있을 때의 의복은 흰색을 숭상하며, 흰 베로 만든 큰 소매 달린 도포와 바지를 입고 가죽신을 신는다. 외국에 나갈 때는 비단옷·수 놓은 옷·모직옷을 즐겨입는다.
>
> — 「삼국지」 위서 동이전 —

① 사람이 죽으면 뼈만 추려 가족 공동 무덤인 목곽에 안치하였다.
② 읍군이나 삼로라고 불린 군장이 자기 영역을 다스렸다.
③ 가축 이름을 딴 마가, 우가, 저가, 구가 등이 있었다.
④ 천신을 섬기는 제사장인 천군이 있었다.

02 (가) 나라에 대한 설명으로 옳은 것은?

> 북쪽 구지에서 이상한 소리로 부르는 것이 있었다. …(중략)… 구간(九干)들은 이 말을 따라 모두 기뻐하면서 노래하고 춤을 추었다. 자줏빛 줄이 하늘에서 드리워져서 땅에 닿았다. 그 줄이 내려온 곳을 따라가 붉은 보자기에 싸인 금으로 만든 상자를 발견하고 열어보니, 해처럼 둥근 황금알 여섯 개가 있었다. 알여섯이 모두 변하여 어린아이가 되었다. …(중략)… 가장 큰 알에서 태어난 수로(首露)가 왕위에 올라 (가) 를/을 세웠다.
>
> — 「삼국유사」 —

① 해상 교역을 통해 우수한 철을 수출하였다.
② 박, 석, 김씨가 교대로 왕위를 계승하였다.
③ 경당을 설치하여 학문과 무예를 가르쳤다.
④ 정사암 회의를 통해 재상을 선발하였다.

03 (가)에 들어갈 기구로 옳은 것은?

> 고려시대 중서문하성과 중추원의 고위 관료들은 도병마사와 (가) 에서 국가의 중요한 일을 논의하였다. 도병마사에서는 국방과 군사 문제를 다루었고, (가) 에서는 제도와 격식을 만들었다.

① 삼사   ② 상서성
③ 어사대   ④ 식목도감

04 (가)에 대한 설명으로 옳은 것은?

> 건국 초부터 북진 정책을 추진한 고려는 발해를 멸망시킨 (가) 를/을 견제하고 송과 친선 관계를 맺었다. 이에 송과 대립하던 (가) 는/은 고려를 경계하여 여러 차례 고려에 침입하였다.

① 강조의 정변을 구실로 고려를 침략하였다.
② 고려에 동북 9성을 돌려달라고 요구하였다.
③ 다루가치를 배치하여 고려의 내정을 간섭하였다.
④ 쌍성총관부를 두어 철령 이북의 땅을 지배하였다.

05 (가)에 들어갈 기구로 옳은 것은?

> • 무릇 관직을 받은 자의 고신(임명장)은 5품 이하일 때는 __(가)__ 과/와 사간원의 서경(署經)을 고려하여 발급한다.
> • __(가)__ 는/은 시정(時政)을 논하고, 모든 관원을 규찰하며, 풍속을 바르게 하는 등의 일을 맡는다.
>
> — 『경국대전』 —

① 사헌부
② 교서관
③ 승문원
④ 승정원

06 밑줄 친 '그'에 대한 설명으로 옳은 것은?

> 그가 왕에게 아뢰었다. "삼교는 솥의 발과 같아서 하나라도 없어서는 안 됩니다. 지금 유교와 불교는 모두 흥하는데 도교는 아직 번성하지 않으니, 소위 천하의 도술(道術)을 갖추었다고 할 수 없습니다. 엎드려 청하오니 당에 사신을 보내 도교를 구해 와서 나라 사람들을 가르치게 하소서."
>
> — 『삼국사기』 —

① 당나라와 동맹을 체결하였다.
② 천리장성의 축조를 맡아 수행하였다.
③ 수나라의 군대를 살수에서 격퇴하였다.
④ 남진 정책을 추진하여 한성을 점령하였다.

07 (가) 인물에 대한 설명으로 옳은 것은?

> __(가)__ 가/이 귀산 등에게 말하기를 "세속에도 5계가 있으니, 첫째는 충성으로써 임금을 섬기는 것, 둘째는 효도로써 어버이를 섬기는 것, 셋째는 신의로써 벗을 사귀는 것, 넷째는 싸움에 임하여 물러서지 않는 것, 다섯째는 생명 있는 것을 죽이되 가려서 한다는 것이다. 그대들은 이를 실행함에 소홀하지 말라."라고 하였다.
>
> — 『삼국사기』 —

① 모든 것이 한마음에서 나온다는 일심 사상을 제시하였다.
② 화엄 사상을 연구하여 『화엄일승법계도』를 작성하였다.
③ 왕에게 수나라에 군사를 청하는 글을 지어 바쳤다.
④ 인도를 여행하여 『왕오천축국전』을 썼다.

08 (가), (나)에 들어갈 이름을 바르게 연결한 것은?

> __(가)__ 는/은 『북학의』를 저술하여 청의 선진 기술을 적극적으로 수용할 것과 상공업 육성 등을 역설하였다. 한편, __(나)__ 는/은 중국 및 일본의 방대한 자료를 참고하여 『해동역사』를 편찬함으로써, 한 · 중 · 일 간의 문화 교류를 잘 보여주었다.

	(가)	(나)
①	박지원	한치윤
②	박지원	안정복
③	박제가	한치윤
④	박제가	안정복

09 다음 사건을 시기순으로 바르게 나열한 것은?

> (가) 정중부와 이의방이 정변을 일으켰다.
> (나) 최충헌이 이의민을 제거하고 권력을 잡았다.
> (다) 충주성에서 천민들이 몽골군에 맞서 싸웠다.
> (라) 이자겸이 척준경과 더불어 난을 일으켰다.

① (가) → (나) → (라) → (다)
② (가) → (다) → (나) → (라)
③ (라) → (가) → (나) → (다)
④ (라) → (가) → (다) → (나)

10 (가) 지역에 대한 설명으로 옳은 것은?

> 나는 삼한(三韓) 산천의 음덕을 입어 대업을 이루었
> 다. 　(가)　는/은 수덕(水德)이 순조로워 우리나라
> 지맥의 뿌리가 되니 대업을 만대에 전할 땅이다. 왕
> 은 춘하추동 네 계절의 중간달에 그곳에 가 100일 이
> 상 머물러서 나라를 안녕케 하라.
> ─「고려사」─

① 이곳에 대장도감을 설치하여 재조대장경을 만들었다.
② 지눌이 이곳에서 수선사 결사 운동을 펼쳤다.
③ 망이 · 망소이가 이곳에서 봉기하였다.
④ 몽골이 이곳에 동녕부를 두었다.

11 다음 내용의 역사서에 대한 설명으로 옳은 것은?

> 왕께서는 "우리나라 사람들은 유교 경전과 중국 역사
> 에 대해서는 자세히 말하는 사람이 있으나 우리나라
> 의 사실에 이르러서는 잘 알지 못하니 매우 유감이
> 다. 중국 역사서에 우리 삼국의 열전이 있지만 상세
> 하게 실리지 않았다. 또한, 삼국의 고기(古記)는 문체
> 가 거칠고 졸렬하며 빠진 부분이 많으므로, 이런 까
> 닭에 임금의 선과 악, 신하의 충과 사악, 국가의 안위
> 등에 관한 것을 다 드러내어 그로써 후세에 권계(勸
> 戒)를 보이지 못했다. 마땅히 일관된 역사를 완성하
> 고 만대에 물려주어 해와 별처럼 빛나도록 해야 하겠
> 다."라고 하셨습니다.

① 불교를 중심으로 신화와 설화를 정리하였다.
② 유교적인 합리주의 사관에 따라 기전체로 서술되었다.
③ 단군조선을 우리 역사의 시작으로 본 통사이다.
④ 진흥왕의 명을 받아 거칠부가 편찬하였다.

12 밑줄 친 '이 왕'에 대한 설명으로 옳은 것은?

> 문무왕이 왜병을 진압하고자 감은사를 처음 창건하
> 려 했으나, 끝내지 못하고 죽어 바다의 용이 되었다.
> 뒤이어 즉위한 이 왕이 공사를 마무리하였다. 금당
> 돌계단 아래에 동쪽을 향하여 구멍을 하나 뚫어 두었
> 으니, 용이 절에 들어와서 돌아다니게 하려고 마련한
> 것이다. 유언에 따라 유골을 간직해 둔 곳은 대왕암
> (大王岩)이라고 불렸다.
> ─「삼국유사」─

① 건원이라는 독자적인 연호를 사용하였다.
② 국학을 설립하여 유학을 교육하였다.
③ 백성에게 처음으로 정전을 지급하였다.
④ 진골 출신으로서 처음 왕위에 올랐다.

13 밑줄 친 '왕'의 재위 기간에 있었던 사실로 옳은 것은?

> 왕은 노론과 소론, 남인을 두루 등용하였으며 젊은 관료들을 재교육하기 위해 초계문신제를 시행하였다. 또 서얼 출신의 유능한 인사를 규장각 검서관으로 등용하였다.

① 동학이 창시되었다.
② 『대전회통』이 편찬되었다.
③ 신해통공이 시행되었다.
④ 홍경래의 난이 발생하였다.

14 (가) 인물에 대한 설명으로 옳은 것은?

> 철종이 죽고 고종이 어린 나이로 왕이 되자, 고종의 아버지인 [(가)]가/이 실권을 장악하였다. [(가)]는/은 임진왜란 때 불탄 후 방치되어 있던 경복궁을 중건하였다. 이때 원납전이라는 기부금을 징수하는 일이 벌어졌으며 당백전이라는 화폐도 발행되었다.

① 『대한국국제』를 만들어 공포하였다.
② 서원을 대폭 줄이는 정책을 추진하였다.
③ 우정총국 개국 축하연을 이용해 정변을 일으켰다.
④ 황쭌셴의 『조선책략』을 가져와 널리 유포하였다.

15 (가) 단체의 활동에 대한 설명으로 옳은 것은?

> 탑골공원에 모인 수많은 학생과 시민이 독립 선언식을 거행하고 만세를 부르며 거리를 행진하였다. 이후 만세 시위는 전국으로 확산하였다. 이 운동을 계기로 독립운동가 사이에는 독립운동을 더욱 조직적으로 전개하자는 공감대가 형성되어 [(가)]가/이 만들어졌다. [(가)]는/은 구미 위원부를 설치하는 등 적극적으로 독립운동을 펼쳐 나갔다.

① 『대동단결선언』을 발표하였다.
② 국내와의 연락을 위해 교통국을 두었다.
③ 독립군을 양성하기 위해 신흥무관학교를 설립하였다.
④ 『조선혁명선언』을 강령으로 삼아 의열투쟁을 전개하였다.

16 (가) 시기에 있었던 사실로 옳은 것은?

> 평양의 관민이 제너럴 셔먼호를 불태웠다.
> ↓
> (가)
> ↓
> 미군이 광성보를 공격해 점령하였다.

① 고종이 홍범 14조를 발표하였다.
② 일본의 운요호가 초지진을 포격하였다.
③ 오페르트가 남연군의 묘 도굴을 시도하였다.
④ 차별 대우에 불만을 품은 군인이 임오군란을 일으켰다.

17 밑줄 친 '이 단체'에 대한 설명으로 옳은 것은?

> 1920년대 국내에서는 일본과 타협해 실익을 찾자는 자치 운동이 대두하였다. 비타협적인 민족주의자들은 이를 경계하면서 사회주의 세력과 연대하고자 하였다. 사회주의 세력도 정우회 선언을 발표해 비타협적 민족주의 세력과 제휴를 주장하였다. 그 결과 비타협적 민족주의 세력과 사회주의 세력은 1927년 2월에 이 단체를 창립하고 이상재를 회장으로 추대하였다.

① 조선물산장려회를 조직해 물산장려운동을 펼쳤다.
② 고등 교육 기관을 설립하기 위해 민립대학설립운동을 시작하였다.
③ 문맹 퇴치와 미신 타파를 목적으로 브나로드 운동을 전개하였다.
④ 광주학생항일운동의 진상을 조사하고 이를 알리는 대회를 개최하고자 하였다.

18 다음과 같은 내용이 담긴 조약에 대한 설명으로 옳은 것은?

> 일본 정부는 그 대표자로 한국 황제 밑에 1명의 통감을 두되, 통감은 전적으로 외교에 관한 사항을 관리하기 위하여 경성에 주재하고 친히 한국 황제를 만날 수 있는 권리를 가진다. 또한, 일본 정부는 한국의 개항장 및 일본 정부가 필요하다고 인정하는 지역에 이사관을 설치할 권리를 가지며, 이사관은 통감의 지휘 하에 종래 재(在) 한국 일본 영사에게 속하였던 모든 권리를 집행한다.

① 조선 총독부를 설치한다는 조항이 포함되어 있다.
② 헤이그 특사 사건 직후 일제의 강요로 체결되었다.
③ 방곡령 시행 전에 미리 통보해야 한다는 합의가 실려 있다.
④ 일본의 중재 없이 국제적 성격을 가진 조약을 체결할 수 없다는 내용이 담겨 있다.

19 (가)에 대한 설명으로 옳은 것은?

> 1945년 12월 모스크바에서 미국, 소련, 영국의 외무 장관들은 한국 문제를 논의하였다. 이 회의에서 미국, 소련, 영국, 중국이 최장 5년간 신탁통치를 시행한다는 합의가 이루어졌다. 또 미국과 소련이 [(가)]를/을 개최해 민주주의 임시정부 수립 문제에 대해 논의하기로 했다. 이 합의에 따라 1946년 3월 서울에서 [(가)]가/이 시작되었다.

① 미·소 양측의 의견 차이로 결렬되었다.
② 조선건국준비위원회를 조직하는 성과를 냈다.
③ 민주 공화제를 핵심으로 한 제헌헌법을 만들었다.
④ 유엔 감시하의 총선거로 정부를 수립한다는 결정을 내렸다.

20 (가) 시기에 있었던 사실로 옳은 것은?

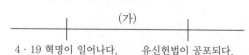

4·19 혁명이 일어나다.　　　유신헌법이 공포되다.

① 「반민족행위처벌법」이 제정되다.
② 7·4 남북 공동 성명이 발표되다.
③ 남북한이 유엔에 동시 가입하다.
④ 5·18 민주화 운동이 일어나다.

PART 4

행정법총론

출제경향

2023년 국가직
- 단원종합 10%
- 행정법통론 10%
- 행정작용법 20%
- 행정과정의 규율 10%
- 실효성 확보수단 20%
- 손해전보 10%
- 행정쟁송 20%

2023년 지방직
- 행정법통론 15%
- 행정작용법 30%
- 행정과정의 규율 10%
- 실효성 확보수단 15%
- 손해전보 10%
- 행정쟁송 20%

2022년 국가직
- 행정법통론 10%
- 행정작용법 30%
- 행정과정의 규율 10%
- 실효성 확보수단 20%
- 손해전보 10%
- 행정쟁송 20%

2022년 지방직
- 행정법통론 5%
- 행정작용법 35%
- 행정과정의 규율 10%
- 실효성 확보수단 15%
- 손해전보 5%
- 행정쟁송 30%

2021년 국가직
- 단원종합 5%
- 행정법통론 10%
- 행정작용법 30%
- 행정과정의 규율 10%
- 실효성 확보수단 15%
- 손해전보 5%
- 행정쟁송 25%

2021년 지방직
- 단원종합 5%
- 행정법통론 15%
- 행정작용법 25%
- 행정과정의 규율 10%
- 실효성 확보수단 15%
- 손해전보 5%
- 행정쟁송 25%

모바일 OMR

✅ 회독 CHECK 1 2 3

> 지문의 내용에 대해 학설의 대립 등 다툼이 있는 경우 판례에 의함

01 행정절차법령상 처분의 신청에 대한 설명으로 옳지 않은 것은?

① 행정청은 신청인의 편의를 위하여 다른 행정청에 신청을 접수하게 할 수 있다.

② 행정청은 신청에 구비서류의 미비 등 흠이 있는 경우 접수를 거부하여야 한다.

③ 행정청은 처리기간이 "즉시"로 되어 있는 신청의 경우에는 접수증을 주지 아니할 수 있다.

④ 행정청은 다수의 행정청이 관여하는 처분을 구하는 신청을 접수한 경우에는 관계 행정청과의 신속한 협조를 통하여 그 처분이 지연되지 아니하도록 하여야 한다.

02 행정행위의 취소와 철회에 대한 설명으로 옳지 않은 것은?

① 「행정기본법」은 직권취소나 철회의 일반적 근거규정을 두고 있고, 직권취소나 철회는 개별법률의 근거가 없어도 가능하다.

② 행정행위의 철회 사유는 행정행위가 성립되기 이전에 발생한 것으로서 행정행위의 효력을 존속시킬 수 없는 사유를 말한다.

③ 수익적 처분이 상대방의 허위 기타 부정한 방법으로 인하여 행하여졌다면 상대방은 그 처분이 그와 같은 사유로 인하여 취소될 것임을 예상할 수 있으므로, 이러한 경우까지 상대방의 신뢰를 보호하여야 하는 것은 아니다.

④ 수익적 행정처분을 직권취소할 때에는 이를 취소하여야 할 중대한 공익상 필요와 취소로 인하여 처분상대방이 입게 될 기득권과 법적 안정성에 대한 침해 정도 등 불이익을 비교·교량한 후 공익상 필요가 처분상대방이 입을 불이익을 정당화할 만큼 강한 경우에 한하여 취소할 수 있다.

03 행정행위의 부관에 대한 설명으로 옳지 않은 것은?

① 수익적 행정처분에 있어서는 법령에 특별한 근거규정이 있는 경우에만 그 부관으로서 부담을 붙일 수 있다.

② 기선선망어업의 허가를 하면서 운반선, 등선 등 부속선을 사용할 수 없도록 제한한 부관은 그 어업허가의 목적달성을 사실상 어렵게 하여 그 본질적 효력을 해하는 것이므로 위법한 것이다.

③ 부관은 면허 발급 당시에 붙이는 것뿐만 아니라 면허 발급 이후에 붙이는 것도 법률에 명문의 규정이 있거나 변경이 미리 유보되어 있는 경우 또는 상대방의 동의가 있는 경우 등에는 특별한 사정이 없는 한 허용된다.

④ 토지소유자가 토지형질변경행위허가에 붙은 기부채납의 부관에 따라 토지를 국가나 지방자치단체에 기부채납한 경우, 기부채납의 부관이 당연무효이거나 취소되지 아니한 이상 토지소유자는 위 부관으로 인하여 기부채납계약의 중요부분에 착오가 있음을 이유로 기부채납계약을 취소할 수 없다.

04 공법관계와 사법관계의 구별에 대한 설명으로 옳지 않은 것은?

① 국유재산 중 행정재산의 사용허가는 공법관계이나, 한국공항공단이 무상사용허가를 받은 행정재산에 대하여 하는 전대행위는 사법관계이다.

② 조달청장이 「예산회계법」에 따라 계약을 체결하거나 입찰보증금 국고귀속조치를 취하는 것은 사법관계에 해당한다.

③ 국유재산의 무단점유에 대한 변상금부과는 공법관계에 해당하나, 국유 일반재산의 대부행위는 사법관계에 해당한다.

④ 조달청장이 법령에 근거하여 입찰참가자격을 제한하는 것은 사법관계에 해당한다.

05 「행정기본법」상 제재처분의 제척기간인 5년이 지나면 제재처분을 할 수 없는 경우는?

① 제재처분을 하지 아니하면 국민의 안전·생명 또는 환경을 심각하게 해치거나 해칠 우려가 있는 경우

② 거짓이나 그 밖의 부정한 방법으로 인허가를 받거나 신고를 한 경우

③ 정당한 사유 없이 행정청의 조사·출입·검사를 기피·방해·거부하여 제척기간이 지난 경우

④ 당사자가 인허가나 신고의 위법성을 경과실로 알지 못한 경우

06 행정입법에 대한 설명으로 옳지 않은 것은?

① 총리령·부령의 제정절차는 대통령령의 경우와는 달리 국무회의 심의는 거치지 않아도 된다.

② 법령보충적 행정규칙은 물론이고 재량권 행사의 준칙이 되는 행정규칙이 행정의 자기구속원리에 따라 대외적 구속력을 가지는 경우에는 헌법소원의 대상이 될 수 있다.

③ 상위법령의 위임이 없음에도 상위법령에 규정된 처분 요건에 해당하는 사항을 부령에서 변경하여 규정한 경우 그 부령의 규정은 국민에 대한 대외적 구속력이 있다.

④ 「특정다목적댐법」에서 댐 건설로 손실을 입으면 국가가 보상해야 하고 그 절차와 방법은 대통령령으로 제정토록 명시되어 있음에도 미제정된 경우, 법령제정의 여부는 「행정소송법」상 부작위위법확인소송의 대상이 될 수 없다.

07 행정행위의 하자에 대한 설명으로 옳은 것은?

① 과세처분의 취소를 구하는 행정소송에서 선행처분인 개별공시지가결정의 위법을 독립된 위법사유로 주장할 수 있다.

② 재건축조합설립인가처분 당시 동의율을 충족하지 못한 하자는 후에 추가동의서가 제출되었다는 사정만으로도 치유된다.

③ 적법한 건축물에 대한 철거명령은 그 하자가 중대하고 명백하여 당연무효라고 할 것이지만, 그 후행행위인 건축물철거 대집행계고처분은 당연무효라고 할 수 없다.

④ 세액산출근거가 기재되지 아니한 납세고지서에 의한 부과처분은 강행법규에 위반하여 취소대상이 된다고 할 것이지만 이와 같은 하자는 납세의무자가 전심절차에서 이를 주장하지 아니하였거나, 그 후 부과된 세금을 자진납부하였다거나, 또는 조세채권의 소멸시효기간이 만료된 경우 치유된다.

08 항고소송의 대상에 대한 설명으로 옳지 않은 것은?

① 어떠한 처분에 법령상 근거가 있는지, 「행정절차법」에서 정한 처분절차를 준수하였는지는 소송요건 심사단계에서 고려하여야 한다.

② 병무청장이 「병역법」에 따라 병역의무 기피자의 인적사항 등을 인터넷 홈페이지에 게시하는 등의 방법으로 공개한 경우 병무청장의 공개결정은 항고소송의 대상이 되는 행정처분이다.

③ 국민건강보험공단이 행한 '직장가입자 자격상실 및 자격변동 안내' 통보는 가입자 자격의 변동 여부 및 시기를 확인하는 의미에서 한 사실상 통지행위에 불과할 뿐, 항고소송의 대상이 되는 행정처분에 해당하지 않는다.

④ 행정청의 행위가 '처분'에 해당하는지가 불분명한 경우에는 그에 대한 불복방법 선택에 중대한 이해관계를 가지는 상대방의 인식가능성과 예측가능성을 중요하게 고려하여 규범적으로 판단하여야 한다.

09 공익신고자 丙은 甲이 「국민기초생활 보장법」상의 복지급여를 부정수급하고 있다고 관할 乙행정청에 신고하였다. 이에 대하여 甲은 乙에게 부정수급 신고를 한 자와 그 내용에 대해 정보공개청구를 하였다. 이후 甲은 乙의 비공개결정통지를 받았고(2022.8.26.) 이에 대해 국민권익위원회에 고충민원을 제기하였으나(2022.9.16.), 국민권익위원회로부터 乙의 결정은 문제가 없다는 안내를 받았다(2022.10.26.). 그리고 甲은 乙의 비공개결정의 취소를 구하는 행정심판을 제기하게 되었다(2022.12.27.). 이에 대한 설명으로 옳은 것만을 모두 고르면?

㉠ 「개인정보 보호법」상 정보주체에게 열람청구권이 보장되어 있더라도, 甲은 이에 근거하여 乙에게 신고자에 대한 정보공개를 요구하여 그 정보를 받을 수 없다.

㉡ 甲의 행정심판청구는 행정심판 제기기간 내에 이루어졌으므로 적법하다.

㉢ 甲의 국민권익위원회에 대한 고충민원 제기는 이의신청에 해당하므로, 고충민원에 대한 답변을 받은 날이 행정심판 제기기간의 기산점이 된다.

㉣ 학술·연구를 위하여 일시적으로 체류하는 외국인 丙은 「국민기초생활 보장법」상의 복지급여 지급기준에 대해 정보공개를 청구할 권리가 인정된다.

① ㉠, ㉡

② ㉠, ㉣

③ ㉡, ㉢

④ ㉠, ㉢, ㉣

10 「행정절차법」상 송달과 처분절차에 대한 설명으로 옳지 않은 것은?

① 처분기준의 설정·공표의 규정은 침익적 처분뿐만 아니라 수익적 처분의 경우에도 적용된다.

② 정보통신망을 이용하여 전자문서로 송달하는 경우에는 송달받을 자가 지정한 컴퓨터 등에 입력된 때에 도달된 것으로 본다.

③ 공청회가 개최는 되었으나 정상적으로 진행되지 못하고 무산된 횟수가 2회인 경우 온라인공청회를 단독으로 개최할 수 있다.

④ 송달이 불가능한 경우에는 송달받을 자가 알기 쉽도록 관보, 공보, 게시판, 일간신문 중 하나 이상에 공고하고 인터넷에도 공고하여야 한다.

11 「질서위반행위규제법」상 과태료에 대한 설명으로 옳지 않은 것은?

① 신분에 의하여 성립하는 질서위반행위에 신분이 없는 자가 가담한 때에는 신분이 없는 자에 대하여도 질서위반행위가 성립한다.

② 하나의 행위가 2 이상의 질서위반행위에 해당하는 경우에는 각 질서위반행위에 대하여 정한 과태료 중 가장 중한 과태료를 부과한다.

③ 자신의 행위가 위법하지 아니한 것으로 오인하고 행한 질서위반행위는 그 오인에 정당한 이유가 있는 때에 한하여 과태료를 부과하지 아니한다.

④ 행정청이 위반사실을 적발하면 과태료를 부과받을 자의 주소지를 관할하는 지방법원에 통보하여야 하고, 당해 법원은 「비송사건절차법」에 따라 결정으로써 과태료를 부과한다.

12 「행정조사기본법」상 행정조사에 대한 설명으로 옳지 않은 것은?

① 행정기관의 장은 조사원이 조사목적의 달성을 위하여 한 시료채취로 조사대상자에게 손실을 입힌 때에는 그 손실을 보상하여야 한다.

② 개별 법령 등에서 행정조사를 규정하고 있지 않더라도, 행정기관은 조사대상자가 자발적으로 협조하는 경우에는 행정조사를 실시할 수 있다.

③ 행정기관의 장은 조사대상자의 신상이나 사업비밀 등이 유출될 우려가 있으므로 인터넷 등 정보통신망을 통하여 조사대상자로 하여금 자료의 제출 등을 하게 할 수 없다.

④ 행정기관의 장은 당해 행정기관 내의 2 이상의 부서가 동일하거나 유사한 업무분야에 대하여 동일한 조사대상자에게 행정조사를 실시하는 경우에는 공동조사를 하여야 한다.

13 판례의 입장으로 옳지 않은 것은?

① 거부처분에 대한 집행정지는 그 거부처분으로 인하여 신청인에게 생길 손해를 방지하는 데 아무런 보탬이 되지 아니하므로 허용되지 않는다.

② 사정판결의 요건인 처분의 위법성은 변론 종결 시를 기준으로 판단하고, 공공복리를 위한 사정판결의 필요성은 처분 시를 기준으로 판단하여야 한다.

③ 집행정지의 요건으로 규정하고 있는 '공공복리에 중대한 영향을 미칠 우려'가 없을 것이라고 할 때의 '공공복리'는 그 처분의 집행과 관련된 구체적이고도 개별적인 공익을 말하는 것으로서 이러한 집행정지의 소극적 요건에 대한 주장·소명책임은 행정청에게 있다.

④ 「도시 및 주거환경정비법」에 근거한 조합설립인가처분은 행정주체로서의 지위를 부여하는 설권적 처분이고, 조합설립결의는 조합설립인가처분의 요건이므로, 조합설립결의에 하자가 있다면 그 하자를 이유로 직접 항고소송의 방법으로 조합설립인가처분의 취소 또는 무효확인을 구하여야 한다.

14 「국가배상법」상 이중배상금지에 대한 판례의 입장으로 옳지 <u>않은</u> 것은?

① 「국가배상법」 제2조 제1항 단서에서 정한 '다른 법령의 규정'에 따른 보상금청구권이 모두 시효로 소멸된 경우라고 하더라도 「국가배상법」 제2조 제1항 단서 규정이 적용된다.

② 경찰공무원인 피해자가 「공무원연금법」에 따라 공무상 요양비를 지급받는 것은 「국가배상법」 제2조 제1항 단서에서 정한 '다른 법령의 규정'에 따라 보상을 지급받는 것에 해당하지 않는다.

③ 훈련으로 공상을 입은 군인이 「국가배상법」에 따라 손해배상금을 지급받은 다음 「보훈보상대상자 지원에 관한 법률」이 정한 보훈급여금의 지급을 청구하는 경우, 국가는 「국가배상법」 제2조 제1항 단서에 따라 그 지급을 거부할 수 있다.

④ 군인이 교육훈련으로 공상을 입은 경우라도 「군인연금법」 또는 「국가유공자예우 등에 관한 법률」에 의하여 재해보상금·유족연금·상이연금 등 별도의 보상을 받을 수 없는 경우에는 「국가배상법」 제2조 제1항 단서의 적용 대상에서 제외하여야 한다.

15 다음 사례에 대한 설명으로 옳은 것은?

> A구 의회 의원인 甲은 공무원을 폭행하는 등 의원으로서 품위를 손상시키는 행위를 하였다. 이러한 사유를 들어 A구 의회는 甲을 의원직에서 제명하는 의결을 하였다. 이에 甲은 위 제명의결을 행정소송의 방법으로 다투고자 한다.

① 甲이 제명의결을 행정소송으로 다투는 경우 소송의 유형은 무효확인소송으로 하여야 하며 취소소송으로는 할 수 없다.

② A구 의회는 입법기관으로서 행정청의 지위를 가지지 못하므로 甲에 대한 제명의결을 다투는 행정소송에서는 A구 의회 사무총장이 피고가 되어야 한다.

③ 「행정소송법」 제12조의 '법률상 이익' 개념에 관하여 법률상 이익구제설에 따르는 판례에 의하면 甲은 제명의결을 다툴 원고적격을 갖지 못한다.

④ 법원이 甲이 제기한 행정소송을 받아들여 소송의 계속 중에 甲의 임기가 만료되었더라도 수소법원은 소의 이익을 인정할 수 있다.

16 행정소송에 대한 설명으로 옳지 <u>않은</u> 것은?

① 건축물의 하자를 다투는 입주예정자들은 건물의 사용검사처분에 대해 제3자효 행정행위의 차원에서 행정소송을 통해 다툴 수 있다.

② 당사자소송으로 서울행정법원에 제기할 것을 민사소송으로 지방법원에 제기하여 판결이 내려진 경우, 그 판결은 관할위반에 해당한다.

③ 민사소송인 소가 서울행정법원에 제기되었는데도 피고가 제1심법원에서 관할위반이라고 항변하지 않고 본안에서 변론을 한 경우에는 제1심법원에 변론관할이 생긴다.

④ 환경부장관이 생태·자연도 1등급으로 지정되었던 지역을 2등급으로 변경하는 내용의 생태·자연도 수정·보완을 고시하는 경우, 1등급지역에 거주하던 인근 주민은 생태·자연도 등급변경처분의 무효확인을 구할 원고적격이 없다.

17 손실보상에 대한 설명으로 옳은 것은?

① 「공익사업을 위한 토지 등의 취득 및 보상에 관한 법률」상 사업시행자와 토지소유자 사이의 협의취득에 대한 분쟁은 민사소송으로 다투어야 한다.

② 「공익사업을 위한 토지 등의 취득 및 보상에 관한 법률」에 따라 사업인정고시가 된 후 토지의 사용으로 인하여 토지의 형질이 변경되는 경우에 토지소유자는 중앙토지수용위원회에 그 토지의 매수청구권을 행사할 수 있다.

③ 헌법재판소는 「개발제한구역의 지정 및 관리에 관한 특별조치법」 제11조 제1항 등에 대한 위헌소원 사건에서 토지의 효용이 감소한 토지소유자에게 토지매수청구권을 인정하는 등 보상규정을 두었지만 적절한 손실보상에 해당하지 않는다고 위헌결정을 하였다.

④ 사업시행자는 동일한 사업지역에 보상시기를 달리하는 동일인 소유의 토지 등이 여러 개가 있는 경우 토지 등의 소유자가 일괄보상을 요구하더라도 「공익사업을 위한 토지 등의 취득 및 보상에 관한 법률」에 따라 단계적으로 보상금을 지급하여야 한다.

18 행정의 실효성 확보수단에 대한 대법원 판례의 입장으로 옳지 않은 것은?

① 행정법상의 질서벌인 과태료의 부과처분과 형사처벌은 그 성질이나 목적을 달리하는 별개의 것이므로 행정법상의 질서벌인 과태료를 납부한 후에 형사처벌을 한다고 하여 이를 일사부재리의 원칙에 반하는 것이라고 할 수는 없다.

② 「건축법」상 시정명령을 받은 의무자가 그 시정명령의 취지에 부합하는 의무를 이행하기 위한 정당한 방법으로 행정청에 신청 또는 신고를 하였으나 행정청이 위법하게 이를 거부 또는 반려함으로써 결국 그 처분이 취소되기에 이르렀더라도, 이행강제금 제도의 취지에 비추어 볼 때 그 시정명령의 불이행을 이유로 이행강제금을 부과할 수 있다.

③ 건물의 소유자에게 위법건축물을 일정기간까지 철거할 것을 명함과 아울러 불이행할 때에는 대집행한다는 내용의 철거대집행 계고처분을 고지한 후 이에 불응하자 다시 제2차, 제3차 계고서를 발송하여 일정기간까지의 자진철거를 촉구하고 불이행하면 대집행을 한다는 뜻을 고지한 경우, 제2차, 제3차의 계고처분은 새로운 철거의무를 부과한 것이 아니라 대집행기한을 연기통지한 것에 불과하다.

④ 관할 행정청이 여객자동차운송사업자가 범한 여러 가지 위반행위 중 일부만 인지하여 과징금 부과처분을 하였는데 그 후 과징금 부과처분 시점 이전에 이루어진 다른 위반행위를 인지하여 이에 대하여 별도의 과징금 부과처분을 하게 되는 경우, 종전 과징금 부과처분의 대상이 된 위반행위와 추가 과징금 부과처분의 대상이 된 위반행위에 대하여 일괄하여 하나의 과징금 부과처분을 하는 경우와의 형평을 고려하여 추가 과징금 부과처분의 처분양정이 이루어져야 한다.

19 서훈 또는 서훈취소에 대한 설명으로 옳은 것만을 모두 고르면?

> ㉠ 서훈취소는 대통령이 국가원수로서 행하는 행위 이지만 통치행위는 아니다.
>
> ㉡ 서훈은 서훈대상자의 특별한 공적에 의하여 수여되는 고도의 일신전속적 성격을 가지는 것이므로 유족이라고 하더라도 처분의 상대방이 될 수 없다.
>
> ㉢ 건국훈장 독립장이 수여된 망인에 대한 서훈취소를 국무회의에서 의결하고 대통령이 결재함으로써 서훈취소가 결정된 후에 국가보훈처장이 망인의 유족에게 독립유공자 서훈취소결정 통보를 하였다면 서훈취소처분취소소송에서의 피고적격은 국가보훈처장에 있다.
>
> ㉣ 국가보훈처장이 서훈추천 신청자에 대한 서훈추천을 거부한 것은 항고소송의 대상으로 볼 수는 없어 항고소송을 제기할 수는 없으나 행정권력의 부작위에 대한 헌법소원으로서 다툴 수 있다.

① ㉠, ㉡

② ㉠, ㉣

③ ㉠, ㉢, ㉣

④ ㉡, ㉢, ㉣

20 행정대집행에 대한 설명으로 옳지 않은 것은?

① 행정대집행은 「행정기본법」상 행정상 강제에 해당한다.

② 대집행에 요한 비용은 「국세징수법」의 예에 의하여 징수할 수 있다.

③ 「행정대집행법」상 대집행의 대상이 되는 대체적 작위의무는 공법상 의무이어야 한다.

④ 대집행에 요한 비용에 대하여서는 행정청은 사무비의 소속에 따라 국세와 동일한 순위의 선취득권을 가지며, 대집행에 요한 비용을 징수하였을 때에는 그 징수금은 국고의 수입으로 한다.

모바일 OMR

✔ 회독 CHECK 1 2 3

> 지문의 내용에 대해 학설의 대립 등 다툼이 있는 경우 판례에 의함

01 자동화된 행정결정에 대한 설명으로 옳지 않은 것은?

① 자동화된 행정결정의 예로는 컴퓨터를 통한 중·고 등학생의 학교배정, 신호등에 의한 교통신호 등이 있다.

② 「행정기본법」상 자동적 처분은 항고소송의 대상이 된다.

③ 「행정기본법」상 자동적 처분을 할 수 있는 '완전히 자동화된 시스템'에는 '인공지능 기술을 적용한 시 스템'이 포함되지 않는다.

④ 「행정기본법」은 재량행위에 대해서 자동적 처분을 허용하지 않고 있다.

02 법치행정의 원칙에 대한 설명으로 옳지 않은 것은?

① 규율대상이 국민의 기본권 및 기본적 의무와 관련한 중요성을 가질수록 그리고 그에 관한 공개적 토론 의 필요성 또는 상충하는 이익 사이의 조정 필요성 이 클수록, 그것이 국회의 법률에 의해 직접 규율될 필요성은 더 증대된다고 보아야 한다.

② 법률의 시행령은 법률에 의한 위임 없이도 법률이 규정한 개인의 권리·의무에 관한 내용을 변경·보 충하거나 법률에 규정되지 아니한 새로운 내용을 규정할 수 있다.

③ 법률유보의 원칙은 '법률에 의한 규율'만을 요청하 는 것이 아니라 '법률에 근거한 규율'을 요청하는 것 이기 때문에 기본권의 제한에는 법률의 근거가 필 요할 뿐이고 기본권 제한의 형식이 반드시 법률의 형식일 필요는 없다.

④ 행정작용은 법률에 위반되어서는 아니 되며, 국민 의 권리를 제한하거나 의무를 부과하는 경우와 그 밖에 국민생활에 중요한 영향을 미치는 경우에는 법률에 근거해야 한다.

03 행정입법의 사법적 통제에 대한 설명으로 옳지 않은 것은?

① 중앙선거관리위원회규칙은 법규명령이므로 구체적 규범통제의 대상이 될 수 있다.

② 처분적 법규명령은 무효등확인소송 또는 취소소송 의 대상이 된다.

③ 대법원 이외의 각급법원도 구체적 규범통제의 방법 으로 법규명령 조항에 대한 위헌·위법 판단을 할 수 있다.

④ 행정입법부작위는 부작위위법확인소송의 대상이 된다.

04 행정의 실효성 확보 수단에 대한 설명으로 옳지 않은 것은?

① 구「국세징수법」상 가산금 또는 중가산금의 고지는 항고소송의 대상이 되는 처분이 아니다.

② 지방자치단체 소속 공무원이 지방자치단체 고유의 자치사무를 수행하던 중 구「도로법」에 위반하는 행위를 한 경우 지방자치단체는 구「도로법」상 양벌규정에 따라 처벌대상이 되는 법인에 해당한다.

③ 구「음반·비디오물 및 게임물에 관한 법률」상 불법게임물에 대한 수거 및 폐기조치는 행정상 즉시강제에 해당한다.

④ 공매처분을 하면서 체납자에게 공매통지를 하지 않았거나 공매통지를 하였지만 그것이 적법하지 아니하다 하더라도 공매처분 자체는 위법하지 않다.

05 사인의 공법행위에 대한 설명으로 옳은 것은?

① 공무원에 의해 제출된 사직원은 그에 터잡은 의원면직처분이 있을 때까지 철회될 수 있고, 일단 면직처분이 있고 난 이후에도 자유로이 취소 및 철회될 수 있다.

② 시장 등의 주민등록전입신고 수리 여부에 대한 심사는 「주민등록법」의 입법 목적의 범위 내에서 제한적으로 이루어져야 하는바, 전입신고자가 30일 이상 생활의 근거로서 거주할 목적으로 거주지를 옮기는지 여부가 심사 대상으로 되어야 한다.

③ 행정청은 신청에 구비서류의 미비 등 흠이 있는 경우 원칙상 형식적·절차적인 요건만을 보완요구하여야 하므로 실질적인 요건에 관한 흠이 민원인의 단순한 착오나 일시적인 사정 등에 기인한 경우에도 보완을 요구할 수 없다.

④ 사인의 공법행위는 원칙적으로 발신주의에 따라 그 효력이 발생한다.

06 행정소송의 판결에 대한 설명으로 옳지 않은 것은?

① 처분 등을 취소하는 확정판결은 제3자에 대하여도 효력이 있다.

② 취소 확정판결의 기속력은 판결의 주문 및 전제가 되는 처분 등의 구체적 위법사유에 관한 판단에도 미치므로, 종전 처분이 판결에 의하여 취소되었다면 종전 처분의 처분사유와 기본적 사실관계에서 동일하지 않은 다른 사유를 들어서 새로이 동일한 내용을 처분하는 것 또한 확정판결의 기속력에 저촉된다.

③ 법원은 원고의 청구가 이유있다고 인정하는 경우에도 처분 등을 취소하는 것이 현저히 공공복리에 적합하지 아니하다고 인정하는 때에는 원고의 청구를 기각할 수 있다.

④ 과세의 절차 내지 형식에 위법이 있어 과세처분을 취소하는 판결이 확정되었을 경우 과세관청은 그 위법사유를 보완하여 다시 새로운 과세처분을 할 수 있고, 그 새로운 과세처분은 확정판결에 의하여 취소된 종전의 과세처분과는 별개의 처분이다.

07 행정상 사실행위에 대한 설명으로 옳지 않은 것은?

① 행정상 사실행위의 예로는 폐기물 수거, 행정지도, 대집행의 실행, 행정상 즉시강제 등이 있다.

② 행정청이 위법 건축물에 대한 단전 및 전화통화 단절조치를 요청한 것은 항고소송의 대상이 되는 행정처분이라고 볼 수 없다.

③ 교도소장이 영치품인 티셔츠 사용을 재소자에게 불허한 행위는 항고소송의 대상이 되는 행정처분에 해당한다.

④ 교도소 내 마약류 관련 수형자에 대한 교도소장의 소변강제채취는 권력적 사실행위이나 헌법소원의 대상은 아니다.

08 행정의 실효성 확보 수단에 대한 설명으로 옳지 않은 것은?

① 「농지법」상 이행강제금 부과처분에 대한 불복은 「비송사건절차법」에 따른 재판절차뿐만 아니라 「행정소송법」상 항고소송 절차에 따를 수 있다.

② 관계 법령상 행정대집행의 절차가 인정되어 행정청이 행정대집행의 방법으로 건물의 철거 등 대체적 작위의무의 이행을 실현할 수 있는 경우에는 따로 민사소송의 방법으로 그 의무의 이행을 구할 수 없다.

③ 「행정조사기본법」에 따르면 조사대상자의 자발적인 협조를 얻어 행정조사를 실시하고자 하는 경우 조사대상자는 문서 · 전화 · 구두 등의 방법으로 당해 행정조사를 거부할 수 있다.

④ 통고처분은 상대방의 임의의 승복을 그 발효요건으로 하기 때문에 그 자체만으로는 통고이행을 강제하거나 상대방에게 아무런 권리 · 의무를 형성하지 않으므로 행정심판이나 행정소송의 대상으로서의 처분성을 인정할 수 없다.

09 다음 각 사례에 대한 설명으로 옳은 것만을 모두 고르면?

- 행정청 甲은 국유 일반재산인 건물 1층을 5년간 대부하는 계약을 乙과 체결하면서 대부료는 1년에 1억으로 정하였고 6회에 걸쳐 분납하기로 하였다. 甲은 乙이 1년간 대부료를 납부하지 않자, 체납한 대부료를 납부할 것을 통지하였다. 「국유재산법」에 따르면 국유재산의 대부료 등이 납부기한까지 납부되지 아니한 경우에는 「국세징수법」상의 강제징수에 관한 규정을 준용하고 있다.
- 행정청 甲은 국가 소유의 땅을 무단점유하여 사용하고 있는 丙에게 변상금 100만 원 부과처분을 하였다.

㉠ 甲이 乙에게 대부하는 행위는 공권력의 주체로서 상대방의 의사 여하에 불구하고 일방적으로 행하는 행정처분이 아니다.

㉡ 甲은 대부료를 납부하지 않은 乙을 상대로 민사소송을 제기하여 대부료 지급을 구해야 한다.

㉢ 변상금 부과처분은 순전히 사경제 주체로서 행하는 사법상의 법률행위이므로, 丙은 그 처분에 대해 민사소송을 제기하여 다툴 수 있다.

① ㉠

② ㉡

③ ㉠, ㉢

④ ㉠, ㉡, ㉢

10 행정지도에 대한 설명으로 옳지 않은 것은?

① 행정기관은 행정지도의 상대방이 행정지도에 따르지 아니하였다는 것을 이유로 불이익한 조치를 하여서는 아니 된다.

② 행정기관이 같은 행정목적을 실현하기 위하여 많은 상대방에게 행정지도를 하려는 경우에는 특별한 사정이 없으면 행정지도에 공통적인 내용이 되는 사항을 공표하여야 한다.

③ 위법한 행정지도에 따라 행한 사인의 행위는 위법성이 조각되어 범법행위가 되지 않는다.

④ 행정지도가 강제성을 띠지 않은 비권력적 작용으로서 행정지도의 한계를 일탈하지 아니하였다면, 그로 인하여 상대방에게 손해가 발생하였다 하더라도 행정기관은 손해배상책임이 없다.

11 행정행위의 하자의 승계에 대한 설명으로 옳지 않은 것은?

① 2개 이상의 행정처분이 연속적 또는 단계적으로 이루어지는 경우 선행처분과 후행처분이 서로 합하여 1개의 법률효과를 완성하는 때에는 선행처분에 하자가 있으면 그 하자는 후행처분에 승계된다.

② 선행처분과 후행처분이 서로 독립하여 별개의 법률효과를 발생 시키는 경우에는 선행처분에 불가쟁력이 생겨 그 효력을 다툴 수 없게 되면 수인한도를 넘는 가혹함을 가져오며 그 결과가 당사자에게 예측가능하지 않더라도 하자의 승계가 인정되지 않는다.

③ 과세관청의 선행처분인 소득금액변동통지에 하자가 존재하더라도 당연무효사유에 해당하지 않는 한 후행처분인 징수처분에 대한 항고소송에서 그 하자를 다툴 수 없다.

④ 수용보상금의 증액을 구하는 소송에서는 선행처분으로서 그 수용 대상 토지 가격 산정의 기초가 된 비교표준지공시지가결정의 위법을 독립된 사유로 주장할 수 있다.

12 「행정소송법」상 당사자소송에 대한 설명으로 옳지 않은 것은?

① 당사자소송이란 행정청의 처분 등을 원인으로 하는 법률관계에 관한 소송, 그 밖에 공법상의 법률관계에 관한 소송으로서 그 법률관계의 한쪽 당사자를 피고로 하는 소송을 의미한다.

② 공법상 계약의 한쪽 당사자가 다른 당사자를 상대로 효력을 다투거나 이행을 청구하는 소송은 공법상의 법률관계에 관한 분쟁이므로 분쟁의 실질이 공법상 권리·의무의 존부·범위에 관한 다툼이 아니라 손해배상액의 구체적인 산정방법·금액에 국한되는 등의 특별한 사정이 없는 한 당사자소송으로 제기하여야 한다.

③ 명예퇴직한 법관이 미지급 명예퇴직수당액에 대하여 가지는 권리는 명예퇴직수당 지급대상자 결정절차를 거쳐 명예퇴직수당규칙에 의하여 확정된 공법상 법률관계에 관한 권리로서, 그 지급을 구하는 소송은 당사자소송에 해당하며, 그 법률관계의 당사자인 국가를 상대로 제기하여야 한다.

④ 당사자소송은 공법상 법률관계에 관한 소송이므로 이를 본안으로 하는 가처분에 대하여는 「민사집행법」상 가처분에 관한 규정이 준용되지 않는다.

13 「공공기관의 정보공개에 관한 법률」상 정보공개에 대한 설명으로 옳은 것만을 모두 고르면?

> ㉠ 모든 국민은 정보의 공개를 청구할 권리를 가진다.
>
> ㉡ 법무부령인 「검찰보존사무규칙」은 행정기관 내부의 사무처리준칙인 행정규칙이지만, 「검찰보존사무규칙」상의 열람·등사의 제한은 「공공기관의 정보공개에 관한 법률」 제9조 제1항 제1호의 '다른 법률 또는 법률에 의한 명령에 의하여 비공개사항으로 규정된 경우'에 해당한다.
>
> ㉢ 해당 정보를 취득 또는 활용할 의사가 전혀 없이 정보공개 제도를 이용하여 사회통념상 용인될 수 없는 부당한 이득을 얻으려 하거나, 오로지 공공기관의 담당 공무원을 괴롭힐 목적으로 정보공개 청구를 하는 경우 권리 남용에 해당함이 명백하므로 정보공개청구권의 행사가 허용되지 아니한다.
>
> ㉣ 청구인이 정보공개와 관련한 공공기관의 결정에 대하여 불복이 있거나 정보공개청구 후 10일이 경과하도록 정보공개 결정이 없는 때에는 「행정심판법」에서 정하는 바에 따라 행정심판을 청구할 수 있다.

① ㉠, ㉡

② ㉠, ㉢

③ ㉡, ㉣

④ ㉢, ㉣

14 국가배상에 대한 설명으로 옳지 않은 것은?

① 시·도경찰청장 또는 경찰서장이 지방자치단체의 장으로부터 권한을 위탁받아 설치·관리하는 신호기의 하자로 인해 손해가 발생한 경우 「국가배상법」 제5조 소정의 배상책임의 귀속 주체는 국가뿐이다.

② 헌법재판소 재판관이 청구기간 내에 제기된 헌법소원심판청구 사건에서 청구기간을 오인하여 각하결정을 한 경우, 이에 대한 불복절차 내지 시정절차가 없는 때에는 배상책임의 요건이 충족되는 한 국가배상책임을 인정할 수 있다.

③ 영조물의 설치·관리자와 비용부담자가 다른 경우 피해자에게 손해를 배상한 자는 내부관계에서 그 손해를 배상할 책임이 있는 자에게 구상할 수 있다.

④ 군 복무 중 사망한 군인 등의 유족이 「국가배상법」에 따른 손해배상금을 지급받은 경우 그 손해배상금 상당 금액에 대해서는 「군인연금법」에서 정한 사망보상금을 지급받을 수 없다.

15 행정소송의 심리에 대한 설명으로 옳지 않은 것은?

① 「행정소송법」에 따르면 법원은 필요하다고 인정할 때에는 직권으로 증거조사를 할 수 있으나, 당사자가 주장하지 아니한 사실에 대하여는 판단할 수 없다.

② 법원은 행정처분 당시 행정청이 알고 있었던 자료뿐만 아니라 사실심 변론종결 당시까지 제출된 모든 자료를 종합하여 처분 당시 존재하였던 객관적 사실을 확정하고 그 사실에 기초하여 처분의 위법 여부를 판단할 수 있다.

③ 「행정소송법」에 따르면 법원은 당사자의 신청이 있는 때에는 결정으로써 재결을 행한 행정청에 대하여 행정심판에 관한 기록의 제출을 명할 수 있고, 제출명령을 받은 행정청은 지체없이 당해 행정심판에 관한 기록을 법원에 제출하여야 한다.

④ 결혼이민[F-6 (다)목] 체류자격을 신청한 외국인에 대하여 행정청이 그 요건을 충족하지 못하였다는 이유로 거부처분을 하는 경우 '그 요건을 갖추지 못하였다는 판단', 즉 '혼인파탄의 주된 귀책사유가 국민인 배우자에게 있지 않다는 판단' 자체가 처분 사유가 되는바, 결혼이민[F-6 (다)목] 체류자격 거부처분 취소소송에서 그 처분사유에 관한 증명책임은 피고 행정청에 있다.

16 「공익사업을 위한 토지 등의 취득 및 보상에 관한 법률」에 대한 설명으로 옳지 않은 것은?

① 구 「하천법」에 의한 하천수 사용권은 「공익사업을 위한 토지 등의 취득 및 보상에 관한 법률」이 손실보상의 대상으로 규정하고 있는 '물의 사용에 관한 권리'에 해당한다.

② 토지수용위원회의 재결에 대한 토지소유자의 행정소송 제기는 사업의 진행 및 토지의 수용 또는 사용을 정지시키지 아니한다.

③ 사업인정은 공익사업의 시행자에게 그 후 일정한 절차를 거칠 것을 조건으로 일정한 내용의 수용권을 설정하여 주는 형성행위이다.

④ 어떤 보상항목이 공익사업을 위한 토지 등의 취득 및 보상에 관한 법령상 손실보상대상에 해당함에도 관할 토지수용위원회가 사실을 오인하거나 법리를 오해함으로써 손실보상대상에 해당하지 않는다고 잘못된 내용의 재결을 한 경우에는, 피보상자는 관할 토지수용위원회를 상대로 재결취소소송을 제기하여야 한다.

17 다음 사례에 대한 설명으로 옳은 것은?

> 식품접객업을 하는 甲은 청소년의 연령을 확인하지 않고 주류를 판매한 사실이 적발되어 관할 행정청 乙로부터 「식품위생법」 위반을 이유로 영업정지 2개월을 부과받자 관할 행정심판위원회 丙에 행정심판을 청구하였다.

① 丙은 영업정지 2개월에 갈음하여 「식품위생법」 소정의 과징금으로 변경할 수 없다.

② 甲이 丙의 기각재결을 받은 후 재결 자체에 고유한 하자가 있음을 주장하며 그 기각재결에 대하여 취소소송을 제기한 경우, 수소법원은 심리 결과 재결 자체에 고유한 위법이 없다면 각하판결을 하여야 한다.

③ 丙이 영업정지처분을 취소하는 재결을 할 경우, 乙은 이 인용재결의 취소를 구하는 행정소송을 제기할 수 없다.

④ 丙은 행정심판의 심리과정에서 甲의 「식품위생법」상의 또 다른 위반 사실을 인지한 경우, 乙의 2개월 영업정지와는 별도로 1개월 영업정지를 추가하여 부과하는 재결을 할 수 있다.

18 「행정절차법」에 대한 설명으로 옳지 않은 것은?

① 처분기준을 공표하는 것이 해당 처분의 성질상 현저히 곤란하거나 공공의 안전 또는 복리를 현저히 해치는 것으로 인정될 만한 상당한 이유가 있는 경우에는 처분기준을 공표하지 아니할 수 있다.

② 행정처분의 상대방에 대한 청문통지서가 반송되었거나 행정처분의 상대방이 청문일시에 불출석하였다는 이유만으로 행정청이 관계 법령상 그 실시가 요구되는 청문을 실시하지 아니하고 한 침해적 행정처분은 위법하다.

③ 「행정절차법」상 사전통지 및 의견제출에 대한 권리를 부여하고 있는 '당사자 등'에는 불이익처분의 직접 상대방인 당사자와 행정청이 직권으로 또는 신청에 따라 행정절차에 참여하게 한 이해관계인, 그 밖에 제3자가 포함된다.

④ 행정청이 처분을 하면서 당사자가 그 근거를 알 수 있을 정도로 이유를 제시한 경우에는 처분의 근거와 이유를 구체적으로 명시하지 않았더라도 그로 말미암아 그 처분이 위법하다고 볼 수는 없다.

19 「질서위반행위규제법」에 대한 설명으로 옳지 않은 것은?

① 질서위반행위 후 법률이 변경되어 그 행위가 질서위
반행위에 해당하지 아니하게 되거나 과태료가 변경
되기 전의 법률보다 가볍게 된 때에는 법률에 특별
한 규정이 없는 한 변경된 법률을 적용하여야 한다.

② 고의 또는 과실이 없는 질서위반행위라고 하더라도
과태료를 부과할 수 있다.

③ 행정청의 과태료 부과에 불복하는 당사자는 과태료
부과 통지를 받은 날부터 60일 이내에 해당 행정청
에 서면으로 이의제기를 할 수 있다.

④ 법원이 심문 없이 과태료 재판을 하고자 하는 때에
는 당사자와 검사는 특별한 사정이 없는 한 약식재
판의 고지를 받은 날부터 7일 이내에 이의신청을 할
수 있다.

20 인가에 대한 설명으로 옳지 않은 것은?

① 「자동차관리법」상 자동차관리사업자로 구성하는 사
업자단체인 조합 또는 협회의 설립인가처분은 자동
차관리사업자들의 단체결성행위를 보충하여 효력을
완성시키는 처분에 해당한다.

② 구 「도시 및 주거환경정비법」상 조합설립추진위원회
구성승인처분은 조합의 설립을 위한 주체인 추진위
원회의 구성행위를 보충하여 그 효력을 부여하는
처분이다.

③ 주택재개발정비사업조합이 수립한 사업시행계획에
하자가 있음에도 불구하고 관할 행정청이 해당 사
업시행계획에 대한 인가처분을 하였다면, 그 인가
처분에는 고유한 하자가 없더라도 사업시행계획의
무효를 주장하면서 곧바로 그에 대한 인가처분의
무효확인이나 취소를 구하여야 한다.

④ 구 「도시 및 주거환경정비법」상 토지소유자들이 조
합을 설립하지 아니하고 직접 도시환경정비사업을
시행하고자 하는 경우에 내려진 사업시행인가처분
은 설권적 처분의 성격을 가진다.

✅ 회독 CHECK 1 2 3

01 신뢰보호의 원칙에 대한 설명으로 옳지 않은 것은? (다툼이 있는 경우 판례에 의함)

① 건축주와 그로부터 건축설계를 위임받은 건축사가 관계 법령에서 정하고 있는 건축한계선의 제한이 있다는 사실을 간과한 채 건축설계를 하고 이를 토대로 건축물의 신축 및 증축허가를 받은 경우, 그 신축 및 증축허가가 정당하다고 신뢰한 데에는 귀책사유가 있다.

② 행정청이 상대방에게 장차 어떤 처분을 하겠다고 공적 견해표명을 하였더라도 그 후에 그 전제로 된 사실적 법률적 상태가 변경되었다면, 그와 같은 공적 견해표명은 효력을 잃게 된다.

③ 수강신청 후에 징계요건을 완화하는 학칙개정이 이루어지고 이어 시험이 실시되어 그 개정학칙에 따라 대학이 성적 불량을 이유로 학생에 대하여 징계처분을 한 경우라면 이는 이른바 부진정소급효에 관한 것으로서 특별한 사정이 없는 한 위법이라고 할 수 없다.

④ 병무청 담당부서의 담당공무원에게 공적 견해의 표명을 구하지 아니한 채 민원봉사 담당공무원이 상담에 응하여 안내한 것을 신뢰한 경우에도 신뢰보호의 원칙이 적용된다.

02 행정행위의 효력에 대한 설명으로 옳지 않은 것은? (다툼이 있는 경우 판례에 의함)

① 영업허가취소처분이 나중에 행정쟁송절차에 의하여 취소되었더라도, 그 영업허가취소처분 이후의 영업행위는 무허가영업이다.

② 연령미달 결격자가 다른 사람 이름으로 교부받은 운전면허는 당연무효가 아니고 취소되지 않는 한 유효하므로 그 연령미달 결격자의 운전행위는 무면허운전에 해당하지 아니한다.

③ 구 「도시계획법」상 원상회복 등의 조치명령을 받고도 이를 따르지 않은 자에 대해 형사처벌을 하기 위해서는 적법한 조치명령이 전제되어야 하며, 이때 형사법원은 그 적법 여부를 심사할 수 있다.

④ 조세부과처분을 취소하는 행정판결이 확정된 경우 부과처분의 효력은 처분 시에 소급하여 효력을 잃게 되므로 확정된 행정판결은 조세포탈에 대한 무죄를 인정할 명백한 증거에 해당한다.

03 다단계행정결정에 대한 설명으로 옳지 않은 것은? (다툼이 있는 경우 판례에 의함)

① 「공유재산 및 물품 관리법」에 근거하여 공모제안을 받아 이루어지는 민간투자사업 '우선협상대상자 선정행위'나 '우선 협상대상자 지위배제행위'에서 '우선협상대상자 지위배제행위'만이 항고소송의 대상인 처분에 해당한다.

② 구 「원자력법」상 원자로 및 관계 시설의 부지사전승인처분 후 건설허가처분까지 내려진 경우, 선행처분은 후행처분에 흡수되어 건설허가처분만이 행정쟁송의 대상이 된다.

③ 공정거래위원회가 부당한 공동행위를 한 사업자에게 과징금 부과처분을 한 뒤 다시 자진신고 등을 이유로 과징금 감면처분을 한 경우, 선행처분은 후행처분에 흡수되어 소멸하므로 선행처분의 취소를 구하는 소는 부적법하다.

④ 자동차운송사업 양도·양수인가신청에 대하여 행정청이 내인가를 한 후 그 본인가신청이 있음에도 내인가를 취소한 경우, 다시 본인가에 대하여 별도로 인가 여부의 처분을 한다는 사정이 보이지 않는다면 내인가취소는 행정처분에 해당한다.

04 행정행위의 하자에 대한 설명으로 옳지 않은 것은? (다툼이 있는 경우 판례에 의함)

① 이미 불가쟁력이 발생한 보충역편입처분에 하자가 있다고 하더라도 그것이 당연무효의 사유가 아닌 한 공익근무요원소집처분에 승계되는 것은 아니다.

② 건물철거명령이 당연무효가 아니고 불가쟁력이 발생하였다면 건물철거명령의 하자를 이유로 후행 대집행계고처분의 효력을 다툴 수 없다.

③ 도시계획시설사업 시행자 지정 처분이 처분 요건을 충족하지 못하여 당연무효인 경우, 도시계획시설사업의 시행자가 작성한 실시계획을 인가하는 처분도 무효이다.

④ 선행처분인 공무원직위해제처분과 후행 직권면직처분 사이에는 하자의 승계가 인정된다.

05 다음 사례에 대한 설명으로 옳은 것은? (다툼이 있는 경우 판례에 의함)

민간시민단체 A는 관할 행정청 B에게 개발사업의 승인과 관련한 정보공개를 청구하였으나 B는 현재 재판 진행 중인 사안이 포함되어 있다는 이유로 「공공기관의 정보공개에 관한 법률」 제9조 제1항 제4호의 사유를 들어 A의 정보공개청구를 거부하였다.

① A는 공개청구한 정보에 대해 개별·구체적 이익이 없는 경우에도 B의 정보공개거부에 대해 취소소송으로 다툴 수 있다.

② A가 공개청구한 정보에 대해 직접적인 이해관계가 있는 경우에는 B의 정보공개거부에 대해 정보공개의 이행을 구하는 당사자소송을 제기하여 다툴 수 있다.

③ A가 공개청구한 정보의 일부가 「공공기관의 정보공개에 관한 법률」상 비공개사유에 해당하는 때에는 그 나머지 정보만을 공개하는 것이 가능한 경우라 하더라도 법원은 공개가능한 정보에 관한 부분만의 일부취소를 명할 수는 없다.

④ B의 비공개사유가 정당화되기 위해서는 A가 공개청구한 정보가 진행 중인 재판의 소송기록 자체에 포함된 내용이어야 한다.

06 항고소송에서 수소법원의 판결에 대한 설명으로 옳지 않은 것은? (다툼이 있는 경우 판례에 의함)

① 행정처분의 취소를 구하는 소에서, 비록 행정처분의 위법을 이유로 취소판결을 받더라도 처분에 의하여 발생한 위법상태를 원상회복시키는 것이 불가능한 경우에는 원칙적으로 취소를 구할 법률상 이익이 없으므로, 수소법원은 소를 각하하여야 한다.

② 해임처분 취소소송 계속 중 임기가 만료되어 해임처분의 취소로 지위를 회복할 수는 없다고 할지라도, 그 취소로 해임처분일부터 임기만료일까지 기간에 대한 보수 지급을 구할 수 있는 경우에는 해임처분의 취소를 구할 법률상 이익이 있으므로, 수소법원은 본안에 대하여 판단하여야 한다.

③ 관할청이 「농지법」상의 이행강제금 부과처분을 하면서 재결청에 행정심판을 청구하거나 관할 행정법원에 행정소송을 할 수 있다고 잘못 안내한 경우 행정법원의 항고소송 재판관할이 생긴다.

④ 「행정소송법」 제19조에서 말하는 '재결 자체에 고유한 위법'이란 원처분에는 없고 재결에만 있는 재결청의 권한 또는 구성의 위법, 재결의 절차나 형식의 위법, 내용의 위법 등을 뜻한다.

07 행정법관계에 대한 설명으로 옳지 않은 것은? (다툼이 있는 경우 판례에 의함)

① 군인연금법령상 급여를 받으려고 하는 사람이 국방부장관에게 급여지급을 청구하였으나 거부된 경우, 곧바로 국가를 상대로 한 당사자소송으로 급여의 지급을 청구할 수 있다.

② 법무사가 사무원을 채용할 때 소속 지방법무사회로부터 승인을 받아야 할 의무는 공법상 의무이다.

③ 사무처리의 긴급성으로 인하여 해양경찰의 직접적인 지휘를 받아 보조로 방제작업을 한 경우, 사인은 그 사무를 처리하며 지출한 필요비 내지 유익비의 상환을 국가에 대하여 민사소송으로 청구할 수 있다.

④ 「공익사업을 위한 토지 등의 취득 및 보상에 관한 법률」상 환매권의 존부에 관한 확인을 구하는 소송 및 환매금액의 증감을 구하는 소송은 민사소송이다.

08 행정법규의 양벌규정에 대한 설명으로 옳지 않은 것은? (다툼이 있는 경우 판례에 의함)

① 양벌규정은 행위자에 대한 처벌규정임과 동시에 그 위반행위의 이익귀속주체인 영업주에 대한 처벌규정이다.

② 종업원의 범죄성립이나 처벌이 영업주 처벌의 전제조건이 되는 것은 아니다.

③ 법인 대표자의 법규위반행위에 대한 법인의 책임은 법인 자신의 법규위반행위로 평가될 수 있는 행위에 대한 법인의 직접책임이다.

④ 양벌규정에 의한 법인의 처벌은 어디까지나 행정적 제재처분일 뿐 형벌과는 성격을 달리한다.

09 과징금 부과처분에 대한 설명으로 옳지 않은 것은? (다툼이 있는 경우 판례에 의함)

① 「독점규제 및 공정거래에 관한 법률」상의 과징금은 법이 규정한 범위 내에서 그 부과처분 당시까지 부과관청이 확인한 사실을 기초로 일의적으로 확정되어야 할 것이지, 추후에 부과금 산정기준이 되는 새로운 자료가 나왔다고 하여 새로운 부과처분을 할 수 있는 것은 아니다.

② 영업정지에 갈음하여 부과되는 이른바 변형된 과징금의 부과여부는 통상 행정청의 재량행위이다.

③ 과징금은 행정상 제재금이고 범죄에 대한 국가 형벌권의 실행이 아니므로 행정법규 위반에 대해 벌금 이외에 과징금을 부과하는 것은 이중처벌금지의 원칙에 위반되지 않는다.

④ 「부동산 실권리자명의 등기에 관한 법률」상 명의신탁자에 대한 과징금의 부과 여부는 행정청의 재량행위이다.

10 행정상 손해배상에 대한 설명으로 옳지 않은 것은? (다툼이 있는 경우 판례에 의함)

① 국가배상청구권의 소멸시효 기간은 지났으나 국가가 소멸시효완성을 주장하는 것이 신의성실의 원칙에 반하는 권리남용으로 허용될 수 없어 배상책임을 이행한 경우, 국가는 원칙적으로 해당 공무원에 대해 구상권을 행사할 수 있다.

② 공무원이 관계 법령의 해석이 확립되기 전에 어느 한 설을 취하여 업무를 처리한 것이 결과적으로 위법하더라도 처분 당시 그 이상의 업무처리를 성실한 평균적 공무원에게 기대하기 어려웠던 경우라면 원칙적으로 공무원의 과실을 인정할 수 없다.

③ 공무원이 직무를 수행하면서 그 근거가 되는 법령의 규정에 따라 구체적으로 의무를 부여받았어도 그것이 국민의 이익과 관계없이 순전히 행정기관 내부의 질서를 유지하기 위한 것이라면 그 의무에 위반하여 국민에게 손해를 가하여도 국가 등은 배상책임을 부담하지 않는다.

④ 행정처분이 후에 항고소송에서 취소되었다고 할지라도 그 기판력에 의하여 당해 행정처분이 곧바로 공무원의 고의 또는 과실로 인한 것으로서 불법행위를 구성한다고 단정할 수는 없다.

[11~12] 다음 사례에 대한 설명으로 옳지 않은 것을 고르시오 (다툼이 있는 경우 판례에 의함).

11

> 건축주 甲은 토지소유자 乙과 매매계약을 체결하고 乙로부터 토지사용승낙서를 받아 乙의 토지 위에 건축물을 건축하는 건축허가를 관할 행정청인 A시장으로부터 받았다. 매매 계약서에 의하면 甲이 잔금을 기일 내에 지급하지 못하면 즉시 매매계약이 해제될 수 있고 이 경우 토지사용승낙서는 효력을 잃으며 甲은 건축허가를 포기·철회하기로 甲과 乙이 약정하였다. 乙은 甲이 잔금을 기일 내에 지급하지 않자 甲과의 매매계약을 해제하였다.

① 착공에 앞서 甲의 귀책사유로 해당 토지를 사용할 권리를 상실한 경우, 乙은 A시장에 대하여 건축허가의 철회를 신청할 수 있다.

② 건축허가는 대물적 성질을 갖는 것이어서 행정청으로서는 그 허가를 할 때에 건축주 또는 토지소유자가 누구인지 등 인적 요소에 관하여는 형식적 심사만 한다.

③ A시장은 건축허가 당시 별다른 하자가 없었고 철회의 법적 근거가 없으므로 건축허가를 철회할 수 없다.

④ 철회권의 행사는 기득권의 침해를 정당화할 만한 중대한 공익상의 필요 또는 제3자의 이익을 보호할 필요가 있고, 공익상의 필요 등이 상대방이 입을 불이익을 정당화할 만큼 강한 경우에 한해 허용될 수 있다.

12

A시 시장은 「학교용지 확보 등에 관한 특례법」관계 조항에 따라 공동주택을 분양받은 甲, 乙, 丙, 丁 등에게 각각 다른 시기에 학교용지 부담금을 부과하였다. 이후 해당 조항에 대하여 법원의 위헌법률심판제청에 따라 헌법재판소가 위헌결정을 하였다(단, 甲, 乙, 丙, 丁은 모두 위헌법률심판제청신청을 하지 않은 것으로 가정함).

① 甲이 부담금을 납부하였고 부담금 부과처분에 불가쟁력이 발생한 상태라면, 해당 조항이 위헌으로 결정되더라도 이미 납부한 부담금을 반환받을 수 없다.

② 乙은 부담금을 납부한 후 부담금 부과처분에 대해 행정소송을 제기하였고 현재 소가 계속 중인 경우에도, 乙이 위헌법률심판제청신청을 하지 않았으므로 乙에게 위헌결정의 소급효는 미치지 않는다.

③ 丙이 부담금 부과처분에 대한 행정심판청구를 하여 기각재결서를 송달받았으나, 재결서 송달일로부터 90일 이내에 취소소송을 제기하였다면 丙의 청구는 인용될 수 있다.

④ 부담금 부과처분에 대한 제소기간이 경과하여 丁의 부담금 납부의무가 확정되었고 위헌결정 전에 丁의 재산에 대한 압류가 이루어진 상태라도, 丁에 대해 부담금 징수를 위한 체납처분을 속행할 수는 없다.

13 행정입법에 대한 설명으로 옳지 않은 것은? (다툼이 있는 경우 판례에 의함)

① 부령의 형식으로 정해진 제재적 행정처분의 기준은 그 규정의 성질과 내용이 행정청 내부의 사무처리준칙을 정한 것에 불과하므로 대외적으로 국민이나 법원을 구속하는 것은 아니다.

② 항정신병 치료제의 요양급여 인정기준에 관한 보건복지부 고시가 다른 집행행위의 매개 없이 그 자체로서 직접 국민의 구체적인 권리의무와 법률관계를 규율하는 성격을 가질 때에는 항고소송의 대상이 되는 행정처분에 해당한다.

③ 법률의 위임에 의하여 효력을 갖는 법규명령이 법개정으로 위임의 근거가 없어지게 되더라도 효력을 상실하지 않는다.

④ 한국수력원자력 주식회사가 조달하는 기자재, 용역 및 정비공사, 기기수리의 공급자에 대한 관리업무 절차를 규정함을 목적으로 제정·운용하고 있는 '공급자관리지침' 중 등록취소 및 그에 따른 일정 기간의 거래제한조치에 관한 규정들은 상위 법령의 구체적위임 없이 정한 것이어서 대외적 구속력이 없는 행정규칙이다.

14 행정작용에 대한 설명으로 옳은 것은? (다툼이 있는 경우 판례에 의함)

① 구체적인 계획을 입안함에 있어 지침이 되거나 특정 사업의 기본방향을 제시하는 내용의 행정계획은 항고소송의 대상인 행정처분에 해당하지 않는다.

② 공법상 계약이 법령 위반 등의 내용상 하자가 있는 경우에도 그 하자가 중대명백한 것이 아니면 취소할 수 있는 하자에 불과하고 이에 대한 다툼은 당사자소송에 의하여야 한다.

③ 지도, 권고, 조언 등의 행정지도는 법령의 근거를 요하고 항고소송의 대상이 된다.

④ 「국가를 당사자로 하는 계약에 관한 법률」에 따라 국가가 당사자가 되는 이른바 공공계약에 관한 법적 분쟁은 원칙적으로 행정법원의 관할 사항이다.

15 「행정절차법」상 처분의 사전통지 및 의견제출 절차에 대한 설명으로 옳지 않은 것은? (다툼이 있는 경우 판례에 의함)

① 법령 등에서 요구된 자격이 없거나 없어지게 되면 반드시 일정한 처분을 하여야 하는 경우에 그 자격이 없거나 없어지게 된 사실이 법원의 재판에 의하여 객관적으로 증명된 경우에는 사전통지를 생략할 수 있다.

② 행정청의 처분으로 의무가 부과되거나 권익이 제한되는 경우라도 당사자가 의견진술의 기회를 포기한다는 뜻을 명백히 표시한 경우에는 의견청취를 생략할 수 있다.

③ 별정직 공무원인 대통령기록관장에 대한 직권면직 처분에는 처분의 사전통지 및 의견청취 등에 관한 「행정절차법」 규정이 적용되지 않는다.

④ 대통령이 한국방송공사 사장을 해임하면서 사전통지절차를 거치지 않은 경우에는 그 해임처분은 위법하다.

16 「행정소송법」상 취소소송에 대한 설명으로 옳지 않은 것은? (다툼이 있는 경우 판례에 의함)

① 대한민국에서 출생하여 오랜 기간 대한민국 국적을 보유하면서 거주한 재외동포는 사증발급 거부처분의 취소를 구할 법률상 이익이 있다.

② 국민권익위원회가 소방청장에게 일정한 의무를 부과하는 내용의 조치요구를 한 경우 소방청장은 조치요구의 취소를 구할 당사자능력 및 원고적격이 인정되지 않는다.

③ 임용지원자가 특별채용 대상자로서 자격을 갖추고 있고 유사한 지위에 있는 자에 대하여 정규교사로 특별채용한 전례가 있다 하더라도, 교사로의 특별채용을 요구할 법규상 또는 조리상의 권리가 있다고 할 수 없다.

④ 피해자의 의사와 무관하게 주민등록번호가 유출된 경우, 조리상 주민등록번호의 변경을 요구할 신청권을 인정함이 타당하다.

17 행정상 즉시강제에 대한 설명으로 옳은 것만을 모두 고르면?

㉠ 항고소송의 대상이 되는 처분의 성질을 갖는다.
㉡ 과거의 의무위반에 대하여 가해지는 제재이다.
㉢ 목전에 급박한 장해를 예방하기 위한 경우에는 예외적으로 법률의 근거가 없이도 발동될 수 있다는 것이 일반적인 견해이다.
㉣ 강제건강진단과 예방접종은 대인적 강제수단에 해당한다.
㉤ 위법한 즉시강제작용으로 손해를 입은 자는 국가나 지방자치단체를 상대로 「국가배상법」이 정한 바에 따라 손해배상을 청구할 수 있다.

① ㉡, ㉢
② ㉠, ㉡, ㉢
③ ㉠, ㉣, ㉤
④ ㉢, ㉣, ㉤

18 다음 중 「행정심판법」에 따른 행정심판을 제기할 수 없는 경우만을 모두 고르면? (다툼이 있는 경우 판례에 의함)

㉠ 「공공기관의 정보공개에 관한 법률」상 정보공개와 관련한 공공기관의 비공개결정에 대하여 이의신청을 한 경우
㉡ 「공익사업을 위한 토지 등의 취득 및 보상에 관한 법률」상 토지수용위원회의 수용재결에 이의가 있어 중앙토지수용위원회에 이의를 신청한 경우
㉢ 「난민법」상 난민불인정결정에 대해 법무부장관에게 이의신청을 한 경우
㉣ 「민원 처리에 관한 법률」상 법정민원에 대한 행정기관의장의 거부처분에 대해 그 행정기관의 장에게 이의신청을 한 경우

① ㉠, ㉡
② ㉠, ㉣
③ ㉡, ㉢
④ ㉢, ㉣

[19~20] 다음 사례에 대한 설명으로 옳은 것을 고르시오(다툼이 있는 경우 판례에 의함).

19

> 건설회사 A는 택지개발사업을 위해 관련 법령에 따른 절차를 거쳐 甲 소유의 토지 등을 취득하고자 甲과 보상에 관한 협의를 하였으나 협의가 성립되지 않았다. 이에 관할 지방토지수용위원회에 재결을 신청하여 토지의 수용 및 보상금에 대한 수용재결을 받았다.

① 甲이 수용재결에 대하여 이의신청을 제기하면 사업의 진행 및 토지의 수용 또는 사용을 정지시키는 효력이 있다.

② 甲이 수용 자체를 다투는 경우 관할 지방토지수용위원회를 상대로 수용재결에 대하여 취소소송을 제기할 수 있다.

③ 甲은 보상금 증액을 위해 A를 상대로 손실보상을 구하는 민사소송을 제기할 수 있다.

④ 甲이 계속 거주하고 있는 건물과 토지의 인도를 거부할 경우 행정대집행의 대상이 될 수 있다.

20

> A시 시장은 식품접객업주 甲에게 청소년고용금지업소에 청소년을 고용하였다는 사유로 식품위생법령에 근거하여 영업정지 2개월 처분에 갈음하는 과징금 부과처분을 하였고, 甲은 부과된 과징금을 납부하였다. 그러나 甲은 이후 과징금 부과처분에 하자가 있음을 알게 되었다.

① 甲은 납부한 과징금을 돌려받기 위해 관할 행정법원에 과징금반환을 구하는 당사자소송을 제기할 수 있다.

② A시 시장이 과징금 부과처분을 함에 있어 과징금 부과통지서의 일부 기재가 누락되어 이를 이유로 甲이 관할 행정법원에 과징금 부과처분의 취소를 구하는 소를 제기한 경우, A시 시장은 취소소송 절차가 종결되기 전까지 보정된 과징금 부과처분통지서를 송달하면 일부 기재 누락의 하자는 치유된다.

③ 「식품위생법」이 청소년을 고용한 행위에 대하여 영업허가를 취소하거나 6개월 이내의 기간을 정하여 그 영업의 전부 또는 일부를 정지하거나 영업소 폐쇄를 명할 수 있다고 하면서 행정처분의 세부기준은 총리령으로 위임한다고 정하고 있는 경우에, 총리령에서 정하고 있는 행정처분의 기준은 재판규범이 되지 못한다.

④ 甲이 자신은 청소년을 고용한 적이 없다고 주장하면서 제기한 과징금 부과처분의 취소소송 계속 중에 A시 시장은 甲이 유통기한이 경과한 식품을 판매한 사실을 처분사유로 추가·변경할 수 있다.

✔ 회독 CHECK 1 2 3

01 행정입법에 대한 설명으로 옳지 않은 것은? (다툼이 있는 경우 판례에 의함)

① 자치조례에 대한 법률의 위임은 반드시 구체적으로 범위를 정하여 할 필요가 없으며 포괄적인 것으로 족하다.

② 부령 형식으로 정해진 제재적 행정처분의 기준은 법규성이 있어서 대외적으로 국민이나 법원을 기속하는 효력이 있다.

③ 고시가 법령의 수권에 의하여 법령을 보충하는 사항을 정하는 경우 위임의 한계를 벗어나지 않는 한 그 근거 법령과 결합하여 대외적으로 구속력이 있는 법규명령으로서의 효력을 가진다.

④ 법률의 시행령이 형사처벌에 관한 사항을 규정하면서 법률의 명시적인 위임 범위를 벗어나 처벌의 대상을 확장하는 것은 위임입법의 한계를 벗어난 것으로 그 시행령은 무효이다.

02 행정행위의 부관에 대한 설명으로 옳은 것은? (다툼이 있는 경우 판례에 의함)

① 행정처분에 부가한 부담이 무효인 경우에는 그 부담의 이행으로 이루어진 사법상 법률행위도 무효가 된다.

② 부관의 사후변경은 종전의 부관을 변경하지 아니하면 해당 처분의 목적을 달성할 수 없는 경우가 아니라면 인정되지 않는다.

③ 행정처분과 실제적 관련성이 없어 부관을 붙일 수 없는 경우에도 사법상 계약의 형식으로 공법상 제한을 회피할 수 있다.

④ 행정재산에 대한 기한부 사용 · 수익허가를 받은 경우, 그 사용 · 수익허가의 기간에 대하여 독립하여 행정소송을 제기할 수 없다.

03 판례상 재량행위에 해당하는 것만을 모두 고르면?

㉠ 「여객자동차 운수사업법」상 개인택시운송사업면허
㉡ 「구 수도권대기환경특별법」상 대기오염물질 총량관리사업장 설치허가
㉢ 「국가공무원법」상 휴직 사유 소멸을 이유로 한 신청에 대한 복직명령
㉣ 「출입국관리법」상 체류자격 변경허가

① ㉠, ㉣
② ㉡, ㉢
③ ㉠, ㉡, ㉣
④ ㉠, ㉡, ㉢, ㉣

04 행정절차에 대한 설명으로 옳지 않은 것은? (다툼이 있는 경우 판례에 의함)

① 계약직 공무원 채용계약해지의 의사표시는 「행정절차법」에 의하여 근거와 이유를 제시하여야 하는 것은 아니다.

② 교육부장관이 부적격사유가 없는 후보자들 사이에서 어떤 후보자를 상대적으로 더욱 적합하다고 판단하여 국립대학교의 총장으로 임용제청을 하였다면, 그러한 임용제청행위 자체로서 이유제시의무를 다한 것이다.

③ 「국가공무원법」상 직위해제처분에는 처분의 사전통지 및 의견청취 등에 관한 행정절차법의 규정이 적용된다.

④ 과세처분 시 납세고지서에 법으로 규정한 과세표준 등의 기재가 누락되면 그 과세처분 자체가 위법한 처분이 되어 취소의 대상이 된다.

05 행정법의 일반원칙에 대한 설명으로 옳은 것만을 모두 고르면? (다툼이 있는 경우 판례에 의함)

> ㉠ 비례의 원칙은 법치국가원리에서 당연히 파생되는 헌법상의 기본원리이다.
>
> ㉡ 평등의 원칙은 본질적으로 같은 것을 자의적으로 다르게 취급함을 금지하는 것이므로, 위법한 행정처분이 수차례에 걸쳐 반복적으로 행하여졌다면 행정청에 대하여 자기구속력을 갖게 된다.
>
> ㉢ 국가가 임용결격사유가 있는 자에 대하여 결격사유가 있는 것을 알지 못하고 공무원으로 임용하였다가 나중에 결격사유가 있음을 발견하고 그 임용행위를 취소하는 경우 신의칙이 적용된다.
>
> ㉣ 지방자치단체장이 사업자에게 주택사업계획승인을 하면서 그 주택사업과는 아무런 관련이 없는 토지를 기부채납하도록 하는 부관을 주택사업계획승인에 붙인 경우, 그 부관은 부당결부금지의 원칙에 위반되어 위법하다.

① ㉠, ㉡
② ㉠, ㉣
③ ㉡, ㉢
④ ㉢, ㉣

06 행정행위에 대한 설명으로 옳지 않은 것은? (다툼이 있는 경우 판례에 의함)

① 건축허가는 대물적 성질을 갖는 것이어서 행정청으로서는 허가를 할 때에 건축주 또는 토지 소유자가 누구인지 등 인적 요소에 관하여는 형식적 심사만 한다.

② 시·도경찰청장이 횡단보도를 설치하여 보행자 통행방법 등을 규제하는 것은 국민의 권리·의무에 직접 관계가 있는 행위로서 행정처분이다.

③ 국유재산의 무단점유에 대한 변상금 징수의 요건은 「국유재산법」에 명백히 규정되어 있으므로 변상금을 징수할 것인가는 처분청의 재량을 허용하지 않는 기속행위이다.

④ 공유수면의 점용·사용허가는 특정인에게 공유수면 이용권이라는 독점적 권리를 설정하여 주는 처분이 아니라 일반적인 상대적 금지를 해제하는 처분이다.

07 「공공기관의 정보공개에 관한 법률」상 정보공개에 대한 설명으로 옳지 않은 것은? (다툼이 있는 경우 판례에 의함)

① 정보공개 청구권자의 권리구제 가능성은 정보의 공개 여부 결정에 아무런 영향을 미치지 못한다.

② 학교환경위생구역 내 금지행위 해제결정에 관한 학교환경위생정화위원회의 회의록에 기재된 발언내용에 대한 해당 발언자의 인적사항 부분에 관한 정보는 비공개대상에 해당하지 아니한다.

③ 공공기관이 정보공개를 거부하는 경우에는 어느 부분이 어떠한 법익 또는 기본권과 충돌되어 비공개사유에 해당하는지를 주장·증명하여야 하고, 그에 이르지 아니한 채 개괄적인 사유만을 들어 공개를 거부하는 것은 허용되지 아니한다.

④ 공개를 구하는 정보를 공공기관이 한때 보유·관리하였으나 후에 그 정보가 담긴 문서 등이 폐기되어 존재하지 않게 된 것이라면 그 정보를 더 이상 보유·관리하고 있지 아니하다는 점에 대한 증명책임은 공공기관에게 있다.

08 행정처분의 위법성에 대한 설명으로 옳지 않은 것은? (다툼이 있는 경우 판례에 의함)

① 행정청이 행정처분을 하면서 상대방에게 불복절차에 관한 고지의무를 이행하지 않았다면 이는 절차적 하자로서 그 행정처분은 위법하게 된다.

② 행정처분이 나중에 항고소송에서 위법하다고 판단되어 취소되더라도 그러한 사실만으로 바로 행정처분이 공무원의 고의나 과실로 인한 불법행위를 구성한다고 할 수 없다.

③ 절차상의 하자를 이유로 행정처분을 취소하는 판결이 선고되어 확정된 경우, 그 확정판결의 기속력은 취소사유로 된 절차의 위법에 한하여 미치는 것이므로 행정청은 적법한 절차를 갖추어 동일한 내용의 처분을 다시 할 수 있다.

④ 권한 없는 행정청이 한 위법한 행정처분을 취소할 수 있는 권한은 그 행정처분을 한 처분청에게 속하는 것이고, 그 행정처분을 할 수 있는 적법한 권한을 가지는 행정청에게 그 취소권이 귀속되는 것은 아니다.

09 영업의 양도와 영업자지위승계에 대한 설명으로 옳지 않은 것은? (다툼이 있는 경우 판례에 의함)

① 「식품위생법」상 허가영업자의 지위승계신고수리처분을 하는 경우 「행정절차법」 규정 소정의 당사자에 해당하는 종전의 영업자에게 행정절차를 실시하여야 한다.

② 관할 행정청은 여객자동차운송사업의 양도 · 양수에 대한 인가를 한 후에도 그 양도 · 양수 이전에 있었던 양도인에 대한 운송사업면허 취소사유를 들어 양수인의 사업면허를 취소할 수 있다.

③ 영업양도행위가 무효임에도 행정청이 승계신고를 수리하였다면 양도자는 민사쟁송이 아닌 행정소송으로 신고수리처분의 무효확인을 구할 수 있다.

④ 사실상 영업이 양도 · 양수되었지만 승계신고 및 수리처분이 있기 전에 양도인이 허락한 양수인의 영업 중 발생한 위반행위에 대한 행정적 책임은 양수인에게 귀속된다.

10 여객자동차운송사업을 하는 甲은 관련법규 위반을 이유로 사업정지처분에 갈음하는 과징금 부과처분을 받았다. 이에 대한 설명으로 옳지 않은 것은? (다툼이 있는 경우 판례에 의함)

① 甲이 현실적인 위반행위자가 아닌 법령상 책임자인 경우에도 甲에게 과징금을 부과할 수 있다.

② 甲에게 고의 · 과실이 없는 경우에는 과징금을 부과할 수 없다.

③ 과징금 부과처분에 대해 甲은 취소소송을 제기하여 다툴 수 있다.

④ 甲에게 부과된 과징금이 법이 정한 한도액을 초과하여 위법한 경우, 법원은 그 초과부분에 대하여 일부 취소할 수 없고 그 전부를 취소하여야 한다.

11 국가배상제도에 대한 설명으로 옳은 것은? (다툼이 있는 경우 판례에 의함)

① 공무원에게 부과된 직무상 의무가 단순히 공공 일반의 이익만을 위한 경우라면 그러한 직무상 의무 위반에 대해서는 국가배상책임이 인정되지 않는다.

② 국가의 비권력적 작용은 국가배상청구의 요건인 직무에 포함되지 않는다.

③ 경과실로 불법행위를 한 공무원이 피해자에게 손해를 배상하였다면 이는 타인의 채무를 변제한 경우에 해당하므로 피해자는 공무원에게 이를 반환할 의무가 있다.

④ 지방자치단체가 권원 없이 사실상 관리하고 있는 도로는 국가배상책임의 대상이 되는 영조물에 해당하지 않는다.

12 행정벌에 대한 설명으로 옳은 것은? (다툼이 있는 경우 판례에 의함)

① 양벌규정에 의한 영업주의 처벌은 금지위반행위자인 종업원의 처벌에 종속되는 것이므로 영업주만 따로 처벌할 수는 없다.

② 통고처분은 법정기간 내에 납부하지 않는 것을 해제조건으로 하는 행정처분이므로 행정소송의 대상이 된다.

③ 행정청의 과태료 부과에 대해 서면으로 이의가 제기된 경우 과태료 부과처분은 그 효력을 상실한다.

④ 법원이 하는 과태료재판에는 원칙적으로 행정소송에서와 같은 신뢰보호의 원칙이 적용된다.

13 행정상 강제집행에 대한 설명으로 옳은 것만을 모두 고르면? (다툼이 있는 경우 판례에 의함)

> ㉠ 행정청은 퇴거를 명하는 집행권원이 없더라도 건물철거 대집행 과정에서 부수적으로 철거의무자인 건물의 점유자들에 대해 퇴거 조치를 할 수 있다.
>
> ㉡ 권원 없이 국유재산에 설치한 시설물에 대하여 관리청이 행정대집행을 통해 철거를 하지 않는 경우 그 국유재산에 대하여 사용청구권을 가진 자는 국가를 대위하여 민사소송으로 그 시설물의 철거를 구할 수 있다.
>
> ㉢ 공유 일반재산의 대부료 지급은 사법상 법률관계이므로 행정상 강제집행절차가 인정되더라도 따로 민사소송으로 대부료의 지급을 구하는 것이 허용된다.
>
> ㉣ 관계법령에 위반하여 장례식장 영업을 하고 있는 자에게 부과된 장례식장 사용중지 의무는 공법상 의무로서 행정대집행의 대상이 된다

① ㉠, ㉡   ② ㉠, ㉣

③ ㉡, ㉢   ④ ㉢, ㉣

14 선결문제에 대한 판례의 입장으로 옳지 않은 것은?

① 조세부과처분이 무효임을 이유로 이미 납부한 세금의 반환을 청구하는 민사소송에서 법원은 그 조세부과처분이 무효라는 판단과 함께 세금을 반환하라는 판결을 할 수 있다.

② 영업허가취소처분으로 손해를 입은 자가 제기한 국가배상청구소송에서 법원은 영업허가취소처분에 취소사유에 해당하는 하자가 있는 경우에는 영업허가취소처분의 위법을 이유로 배상청구를 인용할 수 없다.

③ 물품을 수입하고자 하는 자가 세관장에게 수입신고를 하여 그 면허를 받고 물품을 통관한 경우에는, 세관장의 수입면허가 중대하고도 명백한 하자가 있는 행정행위이어서 당연무효가 아닌 한 「관세법」 소정의 무면허수입죄가 성립될 수 없다.

④ 영업허가취소처분 이후에 영업을 한 행위에 대하여 무허가영업으로 기소되었으나 형사법원이 판결을 내리기 전에 영업허가취소처분이 행정소송에서 취소되면 형사법원은 무허가 영업행위에 대해서 무죄를 선고하여야 한다.

15 공법상 계약에 대한 설명으로 옳은 것은? (다툼이 있는 경우 판례에 의함)

① 지방자치단체가 일방 당사자가 되는 이른바 '공공계약'이 사법상 계약에 해당하는 경우에도 법령에 특별한 규정이 없다면 사적자치와 계약자유의 원칙 등 사법의 원리가 그대로 적용되지 않는다.

② 국립의료원 부설 주차장 위탁관리용역운영계약은 공법상 계약에 해당한다.

③ 공법상 계약이더라도 한쪽 당사자가 다른 당사자를 상대로 계약의 이행을 청구하는 소송은 민사소송으로 제기하여야 한다.

④ 지방자치단체가 A 주식회사를 자원회수시설과 부대시설의 운영·유지관리 등을 위탁할 민간사업자로 선정하고 A 주식회사와 체결한 위 시설에 관한 위·수탁 운영 협약은 사법상 계약에 해당한다.

16 취소소송의 판결에 대한 설명으로 옳은 것은? (다툼이 있는 경우 판례에 의함)

① 원고의 청구가 이유 있다고 인정하는 경우에도 이를 인용하는 것이 현저히 공공복리에 적합하지 않다고 판단되면 법원은 피고 행정청의 주장이나 신청이 없더라도 사정판결을 할 수 있다.

② 영업정지처분에 대한 취소소송에서 취소판결이 확정되면 처분청은 영업정지처분의 효력을 소멸시키기 위하여 영업정지처분을 취소하는 처분을 하여야 할 의무를 진다.

③ 공사중지명령의 상대방이 제기한 공사중지명령취소소송에서 기각판결이 확정된 경우 특별한 사정변경이 없더라도 그 후 상대방이 제기한 공사중지명령해제신청 거부처분취소소송에서는 그 공사중지명령의 적법성을 다시 다툴 수 있다.

④ 행정청은 취소판결에서 위법하다고 판단된 처분사유와 기본적 사실관계의 동일성이 없는 사유이더라도 처분 시에 존재한 사유를 들어 종전의 처분과 같은 처분을 다시 할 수 없다.

17 A 행정청이 甲에게 한 처분에 대하여 甲은 B 행정심판위원회에 행정심판을 청구하였다. 이에 대한 설명으로 옳은 것은? (다툼이 있는 경우 판례에 의함)

① B 행정심판위원회의 기각재결이 있은 후에는 A 행정청은 원처분을 직권으로 취소할 수 없다.

② 甲이 취소심판을 제기한 경우, B 행정심판위원회는 심판청구가 이유가 있다고 인정하면 처분변경명령재결을 할 수 있다.

③ 甲이 무효확인심판을 제기한 경우, B 행정심판위원회는 심판청구가 이유 있다고 인정하면서도 이를 인용하는 것이 공공복리에 크게 위배된다고 인정하면 甲의 심판청구를 기각할 수 있다.

④ B 행정심판위원회의 재결에 고유한 위법이 있는 경우에는 甲은 다시 행정심판을 청구할 수 있다.

18 다음 각 사례에 대한 설명으로 옳은 것은? (다툼이 있는 경우 판례에 의함)

- A 시장으로부터 3월의 영업정지처분을 받은 숙박업자 甲은 이에 불복하여 행정쟁송을 제기하고자 한다.
- B 시장으로부터 건축허가거부처분을 받은 乙은 이에 불복하여 행정쟁송을 제기하고자 한다.

① 甲이 취소소송을 제기하면서 집행정지 신청을 한 경우 법원이 집행정지결정을 하는 데 있어 甲의 본안청구의 적법 여부는 집행정지의 요건에 포함되지 않는다.

② 甲이 2022.1.5. 영업정지처분을 통지받았고, 행정심판을 제기하여 2022.3.29. 1월의 영업정지처분으로 변경하는 재결이 있었고 그 재결서 정본을 2022.4.2. 송달받은 경우 취소소송의 기산점은 2022.1.5.이다.

③ 乙이 의무이행심판을 제기하여 처분명령재결이 있었음에도 B 시장이 허가를 하지 않는 경우 행정심판위원회는 직권으로 시정을 명하고 이를 이행하지 아니하면 직접 건축허가처분을 할 수 있다.

④ 乙이 건축허가거부처분에 대해 제기한 취소소송에서 인용판결이 확정되었으나 B 시장이 기속력에 위반하여 다시 거부처분을 한 경우 乙은 간접강제신청을 할 수 있다.

19 다음 사례에 대한 설명으로 옳은 것은? (다툼이 있는 경우 판례에 의함)

> 「도시 및 주거환경정비법」에 따라 설립된 A 주택재건축정비사업조합은 관할 B 구청장으로부터 ㉠ 조합설립인가를 받은 후, 조합총회에서 재건축 관련 ㉡ 관리처분계획에 대한 의결을 하였고, 관할 B 구청장으로부터 위 ㉢ 관리처분계획에 대한 인가를 받았다. 이후 조합원 甲은 위 관리처분계획의 의결에는 조합원 전체의 4/5 이상의 결의가 있어야 함에도 불구하고, 이를 위반하여 위법한 것임을 이유로 ㉣ 관리처분계획의 무효를 주장하며 소송으로 다투려고 한다.

① ㉠과 ㉢의 인가의 강학상 법적 성격은 동일하다.
② 甲이 ㉡에 대해 소송으로 다투려면 A 주택재건축정비사업조합을 상대로 민사소송을 제기하여야 한다.
③ 甲이 ㉣에 대해 소송으로 다투려면 항고소송을 제기하여야 한다.
④ 甲이 ㉣에 대해 소송으로 다투려면 B 구청장을 피고로 하여야 한다.

20 행정쟁송에 대한 설명으로 옳은 것은? (다툼이 있는 경우 판례에 의함)

① 행정심판의 재결에도 판결에서와 같은 기판력이 인정되는 것이어서 재결이 확정되면 처분의 기초가 된 사실관계나 법률적 판단이 확정되는 것이므로 당사자는 이와 모순되는 주장을 할 수 없게 된다.
② 무효인 처분에 대해 무효선언을 구하는 취소소송을 제기하는 경우에는 제소기간의 제한이 없다.
③ 거부행위가 항고소송의 대상인 처분이 되기 위해서는 그 거부행위가 신청인의 실체상의 권리관계에 직접적인 변동을 일으키는 것이어야 하며, 신청인이 실체상의 권리자로서 권리를 행사함에 중대한 지장을 초래하는 것만으로는 부족하다.
④ 처분 시에 행정청으로부터 행정심판 제기기간에 관하여 법정 심판청구기간보다 긴 기간으로 잘못 통지받은 경우에 보호할 신뢰 이익은 그 통지 받은 기간 내에 행정소송을 제기한 경우에까지 확대되지 않는다.

✅ 회독 CHECK 1 2 3

01 「행정법」의 법원(法源)에 대한 설명으로 옳지 않은 것은? (다툼이 있는 경우 판례에 의함)

① 지방자치단체가 제정한 조례가 헌법에 의하여 체결 · 공포된 조약에 위반되는 경우 그 조례는 효력이 없다.

② 행정소송에 관하여 「행정소송법」에 특별한 규정이 없는 사항에 대하여는 「법원조직법」과 「민사소송법」 및 「민사집행법」의 규정을 준용한다.

③ 평등원칙은 일체의 차별적 대우를 부정하는 절대적 평등을 의미하는 것이 아니라 입법과 법의 적용에 있어서 합리적인 근거가 없는 차별을 배제하는 상대적 평등을 뜻한다.

④ 개정 법령이 기존의 사실 또는 법률관계를 적용대상으로 하면서 국민의 재산권과 관련하여 종전보다 불리한 법률효과를 규정하고 있는 경우, 그러한 사실 또는 법률관계가 개정 법률이 시행되기 이전에 이미 완성 또는 종결된 것이 아니라면 소급입법금지원칙에 위반된다.

02 「행정법」의 일반원칙에 관련된 다음의 설명 중 옳은 것은? (다툼이 있는 경우 판례에 의함)

① 국가가 국민의 생명 · 신체의 안전에 대한 보호의무를 다하지 않았는지 여부를 헌법재판소가 심사할 때에는 국가가 이를 보호하기 위하여 적어도 적절하고 효율적인 최소한의 보호조치를 취하였는가 하는 '과소보호 금지원칙'의 위반 여부를 기준으로 삼는다.

② 행정청이 조합설립추진위원회의 설립승인 심사에서 위법한 행정처분을 한 선례가 있는 경우에는, 행정청에 대해 자기구속력을 갖게 되어 이후에도 그러한 기준에 따라야 한다.

③ 공무원 임용신청 당시 잘못 기재된 호적상 출생연월일을 생년월일로 기재하고, 임용 후 36년 동안 이의를 제기하지 않다가, 정년을 1년 3개월 앞두고 정정된 출생연월일을 기준으로 정년연장을 요구하는 것은 신의성실의 원칙에 반한다.

④ 일반적으로 행정청이 폐기물처리업 사업계획에 대한 적정통보를 한 경우 이는 토지에 대한 형질변경신청을 허가하는 취지의 공적 견해표명까지도 포함한다.

03 행정행위의 부관에 대한 설명으로 옳은 것은? (다툼이 있는 경우 판례에 의함)

① 행정처분과 부관 사이에 실제적 관련성이 있다고 볼 수 없는 경우, 공무원이 공법상의 제한을 회피할 목적으로 행정처분의 상대방과 사이에 사법상 계약을 체결하는 형식을 취하였더라도 법치행정의 원리에 반하는 것으로서 위법하다고 볼 수 없다.

② 처분 당시 법령을 기준으로 처분에 부가된 부담이 적법하였더라도, 처분 후 부담의 전제가 된 주된 행정처분의 근거 법령이 개정됨으로써 행정청이 더 이상 부관을 붙일 수 없게 되었다면 그때부터 부담의 효력은 소멸한다.

③ 부담의 이행으로서 하게 된 사법상 매매 등의 법률행위는 부담을 붙인 행정처분과는 별개의 법률행위이므로, 그 부담의 불가쟁력의 문제와는 별도로 법률행위가 사회질서 위반이나 강행규정에 위반되는지 여부 등을 따져 보아 그 법률행위의 유효 여부를 판단하여야 한다.

④ 허가에 붙은 기한이 그 허가된 사업의 성질상 부당하게 짧아서 이 기한이 허가 자체의 존속기간이 아니라 허가조건의 존속기간으로 해석되는 경우에는 허가 여부의 재량권을 가진 행정청은 허가조건의 개정만을 고려할 수 있고, 그 후 당초의 기한이 상당 기간 연장되어 그 기한이 부당하게 짧은 경우에 해당하지 않게 된 때라도 더 이상의 기간연장을 불허가할 수는 없다.

04 정보공개에 대한 판례의 입장으로 옳지 않은 것은?

① 국민의 알 권리의 내용에는 일반 국민 누구나 국가에 대하여 보유·관리하고 있는 정보의 공개를 청구할 수 있는 이른바 일반적인 정보공개청구권이 포함된다.

② 정보공개청구권은 법률상 보호되는 구체적인 권리이므로 청구인이 공공기관에 대하여 정보공개를 청구하였다가 거부처분을 받은 것 자체가 법률상 이익의 침해에 해당한다.

③ 「공공기관의 정보공개에 관한 법률」상 공개청구의 대상이 되는 정보란 공공기관이 직무상 작성 또는 취득하여 현재 보유·관리하고 있는 원본인 문서만을 의미한다.

④ 정보공개가 신청된 정보를 공공기관이 보유·관리하고 있지 아니한 경우에는 특별한 사정이 없는 한 정보공개거부처분의 취소를 구할 법률상의 이익이 없다.

05 공법상 계약에 대한 설명으로 옳지 않은 것은? (다툼이 있는 경우 판례에 의함)

① 행정청이 자신과 상대방 사이의 법률관계를 일방적인 의사표시로 종료시켰다고 하더라도 곧바로 그 의사표시가 행정청으로서 공권력을 행사하여 행하는 행정처분이라고 단정할 수는 없고, 관계 법령이 상대방의 법률관계에 관하여 구체적으로 어떻게 규정하고 있는지에 따라 개별적으로 판단하여야 한다.

② 채용계약상 특별한 약정이 없는 한, 지방계약직 공무원에 대하여 「지방공무원법」, 「지방공무원 징계 및 소청 규정」에 정한 징계절차에 의하지 않고서는 보수를 삭감할 수 없다.

③ 중소기업 정보화지원사업에 대한 지원금 출연협약의 해지 및 환수통보는 공법상 계약에 따른 의사표시가 아니라 행정청이 우월한 지위에서 행하는 공권력의 행사로서 행정처분이다.

④ 계약직공무원 채용계약해지는 국가 또는 지방자치단체가 대등한 지위에서 행하는 의사표시로서 처분이 아니므로 「행정절차법」에 의하여 근거와 이유를 제시하여야 하는 것은 아니다.

06 인허가 의제에 대한 설명으로 옳지 않은 것은? (다툼이 있는 경우 판례에 의함)

① 주택건설사업계획 승인권자가 구 「주택법」에 따라 도시·군관리계획 결정권자와 협의를 거쳐 관계 주택건설사업계획을 승인하면 도시·군관리계획결정이 이루어진 것으로 의제되고, 이러한 협의 절차와 별도로 「국토의 계획 및 이용에 관한 법률」 등에서 정한 도시·군관리계획 입안을 위한 주민 의견청취 절차를 거칠 필요는 없다.

② 건축물의 건축이 「국토의 계획 및 이용에 관한 법률」상 개발행위에 해당할 경우 그 건축의 허가권자는 국토계획법령의 개발행위허가기준을 확인하여야 하므로, 국토계획법상 건축물의 건축에 관한 개발행위허가가 의제되는 건축허가신청이 국토계획법령이 정한 개발행위허가기준에 부합하지 아니하면 허가권자로서는 이를 거부할 수 있다.

③ 「건축법」에서 관련 인허가 의제 제도를 둔 취지는 인허가 의제사항 관련 법률에 따른 각각의 인허가 요건에 관한 일체의 심사를 배제하려는 것이 아니다.

④ 주택건설사업계획 승인처분에 따라 의제된 인허가가 위법함을 다투고자 하는 이해관계인은, 주택건설사업계획 승인처분의 취소를 구해야지 의제된 인허가의 취소를 구해서는 아니되며, 의제된 인허가는 주택건설사업계획 승인처분과 별도로 항고소송의 대상이 되는 처분에 해당하지 않는다.

07 「행정심판법」상 행정심판위원회가 취소심판의 청구가 이유가 있다고 인정하는 경우에 행할 수 있는 재결에 해당하지 않는 것은?

① 처분을 취소하는 재결
② 처분을 할 것을 명하는 재결
③ 처분을 다른 처분으로 변경하는 재결
④ 처분을 다른 처분으로 변경할 것을 명하는 재결

08 「국가배상법」상 공무원의 위법한 직무행위로 인한 손해배상에 대한 설명으로 옳은 것은? (다툼이 있는 경우 판례에 의함)

① 일반적으로 공무원이 필요한 지식을 갖추지 못하고 법규의 해석을 그르쳐 행정처분을 하였다면 그가 법률전문가가 아닌 행정직 공무원이라고 하여 과실이 없다고는 할 수 없다.
② 국가배상의 요건인 '공무원의 직무'에는 국가나 지방자치단체의 비권력적 작용과 사경제 주체로서 하는 작용이 포함된다.
③ 손해배상책임을 묻기 위해서는 가해 공무원을 특정하여야 한다.
④ 국가가 가해 공무원에 대하여 구상권을 행사하는 경우 국가가 배상한 배상액 전액에 대하여 구상권을 행사하여야 한다.

09 행정행위에 대한 설명으로 옳은 것만을 모두 고르면? (다툼이 있는 경우 판례에 의함)

㉠ 행정의사가 외부에 표시되어 행정청이 자유롭게 취소·철회할 수 없는 구속을 받게 되는 시점에 처분이 성립하고, 그 성립 여부는 행정청이 행정의사를 공식적인 방법으로 외부에 표시하였는지를 기준으로 판단해야 한다.
㉡ 구 「공중위생관리법」상 공중위생영업에 대하여 영업을 정지할 위법사유가 있다면, 관할 행정청은 그 영업이 양도·양수되었다 하더라도 양수인에 대하여 영업정지처분을 할 수 있다.
㉢ 「도시 및 주거환경정비법」상 주택재건축조합에 대해 조합설립인가처분이 행하여진 후에는, 조합설립결의의 하자를 이유로 조합설립의 무효를 주장하려면 조합설립인가처분의 취소 또는 무효확인을 구하는 소송으로 다투어야 하며, 따로 조합설립결의의 하자를 다투는 확인의 소를 제기할 수 없다.
㉣ 공정거래위원회가 부당한 공동행위를 한 사업자들 중 자진신고자에 대하여 구 「독점규제 및 공정거래에 관한 법령」에 따라 과징금 부과처분(선행처분)을 한 뒤, 다시 자진신고자에 대한 사건을 분리하여 자진신고를 이유로 과징금 감면처분(후행처분)을 한 경우라도 선행처분의 취소를 구하는 소는 적법하다.

① ㉡, ㉢
② ㉠, ㉡, ㉢
③ ㉠, ㉡, ㉣
④ ㉠, ㉢, ㉣

10 행정계획에 대한 설명으로 옳지 않은 것은? (다툼이 있는 경우 판례에 의함)

① 구 「도시계획법」상 도시기본계획은 도시의 기본적인 공간구조와 장기발전방향을 제시하는 종합계획으로서 도시계획입안의 지침이 되므로 일반 국민에 대한 직접적인 구속력은 없다.

② 장래 일정한 기간 내에 관계 법령이 규정하는 시설 등을 갖추어 일정한 행정처분을 구하는 신청을 할 수 있는 법률상 지위에 있는 자의 국토이용계획변경신청을 거부하는 것이 실질적으로 당해 행정처분 자체를 거부하는 결과가 되는 경우라도, 구 「국토이용관리법」상 주민이 국토이용계획의 변경에 대하여 신청을 할 수 있다는 규정이 없으므로 그 신청인에게 국토이용계획변경을 신청할 권리가 인정된다고 볼 수 없다.

③ 구속력 없는 행정계획안이나 행정지침이라도 국민의 기본권에 직접적으로 영향을 끼치고 법령의 뒷받침에 의하여 그대로 실시될 것이 틀림없을 것으로 예상되는 때에는 예외적으로 헌법소원의 대상이 된다.

④ 도시계획의 결정·변경 등에 대한 권한행정청은 이미 도시계획이 결정·고시된 지역에 대하여도 다른 내용의 도시계획을 결정·고시할 수 있고, 이때에 후행 도시계획에 선행 도시계획과 양립할 수 없는 내용이 포함되어 있다면 특별한 사정이 없는 한 선행 도시계획은 후행 도시계획과 같은 내용으로 변경된다.

11 「행정대집행법」상 대집행과 이행강제금에 대한 甲과 乙의 대화 중 乙의 답변이 옳지 않은 것은? (다툼이 있는 경우 판례에 의함)

① 甲: 행정대집행의 절차가 인정되는 경우에도 행정청이 민사상 강제집행수단을 이용할 수 있나요?

　 乙: 행정대집행의 절차가 인정되어 실현할 수 있는 경우에는 따로 민사소송의 방법을 이용할 수 없습니다.

② 甲: 대집행의 적용대상은 무엇인가요?

　 乙: 대집행은 공법상 대체적 작위의무의 불이행이 있는 경우에 행할 수 있습니다.

③ 甲: 행정청은 대집행의 대상이 될 수 있는 것에 대하여 이행강제금을 부과할 수도 있나요?

　 乙: 행정청은 개별사건에 있어서 위법건축물에 대하여 대집행과 이행강제금을 선택적으로 활용할 수 있습니다.

④ 甲: 만약 이행강제금을 부과받은 사람이 사망하였다면 이행강제금의 납부의무는 상속인에게 승계되나요?

　 乙: 이행강제금의 납부의무는 상속의 대상이 되므로, 상속인이 납부의무를 승계합니다.

12 행정의 실효성 확보수단의 예와 그 법적 성질의 연결이 옳지 않은 것은? (다툼이 있는 경우 판례에 의함)

① 「건축법」에 따른 이행강제금의 부과 – 집행벌

② 「식품위생법」에 따른 영업소 폐쇄 – 직접강제

③ 「공유재산 및 물품 관리법」에 따른 공유재산 원상복구명령의 강제적 이행 – 즉시강제

④ 「부동산등기 특별조치법」에 따른 과태료의 부과 – 행정벌

13 행정상 즉시강제에 대한 설명으로 옳지 않은 것은? (다툼이 있는 경우 판례에 의함)

① 행정상 즉시강제는 국민의 권리침해를 필연적으로 수반하므로, 이에 대해서는 항상 영장주의가 적용된다.

② 행정상 즉시강제는 직접강제와는 달리 행정상 강제집행에 해당하지 않는다.

③ 구 「음반·비디오물 및 게임물에 관한 법률」상 불법게임물에 대한 수거 및 폐기 조치는 행정상 즉시강제에 해당한다.

④ 다른 수단으로는 행정목적을 달성할 수 없는 경우에만 허용되며, 이 경우에도 최소한으로만 실시하여야 한다.

14 개인정보의 보호에 대한 판례의 설명으로 옳은 것만을 모두 고르면?

ㄱ. 개인정보자기결정권의 보호대상이 되는 개인정보는 반드시 개인의 내밀한 영역에 속하는 정보에 국한되지 않고 공적 생활에서 형성되었거나 이미 공개된 개인정보까지 포함한다.

ㄴ. 이미 공개된 개인정보를 정보주체의 동의가 있었다고 객관적으로 인정되는 범위 내에서 처리를 할 때는 정보주체의 별도의 동의는 불필요하다고 보아야 하고, 별도의 동의를 받지 아니하였다고 하여 「개인정보 보호법」을 위반한 것으로 볼 수 없다.

ㄷ. 개인정보 처리위탁에 있어 수탁자는 정보제공자의 관리·감독 아래 위탁받은 범위 내에서만 개인정보를 처리하게 되지만, 위탁자로부터 위탁사무 처리에 따른 대가를 지급받는 이상 개인정보 처리에 관하여 독자적인 이익을 가지므로, 그러한 수탁자는 「개인정보 보호법」 제17조에 의해 개인정보처리자가 정보주체의 개인정보를 제공할 수 있는 '제3자'에 해당한다.

ㄹ. 인터넷 포털사이트 등의 개인정보 유출사고로 주민등록번호가 불법 유출되어 그 피해자가 주민등록번호 변경을 신청했으나 구청장이 거부 통지를 한 사안에서, 피해자의 의사와 무관하게 주민등록번호가 유출된 경우에는 조리상 주민등록번호의 변경요구신청권을 인정함이 타당하다.

① ㄱ, ㄷ

② ㄴ, ㄹ

③ ㄱ, ㄴ, ㄷ

④ ㄱ, ㄴ, ㄹ

15 취소소송의 제소기간에 대한 설명으로 옳은 것(○)과 옳지 않은 것(×)을 바르게 연결한 것은? (다툼이 있는 경우 판례에 의함)

> ㉠ 행정청이 행정심판청구를 할 수 있다고 잘못 알려 행정심판을 청구한 경우에는 재결서 정본을 송달받은 날이 아닌 처분이 있음을 안 날로부터 제소기간이 기산된다.
>
> ㉡ 행정심판을 청구하였으나 심판청구기간을 도과하여 각하된 후 제기하는 취소소송은 재결서를 송달받은 날부터 90일 이내에 제기하면 된다.
>
> ㉢ '처분이 있음을 안 날'은 처분이 있었다는 사실을 현실적으로 안 날을 의미하므로, 처분서를 송달받기 전 정보공개청구를 통하여 처분을 하는 내용의 일체의 서류를 교부받았다면 그 서류를 교부받은 날부터 제소기간이 기산된다.
>
> ㉣ 동일한 처분에 대하여 무효확인의 소를 제기하였다가 그 처분의 취소를 구하는 소를 추가적으로 병합한 경우, 주된 청구인 무효확인의 소가 적법한 제소기간 내에 제기되었다면 추가로 병합된 취소청구의 소도 적법하게 제기된 것으로 볼 수 있다.

	㉠	㉡	㉢	㉣
①	×	×	○	×
②	○	○	×	○
③	○	×	○	×
④	×	×	×	○

16 위임명령의 한계에 대한 설명으로 옳지 않은 것은? (다툼이 있는 경우 판례에 의함)

① 법률이 공법적 단체 등의 정관에 자치법적 사항을 위임한 경우에는 「헌법」 제75조가 정하는 포괄적인 위임입법의 금지는 원칙적으로 적용되지 않지만, 그 사항이 국민의 권리·의무에 관련되는 것일 경우에는 적어도 국민의 권리·의무에 관한 기본적이고 본질적인 사항은 국회가 정하여야 한다.

② 「헌법」에서 채택하고 있는 조세법률주의의 원칙상 과세요건과 징수절차에 관한 사항을 명령·규칙 등 하위법령에 구체적·개별적으로 위임하여 규정할 수 없다.

③ 법률에서 위임받은 사항에 관하여 대강을 정하고 그 중의 특정사항을 범위를 정하여 하위법령에 다시 위임하는 경우에는 재위임이 허용된다. 이러한 법리는 조례가 「지방자치법」에 따라 주민의 권리제한 또는 의무부과에 관한 사항을 법률로부터 위임받은 후, 이를 다시 지방자치단체장이 정하는 '규칙'이나 '고시' 등에 재위임하는 경우에도 마찬가지이다.

④ 법률의 시행령이나 시행규칙의 내용이 모법 조항의 취지에 근거하여 이를 구체화하기 위한 것인 때에는 모법의 규율 범위를 벗어난 것으로 볼 수 없다. 이러한 경우에는 모법에 이에 관하여 직접 위임하는 규정을 두지 않았다고 하여도 이를 무효라고 볼 수 없다.

17 판례상 항고소송의 원고적격이 인정되는 경우만을 모두 고르면?

> ㉠ 중국 국적자인 외국인이 사증발급 거부처분의 취소를 구하는 경우
>
> ㉡ 소방청장이 처분성이 인정되는 국민권익위원회의 조치요구에 불복하여 조치요구의 취소를 구하는 경우
>
> ㉢ 지방법무사회가 법무사의 사무원 채용승인 신청을 거부하여 사무원이 될 수 없게 된 자가 지방법무사회를 상대로 거부처분의 취소를 구하는 경우
>
> ㉣ 개발제한구역 중 일부 취락을 개발제한구역에서 해제하는 내용의 도시관리계획변경결정에 대하여 개발제한구역 해제대상에서 누락된 토지의 소유자가 위 결정의 취소를 구하는 경우

① ㉠, ㉡

② ㉡, ㉢

③ ㉢, ㉣

④ ㉠, ㉢, ㉣

18 甲 회사는 '토석채취허가지 진입도로와 관련 우회도로 개설 등은 인근 주민들과의 충분한 협의를 통해 민원발생에 따른 분쟁이 생기지 않도록 조치 후 사업을 추진할 것'이란 조건으로 토석채취허가를 받았다. 그러나 甲은 위 조건이 법령에 근거가 없다는 이유로 이행하지 아니하였고, 인근 주민이 민원을 제기하자 관할 행정청은 甲에게 공사중지명령을 하였다. 甲은 공사중지명령의 해제를 신청하였으나 거부되자 거부처분 취소소송을 제기하였다. 이에 대한 설명으로 옳지 않은 것은? (다툼이 있는 경우 판례에 의함)

① 일반적으로 기속행위의 경우 법령의 근거 없이 위와 같은 조건을 부가하는 것은 위법하다.

② 공사중지명령의 원인사유가 해소되었다면 甲은 공사중지명령의 해제를 신청할 수 있고, 이에 대한 거부는 처분성이 인정된다.

③ 甲에게는 공사중지명령 해제신청 거부처분에 대한 집행정지를 구할 이익이 인정되지 아니한다.

④ 甲이 앞서 공사중지명령 취소소송에서 패소하여 그 판결이 확정되었더라도, 甲은 그 후 공사중지명령의 해제를 신청한 후 해제신청 거부처분 취소소송에서 다시 그 공사중지명령의 적법성을 다툴 수 있다.

19 다음 사례에 관한 설명으로 옳은 것은? (다툼이 있는 경우 판례에 의함)

> • 甲은 자신의 토지에 대한 개별공시지가결정을 통지받은 후 90일이 넘어 과세처분을 받았는데, 과세처분이 위법한 개별공시지가결정에 기초하였다는 이유로 과세처분의 취소를 구하고자 한다.
> • 甲은 토지대장에 전(田)으로 기재되어 있는 지목을 대(垈)로 변경하고자 지목변경신청을 하였다.
> • 乙은 甲의 토지가 사실은 자신 소유라고 주장하면서 토지대장상의 소유자명의변경을 신청하였으나 거부되었다.

① 甲은 과세처분이 있기 전에는 개별공시지가결정에 대해서 취소소송을 제기할 수 없다.

② 甲은 과세처분의 위법성이 인정되지 않더라도 과세처분 취소소송에서 개별공시지가결정의 위법을 독립된 위법사유로 주장할 수 있다.

③ 토지대장에 등재된 사항을 변경하는 행위는 행정사무집행의 편의와 사실증명의 자료로 삼기 위한 것이므로, 甲은 지목변경신청이 거부되더라도 이에 대하여 취소소송으로 다툴 수 없다.

④ 乙에 대한 토지대장상의 소유자명의변경신청 거부는 처분성이 인정된다.

20 다음 사례에 관한 설명으로 옳지 않은 것은? (다툼이 있는 경우 판례에 의함)

> A도(道) B군(郡)에서 식품접객업을 하는 甲은 청소년에게 술을 팔다가 적발되었다. 「식품위생법」은 위법하게 청소년에게 주류를 제공한 영업자에게 "6개월 이내의 기간을 정하여 그 영업의 전부 또는 일부를 정지할 수 있다."라고 규정하고, 「식품위생법 시행규칙」 [별표 23]은 청소년 주류제공(1차 위반) 시 행정처분기준을 '영업정지 2개월'로 정하고 있다. B군수는 甲에게 2개월의 영업정지처분을 하였다.

① 甲은 영업정지처분에 불복하여 A도 행정심판위원회에 행정심판을 청구할 수 있다.

② 甲은 행정심판을 청구하지 않고 영업정지처분에 대한 취소소송을 제기할 수 있다.

③ 「식품위생법 시행규칙」의 행정처분기준은 행정규칙의 형식이나 「식품위생법」의 내용을 보충하면서 「식품위생법」의 규정과 결합하여 위임의 범위 내에서 대외적인 구속력을 가진다.

④ 甲이 취소소송을 제기하는 경우 법원은 재량권의 일탈 · 남용이 인정되면 영업정지처분을 취소할 수 있다.

✔ 회독 CHECK 1 2 3

01 행정법의 법원(法源)의 효력에 대한 설명으로 옳지 않은 것은?

① 헌법개정·법률·조약·대통령령·총리령 및 부령의 공포는 관보에 게재함으로써 한다.

② 「국회법」에 따라 하는 국회의장의 법률 공포는 서울특별시에서 발행되는 둘 이상의 일간신문에 게재함으로써 한다.

③ 법령의 공포일은 해당 법령을 게재한 관보 또는 신문이 발행된 날로 한다.

④ 관보의 내용 해석 및 적용 시기 등에 대하여 종이관보가 전자관보보다 우선적 효력을 가진다.

02 행정행위의 취소와 철회에 대한 설명으로 옳지 않은 것은? (다툼이 있는 경우 판례에 의함)

① 과세관청은 과세처분의 취소를 다시 취소함으로써 이미 효력을 상실한 과세처분을 소생시킬 수 있다.

② 행정청은 적법한 처분이 중대한 공익을 위하여 필요한 경우에는 그 처분을 장래를 향하여 철회할 수 있다.

③ 수익적 행정행위의 철회는 특별한 다른 규정이 없는 한 「행정절차법」상의 절차에 따라 행해져야 한다.

④ 처분청은 처분의 성립에 하자가 있는 경우 별도의 법적 근거가 없더라도 직권으로 이를 취소할 수 있다.

03 행정행위의 부관에 대한 설명으로 옳지 않은 것은? (다툼이 있는 경우 판례에 의함)

① 행정청은 처분에 재량이 없는 경우에는 법률에 근거가 있는 경우에 부관을 붙일 수 있다.

② 부담이 처분 당시 법령을 기준으로 적법하다면 처분 후 부담의 전제가 된 주된 처분의 근거 법령이 개정됨으로써 행정청이 더 이상 부관을 붙일 수 없게 되었다 하더라도 곧바로 그 효력이 소멸하게 되는 것은 아니다.

③ 처분과 실제적 관련성이 없어 부관으로 붙일 수 없는 부담이라도 사법상 계약의 형식으로 처분의 상대방에게 부과할 수 있다.

④ 행정재산에 대한 사용·수익허가에서 공유재산의 관리청이 정한 사용·수익허가의 기간에 대해서는 독립하여 행정소송을 제기할 수 없다.

04 공법상 계약에 대한 설명으로 옳지 않은 것은? (다툼이 있는 경우 판례에 의함)

① 공중보건의사 채용계약 해지의 의사표시에 대하여는 공법상의 당사자소송으로 그 의사표시의 무효확인을 청구할 수 있다.

② 공법상 계약에는 법률우위의 원칙이 적용된다.

③ 계약직공무원 채용계약해지의 의사표시는 항고소송의 대상이 되는 처분 등의 성격을 가진 것으로 행정처분과 같이 「행정절차법」에 의하여 근거와 이유를 제시하여야 한다.

④ 행정청은 공법상 계약의 상대방을 선정하고 계약 내용을 정할 때 공법상 계약의 공공성과 제3자의 이해관계를 고려하여야 한다.

05 신뢰보호의 원칙에 대한 설명으로 옳은 것(○)과 옳지 않은 것(×)을 바르게 연결한 것은? (다툼이 있는 경우 판례에 의함)

> (가) 행정청이 공적인 의사표명을 하였다면 이후 사실적·법률적 상태의 변경이 있더라도 행정청이 이를 취소하지 않는 한 여전히 공적인 의사표명은 유효하다.
> (나) 재량권 행사의 준칙인 행정규칙의 공표만으로 상대방은 보호가치 있는 신뢰를 갖게 되었다고 볼 수 있다.
> (다) 행정청이 공적 견해를 표명하였는지를 판단할 때는 반드시 행정조직상의 형식적인 권한분장에 구애될 것은 아니다.
> (라) 신뢰보호원칙의 위반은 「국가배상법」상의 위법 개념을 충족시킨다.

	(가)	(나)	(다)	(라)
①	×	×	○	○
②	○	○	×	○
③	○	×	○	×
④	×	○	○	×

06 행정행위의 효력에 대한 설명으로 옳지 않은 것은? (다툼이 있는 경우 판례에 의함)

① 행정처분이 아무리 위법하다고 하여도 그 하자가 중대하고 명백하여 당연무효라고 보아야 할 사유가 있는 경우를 제외하고는 아무도 그 하자를 이유로 무단히 그 효과를 부정하지 못한다.

② 민사소송에 있어서 어느 행정처분의 당연무효 여부가 선결문제로 되는 때에는 이를 판단하여 당연무효임을 전제로 판결할 수 있고 반드시 행정소송 등의 절차에 의하여 그 취소나 무효확인을 받아야 하는 것은 아니다.

③ 불가쟁력이 발생한 행정행위로 손해를 입은 국민은 국가배상청구를 할 수 있다.

④ 행정행위의 불가변력은 당해 행정행위에 대해서만 인정되는 것이 아니고, 동종의 행정행위라면 그 대상을 달리하더라도 인정된다.

07 행정입법에 대한 설명으로 옳은 것은? (다툼이 있는 경우 판례에 의함)

① 법규명령이 위임의 근거가 없어 무효였더라도 나중에 법 개정으로 위임의 근거가 부여되면, 법규명령 제정 당시로 소급하여 유효한 법규명령이 된다.

② 법률의 시행령 내용이 모법 조항의 취지에 근거하여 이를 구체화하기 위한 것인 때에는 모법에 직접 위임하는 규정을 두지 않았더라도 이를 무효라고 볼 수 없다.

③ 대통령령의 입법부작위에 대한 국가배상책임은 인정되지 않는다.

④ 법규명령의 위임근거가 되는 법률에 대하여 위헌결정이 선고되더라도 그 위임에 근거하여 제정된 법규명령은 별도의 폐지행위가 있어야 효력을 상실한다.

08 신고에 대한 설명으로 옳은 것은? (다툼이 있는 경우 판례에 의함)

① 구 「관광진흥법」에 의한 지위승계신고를 수리하는 허가관청의 행위는 사실적인 행위에 불과하여 항고소송의 대상이 되지 않는다.

② 정보통신매체를 이용하여 학습비를 받고 불특정 다수인에게 원격 평생교육을 실시하기 위해 구 「평생교육법」에서 정한 형식적 요건을 모두 갖추어 신고한 경우, 행정청은 신고대상이 된 교육이나 학습이 공익적 기준에 적합하지 않는다는 등의 실체적 사유를 들어 신고 수리를 거부할 수 없다.

③ 「건축법」에 의한 인허가 의제 효과를 수반하는 건축신고는 건축을 하고자 하는 자가 적법한 요건을 갖춘 신고만 하면 건축을 할 수 있고, 행정청의 수리 등 별단의 조처를 기다릴 필요가 없다.

④ 주민등록의 신고는 행정청에 도달하기만 하면 신고로서의 효력이 발생한다.

09 행정절차에 대한 설명으로 옳은 것은? (다툼이 있는 경우 판례에 의함)

① 「국가공무원법」상 직위해제처분은 공무원의 인사상 불이익을 주는 처분이므로 「행정절차법」상 사전통지 및 의견청취절차를 거쳐야 한다.

② 처분 당시 당사자가 어떠한 근거와 이유로 처분이 이루어진 것인지를 충분히 알 수 있어서 그에 불복하여 행정구제절차로 나아가는 데에 별다른 지장이 없었던 것으로 인정되는 경우에도 처분서에 처분의 근거와 이유가 구체적으로 명시되어 있지 않았다면 그 처분은 위법하다.

③ 세액산출근거가 기재되지 아니한 납세고지서에 의한 부과처분은 그 후 부과된 세금을 자진납부하였다거나 또는 조세채권의 소멸시효기간이 만료되었다 하여 하자가 치유되는 것이라고는 할 수 없다.

④ 당사자 등은 청문조서의 내용을 열람·확인할 수 있을 뿐, 그 청문조서에 이의가 있더라도 정정을 요구할 수는 없다.

10 「공공기관의 정보공개에 관한 법률」상 정보공개에 대한 설명으로 옳지 않은 것은? (다툼이 있는 경우 판례에 의함)

① 정보의 공개 및 우송 등에 드는 비용은 실비의 범위에서 청구인이 부담한다.

② 공공기관은 공개 청구된 정보가 공공기관이 보유·관리하지 아니하는 정보인 경우로서 「민원 처리에 관한 법률」에 따른 민원으로 처리할 수 있는 경우에는 민원으로 처리할 수 있다.

③ 청구인이 공공기관에 대하여 정보공개를 청구하였다가 거부처분을 받은 것 자체가 법률상 이익의 침해에 해당한다.

④ 오로지 공공기관의 담당공무원을 괴롭힐 목적으로 정보공개청구를 하는 경우에도 정보공개청구권의 행사는 허용되어야 한다.

11 이행강제금에 대한 설명으로 옳지 않은 것은? (다툼이 있는 경우 판례에 의함)

① 이행강제금은 대체적 작위의무의 위반에 대하여도 부과될 수 있다.

② 이미 사망한 사람에게 「건축법」상의 이행강제금을 부과하는 내용의 처분이나 결정은 당연무효이다.

③ 「부동산 실권리자명의 등기에 관한 법률」상 장기미등기자가 이행강제금 부과 전에 등기신청의무를 이행하였더라도 동법에 규정된 기간이 지나서 등기신청의무를 이행하였다면 이행강제금을 부과할 수 있다.

④ 「건축법」상 위법건축물에 대한 이행강제수단으로 대집행과 이행강제금이 인정되고 있는데, 행정청은 개별사건에 있어서 위반내용, 위반자의 시정의지 등을 감안하여 대집행과 이행강제금을 선택적으로 활용할 수 있다.

12 사정판결에 대한 설명으로 옳지 않은 것은? (다툼이 있는 경우 판례에 의함)

① 사정판결은 본안심리 결과 원고의 청구가 이유 있다고 인정됨에도 불구하고 처분을 취소하는 것이 현저히 공공복리에 적합하지 아니하다고 인정하는 때 원고의 청구를 기각하는 판결을 말한다.

② 사정판결은 항고소송 중 취소소송 및 무효등확인소송에서 인정되는 판결의 종류이다.

③ 법원이 사정판결을 함에 있어서는 미리 원고가 그로 인하여 입게 될 손해의 정도와 배상방법 그 밖의 사정을 조사하여야 한다.

④ 원고는 피고인 행정청이 속하는 국가 또는 공공단체를 상대로 손해배상, 제해시설의 설치 그 밖에 적당한 구제방법의 청구를 당해 취소소송등이 계속된 법원에 병합하여 제기할 수 있다.

13 행정벌에 대한 설명으로 옳지 않은 것은? (다툼이 있는 경우 판례에 의함)

① 법률에 따르지 아니하고는 어떤 행위도 질서위반행위로 과태료를 부과하지 아니한다.

② 경찰서장이 범칙행위에 대하여 통고처분을 한 이상, 통고처분에서 정한 범칙금 납부기간까지는 원칙적으로 경찰서장은 즉결심판을 청구할 수 없고, 검사도 동일한 범칙행위에 대하여 공소를 제기할 수 없다.

③ 행정청의 과태료 부과에 대해 이의가 제기된 경우에는 행정청의 과태료 부과처분은 그 효력을 상실한다.

④ 신분에 의하여 성립하는 질서위반행위에 신분이 없는 자가 가담한 경우 신분이 없는 자에 대하여는 질서위반행위가 성립하지 않는다.

14 행정대집행에 대한 설명으로 옳지 않은 것은? (다툼이 있는 경우 판례에 의함)

① 도시공원시설 점유자의 퇴거 및 명도 의무는 「행정대집행법」에 의한 대집행의 대상이 아니다.

② 후행처분인 대집행비용납부명령 취소청구 소송에서 선행처분인 계고처분이 위법하다는 이유로 대집행비용납부명령의 취소를 구할 수 없다.

③ 대집행에 요한 비용을 징수하였을 때에는 그 징수금은 사무비의 소속에 따라 국고 또는 지방자치단체의 수입으로 한다.

④ 대집행에 대하여는 행정심판을 제기할 수 있다.

15 국가배상에 대한 설명으로 옳지 않은 것은? (다툼이 있는 경우 판례에 의함)

① 국가나 지방자치단체가 손해를 배상할 책임이 있는 경우에 공무원의 선임·감독 또는 영조물의 설치·관리를 맡은 자와 공무원의 봉급·급여, 그 밖의 비용 또는 영조물의 설치·관리 비용을 부담하는 자가 동일하지 아니하면 그 비용을 부담하는 자도 손해를 배상하여야 한다.

② 국가배상책임에 있어서 국가는 직무상의 의무 위반과 피해자가 입은 손해 사이에 상당인과관계가 인정되는 범위 내에서만 배상책임을 지는 것이고, 이 경우 상당인과관계가 인정되기 위해서는 공무원에게 부과된 직무상 의무의 내용이 전적으로 또는 부수적으로 사회구성원 개인의 안전과 이익을 보호하기 위하여 설정된 것이어야 한다.

③ 「국가배상법」상 '공공의 영조물'은 지방자치단체가 소유권, 임차권 그 밖의 권한에 기하여 관리하고 있는 경우는 포함하지만, 사실상의 관리를 하고 있는 경우는 포함하지 않는다.

④ 공무원 개인이 고의 또는 중과실이 있는 경우에는 불법행위로 인한 손해배상책임을 진다고 할 것이지만, 공무원의 위법행위가 경과실에 기한 경우에는 공무원은 손해배상책임을 부담하지 않는다.

16 「행정소송법」에 따른 집행정지에 대한 설명으로 옳지 않은 것은? (다툼이 있는 경우 판례에 의함)

① 처분의 효력정지결정을 하려면 그 효력정지를 구하는 당해 행정처분에 대한 본안소송이 법원에 제기되어 계속 중임을 요건으로 한다.

② 거부처분의 효력정지는 그 거부처분으로 인하여 신청인에게 생길 손해를 방지하는 데 필요하므로 신청인에게는 그 효력정지를 구할 이익이 있다.

③ 처분의 효력정지는 처분의 집행 또는 절차의 속행을 정지함으로써 목적을 달성할 수 있는 경우에는 허용되지 아니한다.

④ 신청인의 본안청구의 이유 없음이 명백할 때는 집행정지가 인정되지 않는다.

17 「행정심판법」상 행정심판에 대한 설명으로 옳지 않은 것은? (다툼이 있는 경우 판례에 의함)

① 심판청구기간의 기산점인 '처분이 있음을 안 날'이라 함은 당사자가 통지·공고 기타의 방법에 의하여 당해 처분이 있었다는 사실을 현실적으로 안 날을 의미한다.

② 행정청의 부작위에 대한 의무이행심판은 심판청구기간 규정의 적용을 받지 않고, 사정재결이 인정되지 아니한다.

③ 심판청구에 대한 재결이 있으면 그 재결 및 같은 처분 또는 부작위에 대하여 다시 행정심판을 청구할 수 없다.

④ 재결이 확정된 경우에도 처분의 기초가 된 사실관계나 법률적 판단이 확정되고 당사자들이나 법원이 이에 기속되어 모순되는 주장이나 판단을 할 수 없게 되는 것은 아니다.

18 행정소송상 협의의 소익에 대한 설명으로 옳은 것만을 모두 고르면? (다툼이 있는 경우 판례에 의함)

> ㉠ 월정수당을 받는 지방의회 의원에 대한 제명의결 취소소송 계속 중 의원의 임기가 만료된 경우 지방의회 의원은 그 제명의결의 취소를 구할 법률상 이익이 있다.
>
> ㉡ 파면처분 취소소송의 사실심 변론종결 전에 금고 이상의 형을 선고받아 당연퇴직된 경우에도 해당 공무원은 파면처분의 취소를 구할 이익이 있다.
>
> ㉢ 공익근무요원 소집해제신청을 거부한 후에 원고가 계속하여 공익근무요원으로 복무함에 따라 복무기간 만료를 이유로 소집해제처분을 한 경우, 원고는 거부처분의 취소를 구할 소의 이익이 있다.

① ㉠   ② ㉡

③ ㉠, ㉡   ④ ㉡, ㉢

19 판례의 입장으로 옳지 않은 것은?

① 개인의 고유성, 동일성을 나타내는 지문은 그 정보주체를 타인으로부터 식별 가능하게 하는 개인정보이다.

② 거부처분의 처분성을 인정하기 위한 전제요건이 되는 신청권은 신청인이 그 신청에 따른 단순한 응답을 받을 권리를 넘어서 신청의 인용이라는 만족적 결과를 얻을 권리를 의미한다.

③ 지적공부 소관청의 지목변경신청 반려행위는 국민의 권리관계에 영향을 미치는 것으로서 항고소송의 대상이 되는 행정처분에 해당한다.

④ 산업단지개발계획상 산업단지 안의 토지 소유자로서 산업단지개발계획에 적합한 시설을 설치하여 입주하려는 자는 산업단지지정권자 또는 그로부터 권한을 위임받은 기관에 대하여 산업단지개발계획의 변경을 요청할 수 있는 법규상 또는 조리상 신청권이 있다.

20 재결의 기속력에 대한 설명으로 옳은 것만을 모두 고르면? (다툼이 있는 경우 판례에 의함)

> ㉠ 재결에 의하여 취소되거나 무효 또는 부존재로 확인되는 처분이 당사자의 신청을 거부하는 것을 내용으로 하는 경우에는 그 처분을 한 행정청은 재결의 취지에 따라 다시 이전의 신청에 대한 처분을 하여야 한다.
> ㉡ 재결의 기속력은 인용재결의 경우에만 인정되고, 기각재결에서는 인정되지 않는다.
> ㉢ 기속력은 재결의 주문에만 미치고, 처분 등의 구체적 위법사유에 관한 판단에는 미치지 않는다.
> ㉣ 행정심판 인용재결에 따른 행정청의 재처분 의무에도 불구하고 행정청이 인용재결에 따른 처분을 하지 아니하는 경우에, 행정심판위원회는 청구인의 신청이 없어도 결정으로 일정한 배상을 하도록 명할 수 있다.

① ㉠, ㉡
② ㉠, ㉡, ㉣
③ ㉠, ㉢, ㉣
④ ㉡, ㉢, ㉣

교육은 우리 자신의 무지를 점차 발견해 가는 과정이다.

– 윌 듀란트 –

PART 5

행정학개론

출제경향

2023년 국가직

2023년 지방직

2022년 국가직

2022년 지방직

2021년 국가직

2021년 지방직

모바일 OMR

01 행정이론에 대한 설명으로 옳은 것은?

① 과학적 관리론은 최고관리자의 운영원리로 POSDCoRB를 제시하였다.

② 행정행태론은 가치와 사실을 구분하고 가치에 기반한 행정의 과학화를 시도하였다.

③ 신행정론은 실증주의적 방법론을 비판하고 사회적 형평성과 적실성을 강조하였다.

④ 신공공관리론은 민간과 공공 부문의 파트너십을 강조하고 기업가 정신보다 시민권을 중요시하였다.

02 베버(Weber)의 이념형(ideal type) 관료제에 대한 설명으로 옳지 않은 것은?

① 관료제 성립의 배경은 봉건적 지배체제의 확립이다.

② 법적 · 합리적 권위에 기초를 둔 조직구조와 형태이다.

③ 직위의 권한과 임무는 문서화된 법규로 규정된다.

④ 관료는 원칙적으로 상관이 임명한다.

03 예산이론에 대한 설명으로 옳지 않은 것은?

① 총체주의는 계획예산(PPBS), 영기준예산(ZBB)과 같은 예산제도 개혁을 설명하기에 적합한 이론이다.

② 점증주의는 거시적 예산결정과 예산삭감을 설명하기에 적합한 이론이다.

③ 총체주의는 합리적 · 분석적 의사결정과 최적의 자원배분을 전제로 한다.

④ 점증주의는 예산을 결정할 때 대안을 모두 고려하지는 못한다는 것을 전제로 한다.

04 바흐라흐(Bachrach)와 바라츠(Baratz)의 무의사결정론에 대한 설명으로 옳지 않은 것은?

① 무의사결정의 행태는 정책과정 중 정책문제 채택단계 이외에서도 일어난다.

② 기존 정치체제 내의 규범이나 절차를 동원하여 변화 요구를 봉쇄한다.

③ 정책문제화를 막기 위해 폭력과 같은 강제력을 사용하기도 한다.

④ 엘리트의 두 얼굴 중 권력행사의 어두운 측면을 고려하지 못한다고 비판했기 때문에 신다원주의로 불린다.

05 우리나라의 통합재정에 대한 설명으로 옳지 않은 것은?

① 세입과 세출은 경상거래와 자본거래로 구분하여 작성한다.

② 통합재정의 범위에는 일반정부와 공기업 등 공공부문 전체가 포함된다.

③ 정부의 재정이 국민 경제에 미치는 효과를 파악하고자 하는 예산의 분류체계이다.

④ 통합재정 산출 시 내부거래와 보전거래를 제외함으로써 세입 · 세출을 순계 개념으로 파악한다.

06 정책분석 및 평가연구에 적용되는 기준 중 내적 타당성에 대한 설명으로 옳은 것은?

① 분석 및 평가 결과를 다른 상황에서도 적용할 수 있는 정도를 의미한다.

② 이론적 구성요소들의 추상적 개념을 성공적으로 조작화한 정도를 의미한다.

③ 집행된 정책내용과 발생한 정책효과 간의 관계에 대한 인과적 추론의 정확성 정도를 의미한다.

④ 반복해서 측정했을 때 일관성 있는 결과를 얻는 정도를 의미한다.

07 「지방공무원법」상 인사위원회의 위원으로 임명되거나 위촉될 수 없는 사람은?

① 지방의회의원

② 법관 · 검사 또는 변호사 자격이 있는 사람

③ 공무원으로서 20년 이상 근속하고 퇴직한 사람

④ 초등학교 · 중학교 · 고등학교 교장 또는 교감으로 재직하는 사람

08 조직구조의 유형에 대한 설명으로 옳지 않은 것은?

① 사업(부) 구조는 조직의 산출물에 기반을 둔 구조화 방식으로 사업(부) 간 기능 조정이 용이하다.

② 매트릭스 구조는 수직적 기능 구조에 수평적 사업 구조를 결합시켜 조직운영상의 신축성을 확보한다.

③ 네트워크 구조는 복수의 조직이 각자의 경계를 넘어 연결고리를 통해 결합 관계를 이루어 환경 변화에 대처한다.

④ 수평(팀제) 구조는 핵심업무 과정 중심의 구조화 방식으로 부서 사이의 경계를 제거하여 의사소통을 원활하게 한다.

09 연공주의(seniority system)에 대한 설명으로 옳은 것만을 모두 고르면?

> ㉠ 장기근속으로 조직에 대한 공헌도를 높인다.
> ㉡ 개인의 성과에 따른 적절한 보상을 통해 사기를 높인다.
> ㉢ 계층적 서열구조 확립으로 조직 내 안정감을 높인다.
> ㉣ 조직 내 경쟁을 통해서 개인의 역량 개발에 기여한다.

① ㉠, ㉡　　　　　② ㉠, ㉢

③ ㉡, ㉣　　　　　④ ㉢, ㉣

10 앨리슨(Allison)의 관료정치모형(모형 Ⅲ)에 대한 설명으로 옳은 것은?

① 정책결정은 준해결(quasi-resolution)적 상태에 머무르는 경우가 많다.

② 정책결정자들은 국가 전체의 이익이나 전략적 목표를 극대화하기 위한 결정을 한다.

③ 정책결정에 참여하는 구성원들 간의 목표 공유 정도와 정책결정의 일관성이 모두 매우 낮다.

④ 정부는 단일한 결정주체가 아니며 반독립적(semi-autonomous) 하위조직들이 느슨하게 연결된 집합체이다.

11 재니스(Janis)의 집단사고(groupthink)의 특성에 해당하지 않는 것은?

① 토론을 바탕으로 한 집단지성의 활용

② 침묵을 합의로 간주하는 만장일치의 환상

③ 집단적 합의에 대한 이의 제기에 대한 자기 검열

④ 집단에 대한 과대평가로 집단이 실패할 리 없다는 환상

12 조직이론과 그 내용에 대한 설명으로 옳지 않은 것은?

① 구조적 상황이론 – 불안정한 환경 속에 있는 조직은 유기적인 조직구조를 선택하는 것이 효과적이다.

② 전략적 선택이론 – 동일한 환경에 처한 조직도 환경에 대한 관리자의 지각 차이로 상이한 선택을 할 수 있다.

③ 거래비용이론 – 시장에서의 거래비용이 조직의 내부 거래비용보다 클 경우 내부 조직화를 선택한다.

④ 조직군 생태학이론 – 조직군의 변화를 이끄는 변이는 우연적 변화(돌연변이)로 한정되며, 계획적이고 의도적인 변화는 배제된다.

13 직무평가 방법에 대한 설명으로 옳지 않은 것은?

① 점수법은 직무를 구성하는 하위요소별 점수를 합산하여 평가하는 방법이다.

② 분류법은 미리 정한 등급기준표와 직무 전체를 비교하여 등급을 결정하는 비계량적 방법이다.

③ 서열법은 직무의 구성요소를 구별하지 않고 직무 전체의 중요도를 종합적으로 평가하는 방법이다.

④ 요소비교법은 기준직무(key job)와 평가할 직무를 상호 비교해 가며 평가하는 비계량적 방법이다.

14 우리나라의 전자정부에 대한 설명으로 옳지 않은 것은?

① 정부는 '지능정보사회 종합계획'을 3년 단위로 수립하여야 한다.

② 과학기술정보통신부장관은 5년마다 행정기관 등의 기관별 계획을 종합하여 '전자정부기본계획'을 수립하여야 한다.

③ 「전자정부법」상 '전자화문서'는 종이문서와 그 밖에 전자적 형태로 작성되지 아니한 문서를 정보시스템이 처리할 수 있는 형태로 변환한 문서를 말한다.

④ 중앙행정기관의 장과 지방자치단체의 장은 해당기관의 지능정보사회 시책의 효율적 수립·시행과 대통령령이 정하는 업무를 총괄하는 '지능정보화책임관'을 임명하여야 한다.

15 롬젝(Romzeck)의 행정책임 유형에 대한 설명으로 옳지 않은 것은?

① 계층적 책임 – 조직 내 상명하복의 원칙에 따라 통제된다.

② 법적 책임 – 표준운영절차(SOP)나 내부 규칙(규정)에 따라 통제된다.

③ 전문가적 책임 – 전문직업적 규범과 전문가집단의 관행을 중시한다.

④ 정치적 책임 – 민간 고객, 이익집단 등 외부 이해관계자의 기대에 부응하는가를 중시한다.

16 우리나라의 재정사업 성과관리에 대한 설명으로 옳지 않은 것은?

① 재정사업 성과관리의 내용은 성과목표관리와 성과 평가로 구성된다.

② 재정사업 성과평가 결과는 지출 구조조정 등의 방법 으로 재정운용에 반영될 수 있다.

③ 재정사업 심층평가 결과 기획재정부장관이 필요하다 고 판단하면 재정사업 자율평가를 실시할 수 있다.

④ 재정사업 자율평가는 미국 관리예산처(OMB)의 PART(Program Assessment Rating Tool)를 우리 나라 실정에 맞게 도입한 제도이다.

17 공직자의 이해충돌에 대한 설명으로 옳지 않은 것은?

① 우리나라는 2021년 5월 「공직자의 이해충돌 방지 법」을 제정하였다.

② 이해충돌은 그 특성에 따라 실제적, 외견적, 잠재적 형태로 분류할 수 있다.

③ 이해충돌 회피에 있어서는 '어느 누구도 자신이 연 루된 사건의 재판관이 되어서는 안 된다'라는 원칙 이 적용된다.

④ 「공직자의 이해충돌 방지법」의 위반행위는 감사원, 수사기관, 국민권익위원회 등에 신고할 수 있으나 위반행위가 발생한 기관은 제외된다.

18 공무원의 직위해제에 대한 설명으로 옳은 것은?

① 직위해제는 공무원 징계의 한 종류이다.

② 직위해제 처분을 받은 공무원은 잠정적으로 공무원 신분이 상실된다.

③ 직무수행 능력이 부족하거나 근무성적이 극히 나쁜 자에 대해서도 직위해제가 가능하다.

④ 직위해제의 사유가 소멸된 경우 임용권자는 인사위 원회의 심의를 거쳐 3개월 이내에 직위를 부여하여 야 한다.

19 2021년 1월 전부개정된 「지방자치법」에서 처음으로 도 입된 주민참여 제도는?

① 주민소환

② 주민의 감사청구

③ 조례의 제정과 개정 · 폐지 청구

④ 규칙의 제정과 개정 · 폐지 관련 의견 제출

20 정책평가를 위한 사회실험에 대한 설명으로 옳지 않은 것은?

① 통제집단 사전 · 사후 설계는 검사효과를 통제할 수 있다.

② 준실험은 진실험에 비해 실행 가능성이 높다는 장점 이 있다.

③ 회귀불연속 설계는 구분점(구간)에서 회귀직선의 불 연속적인 단절을 이용한다.

④ 솔로몬 4집단 설계는 통제집단 사전 · 사후 설계와 통제집단 사후 설계의 장점을 갖는다.

회독 CHECK 1 2 3

01 계급제에 대한 설명으로 옳지 않은 것은?

① 직무의 속성을 중심으로 공직을 분류하는 제도이다.
② 폐쇄형 충원방식을 원칙으로 한다.
③ 일반행정가 양성을 지향한다.
④ 탄력적 인사관리에 용이하다.

02 민츠버그(Mintzberg)가 제시한 조직유형이 아닌 것은?

① 기계적 관료제
② 애드호크라시(adhocracy)
③ 사업부제 구조
④ 홀라크라시(holacracy)

03 정책결정모형에 대한 설명으로 옳은 것은?

① 혼합주사모형(mixed scanning approach)은 1960년대 미국의 쿠바 미사일 위기사건을 설명하기 위해 연구된 모형이다.
② 사이버네틱스모형을 설명하는 예시로 자동온도조절장치를 들 수 있다.
③ 쓰레기통모형은 갈등의 준해결, 문제 중심의 탐색, 불확실성 회피, 표준운영절차의 활용을 설명하는 모형이다.
④ 합리모형은 만족할 만한 수준에서 의사결정이 이루어진다고 설명하는 모형이다.

04 행정이론의 발달을 오래된 순서대로 바르게 나열한 것은?

> (가) 과학적 관리론 – 테일러(Taylor)
> (나) 신공공관리론 – 오스본과 게블러(Osborne & Gaebler)
> (다) 신행정론 – 왈도(Waldo)
> (라) 행정행태론 – 사이먼(Simon)

① (가) – (다) – (라) – (나)
② (가) – (라) – (다) – (나)
③ (라) – (가) – (나) – (다)
④ (라) – (다) – (나) – (가)

05 엘리트이론과 다원주의이론에 대한 설명으로 옳지 않은 것은?

① 고전적 엘리트이론에서 엘리트들은 다른 계층에 대해 책임을 지지 않는다.
② 밀즈(Mills)는 명성접근법을 사용하여 엘리트들을 분석한다.
③ 달(Dahl)은 권력이 분산되어 있음을 전제로 다원주의론을 전개한다.
④ 바흐라흐와 바라츠(Bachrach & Baratz)는 무의사결정이 의제설정과정뿐만 아니라 정책결정과정에서도 발생할 수 있다고 주장한다.

06 예산 불성립에 따른 예산 종류에 대한 설명으로 옳지 않은 것은?

① 준예산은 전년도 예산을 기준으로 예산을 편성해 운영하는 제도이다.

② 현재 우리나라는 준예산제도를 채택하고 있다.

③ 가예산은 1개월분의 예산을 국회의 의결을 거쳐 집행하는 것으로 우리나라가 운영한 경험이 있다.

④ 잠정예산은 수개월 단위로 임시예산을 편성해 운영하는 것으로 가예산과 달리 국회의 의결이 불필요하다.

07 동기부여 이론에 대한 설명으로 옳은 것은?

① 로크(Locke)의 목표설정이론에서는 목표의 도전성(난이도)과 명확성(구체성)을 강조했다.

② 매슬로우(Maslow)의 욕구 5단계설에서는 욕구의 좌절과 퇴행을 강조했다.

③ 해크만과 올드햄(Hackman&Oldham)의 직무특성이론에서는 유의성, 수단성, 기대감을 동기부여의 핵심으로 보았다.

④ 앨더퍼(Alderfer)의 ERG이론에서는 위생요인이 충족되었다고 하더라도 동기부여가 되는 것은 아니라고 주장했다.

08 품목별 예산제도(line-item budget system)에 대한 설명으로 옳지 않은 것은?

① 미국에서 공무원의 부정부패를 막고 행정의 능률을 향상시키기 위해 도입되었다.

② 정부 활동에 대한 총체적인 사업계획과 우선순위 결정에 유리하다.

③ 예산 집행의 책임성을 확보할 수 있는 통제지향 예산제도이다.

④ 특정 사업의 지출 성과에 대해서는 파악하기 어렵다.

09 블랙스버그 선언(Blacksburg Manifesto)과 행정재정립운동(refounding movement)에 대한 설명으로 옳지 않은 것은?

① 블랙스버그 선언은 행정의 정당성을 침해하는 정치·사회적 상황을 비판했다.

② 행정재정립운동은 직업공무원제를 옹호했다.

③ 행정재정립운동은 정부를 재창조하기보다는 재발견해야 한다고 주장했다.

④ 블랙스버그 선언은 신행정학의 태동을 가져왔다.

10 정부예산의 종류에 대한 설명으로 옳지 않은 것은?

① 기금은 예산원칙의 일반적 제약으로부터 벗어나 탄력적으로 운용된다.

② 특별회계예산은 국가의 회계 중 특정한 세입으로 특정한 세출을 충당하기 위한 예산이다.

③ 특별회계예산은 일반회계예산과 달리 예산편성에 있어 국회의 심의 및 의결을 받지 않는다.

④ 기금은 예산 통일성 원칙의 예외가 된다.

11 지방정부의 사무에 대한 설명으로 옳지 않은 것은?

① 기관위임사무의 처리에 드는 경비는 중앙정부와 지방정부가 공동부담하는 것이 원칙이다.

② 단체위임사무는 집행기관장이 아닌 지방정부 그 자체에 위임된 사무이다.

③ 지방의회는 단체위임사무의 처리 과정에 관한 조례를 제정할 수 있다.

④ 중앙정부는 자치사무에 대해 합법성 위주의 통제를 주로 한다.

행정학개론

일반행정직

12 대표관료제에 대한 설명으로 옳지 않은 것은?

① 우리나라는 양성채용목표제, 장애인 의무고용제 등 다양한 균형인사제도를 통해 대표관료제의 논리를 반영하고 있다.

② 다양한 집단의 이익을 반영하는 실적주의 이념에 부합하는 인사제도이다.

③ 할당제를 강요하는 결과를 초래하고, 특정 집단에 대한 역차별 문제를 야기할 수 있다.

④ 임용 전 사회화가 임용 후 행태를 자동적으로 보장한다는 가정하에 전개되어 왔다.

13 킹던(Kingdon)이 제시한 정책흐름모형에 대한 설명으로 옳은 것만을 모두 고르면?

> ㉠ 경쟁하는 연합의 자원과 신념 체계(belief system)를 강조한다.
> ㉡ 쓰레기통모형을 발전시킨 것이다.
> ㉢ 정책 과정의 세 흐름은 문제흐름, 정책흐름, 정치흐름이 있다.

① ㉠

② ㉢

③ ㉠, ㉡

④ ㉡, ㉢

14 행정가치에 대한 설명으로 옳지 않은 것은?

① 합리성은 어떤 행위가 궁극적 목표 달성의 최적 수단이 되느냐의 여부를 가리는 개념이다.

② 효율성은 목표의 달성도를 나타내고, 효과성은 투입 대비 산출의 비율을 의미한다.

③ 자율적 책임성은 공무원이 직업윤리와 책임감에 기초해 전문가로서 자발적인 재량을 발휘할 때 확보된다.

④ 행정의 민주성은 국민과의 관계뿐만 아니라 관료조직의 내부의사결정 과정의 측면에서도 고려된다.

15 근무성적평정상의 오류에 대한 설명으로 옳지 않은 것은?

① 평정자가 피평정자를 잘 모르는 경우 집중화 경향이 발생할 수 있다.

② 평정자의 평정기준이 일정하지 않은 경우 총계적 오류(total error)가 발생할 수 있다.

③ 연쇄효과(halo effect)는 초기 실적이나 최근의 실적을 중심으로 평가함으로써 발생하는 시간적 오류를 의미한다.

④ 관대화 경향의 폐단을 막기 위해 강제배분법을 활용할 수 있다.

16 라이트(Wright)의 정부간관계(Inter-Governmental Relations: IGR) 모형에 대한 설명으로 옳지 않은 것은?

① 정부 간 상호권력관계와 기능적 상호의존관계를 기준으로 정부간관계(IGR)를 3가지 모델로 구분한다.

② 대등권위모형(조정권위모형, coordinate-authority model)은 연방정부, 주정부, 지방정부가 모두 동등한 권한을 가지고 있다고 설명한다.

③ 내포권위모형(inclusive-authority model)은 연방정부, 주정부, 지방정부를 수직적 포함관계로 본다.

④ 중첩권위모형(overlapping-authority model)은 연방정부, 주정부, 지방정부가 상호 독립적인 실체로 존재하며 협력적 관계라고 본다.

17 변혁적 리더십에 대한 설명으로 옳지 않은 것은?

① 도전적 목표와 임무, 미래에 대한 비전을 추구하도록 격려한다.

② 구성원 개개인에게 관심을 가지고 배려한다.

③ 상황적 보상과 예외관리를 특징으로 한다.

④ 새로운 관점에서 문제를 재구성하고 해결책을 찾도록 자극한다.

18 무어(Moore)의 공공가치창출론(creating public value) 적 시각에 대한 설명으로 옳지 않은 것은?

① 행정의 정당성 위기를 극복하기 위한 대안적 접근이다.

② 전략적 삼각형 개념을 제시한다.

③ 신공공관리론을 계승하여 행정의 수단성을 강조한다.

④ 정부의 관리자들은 공공가치 실현에 힘써야 한다고 주장한다.

19 로위(Lowi)의 정책유형과 리플리와 프랭클린(Ripley & Franklin)의 정책유형에는 없지만, 앨먼드와 파월(Almond&Powell)의 정책유형에는 있는 것은?

① 상징정책

② 재분배정책

③ 규제정책

④ 분배정책

20 정부 예산팽창이론에 대한 설명으로 옳지 않은 것은?

① 바그너(Wagner)는 경제 발전에 따라 국민의 욕구 부응을 위한 공공재 증가로 인해 정부 예산이 증가한다고 주장한다.

② 피코크(Peacock)와 와이즈맨(Wiseman)은 전쟁과 같은 사회적 변동이 끝난 후에도 공공지출이 그 이전 수준으로 되돌아가지 않는 데에서 예산팽창의 원인을 찾고 있다.

③ 보몰(Baumol)은 정부 부문과 민간 부문 간의 생산성 격차를 통해 정부 예산의 팽창 원인을 설명하고 있다.

④ 파킨슨(Parkinson)은 관료들이 자신들의 권력 극대화를 위해 필요 이상으로 자기 부서의 예산을 추구함에 따라 정부 예산이 지속적으로 증가한다고 주장한다.

✔ 회독 CHECK 1 2 3

01 직업공무원제의 특징으로 옳지 않은 것은?

① 직무급 중심 보수체계
② 능력발전의 기회 부여
③ 폐쇄형 충원방식
④ 신분의 보장

02 정책의 유형 중에서 정책목표에 의해 일반 국민에게 인적 · 물적 자원을 부담시키는 정책은?

① 추출정책
② 구성정책
③ 분배정책
④ 상징정책

03 직위분류제의 주요 개념에 대한 설명으로 옳지 않은 것은?

① '직위'는 한 사람의 공무원에게 부여할 수 있는 직무와 책임을 의미한다.
② '직급'은 직무의 종류가 유사하고 곤란도 · 책임도가 서로 다른 군(群)을 의미한다.
③ '직류'는 동일 직렬 내에서 담당분야가 동일한 직무의 군(群)을 의미한다.
④ '직무등급'은 직무의 곤란도 · 책임도가 유사해 동일 보수를 줄 수 있는 직위의 군(群)을 의미한다.

04 윌슨(Wilson)의 규제정치 유형 중 다음 설명에 해당하는 것은?

> 정부규제로 발생하게 될 비용은 상대적으로 작고 이질적인 불특정 다수에게 부담된다. 그러나 편익은 크고 동질적인 소수에 귀속된다. 이런 상황에서 상당한 이익을 얻을 수 있는 소수집단은 정치조직화하여 편익이 자신들에게 제도적으로 보장될 수 있도록 정치적 압력을 행사한다.

① 대중정치
② 고객정치
③ 기업가정치
④ 이익집단정치

05 동기유발의 과정을 설명하는 '과정이론'에 해당하는 것만을 모두 고르면?

> ㉠ 브룸(Vroom)의 기대이론
> ㉡ 애덤스(Adams)의 공정성이론
> ㉢ 로크(Locke)의 목표설정이론
> ㉣ 앨더퍼(Alderfer)의 ERG이론
> ㉤ 맥그리거(McGregor)의 X이론 · Y이론

① ㉠, ㉡, ㉢
② ㉠, ㉡, ㉣
③ ㉡, ㉢, ㉤
④ ㉢, ㉣, ㉤

06 특별지방자치단체에 대한 설명으로 옳지 않은 것은?

① 2개 이상의 지방자치단체가 공동으로 특정한 목적을 위하여 광역적으로 사무를 처리할 필요가 있을 때에는 특별지방자치단체를 설치할 수 있다.

② 보통의 지방자치단체와 같이 법인격을 갖는다.

③ 특별지방자치단체의 의회는 규약으로 정하는 바에 따라 구성 지방자치단체의 의회 의원으로 구성한다.

④ 구성 지방자치단체의 장은 「지방자치법」상 겸임 제한 규정에 의해 특별지방자치단체의 장을 겸할 수 없다.

07 나카무라(Nakamura)와 스몰우드(Smallwood)의 정책 결정자와 정책집행자의 관계에 따른 정책집행의 유형에 대한 설명으로 옳지 않은 것은?

① '고전적 기술자형'은 정책결정자가 구체적인 목표를 설정하면, 정책집행자는 그 목표를 지지하고 목표 달성을 위한 기술적인 수단을 강구하는 역할을 담당한다고 본다.

② '재량적 실험형'은 정책결정자가 추상적인 목표를 설정하면, 정책집행자는 정책결정자를 위해 목표와 수단을 명확하게 하는 역할을 담당한다고 본다.

③ '관료적 기업가형'은 정책집행자가 목표와 수단을 강구한 다음 정책결정자를 설득하고, 정책결정자는 정책집행자가 수립한 목표와 수단을 기술하는 역할을 담당한다고 본다.

④ '지시적 위임형'은 정책결정자가 구체적인 목표와 수단을 설정하면, 정책집행자는 정책결정자의 지시와 위임을 받아 정책대상집단과 협상하는 역할을 담당한다고 본다.

08 목표관리제(MBO)에 대한 설명으로 옳은 것만을 모두 고르면?

> ㉠ 부하와 상사의 참여를 통해 목표를 설정한다.
> ㉡ 중 · 장기목표를 단기목표보다 강조한다.
> ㉢ 조직 내 · 외의 상황이 안정적이고 예측 가능한 조직에서 성공확률이 높다.
> ㉣ 개별 구성원의 직무 특수성을 반영하기 위하여 목표의 정성적, 주관적 성격이 강조된다.

① ㉠, ㉡

② ㉠, ㉢

③ ㉡, ㉣

④ ㉢, ㉣

09 동일 회계연도 예산의 성립을 기준으로 볼 때 시기적으로 빠른 것부터 순서대로 바르게 나열한 것은?

① 본예산, 수정예산, 준예산

② 준예산, 추가경정예산, 본예산

③ 수정예산, 본예산, 추가경정예산

④ 잠정예산, 본예산, 준예산

10 (가)~(라)의 행정이론이 등장한 시기를 순서대로 바르게 나열한 것은?

> (가) 정부와 공공부문에 참여하는 다양한 참여자들의 네트워크를 중시하고, 정부는 전체 네트워크를 관리하는 조정자의 입장에 있다고 하였다.
>
> (나) 미국 행정학의 '지적 위기'를 지적하면서 인간을 이기적·합리적 존재로 전제하고, 공공재의 공급이 서비스 기관 간 경쟁과 고객의 선택에 의해 이루어지는 시스템을 제안하였다.
>
> (다) 정치는 국가의 의지를 표명하고 정책을 구현하는 것이며, 행정은 이를 실천하는 관리활동으로서 정치와 행정의 차이를 분명히 하였다.
>
> (라) 왈도(Waldo)를 중심으로 가치와 형평성을 중시하면서 사회의 문제해결에 대한 현실 적합성을 갖는 새로운 행정학의 정립을 시도하였다.

① (다) → (라) → (가) → (나)
② (다) → (라) → (나) → (가)
③ (라) → (다) → (가) → (나)
④ (라) → (다) → (나) → (가)

11 예산집행의 신축성을 유지하기 위한 제도로 옳지 않은 것은?

① 계속비
② 수입대체경비
③ 예산의 재배정
④ 예산의 이체

12 정부관의 변천에 대한 설명으로 옳지 않은 것은?

① 19세기 근대 자유주의 국가는 '야경국가'를 지향하였다.
② 대공황 이후 케인스주의, 루스벨트 대통령의 뉴딜 정책은 큰 정부관을 강조하였다.
③ 영국의 대처리즘, 미국의 레이거노믹스는 작은 정부를 지향하였다.
④ 하이에크(Hayek)는 『노예의 길』에서 시장실패를 비판하고 큰 정부를 강조하였다.

13 공무원 신분의 변경과 소멸에 대한 설명으로 옳지 않은 것은?

① 직권면직은 법률상 징계의 종류로 규정되어 있지 않다.
② 정직은 징계처분의 일종으로, 정직 기간 중에는 보수의 1/2을 감하도록 되어 있다.
③ 임용권자는 사정에 따라서는 공무원 본인의 의사에도 불구하고 휴직을 명해야 한다.
④ 임용권자는 직무수행 능력 부족을 이유로 직위해제를 받은 공무원이 직위해제 기간에 능력의 향상을 기대하기 어렵다고 인정된 때에 직권면직을 통해 공무원의 신분을 박탈할 수 있다.

14 립스키(Lipsky)의 '일선관료제'에서 일선관료들이 처하는 업무환경의 특징으로 옳지 않은 것은?

① 자원의 부족
② 일선관료 권위에 대한 도전
③ 모호하고 대립되는 기대
④ 단순하고 정형화된 정책대상집단

15 의사결정모형에 대한 설명으로 옳지 않은 것은?

① '최적모형'은 정책결정자의 합리성뿐 아니라 직관·판단·통찰 등과 같은 초합리성을 아울러 고려한다.

② '쓰레기통모형'은 대학조직과 같이 조직구성원 사이의 응집력이 아주 약한 상태, 즉 조직화된 무정부상태(organized anarchy)에서 의사결정이 이루어지는 과정을 설명하려고 시도한다.

③ '점증모형'은 실제 정책의 결정이 점증적인 방식으로 이루어질 뿐 아니라 정책을 점증적으로 결정하는 것이 바람직하다는 입장을 견지한다.

④ '회사모형'은 조직의 불확실한 환경을 회피하고 조직 내 갈등을 극복하기 위하여 장기적인 전략과 기획의 중요성을 강조한다.

16 공무원의 정치적 중립의 정당화 근거로 옳지 않은 것은?

① 엽관주의의 폐해를 극복하여 행정의 안정성과 전문성을 제고할 수 있다.

② 공무원은 국민 전체의 이익을 위해 공평무사하게 봉사해야 하는 신분이다.

③ 공무원의 정치적 기본권을 강화하여 공직의 계속성을 제고할 수 있다.

④ 공명선거를 통해 민주적 기본질서를 제고할 수 있다.

17 지방교부세에 대한 설명으로 옳지 않은 것은?

① 지역 간 재정력 격차를 완화시키는 재정 균등화 기능을 수행한다.

② 보통교부세, 특별교부세, 부동산교부세, 소방안전교부세로 구분한다.

③ 신청주의를 원칙으로 하며 각 중앙관서의 예산에 반영되어야 한다.

④ 부동산교부세는 종합부동산세를 재원으로 하며 전액을 지방자치단체에 교부한다.

18 「정부업무평가 기본법」상 우리나라 정부업무평가제도에 대한 설명으로 옳지 않은 것은?

① 특정평가는 국무총리가 중앙행정기관과 공공기관을 대상으로 국정을 통합적으로 관리하기 위한 목적을 갖는다.

② 국무총리 소속하에 심의·의결기구로서 정부업무평가위원회를 둔다.

③ 지방자치단체의 자체평가에 있어서 행정안전부장관은 평가 관련 사항에 대하여 지방자치단체를 지원할 수 있다.

④ 자체평가는 중앙행정기관 또는 지방자치단체가 소관 정책 등을 스스로 평가하는 것을 말한다.

19 중앙정부 결산보고서상의 재무제표로 옳은 것은?

① 손익계산서, 순자산변동표, 현금흐름표

② 대차대조표, 재정운영보고서, 이익잉여금처분계산서

③ 재정상태표, 재정운영표, 순자산변동표

④ 재정상태보고서, 순자산변동표, 현금흐름보고서

20 「전자정부법」에서 정의하고 있는 다음의 개념은?

> 일정한 기준과 절차에 따라 업무, 응용, 데이터, 기술, 보안 등 조직 전체의 구성요소들을 통합적으로 분석한 뒤 이들 간의 관계를 구조적으로 정리한 체제 및 이를 바탕으로 정보화 등을 통하여 구성요소들을 최적화하기 위한 방법

① 전자문서

② 정보기술아키텍처

③ 정보시스템

④ 정보자원

01 공익에 대한 설명으로 옳은 것만을 모두 고르면?

> ㉠ 실체설에 의하면 공익은 사익을 초월한 것이다.
> ㉡ 과정설에 의하면 공익은 사익 간 갈등을 조정·타협하는 과정에서 산출되는 것이다.
> ㉢ 실체설은 다원적 민주주의에 도움을 준다.
> ㉣ 플라톤(Plato)과 루소(Rousseau) 모두 공익 실체설을 주장하였다.

① ㉠, ㉡
② ㉡, ㉢
③ ㉠, ㉡, ㉣
④ ㉠, ㉢, ㉣

02 허즈버그(Herzberg)의 욕구충족요인 이원론에서 위생요인에 해당하지 않는 것은?

① 감독
② 대인관계
③ 보수
④ 성취감

03 서번트(servant) 리더십에 대한 설명으로 옳은 것만을 모두 고르면?

> ㉠ 구성원들이 공동의 목표를 이뤄 나갈 수 있도록 환경을 조성하고 도와준다.
> ㉡ 보상과 처벌을 핵심 관리수단으로 한다.
> ㉢ 그린리프(Greenleaf)는 존중, 봉사, 정의, 정직, 공동체 윤리를 강조했다.
> ㉣ 리더의 최우선적인 역할은 업무를 명확하게 지시하는 것이다.

① ㉠, ㉢
② ㉠, ㉣
③ ㉡, ㉢
④ ㉡, ㉣

04 행정학의 주요 접근법, 학자, 특성을 바르게 연결한 것은?

① 행정생태론 – 오스본(Osborne)과 게블러(Gaebler) – 환경 요인 중시
② 후기행태주의 – 이스턴(Easton) – 가치중립적·과학적 연구 강조
③ 신공공관리론 – 리그스(Riggs) – 시장원리인 경쟁을 도입
④ 뉴거버넌스론 – 로즈(Rhodes) – 정부·시장·시민사회 간 네트워크

05 티부(Tiebout) 모형의 전제조건으로 옳지 않은 것은?

① 시민의 이동성
② 외부효과의 배제
③ 고정적 생산요소의 부존재
④ 지방정부 재정패키지에 대한 완전한 정보

06 관료제 병리현상과 그 특징을 짝 지은 것으로 옳지 않은 것은?

① 할거주의 – 조정과 협조 곤란
② 형식주의 – 번거로운 문서 처리
③ 피터(Peter)의 원리 – 관료들의 세력 팽창 욕구로 인한 기구와 인력의 증대
④ 전문화로 인한 무능 – 한정된 분야의 전문성 강조로 타 분야에 대한 이해력 부족

07 정책집행 연구 중 상향적 접근방법(bottom-up approach)으로 옳은 것만을 모두 고르면?

> ㉠ 엘모어(Elmore)의 후방향적 집행연구
> ㉡ 사바티어(Sabatier)와 매즈매니언(Mazmanian)의 집행과정모형
> ㉢ 립스키(Lipsky)의 일선관료제
> ㉣ 반 미터(Van Meter)와 반 호른(Van Horn)의 집행연구

① ㉠, ㉢
② ㉠, ㉣
③ ㉡, ㉢
④ ㉡, ㉣

08 호그우드(Hogwood)와 피터스(Peters)가 제시한 정책변동의 유형에 대한 설명으로 옳지 않은 것은?

① 정책혁신은 기존의 조직이나 예산을 기반으로 새로운 형태의 개입을 결정하는 것이다.
② 정책승계는 정책의 기본 목표는 유지하되, 정책을 대체 혹은 수정하거나 일부 종결하는 것이다.
③ 정책유지는 기존 정책의 기본 골격을 유지하면서 정책수단의 부분적인 변화만 이루어지는 것이다.
④ 정책종결은 다른 정책으로의 대체 없이 기존 정책을 완전히 중단하는 것이다.

09 조직문화의 경쟁가치모형에 대한 설명으로 옳지 않은 것은?

① 위계 문화는 응집성을 강조한다.
② 혁신지향 문화는 창의성을 강조한다.
③ 과업지향 문화는 생산성을 강조한다.
④ 관계지향 문화는 사기 유지를 강조한다.

10 2015년 공무원연금 개혁에 대한 설명으로 옳지 않은 것은?

① 퇴직연금 지급률을 1.7%로 단계적 인하
② 퇴직연금 수급 재직요건을 20년에서 10년으로 완화
③ 퇴직연금 기여율을 기준소득월액의 9%로 단계적 인상
④ 퇴직급여 산정 기준은 퇴직 전 3년 평균보수월액으로 변경

11 특별시·광역시의 보통세와 도의 보통세에 공통적으로 속하는 세목만을 모두 고르면?

> ㉠ 지방소득세   ㉡ 지방소비세
> ㉢ 주민세   ㉣ 레저세
> ㉤ 재산세   ㉥ 취득세

① ㉠, ㉡, ㉣
② ㉠, ㉢, ㉤
③ ㉡, ㉣, ㉥
④ ㉢, ㉤, ㉥

12 정부회계에 대한 설명으로 옳지 않은 것은?

① 국가회계는 디브레인(dBrain) 시스템을 통해, 지방자치단체회계는 e-호조 시스템을 통해 처리된다.
② 재무회계는 현금주의 단식부기 회계방식이, 예산회계는 발생주의 복식부기 방식이 적용된다.
③ 발생주의에서는 미수수익이나 미지급금을 자산과 부채로 표시할 수 있다.
④ 재무제표는 거래가 발생하면 차변과 대변 양쪽에 동일한 금액으로 이중기입하는 복식부기 방식을 채택하고 있다.

13 정부위원회에 대한 설명으로 옳은 것만을 모두 고르면?

> ㉠ 책임성이 결여될 수 있다.
> ㉡ 자문위원회는 업무가 계속성·상시성이 있어야
> 　한다.
> ㉢ 민주성을 제고하는 장점이 있다.
> ㉣ 방송통신위원회, 공정거래위원회, 국민권익위원
> 　회, 금융위원회, 개인정보 보호위원회, 원자력안
> 　전위원회는 중앙행정기관이다.

① ㉠, ㉢　　　　　　　② ㉡, ㉢
③ ㉡, ㉣　　　　　　　④ ㉠, ㉢, ㉣

14 공무원 보수의 유형에 대한 설명으로 옳지 않은 것은?

① 직능급은 자격증을 갖춘 유능한 인재의 확보에 유리
　하다.
② 연공급은 근속연수를 기준으로 하기 때문에 전문기
　술인력 확보에 유리하다.
③ 직무급은 동일노동에 대한 동일임금이라는 합리적
　인 보수 책정이 가능하다.
④ 성과급은 결과를 중시하며 변동급의 성격을 가진다.

15 다음은 「국가재정법」상 예비타당성조사에 대한 내용이다.
(가)와 (나)에 들어갈 숫자로 옳은 것은?

> 기획재정부장관은 총사업비가 　(가)　억 원 이상
> 이고 국가의 재정지원 규모가 　(나)　억 원 이상인
> 신규 사업으로서 건설공사가 포함된 사업 등에 대한
> 예산을 편성하기 위하여 미리 예비타당성조사를 실
> 시하고, 그 결과를 요약하여 국회 소관 상임위원회와
> 예산결산특별위원회에 제출하여야 한다.

	(가)	(나)
①	300	100
②	300	200
③	500	250
④	500	300

16 「공직자윤리법」상 재산등록의무자로 옳지 않은 것은?

① 법관 및 검사
② 소령 이상의 장교 및 이에 상당하는 군무원
③ 총경 이상의 경찰공무원과 소방정 이상의 소방공무원
④ 4급 이상의 일반직 공무원에 상당하는 보수를 받는
　별정직 공무원

17 살라몬(Salamon)의 정책도구 분류에서 강제성이 가장
높은 것은?

① 경제적 규제
② 바우처
③ 조세지출
④ 직접대출

18 일반회계, 특별회계, 기금에 대한 설명으로 옳지 않은 것은?

① 일반회계는 조세수입 등을 주요 세입으로 하여 국가의 일반적인 세출에 충당하기 위하여 설치한다.

② 특별회계와 기금은 예산총계주의 원칙의 예외이다.

③ 일반회계, 특별회계, 기금 모두 국회로부터 결산의 심의 및 의결을 받아야 한다.

④ 일반회계와 특별회계는 전쟁이나 대규모 재해가 발생한 경우 추가경정예산을 편성할 수 있다.

19 다음 설명에 해당하는 유연근무제의 유형은?

- 탄력근무제의 한 유형
- 1일 8시간에 구애받지 않음
- 주 3.5~4일 근무

① 재택근무형

② 집약근무형

③ 시차출퇴근형

④ 근무시간선택형

20 홀릿(Howlett)과 라메쉬(Ramesh)의 모형에 따라 정책 의제설정 유형을 분류할 때, (가)~(라)에 대한 설명으로 옳지 않은 것은?

공중의 지지 의제설정 주도자	높음	낮음
사회 행위자(societal actors)	(가)	(나)
국가(state)	(다)	(라)

① (가) - 시민사회단체 등이 이슈를 제기하여 정책의제에 이른다.

② (나) - 특별히 의사결정자들에게 접근할 수 있는 영향력 있는 집단이 정책을 주도한다.

③ (다) - 이미 공중의 지지가 높기 때문에 정책이 결정된 후 집행이 용이하다.

④ (라) - 정책결정자가 이슈를 제기하면 자동적으로 정책의제화되기 때문에 성공적인 집행을 위한 공중의 지지는 필요 없다.

✅ 회독 CHECK 1 2 3

01 정부개입의 근거가 되는 시장실패의 원인으로 옳지 않은 것은?

① 외부효과 발생
② 시장의 독점 상태
③ X-비효율성 발생
④ 시장이 담당하기 어려운 공공재의 존재

02 조직목표의 기능에 대한 설명으로 옳지 않은 것은?

① 조직구성원들이 목표로 인해 일체감을 느끼기 때문에 구성원들의 동기를 유발해준다.
② 조직의 구조와 과정을 설계하는 준거를 제공하고 성과를 평가하는 기준이 되기도 한다.
③ 미래의 바람직한 상태를 밝혀 조직활동의 방향을 제시한다.
④ 조직이 존재하는 정당성의 근거가 될 수는 없다.

03 결정과 기획 같은 핵심기능만 수행하는 조직을 중심에 놓고 다수의 독립된 조직들을 협력 관계로 묶어 일을 수행하는 조직형태는?

① 태스크 포스
② 프로젝트 팀
③ 네트워크 조직
④ 매트릭스 조직

04 행정부에 대한 외부통제에 해당하는 것만을 모두 고르면?

> ㉠ 행정안전부의 각 중앙행정기관 조직과 정원 통제
> ㉡ 국회의 국정조사
> ㉢ 기획재정부의 각 부처 예산안 검토 및 조정
> ㉣ 국민들의 조세부과 처분에 대한 취소소송
> ㉤ 국무총리의 중앙행정기관에 대한 기관평가
> ㉥ 환경운동연합의 정부정책에 대한 반대
> ㉦ 중앙행정기관장의 당해 기관에 대한 자체평가
> ㉧ 언론의 공무원 부패 보도

① ㉠, ㉢, ㉤, ㉦
② ㉡, ㉢, ㉣, ㉤
③ ㉡, ㉣, ㉤, ㉧
④ ㉡, ㉣, ㉥, ㉧

05 우리나라 지방자치단체의 권한(자치권)으로 옳지 않은 것은?

① 지방자치단체는 법률의 위임이 있어야 주민의 권리를 제한하는 조례를 제정할 수 있다.
② 지방자치단체는 주민의 복지증진과 사업의 효율적 수행을 위하여 지방공기업을 설치 · 운영할 수 있다.
③ 지방자치단체는 조례를 위반한 행위에 대하여 조례로써 1,500만 원 이하의 과태료를 정할 수 있다.
④ 지방자치단체조합도 따로 법률로 정하는 바에 따라 지방채를 발행할 수 있다.

06 근무성적평정 과정상의 오류와 완화방법에 대한 설명으로 옳지 않은 것은?

① 일관적 오류는 평정자의 기준이 다른 사람보다 높거나 낮은 데서 비롯되며 강제배분법을 완화방법으로 고려할 수 있다.

② 근접효과는 전체 기간의 실적을 같은 비중으로 평가하지 못할 때 발생하며 중요사건기록법을 완화방법으로 고려할 수 있다.

③ 관대화 경향은 비공식집단적 유대 때문에 발생하며 평정결과의 공개를 완화방법으로 고려할 수 있다.

④ 연쇄효과는 도표식 평정척도법에서 자주 발생하며 피평가자별이 아닌 평정요소별 평정을 완화방법으로 고려할 수 있다.

07 테일러(Taylor)의 과학적 관리론에 대한 설명으로 옳지 않은 것은?

① 관리자는 생산증진을 통해서 노·사 모두를 이롭게 해야 한다.

② 조직 내의 인간은 사회적 욕구에 의해 동기가 유발된다고 전제한다.

③ 업무와 인력의 적정한 결합은 노동자가 아닌 관리자에 의해 결정되어야 한다.

④ 업무수행에 관한 유일 최선의 방법을 찾기 위해 동작연구와 시간연구를 사용한다.

08 신공공관리와 뉴거버넌스에 대한 설명으로 옳은 것은?

① 뉴거버넌스가 상정하는 정부의 역할은 방향잡기(steering)이다.

② 신공공관리의 인식론적 기초는 공동체주의이다.

③ 신공공관리가 중시하는 관리 가치는 신뢰(trust)이다.

④ 뉴거버넌스의 관리 기구는 시장(market)이다.

09 로위(Lowi)의 정책유형과 그에 대한 설명으로 옳은 것만을 모두 고르면?

㉠ 규제정책은 특정 개인이나 집단에 대한 선택의 자유를 제한하는 유형의 정책으로 강제력이 특징이다.

㉡ 분배정책의 사례에는 FTA협정에 따른 농민피해 지원, 중소기업을 위한 정책자금지원, 사회보장 및 의료보장정책 등이 있다.

㉢ 재분배정책은 고소득층으로부터 저소득층으로 소득이전을 목적으로 하기 때문에 계급대립적 성격을 지닌다.

㉣ 재분배정책의 사례로는 저소득층을 위한 근로장려금제도, 영세민을 위한 임대주택 건설, 대덕 연구개발 특구 지원 등이 있다.

㉤ 구성정책은 정부기관의 신설과 선거구 조정 등과 같이 정부기구의 구성 및 조정과 관련된 정책이다.

① ㉠, ㉡, ㉢   ② ㉠, ㉢, ㉤

③ ㉡, ㉣, ㉤   ④ ㉢, ㉣, ㉤

10 우리나라 예산제도에 대한 설명으로 옳지 않은 것은?

① 국회는 정부의 동의 없이 정부가 제출한 지출예산 각 항의 금액을 증가시킬 수 없다.

② 정부가 예산안 편성 시 감사원의 세출예산요구액을 감액하고자 할 때에는 국무회의에서 감사원장의 의견을 구하여야 한다.

③ 정부는 회계연도 개시 전까지 예산안이 의결되지 못한 때에는 전년도 예산에 준해 모든 예산을 편성해 운영할 수 있다.

④ 국회는 감사원이 검사를 완료한 국가결산보고서를 정기회 개회 전까지 심의·의결을 완료해야 한다.

11 「국가공무원법」에 명시된 공무원의 의무에 해당하지 않는 것은?

① 부패행위 신고의무
② 품위 유지의 의무
③ 복종의 의무
④ 성실 의무

12 예산주기에 비추어 볼 때 2021년도에 볼 수 없는 예산과정은?

① 국방부의 2022년도 예산에 대한 예산요구서 작성
② 기획재정부의 2021년도 예산에 대한 예산배정
③ 대통령의 2022년도 예산안에 대한 국회 시정연설
④ 감사원의 2021년도 예산에 대한 결산검사보고서의 작성

13 「국가재정법」상 추가경정예산안 편성이 가능한 사유에 해당하지 않는 것은?

① 전쟁이나 대규모 재해가 발생한 경우
② 남북관계의 변화와 같은 중대한 변화가 발생한 경우
③ 경기침체, 대량실업 같은 중대한 변화가 발생할 우려가 있는 경우
④ 경제협력, 해외원조를 위한 지출을 예비비로 충당해야 할 우려가 있는 경우

14 공기업에 대한 설명으로 옳지 않은 것은?

① 공공수요가 있으나 민간부문의 자본이 부족한 경우 공기업 설립이 정당화된다.
② 시장에서 독점성이 나타나는 경우 공기업 설립이 정당화된다.
③ 전통적인 자본주의적 사기업 질서에 반하여 사회주의적 간섭을 하는 것으로 볼 수 있다.
④ 주식회사형 공기업은 특별법 혹은 상법에 의해 설립되지만 일반행정기관에 적용되는 조직·인사 원칙이 적용된다.

15 동기요인이론에 대한 설명으로 옳지 않은 것은?

① 아담스(Adams)의 공정성이론에 따르면 공정하다고 인식할 때 동기가 유발된다.
② 매클리랜드(McClelland)의 성취동기이론에 따르면 개인들의 욕구가 학습을 통해 개발될 수 있다.
③ 브룸(Vroom)의 기대이론에서 기대감은 특정 결과는 특정한 노력으로 인해 나타날 수 있다는 가능성에 대한 개인의 신념으로 통상 주관적 확률로 표시된다.
④ 앨더퍼(Alderfer)의 ERG이론에 따르면 상위욕구 충족이 좌절되면 하위욕구를 충족시키고자 할 수 있다.

16 정책평가와 관련하여 실험결과의 외적 타당성을 저해하는 요인으로 옳지 않은 것은?

① 연구자의 측정기준이나 측정도구가 변화되는 경우
② 표본으로 선택된 집단의 대표성이 약할 경우
③ 실험집단 구성원 자신이 실험대상임을 인지하고 평소와 다른 특별한 반응을 보일 경우
④ 실험의 효과가 크게 나타날 것으로 예상되는 집단만을 의도적으로 실험집단에 배정하는 경우

17 우리나라의 주민소환제도에 대한 설명으로 옳지 않은 것은?

① 가장 유력한 직접민주주의 제도이다.

② 비례대표 지방의회의원은 주민소환 대상이 아니다.

③ 심리적 통제 효과가 크다.

④ 군수를 소환하려고 할 경우에는 해당 군의 주민소환 투표청구권자 총수의 100분의 10 이상의 서명을 받아 청구해야 한다.

18 신공공서비스론의 특성에 대한 설명으로 옳지 않은 것은?

① 정부의 역할은 시민에 대한 봉사여야 한다.

② 공익은 개인적 이익의 집합체이기 때문에 시민들과 신뢰와 협력의 관계를 확립해야 한다.

③ 책임성이란 단순하지 않기 때문에 관료들은 헌법, 법률, 정치적 규범, 공동체의 가치 등 다양한 측면에 관심을 기울여야 한다.

④ 생산성보다는 사람에게 가치를 부여하기 때문에 공공조직은 공유된 리더십과 협력의 과정을 통해 작동되어야 한다.

19 공공사업의 경제성분석에 대한 설명으로 옳은 것만을 모두 고르면?

> ㉠ 할인율이 높을 때는 편익이 장기간에 실현되는 장기투자사업보다 단기간에 실현되는 단기투자사업이 유리하다.
>
> ㉡ 직접적이고 유형적인 비용과 편익은 반영하고, 간접적이고 무형적인 비용과 편익은 포함하지 않는다.
>
> ㉢ 순현재가치(NPV)는 비용의 총현재가치에서 편익의 총현재가치를 뺀 것이며 0보다 클 경우 사업의 타당성을 인정할 수 있다.
>
> ㉣ 내부수익률은 할인율을 알지 못해도 사업평가가 가능하도록 하는 분석기법이다.

① ㉠, ㉡　　　　　　　　② ㉠, ㉣

③ ㉡, ㉢　　　　　　　　④ ㉠, ㉢, ㉣

20 공공봉사동기이론(public service motivation)에 대한 설명으로 옳지 않은 것은?

① 공사부문 간 업무성격이 다르듯이, 공공부문의 조직원들은 동기구조 자체도 다르다는 입장에 있다.

② 정책에 대한 호감, 공공에 대한 봉사, 동정심(compassion) 등의 개념으로 구성되어 있다.

③ 공공봉사동기가 높은 사람을 공직에 충원해야 한다는 주장의 근거가 될 수 있다.

④ 페리와 와이스(Perry&Wise)는 제도적 차원, 금전적 차원, 감성적 차원을 제시하였다.

✅ 회독 CHECK 1 2 3

01 정치 · 행정 일원론에 대한 설명으로 옳은 것은?

① 행정국가의 등장과 연관성이 깊다.
② 윌슨(Wilson)의 「행정연구」가 공헌하였다.
③ 정치는 의사결정의 영역이고, 행정은 결정된 내용을 집행한다고 보았다.
④ 행정은 경영과 비슷해야 하며, 행정이 지향하는 가치로 절약과 능률을 강조하였다.

02 신공공관리론에서 지향하는 '기업가적 정부'의 특성에 해당하지 않는 것은?

① 경쟁적 정부
② 노젓기 정부
③ 성과 지향적 정부
④ 미래 대비형 정부

03 공직 분류 체계에 대한 설명으로 옳은 것은?

① 소방공무원은 특수경력직 공무원에 해당한다.
② 국회 수석전문위원은 일반직 공무원에 해당한다.
③ 차관에서 3급 공무원까지는 특정직 공무원에 해당한다.
④ 경력직 공무원은 실적과 자격에 의해 임용되고 신분이 보장된다.

04 예산제도에 대한 설명으로 옳지 않은 것은?

① 품목별 예산제도는 행정부의 재량권을 확대하기 위해 도입되었다.
② 성과주의 예산제도에서는 사업의 단위원가를 기초로 예산을 편성한다.
③ 계획예산제도에서는 장기적인 기획과 단기적인 예산편성을 연계하여 합리적 예산 배분을 시도한다.
④ 영기준 예산제도는 예산을 편성할 때 전년도 예산에 구애받지 않는다.

05 특별회계 예산과 기금에 대한 설명으로 옳지 않은 것은?

① 기금은 특정 수입과 지출의 연계가 강하다.
② 특별회계 예산은 세입과 세출이라는 운영 체계를 지닌다.
③ 특별회계 예산은 합목적성 차원에서 기금보다 자율성과 탄력성이 강하다.
④ 특별회계 예산과 기금은 모두 결산서를 국회에 제출하여야 한다.

06 지방재정에 대한 설명으로 옳지 않은 것은?

① 재정자립도는 일반회계 세입 중 지방세와 세외수입이 차지하는 비중을 말한다.
② 국고보조금은 지방재정운영의 자율성을 제고한다.
③ 지방교부세는 지역 간의 재정 불균형을 시정하기 위한 제도이다.
④ 지방자치단체는 재해예방 및 복구사업에 경비를 조달하기 위해서 지방채를 발행할 수 있다.

07 변혁적(transformational) 리더십에 대한 설명으로 옳은 것은?

① 적응보다 조직의 안정을 강조한다.
② 기계적 조직체계에 적합하며, 개인적 배려는 하지 않는다.
③ 부하에게 새로운 비전을 제시하며, 지적 자극을 통한 동기부여를 강조한다.
④ 리더와 부하의 관계를 경제적 교환관계로 인식하고, 보상에 관심을 둔다.

08 조직이론에 대한 설명으로 옳은 것은?

① 인간관계론은 동기 유발 기제로 사회심리적 측면을 강조한다.
② 귤릭(Gulick)은 시간–동작 연구를 통해 과학적 관리론을 주장하였다.
③ 고전적 조직이론은 조직 내 사회적 능률을 강조하고, 조직 속의 인간을 자아실현인으로 간주한다.
④ 상황이론(contingency theory)은 모든 상황에서 적용되는 유일·최선의 조직구조를 찾는다.

09 균형성과표(BSC)에 대한 설명으로 옳지 않은 것은?

① 조직의 장기적 전략 목표와 단기적 활동을 연결할 수 있게 한다.
② 재무적 성과지표와 비재무적 성과지표를 통한 균형적인 성과관리 도구라고 할 수 있다.
③ 재무적 정보 외에 고객, 내부 절차, 학습과 성장 등 조직 운영에 필요한 관점을 추가한 것이다.
④ 고객 관점에서의 성과지표는 시민참여, 적법절차, 내부 직원의 만족도, 정책 순응도, 공개 등이 있다.

10 정책옹호연합모형(advocacy coalition framework)에 대한 설명으로 옳지 않은 것은?

① 외적인 환경변수를 정책 과정과 연계함으로써 정책 변동을 설명한다.
② 정책학습을 통해 행위자들의 기저핵심신념(deep core beliefs)을 쉽게 변화시킬 수 있다.
③ 옹호연합 사이에서 정치적 갈등 발생 시 정책중개자가 이를 조정할 수 있다.
④ 옹호연합은 그들의 신념 체계가 정부 정책에 관철되도록 여론, 정보, 인적자원 등을 동원한다.

11 엽관주의와 실적주의에 대한 설명으로 옳은 것은?

① 엽관주의는 개인의 능력, 적성, 기술을 공직 임용 기준으로 한다.
② 엽관주의는 정치지도자의 국정 지도력을 약화한다.
③ 실적주의는 국민에 대한 관료의 대응성을 높인다.
④ 실적주의는 공직 임용에 대한 기회의 균등을 보장한다.

12 고위공무원단제도에 대한 설명으로 옳지 않은 것은?

① 역량 중심의 인사관리
② 계급 중심의 인사관리
③ 성과와 책임 중심의 인사관리
④ 개방과 경쟁 중심의 인사관리

13 4차 산업혁명에 관한 설명으로 옳지 않은 것은?

① 초연결성, 초지능성 등의 특징이 있다.
② 대량 생산 및 규모의 경제 확산이 핵심이다.
③ 사물인터넷은 스마트 도시 구현에 도움이 된다.
④ 빅데이터를 활용한 맞춤형 공공 서비스 제공이 가능하다.

14 행정통제와 행정책임에 대한 설명으로 옳은 것만을 모두 고르면?

> ㉠ 파이너(Finer)는 법적·제도적 외부통제를 강조한다.
> ㉡ 감사원의 직무감찰과 회계감사는 외부통제에 해당한다.
> ㉢ 프리드리히(Friedrich)는 내재적 통제보다 객관적·외재적 책임을 강조한다.

① ㉠   ② ㉡
③ ㉠, ㉢   ④ ㉡, ㉢

15 자치경찰제도에 대한 설명으로 옳지 않은 것은?

① 지역 실정에 맞는 치안 행정을 펼칠 수 있다.
② 경찰 업무의 통일성과 효율성을 높일 수 있다.
③ 제주자치경찰단은 주민의 생활안전 활동에 관한 사무를 수행한다.
④ 자치경찰사무를 관장하기 위하여 광역자치단체에 시·도자치경찰위원회를 둔다.

16 지방자치단체의 예비비에 대한 설명으로 옳지 않은 것은?

① 예측할 수 없는 예산 외의 지출에 충당하기 위하여 예산에 계상한다.
② 일반회계의 경우 예산총액의 100분의 1 이내의 금액을 예비비로 계상하여야 한다.
③ 지방의회의 예산안 심의 결과 감액된 지출항목에 대해 예비비를 사용할 수 있다.
④ 재해·재난 관련 목적 예비비는 별도로 예산에 계상할 수 있다.

17 앨리슨(Allison) 모형 중 다음 내용에 초점을 두고 정책결정을 설명하는 것은?

> 1960년대 쿠바 미사일 사태에서 미국은 해안봉쇄로 위기를 극복하였다. 정부의 각 부처를 대표하는 사람들은 위기 상황에서 각자가 선호하는 대안을 제시하였다. 대표자들은 여러 대안에 대하여 갈등과 타협의 과정을 거쳤고, 결국 해안봉쇄 결정이 내려졌다. 이는 대통령이 사태 초기에 선호했던 국지적 공습과는 다른 결정이었다. 물론 해안봉쇄가 위기를 해소하는 최선의 대안이라는 보장은 없었고, 부처에 따라서는 불만을 가진 대표자도 있었다.

① 합리적 행위자 모형
② 쓰레기통모형
③ 조직과정모형
④ 관료정치모형

18 신제도주의에 대한 설명으로 옳지 않은 것은?

① 제도는 법률, 규범, 관습 등을 포함한다.

② 역사적 제도주의는 제도가 경로의존성을 따른다고 본다.

③ 사회학적 제도주의는 적절성의 논리보다 결과성의 논리를 중시한다.

④ 합리적 선택 제도주의는 제도가 합리적 행위자의 이기적 행태를 제약한다고 본다.

20 지방정부의 기관구성 형태에 대한 설명으로 옳지 않은 것은?

① 강시장-의회(strong mayor-council) 형태에서는 시장이 강력한 정치적 리더십을 행사한다.

② 위원회(commission) 형태에서는 주민 직선으로 선출된 의원들이 집행부서의 장을 맡는다.

③ 약시장-의회(weak mayor-council) 형태에서는 일반적으로 의회가 예산을 편성한다.

④ 의회-시지배인(council-manager) 형태에서는 시지배인이 의례적이고 명목적인 기능을 수행한다.

19 정책실험에서 내적 타당성을 위협하는 요인 중 다음 설명에 해당하는 것은?

> 사전측정을 경험한 실험 대상자들이 측정 내용에 대해 친숙해지거나 학습 효과를 얻음으로써 사후측정 때 실험집단의 측정값에 영향을 주는 효과이며, '눈에 띄지 않는 관찰' 방법 등으로 통제할 수 있다.

① 검사요인

② 선발요인

③ 상실요인

④ 역사요인

일반행정직

해설편

PART 1

국어

국어 | 2023년 국가직 9급

한눈에 훑어보기

✔ **영역 분석**

어휘   03   06   10
3문항, 15%

문법   09   15
2문항, 10%

고전 문학   07
1문항, 5%

현대 문학   05   17
2문항, 10%

비문학   01   02   04   08   11   12   13   14   16   18   19   20
12문항, 60%

✔ **빠른 정답**

01	02	03	04	05	06	07	08	09	10
③	①	③	②	④	④	①	①	②	④
11	12	13	14	15	16	17	18	19	20
③	①	②	②	④	③	④	④	②	③

✔ **점수 체크**

구분	1회독	2회독	3회독
맞힌 문항 수	/ 20	/ 20	/ 20
나의 점수	점	점	점

01   난도 ★★☆   정답 ③

비문학 > 작문

[정답의 이유]

③ '자기 집이라면 이렇게 함부로 쓰레기를 버렸을까요?'에서 설의적 표현이 쓰였고, '바다가 몸살을 앓는다고 합니다.'와 '양심이 모래밭 위를 뒹굴고 있습니다.'에서 비유적 표현이 쓰였다. 또한 마지막에 '자기 쓰레기는 자기가 집으로 되가져가도록 합시다.'라며 생활 속 실천 방법을 포함하였다.

[오답의 이유]

① '바다는 쓰레기 없는 푸른 날을 꿈꾸고 있습니다.', '미세 플라스틱은 바다를 서서히 죽이는 보이지 않는 독입니다.' 등 비유적 표현을 쓰긴 했지만, 설의적 표현이 쓰이지 않았으며 생활 속 실천 방법도 포함하지 않았다.

② '분리수거를 철저히 하고 일회용품을 줄이는 것'이라는 생활 속 실천 방법을 포함하긴 했지만 설의적 표현과 비유적 표현이 쓰이지 않았다.

④ '인간도 고통받게 되지 않을까요?'에서 설의적 표현이, '바다는 쓰레기 무덤'에서 비유적 표현이 쓰였지만, 해양 오염을 줄일 수 있는 생활 속 실천 방법을 포함하지 않았다.

02   난도 ★☆☆   정답 ①

비문학 > 화법

[정답의 이유]

① 백 팀장은 '워크숍 장면을 사내 게시판에 올리면 좋겠다'는 바람을 전달하고 있다. 하지만 팀원들에 대한 유대감을 드러내는 표현은 사용하지 않았다.

[오답의 이유]

② 고 대리는 '사내 게시판에 영상을 공개하는 것은 부담스럽고, 타 부서와 비교될 것 같기도 하고요.'라며 백 팀장의 제안에 반대하는 이유를 명시적으로 밝히며 백 팀장의 요청을 거절하고 있다.

③ 임 대리는 '팀장님 말씀대로 정보를 공유한다는 취지는 좋다고 생각해요.'라며 백 팀장의 발언 취지에 공감하여 백 팀장의 체면을 세워 주고 있다.

④ 임 대리는 '팀원들 의견을 먼저 들어보고, 잘된 것만 시범적으로 한두 개 올리는 것이 어떨까요?'라며 의견을 묻는 의문문을 사용해 자신의 의견을 간접적으로 드러내고 있다.

어휘 > 관용 표현

정답의 이유

③ '입추의 여지가 없다'는 송곳 끝도 세울 수 없을 정도라는 뜻으로, 발 들여놓을 데가 없을 정도로 많은 사람이 꽉 들어찬 경우를 비유적으로 이르는 속담이다.

오답의 이유

① 홍역을 치르다[앓다]: 몹시 애를 먹거나 어려움을 겪다.

② 잔뼈가 굵다: 오랜 기간 일정한 곳이나 직장에서 일을 하여 그 일에 익숙하다.

④ 어깨를 나란히 하다: 서로 비슷한 지위나 힘을 가지다.

비문학 > 글의 순서 파악

정답의 이유

제시된 글은 기업들이 데이터를 바라보는 시각이 변하면서 빅데이터를 중요한 경영 수단으로 수용하기 시작했다는 내용을 담고 있다.

• (가)에서는 기업들이 많은 돈을 투자해 마케팅 조사를 해 왔다는 화제를 제시하고 있으므로 처음에 오는 것이 적절하다.

• (다)의 '기업들의 그런 노력'은 (가)에 나오는 '많은 돈을 투자해 마케팅 조사를 해 왔다.'이므로 (가) 뒤에 오는 것이 적절하다.

• (나)의 '그런 상황'은 (다)에 나오는 '기업들은 많은 광고비를 쓰지만 그 돈이 구체적으로 어느 부분에서 효과를 내는지는 알지 못했다.'를 가리키므로 (다) 뒤에 오는 것이 적절하다.

따라서 글의 순서를 자연스럽게 배열한 것은 ② (가) – (다) – (나)이다.

현대 문학 > 현대 소설

정답의 이유

④ "무진(霧津)엔 명산물이 …… 뭐 별로 없지요?", "원, 아무리 그렇지만 한 고장에 명산물 하나쯤은 있어야지."라는 대화를 통해 무진에는 누구나 인정할 만한 명산물이 없음을 알 수 있다. 무진에 명산물이 있고 그것이 안개라고 여기는 사람은 서술자뿐이다.

오답의 이유

① "바다가 가까이 있으니 항구로 발전할 수도 있었을 텐데요?"와 "가 보시면 아시겠지만 ~ 수심(水深)이 얕은 데다가 얕은 바다를 몇백 리나 밖으로 나가야만 비로소 수평선이 보이는 진짜 바다가 나오는 곳이니까요."를 통해 무진은 수심이 얕아서 항구로 개발하기 어려운 공간임을 알 수 있다.

② "그렇지만 이렇다 할 평야가 있는 것도 아닙니다."와 '무진을 둘러싸고 있는 산들도'를 통해 무진은 산으로 둘러싸여 있고 평야가 발달하지 않은 공간임을 알 수 있다.

③ "그럼 그 오륙만이 되는 인구가 어떻게들 살아가나요?"를 통해 무진은 지역 여건에 비하여 인구가 적지 않은 공간임을 알 수 있다.

작품 해설

김승옥, 「무진기행」

• 갈래: 단편 소설

• 성격: 회고적, 독백적

• 주제: 이상과 현실 사이에서 갈등하는 현대인의 허무 의식

• 특징

  – 서정적이고 몽환적인 분위기가 강함

  – 배경(안개)을 통해 서술자의 의식을 표출함

어휘 > 한자성어

정답의 이유

④ 내용상 빈칸에는 별것 아닌 사실을 부풀려 말한다는 뜻의 사자성어가 들어가야 한다. 따라서 '작은 일을 크게 불리어 떠벌린다.'라는 뜻의 針小棒大(침소봉대)가 들어가는 것이 적절하다.

• 針小棒大: 바늘 침, 작을 소, 막대 봉, 큰 대

오답의 이유

① 刻舟求劍(각주구검): 융통성 없이 현실에 맞지 않는 낡은 생각을 고집하는 어리석음을 이르는 말

• 刻舟求劍: 새길 각, 배 주, 구할 구, 칼 검

② 捲土重來(권토중래): 땅을 말아 일으킬 것 같은 기세로 다시 온다는 뜻으로, 한 번 실패하였으나 힘을 회복하여 다시 쳐들어옴을 이르는 말

• 捲土重來: 말 권, 흙 토, 무거울 중, 올 래

③ 臥薪嘗膽(와신상담): 불편한 섶에 몸을 눕히고 쓸개를 맛본다는 뜻으로, 원수를 갚거나 마음먹은 일을 이루기 위하여 온갖 괴로움과 외로움을 참고 견딤을 이르는 말

• 臥薪嘗膽: 누울 와, 땔나무 신, 맛볼 상, 쓸개 담

고전 문학 > 고전 운문

정답의 이유

① 제시된 작품은 초장에서 '못 오던가'라는 구절을 반복하여 오지 않는 임에 대한 섭섭한 감정을 표출하고 있다.

오답의 이유

② 종장의 '흔 둘이 서른 날이어니 날 보라 올 하루 업스랴'는 한 달이 삼십 일인데 날 보러 올 하루가 없겠냐며 오지 않는 임에 대한 섭섭한 마음을 드러내는 구절이다. 날짜 수의 대조나 헤어진 기간이 길다는 내용은 나타나지 않는다.

③ 중장에서 '성', '담', '뒤주', '궤' 등을 연쇄적으로 나열하고 있으나 감정의 기복이 나타나지는 않는다.

④ 중장에서 '성–담–집–뒤주–궤'로 공간을 단계적으로 축소하여 오지 않는 임에 대한 섭섭한 마음을 나타내고 있다.

작자 미상, 「어이 못 오던가 ~」

- 갈래: 사설시조
- 성격: 해학적, 과장적
- 주제: 임을 기다리는 안타까운 마음
- 특징
  - 사물을 연쇄적으로 나열하여 오지 않는 임에 대한 간절한 마음을 드러냄
  - 임을 기다리는 안타까운 마음을 해학과 과장을 통해 나타냄

08 난도 ★★★　　　　　　　　　　　　　정답 ①

비문학 > 추론적 읽기

[정답의 이유]

(가) 2문단에서 '발음 능력을 습득하면 음성 기관의 움직임은 자동화되어 음성 기관의 어느 부분을 언제 어떻게 움직일지를 화자가 거의 의식하지 않는다.'라고 하였으므로 모어에 없는 외국어 음성을 발음하기 어려운 이유는 음성 기관의 움직임이 영 · 유아기에 습득된 모어를 기준으로 자동화되었기 때문임을 추론할 수 있다. 따라서 (가)에 들어갈 말로는 '음성 기관의 움직임이 모어의 음성에 맞게 자동화되어'가 적절하다.

(나) 3문단에서 '글씨를 쓰기 위해 손을 놀리는 것은 ~ 상당히 의식적이라 할 수 있다.'라며 필기가 의식적이라고 하였지만 다음 문장의 '그렇지만 개인의 의지와 관계없이 필체가 꽤 일정하다'는 내용을 볼 때 (나)에는 필기에도 어느 정도 무의식적인 면이 개입된다는 내용이 나와야 함을 알 수 있다. 따라서 (나)에 들어갈 말로는 '무의식적이고 자동적인 면이 있음을'이 적절하다.

09 난도 ★☆☆　　　　　　　　　　　　　정답 ②

문법 > 한글 맞춤법

[정답의 이유]

㉠ · ㉢ 무정타(○)/선발토록(○): 한글 맞춤법 제40항에 따르면 어간의 끝음절 '하'의 'ㅏ'가 줄고 'ㅎ'이 다음 음절의 첫소리와 어울려 거센소리로 될 적에는 거센소리로 적는다. 이때 어간의 끝음절이 울림소리 [ㄴ, ㅁ, ㅇ, ㄹ]로 끝나면 'ㅏ'는 줄고 'ㅎ'만 남아 뒷말과 결합하여 거센소리로 표기된다. '무정하다'와 '선발하도록'은 어간 '무정'과 '선발'의 끝음절이 울림소리인 'ㅇ, ㄹ'이므로 '무정타', '선발토록'으로 줄여 쓰는 것이 적절하다.

[오답의 이유]

㉡ · ㉣ 섭섭치(×) → 섭섭지(○)/생각컨대(×) → 생각건대(○): 한글 맞춤법 제40항 [붙임 2]에 따르면 어간의 끝음절 '하'가 아주 줄 적에는 준 대로 적는다. 이때 어간의 끝음절이 안울림소리 [ㄱ, ㅂ, ㅅ(ㄷ)]로 끝나면 '하'가 아주 준다. '섭섭하다'와 '생각하건대'는 어간 '섭섭'과 '생각'의 끝음절이 안울림소리인 'ㅂ, ㄱ'이므로 '섭섭지'와 '생각건대'로 쓰는 것이 적절하다.

한글 맞춤법 제40항

어간의 끝음절 '하'의 'ㅏ'가 줄고 'ㅎ'이 다음 음절의 첫소리와 어울려 거센소리로 될 적에는 거센소리로 적는다.

본말	준말	본말	준말
간편하게	간편케	다정하다	다정타
연구하도록	연구토록	정결하다	정결타
가하다	가타	흔하다	흔타

[붙임 1] 'ㅎ'이 어간의 끝소리로 굳어진 것은 받침으로 적는다.

않다	않고	않지	않든지
그렇다	그렇고	그렇지	그렇든지
아무렇다	아무렇고	아무렇지	아무렇든지
어떻다	어떻고	어떻지	어떻든지
이렇다	이렇고	이렇지	이렇든지
저렇다	저렇고	저렇지	저렇든지

[붙임 2] 어간의 끝음절 '하'가 아주 줄 적에는 준 대로 적는다.

본말	준말	본말	준말
거북하지	거북지	넉넉하지 않다	넉넉지 않다
생각하건대	생각건대	못하지 않다	못지않다
생각하다 못해	생각다 못해	섭섭하지 않다	섭섭지 않다
깨끗하지 않다	깨끗지 않다	익숙하지 않다	익숙지 않다

[붙임 3] 다음과 같은 부사는 소리대로 적는다.

결단코	결코	기필코	무심코
아무튼	요컨대	정녕코	필연코
하마터면	하여튼	한사코	

10 난도 ★★☆　　　　　　　　　　　　　정답 ④

어휘 > 한자어

[정답의 이유]

④ 記憶(기록할 기, 생각할 억)(×) → 追憶(쫓을 추, 생각할 억)(○)
- 기억(記憶): 이전의 인상이나 경험을 의식 속에 간직하거나 도로 생각해 냄
- 추억(追憶): 지나간 일을 돌이켜 생각함. 또는 그런 생각이나 일

[오답의 이유]

① 도착(倒着: 이를 도, 붙을 착)(○): 목적한 곳에 다다름
② 불상(佛像: 부처 불, 모양 상)(○): 부처의 형상을 표현한 상
③ 경지(境地: 지경 경, 땅 지)(○): 몸이나 마음, 기술 따위가 어떤 단계에 도달해 있는 상태

비문학 > 사실적 읽기

정답의 이유

③ 제시된 글에 따르면 인간의 지각과 생각은 프레임을 바탕으로 이루어진다. 따라서 지각과 사고를 확장하는 과정에서 프레임을 극복해야 하는 부정적 대상으로 보고 있다는 설명은 적절하지 않다.

오답의 이유

① 제시된 글에서 '인간의 모든 정신 활동은 진공 상태에서 일어나는 것이 아니라, 어떤 맥락이나 가정하에서 일어난다.'라고 하였다. 여기서 맥락이나 가정은 프레임을 의미하므로 인간의 정신 활동은 프레임 없이 일어나지 않는다고 이해한 것은 적절하다.

② 제시된 글에서 '어떤 사람이 자신은 어떤 프레임의 지배도 받지 않고 세상을 있는 그대로 객관적으로 본다고 주장한다면, 그 주장은 진실이 아닐 것이다.'라고 하였으므로 프레임이 어떤 편향성을 가지게 하는 개념이라고 이해한 것은 적절하다.

④ 제시된 글에서 '사람의 지각과 생각은 인간의 모든 정신 활동을 뜻하고 항상 어떤 맥락, 관점 혹은 어떤 평가 기준이나 가정하에서 일어난다.', '이러한 맥락, 관점, 평가 기준, 가정을 프레임이라고 한다.'라고 하였으므로 프레임이 인간의 정신 활동에 영향을 미치는 어떤 맥락이나 평가 기준이라고 이해한 것은 적절하다.

12 난도 ★★☆   정답 ①

비문학 > 사실적 읽기

정답의 이유

① 2문단에서 '시스템은 불안정하고 완벽하지 않기 때문에 컴퓨터가 조종사의 판단보다 우선시될 수 없다는 것이다.'라고 하였으며, "인간은 실수할 수 있는 존재"라는 에어버스의 아버지 베테유의 전제를 언급하였다. 이를 통해 보잉은 시스템의 불안정성을, 에어버스는 인간의 실수 가능성을 고려하여 설계되었음을 알 수 있다.

오답의 이유

② 2문단에서 베테유는 인간은 실수할 수 있는 존재라고 전제하였다. 하지만 윌리엄 보잉은 시스템이 불안정하고 완벽하지 않아 조종사의 판단보다 우선시될 수 없다고 여겼을 뿐, 이것이 인간이 실수하지 않는 존재라고 본 것은 아니다.

③ 1문단에서 에어버스는 컴퓨터가 조종사의 조작을 감시하고 제한한다고 하였다. 이를 통해 에어버스의 조종사는 자동조종시스템의 통제를 받음을 알 수 있다.

④ 1문단에서 보잉과 에어버스의 중요한 차이점이 자동조종시스템의 활용 정도에 있으며 보잉의 경우 대개 항공기를 조종간으로 직접 통제한다고 하였으므로 보잉의 조종사가 자동조종시스템을 아예 사용하지 않는다고 볼 수 없다.

13 난도 ★★★   정답 ②

비문학 > 추론적 읽기

정답의 이유

② 제시된 글에서 '불안은 현재 발생하지 않았으며 미래에 일어날지 모르는 불명확한 위협에 의해 야기된 상태를 의미한다.'라고 하였다. 따라서 전기 · 가스 사고가 날까 두려워 외출하지 못하는 사람은 불안한 상태에 있다고 추론할 수 있다.

오답의 이유

① 제시된 글에서 '공포를 느끼는 것은 나 자신이 위험한 상황에 놓여 있다는 사실을 아는 것'이라고 하였다. 따라서 자신이 처한 위험한 상황을 정확히 인식하는 경우는 불안감에 비해 공포감이 더 클 것이다.

③ 제시된 글에서 '공포는 실재하는 객관적 위협에 의해 야기된 상태를 의미하고, 불안은 현재 발생하지 않았으며 미래에 일어날지 모르는 불명확한 위협에 의해 야기된 상태'라고 하였다. 따라서 시험에 불합격할 수 있다는 생각에 사로잡힌 사람은 공포감이 아닌 불안감에 빠져 있을 것이다.

④ 제시된 글에서 '공포의 상태와 불안의 상태를 구분하는 것은 쉽지 않다. 왜냐하면 두 감정을 함께 느끼거나 한 감정이 다른 감정을 유발할 때가 많기 때문이다.'라고 하였다. 따라서 과거에 큰 교통사고를 경험한 사람은 미래에 일어날지 모르는 교통사고를 걱정하게 되기 때문에 공포감과 불안감 모두 크다.

14 난도 ★★★   정답 ②

비문학 > 사실적 읽기

정답의 이유

② 1문단의 '프톨레마이오스가 천체들의 공전 궤도를 관찰하던 도중, ~ 즉 주전원(周轉圓)을 따라 공전 궤도를 그리면서 행성들이 운동한다고 주장하였다.'를 통해 주전원은 지동설을 지지하고자 만든 개념이 아니라 프톨레마이오스가 자신의 관찰 결과를 천동설로 설명하기 위해 도입한 것임을 알 수 있다.

오답의 이유

① 1문단의 '과학 혁명 이전 아리스토텔레스 철학은 ~ 지구의 주위를 공전한다는 천동설이 정설로 자리 잡고 있었다.'를 통해 과학 혁명 이전 시기에는 천동설이 정설로 받아들여졌음을 알 수 있다.

③ 1문단의 '아리스토텔레스의 세계관을 따라 ~ 천동설이 정설로 자리 잡고 있었다.'와 2문단의 '코페르니쿠스는 천체의 중심에 지구 대신 태양을 놓고 지구가 태양의 주위를 공전한다고 주장하였다.'를 통해 천동설은 우주의 중심을 지구라 여기고 지동설은 우주의 중심을 태양이라 여김을 알 수 있다. 따라서 천동설과 지동설은 우주의 중심을 어디에 두느냐에 따라 구분된다.

④ 2문단의 '태양을 우주 중심에 둔 코페르니쿠스의 ~ 수학적으로 단순하게 설명하였다.'를 통해 행성의 공전에 대한 프톨레마이오스의 설명은 코페르니쿠스의 설명보다 수학적으로 복잡하였음을 알 수 있다.

15 난도 ★☆☆　　　　　　　　　　　　　　정답 ④

문법 > 표준어 규정

정답의 이유

④ 으레(○): 표준어 규정 제1부 제10항에 따라 '으레'를 표준어로
　삼는다.

오답의 이유

① 수염소(×) → 숫염소(○): 표준어 규정 제1부 제7항에서 '수'와
　뒤의 말이 결합할 때, 발음상 [ㄴ(ㄴ)] 첨가가 일어나거나 뒤의
　예사소리가 된소리가 되는 경우 사이시옷과 유사한 효과를 보이
　는 것이라 판단하여 '수'에 'ㅅ'을 붙인 '숫'을 표준어형으로 규정
　하고 있다. 이러한 경우는 '숫양[순냥], 숫염소[순념소], 숫쥐[순
　쥐]'만 해당하므로 '숫염소'로 표기하는 것이 적절하다.

② 윗층(×) → 위층(○): 표준어 규정 제1부 제12항 '다만 1.'에 따
　르면 '옷-' 및 '윗-'은 명사 '위'에 맞추어 '윗-'으로 통일하지만
　된소리나 거센소리 앞에서는 '위-'로 한다고 하였으므로 '위층'
　으로 표기하는 것이 적절하다.

③ 아지랭이(×) → 아지랑이(○): 표준어 규정 제1부 제9항 [붙임
　1]에 따르면 '아지랑이'는 'ㅣ' 역행 동화가 일어나지 아니한 형
　태를 표준어로 삼는다고 하였으므로 '아지랑이'로 표기하는 것
　이 적절하다.

16 난도 ★☆☆　　　　　　　　　　　　　　정답 ③

비문학 > 작문

정답의 이유

③ 제시된 글에서 '정교한 독서'라는 뜻의 '정독'은 한자로 '精讀'이
　라 하였고, '빨리 읽기'라는 뜻의 '속독'은 한자로 '速讀'이라 하였
　다. 따라서 '정교하고 빠르게 읽기'를 뜻하는 '정속독'은 '精速讀'
　으로 표기하는 것이 적절하다.

오답의 이유

① '정교한 독서'라는 뜻의 '정독(精讀)'과 '바른 독서'라는 뜻의 '정독
　(正讀)'은 소리는 같지만 뜻이 다르다. 따라서 '다르게 읽지만 뜻
　이 같다'로 수정하는 것은 적절하지 않다.

② ⓒ 앞부분에서 '무엇이 정교한 것일까? 모든 단어에 눈을 마주치
　면서 제대로 인식하는 것이다.'라고 하였으므로 ⓒ은 '정교한 독
　서'를 뜻하는 '정독(精讀)'임을 알 수 있다. 따라서 '정독(正讀)'으
　로 수정하는 것은 적절하지 않다.

④ ⓔ 뒷부분의 '빼먹고 있는 습관, 즉 난독의 일종임을 잊지 말아
　야 한다.'라고 하였으며 제시된 글의 첫 문장에서 '난독을 해결하
　려면 정독을 해야 한다.'라고 하였으므로 ⓔ에는 '정독이 빠진 속
　독'이 들어가야 한다. 따라서 '속독이 빠진 정독'으로 수정하는
　것은 적절하지 않다.

17 난도 ★★☆　　　　　　　　　　　　　　정답 ④

현대 문학 > 현대 시

정답의 이유

④ 1연에서 매미 울음소리가 절정에 이르렀다가 사라진 직후의 상
　황을 '정적의 소리'라고 표현하였다. 이는 원래 표현하려는 의미
　와 반대로 표현하는 반어법이 사용된 것이 아니라, 울음이 사라
　지고 고요한 상태인 '정적'을 '쟁쟁쟁'이라는 시끄러운 소리로 표
　현한 역설법이 사용된 것이다.

오답의 이유

① '매미 울음', '정적의 소리인 듯 쟁쟁쟁' 등의 청각적 이미지, '뙤
　약볕', '소나기', '맑은 구름만 눈이 부시게' 등의 시각적 이미지,
　'그늘의 소리' 등의 공감각적 이미지를 활용하여 절정이었던 매
　미 울음소리가 잦아들고 고요해진 상황을 감각적으로 제시하고
　있다.

② '매미 울음', '정적의 소리인 듯 쟁쟁쟁' 등의 청각적 이미지, '맑
　은 구름만 눈이 부시게', '하늘 위에 펼쳐지기만 하노니' 등 시각
　적 이미지를 활용하여 시상을 전개하고 있다.

③ 2연에서 사랑의 속성을 세차게 들이붓다가 어느 순간 아무 일
　없었던 양 멈추는 '소나기'에 비유하여 표현하였다.

작품 해설

박재삼, 「매미 울음 끝에」

- 갈래: 자유시, 서정시
- 성격: 관찰적, 감각적, 낭만적, 유추적
- 주제: 매미의 울음을 통해 본 사랑의 본질적 속성
- 특징
　– 다양한 감각적 심상을 활용하여 대상을 표현함
　– 역설법을 통해 매미 울음소리가 잦아든 상황을 제시함
　– 자연 현상(매미 울음소리)과 인생(사랑)의 공통된 속성에서 주
　　제를 이끌어 냄

18 난도 ★★★　　　　　　　　　　　　　　정답 ④

비문학 > 사실적 읽기

정답의 이유

④ '호메로스의 『일리아드』와 『오디세이아』에서는 신과 인간의 세계
　가 하나로 얽혀 있다.'와 '소포클레스나 에우리피데스의 비극에
　서는 총체성이 흔들려 신과 인간의 세계가 분리된다.'를 통해
　『오디세이아』가 에우리피데스의 비극에 비해 신과 인간의 결합
　정도가 높음을 알 수 있다.

오답의 이유

① '철학의 시대'가 '이미 계몽된 세계'라는 내용은 있으나 계몽사상
　이 서사시의 시대에서 철학의 시대로의 전환을 이끌었다는 내용
　은 제시되지 않았다.

② '비극의 시대'는 신과 인간이 분리되나 신탁이라는 약한 통로로 이어져 있고, 플라톤으로 대표되는 '철학의 시대'는 신탁을 신뢰할 수 없는 신과 인간이 완전히 분리된 세계이다. 따라서 플라톤의 이데아가 표현하는 것은 '철학의 세계'이지 '비극적 세계'가 아니다.

③ "루카치는 그리스 세계를 신과 인간의 결합 정도를 가리키는 '총체성' 개념을 기준으로 세 시대로 구분하였다."를 통해 그리스 세계를 '총체성'이라는 단일한 개념을 기준으로 시대를 구분하였음을 알 수 있다.

19 난도 ★★☆　　　　　　　　　　　　정답 ②

비문학 > 사실적 읽기

정답의 이유

② '16~17세기에 창작되었던 몽유록에는 참여자형이 많다. 참여자형에서는 몽유자와 꿈속 인물들이 동질적인 이념을 공유하고 현실의 고통스러운 문제에 대해 의견을 나누며 비판적 목소리를 낸다.'라고 하였으므로 몽유자가 현실을 비판하는 경향이 강하게 나타나는 시기는 16~17세기이다.

오답의 이유

① 제시된 글에 따르면, 몽유록은 몽유자의 역할에 따라 참여자형과 방관자형으로 구분할 수 있다. 참여자형에서는 몽유자가 꿈에서 만난 인물들의 모임에 직접 참여하지만, 방관자형에서는 모임을 엿볼 뿐 직접 참여하지는 않는다. 이를 통해 몽유자가 꿈속 인물들의 모임에 직접 참여하는지, 참여하지 않는지에 따라 몽유록의 유형을 나눌 수 있음을 알 수 있다.

③ '그러나 주로 17세기 이후에 창작된 방관자형에서는 ~ 이 시기의 몽유록이 통속적이고 허구적인 성격으로 변모하는 것은 몽유자의 역할 변화와 무관하지 않다.'를 통해 몽유자가 구경꾼 역할을 하는 몽유록은 통속적이고 허구적인 성격이 강하다는 것을 알 수 있다.

④ '참여자형에서는 몽유자와 꿈속 인물들이 동질적인 이념을 공유하고 현실의 고통스러운 문제에 대해 의견을 나누며 비판적 목소리를 낸다.'를 통해 몽유자가 꿈속 인물들과 함께 현실을 비판하는 몽유록은 참여자형에 해당함을 알 수 있다.

20 난도 ★★☆　　　　　　　　　　　　정답 ③

비문학 > 사실적 읽기

정답의 이유

③ '국내외의 글로벌 기업들은 여러 산업 분야에서 디지털 트윈을 도입하여 사전에 위험 요소를 제거하고 수익 모델의 효율성을 높이고 있다.'를 통해 디지털 트윈에서의 시뮬레이션으로 현실 세계의 위험 요소를 찾아내고 방지할 수 있음을 알 수 있다.

오답의 이유

① 디지털 트윈을 활용함에 따라 글로벌 기업들의 고용률이 향상되었다는 내용은 제시되지 않았다.

② 디지털 트윈이 주목받는 이유는 안정성과 경제성 때문이며, 가상 세계에 데이터를 전송, 취합, 분석, 이해, 실행하는 과정은 실제 실험보다 비용이 적게 든다고 하였다. 따라서 디지털 트윈의 데이터 모델은 현실 세계의 각종 실험 모델보다 경제성이 높음을 알 수 있다.

④ 이용자들에게 새로운 경제 · 사회 · 문화적 경험을 제공하는 데 목적을 둔 것은 메타버스이다. 디지털 트윈은 현실 세계에 존재하는 것을 컴퓨터상에 똑같이 복제하고 실시간으로 반응할 수 있도록 하는 데 목적이 있다.

한눈에 훑어보기

✔ 영역 분석

어휘   04   12   14
3문항, 15%

문법   03   13
2문항, 10%

고전 문학   05   16
2문항, 10%

현대 문학   09   10
2문항, 10%

비문학   01   02   06   07   08   11   15   17   18   19   20
11문항, 55%

✔ 빠른 정답

01	02	03	04	05	06	07	08	09	10
①	①	③	④	②	④	④	③	④	②
11	12	13	14	15	16	17	18	19	20
②	②	④	①	③	③	②	②	①	①

✔ 점수 체크

구분	1회독	2회독	3회독
맞힌 문항 수	/ 20	/ 20	/ 20
나의 점수	점	점	점

01 난도 ★☆☆   정답 ①

비문학 > 화법

[정답의 이유]

① 최 주무관은 AI에 대한 국민 이해도를 높이기 위해 설명회를 개최할 필요가 있다는 김 주무관의 의견에 대하여 '저도 요즘 그 필요성을 절감하고 있어요.'라고 말하며 공감을 표현하고 있다.

[오답의 이유]

② 김 주무관은 어떻게 준비해야 효과적으로 전달할 수 있을지 고민이라고 말하며 최 주무관의 의견을 듣고 싶다는 것을 간접적으로 표현하고 있다.

③ 최 주무관은 '그럼 청중의 관심 분야를 파악하려면 청중의 특성 중에서 어떤 것들을 조사하면 좋을까요?'라며 청중 분석에 대한 구체적인 방안을 묻고 있으므로 자신의 반대 의사를 우회적으로 드러내고 있다고 볼 수 없다.

④ 김 주무관은 '나이, 성별, 직업 등을 조사할까요?'라는 의문문을 통해 자신의 답변에 확신을 얻고자 하는 것이지 상대의 의견을 반박하고 있는 것은 아니다.

02 난도 ★★☆   정답 ①

비문학 > 글의 순서 파악

[정답의 이유]

• (나)에서는 독서가 뇌 발달에 끼치는 영향에 대한 A 교수의 연구를 소개하고 있으므로 화제를 제시하는 첫 문장 '독서는 아이들의 전반적인 뇌 발달에 큰 영향을 미친다.'의 뒤에 오는 것이 적절하다.

• (가)의 '그'는 (나)의 A 교수를 가리키므로 (나) 뒤에 오는 것이 적절하다.

• (다)의 '이처럼'은 앞에 나오는 내용을 받아 뒷문장과 이어주는 기능을 하는 접속어이다. '이처럼' 뒤에 책을 많이 읽으면 전두엽이 훈련되어 뇌 발달의 가능성이 높아진다는 내용을 제시하고 있으므로 (다) 앞에도 독서와 전두엽의 관계에 대한 내용이 나와야 한다. 그러므로 책을 읽으면 상상력이 자극되어 전두엽을 많이 사용하게 된다는 내용의 (가) 뒤에 오는 것이 적절하다.

따라서 맥락에 따라 가장 자연스럽게 배열한 것은 ① (나) – (가) – (다)이다.

03 난도 ★★☆

정답 ③

문법 > 통사론

정답의 이유

③ ⓒ '얼음이'는 부사어가 아니고, 서술어 '되다' 앞에서 말을 보충해 주는 역할을 하는 보어이다.

오답의 이유

① ㉠ '지원은'은 서술어 '깨우다'의 주체인 주어이다.

② ㉡ '만들었다'는 문맥상 '노력이나 기술 따위를 들여 목적하는 사물을 이루다.'라는 뜻이며, 이 경우 '~이/가 …을/를 만들다'와 같이 쓰이므로 주어와 목적어를 요구하는 두 자리 서술어임을 알 수 있다.

④ ㉣ '어머나'는 문장에서 다른 성분과 직접적으로 관련을 맺지 않는 독립어로, 생략되어도 문장이 성립한다.

04 난도 ★★☆

정답 ④

어휘 > 한자어

정답의 이유

④ '부유(浮遊)하다'는 '물 위나 물속, 또는 공기 중에 떠다니다.'라는 뜻이고, '헤엄치다'는 '사람이나 물고기 따위가 물속에서 나아가기 위하여 팔다리를 젓거나 지느러미를 움직이다.'라는 뜻이므로 '헤엄치는'은 ㉣과 바꿔 쓸 수 없다.

오답의 이유

① '맹종(盲從)하다'는 '옳고 그름을 가리지 않고 남이 시키는 대로 덮어놓고 따르다.'라는 뜻이므로 '무분별하게 따르는'과 바꿔 쓸 수 있다.

② '탈피(脫皮)하다'는 '일정한 상태나 처지에서 완전히 벗어나다.'라는 뜻이므로 '벗어나'와 바꿔 쓸 수 있다.

③ '제고(提高)하다'는 '수준이나 정도 따위를 끌어올리다.'라는 뜻이므로 '끌어올리기'와 바꿔 쓸 수 있다.

05 난도 ★★☆

정답 ②

고전 문학 > 고전 운문

정답의 이유

② (나)에서는 '청산(靑山)', '유수(流水)' 등과 같은 시각적 심상을 활용하여 항상 푸른 청산과 밤낮으로 흐르는 유수처럼 학문 수양에 끊임없이 정진하겠다는 의지를 강조하고 있다. (나)에서 청각적 심상은 나타나지 않는다.

오답의 이유

① (가)는 변하지 않는 '청산(靑山)'과 변하는 '녹수(綠水)'를 대조하여 임에 대한 '나'의 변함없는 사랑을 나타내고 있다.

③ (가)는 '청산(靑山)은 내 뜻이오 녹수(綠水)는 님의 정(情)이'에서 대구를 활용하여 시상을 전개하였고, (나)는 '청산(靑山)는 엇뎨ᄒᆞ야 만고(萬古)애 프르르며 / 유수(流水)는 엇뎨ᄒᆞ야 주야(晝夜)애 긋디 아니는고'에서 대구를 활용하여 시상을 전개하였다.

④ (가)는 '청산(靑山)이야 변(變)ᄒᆞᆯ손가'에서 설의적 표현을 활용하여 '임'에 대한 변함없는 사랑을 나타내고 있다. (나)는 '유수(流水)는 엇뎨ᄒᆞ야 주야(晝夜)애 긋디 아니는고'에서 설의적 표현을

활용하여 유수가 그치지 않고 밤낮으로 흐르는 것처럼 학문 수양에 정진하겠다는 의지를 나타내고 있다.

작품 해설

(가) 황진이, 「청산은 내 뜻이오 ~」

- 갈래: 평시조, 단시조
- 성격: 감상적, 상징적, 은유적
- 주제: 임을 향한 변함없는 사랑
- 특징
  - 시어의 대비를 통하여 주제를 강조함
  - 임에 대한 마음을 자연물에 대입함

(나) 이황, 「청산는 엇뎨ᄒᆞ야 ~」

- 갈래: 평시조, 연시조
- 성격: 관조적, 교훈적, 한정가
- 주제: 끊임없는 학문 수양에 대한 의지
- 특징
  - 총 12수로 이루어진 연시조 『도산십이곡』 중 제11곡
  - 생경한 한자어를 많이 사용한 강호가도의 대표적 작품
  - 설의법, 대구법 등을 사용하여 주제를 강조함

06 난도 ★☆☆

정답 ④

비문학 > 사실적 읽기

정답의 이유

④ 1문단에서는 교환가치가 아무리 높아도 '나'에게 사용가치가 없다면 상품을 구매하지 않는다고 설명하였으며, 2문단에서는 댓글로 인해 공연 티켓의 사용가치를 잘못 판단한 사례를 제시하였다. 그리고 3문단에서는 건강한 소비를 위해 상품이 '나'에게 얼마나 필요한가에 대한 고민이 필요하다고 하였으므로 제시된 글의 중심 내용으로는 '상품을 구매할 때 사용가치가 자신의 필요에 의해 결정된 것인지 신중하게 따져야 한다.'가 가장 적절하다.

오답의 이유

① 사용가치보다 교환가치가 큰 상품을 구매해야 한다는 내용은 나타나지 않는다.

② 상품에는 사용가치와 교환가치가 섞여 있다고 하였으나 3문단에서 '건강한 소비를 위해서는 구매하려는 상품의 사용가치가 어떤 과정을 거쳐 결정된 것인지 곰곰이 생각해 봐야 한다.'라고 하였으므로 상품을 구매할 때 고려해야 하는 것은 상품의 사용가치임을 알 수 있다. 따라서 '상품을 구매할 때 사용가치와 교환가치를 두루 고려해야 한다.'는 중심 내용으로 적절하지 않다.

③ 3문단에서 '다른 사람들의 말에 휩쓸려 어떤 상품의 사용가치가 결정될 때, 그 상품은 '나'에게 쓸모없는 골칫덩이가 될 수 있다.'라고 하였으므로 '상품에 대한 다른 사람들의 평가를 반영해서 상품을 구매해야 한다.'는 중심 내용으로 적절하지 않다.

07 난도 ★★☆ 정답 ④

비문학 > 작문

정답의 이유

④ '그들은 서학을 검토하며 어떤 부분은 수용했지만' 뒤에 '반대로'를 덧붙였으므로 ②에는 '수용하다'와 상반되는 단어가 와야 한다. ②의 '지향하다'는 '어떤 목표로 뜻이 쏠리어 향하다.'라는 뜻이며, 이는 '수용하다'와 상반되는 단어가 아니므로 '더 높은 단계로 오르기 위하여 어떠한 것을 하지 아니하다.'라는 뜻의 '지양하다'로 수정하는 것이 적절하다.

오답의 이유

① 천주학의 '학(學)'은 '학문'을 의미하므로 ③을 '학문적 관점에서보다 종교적인 관점에서'로 수정하는 것은 적절하지 않다.

② 조선 후기에 서학은 신봉의 대상이 아니라 분석의 대상이었다. 따라서 서학 수용에 적극적인 이들도 무조건 따르자고 주장하지는 않았을 것이므로 ⓒ을 '주장하였는데'로 수정하는 것은 적절하지 않다.

③ 외부에서 유입된 사유 체계에는 '양명학'이나 '고증학' 등도 있다고 하였으므로 ⓒ을 '유일한 대안이었다'로 수정하는 것은 적절하지 않다.

08 난도 ★☆☆ 정답 ③

비문학 > 추론적 읽기

정답의 이유

③ 빈칸 뒤의 내용을 살펴보면, 글을 쓸 때 독자의 수준을 고려하지 않고 너무 어려운 개념과 전문용어를 사용하면 독자가 글을 이해하기 어렵다고 하였다. 또한 글쓰기는 필자가 글을 통해 자신의 메시지를 독자에게 전달하는 행위이기 때문에 계획하기 단계에서 반드시 예상 독자를 분석해야 한다고 하였다. 따라서 빈칸에 들어갈 말로 가장 적절한 것은 '필자의 메시지를 독자에게 효과적으로 전달하는 데 도움이 되기'이다.

오답의 이유

① 계획하기 과정이 글쓰기 과정 중 첫 단계라는 내용은 제시되지 않았다.

② '글을 쓸 때 독자의 수준에 비해 너무 어려운 개념과 전문용어를 사용한다면 독자가 글을 이해하기 어렵게 된다.'라고 하였으므로 예상 독자의 수준에 따라 어려운 개념과 전문용어를 적절히 사용해야 한다.

④ 독자의 배경지식에 따라 글의 목적과 주제가 결정된다는 내용은 제시되지 않았다.

09 난도 ★★☆ 정답 ④

현대 문학 > 현대 시

정답의 이유

④ 화자는 글을 쓰는 행위를 통해 사랑을 잃은 후의 절망과 공허한 마음을 나타내고 있다. 잃어버린 사랑의 회복을 열망하는 마음은 드러나지 않는다.

오답의 이유

① '짧았던 밤', '겨울 안개', '촛불', '흰 종이', '눈물', '열망' 등을 호명하며 이별에 대한 안타까운 심정을 드러내고 있다.

② 화자는 사랑을 잃은 뒤 '가엾은 내 사랑'을 '빈집'에 가두었다. 이를 통해 '빈집'은 사랑을 잃은 절망적인 공간이자, 사랑을 잃은 화자의 공허한 내면을 상징한다는 것을 알 수 있다.

③ '밤들아', '안개들아', '촛불들아' 등 대상을 부르는 돈호법과 '나는 쓰네', '빈집에 갇혔네' 등 감탄형 어미 '-네'의 반복적 사용을 통해 영탄적 어조로 이별에 따른 공허함과 절망감을 부각하고 있다.

작품 해설

기형도, 「빈집」

- 갈래: 자유시, 서정시
- 성격: 애상적, 비유적, 독백적
- 주제: 사랑을 잃은 공허함과 절망
- 특징
  - 영탄적 어조를 사용하여 화자의 감정을 부각함
  - 대상을 열거하며 화자의 상실감을 강조함
  - 사랑을 잃은 화자의 공허함과 절망적 내면을 빈집으로 형상화함

---

10 난도 ★☆☆ 정답 ②

현대 문학 > 현대 소설

정답의 이유

② 제시된 작품의 서술자는 등장인물인 '나'이다. '나'는 주인공인 '그'의 행동을 관찰하고 심리를 추측한다. 즉, 제시된 작품은 주인공이 아닌 '나'가 작품 속 서술자가 되어 주인공을 관찰하여 서술하는 1인칭 관찰자 시점을 취하고 있다.

오답의 이유

① 서술자인 '나'는 대화나 행동, 표정 등을 통하여 '그'의 심리를 추측할 뿐 전지적 위치에서 심리를 전달하고 있지 않다.

③ 서술자인 '나'는 작품의 주인공이 아니라 관찰자이며, 유년 시절을 회상하며 갈등 원인을 해명하고 있지 않다.

④ 서술자인 '나'는 관찰자로 '그'의 행동을 진술하고 있으며, '끼니조차 감당 못 하는 주제에 막벌이 아니면 어쩌다 간간이 얻어걸리는 출판사 싸구려 번역 일 가지고 어느 해가에 빚을 갚을 것인가.'를 통해 '그'에 대해 주관적인 판단을 내리고 있음을 확인할 수 있다.

작품 해설

윤흥길, 「아홉 켤레의 구두로 남은 사내」

- 갈래: 중편 소설, 세태 소설
- 성격: 비판적, 사실적, 현실 고발적
- 주제: 산업화로 소외된 계층의 삶과 그에 대한 연민
- 특징
  - 상징적 소재와 관련된 행위로 인물의 심리와 성격을 드러냄
  - 사실적 문제를 통해 현실의 모순을 예리하게 지적함

11 난도 ★☆☆

정답 ②

비문학 > 화법

정답의 이유

② 운용은 설탕세를 부과하면 당 소비가 감소한다는 은지의 발언에 대하여 믿을 만한 근거가 있냐고 질문하고 있을 뿐 은지의 주장에 반대하고 있지는 않다.

오답의 이유

① 은지는 첫 번째 발언에서 '설탕세 부과 여부'라는 화제를 제시하고 있다.

③ 은지는 두 번째 발언에서 '세계보건기구 보고서'를 자신의 주장에 대한 근거로 제시하고 있다.

④ 재윤은 '그런데 설탕세 부과가 질병을 예방한다는 것은 타당하지 않아. 여러 연구 결과를 보면 당 섭취와 질병 발생은 유의미한 상관관계가 없어.'라며 은지가 제시한 주장의 근거를 부정하고 있다.

12 난도 ★★☆

정답 ②

어휘 > 한자어

정답의 이유

② 매수(買受: 살 매, 받을 수)(×) → 매수(買售: 살 매, 팔 수)(○)
- 買受(매수): 물건을 사서 넘겨받음
- 買售(매수): 물건을 팔고 사는 일

오답의 이유

① 구가(謳歌: 노래할 구, 노래 가)(○): 여러 사람이 입을 모아 칭송하여 노래함 / 행복한 처지나 기쁜 마음 따위를 거리낌 없이 나타냄. 또는 그런 소리

③ 알력(軋轢: 삐걱거릴 알, 수레에 칠 력)(○): 수레바퀴가 삐걱거린다는 뜻으로, 서로 의견이 맞지 아니하여 사이가 안 좋거나 충돌하는 것을 이르는 말

④ 편달(鞭撻: 채찍 편, 매질할 달)(○): 경계하고 격려함

13 난도 ★☆☆

정답 ④

문법 > 한글 맞춤법

정답의 이유

④ 걷잡아서(×) → 겉잡아서(○): '걷잡다'는 '한 방향으로 치우쳐 흘러가는 형세 따위를 붙들어 잡다. / 마음을 진정하거나 억제하다.'라는 의미이다. 제시된 문장에서는 '겉으로 보고 대강 짐작하여 헤아리다.'라는 의미로 사용되었으므로 '겉잡다'가 적절하다.

오답의 이유

① 부치는(○): 모자라거나 미치지 못하다.

② 알음(○): 사람끼리 서로 아는 일

③ 닫혔다(○): 열린 문짝, 뚜껑, 서랍 따위가 도로 제자리로 가 막히다.

14 난도 ★★☆

정답 ①

어휘 > 한자어

정답의 이유

㉠ 長官(길 장, 벼슬 관): 국무를 나누어 맡아 처리하는 행정 각부의 우두머리

㉡ 補償(기울 보, 갚을 상): 남에게 끼친 손해를 갚음 / 국가 또는 단체가 적법한 행위에 의하여 국민이나 주민에게 가한 재산상의 손실을 갚아 주기 위하여 제공하는 대상

㉢ 決裁(결정할 결, 마를 재): 결정할 권한이 있는 상관이 부하가 제출한 안건을 검토하여 허가하거나 승인함

오답의 이유

㉠ 將官(장수 장, 벼슬 관): 군사를 거느리는 우두머리

㉡ 報償(갚을 보, 갚을 상): 남에게 진 빚 또는 받은 물건을 갚음

㉢ 決濟(결정할 결, 건널 제): 증권 또는 대금을 주고받아 매매 당사자 사이의 거래 관계를 끝맺는 일

15 난도 ★★☆

정답 ③

비문학 > 추론적 읽기

정답의 이유

③ 제시된 글에서 우리는 '사회 속에서 여럿이 모여 복수의 상태로 살아갈 수밖에 없는 존재'이며 동시에 '각각 유일무이성을 지닌 단수'라고 하였다. 또한 '개별적 유일무이성을 제거하는 것은 우리가 살아가는 사회의 다원성을 파괴하는 일'이라고 하였다. 하지만 개인의 유일무이성을 보존하려는 제도가 개인의 보편적 복수성을 침해하는지의 여부는 제시된 글에 나타나 있지 않다.

오답의 이유

① 제시된 글에서 '우리는 개별적으로 고립된 채 살아가는 존재일 수 없다. 사회 속에서 여럿이 모여 '복수(複數)'의 상태로 살아갈 수밖에 없는 존재라는 것이다.'라고 하였으므로 우리는 고립된 상태에서 '단수'로 살아가는 존재가 아니라는 내용은 적절하다.

② 제시된 글에서 '바로 이러한 이유로 우리는 다원적 존재이다.', '우리가 이 같은 사회에서 살아가기 위해서는 타인을 포용하는 공존의 태도가 필요하다.'라고 하였으므로 우리는 다원성을 지닌 존재로서 포용적으로 공존해야 한다는 내용은 적절하다.

④ 제시된 글에서 '공동체 정화 등을 목적으로 개별적 유일무이성을 제거하는 것은 우리가 살아가는 사회의 다원성을 파괴하는 일이다.'라고 하였으므로 개인의 특수한 단수성을 제거하려는 시도는 사회의 다원성을 파괴하는 결과로 이어질 수 있다는 내용은 적절하다.

16 난도 ★★☆

정답 ③

고전 문학 > 고전 산문

정답의 이유

③ 제시된 작품에서 주인공 춘향은 이도령에 대한 굳은 절개를 드러내고 매를 맞는 자신의 상황에 대해 한탄하고 있을 뿐, 대화를 통하여 주인공의 내적 갈등이 해결되고 있지는 않다.

① '일편단심, 일정지심, 일부종사, 일신난처, 일각인들, 일월 같은'과 '이부불경, 이군불사, 이 몸이, 이왕 이리 되었으니, 이 자리에서', '삼청동, 삼생연분, 삼강을, 삼척동자, 삼종지도, 삼생에, 삼월삼일, 삼십삼천, 삼태성께'에서 동일한 글자를 반복하여 리듬감을 조성하고 있다.

② '일자(一字)', '이자(二字)', '삼자(三字)' 등 숫자를 활용하여 춘향이 매를 맞는 상황과 매를 맞으면서도 이도령에 대한 절개를 지키려는 모습을 제시하고 있다.

④ '일부종사(한 남편만을 섬김)', '이부불경(두 남편을 공경할 수 없음)', '이군불사(두 임금을 섬기지 않음)', '삼종지도(여자가 따라야 할 세 가지 도리)' 등 유교적 가치를 담고 있는 말을 활용하여 이도령에 대한 절개를 지키려는 춘향의 의지를 드러내고 있다.

17 난도 ★★☆   정답 ②

비문학 > 사실적 읽기

정답의 이유

② 2문단의 '차람은 소설을 소유하고 있는 사람에게 직접 빌려서 보는 것으로, 알고 지내던 개인들 사이에서 이루어졌다.'를 통해 차람은 알고 지내던 사람에게 책을 빌려 보는 방식임을 알 수 있다. 하지만 대가를 지불했는지의 여부는 제시된 글에서 확인할 수 없다.

오답의 이유

① 1문단의 '구연에 의한 유통은 구연자가 소설을 사람들에게 읽어 주는 방식으로, 글을 모르는 사람들과 글을 읽을 수 있지만 남이 읽어 주는 것을 선호하는 이들을 대상으로 이루어졌다.'를 통해 전기수가 글을 모르는 사람들에게 소설을 구연하였다고 이해한 것은 적절하다.

③ 1문단의 '하지만 이 방식은 문헌에 의한 유통에 비해 시간과 공간의 제약이 많아서 유통 범위를 넓히는 데 뚜렷한 한계가 있었다.'를 통해 문헌에 의한 유통은 구연에 의한 유통에 비해 시간과 공간의 제약이 적었다고 이해한 것은 적절하다.

④ 2문단의 '세책가에서는 소설을 구매하는 것보다 훨씬 적은 비용으로 빌려 볼 수 있었기 때문에 경제적으로 넉넉하지 않은 사람도 소설을 쉽게 접할 수 있었다. 이로 인해 조선 후기 사회에서 세책가가 성행하게 되었다.'를 통해 조선 후기에 세책가가 성행한 원인은 소설을 구매하는 비용보다 세책가에서 빌리는 비용이 적다는 데 있다고 이해한 것은 적절하다.

18 난도 ★★★   정답 ②

비문학 > 사실적 읽기

정답의 이유

② 반신이지만 민족적 영웅의 모습으로 기록된 연개소문의 사례는 『삼국사기』가 신라 정통론에 기반에 있다는 기존의 평가와는 다르게 다면적이고 중층적인 역사 텍스트임을 보여주는 근거이다. 따라서 열전에 수록된 반신 중 『삼국사기』에 대한 기존 평가를 다르게 할 수 있는 사례가 있다고 이해한 것은 적절하다.

오답의 이유

① 1문단의 '이 중 열전은 전체 분량의 5분의 1을 차지하며, 수록된 인물은 86명으로, 신라인이 가장 많고, 백제인이 가장 적다.'와 2문단의 '가령 고구려의 연개소문은 반신이지만, 당나라에 당당히 대적한 민족적 영웅의 모습도 포함되어 있다.'에서 『삼국사기』에는 신라인뿐만 아니라 백제인과 고구려인도 포함되어 있음을 확인할 수 있다. 그러나 2문단에 따르면, 『삼국사기』는 신라 정통론에 기반해 당시 지배 질서를 공고히 하고자 했다고 평가받으므로 『삼국사기』가 신라 정통론을 계승하지 않았다고 단정할 수 없다.

③ 1문단에서 '수록 인물의 배치에는 원칙이 있는데, 앞부분에는 명장, 명신, 학자 등을 수록했고, 다음으로 관직에 있지는 않았으나 기릴 만한 사람을 실었다.'라고 하였으므로 『삼국사기』 열전에는 관직에 오르지 못한 사람이더라도 기릴 만한 업적이 있으면 수록되었다는 것을 알 수 있다.

④ 1문단의 '『삼국사기』는 본기 28권, 지 9권, 표 3권, 열전 10권의 체제로 되어 있다. 이 중 열전은 전체 분량의 5분의 1을 차지하며, 수록된 인물은 86명으로, 신라인이 가장 많고, 백제인이 가장 적다.'를 통해 『삼국사기』의 체제 중 가장 많은 권수를 차지하는 것은 '본기'임을 알 수 있다.

19 난도 ★★☆   정답 ①

비문학 > 추론적 읽기

정답의 이유

① 1문단의 '프랑스에서 의무교육 제도를 실시하면서 정규학교에 입학하기 어려운 지적장애아, 학습부진아를 가려내고자 하였다. 이에 기초 학습 능력 평가를 목적으로, 1905년 최초의 IQ 검사가 이루어졌다.'를 통해 IQ 검사가 정규학교에 입학하기 어려운 지적장애아, 학습부진아를 가려내고자 시행되었음을 알 수 있다.

오답의 이유

② 1문단의 '이 검사를 통해 비로소 인간의 지능을 구체적으로 수치화하고 객관적으로 비교할 수 있게 되었다.'를 통해 IQ 검사가 만들어진 이후에야 인간의 지능을 구체적으로 수치화할 수 있었음을 파악할 수 있다. 따라서 IQ 검사가 만들어지기 전에는 인간의 지능을 수치로 비교할 수 없었음을 추론할 수 있다.

③ 2문단의 '하지만 문제는 IQ 검사가 인간의 지능 중 일부만을 측정한다는 점이다.'를 통해 IQ 검사가 인간의 지능 중 일부만 측정한다는 것을 알 수 있다. 따라서 IQ가 높은 아이라도 전체 지능은 높지 않을 수 있음을 추론할 수 있다.

④ 2문단의 '이는 IQ 검사가 기초 학습에 필요한 최소 능력인 언어이해력, 어휘력, 수리력 등을 측정하기 때문이다.'를 통해 IQ 검사가 읽기 능력과 관련된 언어이해력, 어휘력 등을 측정한다는 것을 알 수 있다. 따라서 IQ가 높은 아이가 읽기 능력이 좋을 확률이 높다는 것을 추론할 수 있다.

비문학 > 추론적 읽기

정답의 이유

① '그런데 한자는 문맥에 따라 같은 글자가 다른 뜻으로 쓰이지는 않지만 다른 문장성분으로 사용되기도 해 혼란을 야기한다.'에 서 한자는 문맥에 따라 같은 글자가 다른 문장성분으로 사용되 기도 한다는 것을 알 수 있지만 한국어 문장보다 문장성분이 복 잡하다는 내용은 나타나지 않는다.

오답의 이유

② 제시된 글에서 '愛人'은 문맥에 따라 '愛'가 '人'을 수식하는 관형 어일 때도, '人'을 목적어로 삼는 서술어일 때도 있다고 하였다. 따라서 '淨水'가 문맥상 '깨끗하게 한 물'일 때 '淨'은 '水'를 수식 하는 관형어로 사용되었음을 추론할 수 있다. 만일 '淨水'가 '물 을 깨끗하게 하다.'라는 의미로 사용되었다면, '淨'은 '水'를 목적 어로 삼는 서술어일 것이다.

③ '한글에서는 동음이의어, 즉 형태와 음이 같은데 뜻이 다른 단어 가 많아 글자만으로 의미를 파악하지 못하는 경우가 많다.'라고 하였으므로 한글에서 동음이의어는 형태와 음은 같지만 뜻이 다 른 단어이다. 하지만 한자는 '문맥에 따라 같은 글자가 다른 뜻 으로 쓰이지는 않지만 다른 문장성분으로 사용되기도 해 혼란을 야기한다.'를 통해 문장성분이 달라져도 뜻은 달라지지 않기 때 문에 동음이의어가 아님을 확인할 수 있다. 따라서 '愛人'에서 '愛'의 문장성분이 바뀌더라도 '愛'의 뜻은 바뀌지 않기 때문에 동 음이의어가 아님을 추론할 수 있다.

④ '한글에서는 동음이의어, 즉 형태와 음이 같은데 뜻이 다른 단어 가 많아 글자만으로 의미를 파악하지 못하는 경우가 많다.'를 통 해 한글은 글자만으로 의미를 파악하는 못하는 경우가 많음을 알 수 있다. 또한, 한글로 '사고'라고만 쓰면 '뜻밖에 발생한 사 건'인지 '생각하고 궁리함'인지 알 수 없다고 예시를 제시하고 있 으므로 한글로 적힌 '의사'만으로는 '병을 고치는 사람'인지 '의로 운 지사'인지 구별할 수 없다고 추론할 수 있다.

국어 | 2022년 국가직 9급

한눈에 훑어보기

✔️ 영역 분석

어휘 　03　07　16
3문항, 15%

문법 　01　02　19
3문항, 15%

고전 문학 　05　06
2문항, 10%

현대 문학 　14　18
2문항, 10%

비문학 　04　08　09　10　11　12　13　15　17　20
10문항, 50%

✔️ 빠른 정답

01	02	03	04	05	06	07	08	09	10
③	②	④	③	②	④	①	②	④	③
11	12	13	14	15	16	17	18	19	20
②	②	④	①	④	③	④	①	③	①

✔️ 점수 체크

구분	1회독	2회독	3회독
맞힌 문항 수	/ 20	/ 20	/ 20
나의 점수	점	점	점

---

01 난도 ★★☆ 　　　　　　　　정답 ③

문법 > 의미론

[정답의 이유]

③ 속을 썩혀(×) → 속을 썩여(○): '썩이다'는 '걱정이나 근심 따위로 마음이 몹시 괴로운 상태가 되게 만들다.'라는 뜻이다. 따라서 '나는 이제까지 부모님 속을 썩여 본 적이 없다.'라고 쓰는 것이 적절하다.

[오답의 이유]

① 능력을 썩히고(○): '물건이나 사람 또는 재능 따위가 쓰여야 할 곳에 제대로 쓰이지 못하고 내버려진 상태로 있게 하다.'라는 뜻의 '썩히다'가 쓰였으므로 적절하다.

② 쓰레기를 썩혀서(○): '유기물이 부패 세균에 의하여 분해됨으로써 원래의 성질을 잃어 나쁜 냄새가 나고 형체가 뭉개지는 상태가 되게 하다.'라는 뜻의 '썩히다'가 쓰였으므로 적절하다.

④ 기계를 썩히고(○): '물건이나 사람 또는 재능 따위가 쓰여야 할 곳에 제대로 쓰이지 못하고 내버려진 상태로 있게 하다.'라는 뜻의 '썩히다'가 쓰였으므로 적절하다.

02 난도 ★★☆ 　　　　　　　　정답 ②

문법 > 통사론

[정답의 이유]

② 우리말에는 피동보다 능동 표현을 쓰는 것이 자연스러우므로 '맺어졌으면'을 '맺었으면'으로 고쳐 쓴 것은 적절하다. 하지만 '어떤 일이 이루어지기를 기다리는 간절한 마음'의 뜻으로는 '바람'이 적절한 표현이며, '바램'은 비표준어이다.

[오답의 이유]

① '틀리다'는 '셈이나 사실 따위가 그르게 되거나 어긋나다.'의 뜻으로 쓰인다. 따라서 '비교가 되는 두 대상이 서로 같지 아니하다.'의 뜻을 가진 '다르다'가 적절한 표현이다.

③ '내가 오직 바라는 것은 ~ 좋겠어.'에서는 주어와 서술어의 호응이 맞지 않으므로 서술어를 '좋겠다는 거야.'로 고쳐 쓴 것은 적절하다.

④ '주다'는 주어, 목적어, 부사어를 필수로 요구하는 세 자리 서술어이므로 '인간에게'라는 필수적 부사어를 추가하여 고쳐 쓴 것은 적절하다.

표준어 규정 제1부 제11항

다음 단어에서는 모음의 발음 변화를 인정하여, 발음이 바뀌어 굳어진 형태를 표준어로 삼는다. (ㄱ을 표준어로 삼고, ㄴ을 버림)

ㄱ	ㄴ
나무라다	나무래다
바라다	바래다

→ '나무래다, 바래다'는 방언으로 해석하여 '나무라다, 바라다'를 표준어로 삼았다. 그런데 근래 '바라다'에서 파생된 명사 '바람'을 '바램'으로 잘못 쓰는 경향이 있다. '바람[風]'과의 혼동을 피하려는 심리 때문인 듯하다. 그러나 동사가 '바라다'인 이상 그로부터 파생된 명사가 '바램'이 될 수는 없다. '바라다'의 활용형으로, '바랬다, 바래요'는 비표준형이고 '바랐다, 바라요'가 표준형이 된다. '나무랐다, 나무라요'도 '나무랬다, 나무래요'를 취하지 않는다.

03 난도 ★☆☆   정답 ④

어휘 > 한자성어

정답의 이유

④ 당랑거철(螳螂拒轍)은 제 역량을 생각하지 않고, 강한 상대나 되지 않을 일에 덤벼드는 무모한 행동거지를 비유적으로 이르는 말이다. 제시된 문장에서는 신중한 태도와 관련된 사자성어를 사용해야 하므로 무모한 행동을 비유하는 말인 '당랑거철'은 적절하지 않다.
• 螳螂拒轍: 사마귀 당, 사마귀 랑, 막을 거, 바큇자국 철

오답의 이유

① 구곡간장(九曲肝腸): 굽이굽이 서린 창자라는 뜻으로, 깊은 마음속 또는 시름이 쌓인 마음속을 비유적으로 이르는 말
• 九曲肝腸: 아홉 구, 굽을 곡, 간 간, 창자 장

② 곡학아세(曲學阿世): 바른길에서 벗어난 학문으로 세상 사람에게 아첨함
• 曲學阿世: 굽을 곡, 배울 학, 언덕 아, 세대 세

③ 구밀복검(口蜜腹劍): 입에는 꿀이 있고 배 속에는 칼이 있다는 뜻으로, 말로는 친한 듯하나 속으로는 해칠 생각이 있음을 이르는 말
• 口蜜腹劍: 입 구, 꿀 밀, 배 복, 칼 검

04 난도 ★☆☆   정답 ③

비문학 > 화법

정답의 이유

③ 지민이 '하긴 아이스크림 매출 증가에 관한 통계 자료를 인용해서 답변한 전략도 설득력이 있었어.'라고 말한 부분을 통해 상대방의 견해를 존중하고 있음을 확인할 수 있다. 또한 '하지만 초두 효과의 효용성도 크지 않을까 해.'라고 말한 부분을 통해 자신의 의견을 제시하고 있음을 확인할 수 있다. 이러한 지민의 발화에는 공손성의 원리 중 자신의 의견과 다른 사람의 의견 사이의 차이점을 최소화하고, 자신의 의견과 다른 사람의 의견의 일치점을 극대화하는 '동의의 격률'이 사용되었다.

오답의 이유

① 지민이 면접 전략 강의에 대한 자신의 의견을 제시하고 있으나, 면접 경험을 예로 들어 정수를 설득하고 있는 것은 아니다.

② 지민이 정수의 약점을 공략하거나 정수의 이견을 반박하는 발화는 확인할 수 없다.

④ 지민이 '맞아. 그중에서도 두괄식으로 답변하라는 첫 번째 내용이 정말 인상적이더라.'라고 말한 부분을 통해 자신의 감정을 표현하고 있음을 확인할 수 있으나, 상대방과의 갈등 해소를 위한 감정 표현이라고 볼 수는 없다.

공손성의 원리

대화를 할 때 공손하지 않은 표현은 최소화하고, 공손하고 정중한 표현은 최대화한다.

요령의 격률	상대방에게 부담이 되는 표현은 최소화하고, 상대방에게 이익이 되는 표현은 최대화한다.
관용의 격률	자신에게 이익이 되는 표현은 최소화하고, 자신에게 부담이 되는 표현은 최대화한다.
찬동(칭찬)의 격률	상대방을 비난하는 표현은 최소화하고, 상대방을 칭찬하는 표현은 최대화한다.
겸양의 격률	자신을 칭찬하는 표현은 최소화하고, 자신을 낮추거나 자신을 비방하는 표현은 최대화한다.
동의의 격률	상대방의 의견과 불일치하는 표현은 최소화하고, 상대방의 의견과 일치하는 표현은 최대화한다.

05 난도 ★★☆   정답 ②

고전 문학 > 고전 산문

정답의 이유

② 3문단의 '이는 필시 사부가 ~ 허무한 일임을 알게 하신 것이로다.'에서 성진의 사부인 육관 대사가 성진에게 가르침을 주기 위해 꿈을 꾸게 하였음을 확인할 수 있다. 또한 1문단의 '승상이 말을 마치기도 전에 구름이 걷히더니 노승은 간 곳이 없고 좌우를 돌아보니 팔낭자도 간 곳이 없었다.'에서 육관 대사가 꿈속에서 노승으로 나타나 성진이 꿈에서 깰 수 있도록 하였음을 추론할 수 있다. 따라서 양소유가 인간 세상에 환멸을 느껴 스스로 성진의 모습으로 되돌아왔다는 설명은 적절하지 않다.

오답의 이유

① 3문단의 '그리고 장원급제를 하여 한림학사가 된 후 출장입상하고'에서 꿈속의 양소유가 장원급제를 하여 한림학사가 되었음을 확인할 수 있다.

③ 2문단의 '이에 제 몸이 인간 세상의 승상 양소유가 아니라 연화도량의 행자 성진임을 비로소 깨달았다.'에서 성진은 인간 세상이 아닌 연화도량에 있음을 확인할 수 있다.

④ 2문단의 '자신의 몸을 보니 ~ 완연한 소화상의 몸이요, 전혀 대승상의 위의가 아니었으니'에서 성진은 자신의 외양을 보고 꿈에서 돌아왔음을 인식했다는 것을 확인할 수 있다.

김만중, 「구운몽」
- 갈래: 고전 소설, 국문 소설, 몽자류 소설
- 성격: 불교적, 유교적, 도교적, 우연적, 전기적, 비현실적
- 주제
  - 인생무상의 깨달음을 통한 허무의 극복
  - 불교적 인생관에 대한 각성
- 특징
  - '현실-꿈-현실'의 이원적 환몽 구조를 취하는 몽자류 소설의 효시
  - 천상계가 현실적 공간, 인간계가 비현실적 공간으로 설정됨
  - 꿈속 양소유의 삶은 영웅 소설의 구조를 지님
  - 유교적, 불교적, 도교적 사상이 작품에 반영되어 있음

06 난도 ★★☆   정답 ④

고전 문학 > 고전 운문

정답의 이유

④ (라)는 임금의 승하를 애도하는 마음을 노래한 시조이다. '서산의 ᄒᆡ 다 ᄒᆞ니 그를 셜워 ᄒᆞ노라.'에서 해가 진다는 표현은 임금의 승하를 비유적으로 나타낸 것으로 'ᄒᆡ'는 '임금'을 의미한다.

오답의 이유

① (가)는 수양 대군의 횡포를 비판하는 시조이다. '눈서리'는 '시련' 또는 '수양 대군의 횡포'를 의미하는데, 눈서리로 인해 낙락장송이 다 기울어 간다고 하였으므로 '낙락장송'은 수양 대군에 의해 억울하게 희생된 '충신'들을 의미한다.

② (나)는 임금에게 버림받고 괴로운 마음을 나타낸 시조이다. 화자는 구름에게 님이 계신 곳에 비를 뿌려 달라고 하며 자신의 억울함을 호소하고자 하므로 '님'은 '궁궐에 계신 임금'을 의미한다.

③ (다)는 이별한 임을 그리워하는 마음을 드러낸 시조이다. 화자는 지는 낙엽을 보며 이별한 임이 자신을 생각하는지 궁금해하고 있으므로 '저'는 '이별한 임'을 의미한다.

(가) 유응부, 「간밤의 부던 ᄇᆞ람에 ~」
- 갈래: 평시조, 절의가
- 성격: 우국적, 풍자적
- 주제: 수양 대군의 횡포에 대한 비판과 인재 희생에 대한 걱정
- 특징
  - 시간의 흐름에 따라 시상을 전개함
  - 자연물에 함축적 의미를 부여함(눈서리: 세조의 횡포 / 낙락장송: 충신)
  - 주제를 우회적으로 표현함

(나) 이항복, 「철령 노픈 봉에 ~」
- 갈래: 평시조, 연군가
- 성격: 풍유적, 비탄적, 우의적
- 주제: 억울한 심정 호소와 귀양길에서의 정한

- 특징
  - '님'은 궁궐(구중심처)에 계신 임금, 즉 광해군을 가리킴
  - 임금을 떠나는 자신의 억울한 마음을 자연물에 빗대어 표현함

(다) 계랑, 「이화우(梨花雨) 훗뿌릴 제 ~」
- 갈래: 평시조, 서정시
- 성격: 애상적, 감상적, 여성적
- 주제: 이별의 슬픔과 임에 대한 그리움
- 특징
  - 임과 헤어진 뒤의 시간적 거리감과 임과 떨어져 있는 공간적 거리감이 조화를 이룸
  - 시간의 흐름과 하강적 이미지를 통해 시적 화자의 정서를 심화함

(라) 조식, 「삼동(三冬)의 뵈옷 닙고 ~」
- 갈래: 평시조, 연군가
- 성격: 애도적, 유교적
- 주제: 임금의 승하를 애도함
- 특징
  - 군신유의(君臣有義)의 유교 정신을 잘 보여줌
  - 중종 임금이 승하했다는 소식을 듣고 애도함

07 난도 ★☆☆   정답 ①

어휘 > 혼동 어휘

정답의 이유

㉠ '승부나 등수 따위를 정하는 일'이라는 뜻을 가진 '가름'을 쓰는 것이 적절하다.

㉡ '일정한 기준에 따라 분류하거나 나누어 놓은 낱낱의 범위나 부분'이라는 뜻을 가진 '부문(部門)'을 쓰는 것이 적절하다.

㉢ '성질이나 종류에 따라 갈라놓음'이라는 뜻을 가진 '구별(區別)'을 쓰는 것이 적절하다.

오답의 이유

- 갈음: 다른 것으로 바꾸어 대신함
- 부분(部分): 전체를 이루는 작은 범위 또는 전체를 몇 개로 나눈 것의 하나
- 구분(區分): 일정한 기준에 따라 전체를 몇 개로 갈라 나눔

'가름'과 '갈음'

가름	쪼개거나 나누어 따로따로 되게 하는 일 예 둘로 가름
	승부나 등수 따위를 정하는 일 예 이기고 지는 것은 대개 외발 싸움에서 가름이 났다.
갈음	다른 것으로 바꾸어 대신함 예 새 책상으로 갈음하였다.

08 난도 ★★★
정답 ②

비문학 > 화법

정답의 이유

1단계: (가)에서 친구가 자전거를 타다가 사고를 당해 머리를 다쳤
다는 이야기를 제시함으로써 주제에 대한 청자의 주의나 관
심을 환기하고 있다.

2단계: (다)에서 청자인 '여러분'이 자전거를 타는 경우를 언급함으
로써 자전거 사고 문제를 청자와 관련지어 설명하고 있다.

3단계: (나)에서 헬멧을 착용하면 머리를 보호할 수 있다고 언급함
으로써 문제에 대한 해결 방안을 제시하고 있다.

4단계: (라)에서 헬멧을 착용한다면 신체 피해를 줄일 수 있고, 즐
거움과 편리함을 안전하게 누릴 수 있다고 언급함으로써 해
결 방안이 청자에게 어떤 도움이 되는지 구체화하고 있다.

5단계: (마)에서 자전거를 탈 때 반드시 헬멧을 착용해야 한다고 언
급함으로써 특정 행동을 요구하고 있다.

따라서 동기화 단계 조직에 따라 순서대로 배열하면 ② (가) – (다)
– (나) – (라) – (마)이다.

09 난도 ★★☆
정답 ④

비문학 > 사실적 읽기

정답의 이유

④ 2문단에서 복지 공감 지도로 수급자 현황을 한눈에 확인함으로
써 복지 기관의 맞춤형 대응이 가능하고, 최적의 복지 기관 설립
위치를 선정할 수 있음을 확인할 수 있다. 그러나 복지 공감 지
도로 복지 혜택에 대한 수급자들의 개별 만족도를 파악할 수 있
는 것은 아니다.

오답의 이유

① 1문단의 '국가정보자원관리원과 ○○시는 빅데이터 기반의 맞춤
형 복지 서비스 분석 사업을 수행했다.'에서 빅데이터 기반의 맞
춤형 복지 서비스 분석 사업을 활용하고 있음을 확인할 수 있다.
또한 1문단의 '국가정보자원관리원은 ~ 취약 지역 지원 방안을
제시했다.'에서 이 사업을 통해 복지 사각지대를 줄이는 방안이
제시되었음을 확인할 수 있다.

② 3문단의 '이 사업을 통해 ○○시는 그동안 복지 기관으로부터 도
보로 약 15분 내 위치한 수급자에게 복지 혜택이 집중되고 있는
것도 확인했다.'에서 복지 기관과 수급자 거주지 사이의 거리가
복지 혜택의 정도에 영향을 주고 있음을 확인할 수 있다.

③ 3문단의 '이에 ~ 복지 셔틀버스 노선을 4개 증설할 계획을 수립
했다.'에서 복지 기관 접근성 분석 결과를 통해 복지 셔틀버스
노선을 증설하기로 하였음을 확인할 수 있다.

10 난도 ★★★
정답 ③

비문학 > 추론적 읽기

정답의 이유

③ '탯줄이 떨어지면서 배의 한가운데에 생긴 자리'를 뜻하는 '배꼽'
이 바둑판에서 '바둑판의 한가운데'의 뜻으로 쓰이는 것은 일반
적으로 쓰이는 말이 특수한 영역에서 사용되는 경우에 해당한
다. 따라서 ⓒ의 사례로 적절하지 않다.

오답의 이유

① '코'는 '포유류의 얼굴 중앙에 튀어나온 부분'을 의미하지만, '아
이들의 코 묻은 돈'에서의 '코'는 '콧구멍에서 흘러나오는 액체',
즉 '콧물'이라는 의미를 포함하는 방향으로 변화한 것이다.

② '수세미'는 본래 식물의 이름으로, 과거에 설거지할 때 그릇을 씻
는 데 쓰는 물건을 만드는 재료였다. 그러나 이후 '수세미'는 설
거지할 때 그릇을 씻는 데 쓰는 물건이라는 의미로 변화하였으므
로 지시 대상 자체가 바뀐 사례로 볼 수 있다.

④ 과거의 사람들은 전염병인 '천연두'에 대해 심리적인 두려움이
있었기 때문에 이를 대신하여 '손님'이라고 불렀다. 이후 '손님'은
'천연두'를 일상적으로 이르는 말이 되었다.

더 알아보기

단어 의미 변화의 원인

• 언어적 원인

– 전염: 특정한 단어와 어울리면서 의미가 변하는 현상이다.

예 결코 우연한 일이 아니었다.

→ '별로', '결코' 등은 긍정과 부정에 모두 쓰이던 표현이었
는데, 부정적 표현과 자주 어울리면서 부정적 표현에만
쓰이게 되었다.

– 생략: 단어의 일부분이 생략되면서 생략된 부분의 의미가 남은
부분에 감염되는 현상이다.

예 아침을 먹었다.

→ '밥'이 생략되어도 '아침'이 '아침밥'의 의미를 갖는다. '머
리(머리카락)', '코(콧물)'도 같은 예이다.

– 민간 어원: 민간에 전해오는 이야기에 의해 의미가 변하는 현
상이다.

예 행주치마

→ 원래는 '행자승이 걸치는 치마'라는 뜻으로 행주산성과
전혀 관련이 없었으나, 행주산성 이야기의 영향을 받아
'행주산성의 치마'라는 의미로 쓰이게 되었다.

• 역사적 원인

– 지시물의 변화

예 바가지

→ 원래는 '박을 두 쪽으로 쪼개 만든 그릇'을 의미했으나,
'나무, 플라스틱 등으로 만든 그릇'을 지칭하는 말로 바뀌
었다.

- 지시물에 대한 정서적 태도의 변화
  - 예 나일론
    - → 원래는 질기고 강하고 좋은 의미로 쓰였지만, 새롭고 좋은 소재들이 나오면서 나일론은 좋지 않은 부정적인 의미로 바뀌었다. 이러한 변화로 '나일론 환자'는 '가짜 환자'라는 뜻으로 사용된다.
- 지시물에 대한 지식의 변화
  - 예 해가 뜨고 진다.
    - → 원래는 '지구를 중심으로 해가 돈다.'는 생각에서 나온 표현이었지만, 과학 지식의 발달로 지금은 '지구가 돈다.'라는 의미로 사용된다.
- 심리적 원인(금기에 의한 변화)
  예 손님(홍역), 마마(천연두), 산신령(호랑이), 돌아가시다(죽다)

11 난도 ★☆☆
정답 ②

비문학 > 사실적 읽기

정답의 이유

② 지나친 야간 조명이 식물의 성장에 부정적 영향을 끼쳐 작물 수확량을 감소시킬 수 있음이 여러 연구를 통해 입증된 바 있다는 내용을 근거로 들어 건의에 대한 신뢰성을 높이고 있다. 하지만 인용한 자료의 출처를 밝히고 있지는 않다.

오답의 이유

① '하지만 지나친 야간 조명이 식물의 성장에 부정적인 영향을 끼쳐 작물 수확량을 감소시킬 수 있음은 이미 여러 연구를 통해 입증된 바 있습니다.'와 '실제로 골프장이 야간 운영을 시작했을 때를 기점으로 우리 농장의 수확률이 현저히 낮아졌음을 제가 확인했습니다.'에서 글쓴이는 △△시 시장에게 빛 공해로 농장이 겪는 어려움에 대해 관심을 촉구하고 있음을 확인할 수 있다.

③ '또한 ○○군에서도 빛 공해 문제를 해결하기 위해 야간 조명의 조도를 조정하는 프로젝트를 진행한 바 있으니 참고해 보시기 바랍니다.'에서 다른 지역의 사례를 언급하고 있음을 확인할 수 있다.

④ '물론, 이윤을 추구하는 골프장의 야간 운영을 무조건 막는다면 골프장 측에서 반발할 것입니다.'에서 예상되는 문제점을 제시하고 있으며, '그래서 계절에 따라 야간 운영 시간을 조정하거나 운영 제한에 따른 손실금을 보전해 주는 등의 보완책도 필요합니다.'에서 그에 따른 해결 방안에 대해 제시하고 있음을 확인할 수 있다.

12 난도 ★★☆
정답 ②

비문학 > 화법

정답의 이유

② ⓒ에서 '저'는 말하는 이와 듣는 이로부터 멀리 있는 대상을 가리키는 지시 관형사이다. 따라서 ⓒ이 화자보다 청자에게 멀리 있는 대상을 가리킨다는 설명은 적절하지 않다.

오답의 이유

① ㉠에서 '이'는 말하는 이에게 가까이 있는 대상을 가리키는 지시 관형사이고 ㉡에서 '그'는 듣는 이에게 가까이 있는 대상을 가리키는 지시 관형사이므로, ㉠이 청자보다 화자에게, ㉡이 화자보다 청자에게 가까이 있는 대상을 가리킨다는 설명은 적절하다.

③ 이진이가 ⓒ을 추천한 후에 태민이가 ㉣을 읽어 보겠다고 하였으므로, ⓒ과 ㉣은 모두 한국 대중문화를 다양한 시각에서 다룬 재미있는 책을 가리킨다.

④ 이진이가 두 책을 들고 계산대로 가는 상황에서 '이 책' 두 권을 사 주겠다고 하였으므로, ㉤은 앞에서 언급한 ㉡과 ⓒ을 모두 가리킨다.

더 알아보기

'이', '그', '저'

- 의미
  - 이: 말하는 이에게 가까이 있거나 말하는 이가 생각하고 있는 대상을 가리킬 때 쓰는 말
  - 그: 듣는 이에게 가까이 있거나 듣는 이가 생각하고 있는 대상을 가리킬 때 쓰는 말
  - 저: 말하는 이와 듣는 이로부터 멀리 있는 대상을 가리킬 때 쓰는 말
- 품사

구분	특징	예문
관형사	후행하는 체언을 수식	• 이 사과가 맛있게 생겼다. • 그 책을 좀 줘 봐. • 저 거리에는 항상 사람이 많다.
대명사	조사와 결합할 수 있음	• 이보다 더 좋을 수는 없다. • 그는 참으로 좋은 사람이다. • 이도 저도 다 싫다.

13 난도 ★★★
정답 ④

비문학 > 사실적 읽기

정답의 이유

④ 3문단의 '그러나 여기에서도 아동은 ~ 적극적인 권리의 주체로 인식되지는 않았다.'를 통해 「아동권리에 관한 제네바 선언」에서 아동을 적극적인 권리의 주체로 인식하지 않았음을 확인할 수 있다. 아동이 자신의 권리를 주장할 수 있는 능동적인 존재로 자리매김할 수 있게 된 것은 1989년 유엔총회에서 채택된 「아동권리협약」에서이다.

오답의 이유

① 1문단의 '산업혁명으로 봉건제도가 붕괴되고 자본주의가 탄생한 근대사회에 이르러 ~ 아동보호가 시작되었다.'에서 아동의 권리에 대한 인식이 근대사회 이후에 형성되었음을 확인할 수 있다.

② 3문단의 '1989년 유엔총회에서 채택된 「아동권리협약」이 그것이다.'와 4문단의 '우리나라는 이를 토대로 2016년 「아동권리헌장」 9개 항을 만들었다.'에서 「아동권리헌장」은 「아동권리협약」을 토대로 만들어졌음을 확인할 수 있다.

③ 2문단에서는 「아동권리에 관한 제네바 선언」에 '아동은 물질적으로나 정신적으로 정상적인 발달을 위해 필요한 조건이 충족되어야 한다.'라는 내용이 포함되었다고 제시하고 있다. 또한 4문단에서는 「아동권리협약」을 토대로 만든 「아동권리헌장」에 '생존과 발달의 권리'라는 원칙을 포함하였다고 제시하고 있다. 따라서 「아동권리에 관한 제네바 선언」, 「아동권리협약」, 「아동권리 헌장」에는 모두 아동의 발달에 대한 내용이 들어가 있음을 확인할 수 있다.

14 난도 ★★☆
정답 ①

현대 문학 > 현대 시

정답의 이유

① 제시된 작품은 '봄'과 '겨울'의 대립적인 이미지를 통해 통일에 대한 염원을 나타낸 현실 참여적인 시이다. 따라서 현실을 초월한 순수 자연의 세계를 노래한 것이라는 설명은 적절하지 않다.

오답의 이유

② '오지 않는다', '움튼다', '움트리라' 등의 단정적 어조를 사용해 자주적인 통일에 대한 희망과 신념을 드러내고 있다.

③ '봄'은 통일을, '겨울'은 분단의 현실을, '남해', '북녘', '바다와 대륙 밖'은 한반도의 외부 세력을, '눈보라'는 분단의 아픔과 고통을, '쇠붙이'는 군사적 대립과 긴장을 상징한다. 이처럼 시어들의 상징적인 의미를 통해 '자주적이고 평화적인 통일에 대한 염원'이라는 주제를 형성하고 있다.

④ '봄'은 통일을 의미하는 긍정적인 시어이고, '겨울'은 분단을 의미하는 부정적인 시어이다. 이러한 시어들의 이원적 대립을 통해 시상을 전개하고 있다.

작품 해설

신동엽, 「봄은」
- 갈래: 자유시, 참여시
- 성격: 저항적, 의지적, 현실 참여적
- 주제: 자주적이고 평화적인 통일에 대한 염원
- 특징
  - 단정적 어조로 통일에 대한 화자의 확고한 의지를 표현함
  - 상징법, 대유법, 대조법 등 다양한 표현 방법을 사용함

15 난도 ★★☆
정답 ④

비문학 > 글의 순서 파악

정답의 이유

제시된 글은 한 사회가 조직되는 근본인 '말과 글'을 잘 다스려 사회를 유지해야 한다고 주장하는 글이다.

- (마)에서 사회는 여러 사람의 뜻이 통해야 한다는 화제를 제시하고 있으므로 글의 처음에 오는 것이 적절하다.
- (다)에서 뜻이 서로 통하여 번듯한 사회의 모습을 갖추려면 '말과 글'이 필요하다는 내용을 제시하고 있으므로 (마)의 다음에 오는 것이 적절하다.
- (나)에서 '이러므로'라는 접속 표현을 사용하여 사회가 조직되는 근본이 '말과 글'임을 제시하고 있으므로 (다)의 다음에 오는 것이 적절하다.
- (가)에서 '이 기관'을 잘 수리하여 다스려야 한다는 내용을 제시하고 있으므로 '말과 글'을 '기관'에 빗대어 표현한 (나)의 다음에 오는 것이 적절하다.
- (라)에서 '기관'을 쓸 수 없는 지경에 이르면 사회가 유지될 수 없다는 내용을 제시하고 있으므로 '기관'을 수리하지 않으면 작동이 막혀 버릴 것이라고 제시한 (가)의 다음에 오는 것이 적절하다.

따라서 글의 전개 순서로 가장 자연스러운 것은 ④ (마) - (다) - (나) - (가) - (라)이다.

16 난도 ★★☆
정답 ③

어휘 > 한자어

정답의 이유

③ 해결(解結: 풀 해, 맺을 결)(×) → 해결(解決: 풀 해, 결정할 결)(○): '제기된 문제를 해명하거나 얽힌 일을 잘 처리함'이라는 뜻으로 쓰이는 '해결'은 '解決'로 표기한다. 제시된 문장에는 '맺을 결(結)'이 쓰였으므로 적절하지 않다.

오답의 이유

① 만족(滿足: 찰 만, 발 족)(○): 마음에 흡족함

② 재청(再請: 다시 재, 청할 청)(○): 회의할 때에 다른 사람의 동의에 찬성하여 자기도 그와 같이 청함을 이르는 말

④ 재론(再論: 다시 재, 논의할 론)(○): 이미 논의한 것을 다시 논의함

17 난도 ★★☆
정답 ④

비문학 > 추론적 읽기

정답의 이유

④ 제시된 문장의 앞에는 신분에 따라 문체를 고착화하는 것을 인정하지 않았다는 구체적인 사례나 진술이 언급되어야 한다. 따라서 '이 낭만주의 시기에 ~ 전통 시학을 거부했다.'라는 문장 뒤에 '신분에 따라 문체를 고착화하는 것을 인정하지 않았던 것이다.'의 문장이 이어지는 것이 자연스러우므로 ㉣에 들어가는 것이 적절하다.

현대 문학 > 현대 소설

정답의 이유

① '정거장에 나온 박은 수염도 깎은 지 오래어 터부룩한 데다 버릇처럼 자주 찡그려지는 비웃는 웃음은 전에 못 보던 표정이었다.'에서 '현'이 '박'의 외양을 보고 '박'이 예전과 달라졌음을 인식하고 있다는 것을 확인할 수 있다. 그러나 '현은 박의 그런 지싯지싯함에서 선뜻 자기를 느끼고 또 자기의 작품들을 느끼고 그만 더 울고 싶게 괴로워졌다.'에서 박의 모습을 통해 자신의 작품들을 떠올리고는 있으나, '박'의 달라진 태도가 자신의 작품 때문이라고 생각하는 내용은 확인할 수 없으므로 적절하지 않은 이해이다.

오답의 이유

② '현은 박의 그런 지싯지싯함에서 선뜻 자기를 느끼고 또 자기의 작품들을 느끼고 그만 더 울고 싶게 괴로워졌다.'에서 '현'이 시대 상황에 적응하지 못하는 자신과 비슷한 처지에 있는 '박'을 통해 자신을 연민하고 있음을 확인할 수 있다.

③ '오면서 자동차에서 시가도 가끔 내다보았다. 전에 본 기억이 없는 새 빌딩들이 꽤 많이 늘어섰다.'에서 '현'이 자동차에서 새 빌딩들을 보면서 도시가 많이 변화하고 있음을 인지하고 있다는 것을 확인할 수 있다.

④ '그중에 한 가지 인상이 깊은 것은 ~ 시뻘건 벽돌만으로, 무슨 큰 분묘와 같이 된 건축이 웅크리고 있는 것이다. 현은 운전사에게 물어보니, 경찰서라고 했다.'에서 시뻘건 벽돌로 만든 경찰서를 '분묘'로 표현한 것을 통해 '현'이 경찰서를 보고 암울한 분위기를 느끼고 있음을 확인할 수 있다.

작품 해설

이태준, 「패강랭」

- 갈래: 단편 소설
- 성격: 현실 비판적
- 주제
  - 일본의 식민지 지배 정책에 대한 비판
  - 식민지 지식인의 비감(悲感)
- 특징
  - 일제 강점기 말의 시대 상황을 사실적으로 반영함
  - 일제의 식민지 지배 정책에 대한 시대적 고뇌를 펼쳐 보임
  - '패강랭'은 대동강 물이 찬 것을 의미함(계절적으로 겨울을 의미하고, 시대적으로 일제 치하의 암흑과 같은 현실을 상징함)

문법 > 한글 맞춤법

정답의 이유

③ 전셋방(×) → 전세방(○): '전세방'은 한자어인 '전세(傳貰)'와 '방(房)'이 결합한 합성어로서, 제시된 규정에 해당하지 않는다. 따라서 '전세방'으로 적는 것이 적절하다.

오답의 이유

① 아랫집(○): '아랫집'은 순우리말인 '아래'와 '집'으로 이루어진 합성어로서, 앞말이 모음으로 끝나면서 뒷말의 첫소리가 된소리로 나는 것이다. 따라서 (가)에 따라 사이시옷을 받치어 적는 것이 적절하다.

② 쇳조각(○): '쇳조각'은 순우리말인 '쇠'와 '조각'으로 이루어진 합성어로서, 앞말이 모음으로 끝나면서 뒷말의 첫소리가 된소리로 나는 것이다. 따라서 (가)에 따라 사이시옷을 받치어 적는 것이 적절하다.

④ 자릿세(○): '자릿세'는 순우리말인 '자리'와 한자어인 '세(貰)'가 결합한 합성어로서, 앞말이 모음으로 끝나면서 뒷말의 첫소리가 된소리로 나는 것이다. 따라서 (나)에 따라 사이시옷을 받치어 적는 것이 적절하다.

더 알아보기

사이시옷 표기

- 순우리말로 된 합성어

된소리로 나는 것	바닷가, 선짓국, 모깃불, 냇가, 찻집, 아랫집
'ㄴ, ㅁ' 앞에서 'ㄴ' 소리가 덧나는 것	잇몸, 아랫마을, 아랫니, 빗물, 냇물, 뒷머리
모음 앞에서 'ㄴㄴ' 소리가 덧나는 것	베갯잇, 나뭇잎, 뒷일, 뒷입맛, 댓잎, 깻잎

- 순우리말과 한자어로 된 합성어

된소리로 나는 것	찻잔(차+盞), 전셋집(傳貰+집), 머릿방(머리+房)
'ㄴ, ㅁ' 앞에서 'ㄴ' 소리가 덧나는 것	제삿날(祭祀+날), 훗날(後+날), 툇마루(退+마루)
모음 앞에서 'ㄴㄴ' 소리가 덧나는 것	예삿일(例事+일), 훗일(後+일), 가욋일(加外+일)

- 한자어: 곳간(庫間), 셋방(貰房), 숫자(數字), 찻간(車間), 툇간(退間), 횟수(回數)

비문학 > 사실적 읽기

[정답의 이유]

① 3문단의 '그러나 문화 전파의 기제를 설명하는 이론으로는 밈 이론보다 의사소통 이론이 더 적절해 보인다.'에서 문화의 전파 기제를 의사소통 이론으로 설명하는 것이 적절함을 확인할 수 있다.

[오답의 이유]

② 4문단의 '이에 따르면 사람들은 자신이 들은 이야기를 남에게 전달할 때 들은 이야기에다 자신의 생각을 더해서 그 이야기를 전달하기 때문이다.'를 통해 의사소통 이론에 따르면 문화의 수용 과정에서 수용 주체의 주관이 개입한다는 것을 확인할 수 있다.

③ 2문단의 '밈 역시 유전자와 마찬가지로 공동체 내에서 복제를 통해 확산된다.'에서 복제를 통해 문화가 전파될 수 있다는 이론은 의사소통 이론이 아닌 밈 이론임을 확인할 수 있다.

④ 4문단의 '복제의 관점에서 문화의 전파를 설명하는 이론으로는 이와 같은 현상을 설명하기 어렵다.'에서 복제의 관점에서 문화의 전파를 설명하는 이론인 밈 이론에 의해 요크셔 푸딩 요리법의 전파 현상을 설명하기 어렵다는 것을 확인할 수 있다.

국어 | 2022년 지방직 9급

✅ **빠른 정답**

01	02	03	04	05	06	07	08	09	10
③	①	③	②	②	③	④	②	④	④
11	12	13	14	15	16	17	18	19	20
③	①	③	③	④	④	③	②	①	④

✅ **점수 체크**

구분	1회독	2회독	3회독
맞힌 문항 수	/ 20	/ 20	/ 20
나의 점수	점	점	점

---

01 난도 ★★☆　　　　　　　　　　정답 ③

문법 > 통사론

[정답의 이유]

③ 처음 뵙겠습니다. 박혜정입니다(○): 국립국어원 '표준 언어 예절'에 따르면, 처음 자기 자신을 직접 소개할 때에는 '처음 뵙겠습니다.'로 인사한 다음 '저는 ○○○입니다.'라고 자신의 이름을 밝힌다고 하였다. 따라서 이는 언어 예절을 지킨 문장이다.

[오답의 이유]

① 계시겠습니다(×) → 있으시겠습니다(○): 높이려는 대상의 신체 부분, 소유물, 생각 등을 높임으로써 주체를 간접적으로 높이는 간접 높임에서는 '계시다'와 같은 특수 어휘를 사용하지 않고, 서술어에 높임 선어말 어미 '-(으)시-'를 사용하여 높임의 뜻을 실현한다. 따라서 '회장님의 말씀이 있으시겠습니다.'라고 쓰는 것이 적절하다.

② 고모(×) → 형님/아가씨/아기씨(○): '시누이'는 '남편의 누나나 여동생'을 이르는 말로, 남편의 누나를 지칭할 때는 '형님'을 쓰고, 남편의 여동생을 지칭할 때는 '아가씨/아기씨'를 쓴다. 시누이에게 '고모'라는 말을 쓰는 경우 자녀의 이름을 활용해 '○○ 고모'라고 부를 수 있다.

④ 부인입니다(×) → 아내/집사람/안사람/처입니다(○): 다른 사람에게 자기 아내를 가리킬 때는 '아내, 집사람, 안사람, 처'라고 표현하는 것이 적절하다. '부인'은 '남의 아내를 높여 이르는 말'로 자신의 아내를 소개할 때는 쓰지 않는다.

---

02 난도 ★☆☆　　　　　　　　　　정답 ①

비문학 > 글의 전개 방식

[정답의 이유]

① 제시된 글에서는 달빛과 밤길의 풍경을 다양한 감각을 활용해 묘사하고 있다. 따라서 제시된 글의 주된 서술 방식은 어떤 대상의 이미지를 그림을 그리듯 생생하게 전달하는 '묘사'이다.

[오답의 이유]

② '설명'은 어떤 지식이나 정보를 제공하기 위해 사용하는 방식이다.

③ '유추'는 비슷한 대상의 특징을 제시하고 그러한 특징을 다른 대상에 비교하여 설명하는 방식이다.

④ '분석'은 하나의 관념이나 대상을 구성 요소로 나누어 설명하는 방식이다.

이효석, 「메밀꽃 필 무렵」

· 갈래: 단편 소설
· 성격: 낭만적, 묘사적, 서정적
· 주제: 떠돌이 삶의 애환과 혈육의 정
· 특징
  – 낭만적이고 서정적인 문체가 두드러짐
  – 대화에 의해 등장인물 간의 관계에 대한 암시와 추리가 드러남
  – 과거는 요약적 서술로, 현재는 장면적 서술(묘사)로 제시함

03 난도 ★★☆   정답 ③

비문학 > 사실적 읽기

정답의 이유

③ '무대연출 작업 중에서 독보적인 창작을 걸러내서 배타적인 권한인 저작권을 부여하는 것은 매우 흔치 않은 경우이고, 후발 창작을 방해하는 요소로 작용할 수도 있다.'에서 독보적인 무대연출 작업에 저작권을 부여한다면 후발 창작에 방해가 될 수 있다는 것을 확인할 수 있다.

오답의 이유

① '창작적인 표현을 도용당했는지 밝혀야 하는데, 이것이 쉽지 않다.'에서 무대연출의 창작적인 표현의 도용 여부를 밝히기 쉽지 않다는 것을 확인할 수 있다.

② '연출자가 자신의 저작권을 침해당했다고 주장하기 위해서는 우선 그가 유효한 저작권을 소유하고 있어야 한다.'에서 저작권 침해를 당했다고 주장하려면 유효한 저작권을 소유하고 있어야 함을 확인할 수 있다.

④ '저작권법은 창작자에게 개인적인 인센티브를 제공하여 창작을 장려함과 동시에 일반 공중이 저작물을 원활하게 이용할 수 있도록 해야 하는 두 가지 가치의 균형을 이루는 것이 목표다.'에서 저작권법의 목표는 창작을 장려하고 저작물 이용을 원활하게 하는 것임을 확인할 수 있다.

04 난도 ★☆☆   정답 ②

비문학 > 작문

정답의 이유

② 파놉티콘이란 교도관이 다수의 죄수를 감시하는 시스템으로, 이는 권력자에 의한 정보 독점 아래 다수가 통제되는 구조이다. 따라서 ㉡에는 그대로 '다수'가 들어가는 것이 적절하다.

오답의 이유

① ㉠의 앞부분에서는 교도관은 죄수들을 바라볼 수 있지만, 죄수들은 교도관을 바라볼 수 없는 구조인 파놉티콘에 대해 제시하였다. 따라서 죄수들은 교도관이 실제로 없어도 그 사실을 알 수 없으므로 ㉠을 '없을'로 고치는 것이 적절하다.

③ ㉢의 뒷부분에서는 인터넷에서 권력자에 대한 비판을 신변 노출 없이 자유롭게 표현할 수 있게 되었다고 제시하였다. 이는 인터넷에서는 어떤 행위를 한 사람이 누구인지 드러나지 않는다는 것이므로 ㉢을 '익명성'으로 고치는 것이 적절하다.

④ ㉣의 앞부분에서는 인터넷에서 권력자에 대한 비판을 신변 노출 없이 자유롭게 표현할 수 있게 되었다고 제시하였고, ㉣의 뒷부분에서는 네티즌의 활동으로 권력자들을 감시하는 전환이 일어났다고 제시하였다. 따라서 다수가 자유롭게 정보를 수용하고 생산할 수 있기 때문에 권력자를 감시하게 된 것이므로 ㉣을 '누구나가'로 고치는 것이 적절하다.

05 난도 ★★☆   정답 ②

현대 문학 > 현대 시

정답의 이유

② ㉡ '칠팔십 리(七八十里)'는 화자에게 주어진 고통스러운 유랑의 길을 의미한다.

오답의 이유

① ㉠ '산(山)새'는 시메산골 영(嶺)을 넘어가지 못해서 울고, 화자는 삼수갑산에 돌아가지 못해서 슬퍼한다. 따라서 '산(山)새'는 화자와 같은 처지에 놓여 있는 화자의 감정이 이입된 자연물이므로 화자와 상반되는 처지에 놓여 있다는 설명은 적절하지 않다.

③ ㉢ '불귀(不歸), 불귀, 다시 불귀'는 다시 돌아가지 못한다는 뜻으로, 고향에 돌아갈 수 없는 안타까움을 반복을 통해 강조하고 있다. 따라서 화자의 이국 지향 의식을 강조한다는 설명은 적절하지 않다.

④ ㉣ '위에서 운다'는 울고 있는 산새의 모습을 의미하며 화자가 지닌 애상의 정서를 대변하고 있으므로 화자가 지닌 분노의 정서를 대변한다는 설명은 적절하지 않다.

김소월, 「산」

· 갈래: 자유시, 서정시
· 성격: 민요적, 향토적, 애상적
· 주제: 이별의 정한과 그리움
· 특징
  – 대체로 7·5조 3음보의 민요조 율격
  – 반복법을 통해 운율을 형성함
  – 감정 이입을 활용해 화자의 비애를 노래함

06 난도 ★☆☆   정답 ③

현대 문학 > 현대 소설

정답의 이유

③ 백화와 함께 떠날 것을 권유하는 정 씨에게 '어디 능력이 있어야죠.'라고 말하는 부분을 통해 영달이 자신의 경제적인 능력 때문에 고민하다 결국 백화와 함께 떠나지 않았음을 알 수 있다. 따라서 백화를 신뢰할 수 없었기 때문에 백화와 함께 떠나지 않은 것이 아니므로 이는 적절하지 않다.

오답의 이유

① 정 씨의 '같이 가지. 내 보기엔 좋은 여자 같군.', '또 알우? 인연이 닿아서 말뚝 박구 살게 될지. 이런 때 아주 뜨내기 신셀 청산해야지.'라는 말을 통해 정 씨가 영달에게 백화와 함께 떠날 것을 권유하고 있음을 알 수 있다.

② '백화는 뭔가 쑤군대고 있는 두 사내를 불안한 듯이 지켜보고 있었다.'를 통해 백화는 정 씨와 영달을 바라보면서 영달의 선택이 어떤 것일지 몰라 불안해하고 있음을 알 수 있다.

④ '영달이 내민 것들을 받아 쥔 백화의 눈이 붉게 충혈되었다.'를 통해 백화는 정 씨와 영달의 배려에 대한 고마움과 헤어짐에 대한 아쉬움을 느끼고 있음을 알 수 있다. 그 이후에 백화가 '내 이름은 백화가 아니에요. 본명은요…… 이점례예요.'라고 하는 부분을 통해 자신의 진짜 모습을 뜻하는 본명을 밝힘으로써 영달에 대한 고마움을 표현하고 있음을 알 수 있다.

07 난도 ★★☆
정답 ④

비문학 > 글의 순서 파악

정답의 이유

- (나)에서는 과거 한반도가 특수한 지정학적 조건으로 인해 국권을 상실하는 아픔을 겪었다는 글의 화제를 제시하고 있으므로 글의 도입에 오는 것이 적절하다.
- (라)에서는 '그 아픔'이라는 표현을 사용해 아픔으로 인한 결과와 극복을 논하며 과거에서 현재로 이어지는 내용을 제시하고 있으므로 한반도의 아픔을 제시한 (나)의 다음에 오는 것이 적절하다.
- (다)에서는 '지금은'이라는 표현으로 현재를 나타내고 있고, 경제력이 국력을 좌우하는 시대라며 우리나라는 전쟁의 폐허를 극복하고 세계적인 경제 강국을 건설하고 있다는 내용을 제시하고 있으므로 과거의 아픔과 새로운 희망을 제시한 (라)의 다음에 오는 것이 적절하다.
- (가)에서는 과거에는 고통을 주었던 한반도의 지정학적 조건이 이제는 희망의 조건이 될 것이라는 미래의 내용을 제시하고 있으므로 글의 마지막에 오는 것이 적절하다.

따라서 글의 전개 순서로 가장 자연스러운 것은 ④ (나) - (라) - (다) - (가)이다.

08 난도 ★☆☆
정답 ②

비문학 > 화법

정답의 이유

② A와 B는 대화 중에 고개를 끄덕이면서 상대방의 말에 공감을 나타내고 있으므로 적절하다.

오답의 이유

① A는 B에게 내용 요약 방식을 제안하고 있는 것이 아니라 '문제가 있지 않을까요?'라며 B의 요약 방식에 문제를 제기하고 있다.

③ B는 회의 내용 요약 방식에 대한 A의 문제 제기에 고개를 끄덕이면서 동의하고 있다.

④ A는 개조식 요약 방식이 문제가 있다고만 언급하였다. 회의 내용을 과도하게 생략하고 이해에 어려움을 줄 수 있다고 언급한 사람은 B이다.

09 난도 ★★☆
정답 ④

비문학 > 사실적 읽기

정답의 이유

④ '참석 학생들은 1일 시의원이 되어 의원 선서를 한 후 주제에 관한 자유 발언 시간을 가졌다. 이어서 관련 조례안을 상정한 후 찬반 토론을 거쳐 전자 투표로 표결 처리하였다.'에서 의원 선서, 자유 발언, 조례안 상정, 찬반 토론, 전자 투표의 순서로 회의가 진행되었음을 확인할 수 있다.

오답의 이유

① '여기에 참여할 수 있는 대상은 A시에 있는 학교에 재학 중인 만 19세 미만의 청소년이다.'에서 A시에 있는 학교의 만 19세 미만 재학생이 청소년 의회 교실에 참여할 수 있는 대상임을 확인할 수 있다.

② '이 조례에 따르면 시의회 의장은 의회 교실의 참가자 선정 및 운영 방안을 결정할 수 있다. 운영 방안에는 지방자치 및 의회의 기능과 역할, 민주 시민의 소양과 자질 등에 관한 교육 내용이 포함된다.'에서 시의회 의장이 민주 시민의 소양과 관련된 교육 내용을 결정할 수 있음을 확인할 수 있다.

③ '또한 시의회 의장은 고유 권한으로 본회의장 시설 사용이 가능하도록 지원할 수 있다.'와 '최근 ~ 본회의장에서 첫 번째 의회 교실을 운영하였다.'에서 시의회 의장이 본회의장 시설을 사용하도록 지원하였음을 확인할 수 있다.

10 난도 ★★☆
정답 ④

문법 > 의미론

정답의 이유

④ '언행이나 태도가 의젓하고 신중하다.'를 의미하는 '점잖다'는 '어리다, 젊다'를 의미하는 '점다'에 '-지 아니하다'가 결합하여 '점지 아니하다'가 되었고, 이를 축약하여 오늘날의 '점잖다'가 된 것으로 볼 수 있다.

오답의 이유

① '살림살이가 넉넉하지 못함 또는 그런 상태'를 의미하는 '가난'은 한자어인 '간난(艱難)'에서 'ㄴ'이 탈락하여 만들어진 단어이다.

② '어리다'는 중세국어에서 '어리석다'라는 뜻으로 쓰이다가 현대국어에서 '나이가 적다.'라는 뜻으로 의미가 이동하였다.

③ '닭의 수컷'을 의미하는 '수탉'의 '수'는 역사적으로 '슿'과 같이 'ㅎ'을 맨 마지막 음으로 가지고 있는 말이었으나 현대에 와서는 'ㅎ'이 모두 떨어진 형태를 기본적인 표준어로 규정하였다. 이러한 흔적으로 인해 'ㅎ'이 뒤의 예사소리와 만나면 거센소리로 나는 것을 인정하여 '슿'에 '닭(닭)'이 결합할 때 '수탉'이라고 하였다.

비문학 > 사실적 읽기

정답의 이유

③ 제시된 글에서 혐오 현상은 자체의 역사와 사회적 배경이 반드시 선행하며 사회문제의 기원이나 원인이 아니라 발현이며 결과라고 하였다. 또한 혐오 그 자체를 사회악으로 지목해 도덕적으로 지탄하는 데서 그쳐서는 안 된다고 하였다. 이를 통해 글쓴이가 혐오 현상을 바르게 이해하기 위해서는 이를 만들어 내는 사회문제를 찾는 것이 중요하다고 주장하고 있음을 알 수 있다. 따라서 '혐오 현상을 만들어 내는 근본 원인을 찾아야 한다.'가 주제로 적절하다.

오답의 이유

① 1문단의 '혐오 현상은 외계에서 뚝 떨어진 괴물이 만들어 낸 것이 아니라, 거기엔 자체의 역사와 사회적 배경이 반드시 선행한다.'에서 혐오 현상에는 인과관계가 존재한다는 것을 알 수 있다. 따라서 '혐오 현상에는 인과관계가 존재하지 않는다.'는 주제로 적절하지 않다.

② 2문단의 '왜 혐오가 나쁘냐고 물어보면 많은 사람들은 이렇게 답한다. ~ 이 대답들은 분명 선량한 마음에서 나온 것이다. 하지만 문제의 성격을 오인하게 만들 수 있다.'에서 혐오 현상을 선량한 마음으로 바라보면 안 된다는 것을 알 수 있다. 따라서 '혐오 현상은 선량한 마음으로 바라보아야 한다.'는 주제로 적절하지 않다.

④ 2문단의 '혐오나 증오라는 특정 감정에 집착해선 안 된다는 것이다.', "혐오나 증오라는 감정에 집중할수록 우린 '달을 가리키는 손가락만 바라보는' 잘못을 범하기 쉬워진다."에서 혐오라는 감정에 집중해서는 안 된다는 것을 알 수 있다. 따라서 '혐오라는 감정에 집중할수록 사회문제는 잘 보인다.'는 주제로 적절하지 않다.

고전 문학 > 고전 운문

정답의 이유

① 화자는 '초가 정자'가 있고 오솔길이 나 있는 곳에서 술을 마시며 시를 읊조리고 있다. 따라서 ㉠ '초가 정자'는 화자가 묘사한 풍경 속의 일부일 뿐, 시간적 흐름에 따른 시상 전개를 매개하고 있는 것이 아니다.

오답의 이유

② 화자는 자연 속에서 '높다랗게' 앉아서 술을 마시며 시를 읊조리고 있다. 따라서 ㉡ '높다랗게'를 통해 시적 화자의 초연한 태도를 파악할 수 있다.

③ '산과 계곡'인 자연은 언제나 변함없이 그대로지만, 인간이 만든 '누대'는 비어 있다고 하였으므로 ㉢ '누대'는 자연과 대비되는 쇠락한 인간사를 암시한다고 볼 수 있다.

④ '봄바람'은 꽃잎을 흔드는 주체이며, 화자는 '붉은 꽃잎 하나라도 흔들지 마라'라고 하였다. 따라서 ㉣ '봄바람'은 꽃잎을 흔드는 부정적 이미지로 기능하고 있음을 알 수 있다.

어휘 > 한자어

정답의 이유

③ '각축(角逐: 뿔 각, 쫓을 축)'은 '서로 이기려고 다투며 덤벼듦'이라는 뜻으로, 이 단어에는 사람의 몸을 지시하는 말이 포함되지 않았다.

오답의 이유

① '슬하(膝下: 무릎 슬, 아래 하)'는 '무릎의 아래'라는 뜻으로, '어버이나 조부모의 보살핌 아래, 주로 부모의 보호를 받는 테두리 안'을 이른다.

② '수완(手腕: 손 수, 팔 완)'은 '일을 꾸미거나 치러 나가는 재간 / 손목의 잘록하게 들어간 부분'을 이른다.

④ '발족(發足: 필 발, 발 족)'은 '어떤 조직체가 새로 만들어져서 일이 시작됨 또는 그렇게 일을 시작함'을 이른다.

고전 문학 > 고전 산문

정답의 이유

③ (가)에서는 계월의 명령에 화가 머리끝까지 난 보국이 억지로 갑옷과 투구를 갖추고 군문에 대령하자 계월이 보국에게 예를 갖추라고 명령하면서 보국과의 갈등 상황을 타개하고자 하는 적극적인 태도를 보인다. 그러나 (나)에서는 까투리가 장끼의 고집에 경황없이 물러서며 갈등 상황을 해결하는 데 소극적인 태도를 보인다.

오답의 이유

① (가)에서는 계월이 보국에게 명령하는 것을 통해 계월이 보국에 비해 우월한 지위를 가지고 있음을 확인할 수 있다. 그러나 (나)에서는 장끼의 고집을 꺾지 못하는 까투리의 모습을 통해 까투리가 장끼에 비해 우월한 지위를 가지고 있지 않음을 확인할 수 있다.

② (가)에서는 계월이 보국의 행동을 거만하다고 비판하고 있으며, (나)에서도 까투리가 장끼의 행동을 보고 '저런 광경 당할 줄 몰랐던가. ~ 계집의 말 안 들어도 망신하네.'라고 하며 장끼의 행동을 비판하고 있음을 확인할 수 있다.

④ (가)에서는 계월의 호령에 '군졸의 대답 소리로 장안이 울릴 정도였다.'라고 묘사한 것을 통해 계월이 주변으로부터 두려움의 반응을 얻었음을 확인할 수 있다. (나)에서는 '아홉 아들 열두 딸과 친구 벗님네들도 불쌍타 의논하며' 장끼의 죽음에 대해 까투리를 위로하고 있으므로 까투리는 주변으로부터 호의적인 반응을 얻었음을 확인할 수 있다.

(가) 작자 미상, 「홍계월전」

- 갈래: 고전 소설, 군담 소설, 영웅 소설
- 성격: 전기적, 영웅적
- 주제: 홍계월의 영웅적 면모와 고난 극복
- 특징
  - 주인공의 고행담과 이를 극복하는 과정을 서술함(전형적인 영웅 일대기적 구조)
  - 중국 명나라를 배경으로 한 소설로, 여성을 우월하게 그림
  - 봉건적 사회 질서에서 벗어나고자 하는 여성들의 욕구를 반영함
  - 남장 모티프를 확인할 수 있음

(나) 작자 미상, 「장끼전」

- 갈래: 고전 소설, 우화 소설
- 성격: 우화적, 교훈적, 풍자적
- 주제: 남존여비와 재가 금지에 대한 비판
- 특징
  - 동물을 의인화하여 풍자의 효과를 높임
  - 남존여비, 여성의 재가 금지 등 당시의 유교 윤리를 비판함
  - 판소리 사설의 문체가 작품 곳곳에 드러남

15 난도 ★★★ 정답 ④

문법 > 통사론

정답의 이유

④ 끼이는(○): '벌어진 사이에 들어가 죄이고 빠지지 않게 되다.'를 뜻하는 '끼이다'는 '끼다'의 피동사이므로 '끼이는'은 문장에서 적절하게 쓰였다.

오답의 이유

① 되뇌이는(×) → 되뇌는(○): '같은 말을 되풀이하여 말하다.'를 뜻하는 단어는 '되뇌다'이므로, '되뇌는'으로 고쳐 써야 한다.

② 헤매이고(×) → 헤매고(○): '갈 바를 몰라 이리저리 돌아다니다.'를 뜻하는 단어는 '헤매다'이므로, '헤매고'로 고쳐 써야 한다.

③ 메이기(×) → 메기(○): '뚫려 있거나 비어 있는 곳이 막히거나 채워지다.'를 뜻하는 단어는 '메다'이므로, '메기'로 고쳐 써야 한다.

16 난도 ★★☆ 정답 ④

어휘 > 한자어

정답의 이유

④ 변호사(辯護事: 말 잘할 변, 보호할 호, 일 사)(×) → 변호사(辯護士: 말 잘할 변, 보호할 호, 선비 사)(○): 법률에 규정된 자격을 가지고 소송 당사자나 관계인의 의뢰 또는 법원의 명령에 따라 피고나 원고를 변론하며 그 밖의 법률에 관한 업무에 종사하는 사람

오답의 이유

① 소방관(消防官: 꺼질 소, 막을 방, 벼슬 관)(○): 소방 공무원을 일상적으로 이르는 말

② 과학자(科學者: 품등 과, 배울 학, 놈 자)(○): 과학을 전문적으로 연구하는 사람

③ 연구원(研究員: 갈 연, 궁구할 구, 관원 원)(○): 연구에 종사하는 사람

17 난도 ★☆☆ 정답 ③

비문학 > 사실적 읽기

정답의 이유

③ 2문단의 '중세의 지적 전통에 대한 의구심은 고대의 학문과 예술, 언어에 대한 재평가로 이어졌으며, 이에 따라 ~ 인간에 대한 새로운 관심과 사유가 활발해졌다.'를 통해 중세의 지적 전통에 대한 의구심이 고대의 학문과 언어에 대한 재평가로 이어졌고 이에 따라 인간에 대한 관심이 많아졌음을 확인할 수 있다. 또한 3문단의 '인간에 대한 관심의 증대에 따라 인체의 아름다움이 재발견되었고'를 통해 인간에 대한 관심의 증대로 인해 인체의 아름다움이 재발견되었음을 확인할 수 있다. 따라서 예술가들이 인체의 아름다움을 재발견함으로써 고대의 학문과 언어에 대한 재평가가 이루어졌다는 이해는 적절하지 않다.

오답의 이유

① 1문단의 '르네상스가 일어나게 된 요인으로 많은 것들이 거론되어 왔지만, 의학사의 관점에서 볼 때 흥미롭고 논쟁적인 원인은 페스트이다.'를 통해 페스트라는 전염병이 르네상스가 일어나게 된 요인 중 하나임을 확인할 수 있다.

② 1문단의 "페스트로 인해 '사악한 자'들만이 아니라 '선량한 자'들까지 무차별적으로 죽는 것을 보고 이전까지 의심하지 않았던 신과 교회의 막강한 권위에 대해서도 회의하게 되었다."를 통해 페스트로 인한 선인과 악인의 무차별적인 죽음은 교회의 권위를 약화시켰음을 확인할 수 있다.

④ 3문단의 '기존의 의학적 전통을 여전히 신봉하던 의사들에게 해부학적 지식은 불필요한 것으로 인식되었던 반면, 당시의 미술가들은 예술가이면서 동시에 해부학자이기도 할 만큼 인체의 내부 구조를 탐색하는 데 골몰했다.'를 통해 르네상스 시기의 해부학은 의사들이 아닌 미술가들의 관심을 끌었음을 확인할 수 있다.

18 난도 ★★☆ 정답 ②

어휘 > 한자성어

정답의 이유

② 밑줄 친 부분은 '간단한 말로도 남을 감동하게 하거나 남의 약점을 찌를 수 있음'을 의미하는 寸鐵殺人(촌철살인)과 어울린다.

- 寸鐵殺人: 마디 촌, 쇠 철, 죽일 살, 사람 인

오답의 이유

① 巧言令色(교언영색): 아첨하는 말과 알랑거리는 태도

- 巧言令色: 교묘할 교, 말씀 언, 명령할 영, 빛 색

③ 言行一致(언행일치): 말과 행동이 하나로 들어맞음 또는 말한 대로 실행함

- 言行一致: 말씀 언, 다닐 행, 하나 일, 이를 치

④ 街談巷說(가담항설): 거리나 항간에 떠도는 소문
  • 街談巷說: 거리 가, 말씀 담, 거리 항, 말씀 설

19 난도 ★★☆   정답 ①

비문학 > 추론적 읽기

정답의 이유

① '논리실증주의자들에 따르면, 만약 어떤 것이 과학일 경우 거기에서 사용되는 문장은 유의미하다.'와 '(나)는 검증할 수 없고 과학에서 사용될 수 없는 무의미한 문장이라고 말한다.'를 통해 과학에서 사용될 수 없는 문장은 무의미한 문장임을 확인할 수 있다. 따라서 논리실증주의자들에 따르면 무의미한 문장을 사용하는 것은 과학이 아니라는 점을 추론할 수 있다.

오답의 이유

② '논리실증주의자들에 따르면, 만약 어떤 것이 과학일 경우 거기에서 사용되는 문장은 유의미하다.'를 통해 과학에서 사용되는 문장이 유의미하다는 것은 파악할 수 있다. 하지만 과학의 문장들만 유의미하다는 내용을 추론할 수는 없다.

③ '검증 원리란, 경험을 통해 참이나 거짓을 검증할 수 있는 문장은 유의미하고 그렇지 않은 문장은 유의미하지 않다는 것이다.'를 통해 경험으로 검증할 수 없는 문장은 유의미하지 않다는 사실을 파악할 수 있다. 하지만 아직까지 경험되지 않은 것을 언급한 문장이 무의미하다는 내용을 추론할 수는 없다.

④ '검증 원리란, 경험을 통해 참이나 거짓을 검증할 수 있는 문장은 유의미하고 그렇지 않은 문장은 유의미하지 않다는 것이다.'를 통해 검증할 수 없는 문장은 무의미한 문장임을 확인할 수 있다. 하지만 검증 원리에 따라 '거짓'을 검증할 수 있는 문장은 유의미하다고 할 수 있다.

20 난도 ★★☆   정답 ④

비문학 > 추론적 읽기

정답의 이유

㉠ 1문단의 '즉 컴퓨터는 결정론적 법칙의 지배를 받는 시스템이라는 것이다.'와 2문단의 '결국 결정론적 법칙의 지배를 받는 시스템은 자유의지를 가지지 않는다. 또한 자유의지를 가지지 않는 시스템에 도덕적 의무를 귀속시킬 수 없음은 당연하다.'를 통해 결정론적 법칙의 지배를 받는 시스템인 컴퓨터는 자유의지를 가지지 않으며 도덕적 의무의 귀속 대상이 아님을 추론할 수 있다.

㉡ 2문단의 '결국 결정론적 법칙의 지배를 받는 시스템은 자유의지를 가지지 않는다. 또한 자유의지를 가지지 않는 시스템에 도덕적 의무를 귀속시킬 수 없음은 당연하다.'를 통해 도덕적 의무를 귀속시킬 수 있는 시스템은 결정론적 법칙의 지배를 받지 않음을 추론할 수 있다.

㉢ 2문단의 '어떤 선택을 할 때 그것과 다른 선택을 할 수도 있다는 것은 자유의지의 필요조건이기 때문이다.'를 통해 어떤 선택을 할 때 그것과 다른 선택을 할 수 없는 시스템은 자유의지를 가지지 않음을 추론할 수 있다.

한눈에 훑어보기

✓ 영역 분석

어휘   07   17
2문항, 10%

문법   01   02   03   05   12
5문항, 25%

고전 문학   06   15
2문항, 10%

현대 문학   16   18
2문항, 10%

비문학   04   08   09   10   11   13   14   19   20
9문항, 45%

✓ 빠른 정답

01	02	03	04	05	06	07	08	09	10
②	③	①	②	④	④	②	②	③	④
11	12	13	14	15	16	17	18	19	20
③	③	③	①	④	④	①	②	④	①

✓ 점수 체크

구분	1회독	2회독	3회독
맞힌 문항 수	/ 20	/ 20	/ 20
나의 점수	점	점	점

---

01   난도 ★★☆   정답 ②

문법 > 한글 맞춤법

정답의 이유

② 흡입량(○), 구름양(○), 정답란(○), 칼럼난(○): '흡입량(吸入＋量)'과 '정답란(正答＋欄)'은 한자어와 한자어가 결합한 것으로 '량'과 '란'을 단어의 첫머리에 온 것으로 보지 않기 때문에 두음 법칙을 적용하지 않는다. 그러나 '구름양(구름＋量)'은 고유어와 한자어가 결합한 것이고, '칼럼난(column＋欄)'은 외래어와 한자어가 결합한 것이므로 두음 법칙을 적용하여 표기한다.

- 한글 맞춤법 제11항에 의하면, 한자음 '랴, 려, 례, 료, 류, 리'가 단어의 첫머리에 올 적에는 두음 법칙에 따라 '야, 여, 예, 요, 유, 이'로 적고, 단어의 첫머리 이외의 경우에는 본음대로 적는다. 다만, 고유어나 외래어 뒤에 결합한 한자어는 독립적인 한 단어로 인식이 되기 때문에 두음 법칙이 적용된다.

- 한글 맞춤법 제12항에 의하면, 한자음 '라, 래, 로, 뢰, 루, 르'가 단어의 첫머리에 올 적에는 두음 법칙에 따라 '나, 내, 노, 뇌, 누, 느'로 적고, 단어 첫머리 이외의 경우는 두음 법칙이 적용되지 않으므로 본음대로 적는다. 다만, 고유어나 외래어 뒤에 결합하는 경우에는 한자어 형태소가 하나의 단어로 인식되므로 두음 법칙이 적용된 형태로 적는다.

오답의 이유

① 꼭지점(×) → 꼭짓점(○): 한글 맞춤법 제30항에 따르면, 순우리말과 한자어로 된 합성어로서 앞말이 모음으로 끝나고 뒷말의 첫소리가 된소리로 나는 경우 사이시옷을 받치어 적는다. '꼭짓점'은 고유어 '꼭지'와 한자어 '점(點)'이 결합한 합성어이며, 뒷말의 첫소리가 된소리로 나기 때문에 사이시옷을 밝혀 적는다. 따라서 '꼭짓점'으로 표기하는 것이 적절하다.

③ 딱다구리(×) → 딱따구리(○): 한글 맞춤법 제23항에 따르면, '-하다'나 '-거리다'가 붙는 어근에 '-이'가 붙어서 명사가 된 것은 그 원형을 밝히어 적고, '-하다'나 '-거리다'가 붙을 수 없는 어근에 '-이'나 다른 모음으로 시작하는 접미사가 붙어서 명사가 된 것은 그 원형을 밝히어 적지 않는다. 따라서 '딱따구리'로 표기하는 것이 적절하다.

④ 홧병(火病)(×) → 화병(火病)(○): 한글 맞춤법 제30항에 따르면, 두 음절로 된 한자어 중 '곳간(庫間)', '셋방(貰房)', '숫자(數字)', '찻간(車間)', '툇간(退間)', '횟수(回數)'에만 사이시옷이 들어간다. 따라서 '화병(火病)'에는 사이시옷을 표기하지 않는다.

문법 > 의미론

정답의 이유

③ '포장지에 싼다'의 '싸다'는 '물건을 안에 넣고 보이지 않게 씌워 가리거나 둘러 말다.'라는 의미이다. 이와 같은 의미로 사용된 것은 '책을 싼 보퉁이'의 '싸다'이다.

오답의 이유

① '안채를 겹겹이 싸고'의 '싸다'는 '어떤 물체의 주위를 가리거나 막다.'라는 의미로 사용되었다.

② '봇짐을 싸고'의 '싸다'는 '어떤 물건을 다른 곳으로 옮기기 좋게 상자나 가방 따위에 넣거나 종이나 천, 끈 따위를 이용해서 꾸리다.'라는 의미로 사용되었다.

④ '책가방을 미리 싸'의 '싸다'는 '어떤 물건을 다른 곳으로 옮기기 좋게 상자나 가방 따위에 넣거나 종이나 천, 끈 따위를 이용해서 꾸리다.'라는 의미로 사용되었다.

문법 > 통사론

정답의 이유

① 연결 어미 '-니'는 앞말이 뒷말의 원인이나 근거, 전제 따위가 됨을 나타내는 것으로, '날씨가 선선해지다.'와 '책이 잘 읽힌다.' 가 자연스럽게 연결되었다. 또한 문장의 주어가 '책'이므로 피동 표현인 '읽히다'가 적절하게 사용되었다.

오답의 이유

② '속독(速讀)'은 '책 따위를 빠른 속도로 읽음'이라는 뜻으로 '읽다' 라는 의미를 포함하고 있다. 따라서 '속독(速讀)'은 뒤에 오는 '읽는'과 의미가 중복되므로 '책을 속독으로 읽는 것은'을 '책을 속독 하는 것은'이나 '책을 빠른 속도로 읽는 것은'으로 수정하는 것이 적절하다.

③ '직접 찾기로'에서 '찾다'의 목적어가 생략되어 있으므로 목적어 인 '책임자를'을 넣어 '책임자를 직접 찾기로'라고 수정하는 것이 적절하다.

④ '시화전을 홍보하는 일'과 '시화전의 진행'의 문법 구조가 다르므 로 병렬 구조로 배치하기에 어색하다. 따라서 '그는 시화전을 홍 보하는 일과 시화전을 진행하는 일에 아주 열성적이다.'로 수정 하거나 '그는 시화전의 홍보와 진행에 아주 열성적이다.'로 수정 하는 것이 적절하다.

비문학 > 글의 전개 방식

정답의 이유

② '빛 공해란 인공조명의 과도한 빛이나 조명 영역 밖으로 누출되 는 빛이 ~ 환경에 피해를 주는 상태를 말한다.'에서 빛 공해의 주요 요인이 인공조명의 과도한 빛이라는 사실을 제시하고 있지 만, 인공조명의 누출 원인을 제시하는 부분은 찾을 수 없다.

오답의 이유

① '빛 공해란 인공조명의 과도한 빛이나 조명 영역 밖으로 누출되 는 빛이 인간의 건강하고 쾌적한 생활을 방해하거나 환경에 피해 를 주는 상태를 말한다.'에서 빛 공해의 정의를 제시하고 있다.

③ "국제 과학 저널인 『사이언스 어드밴스』의 '전 세계 빛 공해 지도' 에 따르면, 우리나라는 빛 공해가 심각한 국가이다."에서 자료를 인용하여 우리나라가 빛 공해가 심각한 국가임을 제시하고 있다.

④ '빛 공해는 멜라토닌 부족을 초래해 인간에게 수면 부족과 면역 력 저하 등의 문제를 유발하고, 농작물의 생산량 저하, 생태계 교란 등의 문제를 일으킨다.'에서 사례를 들어 빛 공해의 악영향 을 제시하고 있다.

문법 > 형태론

정답의 이유

④ • '품'의 기본형 '푸다'는 '퍼, 푸니'로 활용되는 용언으로, '우' 불 규칙 활용에 해당한다. 어간 '푸-'의 'ㅜ'가 모음으로 시작하는 어미 '-어' 앞에서 탈락하므로 어간만 불규칙하게 바뀌는 예로 적절하다.

• '이름'의 기본형 '이르다'는 '이르러, 이르니'로 활용되는 용언으 로, '러' 불규칙 활용에 해당한다. 어간 '이르-'에 모음으로 시 작하는 어미 '-어'가 결합할 때 어미 '-어'가 '-러'로 바뀌므로 어미만 불규칙하게 바뀌는 예로 적절하다.

오답의 이유

① • '빠름'의 기본형 '빠르다'는 '빨라, 빠르니'로 활용되는 용언으 로, '르' 불규칙 활용에 해당한다. 어간 '빠르-'의 '르'가 모음 어미 앞에서 'ㄹㄹ'로 바뀌기 때문에 어간만 불규칙하게 바뀌 는 예로 적절하다.

• '노람'의 기본형 '노랗다'는 '노래, 노라니'로 활용되는 용언으 로, 'ㅎ' 불규칙 활용에 해당한다. 어간 '노랗-'의 'ㅎ'이 탈락하 고 어미 '-아/어'가 '-애/에'로 바뀌기 때문에 어간과 어미 모 두 불규칙하게 바뀌는 예에 해당한다.

② • '치름'의 기본형 '치르다'는 '치러, 치르니'로 활용되는 용언으 로, 용언의 어간 '치르-'의 'ㅡ'가 어미 '-아/어' 앞에서 탈락하 는 규칙 활용을 한다.

• '함'의 기본형 '하다'는 '하여, 하니'로 활용되는 용언으로, '여' 불규칙 활용에 해당한다. 이 경우 어미의 '-아'가 '-여'로 바뀌 므로 어미만 불규칙하게 바뀌는 예로 적절하다.

③ • '불음'의 기본형 '붇다'는 '불어, 불으니'로 활용되는 용언으로, 'ㄷ' 불규칙 활용에 해당한다. 용언의 어간 '붇-'의 'ㄷ'이 모음 어미 앞에서 'ㄹ'로 바뀌므로 어간만 불규칙하게 바뀌는 예로 적절하다.

• '바람'의 기본형 '바라다'는 '바라, 바라니'로 활용되는 용언으 로, 규칙 활용을 한다.

용언의 불규칙 활용

• 어간이 바뀌는 경우

'ㅅ' 불규칙	어간 끝 받침 'ㅅ'이 모음 어미 앞에서 탈락하는 경우 예 짓다: 짓고, 짓지, 지어, 지으니
'ㅂ' 불규칙	어간 끝 받침 'ㅂ'이 모음 어미 앞에서 '-오/우-'로 바뀌는 경우 예 덥다: 덥고, 덥지, 더워, 더우니
'ㄷ' 불규칙	어간 끝 받침 'ㄷ'이 모음 어미 앞에서 'ㄹ'로 바뀌는 경우 예 깨닫다: 깨닫고, 깨닫지, 깨달아, 깨달으니
'ㄹ' 불규칙	'ㄹ'로 끝나는 어간 뒤에 어미 '-아/어'가 결합하여 'ㄹ'가 'ㄹㄹ'로 바뀌는 경우 예 흐르다: 흐르고, 흐르지, 흘러, 흘러서
'우' 불규칙	어간이 모음 'ㅜ'로 끝날 때 '-아/어'와 결합하면 'ㅜ'가 탈락하는 경우 예 푸다: 푸고, 푸지, 퍼(푸+어), 퍼서(푸+어서)

• 어미가 바뀌는 경우

'여' 불규칙	어간 '하-' 뒤에 어미 '-아'가 결합하여 '하여'로 바뀌어 나타나는 경우 예 하다: 하고, 하지, 하러, 하여(해)
'러' 불규칙	'ㄹ'로 끝나는 어간 뒤에 어미 '-어'가 결합하여 '-러'로 바뀌어 나타나는 경우 예 푸르다: 푸르고, 푸르지, 푸르니, 푸르러, 푸르렀다

• 어간과 어미 둘 다 바뀌는 경우

'ㅎ' 불규칙	어간이 'ㅎ'으로 끝날 때, 'ㅎ'이 탈락하고 어미의 형태도 바뀌는 경우 예 하얗다: 하얗고, 하얗지, 하야니, 하얘(하얗+아)

---

06 난도 ★★☆ 정답 ④

고전 문학 > 고전 운문

[정답의 이유]

④ ㉣ '므슴다'는 '무심하구나'가 아니라, '무엇 때문에'라는 뜻으로 쓰였다.

[오답의 이유]

① ㉠ '현'의 기본형인 '혀다'는 '켜다'의 옛말이다.

② ㉡ '즈슬'은 '즛'에 목적격 조사 '을'이 결합한 것이며, '즛'은 '모습'의 옛말이다.

③ ㉢ '니저'는 '닛다'의 어간 '닛-'에 어미 '-어'가 결합한 것이며, '닛다'는 '잊다'의 옛말이다.

작자 미상, 「동동(動動)」

• 갈래: 고려 가요

• 성격: 서정적, 민요적, 송축적, 비유적

• 주제: 임에 대한 송축(頌祝)과 임에 대한 연모

• 특징

  – 임을 향한 여인의 정서를 노래한 월령체 고려 가요

  – 전 13장의 분연체 구성

  – 각 월별로 세시 풍속 또는 계절적 특성을 소재로 시상을 전개함

  – 송축과 찬양, 떠나 버린 임에 대한 원망과 한스러움, 그리움 등을 표현함

• 현대어 풀이

> 2월 보름(연등일)에 아아 높이 켠 등불 같구나
> 만인을 비추실 모습이시도다
> 3월 지나며 핀 아아 늦봄의 진달래꽃이여
> 남이 부러워할 모습을 지니고 태어나셨구나
> 4월을 아니 잊고 아아 오셨구나 꾀꼬리 새여
> 무엇 때문에 녹사(綠事)님은 옛날을 잊고 계신가

---

07 난도 ★★☆ 정답 ②

어휘 > 한자어

[정답의 이유]

② 야박(野薄: 들 야, 얇을 박)하다(○): 야멸차고 인정이 없다.

[오답의 이유]

① 현실(現室: 나타날 현, 집 실)(×) → 현실(現實: 나타날 현, 열매 실)(○): 현재 실제로 존재하는 사실이나 상태

③ 근성(謹性: 삼갈 근, 성품 성)(×) → 근성(根性: 뿌리 근, 성품 성)(○): 뿌리가 깊게 박힌 성질

④ 채용(債用: 빚 채, 쓸 용)(×) → 채용(採用: 캘 채, 쓸 용)(○)

  • 채용(債用): 돈이나 물건 따위를 빌려서 씀

  • 채용(採用): 사람을 골라서 씀

---

08 난도 ★☆☆ 정답 ②

비문학 > 화법

[정답의 이유]

② 사회자가 최 교수와 정 박사 간의 이견을 조정하여 의사결정을 유도하는 부분은 나타나 있지 않다. 제시된 글에서 사회자는 토의 주제와 발표자, 발표 주제를 청중에게 소개하고, 질의응답을 진행하는 역할을 하고 있다.

[오답의 이유]

① '통일 시대의 남북한 언어가 나아갈 길'이라는 학술적인 주제로 최 교수는 '남북한 언어 차이와 의사소통', 정 박사는 '남북한 언어의 동질성 회복 방안'에 대해 발표하는 형식으로 진행되고 있다.

③ 최 교수는 남북한 언어 차이에 대한 연구가 지속되어야 한다는 견해를, 정 박사는 남북한 공통 사전을 만드는 등 서로의 차이를 줄여 나가기 위한 노력이 필요하다는 견해를 밝혀 청중에게 정보를 제공하고 있다.

④ 청중 A는 '남북한 언어의 차이와 이를 극복하는 방안을 말씀하셨는데요.'라며 두 발표자의 발표 내용을 확인하고 있다. 또한, '통일 시대에 대비한 언어 정책에는 무엇이 있을까요?'라며 토의 주제인 '통일 시대의 남북한 언어가 나아갈 길'과 관련된 질문을 하고 있다.

09 난도 ★☆☆   정답 ③

비문학 > 화법

정답의 이유

③ '네 목소리가 작아서 내용이 잘 안 들렸다.'라고 말하는 것은 화자가 문제를 자신의 탓으로 돌려 말하는 것이 아니라 상대방의 탓으로 돌려 말하는 것이다. 따라서 상대방이 관용을 베풀 수 있도록 문제를 자신의 탓으로 돌려 말하기가 적용되지 않았음을 알 수 있다.

오답의 이유

① 상대방의 칭찬에 '아직도 여러모로 부족한 부분이 많습니다.'라고 대답함으로써 자신을 낮추어 겸손하게 말하고 있다. 이처럼 자신을 칭찬하는 표현은 최소화하고, 자신을 낮추거나 자신을 비방하는 표현은 최대화하는 것은 '겸양의 격률'과 관계가 있다.

② 약속에 늦어 미안해하는 A에게 '쇼핑하면서 기다리니 시간 가는 줄 몰랐어요.'라고 함으로써 상대방이 부담을 갖지 않도록 배려하여 말하고 있다. 상대방에게 부담이 되는 표현은 최소화하고, 상대방에게 이익이 되는 표현은 최대화하는 것은 '요령의 격률'과 관계가 있다.

④ 친구의 생일 선물로 귀걸이를 사주자고 하는 A의 제안에 '그거 좋은 생각이네.'라고 상대방의 의견에 동의한 후, '하지만 경희의 취향을 우리가 잘 모르니까 귀걸이 대신 책을 선물하는 게 어떨까?'라고 자신의 의견을 말하고 있다. 상대방의 의견과 불일치하는 표현은 최소화하고, 상대방의 의견과 일치하는 표현은 최대화하는 것은 '동의의 격률'과 관계가 있다.

10 난도 ★★☆   정답 ④

비문학 > 추론적 읽기

정답의 이유

④ 3문단의 '하버마스에 따르면, 현대 사회에서 민주적 토론은 문화 산업의 발달과 함께 퇴보했다.'와 4문단의 '상업화된 미디어는 광고 수입에 기대어 높은 시청률과 수익을 보장하는 콘텐츠 제작만을 선호하게 되었다. 그 결과 공적 주제에 대한 시민들의 논의와 소통의 장이 줄어들어 결과적으로 공공 영역이 축소되었다.'를 통해 수익성 위주의 미디어 플랫폼과 콘텐츠가 더 많아지면서 민주적 토론이 감소된다는 것은 하버마스의 주장에 부합하는 사례임을 알 수 있다.

오답의 이유

① 2문단의 '적어도 살롱 문화의 원칙에서 공개적 토론을 위한 공공 영역은 각각의 참석자들에게 동등한 자격을 부여했다.'를 통해 살롱 문화에서는 공개적이고 자유로운 토론이 이루어졌음을 알 수 있다. 따라서 살롱 문화에서 특정 사회 계층에 대한 비판적인 토론이 허용되지 않았다는 것은 하버마스의 주장에 부합하지 않는다.

② 3문단의 '공공 여론은 개방적이고 합리적 토론을 통해서가 아니라 광고에서처럼 조작과 통제를 통해 형성되고 있다.'와 4문단의 '상업화된 미디어는 광고 수입에 기대어 높은 시청률과 수익을 보장하는 콘텐츠 제작만을 선호하게 되었다.', '공적 주제에 대한 시민들의 논의와 소통의 장이 줄어들어 결과적으로 공공 영역이 축소되었다.'를 통해 인터넷의 발달과 보급이 상업적 광고를 증가시켰을 것이라는 점은 추론할 수 있지만 공익 광고를 증가시켰을 것이라는 점은 추론할 수 없다.

③ 3문단의 '대중매체와 대중오락의 보급은 공공 영역이 공허해지는 원인으로 작용했다.'를 통해 글로벌 미디어가 발달하더라도 국제 사회의 공공 영역은 공허해지지 않는다는 것은 하버마스의 주장에 부합하지 않음을 알 수 있다.

11 난도 ★★☆　　　　　　　　　　　정답 ③

비문학 > 글의 순서 파악

정답의 이유

- ㉣에서는 '이때'라는 지시어를 통해 앞의 내용을 이어받아 대설 '주의보'의 기준에 대해 설명하고 있다. 제시된 글의 첫 번째 문장에서 '대설'의 정의를 제시하고 있으므로 대설의 기준에 대해 설명하는 ㉣이 첫 번째 문장의 뒤에 오는 것이 자연스럽다.
- ㉡에서는 병렬의 접속어 '또한' 뒤에 '경보'의 상황을 제시하고 있으므로 ㉡ 앞에는 '경보'와 유사한 다른 개념, '주의보'가 오는 것이 자연스럽다. 따라서 ㉣ 뒤에는 ㉡이 위치하는 것이 적절하다.
- ㉢에서는 '다만' 뒤에 '산지'에서는 경보 발령 상황이 다름을 제시하고 있으므로 ㉢은 ㉡ 뒤에 오는 것이 자연스럽다.
- ㉠에서는 전환의 접속어 '그런데'가 온 뒤, 눈이 얼마나 위험한지에 대해 제시하고 있으므로 ㉠은 ㉢ 뒤에 오는 것이 자연스럽다.
- ㉤에서는 '이뿐만 아니라' 뒤에 폭설이 미치는 영향에 대해 추가적으로 설명하고 있으므로 ㉤은 폭설의 위력에 대해 설명한 ㉠ 뒤에 오는 것이 자연스럽다.

따라서 전개 순서로 가장 자연스러운 것은 ③ ㉣ - ㉡ - ㉢ - ㉠ - ㉤이다.

12 난도 ★★☆　　　　　　　　　　　정답 ③

문법 > 언어와 국어

정답의 이유

③ 제시된 글은 언어와 사고가 서로 깊은 관계를 맺고 상호작용을 한다는 점을 설명하고 있다. 하지만 어떤 사물의 개념이 머릿속에서 맴도는데도 그 명칭을 떠올리지 못하는 것은 언어와 사고가 상호작용을 하는 사례로 보기 어렵다.

오답의 이유

① 쌀을 주식으로 삼는 우리나라 문화권에서 '쌀'과 관련된 단어가 구체화되어 '모', '벼', '쌀', '밥' 등으로 다양하게 표현되고 있다는 것은 사회와 문화가 언어의 분화 · 발전에 영향을 준다는 것을 의미한다. 따라서 언어와 사고가 상호작용을 하는 사례로 볼 수 있다.
② '산', '물', '보행 신호의 녹색등'의 실제 색은 다르지만 모두 '파랗다'라고 표현하는 것은 색에 대해 범주화된 사고가 언어로 나타난다는 것을 의미한다. 따라서 언어와 사고가 상호작용을 하는 사례로 볼 수 있다.
④ 우리나라는 수박을 '박'의 일종으로 인식하여 '수박'이라고 부르지만, 어떤 나라는 '멜론(melon)'과 유사한 것으로 인식하여 'watermelon'이라고 부른다. 이는 인간의 사고가 언어에 반영된다는 것을 보여 주는 사례이다.

더 알아보기

언어와 사고

- 언어 우위설: 사고 과정 없이도 언어는 존재할 수 있지만, 언어 없이는 사고가 불가능하다.
  예 뜻도 모르는 팝송을 따라 부른다.
- 사고 우위설: 언어 없이도 사고가 가능하지만, 표현하기 어려울 뿐이다.
  예 영화를 보고 너무 좋았는데, 왜 좋았는지 말로 표현하지는 못한다.
- 상호 의존설: 언어와 사고는 서로 깊은 관계를 맺고 있으며, 서로에게 영향을 준다. 언어 없이는 사고가 불완전하고, 사고 없이는 언어를 생각할 수 없다.

13 난도 ★☆☆　　　　　　　　　　　정답 ③

비문학 > 글의 전개 방식

정답의 이유

③ 제시된 글은 '사람이 글을 쓰는 것은 나무에 꽃이 피는 것과 같다.'라고 하며 '글쓰기'를 '나무에 꽃이 피는 것'에 빗대어 설명하고 있다. 따라서 제시된 글의 주된 서술 방식은 '비유'이다.

오답의 이유

① '서사'는 어떤 대상이나 사건을 시간의 흐름에 따라 설명하는 서술 방식이다.
② '분류'는 유사한 특성을 지닌 대상들을 일정한 기준으로 묶어서 설명하는 서술 방식이다.
④ '대조'는 둘 이상의 대상 간에 상대적인 성질이나 차이점을 중심으로 설명하는 서술 방식이다.

14 난도 ★★☆　　　　　　　　　　　정답 ①

비문학 > 사실적 읽기

정답의 이유

① 1문단의 '알파벳 언어는 표기 체계에 따라 철자 읽기의 명료성 수준이 달라진다.'를 통해 철자 읽기의 명료성을 판단하는 기준이 각 소리가 지닌 특성이라는 설명이 적절하지 않음을 확인할 수 있다.

오답의 이유

② 2문단의 '영어와 이탈리아어를 읽는 사람은 동일하게 좌반구의 읽기 네트워크를 사용한다. 하지만 무의미한 단어를 읽을 때 영어를 읽는 사람은 암기된 단어의 인출과 연관된 뇌 부위에 더 의존하는 반면 이탈리아어를 읽는 사람은 음운 처리에 연관된 뇌 부위에 더 의존한다.'를 통해 확인할 수 있다.
③ 1문단의 '철자 읽기가 명료하다는 것은 한 글자에 대응되는 소리가 규칙적이어서 글자와 소리의 대응이 거의 일대일이라는 것을 의미한다. 그 예로 이탈리아어와 스페인어가 있다.'와 '이에 비해 영어는 철자 읽기의 명료성이 낮은 언어이다.'를 통해 확인할 수 있다.

④ 1문단의 '영어는 철자 읽기의 명료성이 낮은 언어이다. 영어는 발음이 아예 나지 않는 묵음과 같은 예외도 많은 편이고 글자에 대응하는 소리도 매우 다양하다.'를 통해 확인할 수 있다.

15 난도 ★★☆　　　　　　　　　　　　　　정답 ④

고전 문학 > 고전 운문

정답의 이유

④ (라)는 불변하는 '자연'과 변하는 '인사(人事)'의 대조를 통해 변함없는 자연을 예찬하고 있다.

오답의 이유

① (가)는 돌아가신 부모님을 생각하고 서러워하는 마음을 노래한 박인로의 시조로, 중국 회귤 고사를 인용하여 주제를 효과적으로 드러내고 있다.

② (나)는 임을 기다리는 애틋한 마음이 잘 드러나는 황진이의 시조로, '서리서리', '구뷔구뷔' 등의 의태어를 사용하여 임에 대한 그리움과 애틋한 마음을 잘 표현하고 있다.

③ (다)는 자연을 벗 삼는 즐거움을 노래한 성혼의 시조로, '−이오, −로다'의 대구 표현을 사용하고 '업슨'을 반복함으로써 자연에 귀의하려는 의지를 드러내고 있다.

작품 해설

(가) 박인로, 「반중(盤中) 조홍(早紅)감이 ～」

• 갈래: 평시조, 연시조(전 4수)
• 성격: 사친가(思親歌)
• 주제: 효심(孝心), 풍수지탄(風樹之嘆)
• 특징
　− '조홍시가(早紅柿歌)'라고도 알려짐
　− 육적의 '회귤 고사'와 관련 있음

> [회귤 고사]
> 중국 삼국 시대 오나라에 육적이라는 자가 있었다. 여섯 살 때, 원술이라는 사람을 찾아갔다가 그가 내놓은 귤 중에서 세 개를 몰래 품속에 넣었는데, 하직 인사를 할 때 그 귤이 굴러 나와 발각이 되었다. 그때 원술이 사연을 물으니, 육적은 집에 가지고 가서 어머니께 드리려 하였다고 하므로, 모두 그의 효심에 감격하였다고 한다. 이 일을 '회귤 고사' 또는 '육적 회귤'이라고 하며 '부모에 대한 효성의 뜻'으로 쓰인다.

(나) 황진이, 「동짓돌 기나긴 밤을 ～」

• 갈래: 평시조, 단시조
• 성격: 감상적, 낭만적, 연정적
• 주제: 임을 기다리는 애틋한 마음
• 특징
　− 추상적인 시간을 구체적인 사물로 형상화함
　− 참신한 비유와 의태어로 순우리말의 묘미를 잘 살림
　− 여성의 내면 심리를 섬세하게 보여줌

(다) 성혼, 「말 업슨 청산(靑山)이오 ～」

• 갈래: 평시조, 단시조
• 성격: 풍류적, 한정가
• 주제: 자연을 벗 삼는 즐거움
• 특징
　− 학문에 뜻을 두고 살아가는 옛 선비의 생활상을 그림
　− 대구법, 반복법, 의인법 등을 사용함
　− '업슨'이라는 말의 반복으로 운율감이 느껴짐

(라) 이현보, 「농암(籠巖)에 올라보니 ～」

• 갈래: 평시조, 단시조
• 성격: 자연 귀의적, 한정가
• 주제: 고향에서의 한정과 자연 귀의
• 특징
　− 작가가 만년에 고향에 돌아와 지은 '농암가(籠岩歌)'
　− 전원생활의 즐거움을 노래한 귀거래사(歸去來辭)

16 난도 ★★☆　　　　　　　　　　　　　　정답 ①

현대 문학 > 현대 수필

정답의 이유

① 글쓴이는 반추하는 소의 행위에 대해 '식욕의 즐거움조차 냉대할 수 있는 지상 최대의 권태자다.'라고 하였으며, 자신도 사색의 반추가 가능할지에 대해 생각하고 있다. 따라서 '소'라는 대상의 행위를 통해 글쓴이의 심리가 투사되고 있다고 이해할 수 있다.

오답의 이유

② 제시된 글에 과거의 삶을 회상하거나 처지를 후회하는 내용은 나타나지 않았다.

③ 제시된 글의 공간적 배경은 풀밭이며, 공간의 이동은 나타나지 않았다.

④ 제시된 글에서 현실에 대한 불만을 반성적 어조로 드러내는 부분을 찾아볼 수 없다.

작품 해설

이상, 「권태」

• 갈래: 수필
• 성격: 사색적, 초현실주의적
• 주제: 환경의 단조로움과 일상적인 생활의 연속 속에서 느끼는 권태로움
• 특징
　− 대상을 주관적이고 개성적으로 인식함
　− 대상을 바라보는 글쓴이의 심리가 만연체의 문장으로 드러남
　− 일상적인 생활과 단조로운 주변 환경 속에서 느끼는 심리를 묘사함

어휘 > 한자성어

[정답의 이유]

② 제시된 글에서 황거칠은 식수권을 지키기 위해 저항했지만, 결국 경찰에 연행되고 가족들의 걱정에 석방을 조건으로 타협안에 도장을 찍게 된다. 이러한 황거칠의 상황에 어울리는 한자성어는 '손을 묶은 것처럼 어찌할 도리가 없어 꼼짝 못 함'을 의미하는 束手無策(속수무책)이다.

• 束手無策: 묶을 속, 손 수, 없을 무, 꾀 책

[오답의 이유]

① 同病相憐(동병상련): 같은 병을 앓는 사람끼리 서로 가엾게 여긴다는 뜻으로, 어려운 처지에 있는 사람끼리 서로 가엾게 여김을 이르는 말

• 同病相憐: 같을 동, 병들 병, 서로 상, 불쌍히 여길 련

③ 自家撞着(자가당착): 같은 사람의 말이나 행동이 앞뒤가 서로 맞지 아니하고 모순됨

• 自家撞着: 스스로 자, 집 가, 칠 당, 붙을 착

④ 輾轉反側(전전반측): 누워서 몸을 이리저리 뒤척이며 잠을 이루지 못함

• 輾轉反側: 구를 전, 구를 전, 돌이킬 반, 곁 측

> **작품 해설**
>
> 김정한, 「산거족」
> • 갈래: 단편 소설, 민중 소설
> • 성격: 현실 비판적
> • 주제
>   – 소외된 사람들의 생존 문제
>   – 서민들의 생존권을 위협하는 지배 세력에 대한 비판
> • 특징
>   – 전지적 작가 시점
>   – 1960년대 빈민촌인 '마삿등'을 배경으로 함

현대 문학 > 현대 시

[정답의 이유]

④ 제시된 시는 '살아가노라면 / 가슴 아픈 일 한두 가지겠는가', '사노라면 / 가슴 상하는 일 한두 가지겠는가'와 같은 설의적 표현을 사용함으로써 아픔이 있더라도 인내하며 소임을 다해 살아가야 한다는 깨달음을 강조하고 있다.

[오답의 이유]

① '살아가노라면 / 가슴 아픈 일 한두 가지겠는가', '사노라면 / 가슴 상하는 일 한두 가지겠는가'와 같은 의문형 문장을 사용하고 있지만, 이는 쉽게 판단할 수 있는 사실을 의문의 형식으로 표현하여 상대편이 스스로 판단하게 하는 설의적 표현일 뿐이다. 따라서 질문과 답을 제시하는 문답법이 사용되었다는 표현은 적절하지 않다.

② 참뜻과는 반대되는 말을 하여 문장의 의미를 강화하는 반어적 표현은 사용되지 않았다.

③ 나무를 의인화하고는 있지만, 현실을 목가적으로 보여준다는 설명은 적절하지 않다. '목가적'이라는 표현은 농촌처럼 소박하고 평화로우며 서정적인 것을 의미한다.

> **작품 해설**
>
> 조병화, 「나무의 철학」
> • 갈래: 자유시, 서정시
> • 성격: 사색적
> • 주제: 바람직한 삶의 자세에 대한 성찰
> • 특징
>   – 설의적 표현을 반복적으로 사용함
>   – 한결같은 모습으로 서 있는 나무를 의인화하여 표현함

비문학 > 추론적 읽기

[정답의 이유]

④ 제시된 글에서는 국보 문화재를 '우리 민족의 성력(誠力)과 정혼(精魂)의 결정으로 그 우수한 질과 희귀한 양에서 무비(無比)의 보(寶)가 된 자'이자 '민족의 힘의 원천'이라고 설명하고 있으며, ㉠의 뒷부분인 '국보 문화재가 얼마나 힘 있는가를 밝힌 예증이 된다.'를 볼 때 ㉠에는 이런 존귀한 국보 문화재가 얼마나 힘이 있는지 드러내는 말이 들어가야 한다. 따라서 ㉠에는 영국에서 당대 최고의 작가였던 셰익스피어를 다른 무엇과도 바꾸지 않겠다는 것을 의미하는 '그 무엇을 내놓는다고 해도 셰익스피어와는 바꾸지 않는다'는 문장이 들어가는 것이 가장 적절하다.

[오답의 이유]

① 구르는 돌에는 이끼가 끼지 않는다: 부지런하고 꾸준히 노력하는 사람은 침체되지 않고 계속 발전한다는 말

② 지식은 나눌 수 있지만 지혜는 나눌 수 없다: 쉽게 전달되는 지식과는 다르게 스스로 터득해야 하는 지혜의 중요성을 강조하는 말

③ 사람은 겪어 보아야 알고 물은 건너 보아야 안다: 사람의 마음이란 겉으로 언뜻 보아서는 알 수 없으며 함께 오랫동안 지내보아야 알 수 있음을 이르는 말

비문학 > 추론적 읽기

[정답의 이유]

① 1문단의 '하위 개념으로 분류할수록 그 대상에 대한 정보가 더 많이 전달된다.'를 통해 하위 개념인 호랑나비는 상위 개념인 나비에 비해 정보량이 더 많다는 사실을 추론할 수 있다. 따라서 호랑나비는 나비에 비해 정보량이 적다는 설명은 적절하지 않다.

오답의 이유

② 1문단에서 유니콘은 현실 세계에 적용 대상이 없어도 분류 개념으로 인정된다고 하였기 때문에, 용(龍) 역시 현실 세계에 적용할 수 있는 지시물이 없더라도 분류 개념으로 인정될 수 있다는 것을 추론할 수 있다.

③ 2문단을 보면, 비교 개념은 '더 무거움'이나 '더 짧음'과 같이 논리적 관계이므로 꽃이나 고양이는 비교 개념에 포함되지 않는다.

④ 3문단의 '정량 개념은 ~ 자연의 사실로부터 파악할 수 있는 물리량을 측정함으로써 만들어진다.'와 '정량 개념은 ~ 우리가 자연현상에 수를 적용하는 과정에서 생겨나는 것이다.'를 통해 물리량을 측정하는 'cm'나 'kg'과 같은 측정 단위가 자연현상에 수를 적용할 수 있게 해 주었다는 것을 추론할 수 있다.

국어 | 2021년 지방직 9급

한눈에 훑어보기

✓ 영역 분석

어휘　03　04　09
3문항, 15%

문법　01　02　17
3문항, 15%

고전 문학　05
1문항, 5%

현대 문학　07　15　18
3문항, 15%

비문학　06　08　11　12　13　14　16　19　20
9문항, 45%

통합　10
1문항, 5%

✓ 빠른 정답

01	02	03	04	05	06	07	08	09	10
②	③	①	②	④	③	③	③	①	④
11	12	13	14	15	16	17	18	19	20
④	②	②	③	①	①	④	③	④	④

✓ 점수 체크

구분	1회독	2회독	3회독
맞힌 문항 수	/ 20	/ 20	/ 20
나의 점수	점	점	점

01 난도 ★★☆　　　　　　　　　　정답 ②

문법 > 한글 맞춤법

[정답의 이유]

② 몇 일(×) → 며칠(○): 한글 맞춤법 제27항 [붙임 2]에 따르면 '어원이 분명하지 아니한 것은 원형을 밝히어 적지 아니한다.'라고 하였으므로 이에 따라 '며칠'로 적는 것이 옳다. '몇＋일'로 분석하여 '몇 일'로 적는 경우는 잘못된 표현이며 '며칠'로 적어야 한다.

[오답의 이유]

① 웬일(○): '어찌 된 일, 의외의 뜻'을 나타낼 때는 '왠일'이 아닌 '웬일'을 쓴다.

③ 박인(○): '손바닥, 발바닥 따위에 굳은살이 생기다.'의 의미로 쓰일 때는 '박이다'가 맞다.

④ 으레(○): '틀림없이 언제나'를 뜻하는 '으레'는 '모음이 단순화한 형태를 표준어로 삼는다.'라는 표준어 규정 제1부 제10항에 따라 '으례'를 버리고 '으레'를 표준어로 삼는다.

더 알아보기

한글 맞춤법 제27항

둘 이상의 단어가 어울리거나 접두사가 붙어서 이루어진 말은 각각 그 원형을 밝히어 적는다.

꺾꽂이	꽃잎	부엌일	웃옷
첫아들	칼날	헛웃음	홑몸
겉늙다	굶주리다	낮잡다	맞먹다
새파랗다	엇나가다	엿듣다	헛되다

[붙임 1] 어원은 분명하나 소리만 특이하게 변한 것은 변한 대로 적는다.

할아버지	할아범

[붙임 2] 어원이 분명하지 아니한 것은 원형을 밝히어 적지 아니한다.

골병	골탕	끌탕	며칠
아재비	오라비	업신여기다	부리나케

→ '며칠'은 '몇 년 몇 월 몇 일'처럼 '몇'이 공통되는 것으로 인식하여 '몇 일'로 쓰는 일이 많다. 그러나 '몇 일'이라고 하면 [며딜]로 소리가 나야 한다. 이러한 점은 '몇 월'이 [며뒬]로 발음되는 것에서 알 수 있다. 그러나 실제 발음은 [며칠]이라서 '몇일'로 적으면 표준어 [며칠]을 나타낼 수 없다. 따라서 '몇'과 '일'의 결합으로 보지 않고 소리 나는 대로 '며칠'로 적는다.

[붙임 3] '이[齒, 虱]'가 합성어나 이에 준하는 말에서 '니' 또는 '리'로 소리 날 때에는 '니'로 적는다.

덧니	사랑니	송곳니	앞니
어금니	윗니	젖니	틀니

02 난도 ★☆☆　　　　　　　　　　　　　　　　　정답 ③

문법 > 한글 맞춤법

정답의 이유

③ 오늘로써(○): '로써'는 '오늘' 뒤에서 어떤 일의 기준이 되는 시간임을 나타내는 격 조사로 적절하게 사용되었다.

오답의 이유

① 딸로써(×) → 딸로서(○): 지위나 신분 또는 자격을 나타내는 격 조사이므로 '로서'를 사용해야 한다.

② 대화로서(×) → 대화로써(○): 어떤 일의 수단이나 도구를 나타내는 격 조사이므로 '로써'를 사용해야 한다.

④ 이로서(×) → 이로써(○): 시간을 셈할 때 셈에 넣는 한계를 나타내거나 어떤 일의 기준이 되는 시간임을 나타내는 격 조사이므로 '로써'를 사용해야 한다.

더 알아보기

조사 '로서'와 '로써'

• 로서
 - 지위나 신분 또는 자격을 나타내는 격 조사
  예 그것은 교사로서 할 일이 아니다.
 - (예스러운 표현으로) 어떤 동작이 일어나거나 시작되는 곳을 나타내는 격 조사
  예 이 문제는 너로서 시작되었다.

• 로써
 - 어떤 물건의 재료나 원료를 나타내는 격 조사
  예 밀가루로써 빵을 만든다.
 - 어떤 일의 수단이나 도구를 나타내는 격 조사
  예 대화로써 갈등을 풀 수 있을까?
 - 시간을 셈할 때 셈에 넣는 한계를 나타내거나 어떤 일의 기준이 되는 시간임을 나타내는 격 조사
  예 고향을 떠난 지 올해로써 20년이 된다.

03 난도 ★★☆　 ※'정답 없음' 처리된 문항으로, 선지를 교체하여 수록함　정답 ①

어휘 > 고유어

정답의 이유

① '명후일'은 '내일의 다음 날'인 모레를 뜻하며, '오늘의 바로 다음 날'은 '내일'이다.

오답의 이유

② 달포: 한 달이 조금 넘는 기간

③ 그끄저께: 그저께의 전날, 오늘로부터 사흘 전의 날

④ 해거리: 한 해를 거름 또는 그런 간격

04 난도 ★★☆　　　　　　　　　　　　　　　　　정답 ②

어휘 > 관용 표현

정답의 이유

② 호흡을 맞춰(×) → 다리(를) 놓아(○): '호흡을 맞추다'는 '일을 할 때 서로의 행동이나 의향을 잘 알고 처리하여 나가다.'를 뜻하므로 '연결해 주어'와 바꿔 쓸 수 있는 표현이 아니다. '일이 잘 되게 하기 위하여 둘 또는 여럿을 연결하다.'를 뜻하는 '다리(를) 놓다'라는 관용 표현이 바꿔 쓰기에 적절하다.

오답의 이유

① 가랑이가 찢어질(○): '가랑이가 찢어지다'는 '몹시 가난한 살림살이를 비유적으로 이르는 말'이므로 '몹시 가난한'과 '가랑이가 찢어질'은 바꿔 쓰기에 적절하다.

③ 코웃음을 쳤다(○): '코웃음을 치다'는 '남을 깔보고 비웃다.'라는 뜻이므로 '깔보며 비웃었다.'와 '코웃음을 쳤다.'는 바꿔 쓰기에 적절하다.

④ 바가지를 쓰고(○): '바가지를 쓰다'는 '요금이나 물건 값을 실제보다 비싸게 지불하여 억울한 손해를 보다.'라는 뜻이므로, '실제보다 비싸게'와 '바가지를 쓰고'는 바꿔 쓰기에 적절하다.

05 난도 ★★☆　　　　　　　　　　　　　　　　　정답 ④

고전 문학 > 고전 산문

정답의 이유

④ 편집자적 논평은 고전 소설에서 흔히 찾을 수 있는 것으로, 서술자가 글이나, 말, 사건 등에 대해 직접 개입하여 자신의 사상이나 지식 등을 적당히 배합시켜 논하거나 비평하는 것을 말한다. ㄹ에서 '그 형용은 세상 인물이 아니로다.'라는 것은 서술자가 직접 평가한 것이므로 편집자적 논평은 맞으나, 춘향이의 내면적 아름다움을 서술한 것은 아니다. ㄹ 앞에 제시된 내용으로 볼 때 그네를 타는 춘향이의 외면적 아름다움에 대한 논평으로 보는 것이 맞다.

오답의 이유

① 설의적 표현이란 누구나 쉽게 판단할 수 있는 사실에 대해 의문문의 형식으로 표현하여 필자가 의도하는 생각을 강조하는 표현이다. ㄱ에서는 '-ㄹ쏘냐'와 같이 설의적 표현을 사용하여 춘향이도 천중절을 당연히 알 것이라는 점을 강조하고 있다.

② ㄴ에서는 '황금 같은 꾀꼬리'와 같이 비유법(직유법)을 사용하였으며, '꾀꼬리는 쌍쌍이 날아든다.'라고 하여 음양이 조화를 이루고, '녹음방초 우거져 금잔디 좌르르 깔린'을 통해 아름다운 봄날의 풍경을 서술하였다.

③ 음성상징어란 소리와 의미의 관계가 필연적인 것으로 여겨지는 단어로, 의성어와 의태어를 아우르는 말이다. ㄷ에서는 '펄펄', '흔들흔들'과 같은 의태어(음성상징어)를 사용하여 춘향의 그네 타는 모습을 시각적으로 서술하고 있다.

비문학 > 화법

[정답의 이유]

③ B는 고객이 제안서의 사업적 효과에 '요즘 같은 코로나 시기에는 이전과 동일한 사업적 효과가 있을지 궁금하다'라고 의문을 제기한 내용을 근거로 제안서에 대한 고객의 답변을 '완곡하게 거절하는 의사 표현'이라고 판단하였다.

[오답의 이유]

① 고객의 '검토하고 연락을 드리겠습니다.'라는 답변을 A는 제안서 승낙이라고 이해했으나 B는 완곡하게 거절하는 의사 표현으로 이해하였다.

② '동일한 사업적 효과가 있을지 궁금하다'라는 표현을 B는 제안한 사업에 대한 부정적 평가라고 판단하였으며, A는 궁금함을 표현한 것뿐이라고 판단하였다.

④ A는 '표정도 좋고 박수도 쳤는데 말이죠. 목소리도 부드러웠고요.'와 같이 표정, 몸짓, 목소리 톤과 같은 비언어적 표현을 바탕으로 하여 고객의 답변을 제안서에 대한 승낙으로 판단하였다.

현대 문학 > 현대 소설

[정답의 이유]

③ '내가 그를 아버지라고 부르기 어려운 것은 거의 그런 말을 발음해 본 적이 없는 습관의 탓이 크다.'라고 하였으므로 무슈 리를 아버지라 부르기 어려운 것은 현규와 관계가 없다.

[오답의 이유]

① '나는 또 물론 그도 나와 마찬가지로 같은 일을 생각하고 있기를 바란다.'라고 하였으므로 '나'는 현규도 나와 같은 감정을 갖고 있기를 기대하고 있다는 것을 추측할 수 있다.

② '무슈 리와 엄마는 재혼한 부부다.', '그러나 나는 그의 혈족은 아니다. 무슈 리의 아들인 현규와도 마찬가지다. 그와 나는 그런 의미에서는 순전한 타인이다.'라고 하였으므로 '나'와 현규가 혈연적으로 아무 관계도 없는 타인이며 법률상의 '오누이'일 뿐이라는 것을 알 수 있다.

④ "우리를 비끄러매는 형식이 결코 '오누이'라는 것이어서는 안 될 것을 알고 있다."와 '아아, 나는 행복해질 수는 없는 걸까? 행복이란, 사람이 그것을 위하여 태어나는 그 일을 말함이 아닌가?'라고 하였으므로 '나'는 사회적 인습이나 도덕률보다 현규에 대한 '나'의 감정에 더 충실해지고 싶어 한다는 것을 알 수 있다.

> **작품 해설**
>
> 강신재, 「젊은 느티나무」
> • 갈래: 단편 소설, 성장 소설
> • 성격: 서정적, 낭만적
> • 주제: 현실의 굴레를 극복한 남녀의 순수한 사랑
> • 특징
>   – 감각적 이미지를 사용함
>   – '나'의 내적인 독백 형식으로 서술함

비문학 > 사실적 읽기

[정답의 이유]

③ 글쓴이의 견해는 수동적이거나 공격적인 반응이 아닌, 정중하고 단호한 태도를 보이라는 것이다. 이에 가장 부합하는 대응은 ③이다. '안 피우시면 좋겠어요.'라며 자신의 주장을 직접적이고 단호하게 말하면서 '연기가 해롭다'고 명쾌한 근거를 내세우고 있다. 동시에 '피우고 싶으시면 차를 세워 드리겠다.'라며 흡연할 수 있는 권리를 침해하지 않고 상대방을 배려하고 있다.

[오답의 이유]

① 담배 연기를 싫어하면서도 '괜찮아요.'라고 말하는 것은 자신의 권리를 존중하고 지키는 단호한 태도가 아니다.

② '좀 참아 보시겠어요.'는 담배를 피고 싶어 하는 다른 사람의 권리를 침해하는 것이므로 상대방을 배려하는 태도를 보여주는 단호한 반응이라고 할 수 없다.

④ '생각해 보시고서 좋을 대로 결정하세요.'라는 표현은 상대를 배려하는 정중한 표현이지만, '피워도 그렇고 안 피워도 좀 그러네요.'라는 대응은 담배 연기를 싫어하는 자신의 견해를 단호하게 드러내는 것이 아니다.

어휘 > 한자성어

[정답의 이유]

① (가) 바로 뒤에 나오는 '손주 때문에 눈물로 세월을 보내더니, 이자는 성환이도 대학생이 되었으니 할매가 원풀이 한풀이를 다 했을 긴데'를 보면 할매가 손주인 성환을 걱정하며 눈물로 세월을 보냈다고 했으므로 '자나 깨나 잊지 못함'을 뜻하는 오매불망(寤寐不忘)이 적절하다.

• 寤寐不忘: 깰 오, 잠잘 매, 아닐 불, 잊을 망

[오답의 이유]

② 망운지정(望雲之情): 자식이 객지에서 고향에 계신 어버이를 생각하는 마음

• 望雲之情: 바랄 망, 구름 운, 갈 지, 뜻 정

③ 염화미소(拈華微笑): 말로 통하지 아니하고 마음에서 마음으로 전하는 일

• 拈華微笑: 집을 염, 빛날 화, 작을 미, 웃음 소

④ 백아절현(伯牙絕絃): 자기를 알아주는 참다운 벗의 죽음을 슬퍼함

• 伯牙絕絃: 맏 백, 어금니 아, 끊을 절, 악기 줄 현

> **작품 해설**
>
> 박경리, 「토지」
> • 갈래: 장편 소설
> • 성격: 사실적, 역사적
> • 주제: 우리 민족의 애환과 강인함
> • 특징
>   – 민중의 모습을 사실적으로 보여줌
>   – 가족 이야기를 근간으로 함
>   – 방언을 사용하여 현실감을 부여함

통합 > 고전 운문 · 현대 시

정답의 이유

④ (가)는 '오백년/도읍지를/필마로/돌아드니'와 같이 3 · 4조, 4음보의 정해진 율격과 음보를 바탕으로 시상을 전개하고 있다. 반면 (나)는 산문시로, 율격과 음보에 구애받지 않고 시상을 전개하고 있다.

오답의 이유

① (가)에서는 영원히 변함없는 자연물인 '산천'과 멸망한 고려의 인간사를 뜻하는 '인걸'을 대비하여, 패망한 고려에 대한 슬픔과 인생의 무상함을 드러내고 있다.

② (나)에서는 '큰 나라 섬기다 거미줄 친 옥좌(玉座) 위엔 여의주(如意珠) 희롱하는 쌍룡(雙龍) 대신에 두 마리 봉황(鳳凰)새를 틀어 올렸다.'라고 하여 중국 황제의 휘장인 '쌍룡'과 조선 왕의 휘장인 '봉황'을 대비하고 거미줄 친 옥좌를 통해 이제 몰락해버린 조선 왕조를 회상하며 사대주의에 물든 역사를 비판하는 시각을 드러내고 있다.

③ 선경후정(先景後情)은 시에서 앞부분에 자연경관이나 사물에 대한 묘사를 먼저하고 뒷부분에 자기의 감정이나 정서를 그려내는 구성을 말한다. (가)의 경우, 먼저 고려의 옛 도읍지의 모습을 제시한 후 고국의 멸망을 안타까워하는 화자의 심정을 드러내고 있으며, (나)의 경우, 먼저 퇴락하고 황폐해진 궁궐의 모습을 보여준 뒤 망국에 대한 화자의 슬픔과 극복 의지를 드러내고 있어 모두 선경후정의 기법을 사용하고 있음을 알 수 있다.

작품 해설

(가) 길재, 「오백년 도읍지를 ～」

· 갈래: 평시조

· 성격: 회고적, 애상적, 감상적

· 주제: 망국의 한(恨)과 인생무상(人生無常)

· 특징

－ 자연과 인간이 대조를 이룸

－ 조선이 건국되었을 때, 고려 유신인 길재가 옛 도읍지 개성을 돌아보고 옛 왕조에 대한 회고의 정을 노래함

－ 대조법, 영탄법 등의 표현 방법이 사용됨

(나) 조지훈, 「봉황수」

· 갈래: 산문시, 서정시

· 성격: 회고적, 민족적

· 주제: 망국의 비애

· 특징

－ 고전적 소재를 이용하여 역사적 현실에 대한 비판 의식을 드러냄

－ 선경후정의 방법으로 시상을 전개함

－ 감정 이입의 수법을 통해 화자의 정서를 드러냄

비문학 > 사실적 읽기

정답의 이유

④ 1문단에 따르면 미국의 아이들은 '스스로 독립적인 행동을 하도록 교육받는다.'라고 하였고, 2문단에 따르면 일본의 아이들은 '자신의 생각을 드러내기보다는 행동에 영향을 받는 다른 사람들의 감정을 미리 예측하도록 교육받는다.'라고 하였으므로 글의 내용과 부합한다.

오답의 이유

① 1문단의 '자신의 생각을 분명하게 표현하고 말하는 사람의 입장에서 대화에 임해야'를 통해 미국의 어머니는 말하는 사람의 입장을 강조한다는 것을 알 수 있으며, 2문단의 '일본에서는 아이들에게 듣는 사람의 입장에서 말할 것을 강조한다.'라는 내용을 통해 일본의 어머니는 듣는 사람의 입장에서 말할 것을 강조한다는 것을 알 수 있다.

② 1문단에서 미국의 어머니는 '특정 사물에 초점을 맞추고 그 사물의 속성을 아이들에게 가르친다.'라고 하였고, 2문단에서 일본의 어머니는 아이들에게 '다른 사람과의 관계에 초점을 맞춘 훈련'을 한다고 하였다. 따라서 사물의 속성에 초점을 맞추는 것은 미국 어머니의 교육법이다.

③ 미국 어머니가 이면에 있는 감정을 읽어야 한다고 생각하는 것은 지문의 내용과는 거리가 멀다. 오히려 행동 이면에 있는 다른 사람들의 감정을 예측하는 것은 일본 어머니의 교육법에 가깝다.

비문학 > 추론적 읽기

정답의 이유

② 1문단에서 '인공지능(AI)이 사람보다 똑똑해질 수 있을지도 모른다.'라고 하며 인공지능의 발전 가능성에 대하여 이야기하였고, 2문단에서는 '인공지능(AI)이 사람을 게으르게 만들 수도 있지 않을까?'라는 질문을 던졌다. 3문단에서는 인공지능(AI)으로 인해 인간의 두뇌가 게을러진 사례로 GPS를 제시하며, 4문단에서는 이런 삶을 편하게 해주는 도구들이 인간의 두뇌를 나태하게 만들고 기억력과 창조력, 상상력을 퇴보시켰다고 주장하였다. 따라서 결론으로 가장 적절한 것은 '인공지능(AI)으로 인해 인간의 두뇌가 게을러지는 부작용이 발생하게 될 것이다.'이다.

오답의 이유

① 4문단을 보면 '이와 같이 기계에 의존해서 인간이 살아가는 사례는 오늘날 우리의 두뇌가 게을러진 것을 보여 주는 여러 사례 가운데 하나일 뿐이다.'라고 하며, 인간의 기계에 대한 종속성을 문제 삼고 있다. 따라서 인공지능에 대한 독립성이 지속적으로 증가하게 될 것이라는 내용은 잘못된 것이다.

③ 1문단에서 '인공지능(AI)이 사람보다 똑똑해질 수 있을지도 모른다.'라고 하였으나, 이는 1문단만의 부분적인 내용이고 글 전체를 아우르는 결론으로 볼 수는 없다.

④ 4문단에서 기계에 의존하는 삶이 '뇌의 가장 뛰어난 영역인 상상력을 활용하지 않도록 만드는 것'이라는 내용은 있으나, 인공지능이 궁극적으로 상상력을 가지게 될 것이라는 내용은 확인할 수 없으므로, 결론으로 적절하지 않다.

13 난도 ★★☆   정답 ②

비문학 > 사실적 읽기

정답의 이유

② 1문단에서 '유럽연합에서의 공용어 개념도 ~ 열 개가 넘는 공용어를 다 배워야 하는 것은 아니다.'라고 하며 여러 공용어 중 하나만 알아도 공식 업무상 불편이 없게끔 한다고 하였다. 따라서 유럽연합이 복수의 공용어를 지정하여 공무상 편의를 도모하였다고 이해한 것은 적절하다.

오답의 이유

① 1문단에 따르면, '그곳에 근무하는 모든 외교관들이 이 공용어들을 전부 다 잘해야 하는 것은 아니다.'라고 하였으므로 유엔에서 근무하는 외교관들은 유엔의 공용어를 다 구사하지 않으면 안 된다는 이해는 적절하지 않다.

③ 2문단에 따르면, '우리가 만일 한국어와 영어를 공용어로 지정한다면 이는 한국에서는 한국어와 영어 중 어느 하나를 알기만 하면 공식 업무상 불편이 없게끔 국가에서 보장한다는 것이지 모든 한국인들이 영어를 할 줄 알아야 된다는 뜻은 아니다.'라고 하였으므로 한국에서 영어를 공용어로 지정하면 한국인들은 영어를 다 잘할 수 있을 것이라는 이해는 적절하지 않다.

④ 2문단에서는 '우리가 만일 한국어와 영어를 공용어로 지정한다면'이라며 가상의 상황을 가정하였을 뿐, 실제로 머지않아 영어가 공용어로 지정될 것이라는 내용은 확인할 수 없다.

14 난도 ★★☆   정답 ③

비문학 > 사실적 읽기

정답의 이유

③ 1문단에서 '자신의 삶과 환경을 잘 통제하지도 못하면서 무력감에 시달리는 사람일수록 공격적인 발로로 자기 효능감을 느끼려 한다.'라고 하였으나, 자신의 삶을 잘 통제하는 악플러일수록 타인을 더욱 엄격한 잣대로 비판한다는 내용은 드러나지 않았다.

오답의 이유

① 1문단의 '자신이 올린 글 한 줄에 다른 사람들이 동요하는 모습을 보면서 자기 효능감을 맛볼 수 있다.'를 통해 확인할 수 있다.

② 2문단의 '마구 욕을 퍼부었는데 상대방이 별로 개의치 않는다면 계속할 마음이 사라질 것이다. 무시당했다는 생각에 오히려 자괴감에 빠질 수도 있다.'와 '개인주의가 안착된 사회에서는 자신을 향한 비판에 대해 그건 너의 생각이라면서 넘겨버리는 사람이 많다.'를 통해 개인주의자는 악플에 무반응함으로써 악플러를 자괴감에 빠지게 할 수 있음을 확인할 수 있다.

④ 3문단의 '한국에서는 ~ 개인주의가 뿌리내리지 못했다. 남에 대해 신경을 너무 곤두세운다. 그것은 두 가지 차원으로 나뉘는데, ~ 이 두 가지 특성이 인터넷 공간에서 맞물려 악플을 양산한다.'를 통해 한국에서 악플이 양산되는 것은 한국인들이 타인에 대해 신경을 많이 쓰는 것과 관계가 있음을 알 수 있다.

15 난도 ★☆☆   정답 ①

현대 문학 > 현대 수필

정답의 이유

① ㉠의 '구형'은 '검푸른 구형의 과일'이라는 표현을 보았을 때 수박의 겉모양을 가리킨다. 반면 ㉡ '빨강', ㉢ '새까만 씨앗들이 별처럼 박힌 선홍색의 바다', ㉣ '한바탕의 완연한 아름다움의 세계'는 수박을 반으로 가른 후 나타나는 수박의 속을 가리킨다.

오답의 이유

② 수박이 두 쪽으로 벌어지는 순간 초록은 빨강으로 바뀐다고 하였으므로 ㉡ '빨강'은 수박의 속을 말한다는 것을 알 수 있다.

③ ㉢ '새까만 씨앗들이 별처럼 박힌 선홍색의 바다'는 까만 씨앗이 박힌 수박의 붉은 속을 묘사한 것이다.

④ ㉣ '한바탕의 완연한 아름다움의 세계'는 칼이 지나간 자리에서 나타났으며, 먹히기를 기다리고 있다고 하였으므로 수박의 속을 가리킨다.

더 알아보기

수필의 종류

• 경수필
  – 일정한 형식에서 벗어나 작가 개인의 취향이나 체험, 느낌 등을 자유롭게 표현한 수필
  – 중수필에 비해 문장과 내용이 가벼움
  – 정서적 · 주관적 · 자기 고백적 · 신변잡기적(身邊雜記的) 성격

• 중수필
  – 어떠한 현상에 논리적으로 접근하여 객관적으로 서술한 수필
  – 경수필에 비해 내용이 무겁고, 논증과 설명이 주를 이룸
  – 비평적 성격

16 난도 ★★☆   정답 ①

비문학 > 추론적 읽기

정답의 이유

(가) 앞부분에는 양반 중의 양반인 '정철, 윤선도, 이황'이 우리말로 시조나 가사를 썼다고 하였고, 뒷부분에는 '이것을 보면 양반들도 한글 쓰는 것을 즐겨 했다는 것을 부정할 수 없다.'라고 하였다. 따라서 두 내용을 연결하는 전환의 접속어 '그런데'가 와야 한다.

(나) 앞부분에는 '양반들도 한글 쓰는 것을 즐겨 했다.'라는 내용이 오고, 뒷부분에는 '허균이나 김만중은 한글로 소설까지 쓰지 않았던가.'라고 하며 앞 내용을 보강하는 내용이 나온다. 따라서 첨가 · 보충의 접속어인 '게다가'나 '더구나'가 오는 것이 적절하다.

(다) 앞부분에서는 '허균이나 김만중은 한글로 소설까지 썼다.'라고 하였고, 뒷부분에서는 앞 내용과 반전되는 '이들이 특별한 취향을 가진 소수의 양반이었다면 이야기가 달라진다.'라는 내용이 나온다. 따라서 역접의 접속어인 '그렇지만'이나 '하지만'이 나와야 한다.

(라) 앞부분을 보면 '대다수 양반들은 한문을 썼기 때문에 한글을 모를 수도 있기 때문이다.'라고 하였으나, 뒷부분에는 '양반 대부분이 한글을 이해하지 못하는 상황이었다면 정철도 이황도 윤선도도 한글로는 작품을 쓰지 않았을 것'이라 하여 앞 내용과는 반대의 내용이 나온다. 따라서 (라)에는 역접의 접속어인 '그러나' 혹은 '하지만'이 들어가야 한다.

더 알아보기

접속 부사

• 개념: 앞의 체언이나 문장의 뜻을 뒤의 체언이나 문장에 이어 주면서 뒤의 말을 꾸며 주는 부사

• 종류

그러나	앞의 내용과 뒤의 내용이 상반될 때 쓰는 접속 부사 예 아내는 조용히 그러나 단호하게 말했다.
그리고	단어, 구, 절, 문장 따위를 병렬적으로 연결할 때 쓰는 접속 부사 예 초등학교, 중학교, 고등학교 그리고 대학교
그런데	화제를 앞의 내용과 관련시키면서 다른 방향으로 이끌어 나갈 때 쓰는 접속 부사 예 아 그렇군요. 그런데 왜 그때는 말씀을 안 하셨습니까? 앞의 내용과 상반되는 내용을 이끌 때 쓰는 접속 부사 예 동생은 벌써 숙제를 하고 나갔어요. 그런데 저는 아직 숙제를 못했어요.
그래서	앞의 내용이 뒤의 내용의 원인이나 근거, 조건 따위가 될 때 쓰는 접속 부사 예 어제는 많이 아팠어요. 그래서 결석했어요.
그러므로	앞의 내용이 뒤의 내용의 이유나 원인, 근거가 될 때 쓰는 접속 부사 예 나는 생각한다. 그러므로 존재한다.
따라서	앞에서 말한 일이 뒤에서 말할 일의 원인, 이유, 근거가 됨을 나타내는 접속 부사 예 원윳값이 많이 올랐다. 따라서 국내 기름값도 조만간 오를 것이다.
하지만	서로 일치하지 아니하거나 상반되는 사실을 나타내는 두 문장을 이어 줄 때 쓰는 접속 부사 예 아버지가 무엇을 원하는지 명백했다. 하지만 나는 얼른 대답하지 못했다.

17 난도 ★★☆　　　　　　　　　　　　　　정답 ④

문법 > 통사론

정답의 이유

④ '수납(收納)'은 '돈이나 물품 따위를 받아 거두어들임'을 의미하는 말로, 기관에서 고객에게 돈을 받을 때 쓰이는 단어이다. (라)와 같이 내가 공과금을 기관에 내는 경우에는 '세금이나 공과금 따위를 관계 기관에 냄'을 의미하는 말인 '납부(納付)'를 쓰는 것이 적절하다.

오답의 이유

① '현재'라는 문장 전체를 수식하는 부사가 있으므로 과거 시제 선어말 어미 '-었-'이 결합한 서술어 '있었다'와 시제 호응이 맞지 않는다. 따라서 '있다'로 고쳐 쓰는 것은 적절하다.

② '지양(止揚)'은 '더 높은 단계로 오르기 위하여 어떠한 것을 하지 아니함'을 의미한다. 그러나 제시된 문장에서는 '실현하기 위한 추진 방안'에 대해 논의하므로 '어떤 목표로 뜻이 쏠리어 향함'을 뜻하는 '지향(志向)'으로 고쳐 쓰는 것은 적절하다.

③ 준비 기간이 짧았던 원인이 '지난달 수해' 때문이므로, 까닭이나 근거 따위를 나타내는 연결 어미 '-여'를 사용하여 '지난달 수해로 인하여'로 고쳐 쓰는 것은 적절하다.

18 난도 ★★☆　　　　　　　　　　　　　　정답 ③

현대 문학 > 희곡

정답의 이유

③ 서연의 '자네가 본뜨려는 부처님 형상은 누가 언제 그렸는지 몰라도 흔히 있는 것을 베껴 놓은 걸세. 그런데 자네는 그 형상을 또다시 베껴 만들 작정이군.'이라는 말과 동연의 '공부를 하게, 괜히 의심 말고!', '자네처럼 게으른 자들은 공부는 안 하고, 아무 의미 없이 의심만 하지!'라는 말을 보면 동연은 부처의 형상을 연구하는 인물이므로 동연이 부처님 형상을 독창적으로 제작하는 인물이 아님을 알 수 있다.

오답의 이유

①·④ 동연은 불상의 완벽한 형태 속에 부처의 마음이 있다고 믿으며 서연은 부처의 마음을 깨달아야 진정한 불상을 만들 수 있다고 믿는다. 따라서 불상 제작에 대한 동연과 서연의 입장은 다르다. 또한 완벽한 형태 속에 부처의 마음이 있다고 믿는 형식론자인 동연과 부처의 마음을 깨달아야 진정한 불상을 만들 수 있다는 내용론자인 서연의 대화는 예술에 있어서 형식과 내용의 논쟁을 연상시킨다.

② 서연은 '자네가 본뜨려는 부처님 형상은 누가 언제 그렸는지 몰라도 흔히 있는 것을 베껴 놓은 걸세.', '그런 형상이 진짜 부처님은 아닐세.'라고 얘기하며 전해지는 부처님 형상을 의심하고 있다.

19 난도 ★★☆　　　　　　　　　　　　　　　　정답 ④

비문학 > 추론적 읽기

정답의 이유

④ 온돌을 통한 전통적인 난방 방식은 '방바닥에 깔려 있는 돌이 열기로 인해 뜨거워지고, 뜨거워진 돌의 열기로 방바닥이 뜨거워지면 방 전체에 복사열이 전달되는 방법'이다. 반면 벽난로를 통한 서양식 난방 방식은 '복사열을 이용하여 상체와 위쪽 공기를 데우는 방식'이다. (가)에 들어갈 말은 벽난로를 통한 서양식 난방 방식에서 바닥 바로 위 공기까지 따뜻해지지 않는 이유이므로 상체와 위쪽의 따뜻한 공기는 대류 현상으로 차가운 바닥까지 내려오지 않는다는 내용이 들어가는 것이 가장 적절하다.

오답의 이유

① 벽난로를 통한 난방 방식은 복사열을 이용해 상체와 위쪽 공기를 데우는 방식이며, 대류 현상으로 바닥 바로 위 공기까지는 따뜻해지지 않으므로 방바닥의 따뜻한 공기가 위로 올라간다는 것은 틀린 내용이다.

② 벽난로에 의한 난방은 복사열을 이용하여 상체와 위쪽 공기만 데우는 방식이므로 바닥쪽 공기가 열을 받아 따뜻하게 데워져서 위로 올라가고, 차가워지면 다시 바닥으로 내려와 데워지는 대류 현상은 일어나지 않는다.

③ 찬 공기와 따뜻한 공기가 순환하는 대류 현상을 이용한 난방 방식은 방 전체가 따뜻해지므로 상체와 위쪽의 공기만 따뜻하게 한다는 것은 틀린 내용이다.

20 난도 ★★★　　　　　　　　　　　　　　　　정답 ④

비문학 > 추론적 읽기

정답의 이유

④ 4문단에서는 '시간이 흐를수록 품질이 개선되는 것은 일부 고급 적포도주를 병에 담아 코르크 마개를 끼워 보관한 경우에 한정된 이야기'라고 하였으며, '고급 백포도주'에 대한 언급은 없다. 따라서 고급 백포도주에 코르크 마개를 끼워도 보관 기간에 비례하여 품질이 개선되지 않을 것이라는 점을 추론할 수 있다.

오답의 이유

① 3문단에 따르면, '너무 더운 지역에서는 섬세한 맛이 부족해서 흐물거리는 포도주가 생산되나 이를 잘 활용하면 포르토나 셰리처럼 도수를 높인 고급 포도주를 만들 수도 있다.'라고 하였으며, 또 '달콤한 백포도주의 경우는 샤토 디켐처럼 뜨거운 여름 날씨가 지속하는 곳에서 명품이 만들어진다.'라고 하였다. 따라서 고급 포도주는 모두 너무 덥지도 춥지도 않은 곳에서 재배된 포도로 만들어졌다는 내용은 적절하지 않다.

② 2문단에서는 '자연 상태에서는 포도가 자라는 북방 한계가 이탈리아 정도에서 멈춰야 했으나, 중세 유럽에서 수도원마다 온갖 노력을 기울인 결과 포도 재배가 가능한 북방한계선이 상당히 북쪽까지 올라갔다.'라고 하였으며, '대체로 대서양의 루아르강 하구로부터 크림반도와 조지아를 잇는 선'이 북방한계선이라고 하였다. 따라서 북방한계선인 '루아르강 하구로부터 크림반도와 조지아를 잇는 선'은 이탈리아보다 북쪽에 있을 것이므로 '이탈리아보다 남쪽에 있을 것'이라고 한 내용은 적절하지 않다.

③ 1문단을 보면 유럽에서 '일상적으로 마시는 식사용 포도주로는 저렴한 포도주가 쓰이며, 술이 약한 사람은 여기(저렴한 포도주)에 물을 섞어 마시기도 한다.'라고 하였으므로 식사용 포도주는 저렴한 포도주에 물을 섞어 마시는 것이지 고급 포도주에 물을 섞어 마시는 것은 아니다.

PART 2

영어

영어 | 2023년 국가직 9급

한눈에 훑어보기

✔ 영역 분석

어휘　　01　02　03　04
4문항, 20%

독해　　08　09　13　14　15　16　17　18　19　20
10문항, 50%

어법　　05　06　07
3문항, 15%

표현　　10　11　12
3문항, 15%

✔ 빠른 정답

01	02	03	04	05	06	07	08	09	10
②	②	④	①	③	④	②	④	④	①
11	12	13	14	15	16	17	18	19	20
②	③	③	①	②	②	③	③	③	①

✔ 점수 체크

구분	1회독	2회독	3회독
맞힌 문항 수	/ 20	/ 20	/ 20
나의 점수	점	점	점

01　난도 ★☆☆　　　　　　　　　　　정답 ②

어휘 > 단어

[정답의 이유]

밑줄 친 intimate는 '친한'의 뜻으로 이와 의미가 가장 가까운 것은 ② 'close(친한)'이다.

[오답의 이유]

① 참견하기 좋아하는
③ 외향적인
④ 사려 깊은

본문해석

Jane은 화려한 결혼식보다는 작은 결혼식을 하고 싶었다. 따라서 그녀는 가족과 그녀의 친한 친구 몇 명을 초대해 맛있는 음식을 먹고 즐거운 시간을 보내려고 계획했다.

VOCA

- fancy　화려한, 값비싼
- rather than　~보다는

02　난도 ★☆☆　　　　　　　　　　　정답 ②

어휘 > 단어

[정답의 이유]

밑줄 친 incessant는 '끊임없는'의 뜻으로 이와 의미가 가장 가까운 것은 ② 'constant(끊임없는)'이다.

[오답의 이유]

① 빠른
③ 중요한
④ 간헐적인

본문해석

더 적은 비용으로 얻는 건강상 이점으로 인한 끊임없는 대중의 호기심과 소비자 수요가 기능성 식품에 대한 관심을 증가시켰다.

VOCA

- public　일반인[대중]의
- consumer demand　소비자 수요
- due to　~에 기인하는, ~때문에
- benefit　혜택, 이득
- functional food　기능성[건강 보조] 식품

03 난도 ★☆☆　　　　　　　　　　　　정답 ④

어휘 > 어구

[정답의 이유]

밑줄 친 hold off는 '미루다'의 뜻으로 이와 의미가 가장 가까운 것은 ④ 'suspend(연기하다)'이다.

[오답의 이유]

① 정교하게 만들다

② 풀어주다, 석방[해방]하다

③ 수정하다

본문해석

전국적인 유행병 때문에 그 회사는 직원들에게 다양한 연수 프로그램을 제공하려는 계획을 <u>미뤄야</u> 했다.

VOCA

• pandemic　전국[전 세계]적인 유행병

• provide A with B　A에게 B를 제공하다

04 난도 ★☆☆　　　　　　　　　　　　정답 ①

어휘 > 어구

[정답의 이유]

밑줄 친 abide by는 '준수하다, 지키다'의 뜻으로 이와 의미가 가장 가까운 것은 ① 'accept(받아들이다, 수용하다)'이다.

[오답의 이유]

② 보고하다

③ 미루다

④ 발표하다

본문해석

신임 지방 주지사는 그 죄수를 석방하라는 고등법원의 결정을 <u>준수할</u> 것이라고 말했다.

VOCA

• Regional Governor　지방 주지사

• the High Court　고등법원

• release　풀어주다, 석방하다

05 난도 ★★★　　　　　　　　　　　　정답 ③

어법 > 비문 찾기

[정답의 이유]

③ 밑줄 친 conceal의 주어는 단수 명사(the biomedical view)이므로 3인칭 단수 동사로 수일치해야 한다. 따라서 conceal → conceals가 되어야 한다.

[오답의 이유]

① 'make+it(가목적어)+목적격 보어+to부정사(진목적어)'는 'to부정사하는 것을 목적격 보어하게 만들다'라는 뜻이다. 이때 it은 가목적어로 진목적어(to extend the life of individuals with end-stage organ disease)를 대신하고 있으므로 올바르게 사용되었다.

② 'it(가주어)+is argued+that(진주어)' 구문에서 가주어(it)와 진주어(that 이하)가 올바르게 사용되었으며, 명사절 접속사 that 다음에 완전한 문장이 왔으므로 어법상 적절하다.

④ accurately는 동사(represents)를 수식하는 부사로 올바르게 사용되었다.

본문해석

이식 기술의 발전은 말기 장기(臟器) 질환 환자의 생명 연장을 가능하게 만들었지만, 장기이식을 일단 심장이나 신장을 성공적으로 교체하면 끝나는 한계성 사건으로 보는 생물 의학적인 견해는 장기이식 경험을 더 정확하게 보여주는 복잡하고 역동적인 과정을 숨기고 있다고 주장되고 있다.

VOCA

• advance　진전, 발전

• transplant　이식, 이식하다

• extend　연장하다

• end-stage　말기의

• biochemical　생물 의학적인

• organ transplantation　장기이식

• bounded　경계[한계]가 있는

• kidney　신장, 콩팥

• replace　바꾸다[교체하다]

• conceal　숨기다, 감추다

• accurately　정확하게

• represent　나타내다, 보여주다

06 난도 ★★☆　　　　　　　　　　　　정답 ④

어법 > 비문 찾기

[정답의 이유]

④ '사역동사(have)+목적어+목적격 보어'는 '목적어를 ~하도록 하다'의 뜻으로 목적어와 목적격 보어의 관계가 능동이면 원형부정사를, 수동이면 과거분사를 목적격 보어로 취한다. had it remove에서 목적어 it이 가리키는 것은 the tip of a pencil인데, 문맥상 연필 끝은 머리에서 제거되는 수동의 관계에 있으므로 remove → removed가 되어야 한다.

[오답의 이유]

① 'be expected to+동사원형'은 '~할 것으로 기대된다'의 뜻이다. 과제(assignments)는 제출되는 수동의 대상이므로, 어법상 to be turned in이 올바르게 사용되었다.

② 'Hardly+had+주어+과거분사 ~ when+주어+과거동사'는 '~하자마자 …했다'의 뜻으로, 어법상 올바르게 사용되었다.

③ '주장·요구·명령·제안·조언·권고 동사+that절'에서 that절의 동사는 '(should)+동사원형'을 쓰므로 recommended that 다음에 should가 생략되어, 동사원형 형태인 buy가 되어야 한다.

본문해석

① 모든 과제는 제시간에 제출될 것으로 예상된다.
② 나는 눈을 감자마자 그녀를 생각하기 시작했다.
③ 그 중개인은 그녀에게 즉시 주식을 사라고 권했다.
④ 머리에 연필심이 박힌 여자가 마침내 그것을 제거했다.

VOCA

- assignment 과제, 임무
- turn in 제출하다
- broker 중개인
- stock (주로 복수로) 주식
- stick 찌르다(with, on)

더 알아보기

사역동사+목적어+목적격 보어: '목적어를 ~하도록[당하도록] 하다'

'사역동사(make, have, let 등)+목적어+목적격 보어'에서 목적어와 목적격 보어가 능동 관계이면 목적격 보어로 원형부정사가 오고, 수동 관계이면 목적격 보어로 과거분사가 온다.

make	목적어를 ~하도록[당하도록] 만들다	• make/have/let+목적어+목적격 보어(원형부정사): 능동
have	목적어를 ~하도록[당하도록] 하다	• make/have/let+목적어+목적격 보어(과거분사): 수동
let	목적어를 ~하도록[당하도록] 허락하다	

예 He made his secretary fill orders and handle meetings with clients.
(그는 비서가 주문을 이행하고 고객들과의 회의를 진행하도록 했다.)

예 She refused to let her question ignored by the upper management.
(그녀는 고위 경영진들에 의해 그녀의 질문이 무시되는 것을 거부했다.)

---

07 난도 ★★☆　　　　　　　　　　　정답 ②

어법 > 영작하기

정답의 이유

② 전치사 by는 동작의 완료를, until은 동작의 지속을 나타내는 동사들과 함께 사용된다. finish는 '~을 마치다'의 뜻으로 동작의 완료를 나타내는 동사이므로, until → by가 되어야 한다.

오답의 이유

① '배수사+as+형용사/부사+as'의 배수사 비교 구문은 '~배만큼 …한[하게]'라는 뜻이다. '내 고양이'와 '그의 고양이'를 비교하고 있으므로, as 다음에 his cat이 소유대명사 his(그의 것=그의 고양이)로 올바르게 사용되었다.

③ 습관은 현재시제로 쓰므로 washes로 올바르게 사용되었다.

④ 'had better+동사원형'은 '~하는 편이 낫다'의 뜻으로 동사원형 take는 올바르게 사용되었다. in case는 '~에 대비하여'의 뜻으

VOCA

- every other day 이틀에 한 번, 격일로
- in case ~에 대비하여
- had better ~하는 편이 낫다

더 알아보기

현재시제의 쓰임

- 현재의 사실, 동작, 상태를 나타낸다.
  예 She looks very happy.
  (그녀는 매우 행복해 보인다.)
- 현재의 습관, 반복적 동작을 나타낸다.
  예 She washes her hair every other day.
  (그녀는 이틀에 한 번 머리를 감는다.)
- 객관적인 진리, 사실, 격언, 사회적인 통념을 나타낸다.
  예 The early birds catch the worm.
  (일찍 일어나는 새가 벌레를 잡는다.)
- 왕래발착(go, come, arrive, leave, begin, start 등) 동사는 미래 부사구와 함께 쓰여 미래를 나타낸다.
  예 The flight to Seoul arrives ten o'clock tomorrow evening.
  (서울행 비행기는 내일 저녁 10시에 도착할 거야.)
- 시간·조건 부사절에서 현재시제가 미래시제를 대신한다.
  예 Employees are entitled to use sick leave if an illness prevents them from performing their duties.
  (직원들은 질병으로 인해 직무를 수행하지 못할 경우 병가를 사용할 권리가 있다.)
  예 The bus will depart after everyone fastens their safety belts.
  (버스는 모든 사람이 안전벨트를 맨 후에 출발할 것이다.)

---

08 난도 ★☆☆　　　　　　　　　　　정답 ④

독해 > 세부 내용 찾기 > 내용 (불)일치

정답의 이유

마지막 문장에서 'Taylor Wallace, who worked on a recent analysis of choline intake in the United States, says, "There isn't enough awareness about choline even among health-care professionals because our government hasn't reviewed the data or set policies around choline since the late '90s."(최근 미국의 콜린 섭취량에 대한 분석을 시행한 Taylor Wallace는 우리 정부가 90년대 후반 이후로 콜린에 관한 데이터를 검토하거나 정책을 수립하지 않았기 때문에 보건 전문가들 사이에서조차 그것에 대해 잘 모른다).'라고 했으므로, 글의 내용과 일치하지 않는 것은 ④ 'The importance of choline has been stressed since the late '90s in the U.S(미국에서 90년대 후반부터 콜린의 중요성이 강조되었다).'이다.

오답의 이유

① 대다수 미국인들은 충분한 콜린을 섭취하고 있지 않다. → 네 번째 문장에서 'A shocking 90 percent of Americans aren't getting enough choline, according to a recent study(최근 연구에 따르면, 충격적이게도 미국인의 90%가 콜린을 충분히 섭취하고 있지 않다고 한다).'라고 했으므로 글의 내용과 일치한다.

② 콜린은 두뇌 발달에 필요한 필수 영양소이다. → 다섯 번째 문장에서 'Choline ~ is especially critical for brain development(콜린은 ~ 특히 두뇌 발달에 매우 중요하다).'라고 했으므로 글의 내용과 일치한다.

③ 간과 리마콩과 같은 음식은 콜린의 좋은 공급원이다. → 여덟 번째 문장에서 'Plus, the foods that are rich in choline aren't the most popular: think liver, egg yolks and lima beans(게다가 콜린이 풍부한 음식은 그다지 인기가 없다. 간, 달걀노른자, 리마콩을 생각해 보라).'라고 했으므로 글의 내용과 일치한다.

본문해석

당신은 콜린을 충분히 섭취하고 있는가? 아마 이 영양소는 심지어 당신의 레이더에 없을(알지도 못할) 것이다. 이제 콜린이 관심을 받을 만한 때이다. 최근 연구에 따르면, 충격적이게도 미국인의 90%가 콜린을 충분히 섭취하고 있지 않다고 한다. 콜린은 모든 연령과 (발달) 단계에서 건강에 필수적이며, 특히 두뇌 발달에 매우 중요하다. 왜 우리는 (콜린을) 충분히 섭취하고 있지 않을까? 콜린은 다양한 음식에서 발견되지만, 극소량이다. 게다가 콜린이 풍부한 음식은 그다지 인기가 없다. 간, 달걀노른자, 리마콩을 생각해 보라. 최근 미국의 콜린 섭취량에 대한 분석을 시행한 Taylor Wallace는 "우리 정부가 90년대 후반 이후로 콜린에 관한 데이터를 검토하거나 정책을 수립하지 않았기 때문에 보건 전문가들 사이에서조차 그것에 대해 잘 모른다."라고 말한다.

VOCA

- choline 콜린(비타민B 복합체의 하나)
- chances are 아마 ~할 것이다
- nutrient 영양소, 영양분
- radar 레이더
- deserve ~을 받을 만하다, 마땅히 ~할 만하다
- essential 필수적인
- critical for ~에 매우 중요한
- lima bean 리마콩(연녹색의 둥글납작한 콩)
- intake 섭취(량)
- awareness 의식[관심]
- set policy 정책을 설정하다

09 난도 ★★☆ 정답 ④

독해 > 세부 내용 찾기 > 내용 (불)일치

정답의 이유

마지막 문장에서 '~ where a man chatted with his tablemates whether he knew them or not(그곳에서 아는 사람이든 모르는 사람이든 같은 테이블에 앉은 사람들과 대화를 나눴다).'이라고 했으므로 글의 내용과 일치하는 것은 ④ 'One could converse even with unknown tablemates in a coffeehouse(커피 하우스에서 같은 테이블에 앉은 사람들은 심지어 모르는 사람과도 대화할 수 있었다).'이다.

오답의 이유

① 커피 하우스의 수는 다른 어느 사업체 수보다도 적었다. → 첫 번째 문장에서 '~ occupying more premises and paying more rent than any other trade(다른 어느 업종보다도 더 많은 부지를 점유하고 더 많은 임차료를 내고 있었다고 한다).'라고 했으므로 글의 내용과 일치하지 않는다.

② 고객들은 커피 하우스에 한 시간 이상 머무를 수 없었다. → 두 번째 문장에서 'because for that price one could purchase a cup of coffee and sit for hours listening to extraordinary conversations(누구나 그 가격(1페니)에 커피 한 잔을 사면 몇 시간이고 앉아 특별한 대화들을 들을 수 있었기 때문이었다).'라고 했으므로 글의 내용과 일치하지 않는다.

③ 종교인들은 잡담하기 위해 커피 하우스에 모이지 않았다. → 마지막에서 두 번째 문장에서 'Others served Protestants, Puritans, Catholics, Jews, ~ actors, lawyers, or clergy(다른 곳들은 개신교도들, 청교도들, 천주교도들, 유대인들, ~ 배우들, 변호사들, 성직자들을 대접했다).'라고 했으므로, 글의 내용과 일치하지 않는다.

본문해석

일설에 의하면, 1700년경 런던에 2,000개가 넘는 커피 하우스가 있었으며, 다른 어느 업종보다도 더 많은 부지를 점유하고 더 많은 임차료를 내고 있었다고 한다. 그것들은 'penny universities'로 알려지게 되었는데, 누구나 그 가격(1페니)에 커피 한 잔을 사면 몇 시간이고 앉아 특별한 대화들을 들을 수 있었기 때문이었다. 각각의 커피 하우스는 각기 다른 유형의 고객층을 전문으로 했다. 한 곳에서는 의사들과 상담할 수 있었다. 다른 곳들은 개신교도들, 청교도들, 천주교도들, 유대인들, 문인들, 상인들, 무역 상인들, 휘그당원들, 토리당원들, 육군 장교들, 배우들, 변호사들, 성직자들을 대접했다. 커피 하우스는 영국 최초로 평등주의적 만남의 장소를 제공했고, 그곳에서 아는 사람이든 모르는 사람이든 같은 테이블에 앉은 사람들과 대화를 나눴다.

VOCA

- by some accounts 일설에 의하면[따르면]
- occupy 차지하다
- premises 부지[지역], 구내
- specialized 전문적인, 전문화된
- clientele 모든 고객들

- clergy 성직자들
- egalitarian 평등주의(자)의
- tablemate 함께 식사하는 사람

10 난도 ★★☆   정답 ①

표현 > 일반회화

정답의 이유

A가 어제 새로 산 스킨 크림의 효능을 말하는 대화로 A가 빈칸 앞에서 'It is supposed to remove all wrinkles and make your skin look much younger(이것은 주름을 없애주고 피부를 훨씬 어려 보이게 해줄 거야).'라고 말하고, 빈칸 다음에서 'Why don't you believe it(왜 안 믿는 거니)?'라고 했으므로 대화의 흐름상 B가 빈칸에서 크림의 효과를 믿지 않는다고 말했음을 유추할 수 있다. 따라서 빈칸에 들어갈 말로 알맞은 것은 ① 'I don't buy it(난 안 믿어).'이다.

오답의 이유

② 너무 비싸.
③ 난 널 도와줄 수 없어.
④ 믿거나 말거나 사실이야.

본문해석

A: 어제 약국에서 이 새 스킨 크림을 샀어. 이것은 모든 주름을 없애주고 피부를 훨씬 어려 보이게 해줄 거야.
B: 난 안 믿어.
A: 왜 안 믿는 거니? 난 블로그들에서 이 크림이 정말 효과 있다는 글도 읽었어.
B: 그 크림이 피부에는 좋겠지만, 크림 하나 쓴다고 주름이 없어지거나 마법처럼 더 어려 보이게 하는 게 가능하다고 생각하지 않아.
A: 넌 너무 비관적이야.
B: 아니야, 난 그냥 현실적인 거야. 난 네가 잘 속아 넘어가는 것 같아.

VOCA

- be supposed to ~하기로 되어 있다
- wrinkle 주름
- work 효과가 나다[있다]
- assume 추정[상정]하다
- get rid of 제거하다, 끝내다
- pessimistic 비관적인
- gullible 잘 속아 넘어가는
- pricey 돈[비용]이 드는, 비싼

11 난도 ★☆☆   정답 ②

표현 > 일반회화

정답의 이유

대화에서 시내 관광을 원하는 A가 빈칸 앞에서 'What else should I check out(또 어떤 것을 봐야 하나요)?'이라고 물었고, 빈칸 다음에서 그럴 시간이 없다고 했으므로 빈칸에는 B가 추천한 관광 장소와 그 소요 시간에 관한 내용이 와야 함을 유추할 수 있다. 따라서

빈칸에 들어갈 말로 알맞은 것은 ② 'A guided tour to the river park. It takes all afternoon(강 공원으로 가는 가이드 투어요. 오후 내내 걸려요).'이다.

오답의 이유

① 이게 당신의 고객에게 필요한 지도예요. 여기 있어요.
③ 가능한 한 빨리 그걸 봐야 해요.
④ 체크아웃 시간은 3시입니다.

본문해석

A: 시내 관광을 하고 싶어요. 제가 어디로 가야 한다고 생각해요?
B: 국립 미술관을 방문하는 것을 강력히 추천해요.
A: 아, 좋은 생각이네요. 또 어떤 것을 봐야 하나요?
B: 강 공원으로 가는 가이드 투어요. 오후 내내 걸려요.
A: 그럴 시간이 없어요. 3시에 고객을 만나야 하거든요.
B: 아, 그렇군요. 그러면 국립 공원을 방문해보는 건 어때요?
A: 좋네요. 감사합니다!

VOCA

- go sightseeing 구경을 다니다
- check out (흥미로운 것을) 살펴보다[보다]

12 난도 ★★☆   정답 ③

표현 > 일반회화

정답의 이유

A가 아이들이 생일 파티에 갈 거라고 하자 B가 'So, it was a piece of cake(그래서 그건 식은 죽 먹기였어).'라고 대답한 ③의 대화는 흐름상 자연스럽지 않다.

본문해석

① A: 그가 마침내 흥행작에 출연했어!
　 B: 그래. 그는 성공했구나.
② A: 나 이제 좀 피곤해.
　 B: 오늘은 여기까지 하자.
③ A: 아이들이 생일 파티에 갈 거야.
　 B: 그래서 그건 식은 죽 먹기였어.
④ A: 어제 그가 왜 집에 일찍 갔는지 궁금해.
　 B: 내 생각엔 그가 몸이 안 좋았던 거 같아.

VOCA

- get it made 잘 풀리다, (부러울 정도로) 잘되다
- call it a day ~을 그만하기로 하다
- wonder 궁금해 하다
- under the weather 몸이 안 좋은

독해 > 대의 파악 > 제목, 주제

정답의 이유

주어진 글은 비언어적 신호의 중요성에 관한 내용이다. 두 번째 문장에서 'Nonverbal cues—rather than spoken words—make us feel that the person we are with is interested in, understands, and values us(비언어적인 신호는 말보다, 우리가 함께 있는 사람이 우리에게 관심을 갖고 이해하고 우리를 소중하게 여긴다는 것을 느끼게 한다.)'라고 했으므로, 글의 제목으로 알맞은 것은 ③ 'Nonverbal Communication Speaks Louder than Words(비언어적 소통이 말보다 더 크게 말한다[중요하다])'이다.

오답의 이유

① 야생동물들은 어떻게 생각하고 느낄까?
② 효과적으로 의사소통하는 것이 성공의 비결이다.
④ 언어적 신호: 감정을 표현하는 주요 도구

본문해석

사랑받는다는 느낌과 그것이 자극하는 생물학적 반응은 목소리의 톤, 얼굴 표정 혹은 딱 맞는 느낌의 손길 같은 비언어적인 신호에 의해 촉발된다. 비언어적인 신호는 말보다, 우리가 함께 있는 사람이 우리에게 관심을 갖고 이해하고 우리를 소중하게 여긴다는 것을 느끼게 한다. 우리가 그것들과 함께할 때, 우리는 안전하다고 느낀다. 우리는 심지어 야생에서도 비언어적인 신호의 힘을 본다. 포식자들의 추적을 피한 후에, 동물들은 종종 스트레스 해소의 수단으로서 서로 코를 비빈다. 이러한 신체적 접촉은 안전에 대한 확신을 제공하고 스트레스를 덜어준다.

VOCA

- biological 생물체의
- stimulate 자극[격려]하다
- trigger 촉발시키다
- nonverbal 비언어적인
- cue 신호
- value 소중하게[가치 있게] 생각하다[여기다]
- evade 피하다[모면하다]
- chase 추적, 추격
- predator 포식자, 포식 동물
- nuzzle 코[입]를 비비다
- as a means of ~의 수단으로서
- bodily 신체의
- reassurance 안심시키는 말[행동]
- relieve 없애[덜어]주다

14 난도 ★★☆   정답 ①

독해 > 대의 파악 > 제목, 주제

정답의 이유

제시문은 자녀에게 물건에 대한 건강한 비의존성을 가르치는 방법을 설명하고 있다. 두 번째 문장에서 'You can use these times to teach a healthy nondependency on things(당신은 이 시기를 물건에 대한 건강한 비의존성을 가르치기 위해 이용할 수 있다).'라고 하면서 당신의 자녀를 장난감들로 둘러싸지 말고 그것들을 바구니에 정돈하고 한 번에 바구니 하나씩 꺼내놓으라고 했다. 또한 소유물을 잃어버리거나 망가뜨린 경우, 당신의 자녀가 물건에 집착하지 않는 태도를 기를 수 있도록 "난 그것을 가지고 있는 동안 감사했어!"라는 좋은 태도를 모범으로 보이라고 했으므로, 글의 주제로 알맞은 것은 ① 'building a healthy attitude toward possessions(소유물에 대한 건강한 태도를 형성하기)'이다.

오답의 이유

② 다른 사람들과 장난감을 공유하는 것의 가치를 배우기
③ 장난감을 질서정연하게 정리하는 방법을 가르치기
④ 바람직하지 않은 방식으로 행동하는 것에 대한 책임을 받아들이기

본문해석

명절과 생일처럼 아이의 삶에 장난감과 선물이 쌓이는 시기가 있다. 당신은 이 시기를 물건에 대한 건강한 비의존성을 가르치기 위해 이용할 수 있다. 당신의 자녀를 장난감들로 둘러싸지 마라. 대신 그것들을 바구니들에 정리해 한 번에 바구니 하나씩 꺼내놓고 가끔 바구니들을 교체해라. 소중한 물건이 잠시 치워지면, 그것을 꺼내오는 것은 즐거운 기억과 관점의 신선함을 만들어 낸다. 가령 당신의 자녀가 한동안 치워둔 장난감을 요구한다고 가정해 보자. 당신은 이미 주위(환경)에 있는 물건이나 경험으로 관심을 이끌 수 있다. 당신이 소유물을 잃어버리거나 망가뜨린 경우, 당신의 자녀가 물건에 집착하지 않는 태도를 기를 수 있도록 "난 그것을 가지고 있는 동안 감사했어!"라는 좋은 자세를 모범으로 보이려고 노력하라. 아이의 장난감이 망가지거나 분실된 경우, 아이가 "재미있게 가지고 놀았어."라고 말하도록 도와줘라.

VOCA

- accumulate 모으다, 축적하다
- nondependency 비의존성
- surround 둘러싸다, 에워싸다
- arrange 정리하다, 배열하다
- rotate 회전하다[시키다]
- occasionally 가끔
- cherish 소중히 여기다, 아끼다
- put away 넣다[치우다]
- bring out ~을 끌어내다[발휘되게 하다]
- delightful 정말 기분 좋은[마음에 드는]
- outlook 관점, 세계관, 인생관
- suppose 가령[만약] ~이라고 하다
- direct 지휘하다, 총괄하다
- possession 소유, 소지, 보유
- model 모형[견본]을 만들다

독해 > 대의 파악 > 요지, 주장

정답의 이유

제시문은 부모가 칭찬하는 방식이 아이들의 발달에 미치는 영향에 대한 내용이다. 네 번째 문장에서 노력보다 지능으로 칭찬받은 아이들은 결과에 지나치게 집착하게 된다는 사실을 발견했다고 말한다. 또, 마지막 문장에서는 아이들의 지능을 칭찬하는 것은 그들로 하여금 어려움을 두려워하게 만드는데, 그것은 그들이 실패를 어리석음과 동일시하기 때문이라고 했다. 따라서 글의 요지로 알맞은 것은 ② 'Compliments on intelligence bring about negative effect(지능에 대한 칭찬은 부정적인 영향을 초래한다).'이다.

오답의 이유

① 잦은 칭찬이 아이들의 자존감을 증가시킨다.

③ 아이는 성공을 통해 실패에 대한 두려움을 극복해야 한다.

④ 부모들은 과정보다 결과에 집중해야 한다.

본문해석

많은 부모들이 '자존감 운동'에 의해 잘못 인도되었는데, 그 운동은 자녀들의 자존감을 개발하는 방식이 자녀들이 얼마나 어떤 일을 잘하는지 말하는 것이라고 알려준다. 안타깝게도, 당신의 자녀들에게 그들의 능력을 확신시키는 것은 실패할 가능성이 큰데, 그것은 인생이 아이들에게 성공과 실패를 통해 그들이 실제로 얼마나 유능하거나 무능한지를 명백히 알려주기 때문이다. 연구는 당신이 자녀를 칭찬하는 방식이 그들의 발달에 강력한 영향을 미친다는 것을 보여주었다. 일부 연구자들은 노력보다 지능으로 칭찬받은 아이들이 결과에 지나치게 집착하게 된다는 사실을 발견했다. 실패 후, 이 아이들은 덜 끈기를 보였고, 덜 즐거워했으며, 실패를 그들의 능력 부족 탓으로 돌리며, 향후 성취를 위한 노력에서 저조한 성과를 보였다. 아이들의 지능을 칭찬하는 것은 그들로 하여금 어려움을 두려워하게 만드는데, 그것은 그들이 실패를 어리석음과 동일시하기 때문이다.

VOCA

- misguide 잘못 이끌다
- build 만들어 내다, 창조[개발]하다
- self-esteem 자부심
- convince 납득시키다, 확신시키다
- competence 능숙함, 능숙도
- unequivocally 명백히
- capable ∼을 할 수 있는
- as compared to ∼과 비교하여
- overly 너무, 몹시
- persist 집요하게 계속하다
- attribute ∼ to ∼을 …의 탓으로 돌리다
- equate 동일시하다
- stupidity 어리석음, 우둔

독해 > 빈칸 완성 > 단어 · 구 · 절

정답의 이유

제시문은 소비자들의 온라인 활동이 활발해짐에 따라 글로벌 브랜드의 광고 표준화에 대한 필요성이 대두되고 있다는 내용이다. 세 번째 문장에서는 온라인상에서 연결된 소비자들이 인터넷과 소셜 미디어를 통해 국경을 넘나들어서 광고주들이 통제되고, 질서정연한 방식으로 캠페인을 펼치기 어렵다고 했다. 빈칸 앞 문장에서는 대부분 글로벌 브랜드들이 자신들의 디지털 사이트들을 국제적으로 조정한다고 했고, 빈칸 다음 문장에서 친숙한 코카콜라의 붉은 색과 상징적인 병 모양, 음악, 주제 등을 특징으로 한다고 했다. 따라서 빈칸에 들어갈 말로 알맞은 것은 ② 'uniform(획일적인)'이다.

오답의 이유

① 실험적인

③ 국지적인

④ 다양한

본문해석

최근 온라인 마케팅과 소셜 미디어 공유의 인기가 증가하면서 글로벌 브랜드의 광고 표준화에 대한 필요성이 커졌다. 대부분의 대형 마케팅 및 광고 캠페인은 대규모 온라인상에서의 영향력을 포함한다. (온라인상에서) 연결된 소비자들은 인터넷과 소셜 미디어를 통해 국경을 쉽게 넘나들 수 있게 되었는데, 이것은 광고주들로 하여금 통제되고 질서정연한 방식으로 맞춤화된 캠페인을 전개하는 것을 어렵게 한다. 그 결과, 대부분의 글로벌 소비자 브랜드들은 전 세계적으로 그들의 디지털 사이트를 조정한다. 예를 들어, 코카콜라의 웹사이트와 소셜 미디어 사이트들은 호주와 아르헨티나에서부터 프랑스, 루마니아, 러시아에 이르기까지 놀랄 만큼 전 세계적으로 획일적이다. 모든 것이 친숙한 코카콜라의 붉은색, 코카콜라의 상징적인 병 모양, 코카콜라의 음악, "Taste the Feeling"이라는 주제 등을 특징으로 한다.

VOCA

- boost 신장시키다, 북돋우다
- advertising 광고
- standardization 표준화
- online presence 온라인상에서의 존재감, 영향력
- zip 쌩[획] 하고 가다[나아가게 하다]
- via 경유하여[거쳐]
- roll out 출시하다, 시작하다
- orderly 정돈된, 정연한
- coordinate 조정하다
- feature 특징을 이루다

독해 > 글의 일관성 > 무관한 어휘 · 문장

정답의 이유

제시문은 하이브리드 근무 방식, 즉 사무실 출근과 재택근무를 병행하는 근무 형태가 점점 늘어나서 사무실에서 근무하는 일수가 줄어들었지만, 사무실 공간은 별로 줄지 않고 사무실 공간의 밀집도가 크게 낮아졌다는 내용이다. ③ 앞 문장에서 사무실에서의 고밀집도는 불편하고 많은 근로자들이 그들의 책상 주변이 붐비는 것을 싫어한다고 했고, ③ 다음 문장에서 밀집도로 인한 불편함은 로비, 주방, 엘리베이터까지 연장된다고 했다. 따라서 글의 흐름상 어색한 문장은 ③ 'Most employees want to work from home on Mondays and Fridays(대부분의 직원이 월요일과 금요일에 재택근무를 원한다).'이다.

본문해석

미국의 근로자 5,000명과 미국의 고용주 500명을 대상으로 매월 실시하는 우리의 설문조사에 따르면, 사무직 및 지식근로자 사이에서 하이브리드 근무로의 대규모 전환이 매우 뚜렷하게 보인다. 새롭게 나타난 표준은 1주일 중 3일은 사무실에서, 2일은 집에서 근무하는 것으로 현장근무일수가 30% 이상 줄었다. 당신은 이러한 단축으로 인해 사무실 공간 수요가 크게 감소될 것이라고 생각할 수도 있다. 그러나 우리의 설문조사 데이터는 사무실 공간은 평균 1~2%의 축소를 보여주는데, 이는 공간이 아닌 밀집도의 큰 감소를 시사한다. 우리는 그 이유를 이해할 수 있다. 사무실에서의 고밀집도는 불편하며 많은 근로자가 그들의 책상 주변이 붐비는 것을 싫어한다. 대부분의 직원이 월요일과 금요일에 재택근무하기를 원한다. 밀집도로 인한 불편함은 로비, 주방, 특히 엘리베이터까지 연장된다. 밀집도를 낮출 수 있는 유일하고 확실한 방법은 (사무실의) 평방 피트를 줄이지 않고 현장근무일을 줄이는 것이다. 우리의 조사 증거에 따르면, 밀집도에 대한 불편함은 앞으로도 계속될 것이다.

VOCA

- huge shift　엄청난 입장변화/전환
- hybrid　혼성체, 혼합물
- abundantly　풍부하게
- emerging　최근 생겨난
- norm　규범, 규준
- cutback　삭감, 감축
- imply　암시[시사]하다
- reduction　축소, 삭감
- density　밀도(빽빽한 정도)
- extend　연장하다
- sure-fire　확실한, 틀림없는
- reduce　줄이다[축소하다]
- square footage　평방 피트
- be here to stay　우리 생활의 일부이다

독해 > 글의 일관성 > 문장 삽입

정답의 이유

주어진 문장에서 '그들은 불법적인 국경 횡단 장소로 알려진 곳에 비디오카메라를 설치했고 실시간 비디오 자료를 웹사이트에 올렸다.'라고 했으므로 주어진 문장의 앞에는 They가 가리키는 대상이, 주어진 문장 다음에는 실시간 비디오 자료를 웹사이트에 올린 결과가 나와야 한다. They는 ③ 앞 문장의 불법 이민자들을 단속하는 Texas sheriffs를 가리키며, 새로운 인터넷 활용법(a novel use of the Internet)은 카메라를 설치하고 불법 국경 횡단자들이 찍힌 비디오 자료를 실시간으로 웹사이트에 올리는 것을 의미한다. ③ 다음 문장에서 국경 감시를 돕고자 하는 시민들은 온라인에 접속해 가상 보안관 역할을 할 수 있다고 했는데, 이것은 실시간 비디오 자료를 웹사이트에 올린 결과가 된다. 따라서 주어진 문장이 들어갈 위치로 알맞은 것은 ③이다.

본문해석

이민 개혁은 정치적 지뢰밭이다. 광범위한 정치적 지지를 받는 이민 정책의 거의 유일한 측면은 불법 이민자들의 흐름을 제한하기 위해 멕시코와 미국 사이 국경을 안전하게 지키겠다는 결의이다. 텍사스 보안관들은 최근에 그들의 국경 감시를 돕기 위해 새로운 인터넷 활용법을 개발했다. 그들은 불법적인 국경 횡단 장소로 알려진 곳에 비디오 카메라를 설치했고, 카메라의 실시간 비디오 자료를 웹사이트에 올렸다. 국경 감시를 돕고자 하는 시민들은 온라인에 접속해 '가상 텍사스 보안관' 역할을 할 수 있다. 국경을 넘으려는 사람을 발견하면 그들은 보안관 사무실에 보고서를 보내고, 이것은 때로 미국 국경 순찰대의 도움으로 추가 조사된다.

VOCA

- immigration　이민
- reform　개혁[개선]
- minefield　지뢰밭
- command　요구하다, 강요하다
- resolve　결심[결의]
- secure　획득[확보]하다
- illegal immigrant　불법 입국[체류]자
- sheriff　보안관
- novel　새로운, 신기한
- install　설치[설비]하다
- illegal　불법적인
- video feed　비디오 자료
- virtual　가상의
- follow up　(방금 들은 내용에 대해) 더 알아보다

영어 일반행정직

독해 > 글의 일관성 > 글의 순서

정답의 이유

주어진 글은 정부 행정에 의존하는 문명의 대표적 예시로 고대 로마 문명을 소개하고 있다. 주어진 글에 언급된 civilization이 라틴어의 civis에서 유래했다는 내용을 담은 (B)로 이어지는 것이 자연스럽다. 다음으로, 라틴어가 고대 로마의 언어였음을 부연하면서, 로마의 영토를 설명하는 (C)가 와야 한다. 마지막으로, 로마의 방대한 영토를 an area that large로 받는 (A)로 마무리하는 것이 자연스럽다. 따라서 글의 순서로 알맞은 것은 ③ '(B) – (C) – (A)'이다.

본문해석

모든 문명은 정부 행정에 의존한다. 아마 고대 로마보다 이것을 대표적인 예시로 더 잘 보여주는 문명은 없을 것이다.

(B) 사실, '문명'이라는 단어 자체는 '시민'을 의미하는 라틴어 civis에서 유래했다.

(C) 라틴어는 고대 로마의 언어였는데, 그들의 영토는 지중해 유역부터 북쪽의 영국 일부와 동쪽의 흑해까지 뻗어 있었다.

(A) 그렇게 넓은 영토를 통치하기 위해, 현재의 이탈리아 중부에 기반을 두고 있었던 로마인들은 효과적인 정부 행정 시스템이 필요했다.

VOCA

• rely on 의존하다
• administration 관리[행정]
• exemplify 전형적인 예가 되다
• come from ～에서 나오다
• territory 지역, 영토
• stretch 뻗어 있다
• basin 유역
• rule 통치하다, 다스리다
• based in ～에 기반을 둔

독해 > 빈칸 완성 > 단어 · 구 · 절

정답의 이유

제시문은 심리학의 하위분야들에 대한 통합의 필요성과 이 과정에서 심리 과학이 통합의 중추 역할을 할 것이라는 내용으로, 글의 세 번째 문장에서 'Science advances when distinct topics become theoretically and empirically integrated under simplifying theoretical frameworks(과학은 서로 다른 별개의 주제들이 단순화된 이론적 틀 아래에서 이론적, 경험적으로 통합될 때 발전한다).'라고 했다. 또한 빈칸 앞 문장에서 이러한 방식으로 심리 과학은 그 분야 내 모든 주요 분과/분파를 '하나의 학문하에(under one discipline)' 통합함으로써 심리학 전체에 대한 본보기 역할을 할 수 있을 것'이라고 했으므로 빈칸 문장 앞부분의 'how to combine resources and study science(자료를 결합하고 과학을 연구하는

방법)'을 수식하는 빈칸에 들어갈 말로 알맞은 것은 ① 'from a unified perspective(통합된 관점에서)'임을 유추할 수 있다.

오답의 이유

② 역동적인 측면에서
③ 역사를 통틀어
④ 정확한 증거를 가지고

본문해석

지난 50년 동안 심리학의 모든 주요 하위분야는 교육이 점점 전문화되고 그 초점이 좁아짐에 따라 서로 점점 더 고립되어 왔다. 일부 심리학자들이 오랫동안 주장해 온 것처럼, 심리학 분야가 과학적으로 성숙해지고 발전하려면 그것의 이질적인 부분들 [예를 들어, 신경과학, 발달 (심리학), 인지 (심리학), 성격 (심리학), 사회 (심리학)]이 다시 하나가 되고 통합되어야 한다. 과학은 서로 다른 별개의 주제들이 단순화된 이론적 틀 아래에서 이론적, 경험적으로 통합될 때 발전한다. 심리 과학은 여러 하위영역의 심리학자들 간의 협업을 장려하여 이 분야가 지속적인 분열보다는 일관성을 성취하도록 도울 것이다. 이러한 방식으로 심리 과학은 그 분야 내 모든 주요 분과/분파를 하나의 학문하에 통합함으로써 심리학 전체에 대한 본보기 역할을 할 수 있을 것이다. 심리 과학이 통합된 관점에서 자료를 결합하고 과학을 연구하는 방법에 대한 모 학문의 모범이 될 수 있다면, 이는 결코 작은 업적이 아니며 그 중요도 또한 작지 않을 것이다.

VOCA

• subdiscipline 학문분야의 하위 구분
• isolated from ～에서 고립된
• in focus 초점[핀트]이 맞아
• mature 발달하다
• advance 증진되다[진전을 보다]
• disparate 이질적인
• neuroscience 신경 과학
• developmental 발달[개발]상의
• cognitive 인식[인지]의
• integrate 통합시키다[되다]
• theoretically 이론상
• empirically 실증적으로
• simplify 간소화[단순화]하다
• framework 체제, 체계
• encourage 권장[장려]하다
• achieve 달성하다, 성취하다
• coherence 일관성
• fragmentation 균열, 분절
• act as ～으로서의 역할을 하다[맡다]
• template 견본, 본보기
• fraction 부분, 일부
• faction 파벌, 파당
• model 모범, 귀감
• feat 위업, 개가

영어 | 2023년 지방직 9급

한눈에 훑어보기

✓ 영역 분석

어휘   01   02   03   04   05
5문항, 25%

독해   12   13   14   15   16   17   18   19   20
9문항, 45%

어법   06   07   08
3문항, 15%

표현   09   10   11
3문항, 15%

✓ 빠른 정답

01	02	03	04	05	06	07	08	09	10
②	④	①	①	④	③	③	①	④	③
11	12	13	14	15	16	17	18	19	20
③	②	②	④	④	④	②	②	①	③

✓ 점수 체크

구분	1회독	2회독	3회독
맞힌 문항 수	/ 20	/ 20	/ 20
나의 점수	점	점	점

---

01 난도 ★☆☆   정답 ②

어휘 > 단어

[정답의 이유]

밑줄 친 subsequent는 '차후의, 그 다음의'의 뜻으로, 의미가 가장 가까운 것은 ② 'following(그 다음에 나오는)'이다.

[오답의 이유]

① 필수의

③ 선진의

④ 보충의, 추가의

본문해석

우리의 프로젝트에 대한 추가적인 설명은 차후의 프레젠테이션에서 제공될 것이다.

VOCA

• further   그 이상의

• explanation   설명

02 난도 ★☆☆   정답 ④

어휘 > 단어

[정답의 이유]

밑줄 친 courtesy는 '공손함, 정중함'이라는 뜻으로, 의미가 가장 가까운 것은 ④ 'politeness(공손함, 예의바름)'이다.

[오답의 이유]

① 자선, 자비

② 겸손, 겸양

③ 대담, 배짱

본문해석

사회적 관행은 한 집단의 구성원들이 다른 사람들에게 공손함을 보이기 위해 따라야 하는 관습이다. 예를 들어, 재채기를 할 때 "실례합니다."라고 말하는 것은 미국의 사회적 관행이다.

VOCA

• folkway   민속, 사회적 관행

• custom   관습, 풍습, 관행

• be expected to   ～하도록 기대된다, 예상된다

• follow   따르다[따라 하다]

• sneeze   재채기하다

03 난도 ★☆☆

정답 ①

어휘 > 어구

정답의 이유

bring up은 '~을 기르다[양육하다]'라는 뜻인데, 주어진 문장에서는 수동의 뜻인 '양육되어지다'로 사용되었으므로, 의미가 가장 가까운 것은 ① 'raised(길러진)'이다.

오답의 이유

② 조언받은

③ 관찰된

④ 관리[운영/통제]된

본문해석

이 아이들은 건강에 좋은 음식을 주식으로 먹고 양육되었다.

VOCA

- on a diet of ~을 주식[먹이]으로
- healthy food 건강에 좋은 음식

04 난도 ★★☆

정답 ①

어휘 > 어구

정답의 이유

do away with는 '~을 폐지하다'라는 뜻인데, 주어진 문장에서는 수동의 의미로 쓰였으므로, 의미가 가장 가까운 것은 ① 'abolished (폐지된)'이다.

오답의 이유

② 합의된

③ 비판된

④ 정당화된

본문해석

노예제는 19세기까지 미국에서 폐지되지 않았다.

VOCA

- slavery 노예, 노예제도

05 난도 ★☆☆

정답 ④

어휘 > 단어

정답의 이유

주어진 문장의 뒷부분에서 'so that they could see and understand it clearly(그들이 그것을 명확하게 보고 이해할 수 있도록)'이라고 했고, 앞부분에서 '유권자들은 선거 과정에서 더 많은 ~이 있어야 한다고 요구했다.'라고 했으므로, 밑줄 친 부분에 들어갈 말로 가장 적절한 것은 ④ 'transparency(투명성)'이다.

오답의 이유

① 속임, 속임수

② 융통성, 유연성

③ 경쟁, 경쟁 상대

본문해석

유권자들은 선거 절차를 명확히 보고 이해할 수 있도록 선거 과정에서 더 많은 투명성이 있어야 한다고 요구했다.

VOCA

- voter 투표자, 유권자
- demand 요구하다
- election process 선거 과정
- so that can ~할 수 있도록

06 난도 ★★☆

정답 ③

어법 > 비문 찾기

정답의 이유

③ what은 선행사를 포함하는 관계대명사로 다음에 불완전한 절이 와야 하는데, what 다음에 'the superior team may not have perceived their opponents ~ their continued success'인 완전한 절이 왔다. 따라서 동사(is) 다음에 명사절 접속사 that이 와야 하므로, what → that이 되어야 한다.

오답의 이유

① in which(전치사＋관계대명사)는 upsets를 선행사로 받고 있으며, '상황, 경우'를 가리키고 있으므로, 관계부사 where로 바꿔 쓸 수 있다. in which 다음에 완전한 절인 'the team ~ surprisingly loses the contest'가 왔으므로, 적절하게 사용되었다.

② predicted는 바로 앞의 명사(the team)를 수식하는 분사로, the team은 승리할 것이라고 예측되는 대상이므로 과거분사인 predicted가 적절하게 사용되었다. 이때 predicted 앞에는 'which was'가 생략된 것이다. 문맥상 관계사절(in whch the team predicted to win ~ loses the contest)의 동사는 loses 이다.

④ 「perceive A as B」는 'A를 B라고 여기다'의 뜻으로, their opponents가 '위협하는' 것이므로, 능동의 현재분사 threatening 이 적절하게 사용되었다.

본문해석

스포츠에서 우승할 것으로 예상되고 상대 팀보다 우세할 것으로 추정되는 팀이 놀랍게도 경기에서 지는 뜻밖의 패배의 한 가지 이유는 우세한 팀이 상대 팀을 자신의 지속적인 성공에 위협적이라고 여기지 않았을 수도 있기 때문이다.

VOCA

- upset 뜻밖의 패배
- predict 예측[예견]하다
- supposedly 추정상, 아마
- superior to ~보다 뛰어난
- opponent (시합·논쟁 등의) 상대
- surprisingly 놀랍게도
- threatening 위협적인
- continued 지속적인

더 알아보기

관계대명사 what

- 선행사를 포함하는 관계대명사 what은 '~하는 것'의 뜻으로, the thing which[that]로 쓸 수 있다. 관계대명사 what은 명사절을 이끌며 문장에서 주어, 목적어, 보어 역할을 한다.
  - 예 They are fully able to discern <u>what</u> concerns their business. (to discern의 목적어)
    (그들은 자신들의 사업과 관련된 것을 완전히 분별할 수 있다.)
- what = 선행사 + 관계대명사
  - 예 She didn't understand <u>what</u> I said. = She didn't understand the fact that I said.
    (그녀는 내가 한 말을 이해하지 못했다.)
- 관계대명사 what *vs.* 접속사 that
  관계대명사 what과 접속사 that은 둘 다 명사절을 이끌고 what 다음에는 불완전한 절이, 접속사 that 다음에는 완전한 절이 온다.
- what이 believe의 목적어가 되는 명사절을 이끌며, what 이하는 불완전한 문장이다.
  - 예 I believe <u>what</u> he told me. (나는 그가 내게 말한 것을 믿는다.)
- that이 believe의 목적어가 되는 명사절을 이끌며, that 이하는 완전한 문장이다.
  - 예 I can't believe <u>that</u> he's only 17.
    (나는 그가 겨우 17세라는 것을 믿을 수 없다.)

07 난도 ★★☆   정답 ③

어법 > 비문 찾기

정답의 이유

③ alive는 '살아있는'의 뜻으로 서술적 용법으로만 쓰이는 형용사이므로, an alive man → a living man이 되어야 한다. 그 밖에 서술적 용법으로만 사용되는 형용사로는 alive, asleep, afloat 등이 있다.

오답의 이유

① 「should have p.p.」는 '~했어야 했는데 (안 했다)'의 뜻으로, 'but I was feeling a bit ill'에 하지 않은 이유가 나오고 있으므로 어법상 적절하게 사용되었다.

② 「as ~ as」 원급 비교 구문에서 두 번째 as 다음에 'we used to'가 왔으므로, as가 접속사로 적절하게 사용되었다. 「used to 동사원형」은 '(~하곤) 했다'라는 뜻으로 과거의 습관을 나타내는 표현으로 to 다음에 save money가 생략되었다.

④ 「자동사 + 전치사」인 look at은 '~을 보다'의 뜻으로, 수동태로 전환할 때 전치사를 생략할 수 없으므로, was looked at이 적절하게 사용되었다. 이 문장을 능동태로 바꾸면 'The art critic looked at the picture carefully.'가 된다.

본문해석

① 나는 오늘 아침에 갔어야 했는데, 몸이 좀 안 좋았다(그래서 못 갔다).
② 요즘 우리는 예전에 그랬던 것만큼 많은 돈을 저축하지 않는다.
③ 구조대는 살아있는 남자를 발견해서 기뻤다.
④ 그 그림은 미술 평론가에 의해 주의 깊게 관찰되었다.

VOCA

- a bit 조금, 약간
- save 모으다, 저축하다
- rescue squad 구조대
- discover 발견하다, 찾다
- art critic 미술 비평가

더 알아보기

형용사가 서술적 용법으로 사용되는 경우

- afraid, alone, ashamed, alive, asleep, alike, awake, aware 등 'a-' 형용사는 서술적 용법(주격 보어, 목적격 보어)으로만 사용되며 한정적 용법으로는 쓰일 수 없다.
  - 예 He caught a <u>living</u> tiger. (○)
    He caught an <u>alive</u> tiger. (×)
    (그는 살아있는 호랑이를 잡았다.)
  - 예 He caught a tiger <u>alive</u>. (○)
    (그는 호랑이 한 마리를 산 채로 잡았다.)
- alert, aloof 등은 한정적 용법, 서술적 용법 모두 사용된다.
  - 예 An <u>alert</u> guard stopped the robbers.
    (기민한 경비원이 강도들을 막았다.)
  - 예 Being aware of this, you will be <u>alert</u> and attentive to meaning.
    (이것을 알게 되면, 여러분은 방심하지 않고 의미에 주의를 기울일 것이다.)
- 형용사 다음에 to부정사, 전치사구, that절이 연결되면 서술적 용법으로 사용된다. -able, likely, famous, sure 등은 한정적 용법과 서술적 용법 둘 다 가능한데, to부정사, 전치사구, that절과 함께 나올 때 서술적 용법으로 사용된다.
  - 예 the most <u>likely</u> cause of the problem
    (그 문제의 가장 유력한 원인)
  - 예 Children who live in the country's rural areas are very <u>likely</u> to be poor.
    (시골 지역에 사는 어린이들은 가난할 가능성이 매우 높다.)
- well, unwell, ill, poorly, faint 등 건강 상태를 나타내는 형용사는 서술적 용법으로만 사용된다.
  - 예 I have been <u>well</u>. (나는 그동안 건강하게 지냈다.)
  - 예 Jane felt <u>unwell</u> and went home.
    (Jane은 몸이 좋지 않아서 집에 갔다.)

어법 > 영작하기

정답의 이유

① 'He made us touched with his speech.'의 수동태 문장으로, 목적어인 us는 '감동을 주는' 것이 아니라 '감동을 받는' 것이므로 touching → touched가 되어야 한다.

오답의 이유

② apart from은 '~은 차치하고, ~은 제외하고'라는 뜻을 가진 전치사구로, 문맥상 알맞게 사용되었으며 전치사구 뒤에 명사(its cost)가 온 것 역시 적절하다. 부정대명사 one은 the plan 대신 사용되었다.

③ 'while drinking hot tea'는 분사구문으로, 주절과 부사절의 주어가 they로 같기 때문에 부사절에서 they were를 생략하였다. 또한 they는 차를 '마시는' 능동적인 대상이므로 능동의 의미인 현재분사 drinking은 적절하게 사용되었다.

④ 「사역동사(make)+목적어+목적격 보어」에서 목적어 him 다음에 '어울리는, 적당한'이라는 뜻의 형용사 suited가 목적격 보어로 적절하게 사용되었다.

VOCA

• experience　경험[경력]

표현 > 일반회화

정답의 이유

대화에서 A가 빈칸 앞에서 도움을 요청하고 빈칸 다음에서 인사과를 찾는다고 말했으므로, 대화의 흐름상 빈칸에는 B가 도와주겠다고 말하는 내용이 들어가야 함을 유추할 수 있다. 따라서 빈칸에 들어갈 말로 가장 적절한 것은 ④ 'Sure. Can I help you with anything(물론이죠. 무엇을 도와드릴까요)?'이다.

오답의 이유

① 우리는 이 상황을 어떻게 처리해야 할지 모르겠어요.

② 담당자가 누구인지 말씀해 주시겠어요?

③ 네, 여기 도움이 필요해요.

본문해석

A : 죄송하지만, 좀 도와주실 수 있나요?

B : 물론이죠. 무엇을 도와드릴까요?

A : 인사과를 찾으려 하고 있어요. 10시에 약속이 있어요.

B : 3층에 있어요.

A : 어떻게 올라가죠?

B : 모퉁이를 돌아서 엘리베이터를 타세요.

VOCA

• give a hand　도와주다

• Personnel Department　인사과

• have no idea　전혀 모르다

• in charge of　~을 맡은, 담당인

• could use some help　도움이 필요하다

표현 > 일반회화

정답의 이유

대화는 A가 B에게 사무실 전등과 에어컨을 끄지 않고 퇴근한 것에 대해 주의를 주는 상황으로, 빈칸 앞에서 A가 'Probably they were on all night.'이라고 했으므로, 빈칸에 들어갈 말로 가장 적절한 것은 ③ 'I'm sorry. I promise I'll be more careful from now on(죄송합니다. 앞으로 더 조심하겠습니다).'이다.

오답의 이유

① 걱정하지 마세요. 이 기계는 잘 작동하고 있어요.

② 맞아요. 모든 사람들이 당신과 함께 일하는 것을 좋아해요.

④ 안 됐군요. 너무 늦게 퇴근해서 피곤하시겠어요.

본문해석

A : 마지막으로 퇴근하셨죠, 그렇죠?

B : 네. 무슨 문제라도 있나요?

A : 오늘 아침에 사무실 전등과 에어컨이 켜져 있는 것을 발견했어요.

B : 정말요? 아, 이런. 아마 어젯밤에 그것들을 끄는 것을 깜빡 잊었나 봐요.

A : 아마 밤새 켜져 있었을 거예요.

B : 죄송합니다. 앞으로 더 조심하겠습니다.

VOCA

• from now on　이제부터, 향후

• turn off　(전기 · 가스 · 수도 등을) 끄다

표현 > 일반회화

정답의 이유

A가 오랜만에 만나서 얼마 만에 보는 건지 물었는데, 차로 한 시간 반 정도 걸렸다는 B의 대답은 어색하다. 따라서 대화 중 자연스럽지 않은 것은 ③이다.

본문해석

① A : 머리는 어떻게 해 드릴까요?

　 B : 머리 색깔이 좀 싫증나서요. 염색하고 싶어요.

② A : 지구 온난화를 늦추기 위해 우리가 할 수 있는 일은 무엇일까요?

　 B : 우선, 대중교통을 더 많이 이용할 수 있어요.

③ A : Anna, 당신이에요? 오랜만이에요! 이게 얼마 만이죠?

　 B : 차로 한 시간 반 정도 걸렸어요.

④ A : Paul이 걱정돼요. 불행해 보여요. 어떻게 해야 하죠?

　 B : 내가 당신이라면, 그가 자기 문제에 대해 말할 때까지 기다릴 거예요.

VOCA

• be tired of　~에 질리다

• dye　염색하다

• slow down　속도를 늦추다

- global warming 지구 온난화
- public transportation 대중교통
- be worried about ~에 대해 걱정하다

12 난도 ★★★

정답 ②

독해 > 대의 파악 > 제목, 주제

정답의 이유

주어진 글은 인간 관계학의 유명한 작가 Daniel Goleman의 주장을 바탕으로 인간의 뇌가 얼마나 사교적인지를 주장하는 내용이다. 세 번째 문장에서 'we are drawn to other people's brains whenever we engage with another person.'이라고 했고, 마지막 문장에서 'Yet, our brains crave human interaction.'이라고 했으므로, 글의 제목으로 가장 적절한 것은 ② 'Sociable Brains(사교적인 두뇌)'이다.

오답의 이유

① 외로운 사람들
③ 정신 건강 조사의 필요성
④ 인간 연결성의 위험

본문해석

저명한 작가 Daniel Goleman은 인간관계 과학에 평생을 바쳐 왔다. 그의 저서 *Social Intelligence*에서 그는 인간의 뇌가 얼마나 사교적인지 설명하기 위해 신경사회학의 결과를 논한다. Goleman에 따르면, 우리는 다른 사람과 관계를 맺을 때마다 다른 사람의 뇌에 마음이 끌린다고 한다. 우리의 관계를 깊이 있게 하기 위해 다른 사람들과의 의미 있는 연결에 대한 인간의 욕구는 우리 모두가 갈망하는 것이지만, 우리는 그 어느 때보다 더 외로우며 이제 외로움은 세계적인 유행병이 되었음을 시사하는 수많은 기사와 연구들이 있다. 특히 호주에서 전국적인 Lifeline 설문조사에 따르면, 조사 대상자의 80% 이상이 우리 사회가 더 외로운 곳이 되어가고 있다고 생각한다. 하지만 우리의 뇌는 인간 간의 상호 작용을 갈망한다.

VOCA

- well-known 유명한, 잘 알려진
- dedicate 전념하다
- sociable 사교적인, 붙임성 있는
- be drawn to (마음이) 끌리다
- engage with ~와 관계를 맺다
- connectivity 연결(성)
- deepen 깊어지다[깊게 하다]
- crave 갈망[열망]하다
- epidemic (유행성) 전염병
- interaction 상호 작용

13 난도 ★☆☆

정답 ②

독해 > 대의 파악 > 제목, 주제

정답의 이유

주어진 글은 어떤 사람들은 선천적으로 특별한 재능을 가지고 태어나지만, 그렇지 않은 사람이라도 오랜 기간 꾸준한 연습을 통해서 재능을 발달시키고 성공할 수 있다고 주장하는 글이다. 두 번째 문장에서 'Yet only dedication to mindful, deliberate practice over many years ~ advantages into talents and those talents into successes.'라고 했고, 세 번째 문장에서 동일한 종류의 헌신적인 연습을 통해 그러한 장점을 갖고 태어나지 않은 사람들도 재능을 개발할 수 있다고 했으므로, 글의 주제로 가장 적절한 것은 ② 'importance of constant efforts to cultivate talents(재능을 키우기 위한 지속적인 노력의 중요성)'이다.

오답의 이유

① 일부 사람들이 다른 사람들에 비해 가지고 있는 장점들
③ 수줍음 많은 사람들이 사회적 상호 작용에서 겪는 어려움들
④ 자신의 강점과 약점에 대한 이해의 필요성

본문해석

확실히 어떤 사람들은 장점을 가지고 태어난다(예를 들어, 기수들의 신체적 크기, 농구선수들의 키, 음악가들의 음악에 대한 '귀'). 하지만 오랜 기간에 걸쳐 의도적이고 계획적으로 연습에 전념해야만 이러한 장점을 재능으로, 그리고 그 재능을 성공으로 바꿀 수 있다. 동일한 종류의 헌신적인 연습을 통해 그러한 장점을 가지고 태어나지 않은 사람들도 자연이 그들이 닿을 수 있는 곳보다 좀 더 멀리 놓아둔(타고나지 않은) 재능을 개발할 수 있다. 예를 들어, 여러분이 수학적인 재능을 타고나지 않았다고 느낄지라도 의식적이고, 계획적인 연습을 통해 여러분의 수학적 능력을 크게 개발할 수 있다. 혹은 여러분이 스스로 '천성적으로' 수줍음이 많다고 생각한다면 사교적 능력을 개발하기 위해 시간과 노력을 들이는 것은 여러분이 사교적인 행사에서 사람들과 활기차게, 우아하게, 편안하게 교류할 수 있도록 만든다.

VOCA

- certainly 틀림없이, 분명히
- be born with 타고나다
- advantage 유리한 점, 장점
- jockey 기수
- height 키[신장]
- dedication 전념, 헌신
- mindful ~을 염두에 두는[의식하는]
- deliberate 신중한, 의도[계획]적인
- nature 천성, 본성
- significantly 상당히[크게]
- enable ~을 할 수 있게 하다
- interact with ~와 상호 작용을 하다
- occasion (특별한) 행사, 의식, 축하
- with energy 힘차게

독해 > 대의 파악 > 요지, 주장

정답의 이유

주어진 글은 Dr. Roossinck가 우연히 발견한 사실, 즉 바이러스가 식물에 미치는 이로운 영향에 대한 내용이다. 첫 문장에서 바이러스가 식물의 가뭄에 대한 저항력을 증가시킨다(a virus increased resistance to drought on a plant)고 했고, 세 번째 문장에서 다른 종류의 바이러스가 식물의 내열성을 증가시키는 실험을 하고 있다고 했다. 마지막에서 두 번째 문장에서 다른 종류의 바이러스가 그들의 숙주들에게 주는 이점을 더 깊이 있게 이해하기 위해 연구를 확장하기를 희망한다고 했으므로, 글의 요지로 가장 적절한 것은 ④ 'Viruses sometimes do their hosts good, rather than harming them(바이러스는 때로 숙주에게 해가 되기보다는 도움이 된다).'이다.

오답의 이유

① 바이러스는 생물학적 존재들의 자급자족을 증명한다.

② 생물학자들은 식물에 바이러스가 없는 상태로 유지하기 위해 모든 것을 해야 한다.

③ 공생의 원리는 감염된 식물에는 적용될 수 없다.

본문해석

Roossinck 박사와 그녀의 동료들은 바이러스가 식물학 실험에서 널리 사용되는 식물의 가뭄에 대한 저항력을 증가시킨다는 사실을 우연히 발견했다. 관련 바이러스를 이용한 추가실험은 그 사실이 15종의 다른 식물 종에서도 사실이라는 것을 보여주었다. Roossinck 박사는 현재 다양한 식물의 내열성을 증가시키는 또 다른 유형의 바이러스 연구를 위한 실험을 수행하고 있다. 그녀는 다양한 종류의 바이러스가 그들의 숙주들에게 주는 이점을 더 깊이 있게 이해하기 위해 그녀의 연구를 확장하기를 희망한다. 이는 많은 생물들이 자급자족보다는 공생에 의존한다는 점점 더 많은 생물학자들이 주장하는 견해를 뒷받침하는 데 도움이 될 것이다.

VOCA

- colleague 동료
- by chance 우연히, 뜻밖에
- resistance 저항[반대]
- drought 가뭄
- botanical 식물(학)의
- experiment 실험
- related 동족[동류]의
- species 종
- heat tolerance 내열성
- a range of 다양한
- extend 연장하다
- host (기생 생물의) 숙주
- support 지지[옹호/재청]하다
- biologist 생물학자
- creature 생물
- rely on ~에 의지[의존]하다

- symbiosis 공생
- self-sufficient 자급자족할 수 있는

독해 > 세부 내용 찾기 > 내용 (불)일치

정답의 이유

주어진 글은 사탕단풍나무 수액을 채취해서 시럽을 만드는 과정을 설명하는 내용이다. 마지막 문장에서 '대부분의 단풍나무시럽 생산자들은 손으로 통을 수거하고, 직접 수액을 끓여 시럽으로 만든다.'고 했으므로, 글의 내용과 일치하지 않는 것은 ④ '단풍나무시럽을 만들기 위해 기계로 수액 통을 수거한다.'이다.

오답의 이유

① 두 번째 문장에서 'A sugar maple tree produces a watery sap each spring, ~'라고 했으므로, 글의 내용과 일치한다.

② 세 번째 문장에서 'To take the sap out of the sugar maple tree, a farmer makes a slit in the bark with a special knife, ~'라고 했으므로, 글의 내용과 일치한다.

③ 다섯 번째 문장 후반부에서 '~ forty gallons of sugar maple tree "water" make one gallon of syrup.'이라고 했으므로, 글의 내용과 일치한다.

본문해석

단풍나무시럽을 만드는 전통적인 방법은 흥미롭다. 매년 봄, 사탕단풍나무는 땅에 여전히 많은 눈이 있을 때 물기가 많은 수액을 생산한다. 사탕단풍나무에서 수액을 채취하기 위해 농부는 특수한 칼로 나무껍질에 틈을 만들고 나무에 '꼭지'를 단다. 그리고 나서 농부가 꼭지에 통을 걸면, 수액이 그 안으로 떨어진다. 채취된 수액은 달콤한 시럽이 남을 때까지 끓여지는데, 사탕단풍나무 '물' 40갤론이 시럽 1갤론을 만든다. 이는 수많은 통, 수많은 증기, 수많은 노동을 의미한다. 그렇기는 하지만, 대부분의 단풍나무시럽 생산자들은 손으로 통을 수거하고, 직접 수액을 끓여 시럽으로 만드는 가족 단위의 농부들이다.

VOCA

- sugar maple tree 사탕단풍나무
- watery 물기가 많은
- sap 수액
- slit 구멍[틈]
- bark 나무껍질
- tap 꼭지
- hang 걸다, 매달다
- drip 방울방울[뚝뚝] 흘리다[떨어뜨리다]
- collect 모으다, 수집하다
- boil 끓다[끓이다]

독해 > 글의 일관성 > 무관한 어휘 · 문장

정답의 이유

주어진 글은 단편소설 쓰기 수업에서 필자가 들었던 경험에 대한 내용이다. 수업 중에 한 유명한 편집자가 작가는 사람들에게 관심을 갖는 것이 중요하다고 강조한 것을 제시했는데, ④는 마술사가 무대에 오를 때마다 스스로에게 말했던 내용이므로, 글의 흐름상 어색한 문장이다.

본문해석

나는 언젠가 단편소설 쓰기 강좌를 들은 적이 있는데, 그 강좌 중에 선두적인 잡지의 한 유명한 편집자가 우리 반에게 이야기를 했다. 그는 매일 자신의 책상에 오는 수십 편의 이야기들 중에서 어느 것이든 하나를 골라 몇 단락만 읽어도 그 작가가 사람들을 좋아하는지 아닌지를 느낄 수 있다고 말했다. "작가가 사람들을 좋아하지 않는다면, 사람들도 그 또는 그녀의 이야기를 좋아하지 않을 것"이라고 그는 말했다. 그 편집자는 소설 쓰기 강연에서 사람들에게 관심을 갖는 것의 중요성을 계속해서 강조했다. 위대한 마술사 Thurston은 그가 무대에 오를 때마다 스스로에게 "나는 성공했으니 감사한다."라고 말했다고 했다. 강연 끝부분에서, 그는 "다시 한 번 말씀드리겠습니다. 성공적인 이야기 작가가 되고 싶다면 사람들에게 관심을 가져야 합니다."라며 끝맺었다.

VOCA

• renowned 유명한, 명성 있는
• leading 선두적인
• dozens of 수십의, 많은
• stress 강조하다
• conclude 결론[판단]을 내리다

독해 > 글의 일관성 > 글의 순서

정답의 이유

주어진 문장에서 몇 년 전만 해도 인공지능(AI)에 대한 종말론적인 인식이 팽배했다고 했으므로, 주어진 문장 다음에는 'In 2014'로 시작하는 (B)에서 AI에 대한 부정적인 의견들을 서술하는 것이 자연스럽다. 그런 다음에 however로 시작하는 (A)에서 AI에 대한 과거의 부정적인 의견이 최근 긍정적인 것으로 바뀌었다고 서술하는 내용으로 이어지는 것이 적절하며, 마지막으로 (A)에서 설명한 변화를 This shift로 받는 (C)로 이어져야 한다. 따라서 글의 순서로 가장 적절한 것은 ② '(B) - (A) - (C)'이다.

본문해석

몇 년 전만 해도, 인공지능(AI)에 대한 모든 대화는 종말론적인 예측으로 끝나는 것 같았다.

(B) 2014년에 이 분야의 한 전문가는 말하기를, 우리가 AI로 악마를 소환하고 있다고 했으며, 한 노벨상을 수상한 물리학자는 AI가 인류의 종말을 불러올 수 있다고 말했다.

(A) 하지만 최근에는 상황이 달라지기 시작했다. AI는 무서운 블랙박스에서 사람들이 다양한 활용 사례에 이용할 수 있는 것으로 변했다.

(C) 이러한 변화는 이 기술들이 마침내 업계에서 특히 시장 기회를 위해 대규모로 탐색되고 있기 때문이다.

VOCA

• apocalyptic 종말론적
• prediction 예측, 예견
• summon 호출하다, (오라고) 부르다
• demon 악령, 악마
• spell (보통 나쁜 결과를) 가져오다[의미하다]
• shift (위치 · 입장 · 방향의) 변화
• at scale 대규모로

독해 > 글의 일관성 > 문장 삽입

정답의 이유

주어진 문장은 그렇지만(Yet)으로 시작하고 있기 때문에 주어진 문장의 앞과 다음에 상반되는 내용이 나와야 한다. 또한 주어진 문장에서는 '그렇지만, 그러한 자기 평가에 대한 요청은 한 사람의 경력 전반에 걸쳐 만연하다.'라는 내용을 담고 있는데, ② 앞 문장에서 '정답은 없다.'라고 했고, ② 다음 문장에서 입학, 입사, 면접, 성과 검토, 회의 등 주어진 문장의 'pervasive throughout one's career'를 부연설명하는 내용이 나오므로, 주어진 문장이 들어갈 위치로 가장 적절한 것은 ②이다. 이때 주어진 문장의 such self-assessments는 앞부분의 'how to subjectively describe your performance(주관적으로 여러분의 성과를 설명하는 법)'를 받는다.

본문해석

회계 분기가 막 끝났다. 여러분의 상사가 여러분에게 이번 분기의 매출에서 여러분이 얼마나 좋은 성과를 보였는지 물어보기 위해 잠시 들른다. 여러분은 어떻게 자신의 성과를 설명할 것인가? 매우 뛰어남? 훌륭함? 나쁨? 누군가가 여러분에게 객관적인 성과 지표(예를 들어, 이번 분기에 몇 달러의 매출을 가져왔는지)에 대해 물어볼 때와는 다르게, 주관적으로 여러분의 성과를 설명하는 법은 종종 불분명하다. 정답은 없다. <u>그렇지만, 그러한 자기 평가에 대한 요청은 한 사람의 경력 전반에 걸쳐 만연하다.</u> 여러분은 입학지원서, 입사지원서, 면접, 성과 검토, 회의 등에서 여러분의 성과를 주관적으로 설명할 것을 요구받고, 이런 목록은 계속 이어진다. 여러분이 자신의 성과를 설명하는 법이 소위 말하는 자기 홍보의 수준이다. 자기 홍보는 업무에 널리 만연하였기 때문에 자기 홍보를 더 많이 하는 사람들이 채용되고, 승진되고, (연봉) 인상 또는 상여금을 받을 기회가 더 많을 수 있다.

VOCA

- self-assessment 자기 평가
- pervasive 만연한, 널리 퍼진
- fiscal 회계의, 재정의
- in terms of ~에 있어서
- objective 객관적인
- metric 측정기준
- subjectively 주관적으로
- what we call 소위, 이른바
- self-promotion 자기 홍보
- get a raise 급여를 인상받다

독해 > 빈칸 완성 > 단어·구·절

정답의 이유

주어진 글은 우리는 불안의 시대에 살고 있으며, 우리의 불안 회피 전략은 오히려 불안을 가중시킨다는 내용이다. 빈칸 문장에 역접의 접속사인 'however'가 있으므로 앞뒤에 상반되는 내용이 나와야 하는데, 빈칸 앞 문장에서 심리학 연구에서 스마트폰처럼 밤낮으로 주의를 산만하게 하는 것들이 불안 회피 전략 역할을 한다고 했고, 빈칸 다음에서 이러한 회피 전략은 결국에는 불안을 더욱 가중시킨다는 모순을 지적하고 했으므로, 빈칸에 들어갈 말로 가장 적절한 것은 ① 'Paradoxically(역설적으로)'이다.

오답의 이유

② 다행스럽게도
③ 중립적으로
④ 독창적으로

본문해석

우리는 불안의 시대에 살고 있다. 불안해하는 것은 불편하고 무서운 경험이 될 수 있으므로, 우리는 영화나 TV쇼 시청하기, 먹기, 비디오게임 하기, 과로하기 등 순간의 불안을 줄이는 데 도움이 되는 의식적 또는 무의식적 전략들에 의지한다. 또한, 스마트폰은 낮이든 밤이든 언제든지 주의를 산만하게 만들기도 한다. 심리학 연구는 주의를 산만하게 하는 것들이 일반적인 불안 회피 전략의 역할을 한다는 것을 보여주었다. 그러나 <u>역설적으로</u>, 이러한 회피 전략은 결국에는 불안을 더욱 가중시킨다. 불안해하는 것은 모래 속에 빠지는 것과 같아서 여러분이 그것에 맞서 싸울수록 더 깊이 가라앉는다. 실제로, 연구는 "여러분이 저항하는 것은 지속된다."라는 잘 알려진 문구를 강력하게 지지한다.

VOCA

- anxiety 불안(감), 염려
- resort to ~에 의지하다
- conscious 의식하는, 자각하는
- reduce 줄이다[축소하다]
- overworking 과로, 혹사
- distraction 머리를 식히게 해 주는 것
- serve as ~의 역할을 하다
- avoidance 회피, 방지
- in the long run 결국에는
- get into 처하다[처하게 만들다]
- quicksand 헤어나기 힘든[위험한] 상황
- fight 싸우다[전투하다]
- sink 가라앉다[빠지다]
- resist 저항[반대]하다
- persist 집요하게[고집스럽게/끈질기게] 계속하다

독해 > 빈칸 완성 > 단어 · 구 · 절

정답의 이유

주어진 글은 정보를 효율적인 방식으로 얻기 위해서 메일 수신함을 간소화할 필요성과 관리 방법을 서술하는 내용이다. 빈칸 다음 문장의 후반부에서 메일 수신함이 많을수록 관리하기 어려워진다고 했고, 마지막 문장에서 'Cut the number of in-boxes you have down to the smallest number possible for you ~'라고 했으므로, 빈칸에 들어갈 말로 가장 적절한 것은 ③ 'minimizing the number of in-boxes you have(여러분이 가진 메일 수신함의 수를 최소화하는 것)'이다.

오답의 이유

① 한 번에 여러 목표를 설정하는 것

② 들어오는 정보에 몰두하는 것

④ 여러분이 열중해 있는 정보를 선택하는 것

본문해석

여러분은 얼마나 다양한 방법으로 정보를 얻는가? 어떤 사람들은 문자 메시지, 음성 메일, 종이 문서, 일반우편, 블로그 게시물, 다양한 온라인 서비스의 메시지라는 6가지 서로 다른 종류의 통신 수단에 응답해야 할지도 모른다. 이것들은 각각 일종의 메일 수신함으로, 지속적으로 처리되어야 한다. 그것은 끝없는 과정이지만, 기진맥진하거나 스트레스받을 필요는 없다. 정보 관리를 더 관리하기 쉬운 수준으로 낮추고 생산적인 영역으로 전환하는 것은 여러분이 가진 메일 수신함의 수를 최소화하는 것으로 시작한다. 여러분이 메시지를 확인하거나 수신 정보를 읽으러 가야 하는 곳은 모든 장소는 메일 수신함이며, 메일 수신함이 많을수록 모든 것을 관리하기가 더 어려워진다. 여러분이 가진 메일 수신함의 수를 필요한 방식으로 계속 활동할 수 있도록 가능한 한 최소한으로 줄여라.

VOCA

- in-box 메일 수신함[미결 서류함]
- process 처리하다
- on a continuous basis 지속적으로
- exhausting 기진맥진하게 만드는
- stressful 스트레스가 많은
- manageable 관리[감당/처리]할 수 있는
- productive 생산적인
- zone 구역
- minimize 최소화하다
- incoming 도착하는, 들어오는
- function 기능하다[작용하다]

영어 | 2022년 국가직 9급

한눈에 훑어보기

✔ 영역 분석

어휘   01   02   03   04   05
5문항, 25%

독해   07   09   10   15   16   17   18   19   20
9문항, 45%

어법   06   08   13   14
4문항, 20%

표현   11   12
2문항, 10%

✔ 빠른 정답

01	02	03	04	05	06	07	08	09	10
①	②	④	②	①	①	④	②	①	③
11	12	13	14	15	16	17	18	19	20
④	③	②	④	②	④	③	④	①	③

✔ 점수 체크

구분	1회독	2회독	3회독
맞힌 문항 수	/ 20	/ 20	/ 20
나의 점수	점	점	점

01 난도 ★☆☆   정답 ①

어휘 > 단어

[정답의 이유]

밑줄 친 unravel은 '(미스터리 등을) 풀다'의 뜻으로 이와 의미가 가장 가까운 것은 ① 'solve(풀다)'이다.

[오답의 이유]

② 창조하다

③ 모방하다

④ 알리다, 광고[홍보]하다

[본문해석]

수년 동안, 형사들은 쌍둥이 형제의 갑작스러운 실종에 대한 미스터리를 풀기 위해 애썼다.

[VOCA]

• detective   형사, 수사관

• mystery   수수께끼, 미스터리

• sudden   갑작스러운, 급작스러운

• disappearance   실종, 잠적

02 난도 ★☆☆   정답 ②

어휘 > 단어

[정답의 이유]

밑줄 친 opulent는 '호화로운'의 뜻으로 이와 의미가 가장 가까운 것은 ② 'luxurious(호화로운)'이다.

[오답의 이유]

① 숨겨진

③ 비어 있는

④ 단단한

[본문해석]

부부가 부모가 되기 전에는 침실 4개짜리 집이 불필요하게 호화로운 것 같았다.

[VOCA]

• parenthood   부모임

• seem   ~인 것 같다[듯하다]

• unnecessarily   불필요하게

03 난도 ★☆☆   정답 ④

어휘 > 어구

[정답의 이유]

밑줄 친 hit the roof는 '몹시 화가 나다'의 뜻으로 이와 의미가 가장 가까운 것은 ④ 'became extremely angry(매우 화가 났다)'이다.

[오답의 이유]

① 매우 만족했다

② 매우 놀랐다

③ 매우 침착해졌다

> **본문해석**
>
> 사장은 우리가 그렇게 짧은 기간에 전체 예산을 이미 다 써버린 것을 보고 몹시 화를 냈다.

> **VOCA**
>
> • boss 사장, 상사
> • entire 전체의, 온
> • budget 예산, (지출 예상) 비용
> • period of time 기간

04 난도 ★★☆   정답 ②

어휘 > 단어

[정답의 이유]

카우치 포테이토는 텔레비전만 보며 많은 시간을 보내는 사람을 뜻하는 말이다. 마우스 포테이토는 텔레비전의 카우치 포테이토에 상응하는 표현이므로 빈칸에 들어갈 말로 가장 적절한 것은 ② 'equivalent(상응하는 것)'이다.

[오답의 이유]

① 기술자

③ 망

④ 모의실험

> **본문해석**
>
> 마우스 포테이토는 컴퓨터에서 텔레비전의 카우치 포테이토에 상응하는 것이다. 즉, 카우치 포테이토가 텔레비전 앞에서 하는 것과 같은 방식으로 컴퓨터 앞에서 많은 여가 시간을 보내는 경향이 있는 사람이다.

> **VOCA**
>
> • mouse potato (일·오락을 위해) 컴퓨터 앞에서 시간을 많이 보내는 사람
> • couch potato 오랫동안 가만히 앉아 텔레비전만 보는 사람
> • tend to (~하는) 경향이 있다
> • leisure 여가

05 난도 ★☆☆   정답 ①

어휘 > 어구

[정답의 이유]

빈칸 다음에서 Spanish(스페인어)를 목적어로 취하고, 'before going to South America(남아메리카로 가기 전에)'라고 했으므로 빈칸에는 Mary가 남아메리카에 가기 전에 해야 할 행동에 관한 표현이 들어가야 함을 유추할 수 있다. 따라서 빈칸에 들어갈 말로 가장 적절한 것은 ① 'brush up on(~을 복습하다)'이다.

[오답의 이유]

② 끝까지 듣다

③ ~을 변호하다, 옹호하다

④ 그만하다, 해고하다

> **본문해석**
>
> Mary는 남아메리카로 가기 전에 스페인어를 복습하기로 결심했다.

06 난도 ★★☆   정답 ①

어법 > 정문 찾기

[정답의 이유]

① 문장의 주어가 '말(A horse)'이고 feed는 '먹이를 주다'라는 뜻의 타동사이므로 수동태(should be fed)로 올바르게 쓰였으며, 주어(A horse)와 대명사(its)의 수일치도 적절하다.

[오답의 이유]

② 분사구문의 주어는 주절의 주어와 동일한 경우에만 생략할 수 있다. 여기서 주절의 주어는 '나의 모자(My hat)'이고, 부사절(while walking down a narrow street)의 주어는 '나(I)'이므로 부사절의 주어와 be동사를 생략할 수 없다. 따라서 while walking → while I was walking이 되어야 한다.

③ 주어(She)가 정치 만화가(political cartoonist)로 '알려진' 것이므로 수동태로 쓰는 것이 적절하다. 따라서 She has known → She has been known이 되어야 한다.

④ good은 형용사로 '좋은'이라는 의미이고, well은 부사로 '잘'이라는 의미이다. 여기서는 과거분사인 done을 수식하므로 good(형용사) → well(부사)이 되어야 한다.

> **본문해석**
>
> ① 말은 개별적인 필요와 일의 성질에 따라 먹이를 공급받아야 한다.
> ② 내가 좁은 길을 걷는 동안, 바람에 의해 모자가 날아갔다.
> ③ 그녀는 경력 내내 정치 만화가로 주로 알려져 왔다.
> ④ 어린아이들조차도 잘한 일에 대해서는 칭찬받기를 좋아한다.

> **VOCA**
>
> • feed 먹이를 주다
> • individual 각각[개개]의
> • nature 천성, 본성, 종류, 유형
> • blow off (바람/입김에) 날리다; (바람/입김에) 날려 보내다
> • primarily 주로
> • compliment 칭찬하다

정답의 이유

마지막 문장에서 'He died at his Milanese home of pancreatic cancer, from which he had been suffering for two years(그는 2년간 앓았던 췌장암으로 밀라노의 자택에서 사망했다) ~'라고 했으므로 글의 내용과 일치하지 않는 것은 ④ 'Eco died in a hospital of cancer(Eco는 암으로 병원에서 죽었다).'이다.

오답의 이유

① *The Name of the Rose*는 역사소설이다. → 두 번째 문장에서 *The Name of the Rose*는 역사 미스터리 소설이라고 했으므로 글의 내용과 일치한다.
② Eco는 책을 이탈리아어로 번역했다. → 네 번째 문장에서 Eco는 Raymond Queneau의 책 *Exercices de style*을 이탈리아어로 번역했다고 했으므로 글의 내용과 일치한다.
③ Eco는 대학 학부를 설립했다. → 다섯 번째 문장에서 Eco는 산 마리노 공화국 대학교의 미디어학과 설립자였다고 했으므로 글의 내용과 일치한다.

본문해석

Umberto Eco는 이탈리아의 소설가, 문화 평론가, 철학자였다. 그는 1980년 소설 *The Name of the Rose*로 널리 알려졌는데, 그것은 역사 미스터리로, 소설 속에서 기호학과 성서 분석, 중세 연구, 문학 이론을 결합한 작품이다. 그는 후에 *Foucault's Pendulum*과 *The Island of the Day Before*를 포함한 다른 소설들을 썼다. 번역가이기도 했던 Eco는 Raymond Queneau의 책 *Exercices de style*을 이탈리아어로 번역했다. 그는 산 마리노 공화국 대학교 미디어학과의 설립자였다. 그는 2016년 2월 19일 밤에 2년간 앓았던 췌장암으로 밀라노의 자택에서 사망했다.

VOCA

• novelist 소설가
• cultural critic 문화 평론가
• be widely known for ~로 널리 알려져 있다
• combine with ~와 결합되다
• semiotics 기호학
• biblical analysis 성서 분석
• translator 번역가, 통역사
• founder 창립자, 설립자
• pancreatic cancer 췌장암
• suffer from ~로 고통받다

정답의 이유

② that절의 주어가 'a combination of silver, copper, and zinc'로 단수 명사이므로 were → was로 고쳐야 한다.

오답의 이유

① which의 선행사는 때를 나타내는 the year 1800이므로 during which가 올바르게 쓰였다. 전치사+관계대명사(during which)는 관계부사 when으로 대체할 수 있다.
③ 주어인 The enhanced design이 수식받는 대상이므로 과거분사(called)가 올바르게 쓰였다.
④ 원인과 결과를 나타내는 'so[such] ~ that' 구문에서 형용사나 부사를 수식할 때는 so를, 명사를 수식할 때는 such를 쓴다. 지문에서 talk는 '세평, 소문'이라는 뜻의 불가산명사이므로 such가 올바르게 쓰였다.

본문해석

좋은 출발점을 찾기 위해서는 최초의 현대식 전기 배터리가 개발된 1800년으로 돌아가야 한다. 이탈리아인 Alessandro Volta는 은과 구리, 아연의 조합이 전류 생성에 이상적이라는 것을 발견했다. 볼타의 전지라고 불리는 그 향상된 디자인은 바닷물에 적신 판지 디스크 사이에 이러한 금속 디스크들을 쌓아 올림으로써 만들어졌다. Volta의 연구에 대한 소문이 자자해 그는 Napoleon 황제 앞에서 직접 시연하라는 요청을 받았다.

VOCA

• starting point 출발점[기점]
• electric battery 전지
• combination 조합[결합](물)
• copper 구리, 동
• zinc 아연
• electrical current 전류
• enhanced 향상된
• stack 쌓다[포개다]; 쌓이다, 포개지다
• soaked 흠뻑 젖은
• talk 소문[이야기]
• conduct 수행하다
• demonstration 시연

더 알아보기

전치사+관계대명사=관계부사

- 관계부사(where, when, how, why)는 선행사를 수식하는 형용사절을 이끌면서, 그 절에서 선행사를 대신하는 부사 역할을 한다.
- 관계부사는 '부사+접속사'의 역할을 하며, '전치사+관계대명사(which)'로 바꿀 수 있다.
- 관계부사의 종류

선행사	관계부사	전치사+which
시간(the time)	when	at which, on which, in which 등
장소(the place)	where	at which, on which, in which, to which 등
방법(the way)	how	in which 등
이유(the reason)	why	for which 등

예 I don't know *the exact time*.+The TV show will finish at *the exact time*.

= I don't know the exact time which the TV show will finish at. → 관계대명사

= I don't know the exact time at which the TV show will finish. → 전치사+관계대명사

= I don't know the exact time when the TV show will finish. → 관계부사 – 시간

(나는 그 TV 쇼가 끝나는 정확한 시간을 모른다.)

09 난도 ★★☆　　정답 ①

독해 > 대의 파악 > 제목, 주제

정답의 이유

첫 번째 문장에서 'Lasers are possible because of the way light interacts with electrons(레이저는 빛이 전자와 상호작용하는 방식 때문에 발생 가능하다.)'라고 레이저의 발생 원리를 제시한 후에, 구체적으로 전자의 특징과 전자가 빛에 반응하여 특정 파장을 방출하는 방식을 설명하고 있으므로 글의 제목으로 가장 적절한 것은 ① 'How Is Laser Produced(레이저는 어떻게 생성되는가)?'이다.

오답의 이유

② 레이저는 언제 발명되었는가?

③ 레이저는 어떤 전자들을 방출하는가?

④ 전자들은 왜 빛을 반사하는가?

본문해석

레이저는 빛이 전자와 상호작용하는 방식 때문에 (발생이) 가능하다. 전자는 특정 원자 또는 분자의 특정한 에너지 준위 혹은 상태로 존재한다. 에너지 준위는 고리 또는 핵 주위의 궤도로 상상할 수 있다. 외부 고리의 전자는 내부 고리의 전자보다 에너지 준위가 더 높다. 예를 들어, 전자는 섬광과 같은 에너지 주입에 의해 더 높은 에너지 준위로 상승할 수 있다. 전자가 외부에서 내부 에너지 준위로 떨어지면, '잉여' 에너지가 빛으로 발산된다. 발산된 빛의 파장 또는 색은 방출되는 에너지의 양과 정확하게 관련이 있다. 사용되는 특정 레이저 재료에 따라 (전자에 동력을 제공하거나 자극하기 위해) 특정 파장의 빛이 흡수되고, (전자가 초기 준위로 떨어질 때) 특정 파장이 방출된다.

VOCA

- interact with ～와 상호작용을 하다
- electron 전자
- energy level [물리] 에너지 준위, 맹렬히 활동하는 힘
- state 상태
- characteristic of ～에 특유한
- atom 원자
- molecule 분자
- ring 고리, 고리 모양의 것
- orbit 궤도
- nucleus 핵
- bump up 올리다, 인상하다
- injection 주입, 투여
- a flash of light 섬광
- drop from ～에서 떨어지다[떨어뜨리다]
- give off 발산하다, 방출하다, 뿜다
- wavelength 파장
- emit 발산하다, 방출하다, 내뿜다
- absorb 흡수하다
- energize 동력을 제공하다, 작동시키다
- excite 자극하다
- fall back to ～까지 후퇴하다
- initial 초기의, 처음의

10 난도 ★★☆　　정답 ③

독해 > 글의 일관성 > 무관한 어휘·문장

정답의 이유

제시문은 수리권(water rights) 시장의 현황과 수리권의 중요성에 관한 내용인데, ③은 증류수의 효과에 대한 설명이므로 글의 흐름상 어색한 문장은 ③ 'Drinking distilled water can be beneficial, ～ by another source(증류수를 마시는 것은 유익할 수 있지만, ～ 최선의 선택은 아닐 수 있다).'이다.

인구 증가가 (물) 부족으로 이어지고 기후 변화가 가뭄과 기근을 초래함에 따라 수리권 시장은 변화할 것으로 보인다. 그러나 그것은 지역적이고 윤리적인 무역 관행을 기초로 할 것이며, 대부분의 상품 거래와는 다를 것이다. 반대자들은 물 거래가 비윤리적이고 심지어 인권 침해라고 주장하지만, 이미 수리권은 오만에서 호주까지 세계의 건조 지역에서 매매된다. 증류수를 마시는 것은 유익할 수 있지만, 특히 미네랄이 다른 공급원에 의해 보충되지 않는다면, 모두에게 최선의 선택이 아닐 수 있다. Ziad Abdelnour는 말하기를 "우리는 물이 향후 10년 동안과 그 이후에 사실상 새로운 금으로 바뀔 것이라고 굳게 믿어요."라고 했다. "스마트 머니가 공격적으로 이 방향으로 움직이는 게 놀라운 일이 아니다."

VOCA

- water rights 수리권(수자원을 독점적으로 사용할 수 있는 권리)
- evolve 변하다, 진화하다
- lead to ~로 이어지다
- drought 가뭄
- famine 기근
- ethical 윤리적인, 도덕적인
- trading practices 무역 관행
- the bulk of ~의 대부분
- commodity 상품
- detractor 비방가, 반대자
- breach 침해
- arid 건조한
- distilled water 증류수
- beneficial 이로운
- supplement 보충하다
- smart money 스마트 머니(전문적인 지식을 갖고 투자·투기한 돈)
- aggressively 공격적으로, 정력적으로

11 난도 ★☆☆　　　　　　　　　　　정답 ④

표현 > 일반회화

정답의 이유

대화 초반에 대학교의 구내식당 메뉴 변경과 새로운 음식 공급업체를 구한 것에 대한 이야기가 제시되었다. 빈칸 다음에서 B가 디저트 메뉴 선택지가 많아졌고, 일부 샌드위치 메뉴가 없어졌다고 말하고 있으므로 빈칸에 들어갈 말로 가장 적절한 것은 ④ 'What's the difference from the last menu(예전 메뉴와 다른 점이 무엇인가요)'이다.

오답의 이유

① 가장 좋아하는 디저트는 무엇인가요
② 그들의 사무실이 어디 있는지 아시나요
③ 메뉴에 관해 내 도움이 필요한가요

A: 대학교 구내식당 메뉴가 바뀌었다고 들었어요.
B: 맞아요, 내가 방금 확인했어요.
A: 그리고 새로운 공급업체를 구했대요.
B: 맞아요, Sam's Catering이에요.
A: 예전 메뉴와 다른 점이 무엇인가요?
B: 디저트 메뉴 선택지가 많아졌어요. 그리고 일부 샌드위치 메뉴는 없어졌어요.

VOCA

- cafeteria 구내식당, 카페테리아
- caterer 음식 공급자

12 난도 ★☆☆　　　　　　　　　　　정답 ③

표현 > 일반회화

정답의 이유

빈칸 앞에서 A가 스웨터 가격이 120달러라고 하고, 빈칸 다음에서 A가 다른 스웨터를 권하면서 50달러로 세일 중이라고 했으므로 문맥상 B가 처음 제안받은 스웨터의 가격이 비싸다고 말했음을 유추할 수 있다. 따라서 빈칸에 들어갈 말로 가장 적절한 것은 ③ 'It's a little out of my price range(제가 생각한 가격대에 좀 안 맞네요)'이다.

오답의 이유

① 그것과 어울리는 바지도 한 벌 필요해요
② 그 재킷은 저를 위한 완벽한 선물이에요
④ 토요일엔 오후 7시까지 영업합니다

A: 안녕하세요. 도와드릴까요?
B: 네, 스웨터를 찾고 있어요.
A: 음, 이게 가을 컬렉션으로 나온 최신 스타일입니다. 어떠세요?
B: 멋지네요. 얼마예요?
A: 가격 확인해드릴게요. 120달러예요.
B: 제가 생각한 가격대에 좀 안 맞네요.
A: 그럼 이 스웨터는 어떠세요? 지난 시즌에 나온 건데, 50달러로 할인 중이에요.
B: 완벽해요! 입어볼게요.

VOCA

- gorgeous (아주) 멋진
- try on 입어보다
- go with 어울리다
- price range 가격대, 가격폭

13 난도 ★☆☆　　　　　　　　　　정답 ②

어법 > 영작하기

[정답의 이유]

② 비교급을 사용해 최상급의 뜻을 나타내는 표현으로, as 앞에 비교급 more precious가 쓰였으므로 as → than으로 고쳐야 한다.

[오답의 이유]

① 난이형용사(easy, difficult 등)가 'It is easy[difficult 등] to부정사' 구문으로 적절하게 쓰였으며, for us는 to부정사(to learn)의 의미상의 주어이다. 부사구 'by no means(결코 ~이 아닌)'가 삽입되었다.

③ cannot ~ too는 '아무리 ~해도 지나치지 않다'라는 뜻의 조동사 관용 표현으로 적절하게 사용되었다. 주절의 주어와 부사절의 주어가 children으로 일치하므로 부사절의 주어를 생략하고 'when+현재분사(when crossing)'로 적절하게 쓰였다.

④ 관계대명사 what은 선행사를 포함하며, 동사 believes의 목적어로 명사절을 이끌고 있다.

VOCA

• by no means 결코 ~이 아닌

• precious 소중한

• cross (가로질러) 건너다; 가로지르다, 횡단하다

더 알아보기

원급과 비교급으로 최상급 표현하기

최상급	주어+동사+the 최상급
원급	부정 주어(No one/Nothing, No other one/thing)+동사+as 원급 as+주어로 썼던 명사
비교급	• 부정 주어(No one/Nothing, No other one/thing)+동사+비교급 than+주어로 썼던 명사 • 주어로 썼던 명사+동사+비교급 than+any other+단수 명사

예 Time is the most precious in our life.

　(시간은 우리 삶에서 가장 중요하다.)

　= _Nothing_ is more precious than time in our life.

　= Time is more precious than _anything else_ in our life.

　= _Nothing_ is as precious as time in our life.

예 This is the most expensive watch in the world.

　(이것은 세상에서 가장 비싼 시계이다.)

　= This is more expensive than _any other watch_ in the world.

　= _No other watch_ in the world is as expensive as this.

14 난도 ★★☆　　　　　　　　　　정답 ④

어법 > 영작하기

[정답의 이유]

④ '~한 채로'의 동시 상황을 나타내는 'with+목적어+분사구문'에서 목적어와 분사의 관계가 능동이면 현재분사, 수동이면 과거분사를 사용한다. 다리가 '꼬여지는' 것이므로 crossing → crossed가 되어야 한다.

[오답의 이유]

① 그녀가 커피 세 잔을 마신 시점이 잠을 이룰 수 없던 시점보다 이전이므로 완료형 분사구문(Having drunk)이 올바르게 사용되었다.

② As she is a kind person이라는 부사절의 분사구문(Being a kind person)으로 이때 Being은 생략할 수도 있다.

③ 주절의 주어(she)와 부사절의 주어(all things)가 다를 때 분사구문의 주어를 표시해 주는 독립분사구문으로, 부사절의 주어인 All things는 고려되는 대상이므로 수동형인 과거분사(considered)가 적절하게 쓰였다. 이때 All things (being) considered에서 being이 생략되었다.

VOCA

• fall asleep 잠들다

• best-qualified 가장 적임인

• position 직위, 지위

• raise 올리다[인상하다/높이다]

• blood pressure 혈압

15 난도 ★★☆　　　　　　　　　　정답 ②

독해 > 빈칸 완성 > 연결어

[정답의 이유]

다양한 애도 문화에 관한 글이다. 빈칸 (A) 앞 문장에서 'Yet among the Hopi Indians of Arizona, the deceased are forgotten as quickly as possible and life goes on as usual(하지만 애리조나의 Hopi 인디언들 사이에서는 고인이 가능한 한 빨리 잊히고 삶은 평소처럼 계속된다).'이라고 한 다음에, 빈칸 (A) 뒤에서 'the Hopi funeral ritual concludes with a break-off between mortals and spirits(Hopi의 장례 의식은 인간과 영혼 사이의 단절로 끝난다).'라고 했으므로 문맥상 빈칸 (A)에는 In fact 또는 Therefore가 들어가는 것이 적절하다. 빈칸 (B) 앞에서 유족들이 슬픔에 깊이 몰입하기를 권장하는 이집트에 관해서 서술하고, 빈칸 (B) 다음에 'in Bali, bereaved Muslims are encouraged to laugh and be joyful rather than be sad(발리에서는 이슬람교 유족들이 슬퍼하기보다는 웃고 기뻐하도록 권장된다).'라고 하면서 죽음을 애도하는 이집트와 발리의 대조적인 방식을 서술하고 있으므로 문맥상 빈칸 (B)에는 By contrast가 들어가는 것이 적절하다. 따라서 (A), (B)에 들어갈 말로 가장 적절한 것은 ②이다.

망자와의 관계 유지에 대한 믿음은 문화마다 다르다. 예를 들면, 일본의 종교의식에서는 고인과의 유대를 유지하는 것이 받아들여지고 지속된다. 하지만 애리조나의 Hopi 인디언들 사이에서는 고인이 가능한 한 빨리 잊히고 삶은 평소처럼 계속된다. (A) 실제로, Hopi의 장례 의식은 인간과 영혼 사이의 단절로 마무리된다. 애도의 다양성이 두 이슬람교 사회, 즉 이집트와 발리에서보다 더 극명한 곳은 없다. 이집트의 이슬람교도 사이에서 유족들은 비극적인 이야기에 유사하게 공감하고, 그들의 슬픔을 표현하는 다른 사람들에게 둘러싸여 슬픔에 오래 잠겨있도록 권장된다. (B) 반대로, 발리에서는 이슬람교 유족들이 슬퍼하기보다는 웃고 기뻐하도록 권장된다.

- tie (강한) 유대(관계)
- vary 다르다
- the deceased 고인
- sustain 계속하다, 지속하다
- ritual 의식
- funeral 장례
- conclude with ~로 마무리짓다
- break-off 단절, 분리
- mortal (특히 아무 힘없는 일반 보통) 사람[인간]
- diversity 다양성
- grieve 비통해 하다, 애도하다
- the bereaved 유족
- dwell on ~을 곱씹다, 숙고하다
- at length 오래
- grief 슬픔
- relate to ~에 공감하다
- tragic 비극적인
- account (있었던 일에 대한) 설명[이야기/말]

16 난도 ★★☆ 　　　　　　　　　 정답 ④

독해 > 빈칸 완성 > 단어 · 구 · 절

정답의 이유

세 번째 문장에서 'Warm ocean water moving underneath the vast glaciers is causing them to melt even more quickly(거대한 빙하 아래에서 움직이는 따뜻한 바닷물이 빙하를 훨씬 더 빨리 녹게 하고 있다).'라고 했으며, 제시문의 중후반에서 이와 관련된 구체적인 연구 결과에 관해 제시하고 있으므로 빈칸에 가장 적절한 것은 빙하가 더 빨리 녹는 과정에 대한 표현인 ④ 'accelerating(가속화하는)'이다.

오답의 이유

① 분리시키는
② 지연시키는
③ 방지하는

과학자들은 더 높아진 대기 온도로 인해 그린란드 빙하의 표면이 녹고 있다는 것을 오래 전부터 알고 있었다. 하지만 새로운 연구는 아래로부터 빙하를 공격하기 시작한 또 다른 위협을 발견했는데, 거대한 빙하 아래에서 움직이는 따뜻한 바닷물이 빙하를 훨씬 더 빨리 녹게 하고 있다는 사실이다. 이 연구 결과는 그린란드 북동부에 위치한 빙하 79N(Nioghalvfjerdsfjorden Glacier)의 많은 'ice tongue' 중 하나를 연구한 연구자들에 의해 Nature Geoscience지에 실렸다. ice tongue은 육지에서 얼음이 떨어지지 않은 채로 물 위를 떠다니는 긴 얼음 조각이다. 이 과학자들이 연구한 그 거대한 ice tongue은 길이가 거의 50마일이다. 이 조사는 대서양에서 나온 따뜻한 물이 폭 1마일 이상의 수중 해류를 이루어 빙하로 직접 흘러갈 수 있으며, 많은 양의 열을 얼음과 접촉시켜 빙하가 녹는 것을 가속화하는 것을 밝혀냈다.

- contribute to ~의 원인이 되다, ~에 기여하다
- ice sheet 대륙빙하
- glacier 빙하
- finding (조사 · 연구 등의) 결과, 결론
- strip 가느다랗고 긴 조각, 좁고 기다란 육지[바다]
- massive 거대한
- reveal 밝히다, 드러내다
- current 흐름, 해류, 기류

독해 > 대의 파악 > 제목, 주제

정답의 이유

첫 문장에서 'Do people from different cultures view the world differently(다른 문화권의 사람들은 세상을 다르게 볼까)?'라고 질문하고, 이에 대한 답변으로 한 심리학자의 실험 결과를 제시하고 있다. 일본과 미국 학생들에게 동일한 수중 물체의 애니메이션 장면을 보여주었을 때 서로 다른 것에 초점을 두었다는 예시를 들어 서로 다른 문화권의 사람들이 세상을 어떻게 다르게 보는지 설명하고 있으므로 글의 제목으로 적절한 것은 ③ 'Cultural Differences in Perception(인지에 있어서의 문화적 차이)'이다.

오답의 이유

① 일본인과 미국인 사이의 언어 장벽
② 뇌 안에서의 사물과 배경의 관련성
④ 꼼꼼한 사람들의 우수성

본문해석

다른 문화권의 사람들은 세상을 다르게 볼까? 한 심리학자가 일본과 미국 학생들에게 물고기와 다른 수중 물체의 사실적인 애니메이션 장면을 보여주며 그들이 본 것을 보고하도록 요구했다. 미국인들과 일본인들은 주요 물고기 수에 대해서는 거의 동일한 수를 언급했지만, 일본인들은 물, 바위, 거품, 그리고 비활동적인 동식물을 포함한 배경 요소들에 대해 60% 이상 더 많이 언급했다. 게다가, 일본과 미국의 참가자들은 활동적인 동물을 포함한 움직임에 대해서는 거의 동일한 수를 언급했지만, 일본의 참가자들은 비활동적인 배경 물체와 관련된 관계에 대해 거의 두 배 가까이 더 많이 언급했다. 아마도 가장 강력하게, 일본인 참가자들의 첫 문장은 환경을 나타내는 문장일 가능성이 높았던 반면, 미국인 참가자들의 첫 문장은 주요 물고기를 가리키는 문장이었을 가능성이 3배 더 많았다는 것이다.

VOCA

- reference 언급
- focal 중심의, 초점의
- inert 비활성의, 비활동적인
- tellingly 강력하게
- language barrier 언어 장벽
- association 연상, 유대, 제휴

독해 > 글의 일관성 > 문장 삽입

정답의 이유

주어진 문장이 Thus(따라서)로 시작하므로 주어진 문장 앞에서는 혈액이 뇌로 더 잘 순환될 수 있는 상황을 제시해 주어야 한다. 그런데 ③ 다음에서 앉거나 서 있는 대신 신체를 수평으로 하거나 누울 때 가해지는 중력은 혈액이 다리가 아닌 등에 고이기 때문에 사람들이 더 잘 견딜 수 있다고 했으므로 문맥상 주어진 문장이 들어갈 위치로 가장 적절한 곳은 ④이다.

본문해석

사람들은 다양한 방식으로 중력(g-force)에 노출될 수 있다. 그것은 등을 두드릴 때처럼 신체의 한 부위에만 영향을 미치는 국부적인 것일 수 있다. 그것은 또한 자동차 충돌사고 시 겪는 강한 힘처럼 순간적일 수도 있다. 중력의 세 번째 유형은 최소 몇 초 동안 이어지는 지속적인 것이다. 전신에 걸친 지속적인 중력이 사람들에게 가장 위험하다. 신체는 보통 지속적인 중력보다 국소적이거나 순간적인 중력을 더 잘 견디는데, 지속적인 중력은 혈액이 다리로 몰려 신체 나머지 부분에서 산소를 빼앗기 때문에 치명적일 수 있다. 앉거나 서 있는 대신 신체를 수평으로 하거나 누울 때 가해지는 지속적인 중력은 혈액이 다리가 아닌 등에 고이기 때문에 사람들이 더 잘 견딜 수 있는 경향이 있다. 따라서 심장이 혈액과 생명을 주는 산소를 뇌로 순환시키기 더 쉽다. 우주 비행사와 전투기 조종사 같은 일부 사람들은 중력에 대한 신체 저항을 증가시키기 위해 특별한 훈련 연습을 받는다.

VOCA

- circulate 순환시키다, 보내다
- gravitational force 중력, 인력
- localize 국한시키다[국부적이 되게 하다]
- momentary 순간적인
- withstand 견디다, 참다
- deadly 치명적인
- deprive 빼앗다, 부족하게 하다
- horizontal 가로의, 수평의
- tend to ～하는 경향이 있다
- tolerable 참을 수 있는, 견딜 수 있는
- pool 모이다, 고이다
- astronaut 우주비행사
- undergo 받다, 겪다
- resistance 저항

독해 > 대의 파악 > 요지, 주장

정답의 이유

첫 문장 후반부에서 '~ you're usually better off proposing all your changes at once.'라며, 제안에 대한 협상을 한꺼번에 제시할 것을 조언하고 있다. 이어서 원하는 것을 한 가지씩 차례로 요구했을 경우 그로 인해 부정적인 결과가 야기될 수 있음을 암시하고 있다. 따라서 글의 요지로 가장 적절한 것은 ① 'Negotiate multiple issues simultaneously, not serially(여러 문제를 연속적이 아니라 동시에 협상해라).'이다.

오답의 이유

② 성공적인 협상을 위해 민감한 주제를 피하라.

③ 여러분의 협상을 위해 알맞은 시간을 선택하라.

④ 임금 협상을 할 때 너무 직설적으로 하지 마라.

본문해석

만약 누군가 여러분에게 제안하고 여러분이 그 일부에 대해 정당하게 걱정된다면, 보통 여러분의 모든 변경 요청을 한꺼번에 제안하는 것이 더 낫다. "월급이 좀 적어요. 어떻게 좀 해주시겠어요?"라고 말하고 나서 그녀가 작업을 마치면 "고맙습니다. 이제 제가 원하는 다른 두 가지가 있는데…"라고 말하지 마라. 처음에 한 가지만 요구한다면, 그녀는 그 한 가지가 해결된다면 여러분이 그 제안을 받아들일 준비가 되어 있다고 (적어도 결정을 내릴 준비가 되어 있다고) 생각할지 모른다. 만약 여러분이 계속해서 "그리고 한 가지 더…"라고 말한다면, 그녀는 관대하거나 이해심 많은 기분으로 계속 있지 않을 가능성이 높다. 게다가, 만약 여러분의 요구사항이 한 가지 이상이라면, 그 모든 것들을 A, B, C, D라고 단순히 언급하지 말고, 그것들 각각이 여러분에게 갖는 상대적 중요성에 대한 신호를 보내라. 그러지 않으면, 그녀는 여러분에게 제공하기 상당히 쉽다는 이유로 여러분이 가장 덜 중요하게 여기는 두 가지를 고르고, 여러분과 타협했다고 느낄지도 모른다.

VOCA

• legitimately 정당하게, 합법적으로

• be concerned about ~에 관심을 가지다, 걱정하다

• better off ~하는 것이 더 나은

• at once 동시에, 한번에

• initially 초기에, 처음에

• assume 추정하다, 가정하다

• relative 상대적인

• otherwise 그렇지 않으면

• meet ~ halfway ~와 타협[절충]하다

• negotiate 협상하다

• simultaneously 동시에, 일제히

• serially 연속으로

독해 > 글의 일관성 > 글의 순서

정답의 이유

주어진 글에서 두 번째 문장의 certain characteristics는 (B)의 첫 문장에서 these characteristics로 이어지고, (B)의 this idea에 관한 예시를 (C)에서 For example로 설명하고 있다. 마지막으로 획득형질 유전을 위해서는 DNA 변형이 필요하다는 (C)의 내용을 (A)에서 this로 받아 이것이 일어난다는 증거는 없지만 Lamarck의 가설이 Darwin의 장을 마련하는 데 도움이 되는 중요한 의미가 있다고 마무리 짓는 것이 자연스럽다. 따라서 글의 순서로 가장 적절한 것은 ③ '(B) – (C) – (A)'이다.

본문해석

오늘날, Lamarck는 적응이 어떻게 진화하는지에 대한 잘못된 설명으로 대부분 부당하게 기억된다. 그는 유기체가 특정 신체 부위를 사용하거나 사용하지 않음으로써 특정 형질을 발달시킨다고 제안했다.

(B) Lamarck는 이러한 형질이 자손에게 전해질 것이라고 생각했다. Lamarck는 이 발상을 '획득형질 유전'이라고 불렀다.

(C) 예를 들어, Lamarck는 캥거루의 강력한 뒷다리는 그 조상들이 점프로 그들의 다리를 강화시키고, 그 획득된 다리 힘을 자손에게 전한 결과라고 설명할 수 있다. 그러나 획득된 형질이 유전되려면 특정 유전자의 DNA를 어떻게든 변형시켜야 할 것이다.

(A) 이것이 일어난다는 증거는 없다. 그럼에도 불구하고, 유기체가 자신의 환경에 적응할 때 진화가 일어난다는 Lamarck의 제안에 주목하는 것은 중요하다. 이 발상이 Darwin을 위한 장을 마련하는 데 도움이 되었다.

VOCA

• unfairly 부당하게, 불공평하게

• adaptation 적응, 순응

• organism 유기체, 생물

• adapt to ~에 적응하다

• set the stage for ~을 위한 장을 마련하다

• pass on 넘겨주다, 물려주다, 전달하다

• offspring 자식, 자손, 새끼

• inheritance 유전

• acquire 획득하다, 얻다

• ancestor 조상

• somehow 어떻게든

• modify 변형하다, 수정하다

• gene 유전자

영어 | 2022년 지방직 9급

한눈에 훑어보기

✓ 영역 분석

어휘 01 02 03 04
4문항, 20%

독해 11 12 13 14 15 16 17 18 19 20
10문항, 50%

어법 05 06 07 08
4문항, 20%

표현 09 10
2문항, 10%

✓ 빠른 정답

01	02	03	04	05	06	07	08	09	10
②	①	④	④	②	②	①	①	④	④
11	12	13	14	15	16	17	18	19	20
③	③	④	③	③	③	①	①	②	②

✓ 점수 체크

구분	1회독	2회독	3회독
맞힌 문항 수	/ 20	/ 20	/ 20
나의 점수	점	점	점

01 난도 ★☆☆　　　　　　　정답 ②

어휘 > 단어

정답의 이유

밑줄 친 flexible은 '융통성 있는'의 뜻으로 이와 의미가 가장 가까운 것은 ② 'adaptable(적응할 수 있는)'이다.

오답의 이유

① 강한

③ 정직한

④ 열정적인

본문해석

학교 교사들은 학생들의 다양한 능력 수준에 대처하기 위해 융통성이 있어야 한다.

VOCA

• cope with　~에 대처하다

02 난도 ★☆☆　　　　　　　정답 ①

어휘 > 단어

정답의 이유

밑줄 친 vary는 '달라지다[다르다]'의 뜻으로 이와 의미가 가장 가까운 것은 ① 'change(변하다, 달라지다)'이다.

오답의 이유

② 줄어들다

③ 확장되다

④ 포함하다

본문해석

곡물 수확량은 달라지는데, 일부 지역에서는 개선되고 다른 지역에서는 하락한다.

VOCA

• crop yields　곡물 수확량

• improving　개량[개선]하는

• falling　하락하는; 감퇴하는

03 난도 ★☆☆

정답 ④

어휘 > 어구

정답의 이유

밑줄 친 with respect to는 '~에 관하여'의 뜻으로 이와 의미가 가장 가까운 것은 ④ 'in terms of(~에 관하여)'이다.

오답의 이유

① ~의 위기에 처한

② ~에도 불구하고

③ ~에 찬성하여

본문해석

나의 교육에 관하여 나는 누구에게도 열등하다고 느끼지 않는다.

VOCA

• inferior to ~보다 열등한

04 난도 ★☆☆

정답 ④

어휘 > 어구

정답의 이유

빈칸 다음의 목적어(money)와 부사구(long before the next payday)로 미루어 문맥상 빈칸에는 급여일 전에 돈과 관련된 표현이 들어감을 유추할 수 있으므로 빈칸에 들어갈 말로 가장 적절한 것은 ④ 'run out of(~을 다 써버리다)'이다.

오답의 이유

① ~으로 변하다

② 다시 시작하다

③ ~을 참다

본문해석

때때로 우리는 다음 급여일 훨씬 이전에 돈을 다 써버린다.

VOCA

• payday 급여[임금] 지급일

05 난도 ★★☆

정답 ②

어법 > 비문 찾기

정답의 이유

② 문장의 주어(Toys children wanted all year long)가 복수 명사(Toys)이므로 동사가 복수형이어야 한다. 이때 children wanted all year long은 toys를 수식하는 관계대명사절로 목적격 관계대명사(that)가 생략되었다. 또한 장난감이 '버려지는' 것이므로 능동태가 아닌 수동태를 써야 한다. 따라서 has recently discarded → have recently been discarded가 되어야 한다.

오답의 이유

① ask의 직접목적어인 간접의문문의 어순이 '의문사(why)+주어+동사'로 올바르게 사용되었다. keep은 동명사를 목적어로 취하는 동사로 '계속 ~하다'의 뜻이므로 kept coming이 올바르게 사용되었다.

③ 주격 관계대명사 who의 선행사가 단수 명사(someone)이므로 관계사절의 동사(is)의 수일치가 올바르게 사용되었다. 'be ready to+동사원형'은 '~할 준비가 되어 있다'의 뜻이며, 'lend[give] a (helping) hand'는 '도움을 주다'의 뜻이다.

④ 주어(insects)가 냄새에 '이끌리는' 것이므로 수동태(are often attracted by scents)로 올바르게 사용되었으며 빈도부사(often)는 be동사 다음에 위치한다. 또한 관계대명사 that의 선행사가 scents이므로 관계사절의 동사 aren't의 수일치도 올바르게 사용되었다.

본문해석

① 그는 내게 왜 매일 계속 돌아왔는지 물었다.

② 아이들이 일 년 내내 원했던 장난감들이 최근 버려졌다.

③ 그녀는 언제나 도움을 줄 준비가 되어 있는 사람이다.

④ 곤충들은 종종 우리에게는 분명하지 않은 냄새에 이끌린다.

VOCA

• discard (불필요한 것을) 버리다, 폐기하다

• be attracted by ~에 마음을 빼앗기다, 매혹되다

• scent 냄새

• obvious 분명한[명백한]

06 난도 ★★☆

정답 ②

어법 > 비문 찾기

정답의 이유

② a feeling of 다음에 명사 A, B, and C가 병렬 구조로 이어지는데, warm은 형용사이므로 warm → warmth가 되어야 한다.

오답의 이유

① 'both+복수 명사'이므로 sides가 올바르게 사용되었다. write는 '(글자 · 숫자를) 쓰다'를 뜻하는 자동사로 쓰였다.

③ The number of(~의 수)는 단수 취급하므로 단수 동사(is)가 올바르게 사용되었다.

④ 가정법 과거완료에서 if가 생략되면, 주어와 동사가 도치되어 'Had+주어+p.p.'가 되므로 'Had I realized ~'로 올바르게 사용되었다. 또한 what you were intending to do는 realized의 목적어가 되는 간접의문문이므로 '의문사(what)+주어+동사'의 어순이 올바르게 사용되었다.

본문해석

① 너는 종이의 양면에 글을 쓸 수 있다.

② 나의 집은 내게 안정감, 따뜻함 그리고 사랑의 느낌을 준다.

③ 자동차 사고의 수가 증가하고 있다.

④ 네가 무엇을 하려고 했는지 알았더라면, 내가 너를 말렸을 텐데.

VOCA

• offer 내놓다[제공하다]

• be on the rise 증가하고 있다

• intend to ~할 작정이다, ~하려고 생각하다

자동사로도 쓰이는 타동사

• 타동사와 자동사 둘 다 쓰이는 동사

동사	자동사/타동사	동사	자동사/타동사
sell	팔리다/팔다	photograph	사진이 잘 나오다/ ~의 사진을 찍다
read	(~하게) 읽히다/ ~을 읽다	write	써지다/~을 쓰다
peel	벗겨지다/ ~을 벗기다	wash	씻기다/~을 씻다
eat	식사하다/~을 먹다	open	열리다/~을 열다

예 The door opened. → 자동사: 열리다

(그 문이 열렸다.)

예 She opened the door. → 타동사: ~을 열다

(그녀는 그 문을 열었다.)

예 This pen won't write. → 자동사: 써지다

(이 펜은 [글씨가] 잘 안 써진다.)

예 Ellen hopes to write a book about her experiences one day. → 타동사: ~을 쓰다

(Ellen은 언젠가 자신의 경험에 대한 책을 쓰고 싶어 한다.)

• 동사의 상태를 설명하는 양태부사와 함께 쓸 경우 '주어+자동사+양태부사'로 쓰며, 수동의 의미로 해석한다.

예 The book sold well and was reprinted many times.

→ 자동사: 팔리다

(그 책은 잘 팔려서 여러 번 재인쇄되었다.)

예 Most supermarkets sell a range of organic products.

→ 타동사: 팔다

(대부분 슈퍼마켓들이 다양한 유기농 제품들을 판다.)

예 We have to eat well to be healthy. → 자동사: 식사하다

(우리는 건강해지기 위해 잘 먹어야 한다.)

예 I don't eat meat. → 타동사: ~을 먹다

(나는 고기[육류]를 안 먹는다.)

예 Sally just doesn't photograph well. → 자동사: 사진이 잘 나오다

(Sally는 그냥 사진이 잘 안 받는다.)

예 He has photographed some of the world's most beautiful scenes. → 타동사: ~의 사진을 찍다

(그는 세계에서 가장 아름다운 장면들 중 일부의 사진을 찍었다.)

어법 > 영작하기

정답의 이유

① afford to는 '~할 여유가 있다'의 뜻으로 주어진 우리말이 단 한 푼의 돈도 낭비할 수 '없다'이므로 can → cannot이 되어야 한다.

오답의 이유

② fade from은 '~에서 사라지다'의 뜻이며, fade는 자동사로 올바르게 사용되었다.

③ have no alternative but to는 '~하는 것 외에는 대안이 없다[~할 수밖에 없다]'라는 뜻의 관용표현으로, to 다음에 동사원형(resign)이 올바르게 사용되었다. have no choice but to와 같은 뜻이다.

④ aim은 to부정사를 목적어로 취하는 동사이므로 to start가 올바르게 사용되었으며, 현재진행시제(I'm aiming)가 '~할 작정이다'의 뜻으로 미래시제를 대신해서 올바르게 사용되었다. in five years는 '5년 후에'의 뜻으로 사용되었다.

VOCA

• resign 사임하다
• aim 목표하다, 작정이다

더 알아보기

자주 출제되는 준동사 관용표현

cannot help −ing/cannot but+동사원형/have no choice [alternative] but to 동사원형: '~하지 않을 수 없다, ~하는 수밖에 없다, ~하는 것 외에 대안이 없다'

예 We couldn't but cry over the war victims.

(우리는 전쟁 희생자들을 보고 울지 않을 수 없었다.)

예 I can't help thinking he knows more than he has told us.

(나는 그가 우리에게 말한 것보다 더 많은 것을 알고 있다고 생각할 수밖에 없다.)

예 She had no choice but to give up her goal because of the accident.

(그녀는 그 사고 때문에 그녀의 목표를 포기할 수밖에 없었다.)

예 We have no alternative but to withdraw.

(우리는 철수하는 수밖에 없다.)

어법 > 영작하기

[정답의 이유]

① 부정어가 문두에 오면 주어와 동사가 도치된다. '~하자마자 ~ 했다'는 'No sooner+had+주어+p.p.+than+주어+과거동사'이므로 I have finishing → had I finished가 되어야 한다.

[오답의 이유]

② 주어진 우리말이 '~해야만 할 것이다'이므로 'will have to+동사원형(will have to pay)'이 올바르게 사용되었다. sooner or later는 '조만간'이라는 뜻이다.

③ 관계대명사 what의 관용표현으로 'A is to B what C is to D'는 'A와 B의 관계는 C와 D의 관계와 같다'의 뜻이다.

④ end up –ing는 '결국 ~하게 되다'라는 의미의 표현으로 올바르게 사용되었다.

더 알아보기

관계대명사 what의 관용표현

what we[they, you] call = what is called = what one calls	소위, 이른바, 말하자면
what one is[was, used to be] what one has what one does	현재[과거]의 인격, 인물, 본성 소유물 행동
A is to B what C is to D = A is to B as C is to D = What C is to D, A is to B = As C is to D, (so) A is to B	A가 B에 대한 관계는 C가 D에 대한 관계와 같다

예 They experience what is called jet lag.
(그들은 소위 '시차'를 경험한다.)

예 Reading is to the mind what food is to the body.
= Reading is to the mind as food is to the body.
= What food is to the body, reading is to the mind.
= As food is to the body, (so) reading is to the mind.
(독서가 정신에 대한 관계는 음식이 몸에 대한 관계와 같다.)

예 Words are to language what notes are to music.
(단어와 언어의 관계는 음표와 음악의 관계와 같다.)

표현 > 일반회화

[정답의 이유]

④ A가 캔버스에 그리고 싶은 '대상(subject)'이 있는지 물었는데, B가 고등학교 때 역사 과목(subject)를 잘하지 못했다고 대답했으므로 적절한 응답이 아니다.

본문해석

① A: 나는 이 신문이 편견이 없어서 좋아.
   B: 그 점이 그 신문이 판매 부수가 가장 많은 이유야.
② A: 잘 차려입은 이유라도 있는 거니?
   B: 응, 오늘 중요한 면접이 있어.
③ A: 나는 연습 때는 공을 똑바로 칠 수 있지만, 경기 중에는 칠 수 없어.
   B: 나도 항상 그래.
④ A: 캔버스에 그리고 싶은 특별한 대상이 있니?
   B: 나는 고등학교 때 역사 과목을 잘하지 못했어.

VOCA

• opinionated 자기 의견을 고집하는, 독선적인
• circulation (신문·잡지의) 판매 부수
• dress up 옷을 갖춰[격식을 차려]입다
• subject (그림·사진 등의) 대상[소재], 과목

표현 > 일반회화

[정답의 이유]

시험 결과에 대한 대화로 빈칸 앞에서 B가 과학 시험에 대해 묻자 A가 시험을 잘 봤다고 말하고, 빈칸 다음에서 'I owe you a treat for that.'이라고 했으므로 B가 시험과 관련하여 A에게 도움을 줬다는 것을 유추할 수 있다. 따라서 빈칸에 들어갈 말로 가장 적절한 것은 ④ 'I can't thank you enough for helping me with it(도와 줘서 정말 고마워)'이다.

[오답의 이유]

① 이 일로 자책해도 소용없어
② 여기서 너를 만날 줄은 몰랐어
③ 사실, 우리는 매우 실망했어

본문해석

A: 이봐! 지리학 시험은 어땠어?
B: 나쁘지 않아. 고마워. 난 그저 끝나서 기뻐! 넌 어때? 과학 시험은 어땠어?
A: 오, 정말 잘 봤어. 도와줘서 정말 고마워. 내가 한턱낼게.
B: 천만에. 그러면, 다음 주에 예정된 수학 시험을 준비하고 싶니?
A: 물론이야. 같이 공부하자.
B: 좋은 생각이야. 나중에 봐.

VOCA

• geography 지리학
• go (일의 진행이 어떻게) 되다[되어 가다]
• owe 빚지다, 신세지다
• treat 대접, 한턱
• beat oneself up (~을 두고) 몹시 자책하다

11 난도 ★★☆　　　　　　　　　　　　　　정답 ③

독해 > 글의 일관성 > 글의 순서

정답의 이유

주어진 글은 시각장애인들에게는 일상적인 모든 일들이 어렵다는 내용으로, 주어진 문장의 'people who are blind'는 (B)의 they로 연결된다. (B)의 다른 사람의 눈을 '빌리다(borrow)'라는 개념은 'That's the thinking~'으로 구체적으로 설명하는 (A)로 이어지는 것이 자연스럽다. 마지막으로 직원과 연결되어 실시간 영상으로 송출하는 (A) 이후의 상황을 'can then answer questions, ~'라고 부연 설명하는 (C)로 연결하는 것이 자연스럽다. 따라서 글의 순서로 가장 적절한 것은 ③ '(B) - (A) - (C)'이다.

본문해석

시각장애인들에게 우편물 분류나 한 무더기의 빨래와 같은 일상적인 일은 힘겨운 일이다.

(B) 하지만 만약 그들이 볼 수 있는 누군가의 눈을 '빌릴' 수 있다면 어떨까?

(A) 그것은 수천 명의 사용자들이 스마트폰이나 Aira 소유의 안경을 사용하여 그들 주변 환경의 실시간 영상을 상시 대기 직원에게 스트리밍할 수 있게 해주는 새로운 서비스인 Aira를 지지하는 생각이다.

(C) 연중무휴 이용 가능한 Aira 직원들은, 그러면, 질문에 답하고 사물을 설명하거나, 사용자에게 위치를 안내할 수 있다.

VOCA

• sort 분류하다
• a load of 많은, 한 짐의
• laundry 세탁물
• present (문제 등을) 야기하다[겪게 하다]
• challenge 도전, 문제, 과제
• behind 뒤에서 (지지[후원]하는)
• stream 스트림 처리하다(데이터 전송을 연속적으로 이어서 하다)
• on-demand 요구만 있으면 (언제든지)
• what if ~면 어쩌지[~라면 어떻게 될까?]
• available 24/7 연중무휴로 이용 가능한
• guide 안내하여 데려가다[보여주다]

12 난도 ★★★　　　　　　　　　　　　　　정답 ③

독해 > 글의 일관성 > 문장 삽입

정답의 이유

주어진 문장의 역접 접속사(however)로 미루어 앞의 내용과 대조되는 내용임을 유추할 수 있다. 주어진 문장에서 심장과 펌프를 비교하는 것은 진정한 비유라고 했으므로 그 이전에는 비유가 될 수 없는 것에 대한 내용이 제시되었을 것을 유추할 수 있다. ③ 이전 문장에서 장미와 카네이션이 비유가 될 수 없는 이유로 같은 종인 장미와 카네이션이 같은 방식으로 특성들을 보여주고 있기 때문이라고 했는데, ③ 바로 다음 문장에서 'These are disparate things, but they share important qualities(그것들은 서로 전혀 다른 것들이지만, 중요한 특성들을 공유한다)'라고 했으므로 글의 흐름이 앞서 서술한 장미와 카네이션의 경우와는 대조적인 방향으로 나감을 알 수 있다. 따라서 주어진 문장이 들어갈 위치로 적절한 곳은 ③이다.

본문해석

비유는 두 사물이 아주 근본적인 여러 면에서 비슷하다고 주장되는 수사적 표현이다. 비록 그 두 사물이 전혀 다름에도 불구하고, 그것들의 구조, 부분과의 관계, 또는 그것들이 기여하는 본질적인 목적이 유사하다. 장미와 카네이션은 유사하지 않다. 그것들은 둘 다 줄기와 잎을 가지고 있으며 둘 다 빨간색이다. 그러나 그것들은 같은 속이기 때문에, 같은 방식으로 이러한 특성들을 드러낸다. 하지만 심장을 펌프에 비교하는 것은 진정한 비유이다. 그것들은 서로 전혀 다른 것들이지만, 중요한 특성들, 즉 역학적인 장치(기관), 밸브(판막)의 보유, 압력 증감 능력, 액체를 흐르게 하는 능력 등을 공유한다. 그리고 심장과 펌프는 이러한 특성들을 다른 상황에서 다른 방식으로 보여준다.

VOCA

• genuine 진짜의, 진품의
• analogy 비유, 유사점
• figure of speech 비유적 표현
• assert ~을 단언하다, 주장하다
• fundamental 근본[본질]적인
• serve 도움이 되다, 기여하다
• dissimilar 같지 않은, 다른
• analogous 유사한, 비슷한, 닮은
• stem (식물의) 줄기
• exhibit (감정 · 특질 등을) 보이다[드러내다]
• genus (생물 분류상의) 속(屬)
• disparate 다른, 공통점이 없는
• mechanical apparatus 기계(상)의, 역학적인
• apparatus 기구, 장치, 기관
• fluid 유체(流體), 유동체
• context 맥락, 전후 사정, 상황

독해 > 대의 파악 > 제목, 주제

[정답의 이유]

제시문은 생산성 향상을 통한 효율성 최적화에 관한 글로, 개인의 생산성 향상 방법을 제시하고 있다. 마지막 문장에서 'do one thing, uninterrupted, for a sustained period of time.'이라고 했으므로 글의 제목으로 가장 적절한 것은 ④ 'Do One Thing at a Time for Greater Efficiency(효율성을 더 높이려면 한 번에 한 가지 일을 하라)'이다.

[오답의 이유]

① 인생에서 더 많은 선택지를 만드는 방법

② 일상적 신체 능력 향상법

③ 멀티태스킹은 더 나은 효율성을 위한 답이다

본문해석

효율성이 최적화될 수 있는 분야 중 하나는 노동력인데, 직원 한 명이 주어진 시간 안에 처리하는 작업량(제품 생산량, 고객 서비스량)으로 정의되는 개인 생산성 향상을 통해 가능하다. 최적의 성과를 내기 위해 적절한 장비와 환경 및 교육에 대한 투자 외에도, 직원들이 현대의 에너지 소모인 '멀티태스킹'을 하지 않도록 함으로써 생산성을 높일 수 있다. 연구에 따르면, 동시에 다른 프로젝트들을 수행하려 할 때 한 가지 작업을 완료하는 데 25~40% 더 오래 걸린다고 한다. 컨설팅 회사 The Energy Project의 사업 개발 부사장인 Andrew Deutscher는 말하기를, 생산성을 더 높이기 위해서는, "한 가지 일을, 중단 없이, 지속적인 기간 동안 하세요."라고 한다.

VOCA

• efficiency 효율성
• optimize 최적화하다, 가장 효과적으로 하다
• work force 노동자, 노동력
• define 정의하다
• invest 투자하다
• equipment 설비
• optimal 최고의, 최적의
• staffer 직원
• drain (많은 시간 · 돈 등을) 고갈시키는[잡아먹는] 것
• multitasking 멀티태스킹, 동시에 몇 가지의 일을 하는 것
• put an end to ~을 끝내다, 그만두게 하다
• simultaneously 동시에, 일제히
• uninterrupted 중단되지 않은, 연속되는

독해 > 글의 일관성 > 무관한 어휘 · 문장

[정답의 이유]

제시문은 논쟁의 기술이 인생에서 매우 중요하다는 내용으로 갈등 상황에서 창의력을 더욱 키울 수 있다는 내용인데, ③에서 'Children are most creative when they are free to brainstorm with lots of praise and encouragement in a peaceful environment(아이들은 평화로운 환경에서 칭찬과 격려를 많이 받으며 자유롭게 브레인스토밍을 할 때 가장 창의적이다).'라고 했으므로 글의 흐름상 가장 어색한 문장은 ③이다.

본문해석

좋은 논쟁을 하는 기술은 인생에서 매우 중요하다. 하지만 이것은 부모들이 자녀들에게 거의 가르치지 않는 기술이다. 우리는 아이들에게 안정적인 가정을 주기 원해서 형제자매가 서로 싸우지 못하게 하고 우리들만 비밀리에 논쟁한다. 하지만 아이들이 의견 충돌에 노출되지 않는다면, 우리는 결국 그들의 창의력을 제한하는 것일지도 모른다. 아이들은 평화로운 환경에서 칭찬과 격려를 많이 받으며 자유롭게 브레인스토밍을 할 때 가장 창의적이다. 창의력이 뛰어난 사람들은 종종 갈등이 많은 가정에서 성장한 것으로 밝혀진다. 그들은 주먹다짐이나 인신공격이 아니라, 실제적인 의견 충돌에 둘러싸여 있다. 30대 초반의 성인들이 상상의 이야기를 써달라고 요청받았을 때, 가장 창의적인 이야기들은 25년 전 가장 심한 갈등을 겪은 부모를 둔 이들로부터 나왔다.

VOCA

• critical 중요한
• stable 안정적인
• sibling 형제자매
• quarrel 다투다, 언쟁하다
• behind closed doors 비밀리에, 밀실에서
• expose 노출시키다
• disagreement 의견 차이, 의견 충돌
• fistfight 주먹다짐
• insult 모욕
• imaginative 상상의
• conflict 갈등

독해 > 세부 내용 찾기 > 내용 (불)일치

정답의 이유

다섯 번째 문장에서 '청력이 정상적이었다(his hearing was normal)' 라고 했으므로 글의 내용과 일치하지 않는 것은 ③ 'Christopher Nolan은 청각 장애로 인해 들을 수 없었다.'이다.

오답의 이유

① Christopher Nolan은 뇌 손상을 갖고 태어났다. → 두 번째 문장에서 'Brain damaged since birth, ~'라고 했으므로 글의 내용과 일치한다.

② Christopher Nolan은 음식을 삼키는 것도 어려웠다. → 두 번째 문장에서 'even to the extent of having difficulty in swallowing food.'라고 했으므로 글의 내용과 일치한다.

④ Christopher Nolan은 10대일 때 책을 썼다. → 마지막 문장에서 'he produced an entire book of poems and short stories, Dam-Burst of Dreams, while still a teenager.'라고 했으므로 글의 내용과 일치한다.

본문해석

Christopher Nolan은 영어권에서 꽤 유명한 아일랜드의 작가이다. Nolan은 선천적으로 뇌 손상을 갖고 태어났기 때문에 신체의 근육을 거의 통제할 수 없었는데, 심지어 음식을 삼키는 것조차 힘들었다. 그는 혼자 똑바로 앉을 수 없기 때문에 휠체어에 묶여 있어야 했다. Nolan은 알아들을 수 있는 말소리를 낼 수 없었다. 그러나 다행히도, 그의 뇌 손상이 지능이 손상되지 않고 청력은 정상인 정도였기 때문에, 그 결과, 그는 어렸을 때 말을 이해하는 것을 배웠다. 그러나 그가 10세가 된 후에 그리고 읽기를 배운 지 여러 해가 나고 나서야 비로소 그는 자신의 첫 단어를 표현할 수 있는 수단을 갖게 되었다. 그는 글자를 가리키기 위해 머리에 붙어있는 막대기를 사용함으로써 그것을 했다. 그가 아직 10대일 때 시와 단편으로 이루어진 *Dam-Burst of Dreams*라는 책 한 권을 만들어 냈는데, 바로 한 글자씩 하는 이런 '유니콘'의 방식을 통한 것이었다.

VOCA

• renown 명성, 유명
• have control over ~을 관리하다[~을 제어하다]
• to the extent of ~할[일] 정도까지
• swallow 삼키다
• strap (끈으로) 묶다
• utter 말하다
• recognizable 인식 가능한
• attach 붙이다

독해 > 세부 내용 찾기 > 내용 (불)일치

정답의 이유

마지막에서 두 번째 문장에서 'Some Australian aborigines can keep changing their name throughout their life(호주의 어떤 원주민들은 그들의 이름을 일생 동안 계속해서 바꿀 수 있다)'라고 했으므로 글의 내용과 일치하지 않는 것은 ③ 'Changing one's name is totally unacceptable in the culture of Australian aborigines(이름을 바꾸는 것은 호주 원주민들의 문화에서 전혀 용납될 수 없다).'이다.

오답의 이유

① 많은 가톨릭 국가에서 아이들은 종종 성인의 이름을 따서 이름 지어진다. → 첫 번째 문장에서 'In many Catholic countries, children are often named after saints ~'라고 했으므로 글의 내용과 일치한다.

② 일부 아프리카 아이들은 5살이 될 때까지 이름이 지어지지 않는다. → 세 번째 문장에서 'In countries ~ such as in Africa, tribes only name their children when they reach five years old, ~'라고 했으므로 글의 내용과 일치한다.

④ 여러 문화권에서 다른 방식으로 자녀의 이름을 짓는다. → 제시 문 전체를 통해 알 수 있다.

본문해석

많은 가톨릭 국가에서, 아이들은 종종 성인의 이름을 따서 이름지어진다. 실제로, 일부 성직자들은 부모들이 아이들의 이름을 드라마 스타나 축구 선수의 이름을 따서 짓는 것을 허락하지 않을 것이다. 개신교 국가들은 이것에 대해 더 자유로운 경향이 있다. 그러나, 노르웨이에서는 Adolf 같은 특정 이름들은 완전히 금지된다. 아프리카에서와 같이 유아 사망률이 매우 높은 나라들에서는 부족들은 아이들이 다섯 살이 되어서야 이름을 짓는데, 이때가 아이들의 생존 가능성이 높아지기 시작하는 나이이다. 그때까지, 아이들은 자신들의 연령으로 불린다. 극동의 많은 나라들은 아이들에게 출생 상황이나 아이에 대한 부모의 기대와 희망을 어떤 식으로든 묘사하는 특별한 이름을 지어준다. 호주의 어떤 원주민들은 그들의 이름을 일생 동안 계속해서 바꿀 수 있는데, 이는 지혜와 창의성 또는 결단력을 어떤 식으로든 증명하는 몇몇 중요한 경험의 결과이다. 예를 들어, 어느 날 그들 중 한 명이 춤을 아주 잘 춘다면, 그 또는 그녀는 자신의 이름을 '최고의 무용수' 또는 '빛나는 발'로 바꾸기로 결정할 수도 있다.

VOCA

• saint 성인
• soap opera (텔레비전 · 라디오) 연속극[드라마]
• protestant 개신교
• ban 금지하다
• infant 유아
• mortality 사망률
• be referred to ~로 언급되다, 불리다
• circumstance 상황, 환경
• aborigine 원주민; (보통 Aborigine) 오스트레일리아 원주민

- determination 결심, 투지
- unacceptable 받아들일 수 없는

17 난도 ★★☆ 정답 ①

독해 > 대의 파악 > 요지, 주장

정답의 이유

제시문은 실험을 통해 사람들이 자신과 비슷한 복장을 한 사람들에게 더 긍정적으로 반응한다는 것이 밝혀졌다는 내용이므로 글의 요지로 가장 적절한 것은 ① 'People are more likely to help those who dress like themselves(사람들은 자신들처럼 옷 입은 사람들을 도와줄 가능성이 더 크다).'이다.

오답의 이유

② 격식을 갖춘 옷차림은 탄원서 서명의 가능성을 높인다.

③ 전화를 거는 것은 다른 학생들과 어울리는 효율적인 방법이다.

④ 1970년대 초반 일부 대학생들은 자신들만의 독특한 패션으로 동경 받았다.

본문해석

젊은이들이 'hippie(히피)' 또는 'straight(단정한)' 패션으로 입는 경향이 있던 1970년대 초 시행된 한 연구에서, 히피 또는 단정한 복장을 한 실험자들이 캠퍼스에서 학생들에게 전화를 걸기 위해 10센트 동전을 빌려달라고 요청했다. 실험자가 학생과 같은 방식으로 옷을 입었을 때, 그 요청은 3분의 2 이상이 받아들여졌고, 학생과 요청자가 서로 다른 방식으로 옷 입었을 때, 동전은 절반보다 적게 제공되었다. 또 다른 실험은 비슷한 다른 사람에 대한 우리의 긍정적인 반응이 얼마나 자동적일 수 있는지를 보여주었다. 반전 시위 참여자들은 비슷하게 옷을 입은 요청자들의 탄원서에 서명하는데, 먼저 그것을 읽지도 않고 고민 없이 그렇게 할 가능성이 더 큰 것으로 밝혀졌다.

VOCA

- don ~을 입다, 쓰다, 신다
- attire 의복
- dime 다임(미국 · 캐나다의 10센트짜리 동전)
- experimenter 실험자
- grant 승인하다
- instance 사례, 경우
- dissimilarly 닮지 않게, 다르게
- antiwar demonstration 반전 시위
- petition 탄원서
- formally 형식상, 정식으로
- socialize with ~와 어울리다, 교제하다
- admire 숭배하다, 동경하다

18 난도 ★★★ 정답 ①

독해 > 빈칸 완성 > 연결어

정답의 이유

① 빈칸 (A) 앞부분에서 지속 시간과 빈도는 반비례 관계로, 친구를 자주 만나면 지속 시간이 줄어들고 자주 만나지 않으면 지속 시간이 늘어난다고 했고, 빈칸 (A) 다음에서 그에 대한 구체적인 예시를 제시하고 있으므로 빈칸 (A)에 들어갈 말로 가장 적절한 것은 'For example(예를 들어)'이다.

빈칸 (B) 앞부분에서 정기적으로 만나는 사람과의 식사 시간은 짧다고 했는데, 빈칸 (B) 다음에서 연인 관계에서는 지속 시간과 빈도가 둘 다 매우 길다고 했으므로 빈칸 (B) 앞 · 뒤의 상황이 대조적이다. 따라서 빈칸 (B)에 들어갈 말로 가장 적절한 것은 'Conversely(반대로)'이다.

오답의 이유

② 그럼에도 불구하고 – 게다가

③ 그러므로 – 결과적으로

④ 같은 방법으로 – 따라서

본문해석

지속 시간은 빈도와 반비례한다. 만약 여러분이 친구를 자주 만난다면, 만남의 시간은 더 짧아질 것이다. 반대로 친구를 그다지 자주 보지 않으면, 방문 지속 시간은 일반적으로 상당히 늘어날 것이다. (A) 예를 들어, 만약 여러분이 친구를 매일 본다면, 여러분은 사건이 전개되면서 일어나는 일들에 대해 알 수 있기 때문에 여러분의 방문 지속 시간이 짧을 수 있다. 하지만, 만약 여러분이 친구를 일 년에 두 번만 본다면, 여러분의 방문 지속 시간은 더 길어질 것이다. 오랫동안 보지 못했던 친구와 식당에서 저녁 식사를 했던 때를 생각해 봐라. 여러분은 아마도 서로의 삶을 따라잡는 데 몇 시간을 보냈을 것이다. 만약 여러분이 그 사람을 정기적으로 본다면, 같은 저녁 식사 시간은 상당히 짧을 것이다. (B) 반대로, 연인 관계에서는 빈도와 지속 시간이 모두 매우 높은데, 커플들, 특히 최근에 사귄 커플들은 서로 가능한 한 많은 시간을 보내고 싶어 하기 때문이다. 관계의 강도 또한 매우 높을 것이다.

VOCA

- duration 지속 시간
- inverse relationship 반비례
- keep up with 시류[유행]를 따르다; ~에 밝다, 정통하다
- unfold 전개하다, 일어나다, 진행되다
- think back (~을) 돌이켜 생각하다[보다]
- catch up on (밀린 일을) 보충하다[따라잡다]
- on a regular basis 정기적으로
- minted 최근에 생겨난[생산된, 발명된]
- intensity 격렬함, 강렬함, 강도

독해 > 빈칸 완성 > 단어 · 구 · 절

[정답의 이유]

제시문은 지도자들이 자신들이 대변하는 일반 대중들과 같아 보이려고 사용하는 보편적인 선전 기술에 대한 내용이다. 빈칸 앞부분에서 '~ have used this technique to win our confidence by appearing ~(~처럼 보임으로써 우리의 신뢰를 얻기 위해 이 기술을 사용해 왔다)'이라고 했으므로 문맥상 빈칸에 들어갈 말로 적절한 것은 ② 'just plain folks like ourselves(우리들처럼 평범한 사람들인 것처럼)'이다.

[오답의 이유]

① 화려한 추상어를 넘어선

③ 남들과는 다른 무언가

④ 군중보다 교육을 더 잘 받은

본문해석

가장 자주 사용되는 선전 기술 중 하나는 선전자의 견해가 보통 사람의 견해를 반영하고 있으며 그 또는 그녀가 그들의 최선의 이익을 위해 일하고 있다고 대중을 설득하는 것이다. 블루칼라(육체노동자) 청중에게 말하는 정치인은 소매를 걷어붙이고 넥타이를 풀고 군중들이 사용하는 특정 관용구를 사용하려고 시도할 수 있다. 그는 심지어 자신이 '그들 중 한 명일 뿐'이라는 인상을 주려고 일부러 (맞춤법을) 부정확하게 언어를 사용할 수도 있다. 이 기술은 또한 정치가의 견해가 연설을 듣는 대중의 견해와 같다는 인상을 주기 위해 화려한 추상어를 사용한다. 노동 지도자들, 사업가들, 성직자들, 교육자들, 그리고 광고주들은 우리들처럼 평범한 사람들인 것처럼 보임으로써 우리의 신뢰를 얻기 위해 이 기술을 사용해 왔다.

VOCA

- propaganda 선전
- convince 설득하다
- blue-collar 블루칼라[육체노동자]의
- roll up (소매, 바지 등을) 걷다
- undo 풀다[열다/끄르다]
- attempt 시도하다, 애써 해보다
- employ 쓰다[이용하다]
- glittering geneality 화려한 추상어, 미사여구(어떤 인물, 제품 또는 주장을 돋보이도록 하기 위해 호의적인 반응을 얻어낼 수 있는 단어들을 사용하는 선전 기술)
- address 연설하다
- advertiser 광고주
- appear ~처럼 보이다

독해 > 빈칸 완성 > 단어 · 구 · 절

[정답의 이유]

제시문은 롤러코스터가 작동하면서 발생하는 에너지에 관한 내용이다. 빈칸 앞 문장에서 '~ roller coasters repeatedly convert potential energy to kinetic energy and back again.'이라고 했고, 빈칸 다음 문장에서 '~ makes them hot, meaning kinetic energy is changed to heat energy during braking.'이라고 했으므로 빈칸 다음의 'between two surfaces(두 표면 사이에서)'로 미루어 보아, 빈칸에 들어갈 말로 가장 적절한 것은 ② 'friction(마찰 저항)'임을 유추할 수 있다.

[오답의 이유]

① 중력

③ 진공

④ 가속

본문해석

롤러코스터는 트랙의 첫 번째 오르막 언덕을 오를 때, 위치에너지를 만들고 있다. 더 위로 올라갈수록, 끌어당기는 중력이 더 강해질 것이다. 롤러코스터가 오르막 언덕을 넘어 하강하기 시작할 때, 그것의 위치에너지는 운동에너지, 즉 이동에너지가 된다. 일반적인 오해는 롤러코스터가 트랙을 따라 에너지를 잃는다는 것이다. 그러나, 에너지 보존의 법칙이라고 불리는 물리학의 중요한 법칙은 에너지가 결코 생성되거나 파괴될 수 없다는 것이다. 그것은 단지 한 형태에서 다른 형태로 바뀔 뿐이다. 트랙이 오르막으로 되돌아올 때마다. 롤러코스터의 운동량―운동에너지―가 그것들을 위로 운반하여 위치에너지를 만들고 롤러코스터는 반복적으로 위치에너지를 운동에너지로 변환하고 다시 되돌린다. 탑승 마지막 구간에서, 롤러코스터 차체는 두 표면 사이에서 마찰 저항을 일으키는 브레이크 장치에 의해 속도를 늦춘다. 이 움직임은 그것들을 뜨겁게 만드는데, 이는 속도를 줄이는 동안 운동에너지가 열에너지로 바뀐다는 것을 의미한다. 탑승객들은 롤러코스터가 트랙의 끝에서 에너지를 잃는다고 잘못 생각할 수도 있지만, 에너지는 단지 다른 형태로 바뀔 뿐이다.

VOCA

- potential energy 위치에너지
- pull 인력
- gravity 중력
- crest (산 따위)의 꼭대기에 이르다
- descent 하강, 강하
- kinetic energy 운동에너지
- misperception 오인, 오해
- the law of conservation of energy 에너지 보존의 법칙
- momentum 운동량
- convert 전환시키다[개조하다]
- slow down [속도 · 진행]을 늦추다
- mistakenly 잘못하여, 실수로

영어 | 2021년 국가직 9급

한눈에 훑어보기

✔ 영역 분석

어휘 01 02 03 04
4문항, 20%

독해 05 07 09 10 13 16 17 18 19 20
10문항, 50%

어법 06 08 14 15
4문항, 20%

표현 11 12
2문항, 10%

✔ 빠른 정답

01	02	03	04	05	06	07	08	09	10
①	②	②	④	④	②	③	③	④	④
11	12	13	14	15	16	17	18	19	20
①	②	④	④	②	①	②	③	④	①

✔ 점수 체크

구분	1회독	2회독	3회독
맞힌 문항 수	/ 20	/ 20	/ 20
나의 점수	점	점	점

---

01 난도 ★★☆   정답 ①

어휘 > 어구

[정답의 이유]

밑줄 친 in conjunction with는 '~와 함께'의 뜻으로 이와 의미가 가장 가까운 것은 ① 'in combination with(~와 결합하여)'이다.

[오답의 이유]

② ~에 비해서

③ ~ 대신에

④ ~의 경우

본문해석

사회적 관행으로서의 사생활은 다른 사회적 관행과 함께 개인의 행위를 형성하므로 사회생활의 중심이 된다.

VOCA

• shape 형성하다, 형태를 주다
• privacy 사생활
• practice 관행
• be central to ~의 중심이 되다

02 난도 ★☆☆   정답 ②

어휘 > 단어

[정답의 이유]

밑줄 친 pervasive는 '만연하는, 널리 퍼지는'의 뜻으로 이와 의미가 가장 가까운 것은 ② 'ubiquitous(어디에나 있는, 아주 흔한)'이다.

[오답의 이유]

① 기만적인, 현혹하는

③ 설득력 있는

④ 처참한

본문해석

재즈의 영향은 너무 만연해서 대부분의 대중음악은 재즈에 그 양식의 뿌리를 두고 있다.

VOCA

• owe A to B A는 B 덕분이다, A를 B에게 빚지다
• stylistic 양식의

03 난도 ★★☆ 정답 ②

어휘 > 단어

정답의 이유

밑줄 친 vexed는 '짜증 난, 화난'의 뜻으로 이와 의미가 가장 가까운 것은 ② 'annoyed(짜증 난, 약이 오른)'이다.

오답의 이유

① 냉담한, 무정한
③ 평판이 좋은
④ 자신감 있는

본문해석

이 소설은 사업을 시작하기 위해 학교를 그만둔 다루기 힘든 10대 청소년의 짜증 난 부모에 관한 것이다.

VOCA

- vexed 화가 난, 짜증 난, 골치 아픈
- unruly 제멋대로 구는, 다루기 힘든
- quit 그만두다

04 난도 ★★☆ 정답 ④

어휘 > 어구

정답의 이유

밑줄 친 부분 다음의 the police station으로 미루어 문맥상 시위자들의 행위로 가장 적절한 표현은 ④ 'break into(침입하다, 난입하다)'이다.

오답의 이유

① ~줄을 서다
② ~을 나눠 주다
③ 계속가다

본문해석

한 무리의 젊은 시위자들이 경찰서에 난입하려고 시도했다.

VOCA

- demonstrator 시위 참가자, 논쟁자
- attempt 시도하다

05 난도 ★★☆ 정답 ④

독해 > 세부 내용 찾기 > 내용 (불)일치

정답의 이유

마지막 문장에서 '~ and slavery was also an institution in many African nations(또한 노예제도는 다수의 아프리카 국가들에서는 하나의 관행이었다)'라고 했으므로 글의 내용과 일치하는 것은 ④ 'Slavery existed even in African countries(노예제도는 심지어 아프리카 국가들에도 존재했다).'이다.

오답의 이유

① 아프리카 노동자들이 자발적으로 아메리카 대륙으로 이주했다.
→ 첫 번째 문장에서 'The most notorious case of imported labor is of course the Atlantic slave trade(수입 노동의 가장 악명 높은 사례는 당연히 대서양 노예매매인데) ~'라고 했으므로 글의 내용과 일치하지 않는다.

② 유럽인들은 노예 노동을 이용한 최초의 사람들이었다. → 두 번째 문장에서 '~ earlier, the ancient Egyptians used slave labor to build their pyramids, early Arab explorers were often also slave traders(일찍이 고대 이집트인들은 그들의 피라미드 건설에 노예 노동을 이용했고, 초기 아랍의 탐험가들은 종종 노예 상인이었으며) ~'라고 했으므로 글의 내용과 일치하지 않는다.

③ 아랍의 노예제도는 더 이상 어떠한 형태로도 존재하지 않는다.
→ 두 번째 문장의 마지막 부분에서 '~ and Arabic slavery continued into the twentieth century and indeed still continues in a few places(아랍의 노예제도는 20세기까지 계속되었고, 실제로 몇몇 지역에서는 여전히 지속되고 있다).'라고 했으므로 글의 내용과 일치하지 않는다.

본문해석

수입 노동의 가장 악명 높은 사례는 당연히 대서양 노예매매인데, 이것은 대규모 농장을 운영하기 위해 천만 명에 달하는 아프리카인 노예들을 아메리카 대륙으로 이주시켰다. 그러나 유럽인들이 노예제도를 가장 대규모로 실행하기는 했지만, 그들이 노예를 자신들의 지역사회로 데려온 유일한 사람들이 결코 아니었다. 일찍이 고대 이집트인들은 그들의 피라미드 건설에 노예 노동을 이용했고, 초기 아랍의 탐험가들은 종종 노예 상인이었으며, 아랍의 노예제도는 20세기까지 계속되었고, 실제로 몇몇 지역에서는 여전히 지속되고 있다. 아메리카 대륙에서 일부 원주민 부족들은 다른 부족의 원주민들을 노예로 삼았으며, 또한 노예제도는 특히 식민지 시대 이전에 다수의 아프리카 국가들에서는 하나의 관행이었다.

VOCA

- notorious 악명 높은
- enslave 노예로 만들다
- plantation 대규모 농장
- slavery 노예제도
- by no means 결코 ~이 아닌
- tribe 부족
- institution 관습, 제도
- colonial 식민지의
- voluntarily 자발적으로

06 난도 ★★☆   정답 ②

어법 > 정문 찾기

정답의 이유

② since는 '~ 이래로'의 뜻으로 since가 포함된 전명구 또는 시간 부사절의 시제는 과거이며, 주절의 시제는 '기간'을 나타내는 현재완료 또는 현재완료진행이 사용된다. 따라서 have lived의 현재완료시제와 since I started의 과거시제가 모두 바르게 사용되었다.

오답의 이유

① 간접의문문의 어순은 '의문사＋주어＋동사'가 되어야 하므로 where should you visit → where you should visit가 되어야 한다.

③ 감정유발동사(excite)는 주어가 감정을 일으키는 원인일 경우 현재분사(-ing)를 쓰고, 주어가 감정을 느끼는 경우 과거분사(-ed)를 쓴다. 소설이 흥미진진한 감정을 일으키는 것이므로 excited → exciting이 되어야 한다.

④ 부가의문문에서 부정문일 때 긍정부가의문문을 사용하고, 긍정문일 때 부정부가의문문을 사용한다. 동사가 be동사의 부정(is not)이므로 doesn't it → is it이 되어야 한다.

본문해석

① 이 안내책자는 여러분이 홍콩에서 어디를 방문해야 하는지를 알려준다.
② 나는 대만에서 태어났지만, 일을 시작한 이래로 나는 한국에서 살고 있다.
③ 그 소설은 너무 재미있어서 나는 시간 가는 줄 몰랐고 버스를 놓쳤다.
④ 서점들이 더 이상 신문을 취급하지 않는 것은 놀랍지 않다. 그렇지요?

VOCA
- lose track of time 시간 가는 줄 모르다
- carry (가게에서 품목을) 취급하다

07 난도 ★★☆   정답 ③

독해 > 대의 파악 > 제목, 주제

정답의 이유

제시문은 기후 변화와 물고기의 크기 감소에 관한 내용으로, 주제문은 따뜻한 수온과 바닷물 속의 산소 감소가 물고기의 크기를 줄어들게 할 것이라는 연구 결과를 언급하고 있는 첫 번째 문장이다. 그 이후에 구체적인 연구 내용에 대해 제시하고 있으므로 글의 제목으로 가장 적절한 것은 글의 중심 소재인 climate change, shrink, fish가 모두 포함된 ③ 'Climate Change May Shrink the World's Fish(기후 변화가 세계의 물고기 크기를 줄어들게 할 수 있다)'이다.

오답의 이유

① 현재 어류는 이전보다 더 빨리 성장한다
② 해양 온도에 미치는 산소의 영향
④ 해양생물이 낮은 신진대사로 생존하는 법

본문해석

따뜻해지는 기온과 바닷물 속 산소의 감소는 참치와 그루퍼부터 연어, 진환도상어, 해덕, 대구에 이르기까지 수백 종의 어종을 이전에 생각했던 것보다 더 많이 줄어들게 할 것이라고 새로운 연구는 결론지었다. 더 따뜻해진 바다는 신진대사를 활성화하기 때문에, 물고기와 오징어, 다른 수중 호흡 생물들은 바다에서 더 많은 산소를 흡수해야 할 것이다. 동시에, 온도가 상승하는 바다는 이미 해양의 많은 곳에서 산소 이용 가능성을 감소시키고 있다. 콜롬비아 대학의 과학자 두 명은 주장하기를, 물고기의 몸통이 그들의 아가미보다 더 빠르게 자라기 때문에, 이 동물들은 결국 정상적으로 성장을 지속할 수 있을 만큼의 충분한 산소를 얻지 못하게 될 것이라고 한다. 저자 William Cheung은 말하기를, "우리가 발견한 것은 수온이 1도 상승할 때마다 물고기의 크기가 20~30퍼센트 줄어든다는 것이다."라고 한다.

VOCA
- shrink 줄어들게[오그라지게] 하다
- grouper 그루퍼(농엇과(科)의 식용어)
- thresher shark 진환도상어
- haddock 해덕(대구와 비슷하나 그보다 작은 바다고기)
- cod 대구
- metabolism 신진대사
- draw (연기나 공기를) 들이마시다[빨아들이다]
- argue 주장하다
- gill 아가미

08 난도 ★★☆   정답 ③

어법 > 비문 찾기

정답의 이유

③ which 앞에 선행사가 없고, which 다음 문장이 목적어가 없는 불완전한 문장이다. 또한 문맥상 '많은 사람들이 믿는 것'이 되어야 하므로 관계대명사 which는 명사절 접속사 what이 되어야 한다.

오답의 이유

① 타동사 realize의 뒤에 목적어가 없고, 주어 its potential은 '인식되는' 대상이므로 to부정사의 수동 형태(to be realized)가 올바르게 사용되었다.

② involve는 동명사를 목적어로 취하는 완전타동사로, creating은 타동사 involve의 목적어로 쓰였으므로 동명사 creating이 올바르게 사용되었다.

④ made 앞에 is가 생략된 수동태이다. 단수 주어(Valuable vacant land)에 맞춰 be동사가 is로 수일치되어 (is) made 가 되었으며, 목적격 보어로 형용사 productive가 올바르게 사용되었다.

도시 농업(UA)은 오랫동안 도시에서는 마땅한 장소가 없는 비주류 활동이라고 무시되어 왔다. 그러나, 그것의 잠재력이 인식되기 시작하고 있다. 사실, 도시 농업(UA)은 식량 자립에 관한 것이다. 그것은 일자리 창출을 포함하며, 특히 가난한 사람들을 위한 식량 불안정에 대한 반응이다. 많은 사람들이 믿는 것과는 반대로, 도시 농업(UA)은 모든 도시에서 발견되는데, 그곳에서 이것은 때로 숨겨져 있거나, 때로는 확연히 보인다. 주의 깊게 살펴보면, 대도시에서는 사용되지 않는 공간이 거의 없다. 귀중한 공터는 방치된 곳이 거의 없고, 공식적으로든 비공식적으로든 종종 점유되어 있으며, 생산적이다.

VOCA

• dismiss 묵살하다, 일축하다, 치부하다
• fringe 비주류의, 주변의, 둘레 가장자리
• self-reliance 자립, 자기 의존
• insecurity 불안정
• obvious 명백한, 분명한
• vacant 빈
• idle 비어 있는, 노는
• take over 탈취, 인계; 차지하다, 인수하다

더 알아보기

명사절 접속사 what

• what은 의문대명사(무엇) 외에 '~하는 것(the thing which)'이라는 뜻으로 문장에서 주어, 목적어, 보어 역할을 하는 명사절을 이끈다.

예 I don't want to remember what they did to me.
　　→ to remember의 목적어
　　(난 그들이 내게 한 짓을 기억하고 싶지 않다.)

예 What is a medium size in Japan is a small size in here.
　　→ 주어
　　(일본에서 중 사이즈는 여기서 소 사이즈이다.)

예 That is what I mean. → 보어
　　(그것이 내가 의미하는 것이다.)

• what＝선행사＋관계대명사

예 She didn't understand what I said.
　　＝ She didn't understand the fact that I said.
　　(그녀는 내가 한 말을 이해하지 못했다.)

• what절은 형용사절이 아니라 명사절이므로 선행사가 없고, 이어지는 절이 불완전하다.
• 관계대명사절은 선행사를 수식하는 형용사절이다.
• 관계대명사 vs. what

선행사	접속사	관계절 형태
있다	관계대명사 (that/which/who/whom)	주어＋동사 동사＋목적어
없다	what	불완전한 절(주어 또는 목적어가 없음)

09 난도 ★★☆ 　　　　　　　　　　정답 ④

독해 > 글의 일관성 > 문장 삽입

정답의 이유

For example(예를 들어)로 시작하는 주어진 문장에서 '다수의 자료를 보관하고 있는 뉴저지주의 기록보관소'의 예시를 구체적으로 제시하고 있으므로 주어진 문장 이전에는 '기록보관소의 다양한 자료 보관'에 대한 일반적인 내용이 제시되어야 한다. ④ 앞의 문장에서 'Many state and local archives ~ an amazing, diverse resource(대다수 주 정부 기록보관소와 지역 기록보관소는 ~ 놀랍도록 다양한 기록들이다).'가 언급된 다음에, 'For example, the state archives of New Jersey(예를 들어, 뉴저지의 주 기록보관소는) ~'로 이어받는 것이 자연스러우므로 문맥상 주어진 문장이 들어갈 위치로 가장 적절한 곳은 ④이다.

본문해석

기록보관소는 오디오에서 비디오, 신문, 잡지, 인쇄물들까지 자료들의 귀중한 발굴물이다: 이 자료들은 어떠한 역사 탐지 조사에서도 필수적으로 만든다. 도서관과 기록보관소가 동일하게 보일 수 있지만, 그 차이는 중요하다. 기록보관소의 수집품들은 거의 항상 1차 자료들로 구성되어 있지만, 도서관에는 2차 자료들이 있다. 한국 전쟁에 대해 좀 더 배우기 위해, 여러분은 역사책을 보러 도서관에 갈 것이다. 정부 문서나 한국 전쟁 당시 군인들이 쓴 편지를 읽고 싶다면, 여러분은 기록보관소로 갈 것이다. 만약 정보를 찾고 있다면, 여러분을 위한 기록보관소에 있을 가능성이 있다. 대다수 주 정부 기록보관소와 지역 기록보관소는 공적인 기록을 저장하는데, 그것들은 놀랍도록 다양한 기록들이다. 예를 들어, 뉴저지의 주 기록보관소는 30,000입방 피트 이상의 문서와 25,000릴 이상의 마이크로필름을 보유하고 있다. 주 정부 기록물을 온라인으로 검색하면, 입법부의 회의록보다 훨씬 더 많은 내용이 포함되어 있음을 즉시 보여줄 것이다. 정부 무상 불허지에 대한 자세한 정보가 발견될 수 있으며, 옛 마을지도, 범죄 기록 그리고 행상인 면허 신청서같이 특이한 것들도 발견된다.

VOCA

• archive 기록[공문서]보관소
• trove 발견물, 수집물
• cubic feet 입방 피트
• reel (실·밧줄·녹음테이프·호스 등을 감는) 릴, 감는 틀
• treasure trove 보고, 매장물, 귀중한 발견
• indispensable 불가결의, 필수적인
• investigation 조사, 연구
• be made up of ~로 구성되다
• primary source (연구·조사 등의) 1차 자료
• secondary source 2차 자료(집필자가 원저작물이 아닌 다른 저작물을 통해 정보를 얻은 자료)
• chances are 아마 ~일 것이다, ~할 가능성이 충분하다
• diverse 다양한
• minutes 회의록
• legislature 입법부, 입법 기관

- land grant (대학·철도의 부지로서) 정부가 주는 땅, 무상 불허지
- oddity 괴짜, 괴상한 사람, 이상한 물건
- peddler 행상인

10 난도 ★★☆　　　　　　　　　　　　　　　정답 ④

독해 > 글의 일관성 > 무관한 어휘·문장

[정답의 이유]

제시문은 번아웃의 개념을 설명하는 글로, 번아웃이라는 용어의 개념을 감정적 소모, 개인적 성취감의 결여, 비인격화라는 세 가지 측면으로 나누어 설명하고 있다. ④는 번아웃과 반대되는 동기부여에 관한 내용이므로 글의 흐름상 가장 어색한 문장이다.

본문해석

번아웃(burnout)이라는 용어는 업무 압박으로부터 '지치게 되는' 것을 의미한다. 번아웃은 일상의 업무 스트레스 요인이 직원들에게 피해를 준 결과 생기는 만성적인 질환이다. 가장 널리 채택된 번아웃 개념은 사회복지 노동자들에 대한 연구에서 Maslach와 그녀의 동료들에 의해 개발되었다. Maslach는 번아웃이 세 가지 상호 관련된 측면으로 구성되어 있다고 보았다. 첫 번째 측면인 '감정적 소모'는 사실상 번아웃 현상의 핵심이다. 근로자들은 피곤하고, 좌절하고, 기진맥진하거나 직장에서 더 이상 일할 수 없다고 느낄 때 '감정적 소모'를 겪는다. 번아웃의 두 번째 측면은 개인적 성취감의 결여이다. 이러한 번아웃 현상의 측면은 자신을 실패로 보면서 효과적으로 직무요건을 달성할 수 없다고 여기는 근로자들을 가리킨다. <u>감정 노동자들은 신체적으로 지쳤지만 매우 의욕적으로 그들의 일을 시작한다.</u> 번아웃의 세 번째 측면은 비인격화이다. 이러한 측면은 일의 일부로 타인들(예를 들면, 고객, 환자, 학생들)과 대면하여 의사소통해야 하는 근로자들만 해당된다.

VOCA

- burnout 극도의 피로
- wear out 지치다
- chronic condition 만성질환
- take a[its] toll on ~에 큰 피해[타격]를 주다
- dimension 규모, 차원, 관점
- used up 몹시 지친
- depersonalization 몰개인화, 비인격화
- relevant 관련 있는, 적절한

11 난도 ★☆☆　　　　　　　　　　　　　　　정답 ①

표현 > 일반회화

[정답의 이유]

부엌의 위생 상태를 지적한 A가 빈칸 앞에서 'You know how important a clean kitchen is(깨끗한 주방이 얼마나 중요한지 알잖아요).'라고 했고, B가 빈칸 앞에서 'I'm sorry(죄송합니다).'라고 했으므로 빈칸에 들어갈 B의 답변으로 가장 적절한 것은 ① 'I won't let it happen again(다시는 이런 일이 일어나지 않게 할게요).'이다.

[오답의 이유]

② 계산서를 지금 드릴까요?

③ 그게 제가 어제 그것을 잊어버린 이유예요.

④ 주문한 음식이 제대로 나오도록 할게요.

본문해석

A: 어젯밤에 여기 있었나요?

B: 네. 마감 교대조로 일했어요. 왜 그러세요?

A: 오늘 아침에 주방이 엉망인 상태였어요. 스토브에 음식이 튀어 있었고, 제빙그릇은 냉동고에 있지 않았어요.

B: 제가 청소 체크리스트 점검을 잊어버린 것 같아요.

A: 깨끗한 주방이 얼마나 중요한지 알잖아요.

B: 죄송합니다. <u>다시는 이런 일이 일어나지 않게 할게요.</u>

VOCA

- shift 교대조
- mess 엉망인 상태
- spatter 튀기다
- ice tray 제빙그릇
- freezer 냉동고
- go over ~을 점검하다

12 난도 ★☆☆　　　　　　　　　　　　　　　정답 ②

표현 > 일반회화

[정답의 이유]

A가 감기에 걸린 B에게 비강 스프레이를 추천하는 상황의 대화문이다. 비강 스프레이를 써봤냐는 A의 질문 이후, 대화의 마지막에 B가 'I don't like to put anything in my nose, so I've never used it(나는 코에 무엇이든 넣는 걸 싫어해서 사용해 본 적이 없어).'이라고 했으므로 B는 비강 스프레이 종류를 좋아하지 않아서 사용하지 않았다는 것을 알 수 있다. 따라서 빈칸에 적절한 것은 ② 'No, I don't like nose spray(아니, 난 비강 스프레이를 싫어해).'이다.

[오답의 이유]

① 응, 근데 도움이 되지 않았어.

③ 아니, 약국이 닫았어.

④ 응, 얼마나 써야 해?

A : 감기를 낫게 하기 위해 무엇을 좀 먹었니?

B : 아니, 나는 그냥 코를 많이 풀어.

A : 비강 스프레이 써봤어?

B : 아니. 난 비강 스프레이를 싫어해.

A : 그거 효과가 좋아.

B : 아니, 괜찮아. 나는 코에 무엇이든 넣는 걸 싫어해서 사용해 본 적이 없어.

VOCA

- pharmacy 약국
- take (약을) 먹다
- blow one's nose 코를 풀다
- nose spray 비강 스프레이

13 난도 ★☆☆ 정답 ④

독해 > 세부 내용 찾기 > 내용 (불)일치

정답의 이유

열 번째 문장에서 'The driest deserts, such as Chile's Atacama Desert, have parts(칠레의 Atacama 사막 같은 가장 건조한 사막에는 ~ 지역들이 있다)'라고 했으므로 글의 내용과 일치하지 않는 것은 ④ 'The Atacama Desert is one of the rainiest deserts (Atacama 사막은 비가 가장 많이 내리는 사막 중 하나이다.)'이다. Atacama 사막은 연간 강수량이 2mm 미만인 가장 건조한 사막 중 하나이다.

오답의 이유

① 각 대륙에 적어도 하나의 사막이 있다. → 첫 번째 문장에서 '~ they are found on every continent(그것들은 모든 대륙에서 찾아볼 수 있다).'라고 했으므로 글의 내용과 일치한다.

② Sahara는 세계에서 가장 큰 뜨거운 사막이다. → 여섯 번째 문장에서 'The largest hot desert in the world, northern Africa's Sahara, reaches temperatures of up to 50 degree Celsius(세계에서 가장 큰 뜨거운 사막인 북아프리카의 Sahara는 최대 섭씨 50도의 온도에 도달한다) ~'라고 했으므로 글의 내용과 일치한다.

③ Gobi 사막은 추운 사막으로 분류된다. → 일곱 번째 문장에서 'But some deserts are always cold, like the Gobi Desert in Asia(그러나 아시아의 Gobi 사막 같은 일부 사막은 항상 춥고) ~'라고 했으므로 글의 내용과 일치한다.

사막은 지구 육지의 1/5 이상을 덮고 있으며, 모든 대륙에서 발견된다. 일 년에 25센티미터(10인치) 미만의 비가 오는 장소는 사막으로 여겨진다. 사막은 메마른 땅이라고 불리는 광범위한 지역의 일부이다. 이러한 지역들은 '수분 부족'인 상태인데, 그것은 이 지역들이 연간 강수량보다 증발을 통해서 수분을 더 많이 잃을 수 있다는 것을 의미한다. 사막은 덥다는 일반적 개념에도 불구하고, 추운 사막도 있다. 세계에서 가장 큰 더운 사막인 북아프리카의 Sahara 사막

은 낮 동안 섭씨 50도(화씨 122도)의 온도에 도달한다. 하지만 아시아의 Gobi 사막과 세계에서 가장 큰 남극과 북극의 극지방 사막 같은 일부 어떤 사막은 항상 춥다. 다른 사막들에는 산이 많다. 오직 20퍼센트의 사막들만이 모래로 뒤덮여 있다. 칠레의 Atacama 사막 같은 가장 건조한 사막에는 1년에 강수량이 2mm(0.08인치) 미만인 지역들이 있다. 그러한 환경은 너무 황량하고 다른 세상 같아서 심지어 과학자들은 화성의 생명체에 대한 단서를 찾기 위해 그것들을 연구해 왔다. 반면에, 몇 년마다, 유난히 비가 많이 오는 시기는 'super blooms'를 초래할 수 있는데, 심지어 Atacama 사막조차도 야생화들로 뒤덮이게 된다.

VOCA

- continent 대륙
- moisture deficit 수분 부족
- evaporation 증발
- precipitation 강수, 강수량
- conception 이해, 개념
- antarctic 남극
- arctic 북극
- mountainous 산이 많은, 산지의
- harsh 혹독한
- otherworldly 비현실적인, 초자연적인
- super bloom 슈퍼 블룸(사막에 일시적으로 들꽃이 많이 피는 현상)
- blanketed in ~이 짙게 드리운, 두텁게 내려 앉은

14 난도 ★☆☆ 정답 ④

어법 > 영작하기

정답의 이유

④ '역시 그렇다'는 표현은 긍정문의 경우는 so를 사용하며, so 다음에서 주어와 동사가 도치된다. 이때 동사가 일반 동사이면 do를 대신 써서 도치해야 하는데, 주어가 her son이고 동사가 일반 동사의 과거형인 loved이므로 did를 사용하여 'so did her son'이 올바르게 쓰였다.

오답의 이유

① 'look forward to -ing'는 '~하기를 고대하다'의 뜻으로 이때 to는 전치사이다. 따라서 목적어로 동명사가 와야 하므로 to receive → to receiving이 되어야 한다.

② rise는 자동사로 목적어를 가질 수 없는데, rise 다음에 목적어 (my salary)가 있으므로 rise → raise가 되어야 한다.

③ '~할 만한 가치가 있다'는 'be worth -ing'를 써야 하므로 worth considered → worth considering이 되어야 한다.

'역시 그렇다'와 '역시 그렇지 않다'

• so+조동사[be동사]+주어: '주어도 역시 그렇다'

예 Jane went to the movies, and so *did her sister*.

　(Jane은 영화를 보러 갔고, 그녀의 여동생도 그랬다.)

예 The answers people have come up with have changed a lot. So *has science* itself.

　(사람들이 생각해낸 해답은 많이 달라졌다. 과학 그 자체도 그렇다.)

• neither[nor]+조동사[be동사]+주어: '주어도 역시 그렇지 않다'

예 They didn't believe his story, and neither *did I*.

　(그들은 그의 이야기를 믿지 않았고, 나도 믿지 않았다.)

예 Not all companies seek to accomplish the same goals, nor *do they* operate with identical cultures.

　(모든 회사가 동일한 목표를 달성하고자 하는 것은 아니며, 동일한 문화로 운영되는 것도 아니다.)

---

15 난도 ★☆☆　　　　　정답 ②

어법 > 영작하기

정답의 이유

② '너무 ~해서 …하다'라는 표현은 'so[such] ~ that'의 부사절 접속사 구문으로 쓴다. 'such ~ that' 표현의 경우 such 다음에 관사가 바로 오는 어순에 주의해야 한다. 'such+a[an]+형용사+명사'의 어순으로 바르게 사용되었다.

오답의 이유

① 'as if'는 '마치 ~인 것처럼'이라는 뜻의 접속사이므로 우리말 해석과 일치하지 않는다. '~일지라도'라는 양보의 의미가 되려면 '형용사[명사]+as+주어+동사'의 어순이 되어야 하므로 as if → as가 되어야 한다.

③ 'keep A −ing'는 'A가 계속 ~하게 하다'라는 의미이므로 우리말과 일치하지 않는 문장이다. 'A가 B하는 것을 방해하다'라는 표현은 'keep A from B(−ing)'로 해야 한다. 따라서 kept her advancing → kept her from advancing으로 고쳐야 한다.

④ if는 바로 다음에 or not과 함께 쓸 수 없으므로 if가 whether로 바뀌거나 or not을 문장 끝으로 이동시켜야 한다.

VOCA

• sincere　진실한

• advance　전진하다, 나아가다, 진보[향상]하다

• meteor　유성

• abolish　폐지하다

---

16 난도 ★☆☆　　　　　정답 ①

독해 > 빈칸 완성 > 단어·구·절

정답의 이유

제시문은 영국인들의 온라인 쇼핑을 통한 소비 행태를 설명하는 내용으로, 두 번째 문장에서 소비자들은 온라인 쇼핑으로 고민 없이 옷을 사고 주요 의류 브랜드들이 저가의 옷들을 공급하기 때문에 소비자들은 그것들을 사서 두세 번 입고 버리는 일회용품 취급한다는 온라인 쇼핑의 문제점을 설명하고 있다. 빈칸 앞부분에서 '~ not only are people spending money they don't have(사람들은 그들이 갖고 있지도 않은 돈을 소비할 뿐만 아니라) ~'라고 했으므로 문맥상 빈칸에는 ① 'they don't need(그들이 필요하지 않은)' 물건을 구입하는 데 돈을 쓰고 있다는 내용이 들어가는 것이 적절하다.

오답의 이유

② 생활필수품인

③ 곧 재활용될

④ 그들이 다른 사람들에게 물려줄 수 있는

본문해석

소셜 미디어, 잡지 그리고 상점 진열장은 사람들에게 사야 할 것을 매일 쏟아내고, 영국 소비자들은 과거 어느 때보다 더 많은 옷과 신발을 구매하고 있다. 온라인 쇼핑은 소비자들이 고민하지 않고 쉽게 구매할 수 있다는 것을 의미하고, 주요 브랜드들이 그러한 저가의 옷들을 공급하고 있기 때문에, 그 옷들은 두세 번 정도 입고 버려지는 일회용품처럼 취급될 수도 있다. 영국에서, 일반 사람들은 매년 1000파운드 이상을 새로운 의류 구입에 할애하며, 이는 그들의 수입 중 약 4%에 해당한다. 그것은 많은 것처럼 들리지 않을지도 모르지만, 그 수치에는 사회와 환경에 대한 두 가지 훨씬 더 우려되는 추세(경향)가 숨어 있다. 첫째, 소비자 지출의 많은 부분이 신용카드를 통해 이루어진다. 영국인들은 현재 신용카드 회사에 성인 1인당 거의 670파운드의 빚을 지고 있다. 이것은 평균 의류구입비 예산의 66%이다. 또한, 사람들은 가지고 있지 않은 돈을 소비할 뿐만 아니라, 필요하지 않은 물건을 사기 위해서도 돈을 쓰고 있다. 영국은 1년에 30만 톤의 의류를 버리는데, 그것의 대부분이 쓰레기 매립지로 간다.

VOCA

• bombard　퍼붓다[쏟아 붓다]

• disposable　일회용의, 처분할 수 있는, 마음대로 쓸 수 있는

• income　소득, 수입

• figure　수치

• via　(특정한 사람·시스템 등을) 통하여

• approximately　거의, 대략, 대체로

• wardrobe　옷장, 옷

• budget　예산

• landfill　쓰레기 매립지

• necessity(necessities)　필요(성), 필수품, 불가피한 일

• recycle　재활용하다

• hand down to　~로 전하다, 물려주다

독해 > 빈칸 완성 > 단어 · 구 · 절

[정답의 이유]

빈칸 앞부분의 'Thus, only moderate savings are possible through improved efficiency, ~'에서 향상된 효율성을 통해서는 단지 중간 정도의 비용 절감만 가능하다고 했고, 그것은 가격상승을 ~하게 만든다고 했으므로 서비스의 향상(세심한 개인적 서비스)을 위해서 가격 상승이 불가피한 것을 유추할 수 있다. 빈칸 다음에서 'Thus, the clientele of the fine-dining restaurant expects, ~'라고 탁월함을 위해 지불할 준비가 되어 있다고 언급하고 있으므로 밑줄 친 부분에 들어갈 말로 가장 적절한 것은 ② 'inevitable(불가피한)'이다.

[오답의 이유]

① 터무니없는

③ 엉뚱한

④ 상상도 할 수 없는

[본문해석]

탁월함은 고급 레스토랑에서는 절대적인 전제 조건인데, 그 이유는 청구되는 가격이 필연적으로 높기 때문이다. 운영자는 식당을 효율적으로 만들기 위해 가능한 할 수 있는 모든 것을 하겠지만, 손님들은 여전히 신중하고 개인적인 서비스, 즉 고도로 숙련된 주방장에 의해 (손님들의) 주문대로 음식이 준비되고 숙련된 서버가 서빙하는 것을 기대한다. 이 서비스는, 말 그대로, 육체노동이기 때문에, 미미한 생산성 향상만이 가능하다. 예를 들어, 요리사, 서버 또는 바텐더는 인간 수행의 한계에 도달하기까지 겨우 조금만 더 빨리 움직일 수 있다. 따라서 향상된 효율성을 통해 약간의 절약만이 가능하여 가격 상승이 불가피하다. (가격 상승에 따라 소비자들이 더 안목 있게 된다는 것은 경제학의 자명한 이치이다.) 따라서 고급 레스토랑의 고객은 탁월함을 기대하고, 요구하며, 기꺼이 탁월함에 대한 비용을 지불한다.

VOCA

- excellence 뛰어남, 탁월함
- absolute 절대적인
- prerequisite 전제 조건
- skilled 숙련된
- manual labor 수공일, 육체노동
- marginal 미미한
- only so much 제한된, 고작 이 정도까지인, 한계가 있는
- moderate 적절한, 적당한
- escalation 상승
- axiom 자명한 이치, 공리, 격언
- discriminating 안목 있는
- clientele (어떤 기관 · 상점 등의) 모든 의뢰인들[고객들]

독해 > 글의 일관성 > 글의 순서

[정답의 이유]

주어진 글은 인간의 언어가 다른 동물들의 의사소통 체계와 비교하여 정교하다고 설명하고 있으므로 (C)의 영장류들조차도 기초적인 의사소통 체계 이상을 갖지 못한다는 내용으로 연결될 수 있다. 이어서 (A)에서 That said와 nevertheless를 사용해서 인간 외의 다른 많은 종들도 자연 환경에서 복잡한 의사소통을 한다는 내용으로 이어지는 게 자연스럽다. 결론적으로 (A)의 many species를 (B)에서 they로 받고, (A)의 '자연적 환경(natural settings)'과 대치되는 표현으로 (B)의 '인위적인 상황(artificial contexts)'을 제시하고 있다. 따라서 주어진 글 다음에 이어지는 글의 순서로 적절한 것은 ③ '(C) - (A) - (B)'이다.

[본문해석]

분명히, 인간의 언어는 원숭이나 영장류들의 명백히 제한된 발성 중에 두드러진다. 게다가 그것은 다른 형태 동물의 의사소통을 훨씬 능가하는 정교함을 보여준다.

(C) 심지어 우리와 가장 가까운 영장류 사촌들조차 수년 동안 집중적인 훈련을 거친 이후에도 기초적인 의사소통 체계 이상의 것은 습득하지 못하는 것처럼 보인다. 언어라는 복잡성은 확실히 한 종에만 국한된 고유한 특성이다.

(A) 그렇긴 해도, 인간의 언어에는 훨씬 못 미치지만, 그럼에도 불구하고 많은 종들이 자연환경에서 인상적으로 복잡한 의사소통 체계를 보인다.

(B) 그리고 그것들은 인간과 함께 키워질 때처럼, 인위적인 환경에서 훨씬 더 복잡한 체계를 배울 수 있다.

VOCA

- decidedly 확실히, 분명히, 단호히
- vocalization 발성(된 단어 · 소리), 발성(하기)
- ape 유인원
- sophistication 교양, 세련
- exhibit 드러내다, 보여주다
- artificial 인위적인, 인공적인
- context 상황, 환경
- primate 영장류
- incapable of ~할 수 없는
- rudimentary 가장 기본[기초]적인
- communicative 의사 전달의
- complexity 복잡성, 복잡함
- species-specific 한 종에만 국한된
- trait 특성

독해 > 대의 파악 > 제목, 주제

[정답의 이유]

제시문은 세계 자본주의의 영향과 반응에 관한 내용의 글이다. 세계화가 좋은 결과를 가지고 오긴 했지만, 저임금 노동자들을 착취하고 독점적 형태의 자본주의가 되었다고 비판하고, 이로 인해 자발적으로 민간단체 등에 가입하거나, 국제적 연합 세력 등이 생겨나는 등 여러 사회적 반응들이 나타났다고 기술하고 있으므로 글의 주제로 가장 적절한 것은 ④ 'The exploitative characteristics of global capitalism and diverse social reactions against it(세계 자본주의의 착취적인 성격과 그에 대한 다양한 사회적 반응들)'이다.

[오답의 이유]

① 과거 개발도상국에서 세계화에 대한 긍정적인 현상들
② 20세기의 사회주의의 쇠퇴와 자본주의의 출현
③ 세계 자본 시장과 좌익 정치 조직 간의 갈등

본문해석

20세기 후반에 사회주의는 서양과 개발도상국의 넓은 지역에서 후퇴하고 있었다. 시장 자본주의의 발전이라는 새로운 국면 동안, 세계의 무역 거래 형태는 점점 상호 연결되었고, 정보 기술의 발달은 규제가 해제된 금융 시장이 순식간에 국가 경계를 초월하여 거대한 자본의 흐름을 바꿀 수 있었다는 것을 의미했다. '세계화'는 무역을 활성화하고, 생산성 향상을 고취하고, 가격을 낮췄지만, 비평가들은 그것이 저임금 노동자들을 착취했고 환경 문제에 무관심하며, 제3세계 자본주의라는 독점적인 형태의 지배를 받게 했다고 주장했다. 이러한 과정에 대해 항의하고 싶었던 서양 사회의 많은 급진주의자들은 소외된 좌파 정당들이 아니라 자발적인 단체, 자선 단체 그리고 다른 비정부 단체들에 가입했다. 환경 운동 자체는 세계가 서로 연결되어 있다는 인식에서 성장했으며, 분산되어 있지만 분노한 국제 이익 연합세력들이 부상했다.

VOCA

- retreat 후퇴, 철수
- interlink 연결하다
- deregulate 규제를 철폐하다
- boundary 경계
- allege 주장하다
- indifferent 무관심한
- subject A to B A를 B에 복종[종속]시키다
- monopolistic 독점적인
- marginalize (특히 사회의 진보에서) 처지다, 사회에서 소외되다
- interconnect 연결하다
- diffuse 분산되다, 확산되다
- coalition 연합(체)
- exploitative 착취적인

독해 > 대의 파악 > 분위기, 어조, 심경

[정답의 이유]

제시문은 우연히 특이한 돌을 발견한 어린 광부 Johnbull이 그것을 다른 광부에게 보여준 다음에 그 광부가 보인 반응을 보고 마음속으로 그 돌이 정말 보석일 수도 있다고 기대한다는 내용이다. 마지막 문장 'Could it be(과연 그럴까)?'로 미루어 그 돌이 진짜 다이아몬드일지도 모른다는 기대감을 지니고 있음을 유추할 수 있으므로 Johnbull의 심경으로 가장 적절한 것은 ① 'thrilled and excited (신나고 흥분한)'이다.

[오답의 이유]

② 고통스럽고 낙담한
③ 거만하고 확신에 찬
④ 무심하고 무관심한

본문해석

이글거리는 한낮의 태양 아래, 최근에 캐낸 자갈 더미에서 노란 달걀 모양의 돌멩이가 눈에 띄었다. 16살의 광부 Komba Johnbull은 호기심에 그것을 집어 들고 피라미드 모양의 납작한 면을 만지작거렸다. Johnbull은 다이아몬드를 본 적이 없었지만, 아무리 큰 발견물이라고 해도 그의 엄지손톱보다 크지 않을 거라는 사실 정도는 충분히 알고 있었다. 그럼에도 불구하고, 그 돌멩이는 다른 사람의 의견을 들어볼 만큼 충분히 특이했다. 그는 조심스럽게 정글 깊숙한 곳에서 진흙투성이 틈새 작업을 하고 있는 더 경험이 많은 광부들 중 한 명에게 그것을 가지고 갔다. 현장 감독은 그 돌을 보고 눈이 휘둥그레졌다. "그것을 주머니에 넣어라," 그가 속삭였다. "계속해서 캐라." 그 나이 많은 광부는 누군가가 그들이 뭔가 대단한 것을 발견했다고 생각한다면 위험해질 수 있다고 그에게 경고했다. 그래서 Johnbull은 해질 때까지 계속해서 삽질하면서, 가끔 멈추어 그의 주먹에 있는 그 무거운 돌을 움켜잡았다. 과연 그럴까?

VOCA

- blazing 불타는 듯한
- stand out 눈에 띄다, 두드러지다
- unearth 파다
- gravel 자갈
- merit 받을 만하다[자격/가치가 있다]
- second opinion 다른 사람의 의견
- sheepishly 소심하게
- gash (바위 등의) 갈라진 금[틈]
- pit boss (광산의) 현장 감독
- dig 파다
- shovel 삽, 부삽, 삽으로 푸다

영어 | 2021년 지방직 9급

한눈에 훑어보기

✔ 영역 분석

어휘
5문항, 25%
01 02 03 04 05

독해
9문항, 45%
09 10 13 14 16 17 18 19 20

어법
4문항, 20%
06 07 08 15

표현
2문항, 10%
11 12

✔ 빠른 정답

01	02	03	04	05	06	07	08	09	10
④	③	①	②	④	④	②	②	④	①
11	12	13	14	15	16	17	18	19	20
①	③	②	②	③	②	④	①	③	②

✔ 점수 체크

구분	1회독	2회독	3회독
맞힌 문항 수	/ 20	/ 20	/ 20
나의 점수	점	점	점

01 난도 ★★☆   정답 ④

어휘 > 단어

정답의 이유

밑줄 친 gratification은 '만족감, 큰 기쁨'의 뜻으로 이와 의미가 가장 가까운 것은 ④ 'satisfaction(만족)'이다.

오답의 이유

① 원기, 활기
② 신뢰, 자신감
③ 평온, 고요

본문해석

많은 충동 구매자들에게 구매 행위는 그들이 무엇을 구매하는지보다 만족으로 이어지는 것이다.

VOCA

- compulsive 강제적인, 충동적인
- purchase 구매하다, 사다
- lead to ~을 야기하다, ~로 이어지다
- gratification 만족감

02 난도 ★☆☆   정답 ③

어휘 > 단어

정답의 이유

빈칸 앞에서 더 낮은 비용으로 상품과 서비스를 자유롭게 거래할 수 있게 해준다고 했으므로 문맥상 빈칸에는 긍정적인 표현이 와야 한다. 따라서 빈칸에 들어갈 말로 가장 적절한 것은 ③ 'efficiency(효율)'이다.

오답의 이유

① 멸종
② 불경기, 우울증
④ 조심, 경고

본문해석

세계화는 더 많은 나라들이 그들의 시장을 개방하도록 이끌며, 그들이 더 낮은 가격에 더 높은 효율로 상품과 서비스를 자유롭게 거래할 수 있게 한다.

03 난도 ★★☆   정답 ①

어휘 > 단어

정답의 이유

빈칸 앞부분에서는 번아웃의 대가에 대해 언급하고 있고, 빈칸 다음에 번아웃에서 벗어날 수 있는 방법들(Regularly unplug. Reduce unnecessary meetings. Exercise. Schedule small breaks during the day. Take vacations ~)이 열거되고 있으므로 문맥상 빈칸에 가장 적절한 것은 ① 'fixes(해결책들)'이다.

오답의 이유

② 손해들

③ 포상들

④ 문제들

본문해석

우리는 번아웃(극도의 피로)의 대가에 대해 잘 알고 있다. 즉, 에너지, 동기부여, 생산성, 참여와 헌신이 직장에서나 가정에서나 모두 타격을 입을 수 있다. 그리고 해결책들의 대다수가 상당히 직관적이다. 정기적으로 코드를 뽑아라. 불필요한 회의를 줄여라. 운동을 하라. 낮에 잠깐 동안의 휴식을 일정에 넣어라. 여러분이 직장을 벗어날 수 없다고 생각할지라도 휴가를 내라. 왜냐하면 때로 여러분은 떠나지 못하는 것을 감당할 수 없기 때문이다.

VOCA

- engagement 약속, 업무, 참여
- commitment 약속, 헌신
- take a hit 타격을 입다
- intuitive 직감에 의한, 직감하는
- afford ~할 여유가 있다, ~할 수 있다
- now and then 때때로, 가끔

04 난도 ★★☆   정답 ②

어휘 > 어구

정답의 이유

제시문은 정부가 증가된 세금 부담을 완화시키기 위해 해결책을 모색하고 있다는 내용으로 빈칸 다음에서 'those present to open more communication channels with the public(참석자들에게 대중들과 더 많은 소통 채널을 열 것을)'이라고 했으므로 문맥상 빈칸에 들어갈 말로 가장 적절한 것은 ② 'called for(요청했다)'이다. 'call for A to부정사'는 'A에게 ~할 것을 요청하다'이다.

오답의 이유

① ~ 위에 떨어졌다

③ ~을 (차에) 태웠다

④ ~을 거절했다

본문해석

정부는 새로운 세금 정산 제도로 인해 늘어난 세금 부담에 대해 급여 노동자들을 달래기 위한 방안을 모색하고 있다. 지난 월요일 대통령 보좌관들과의 회의 동안, 대통령은 참석자들에게 대중들과의 더 많은 소통 채널을 열 것을 요청했다.

VOCA

- soothe 달래다
- present 참석한
- salaried 봉급을 받는
- tax settlement 세금 정산
- presidential aides 대통령 보좌관

05 난도 ★★☆   정답 ④

어휘 > 단어

정답의 이유

밑줄 친 apprehend는 '이해하다, 파악하다'의 뜻으로 이와 의미가 가장 가까운 것은 ④ 'grasp(파악하다)'이다.

오답의 이유

① 포함하다

② 침입하다

③ 검사하다

본문해석

중국의 서예를 공부할 때, 중국어의 기원과 그것이 원래 어떻게 쓰였는지 배워야 한다. 하지만, 그 나라의 예술적 전통에서 자란 사람들을 제외하고는, 그것의 미적인 의미를 파악하기는 매우 어려운 것처럼 보인다.

VOCA

- calligraphy 서예, 달필
- bring up 기르다, 양육하다
- aesthetic 미적인
- significance 중요성, 의미

06 난도 ★★☆　　　　　　　　　　　　정답 ④

어법 > 영작하기

[정답의 이유]

④ '지각동사＋목적어＋원형부정사[－ing/p.p.]'인데, 목적어(a family)가 위층에 '이사 오는' 능동 관계이므로 moved → moving 이 되어야 한다.

[오답의 이유]

① '수일치'와 '형용사＋to부정사'에 대한 문제이다. 주어(His novels)는 복수 명사이므로 복수 동사(are)가 올바르게 쓰였으며, to부정사(to read)가 난이형용사(hard, easy, difficult 등)를 수식하여 '～하기 …하다'로 올바르게 사용되었다.

② 'It is no use －ing(～해도 소용없다)'는 동명사의 관용표현이므로 'It is no use trying ～'이 올바르게 사용되었다.

③ '태'와 'every＋숫자'에 대한 문제이다. 주어(My house)가 페인트가 칠해지는 것이므로 수동태(is painted)가 올바르게 쓰였다. '매 ～마다'는 'every＋기수＋복수 명사(every five years)'로 올바르게 사용되었다.

VOCA

· persuade 설득하다
· move in 이사 오다

더 알아보기

지각동사＋목적어＋원형부정사/현재분사(－ing)/과거분사(p.p.): '목적어가 ～하는 것을 …하다'

see, watch, observe	보다	
notice	알아채다	＋목적어＋원형부정사/현재분사 → 능동
hear, listen to	듣다	＋목적어＋p.p. → 수동
feel	느끼다	

예 We noticed them *coming* in. → 능동
　(우리는 그들이 들어오는 것을 알아챘다.)

예 Even dogs yawn in response to seeing their owners or even strangers *yawn*. → 능동
　(심지어 개들도 그들의 주인이나 심지어 낯선 사람들이 하품하는 것을 보고 반응하여 하품을 한다.)

예 I heard the door *shut* by itself. → 수동
　(나는 문이 저절로 닫히는 소리를 들었다.)

07 난도 ★★★　　　　　　　　　　　　정답 ②

어법 > 영작하기

[정답의 이유]

② '사역동사＋목적어＋원형부정사[p.p.]' 문제이다. 사역동사 let은 과거분사를 목적격 보어로 취할 수 없으므로 목적어와 목적격 보어가 수동 관계일 경우 'let＋목적어＋be＋p.p.'로 나타낸다. 따라서 distracted → be distracted가 되어야 한다.

[오답의 이유]

① 사역동사(had) 다음에 목적어(the woman)가 '수동(체포되는) 관계'이므로 목적격 보어에 과거분사(arrested)가 올바르게 사용되었다.

③ 사역동사(let) 다음에 목적어(me)가 '능동(아는) 관계'이므로 동사원형(know)이 올바르게 사용되었다.

④ 사역동사(had) 다음에 목적어(the students)가 '능동(전화를 거는) 관계'이므로 동사원형(phone)이 올바르게 사용되었으며, phone과 ask가 접속사(and)로 연결되었다. 'ask＋목적어＋to부정사'는 '목적어에게 ～할 것을 부탁하다'의 뜻으로 올바르게 사용되었다.

VOCA

· distract 집중이 안 되게 하다
· police authorities 경찰 당국
· donate 기부하다

더 알아보기

사역동사＋목적어＋원형부정사[p.p.]: '목적어를 ～하도록(당하도록) 하다'

make	～하게 만들다	＋목적어＋원형부정사 → 능동
have	～하게 하다	＋목적어＋p.p. → 수동
let	～하도록 허락하다	＋목적어＋원형부정사 → 능동
		＋목적어＋be p.p. → 수동

예 The mother made her daughter *clean* the room. → 능동
　(어머니는 딸에게 방청소를 시켰다.)

예 He had his political enemies *imprisoned*. → 수동
　(그는 그의 정적들을 투옥시켰다.)

예 I will let you *know* if I can accompany you on your walk. → 능동
　(내가 산책에 동행할 수 있는지 네게 알려 줄게.)

08 난도 ★★☆　　　　　　　　　　　　정답 ②

어법 > 정문 찾기

[정답의 이유]

② 병렬 구조와 needless to say에 대한 문제이다. 접속사(and)로 연결된 병렬 구조를 이루므로 과거시제 동사(attempted와 had)가 올바르게 쓰였다. needless to say는 '～는 말할 것도 없이'라는 뜻의 관용 표현이다.

[오답의 이유]

① 2형식 동사(become)는 주격 보어를 취하는 동사로 주격 보어에는 명사나 형용사가 와야 하므로 unpredictably → unpredictable 이 되어야 한다.

③ upon －ing는 '～하자마자'의 뜻으로, 전치사(upon) 다음에 명사 상당어구가 와야 하므로 Upon arrived → Upon arriving [arrival]이 되어야 한다.

④ enough는 형용사 혹은 부사 다음에서 후치 수식하므로 enough comfortable → comfortable enough가 되어야 한다.

① 나의 다정한 딸이 갑자기 예측할 수 없게 되었다.

② 그녀는 새로운 방법을 시도했고, 말할 것도 없이 다른 결과가 나왔다.

③ 도착하자마자, 그는 새로운 환경을 최대한 활용했다.

④ 그는 자신이 하고 싶었던 것에 대해 내게 말할 만큼 충분히 편하게 느꼈다.

- sweet-natured 다정한, 상냥한
- unpredictably 예측할 수 없게
- take advantage of ~을 이용하다, ~을 기회로 활용하다

09 난도 ★★☆ 　　　　　　정답 ④

독해 > 대의 파악 > 제목, 주제

정답의 이유

제시문은 '디지털 전환(digital turn)'의 정의와 사회적 현실에서의 역할, 개인에게 미치는 영향에 대해 서술하고 있으므로 글의 제목으로 가장 적절한 것은 ④ 'Digitalization Within the Context of Social Reality(사회적 현실의 맥락 안에서의 디지털화)'이다.

오답의 이유

① SNS에서 정체성 다시 만들기

② 언어적 전환 대 디지털 전환

③ 디지털 시대의 정보 공유 방법

'전환'의 정의는 우리가 사회적 현실에서 디지털화의 역할에 집중할 수 있도록 하는 분석 전략으로써 디지털 전환을 묘사한다. 분석적 관점으로 보면, 디지털 전환은 디지털화의 사회적 의미를 분석하고 토론하는 것을 가능하게 한다. 따라서 '디지털 전환'이라는 용어는 한 사회 내에서 디지털화의 역할에 초점을 맞춘 분석적 접근 방식을 의미한다. 만약 언어적 전환이 언어를 통해 현실이 구성된다는 인식론적 가정에 의해 정의된다면, 디지털 전환은 사회적 현실이 점점 디지털화에 의해 정의된다는 가정에 기반을 둔다. 소셜 미디어는 사회적 관계의 디지털화를 상징한다. 개인들은 더욱 더 소셜 네트워킹 사이트(SNS)상에서의 정체성 관리에 관여한다. SNS는 다방향적인데, 이는 사용자가 서로 연결되고 정보를 공유할 수 있다는 것을 의미한다.

- definition 정의
- cast 던지다, 제시하다
- perspective 관점
- signify 의미하다
- center on 초점을 맞추다
- linguistic 언어적인
- assumption 가정
- engage in 관여하다
- polydirectional 다방향의

10 난도 ★★★ 　　　　　　정답 ①

독해 > 글의 일관성 > 글의 순서

정답의 이유

주어진 글의 마지막 부분에 재생에너지(renewable energy) 캠페인이 조직되었다는 내용이 나오는데, (C)의 첫 문장에서 '~ the UK government's inability to rapidly accelerate the growth of renewable energy industries ~'라고 했으므로 문맥상 (C)로 이어지는 것이 적절하다. (C)의 마지막 문장에 언급된 'the Westmill Solar Co-operative'를 (A)의 'This solar cooperative'로 받는다. (B)에서 'Similarly'로 시작하면서 미국에서도 재생에너지를 지지하는 Clean Energy Collective가 설립되었다고 마무리하고 있으므로 주어진 글 다음에 이어질 글의 순서로 가장 적절한 것은 ① '(C) - (A) - (B)'이다.

세계 기후 변화에 대하여 증가하는 우려는 활동가들이 화석 연료 추출 소비에 대한 반대 캠페인뿐만 아니라 재생에너지 지원 캠페인도 조직하도록 동기를 부여해 왔다.

(C) 재생에너지 산업 성장을 신속하게 가속화하는 데 대한 영국 정부의 무능력함에 좌절한 환경 운동가들은 Westmill Wind Farm Co-operative를 결성했는데, 이는 2,000명 이상 회원이 있는 지역사회 소유 단체이며, 연간 2,500가구의 소비량 만큼의 전력을 생산하는 것으로 추정되는 육상 풍력 발전단지를 소유하고 있다. Westmill Wind Farm Co-operative는 지역 시민들에게 Westmill Solar Co-operative를 만들도록 고무시켰다.

(A) 이 태양열 협동조합은 1,400가구에 전력을 공급하기에 충분한 에너지를 생산하여, 국내 최초의 대규모 태양열 농장 협동조합이 되었으며, 회원들에 따르면, 이 태양열 발전은 "일반인들이 자신의 옥상에서뿐만 아니라 공익사업 규모로도 청정 전력을 생산할 수 있는 지속 가능하고 '민주적인' 에너지 공급의 새로운 시대"를 대표한다는 가시적인 신호이다.

(B) 유사하게, 미국의 재생에너지 지지자들은 Clean Energy Collective를 설립했는데, 이 기업은 '참여형 공익 사업 고객들이 공동으로 소유한 중간 규모의 설비를 통해 청정 전력 발전을 가져올 모델'을 개척해 왔다.

- extraction 추출
- reminder 상기시키는 것
- sustainable 지속 가능한
- utility (수도 전기 가스 같은) 공익사업
- enthusiast 열렬한 지지자
- pioneer 개척하다
- collectively 집합적으로, 총괄하여
- frustrate 좌절감을 주다, 불만스럽게 만들다
- inability 무능, 불능
- accelerate 가속화되다, 가속화하다
- onshore 육지의
- inspire 고무하다

11 난도 ★☆☆　　　　　　　　　　　정답 ①

표현 > 일반회화

정답의 이유

B가 빈칸 앞에서 'It was really good.'이라고 했고, 빈칸 다음에서 그 영화의 특수효과가 환상적이었다고 했으므로 문맥상 A가 B에게 영화에서 좋았던 점을 구체적으로 물어보는 표현이 빈칸에 와야 함을 유추할 수 있다. 따라서 빈칸에는 ① 'What did you like the most about it(어떤 점이 가장 좋았어)?'이 가장 적절하다.

오답의 이유

② 네가 가장 좋아하는 영화 장르가 뭐야?

③ 그 영화는 국제적으로 홍보되었니?

④ 그 영화는 매우 비쌌니?

본문해석

A: 주말 잘 보냈어?

B: 응, 꽤 괜찮았어. 우리는 영화 보러 갔었어.

A: 오! 뭘 봤는데?

B: *Interstellar*. 정말 좋았어.

A: 정말? 어떤 점이 가장 좋았어?

B: 특수효과야. 정말 환상적이었어. 다시 봐도 좋을 것 같아.

VOCA

• special effect 특수효과

• mind 꺼리다

12 난도 ★☆☆　　　　　　　　　　　정답 ③

표현 > 일반회화

정답의 이유

A가 두 달 방학이 일주일처럼 지나갔다고 하면서 시간의 빠름을 말하고 있는데, B가 '내 말이 그 말이야. 방학이 몇 주 동안 느릿느릿 지나갔어.'라고 했으므로 앞뒤가 맞지 않는 어색한 대화는 ③이다.

본문해석

① A: 오늘 내가 해야 하는 이 연설 때문에 너무 떨려.

　 B: 가장 중요한 건 침착함을 유지하는 거야.

② A: 그거 알아? 민수와 유진이가 결혼한대!

　 B: 잘됐다! 그들은 언제 결혼하니?

③ A: 두 달 방학이 마치 일주일처럼 지나갔어. 새 학기가 코앞이야.

　 B: 내 말이 그 말이야. 방학이 몇 주 동안 느릿느릿 지나갔어.

④ A: '물'을 프랑스어로 어떻게 말해?

　 B: 기억이 날 듯 말 듯한데. 그게 기억이 안 나.

VOCA

• tie the knot 결혼하다

• be around the corner 목전에 닥치다, 임박하다

• drag on 질질 끌다, 계속되다

• on the tip of one's tongue 혀끝에서 맴도는, 기억이 날 듯 안 나는

13 난도 ★★☆　　　　　　　　　　　정답 ②

독해 > 세부 내용 찾기 > 내용 (불)일치

정답의 이유

제시문은 여성과 남성의 대화 방식의 차이에 관한 글이다. 세 번째 문장에서 'Women's conversations range from health to their houses, from politics to fashion, ~ but sports are notably absent.'라고 하면서 여성들은 대화의 주제 범위가 다양하지만 스포츠에 대한 대화는 없다고 했으므로 글의 내용과 일치하지 않는 것은 ② '여성들의 대화 주제는 건강에서 스포츠에 이르기까지 매우 다양하다.'이다.

오답의 이유

① 첫 번째 문장에서 '~ and they always talk about trivial things, or at least that's what men have always thought.' 라고 했으므로 글의 내용과 일치한다.

③ 다섯 번째 문장에서 '~ women also tend to move quickly from one subject to another in conversation, ~'이라고 했으므로 글의 내용과 일치한다.

④ 마지막 문장에서 '~ they sometimes find it hard to concentrate when several things have to be discussed at the same time in a meeting.'이라고 했으므로 글의 내용과 일치한다.

본문해석

여성들은 수다에 능숙하고, 그들은 항상 사소한 것들에 대해 이야기 한다. 혹은 적어도 남성들은 항상 그렇게 생각해 왔다. 하지만 몇몇 새로운 연구는 여성들이 여성들과 대화할 때, 그들의 대화는 하찮음 과는 거리가 멀고, 남성들이 다른 남성들과 대화할 때보다 더 많은 주제(최대 40개의 주제)를 다루고 있다는 것을 시사한다. 여성들의 대화는 건강부터 집에 관한 것까지, 정치부터 패션까지, 영화에서 가족까지, 교육에서 관계 문제까지를 총망라하지만, 스포츠는 눈에 띄게 없다. 남성들은 더 제한된 범위의 주제를 가지는 경향이 있는 데, 가장 인기 있는 것은 일, 스포츠, 농담, 자동차, 여성들이다. 1,000명이 넘는 여성들을 인터뷰했던 심리학자인 Petra Boynton 교수에 의하면 여성들은 또한 대화 중에 한 주제에서 다른 주제로 빠르게 이동하는 경향이 있는 반면, 남성들은 대체로 더 오랫동안 한 주제를 고수한다. 직장에서, 이러한 차이점은 남성들에게 장점으 로 작용할 수 있는데, 그들은 다른 문제들을 제쳐두고 토의하는 주 제에 온전하게 집중할 수 있기 때문이다. 다시 말하면, 이것은 또한 때로 회의에서 여러 가지 일을 동시에 논의해야 할 때 남성들이 그 것들에 집중하기 힘들다는 것을 의미한다.

VOCA

• be an expert at ～에 능숙하다

• frivolous 시시한, 하찮은

• notably 특히, 현저히

• psychologist 심리학자

• stick to ～을 고수하다

14 난도 ★★☆　　　　　　　　　　　정답 ②

독해 > 글의 일관성 > 무관한 어휘 · 문장

[정답의 이유]

제시문은 15세기 과학, 철학, 미술의 구분이 없었을 때 아리스토텔레스의 철학이 학자들에게 어떤 영향을 주었는지에 관한 글이므로 글의 흐름상 적절하지 않은 문장은 ② 'Humanists quickly realized the power of the printing press for spreading their knowledge(인문주의자들은 자신들의 지식을 전파하는 인쇄기의 위력을 빠르게 깨달았다).'이다.

[본문해석]

15세기에는 과학, 철학, 미술 사이에 구분이 없었다. 세 분야 모두 '자연 철학'의 일반적인 주제 아래에 있었다. 자연 철학 발전의 중심이 되는 것은 고전적인 작가들의 회복이었는데, 가장 중요한 것이 아리스토텔레스의 작품이었다. 인문주의자들은 자신들의 지식을 전파하는 인쇄기의 위력을 빠르게 깨달았다. 15세기 초에 아리스토텔레스는 철학과 과학에서 모든 학문적 성찰의 기초가 되었다. Averroes와 Avicenna의 아랍어 번역본과 주석 속에서 생생하게 살아 있는 아리스토텔레스는 자연계와 인류의 관계에 대한 체계적인 관점을 제공했다. *Physics*, *Metaphysics*, *Meteorology* 같은 현존하는 그의 저서들은 학자들에게 자연 세계를 창조한 힘을 이해할 수 있는 논리적인 도구들을 제공했다.

VOCA

- heading 제목, 주제
- central to ~에 중심이 되는
- humanist 인문주의자
- printing press 인쇄기
- scholastic 학자의, 학문적인
- speculation 사색, 성찰; 추론, 추측
- perspective 관점, 시각
- Metaphysics 형이상학
- Meteorology 기상학

15 난도 ★★★　　　　　　　　　　　정답 ③

어법 > 비문 찾기

[정답의 이유]

③ vary는 '다르다'라는 뜻의 자동사이므로 will be vary → will vary가 되어야 한다.

[오답의 이유]

① 'of+추상명사'는 형용사 역할을 하며 '~한'으로 해석하므로 be동사 다음에 of special interest는 보어로 어법에 맞게 쓰였다.

② 과거 시간 부사(in the past)가 있으므로 과거시제(were)가 올바르게 쓰였다. consider는 'consider+목적어+(to be)+형/명'으로 쓰이는 5형식 동사로 수동태가 되면 'be considered+(to be)+형/명'이 되므로 were considered to be the ultimate tool for a typist로 올바르게 사용되었다.

④ 과거 시간 부사(in 1975)가 있으므로 과거시제(was)가 올바르게 쓰였다. 주어(The world's first digital camera)가 '만들어지는' 수동 관계이므로 수동태(was created)가 올바르게 쓰였다.

본문해석

① 지진 후에 뒤따르는 화재는 보험 업계에서 특히 관심이 있다.

② 워드 프로세서는 과거에 타자수에게 최고의 도구로 여겨졌다.

③ 현금 예측에서 소득의 요소들은 회사 상황에 따라 달라질 것이다.

④ 세계 최초의 디지털 카메라는 1975년 Eastman Kodak에서 Steve Sasson에 의해서 만들어졌다.

VOCA

- insurance industry 보험 업계
- ultimate 최고의, 궁극적인
- element 요소
- circumstance 상황, 환경

16 난도 ★★☆　　　　　　　　　　　정답 ②

독해 > 빈칸 완성 > 단어 · 구 · 절

[정답의 이유]

빈칸 다음 문장에서 중국이 30년 동안 10% 성장을 지속해 왔고 이것이 세계 경제를 움직이게 했다고 했으며, 성장률이 공식적으로 약 7%로 둔화되었다고 했으므로 문맥상 빈칸에는 중국 경제의 둔화가 다른 나라들의 성장에 어떤 영향을 미치는지에 대한 내용이 와야 함을 유추할 수 있다. 따라서 빈칸에 들어갈 말로 가장 적절한 것은 ② 'weigh on(압박하다)'이다.

[오답의 이유]

① 속도를 더 내다

③ 이어지다

④ 초래하다

본문해석

역사적으로 높은 성장률로부터 중국 경제의 둔화는 다른 곳의 성장을 압박할 것으로 오랫동안 예상되어 왔다. "30년 동안 10% 성장해 왔던 중국은 세계 경제를 앞으로 나아가게 한 많은 것들에 대한 강력한 동력원이었습니다."라고 Yale대의 Stephen Roach는 말했다. 성장률이 공식적인 수치로는 약 7%대로 둔화되었다. "그것은 명확한 감속입니다."라고 Roach가 덧붙였다.

VOCA

- rate 비율, 속도, 등급, 평가하다
- weigh on 압박하다, 무거운 짐이 되다
- source 근원, 원천
- figure 수치
- concrete 실제의, 명확한, 구체적인
- deceleration 감속

96 SD에듀 | 국가직 · 지방직 공무원

독해 > 빈칸 완성 > 단어 · 구 · 절

[정답의 이유]

빈칸 다음 문장에서 'The more trust you bestow, the more others trust you.'라고 했고, 직무 만족도와 완전한 직무 수행을 위해 얼마나 권한을 부여받았는지의 사이에는 직접적인 상관관계가 있다고 했으므로 빈칸에 들어갈 말로 가장 적절한 것은 ④ 'autonomy(자율성)'이다.

[오답의 이유]

① 일

② 보상

③ 제한

본문해석

점점 더 많은 리더들이 원격으로 일하거나, 컨설턴트와 프리랜서뿐만 아니라 전국이나 전 세계에 흩어져 있는 팀과 함께 일하면서, 여러분은 그들에게 더 많은 자율성을 주어야 할 것이다. 여러분이 더 많은 신뢰를 줄수록, 다른 사람들은 여러분을 더욱더 신뢰한다. 나는 직무 만족도와 사람들이 업무 매 단계마다 그들을 따라다니는 누군가의 통제 없이 완벽하게 자신들의 업무를 수행하기 위해 권한을 얼마나 부여받았는지의 사이에는 직접적인 상관관계가 있다는 것을 확신한다. 신뢰하는 사람들에게 책임을 나누어 주는 것은 조직을 원활하게 돌아갈 수 있게 할 뿐만 아니라, 여러분의 시간을 더 자유롭게 해서 여러분이 더 큰 문제에 집중할 수 있도록 할 수 있다.

VOCA

• remotely 멀리서, 원격으로

• scattered 흩어져 있는

• bestow 수여[부여]하다

• correlation 연관성, 상관관계

• empower 권한을 주다

• execute 수행하다

• shadow 그림자처럼 따라다니다, 미행하다

• give away 거저 주다, 나누어 주다

• free up ~을 해방하다, 풀어주다; 해소하다

독해 > 대의 파악 > 요지, 주장

[정답의 이유]

제시문은 유대교의 교리에 기초하여 우리가 행할 의무를 설명하는 글로, 중반에서 인간으로서의 '우리의 일은 우리 자신과 서로를 돌보는 것 뿐만 아니라 우리 주변에 더 나은 세상을 만드는 것이 우리에게 주어진 의무이다.'라는 Lisa Grushcow의 주장을 보여주고 있다. 따라서 이 글의 요지로 가장 적절한 것은 ① 'We should work to heal the world(우리는 세상을 고치기 위해 노력해야 한다).'이다.

[오답의 이유]

② 공동체는 피난처로서 기능을 해야 한다.

③ 우리는 선을 믿음으로 개념화해야 한다.

④ 사원들은 지역사회에 기여해야 한다.

본문해석

"유대교에서, 우리는 대체로 우리의 행동에 의해 정의됩니다."라고 Montreal의 manu-El-Beth Sholom 사원의 수석 랍비인 Lisa Grushcow가 말한다. "당신은 실제로 탁상공론적인 공상적 사회 개혁론자가 될 수 없어요." 이 개념은 tikkun olam이라는 유대교 관념과 관련 있는데, '세상을 고치기 위해서'로 번역한다. 그녀는, 인간으로서의 "우리의 일은 망가진 것을 고치는 것입니다. 우리 자신과 서로를 돌보는 것뿐만 아니라 우리 주변에 더 나은 세상을 만드는 것이 우리에게 주어진 의무입니다."라고 말한다. 이러한 철학은 선을 봉사에 기반을 둔 무언가로 개념화한다. "내가 좋은 사람인가?"라고 묻는 대신에, 여러분은 "내가 세상에서 어떤 이로운 일을 할 수 있을까?"라고 물어보고 싶을지도 모른다. Grushcow의 사원은 이러한 믿음을 그들의 공동체 내부와 외부에서 행동으로 옮긴다. 예를 들어, 그들은 1970년대에 베트남 출신의 두 난민 가족이 캐나다로 오도록 후원했다.

VOCA

• Judaism 유대교

• define 규정하다, 정의하다

• rabbi [유대인 목사 · 학자 · 교사에 대한 존칭으로] 선생

• armchair 탁상공론식의

• do-gooder 공상적 사회 개혁론자

• Jewish 유대인[유대교]의

• mend 고치다, 수리하다

• incumbent on ~에게 의무로 지워지는

• conceptualize 개념화하다

• sponsor 후원하다

• refugee 난민

영어
일반행정직

독해 > 빈칸 완성 > 연결어

정답의 이유

③ (A) 앞 문장에서 부정적 사고의 장점으로, 'This tends to reduce anxiety about the future(미래에 대한 걱정을 줄여주는 경향이 있다).'라고 했고, (A)가 포함된 문장에서 또 다른 장점으로 'increases your gratitude for having them now(현재 소유하고 있는 것에 대한 감사를 증가시킨다).'라고 했으므로 (A)에는 부연 설명하는 'Besides(게다가)' 혹은 'Furthermore(더군다나)'가 적절하다. (B) 앞에서는 부정적 사고의 장점을 설명했는데, (B)가 포함된 문장에서는 긍정적인 사고(Positive thinking)의 단점(always leans into the future, ignoring present pleasures)을 설명하고 있으므로 (B)에는 대조를 뜻하는 'by contrast(반면에)'가 적절하다.

오답의 이유

① 그럼에도 불구하고 – 게다가

② 뿐만 아니라 – 예를 들어

④ 그러나 – 결론적으로

본문해석

고대 철학자들과 영적 스승들은 긍정적인 것과 부정적인 것, 낙관주의와 비관주의, 성공과 보장을 위한 노력과 실패와 불확실성에 대한 개방에 대하여 균형을 유지하는 것의 필요성을 이해했다. 스토아 학자들은 '악의 계획', 즉 최악의 상황을 의도적으로 시각화할 것을 권고했다. 이것은 미래에 대한 걱정을 줄여주는 경향이 있다. 여러분이 현실에서 상황이 얼마나 악화될 수 있는지를 냉정하게 그려낼 때, 여러분은 보통 대처할 수 있다고 결론 내린다. (A) 게다가, 그들은 지적하기를, 여러분이 현재 누리고 있는 관계와 소유물을 잃게 될 수도 있다고 상상하는 것은 현재 그것들을 소유하고 있는 것에 대한 감사를 증가시킨다고 했다. (B) 반면에, 긍정적인 사고는 항상 미래에 의지하고, 현재의 즐거움을 무시한다.

VOCA

• spiritual 영적인, 정신의

• optimism 낙관주의

• pessimism 비관주의

• strive 분투하다

• Stoics 스토아 학파

• premeditation 미리 생각함, 미리 계획함

• deliberately 고의로, 의도적으로

• visualize 마음속에 그려보다, 상상하다

• soberly 냉정하게

• cope 대처하다

• gratitude 감사

• lean ～에 기울어지다; ～에 기대다

독해 > 글의 일관성 > 문장 삽입

정답의 이유

주어진 문장은 일이 재정적 보장 이상을 제공한다는 내용이다. ② 앞에 생계유지 수단인 봉급 지급 내용이 있으므로 주어진 문장이 들어갈 위치로 가장 적절한 것은 ②이다.

본문해석

왜 일 중독자들은 그들의 업무를 그렇게 즐길까? 주로 일하는 것이 몇 가지 중요한 이점들을 제공하기 때문이다. 그것은 사람들에게 생계유지 수단인 봉급을 제공한다. 그리고 일하는 것은 재정적인 보장 이상을 제공한다. 그것은 사람들에게 자신감을 주는데, 그들은 도전적인 작업을 생산하고 "내가 해냈어."라고 말할 수 있을 때 만족감을 느낀다. 심리학자들은 일이 또한 사람들에게 정체성을 준다고 주장한다. 그들은 자아와 개성을 느낄 수 있도록 일한다. 게다가, 대부분의 일은 사람들에게 다른 사람을 만나기 위한 사회적으로 용인된 방법을 제공한다. 일하는 것은 긍정적인 중독이라고 말할 수 있다. 아마도 일 중독자들은 그들의 일에 대해 강박적일 수 있지만, 그들의 중독은 안전하고 심지어 이로운 것처럼 보인다.

VOCA

• financial 재정적인

• advantage 이점, 이익

• provide A with B A에게 B를 제공하다

• paycheck 급료, 봉급

• earn a living 생계를 유지하다

• challenging 도전적인, 힘든

• individualism 개성

• acceptable 용인되는

• compulsive 강박적인

• advantageous 이로운

PART 3

한국사

한눈에 훑어보기

✅ 빠른 정답

01	02	03	04	05	06	07	08	09	10
①	②	③	④	③	③	③	②	②	②
11	12	13	14	15	16	17	18	19	20
③	④	④	②	①	④	②	①	①	③

✅ 점수 체크

구분	1회독	2회독	3회독
맞힌 문항 수	/ 20	/ 20	/ 20
나의 점수	점	점	점

01 난도 ★☆☆　　　정답 ①

선사 시대와 국가의 형성 > 선사 시대

[자료해설]

제시된 자료는 청동기 시대의 유물이다. 청동기 시대에는 미송리식 토기, 민무늬 토기, 붉은 간 토기, 팽이형 토기 등을 사용하였다.

[정답의 이유]

① 비파형 동검은 청동기 시대에 사용된 동검으로 고인돌, 미송리식 토기와 함께 고조선의 세력 범위를 짐작할 수 있다.

[오답의 이유]

② 오수전은 명도전, 반량전과 함께 철기 시대 화폐로 당시 중국과의 교류가 활발하였음을 짐작할 수 있다.

③ 아슐리안형 주먹도끼는 구석기 시대 유물로 경기도 연천군 전곡리에서 동아시아 최초로 출토되었다.

④ 삼한 중 변한은 철이 풍부하게 생산되어 낙랑과 왜에 수출하였다.

02 난도 ★☆☆　　　정답 ②

고대 > 정치사

[자료해설]

밑줄 친 '왕'은 고구려 고국천왕으로, 제시된 자료는 진대법을 실시하게 된 배경을 보여 준다.

[정답의 이유]

② 고구려 고국천왕은 국상인 을파소의 건의에 따라 먹을 거리가 부족한 봄에 곡식을 빌려주고 추수 이후에 곡식을 갚도록 하는 진대법을 실시하였다(194).

[오답의 이유]

① 고구려 미천왕은 낙랑군(313)과 대방군(314)을 축출하고 한의 군현을 모두 몰아내어 영토를 확장하였다.

③ 고구려 고국원왕은 백제 근초고왕이 평양성을 침략하자 이에 항전하다가 전사하였다(371).

④ 고구려 광개토대왕은 즉위 후 영락이라는 연호를 사용하여 왕권을 강화하였다.

[더 알아보기]

진대법
- 개념
  - 고구려의 빈민 구제 제도로 봄에 농민들에게 곡식을 빌려주고 가을에 갚도록 함
  - '진'은 흉년에 기아민에게 곡식을 나누어준다는 뜻이고, '대'는 봄에 미곡을 대여하였다가 가을에 추수 뒤 회수한다는 뜻으로 '진대'는 흉년이나 춘궁기에 농민에게 양곡을 대여하는 것을 말함

• 특징
- 194년 고국천왕 때 왕권 강화와 재정 확충을 위해 을파소의 건의를 받아들여 실시함
- 고리대를 갚지 못한 농민들이 노비가 되는 것을 방지하기 위해 국가에서 봄에 쌀을 빌려주었다가 가을에 갚는 춘대추납(春貸秋納)의 빈민 구제책을 시행함
- 같은 성격의 빈민 구제 제도로는 고려의 의창, 조선 시대의 의창(15세기), 환곡(16세기), 사창(19세기)이 있음

03 난도 ★☆☆

정답 ③

중세 > 정치사

자료해설

'신돈이 설치하자고 요청하였다'는 내용과 '전민을 빼앗은 자들이 그 주인에게 많이 돌려주었다'는 내용으로 보아 (가)는 고려 공민왕 때 설치된 전민변정도감임을 알 수 있다. 공민왕은 승려 신돈을 등용하여 민생 안정과 국가 재정 확보, 권문세족의 경제 기반을 약화시킬 목적으로 전민변정도감을 설치하였다.

정답의 이유

③ 전민변정도감은 권문세족이 부당하게 뺏은 토지를 본래 소유주에게 돌려주고 권세가의 압박에 의해 노비가 된 사람들을 양인으로 해방시켰다.

오답의 이유

① 고려 문종 때 경시서를 두어 시전을 관리하고 감독하도록 하였다.

② 고려의 삼사는 화폐와 곡식의 출납에 대한 회계를 맡았다.

④ 몽골의 침입 이후 국가 재정난으로 인한 관료들의 녹봉 부족 현상을 해결하기 위해 원종은 녹과전을 지급하였다.

04 난도 ★☆☆

정답 ④

중세 > 정치사

자료해설

제시된 자료는 고려 성종 때 거란의 소손녕이 80만 대군을 이끌고 침략해 오자, 서희가 소손녕을 찾아가 고구려의 후예임을 내세워 현재 거란이 가진 땅이 고려의 영토임을 주장하는 내용이다.

정답의 이유

④ 서희는 거란의 1차 침입 때 적장인 소손녕과 외교 담판을 벌여 송나라와 단교하고 거란과 교류하는 것을 조건으로 강동 6주를 확보하였다(993).

오답의 이유

① 고려의 무신 강조는 천추태후와 그의 정부 김치양으로 인한 국가의 혼란을 바로잡기 위해 정변을 일으켜 목종을 폐위시키고 현종을 즉위시켰다(1009).

② 고려 현종 때 거란의 소배압이 이끄는 10만 대군이 침입하였으나(3차 침입), 강감찬이 이에 맞서 귀주에서 대승을 거두었다(귀주대첩, 1019).

③ 고려 예종 때 윤관은 별무반을 이끌고 여진을 몰아내어 동북 9성을 축조하였다(1107).

05 난도 ★★☆

정답 ③

시대 통합 > 정치사

자료해설

밑줄 친 '이곳'은 평양이다. 고구려 장수왕은 남진 정책을 추진하면서 평양으로 수도를 천도(427)하여 신라와 백제를 압박하였다. 묘청은 풍수지리설을 내세워 수도를 서경(평양)으로 천도하여 서경에 대화궁을 짓고, 황제를 칭하며 연호를 사용하는 등 자주적인 개혁을 시행하였다.

정답의 이유

③ 미국 상선인 제너럴 셔먼호의 선원들은 평양에서 통상을 요구하며 평양 주민을 약탈하였고, 이에 분노한 평양 주민들은 당시 평안도의 관찰사였던 박규수의 지휘하에 제너럴 셔먼호를 불태워 버렸다(1866).

오답의 이유

① 고려 몽골과의 전쟁이 진행되던 1258년에 몽골이 철령 이북 지역을 직접 통치하기 위해 쌍성총관부를 설치하였다.

② 고려 정중부 집권기에 공주 명학소에서 망이·망소이 형제가 신분 해방을 외치며 봉기하였다(1176).

④ 일제 강점기 때 경남 진주에서 백정에 대한 사회적 차별 철폐를 위한 형평사가 조직되어 형평 운동이 펼쳐졌다(1923).

06 난도 ★★☆

정답 ③

고대 > 정치사

자료해설

제시된 자료는 매소성 전투(675)에 대한 내용이다. 신라 문무왕(661~681) 때 남침해 오던 당나라 이근행의 20만 대군을 매소성에서 격파하여 나·당 전쟁의 주도권을 장악하였다.

정답의 이유

ㄴ 김흠돌이 반란을 일으킨 시기는 신라 신문왕 때이다. 신문왕은 장인이었던 김흠돌의 난을 진압한 뒤 진골 귀족 세력을 숙청하여 왕권을 강화하였다(681).

ㄷ 통일 신라 신문왕은 유교 정치를 확립시키기 위해 유학 교육 기관인 국학을 설립하였다(682).

오답의 이유

ㄱ 당나라는 백제와 고구려를 멸망시킨 후 공주에 웅진도독부(660), 평양에 안동도호부(668), 경주에 계림도독부(663)를 설치하여 한반도를 지배하고자 하였다.

ㄹ 660년 사비성 함락으로 백제가 멸망한 이후, 복신과 도침 등이 부여풍을 왕으로 추대하여 주류성을 중심으로 백제 부흥 운동을 전개하였으나 나·당 연합군에 의해 실패하였다(663).

고대 > 정치사

정답의 이유

(나) 고구려 미천왕 때 서안평을 점령(311)하고 낙랑군(313)과 대방군(314)을 축출하였다.

(가) 신라 지증왕 때 이사부는 왕의 명령으로 우산국(울릉도)을 정복하였다(512).

(라) 신라 법흥왕 때 신라가 금관가야를 병합하였다(532).

(다) 백제 의자왕은 활발한 정복 활동을 전개하여 신라의 대야성을 비롯한 40여개 성을 함락시켰다(642).

08 난도 ★★☆　※ 오타로 인해 '복수 정답' 처리된 문항으로, 선지를 교체하여 수록함　정답 ②

중세 > 문화사

정답의 이유

② 월정사 팔각 9층 석탑은 고려 전기의 석탑으로 송의 영향을 받았다.

오답의 이유

① 황해도 사리원 성불사 응진전은 고려 후기 다포 양식의 목조 건축물이다. 다포 양식은 고려 후기에 유행한 건축 양식으로 나무 장식이 기둥은 물론 기둥 사이 벽면에도 놓여 있다.

③ 여주 고달사지 승탑은 통일 신라 승탑의 전형적인 형태인 팔각 원당형 양식을 계승하였다.

④ 『직지심체요절』은 1377년 충북 청주시의 흥덕사에서 간행한 현존하는 세계 최고(最古)의 금속활자본으로, 현재 프랑스 국립 도서관에 소장되어 있다.

더 알아보기

고려 시대 석탑

• 대표 석탑: 개성 불일사 5층 석탑, 평창 월정사 8각 9층 석탑

• 원의 영향: 개성 경천사지 10층 석탑

• 삼국 양식 계승: 부여 무량사 5층 석탑

• 승탑과 탑비: 여주 고달사지 승탑(팔각원당형), 원주 법천사 지광국사 탑비(특이한 형태, 뛰어난 조형미)

09 난도 ★★☆　　　　　　　　　　　　　　　　　　정답 ②

근세 > 문화사

정답의 이유

② 『혼일강리역대국도지도』는 조선 전기 태종 때 편찬된 현존하는 동양 최고의 세계 지도이다(1402). 반면, 『곤여만국전도』는 조선 후기 청에서 활동한 서양인 선교사 마테오 리치(Matteo Ricci)가 제작한 세계 지도이다(1603).

오답의 이유

① 『대동여지도』는 조선 후기 김정호가 10리마다 눈금을 표시하여 거리를 알 수 있게 제작한 전국 지도첩이다. 개별 산봉우리를 그리지 않고 산줄기를 연결하여 그렸으며 굵기에 따라 산세를 표현하였다.

③ 『천상열차분야지도』는 조선 태조 때 제작된 것으로 하늘을 여러 구역으로 나누고 별자리를 돌에 표시한 천문도이다. 조선 숙종 때 태조 때 제작한 것이 닳아 잘 보이지 않게 되자 다시 새겼다.

④ 『동국지도』는 조선 영조 때 정상기가 실제 거리 100리를 1척으로 줄인 100리 척을 적용하여 제작한 것이다.

10 난도 ★★☆　　　　　　　　　　　　　　　　　　정답 ②

근대 태동기 > 경제사

자료해설

제시된 자료의 (가)는 대동법이다. 대동법은 조선 광해군 때 좌의정 이원익이 건의하여 1608년에 처음 실시되었다. 당시에는 경기도에 한하여 실시하였으며, 점차 시행 지역이 확대되면서 숙종 때에 이르러서야 전국적으로 시행되었다(1708).

정답의 이유

② 군역의 폐단을 바로잡기 위해 영조 때 균역법을 실시하였고 이로 인해 줄어든 재정을 보충하고자 지주에게 토지 1결당 쌀 2두를 결작으로 부과하였다.

오답의 이유

① 대동법 실시로 관청에 물품을 납품하는 공인이 성장하였고, 농민도 세금 납부를 위해 특산물을 시장에 내다 팔면서 장시가 점차 발전하였다. 이에 따라 상품 화폐 경제가 크게 발달하였다.

③ 조선 광해군 때 공납의 폐단을 해결하기 위해 공납을 전세화하여 공물 대신 쌀을 납부하도록 하는 대동법을 경기도부터 실시하였다.

④ 대동법 실시로 선혜청에서는 공인이라는 특허 상인에게 비용을 미리 지급하고 필요한 물품을 독점적으로 조달하도록 하였다.

11 난도 ★☆☆　　　　　　　　　　　　　　　　　　정답 ③

근대 > 정치사

자료해설

'천여 곳의 서원을 철폐했다'는 내용을 통해 (가) 인물이 흥선 대원군임을 알 수 있다. 흥선 대원군은 세도 정치로 인해 혼란에 빠진 국가 체제를 복구하고 왕권을 회복하기 위해 대내외적으로 각종 개혁 정책을 실행하였다. 지방의 서원이 면세 등의 혜택으로 국가 재정을 악화시키고 백성을 수탈하는 폐해를 저지르자 47개소를 제외한 모든 서원을 철폐하였고, 조선 숙종 때 명 황제인 신종과 의종의 제사를 지내기 위해 만들어진 만동묘가 유생들의 집합 장소가 되어 경제적·사회적 폐단이 심해지자 이를 철폐하였다.

정답의 이유

③ 흥선 대원군은 세도 가문이 장악하고 있던 비변사를 축소·폐지하고 의정부의 권한을 강화하였다.

오답의 이유

① 흥선 대원군은 문란해진 환곡제를 개선하여 마을 단위로 공동 운영하는 사창제를 시행하였다.

② 흥선 대원군은 정조 때 편찬된 『대전통편』을 보완하고 각종 조례를 정리한 법전인 『대전회통』을 편찬하여 통치 체제를 정비하였다.

④ 흥선 대원군은 외세의 침입을 경계하고 서양과의 통상 수교를 반대하는 정책을 추진하였으며, 통상 수교 반대 의지를 알리기 위해 전국 각지에 척화비를 세웠다.

흥선 대원군의 서원 철폐
- 목적: 붕당의 폐해 근절로 왕권 강화와 국가 재정 확충, 민생 안정 추구
- 과정: 만동묘를 비롯하여 많은 서원 중에서 47개만 제외하고 모두 정리함
- 결과
  - 서원이 가지고 있던 토지와 노비를 환수하여 재정을 확충함
  - 유생들이 반대하며 흥선 대원군의 입지가 좁아짐

12 난도 ★★☆　　　　　　　　　　정답 ④

일제 강점기 > 정치사

자료해설

제시된 자료는 1919년 4월 11일 대한민국 임시의정원에서 발표한 대한민국 임시헌장의 일부이다.

정답의 이유

④ 전환국은 조선이 개항 이후 설치(1883)한 상설 화폐 발행 기관으로 상평통보 대신 새로운 화폐인 백동화를 주조·발행하였다.

오답의 이유

① 대한민국 임시정부는 국외 거주 동포들에게 독립 공채(애국 공채)를 발행하여 독립운동 자금을 마련하였다.

② 대한민국 임시정부는 기관지인 독립신문을 발행하여 독립운동 소식을 전했다.

③ 대한민국 임시정부는 독립운동 자금을 안정적으로 확보하고 국내외의 항일 세력과 연락하기 위해 연통부와 교통국을 조직하였다.

더 알아보기

대한민국 임시헌장
제1조　대한민국은 민주공화제로 한다.
제2조　대한민국은 임시정부가 임시의정원의 결의에 따라 이를 통치한다.
제3조　대한민국의 인민은 남녀의 귀천(貴賤) 및 빈부의 계급(階級)이 없고, 일체 평등해야 한다.
제4조　대한민국의 인민은 종교, 언론, 저작, 출판, 결사, 집회, 신서(信書), 주소 이전, 신체 및 소유의 자유를 향유한다.
제5조　대한민국의 인민으로 공민(公民) 자격이 있는 사람은 선거권 및 피선거권이 있다.
제6조　대한민국의 인민은 교육, 납세 및 병역의 의무가 있다.
제7조　대한민국은 신(神)의 의사에 따라서 건국한 정신을 세계에 발휘하며 나아가 인류의 문화 및 평화에 공헌하기 위해서 국제연맹에 가입한다.
제8조　대한민국은 구황실을 우대한다.
제9조　생명형 신체형 및 공창제를 모두 폐지한다.
제10조 임시정부는 국토 회복 후 만 1년 안에 국회를 소집한다.

13 난도 ★★★　　　　　　　　　　정답 ④

현대 > 경제사

자료해설

'수출의 날'을 통해 박정희 정부에 대한 설명임을 알 수 있다. 1960년대에 들어서면서 박정희 정부는 강력한 수출드라이브 정책을 추진했으며, 1964년 8월 26일 국무회의에서 수출 실적이 1억 달러에 이르는 날을 '수출의 날'로 정하기로 의결했다. 이에 따라 '수출 1억 달러'를 돌파한 11월 30일을 기념일로 선포하고 12월 5일 제1회 수출의 날 기념식을 열었다.

정답의 이유

④ 1966년 박정희 정부는 국군을 베트남에 파견하는 대가로 미국으로부터 한국군 현대화를 위한 장비와 경제 원조를 제공받기로 한 '브라운 각서'를 체결하였다.

오답의 이유

① 박정희 군정 시기인 제5차 개헌에서 대통령 직선제로의 개헌이 이루어졌지만 1963년을 박정희 정부의 시작으로 보는 것이 타당하다고 판단하여 정답에서 제외하였다. 우리나라 대통령 직선제 개헌은 제1차 개헌(발췌 개헌, 1952), 제5차 개헌(1962), 제9차 개헌(1987)에서 이루어졌다.

② 유신 체제에 대한 저항으로, 명동 성당에 모인 윤보선, 김대중 등 재야인사들이 긴급 조치의 철폐, 박정희 정권의 퇴진 등을 요구하는 '3·1 민주 구국 선언'을 발표하였다(1976).

③ 이승만 정부 시기 제헌 국회는 친일파 청산을 위해 반민족 행위 처벌법을 제정하고, 반민족 행위 특별 위원회를 설치하였다(1948).

14 난도 ★★★　　　　　　　　　　정답 ②

근대 태동기 > 정치사

자료해설

자료는 현종 때 발생한 기해예송(1659) 당시의 상황을 나타낸 것이다. 현종 때 효종의 왕위 계승에 대한 정통성과 관련하여 자의대비의 복상 문제를 놓고 서인과 남인 사이에 예송 논쟁이 발생하였다. 기해예송 당시 서인은 효종이 둘째 아들이므로 자의대비의 복상 기간을 1년으로 주장하였고, 남인은 효종을 장자로 대우하여 3년 복상을 주장하였으나 서인 세력이 승리하였다. 따라서 자료에서 상소한 인물이 속한 붕당은 남인이다.

정답의 이유

㉠ 숙종 때 희빈 장씨 소생의 원자 책봉을 반대하는 송시열의 관작을 삭탈하고 제주도로 유배시켜 사사(賜死)하였으며, 송시열을 비롯한 서인 세력이 대거 축출되고 남인이 집권하는 기사환국이 발생하였다.

㉢ 정조는 붕당을 가리지 않고 인재를 등용하였으므로 그동안 권력에서 배제되었던 소론과 남인 계열도 기용되면서 탕평 정치의 한 축을 이루었다.

④ 모스크바 3국 외상 회의의 결정에 따라 임시 정부 수립을 위해 서울에서 제1차, 제2차 미·소 공동 위원회가 개최되었다(1946, 1947).

18 난도 ★★★   정답 ①

근대 > 정치사

자료해설

(가) 1876년 2월에 체결된 강화도 조약(정식 명칭은 조·일 수호 조규)의 치외법권(영사 재판권)에 대한 내용이다. 강화도 조약은 우리나라 최초의 근대적 조약이자 일본인에 대한 치외 법권과 해안 측량권을 포함한 불평등 조약으로, 일본의 요구에 따라 부산, 원산, 인천을 개항하였다.

(나) 1882년 8월에 체결된 조·청 상민 수륙 무역 장정의 내용이다. 임오군란 이후 청은 조선과 조·청 상민 수륙 무역 장정을 체결하여 치외 법권과 함께 양화진에 점포 개설권, 내륙 통상권, 연안 무역권을 인정받았다.

정답의 이유

① 1876년 7월에 체결된 조·일 수호 조규 부록에 따라 개항장에서 일본 화폐의 유통을 허용하였으며, 일본 상인의 거류지를 설정하였다.

오답의 이유

② 1896년 러시아는 압록강 연안, 울릉도에 대한 삼림 채벌권을 획득하였다.

③ 1898년 조·청 상민 수륙 무역 장정의 체결로 어려움에 빠진 서울 도성 시전 상인들이 황국 중앙 총상회를 조직하여 상권 수호 운동을 전개하였다.

④ 1889년 조선은 흉년으로 곡물이 부족해지자 일본으로 곡물이 유출되는 것을 막기 위해 방곡령을 선포하였다. 그러나 일본은 시행 1개월 전에 일본 공사에 미리 알려야 한다는 조항 내용을 근거로 방곡령 철회를 요구하였고, 결국 조선은 방곡령을 철회하고 일본 상인에 배상금까지 지불하게 되었다.

19 난도 ★★☆   정답 ①

근대 > 정치사

자료해설

밑줄 친 '14개 조목'은 홍범 14조이다. 고종은 제1차 갑오개혁 추진 이후 종묘에서 홍범 14조를 발표하였다. 이는 청의 종주권 배제, 탁지아문으로 재정 일원화, 왕실과 국정 사무 분리 등의 내용을 담아 제1차 갑오개혁의 내용을 재확인하고, 제2차 갑오개혁의 방향성을 설정하여 강령으로 선언한 것이다(1895.1.).

정답의 이유

㉠ 조세의 과세와 경비 지출은 모두 탁지아문에서 관할한다.

㉡ 왕실 사무와 국정 사무는 반드시 분리시켜 서로 뒤섞이지 않는다.

오답의 이유

㉢ 1901년 대한 제국은 지계아문을 설치하고 토지 소유 문서인 지계를 발급하여 근대적 토지 소유권을 확립하고자 하였다.

㉣ 대한 천일 은행은 강화도 조약으로 대한 제국에 진출한 일본 금융업계에 대항하기 위해 1899년에 설립된 민족계 은행이다.

홍범 14조

1. 청나라에 의존하는 생각을 끊어 버리고 자주독립의 기초를 튼튼히 세운다.
2. 왕실 규범을 제정하여 왕위 계승 및 종친(宗親)과 외척(外戚)의 본분과 의리를 밝힌다.
3. 대군주가 정전(正殿)에 나와서 일을 보되 정무는 직접 대신들과 의논하여 재결하며, 왕비나 후궁, 종친이나 외척이 정사에 관여하지 못한다.
4. 왕실 사무와 국정 사무는 반드시 분리시켜 서로 뒤섞지 않는다.
5. 의정부와 각 아문(衙門)의 직무와 권한을 명백히 제정한다.
6. 인민의 조세는 모두 법령으로 정한 비율에 따르고, 함부로 명목을 더 만들어 과도하게 징수할 수 없다.
7. 조세의 과세와 경비 지출은 모두 탁지아문(度支衙門)에서 관할한다.
8. 왕실 비용을 솔선하여 절약함으로써 각 아문과 지방 관청의 모범이 되도록 한다.
9. 왕실 비용과 각 관청 비용은 1년 예산을 미리 정하여 재정 기초를 튼튼히 세운다.
10. 지방 관제를 서둘러 개정하여 지방 관리의 권한을 한정한다.
11. 나라 안의 총명하고 재주 있는 젊은이들을 널리 파견하여 외국의 학술과 기예를 전수받아 익힌다.
12. 장관(將官)을 교육하고 징병법을 적용하여 군사 제도의 기초를 확립한다.
13. 민법과 형법을 엄격하고 명백히 제정하여 함부로 감금하거나 징벌하지 못하게 하여 인민의 생명과 재산을 보호한다.
14. 인재를 등용함에 있어 문벌에 구애되지 말고, 관리를 구함에 있어서 조정과 민간에 두루 걸침으로써 인재 등용의 길을 넓힌다.

20 난도 ★☆☆   정답 ③

일제 강점기 > 정치사

자료해설

만주사변은 1931년 일본이 류타오후 사건을 조작하여 만주를 병참 기지로 만들고 식민지화할 목적으로 일으킨 전쟁으로 후일 중·일 전쟁의 발단이 되었다. 태평양 전쟁은 1941년부터 1945년까지 일본과 연합국 사이에 벌어진 전쟁으로 일본군의 진주만 기습 공격으로 발발하였다.

정답의 이유

③ 1898년 순 한글 신문인 제국신문을 창간하여 일반 서민층과 부녀자들을 대상으로 민중 계몽과 자주 독립 의식 고취에 힘썼다.

오답의 이유

① 일제는 제3차 조선 교육령을 발표(1938)하여 학교명을 보통학교에서 (심상) 소학교로 바꾸고 수업 연한은 6년으로 정했으나 지방의 형편에 따라 4년을 그대로 존속하게 하기도 하였다.

② 일제는 민족의 정체성을 말살하기 위해 내선일체의 구호를 내세워 황국 신민 서사 암송을 강요하였다(1937).

④ 지청천을 중심으로 북만주에서 결성된 한국 독립군은 중국 호로
군과 연합하여 쌍성보 전투(1932), 사도하자 전투(1933), 대전
자령 전투(1933)에서 일본군에 승리하였다.

더 알아보기

조선 교육령
- 개념: 일제 강점기 조선인에 대한 일제의 식민화 교육 정책
- 내용
  - 1910년 초대 총독 데라우치 마사타케가 처음으로 공포함
  - 통감부 시기: 일제는 갑오개혁(1차)의 소학교령을 폐지하고 보
    통학교령(1907)을 내려 수업 연한을 6년에서 4년으로 개정함
  - 시기별 주요 정책

제1차 조선 교육령 (1911~1922)	• 보통학교 수업 연한 축소(6년 → 4년) • 실업 교육 위주 • 조선어 교육 축소
제2차 조선 교육령 (1922~1938)	• 보통학교 수업 연한 확대(4년 → 6년) • 민립대 설립 운동(고등 교육 가능) • 조선어 필수 과목
제3차 조선 교육령 (1938~1943)	• 보통학교 → (심상) 소학교 • 조선어 선택 과목 • 국민학교령(1941): (심상) 소학교 → 국민학교
제4차 조선 교육령 (1943~1945)	• 국민학교 수업 연한 축소(6년 → 4년) • 조선어 금지 • 전시 동원 교육

한국사 | 2023년 지방직 9급

한눈에 훑어보기

✓ 영역 분석

선사 시대와 국가의 형성 01
1문항, 5%

고대 05 06
2문항, 10%

중세 02 11 17
3문항, 15%

근세 07 09
2문항, 10%

근대 태동기 12 14
2문항, 10%

근대 03 04 08
3문항, 15%

일제 강점기 16 18 19
3문항, 15%

현대 10 20
2문항, 10%

시대 통합 13 15
2문항, 10%

✓ 빠른 정답

01	02	03	04	05	06	07	08	09	10
①	③	②	②	③	①	③	④	④	④

11	12	13	14	15	16	17	18	19	20
①	④	①	③	②	④	④	③	③	④

✓ 점수 체크

구분	1회독	2회독	3회독
맞힌 문항 수	/ 20	/ 20	/ 20
나의 점수	점	점	점

01 난도 ★☆☆ 정답 ①

선사 시대와 국가의 형성 > 선사 시대

[자료해설]

제시문의 주먹도끼가 발견된 시대는 구석기 시대이다. 구석기 시대에는 주먹도끼, 슴베찌르개, 찍개 등의 뗀석기를 사용하였으며, 연천 전곡리에서 동아시아 최초로 구석기 시대의 전형인 아슐리안형 주먹도끼가 출토되어 동아시아에는 찍개 문화만 존재하였다는 기존의 학설을 뒤집었다.

[정답의 이유]

① 구석기 시대에는 동굴이나 바위 그늘, 강가의 막집에서 거주하였고 이동생활을 주로 하였다.

[오답의 이유]

② 신석기 시대에는 정착 생활이 이루어지면서 움집이 발전하였으며, 그 구조로는 상부와 하부로 나누어 볼 수 있는데, 상부 구조에는 집의 벽과 지붕이 있으며, 하부 구조로는 집터(움, 아래로 판 구멍)와 내부 시설(화덕자리, 저장구덩이, 기둥구멍 등) 등이 있었다.

③ 신석기 시대에는 빗살무늬 토기를 이용해 음식을 조리하거나 곡식을 저장하였다.

④ 청동기 시대에는 구릉에 마을을 형성하고 주변에 도랑을 파고 목책을 둘러 방어 시설을 갖추었다.

02 난도 ★★☆ 정답 ③

중세 > 정치사

[자료해설]

제시문에 있는 '개경 환도를 반대하고 반란', '진도로 근거지를 옮기면서 항쟁' 등을 볼 때 (가)의 군사 조직은 고려 무신 집권기에 조직된 '삼별초'라는 것을 알 수 있다.

[정답의 이유]

③ 삼별초는 무신 집권기에 최우가 만든 사병 조직이었다. 최우는 강화도 천도 이후 도둑을 단속하기 위해 야별초를 조직하였다. 이후 군사의 수가 많아져 좌별초와 우별초로 나누어 구성하였고, 몽골의 포로로 잡혀 있다 탈출한 자들로 구성된 신의군과 함께 삼별초라 하였다. 고려 무신 정권 해체 이후 강화도에 있던 고려 조정은 몽골과 강화를 맺고 개경으로 환도하였는데, 삼별초는 이에 반발하여 배중손의 지휘에 따라 진도로 이동하여 대몽 항쟁을 전개하였다.

오답의 이유

① 조선 선조 때의 훈련도감은 유성룡의 건의로 설치되었으며 임진 왜란 때 왜군의 조총에 대항하기 위하여 조총으로 무장한 부대 로서 포수, 사수, 살수의 삼수병으로 편제되었다.

② 별무반은 고려 숙종 때 여진과의 1차 접촉에서 패한 뒤 윤관의 건의로 편성된 군사 조직으로 기병인 신기군, 승병인 항마군, 보 병인 신보군으로 편성된 특수부대였다.

④ 고려는 북계와 동계의 양계로 설정한 국경 지역에 병마사를 파 견하고 상비적인 전투부대 주진군을 지방군으로 편성하여 외적 의 침입에 대비하였다.

03 난도 ★★☆　　　　　　　　정답 ②

근대 > 정치사

자료해설

제시문은 최익현이 쓴, '도끼를 가지고 궐 앞에 엎드려 화친에 반대 하는 상소'라는 의미의 '지부복궐척화의소' 중 일부이다. 최익현은 일본이 강화도 조약 체결을 요구하자, 일본과 화의를 맺는 것은 서 양과 화친을 맺는 것과 다름없다는 왜양일체론에 입각한 논리를 담 은 상소를 올리며 반대하였다.

정답의 이유

② 최익현은 일본이 강화도 조약 체결을 요구하자 일본과 서양은 같으므로 개항할 수 없다는 '왜양일체론(倭洋一體論)'을 주장하 며 개항을 반대하였다.

오답의 이유

① 박규수는 평양에서 통상을 요구한 미국 상선을 침몰시킨 제너럴 셔먼호 사건 당시 평안도 관찰사였던 인물이지만, 후에는 열강 의 침략을 피하기 위해 문호를 개방해야 한다고 주장하였다(통 상 개화파).

③ 김홍집은 온건 개화파로 2차 수신사로 일본에 파견되었다가 『조 선책략』을 가지고 들어왔으며, 통리기무아문에서 활동하였고, 군국기무처에서 총재를 역임하면서 갑오개혁을 추진하였다.

④ 김윤식은 온건 개화파로, 영선사로 청에 건너가 근대식 무기 제 조법과 군사 훈련법을 습득하고 귀국 후 근대식 무기 제조 공장 인 기기창을 설치하였다.

더 알아보기

위정척사 운동의 전개

시기	내용
1860년대	• 통상 반대 운동(이항로, 기정진) • 흥선 대원군의 통상 수교 거부 정책 지지(척화주전론)
1870년대	• 개항 반대 운동(최익현) • 일본과 서양은 같으므로 개항할 수 없음(왜양일체론)
1880년대	• 개화 반대 운동(이만손, 홍재학) • 유생들의 집단적 상소 운동, 척사 상소(홍재학), 영남 만인소(이만손)
1890년대	• 항일 의병 운동(유인석, 이소응) • 일본 침략이 심화되자 반침략 · 반외세 운동 전개

04 난도 ★☆☆　　　　　　　　정답 ②

근대 > 문화사

자료해설

제시문의 '서재필이 창간', '한글판 발행', '영문판 발행' 등으로 보아 '독립신문'을 설명하고 있음을 알 수 있다.

정답의 이유

② 서재필이 창간한 독립신문은 우리나라 최초의 민간 신문이다 (1896). 한글판과 영문판을 발행하였으며, 국민의 근대적 민권 의식을 고취하고 외국인에게 국내의 사정을 소개하였다.

오답의 이유

① 제국신문은 이종일이 발행한 순 한글 신문이다(1898). 서민층과 부녀자를 대상으로 민중을 계몽하고 자주 독립 의식을 고취하 며, 교육과 실업의 발달을 강조하였다.

③ 한성순보는 박문국에서 발행한 최초의 근대적 신문이다(1883). 순 한문으로 쓰였으며, 개화 정책의 취지를 설명하고 국내외 정 세를 소개하는 관보적 성격을 띠었다.

④ 황성신문은 국한문 혼용체로 발행(1898)된 신문으로, 을사늑약 이 체결되자 장지연의 논설 『시일야방성대곡』을 게재하여 조약 의 부당성을 비판하였다.

더 알아보기

개항 이후 언론의 발달

한성순보 (1883)	최초의 근대 신문, 순 한문 사용, 10일마다 발간, 국 내외 정세 소개
독립신문 (1896)	서재필 창간, 우리나라 최초의 민간 신문, 정부의 지 원, 최초의 한글 신문, 한글판과 영문판 두 종류 발행
제국신문 (1898)	이종일 발행, 민중 계몽과 자주독립 의식 고취, 순 한글로 간행, 주로 서민층과 부녀자 대상
황성신문 (1898)	국 · 한문 혼용, 일제의 침략 정책과 매국노 규탄, 을 사늑약 체결에 맞서 장지연의 논설 『시일야방성대 곡』을 게재하여 조약의 부당성 비판
대한매일신보 (1904)	양기탁 · 베델이 발행, 순 한글, 국한문, 영문판 등 세 종류로 발행, 항일 운동 적극 지원, 국채 보상 운동 주도
만세보 (1906)	국한문 혼용, 천도교 기관지, 민중 계몽, 여성 교육

05 난도 ★★☆　　　　　　　　정답 ③

고대 > 정치사

자료해설

제시문은 삼국 시대의 역사서를 소개하고 있다. 삼국 시대의 역사 서로는 고구려 영양왕 때 이문진이 편찬한 『신집』 5권, 백제 근초고 왕 때 고흥이 편찬한 『서기』, 신라 진흥왕 때 거칠부가 편찬한 『국 사』 등이 있다.

정답의 이유

③ 거칠부가 『국사』를 편찬한 시기는 신라 진흥왕 때이다. 진흥왕은 화랑도를 공인하여 국가적 조직으로 개편하였다. 그 외 업적으 로는 불교 정비, 황룡사 건립, 한강 유역 차지(단양 적성비, 북한

산비 건립), 대가야 정복(창녕비 건립), 함경도 지역까지 진출(마운령비, 황초령비 건립) 등이 있다.

오답의 이유

① 고흥이 『서기』를 편찬한 시기는 백제 근초고왕 때이다. 백제의 수도를 사비(부여)로 천도하고 국호를 남부여로 변경한 왕은 성왕이다.

② 백제에서 동진의 마리난타로부터 불교를 받아들이고 공인한 왕은 침류왕이다.

④ 신라에서 병부를 처음으로 설치하여 군권을 장악한 왕은 법흥왕이다.

06 난도 ★★☆

정답 ①

고대 > 문화사

정답의 이유

① 사택지적비는 백제 의자왕 때 대좌평을 역임했던 사택지적이 남긴 비석이다. 비석에는 사람이 늙어가는 것을 탄식하여, 불교에 귀의하고 사찰을 건립하였다는 내용의 글이 새겨져 있다.

오답의 이유

② 신라 중대에 세워진 것으로 추정되는 임신서기석에는 충도와 유교 도덕에 대한 실천을 맹세하는 내용이 새겨져 있다. 이를 통하여 신라의 청년들이 유교 경전을 공부하였음을 알 수 있다.

③ 충주 고구려비는 고구려 장수왕 때 세워진 것으로, 이를 통하여 당시 고구려가 남한강 유역까지 장악하였음을 알 수 있다.

④ 호우명 그릇은 경주의 호우총에서 발굴되었다. 바닥에 '廣開土地好太王(광개토지호태왕)'이라는 글씨가 새겨져 있어 고구려에서 온 것임을 알 수 있으며, 이를 통하여 5세기 초 당시 고구려와 신라가 밀접한 관계를 맺고 있었음을 파악할 수 있다.

07 난도 ★★★

정답 ③

근세 > 정치사

자료해설

제시문은 『선조수정실록』에 수록된 임진왜란(1592) 당시 활약한 의병에 대한 내용이다. 임진왜란이 일어나자 각지에서 의병이 일어났는데 전직 관리, 유학자, 승려 등이 익숙한 지형과 그에 맞는 전술을 활용하여 적은 병력임에도 왜군에게 큰 타격을 주었다. 이 중 곽재우는 경상도 의령 지역에서 수천 여 명의 의병을 이끌고 항전한 의병장이다.

정답의 이유

③ 임진왜란 때 조명 연합군의 공격으로 후퇴하던 왜군은 행주산성을 공격하였다. 전라 순찰사였던 권율은 서울 수복을 위해 북상하다가 행주산성에서 왜적을 크게 처부수어 승리하였다. 이를 행주 대첩(1593.2.)이라 한다.

오답의 이유

① 곽재우는 여러 전투에서 붉은 옷을 입고 활약하여 '홍의장군'이라 불렸다.

② 곽재우는 경상도 의령을 거점으로 봉기하였다.

④ 곽재우를 비롯한 임진왜란 당시 의병들은 지리에 밝은 이점과 향토 조건을 이용한 전술을 활용하여 왜군에 타격을 주었다.

08 난도 ★☆☆

정답 ④

근대 > 경제사

자료해설

제시문은 1907년 2월 대한매일신보에 발표된 국채 보상 운동 취지서의 내용을 담고 있다. 국채 보상 운동은 일본에서 도입한 차관 1,300만 원을 갚아 경제적 자주권을 지키려 한 운동이다. 김광제, 서상돈의 제안으로 대구에서 시작되었다가 전국으로 확산되었다.

정답의 이유

④ 국채 보상 운동은 1907년 김광제, 서상돈의 제안으로 대구에서 시작되었다. 이후 서울에서 조직된 국채 보상 기성회를 중심으로 전국적으로 확산되었다.

오답의 이유

① 일제 강점기 때 백정들은 사회적 차별을 타파하기 위해 조선 형평사를 조직하고 형평 운동을 전개하였다(1923).

② 물산 장려 운동은 민족 경제의 자립을 목적으로 한 운동으로 토산품 애용·근검·저축·생활 개선 등을 목적으로 평양에서 조만식의 주도로 조선 물산 장려회가 발족되면서(1920) 시작되었다. 이후 서울에서 조선 물산 장려회가 조직되면서(1923) 전국으로 확산되었다.

③ 1930년대 일제는 황국 신민화 정책을 시행하고 내선 일체를 내세워 신사 참배 등을 강요하였다. 이에 개신교 등을 중심으로 신사 참배 거부 운동이 전개되었다.

09 난도 ★★☆

정답 ④

근세 > 정치사

정답의 이유

④ 조선 시대의 과거 시험은 실무를 맡았던 6조 중 '예조'에서 주관하였다. 과거 시험은 문과·무과·잡과로 구성되었고 양인 이상인 자만 응시할 수 있었다. 과거는 시험 시기에 따라 3년마다 실시하는 정기 시험인 '식년시'와 부정기 시험인 '별시'로 구분하였다.

오답의 이유

①·②·③ '이조'는 과거 시험이 아니라 현직 문관의 인사를 담당하였다.

더 알아보기

조선 시대 6조의 역할

이조	문관 인사
호조	호구, 조세
예조	외교, 교육, 과거 총괄
병조	무관 인사, 국방, 봉수
형조	법률, 소송, 노비
공조	토목, 건축, 수공업, 파발

10 난도 ★★★ 정답 ④

현대 > 정치사

[자료해설]

제시문은 좌우 합작 운동(1946~1947)에 따른 '좌우 합작 7원칙'의 내용을 담고 있다. 광복 이후 좌우 대립이 격화되면서 분단의 위기감을 느낀 중도파 세력들은 여운형, 김규식이 중심이 되어 1946년 7월에 좌우 합작 위원회를 수립하였다. 이 위원회는 모든 조직이 하나로 통합되어, 중도적 사상의 통일 정부를 수립하는 것을 목표로 삼고 1946년 10월 좌우 합작 7원칙을 합의하여 제정하였다.

[정답의 이유]

④ 광복 직후 모스크바 3국 외상 회의의 결정에 따라 1946년 3월 덕수궁 석조전에서 미·소 공동 위원회가 개최되었다. 따라서 1946년 10월에 이루어진 '좌우 합작 7원칙 발표' 이전에 있었던 일이다.

[오답의 이유]

① 3·15 부정선거에 대항한 4·19 혁명은 1960년에 일어난 사건이다.

② 제헌 국회는 「반민족 행위 처벌법」을 제정하고 반민족 행위 특별 조사 위원회를 구성하였다(1948).

③ 5·10 총선거를 통해 구성된 제헌 국회는 제헌 헌법을 제정하였으며 이를 바탕으로 대통령에 이승만, 부통령에 이시영을 선출하고 대한민국 정부 수립을 선포하였다(1948).

11 난도 ★★☆ 정답 ①

중세 > 문화사

[자료해설]

제시문의 '화엄종을 중심으로 교종을 통합', '해동 천태종을 창시' 등을 통하여 밑줄 친 '그'가 의천임을 알 수 있다.

[정답의 이유]

① 의천은 교종과 선종의 통합 운동을 뒷받침하기 위한 사상적 바탕으로 이론의 연마와 실천을 강조하는 교관겸수를 제시하였다.

[오답의 이유]

② 독경과 선 수행, 노동에 고루 힘쓰자는 결사 운동을 제창한 인물은 지눌이다.

③ 삼국 시대의 승려 30여 명의 전기를 수록한 『해동고승전』을 편찬한 인물은 각훈이다.

④ 백련사를 결성하고 사회 개혁을 강조하며 자신의 행동에 대한 진정한 참회를 강요하는 법화 신앙을 강조한 인물은 요세이다.

12 난도 ★★☆ 정답 ④

근대 태동기 > 정치사

[정답의 이유]

④ 임진왜란은 1592년에 일어났고 병자호란은 1636년에 일어났다. 병자호란의 결과로 소현 세자와 봉림 대군이 청에 포로로 끌려갔다가 1645년 귀국해 소현 세자는 죽고 봉림 대군은 세자로 책봉되었다. 이후 1649년 봉림 대군은 효종으로 즉위하였다.

[오답의 이유]

① 광해군의 중립 외교 정책과 영창 대군 사사 사건, 인목 대비 유폐 문제를 빌미로 서인 세력이 반정을 주도하여 광해군이 폐위되고 인조가 즉위하였다(1623).

② 광해군 때 선조의 아들 중 유일한 정비의 소생인 영창 대군을 왕으로 옹립하려 역모를 꾸몄다는 7서의 옥이 발생하여 영창 대군이 강화도에 유배되었다. 이후 광해군은 왕위를 위협할 요소를 제거하기 위해 영창 대군을 살해하였다(1614).

③ 광해군은 명의 요청으로 강홍립 부대를 파견하였다(1619). 그러나 명과 후금 사이에서 중립 외교 정책을 추진하여 후금과의 사르후 전투에서 무모한 싸움을 계속하지 않고 투항하도록 명령하였다.

13 난도 ★★☆ 정답 ①

시대 통합 > 지역사

[정답의 이유]

① 1866년 병인양요 때 강화도에 침입한 프랑스군은 퇴각 과정에서 외규장각의 조선 왕조 의궤 등 문화유산을 약탈해 갔다. 동학 농민 운동의 주 격전지는 1차 전라도, 2차 충청도와 전라도였다.

[오답의 이유]

② 고려궁지는 고려가 몽골의 침입에 대항하여 개경에서 강화도로 천도한 시기(1232~1270) 때 사용하던 궁궐터이다. 몽골이 고려를 침략하자, 정권을 장악하고 있던 최우는 몽골과의 장기 항쟁을 위해 강화도로 천도(1232)하였고, 이로부터 1270년 개경으로 환도할 때까지 약 40여 년간 고려 왕궁이 강화도에 있었다.

③ 강화도 부근리, 삼거리, 오상리 등의 지역에는 청동기 시대 지배층 군장의 무덤인 고인돌 160여 기가 분포되어 있다. 세계에서 고인돌이 가장 밀집되어 있는 동북아시아 중에서도 우리나라는 그 중심에 있으며, 고창·화순·강화 고인돌 유적이 함께 유네스코 세계 유산으로도 등재되어 있다.

④ 강화도 광성보는 신미양요 때 가장 치열한 격전지였다. 제너럴 셔먼호 사건을 구실로 미국의 로저스 제독이 함대를 이끌고 강화도를 공격하여 신미양요가 발생하였다(1871). 미군은 강화도 덕진진을 점거하고 광성보로 진격하였고, 조선군은 어재연을 중심으로 맞서 싸웠으나 수많은 사상자를 내며 패배하였다.

14 난도 ★★★ 정답 ③

근대 태동기 > 정치사

[정답의 이유]

③ 인조(1623~1649)는 서인이 주도한 반정으로 왕위에 올랐다. 인조 대에는 서인의 우세 속에서 서인과 남인이 서로의 학문적 입장을 인정하는 토대 위에서 상호 비판적인 공존 체제를 유지하였다.

① 선조(1567~1608)의 즉위 이후 사림이 중앙 정계에 대거 진출하여 정국을 주도하였다. 사림 세력 내 이조 전랑직을 두고 대립과 갈등이 심화되었으며, 왕실의 외척이자 기성 사림의 신망을 받던 심의겸 중심의 세력은 서인으로, 당시 신진 사림의 지지를 받던 김효원 중심의 세력은 동인으로 분당하였다.

② 광해군(1608~1623) 시기에는 북인의 집권으로 정계에서 밀려난 서인 세력이 인조반정을 일으켜 광해군이 폐위되었고 인조가 왕위에 올랐다.

④ 숙종(1674~1720)은 상황에 따라 한 당파를 일거에 내몰고 상대 당파에게 정권을 모두 위임하는 편당적인 인사 관리로 환국의 빌미를 제공하였다. 경신환국(1680) 이후 남인이 몰락하고 서인이 집권하였는데, 남인의 처분을 두고 서인이 강경한 입장의 노론과 온건한 입장의 소론으로 나뉘었다.

붕당 정치의 전개

선조~광해군	• 동인이 정여립 모반 사건을 계기로 남인과 북인으로 분화 • 광해군 때 북인 집권
인조~효종	인조반정 후 서인 집권 → 서인 · 남인 상호 비판적 공존
현종	두 차례 예송 발생 → 서인과 남인 대립 심화
숙종	• 환국 전개 → 3사의 언론 기능 변질, 남인 몰락. 서인이 노론과 소론으로 분화 • 붕당 간 보복과 탄압으로 일당 전제화 경향
영조~정조	• 탕평책으로 붕당 간 세력 균형 및 붕당 타파 • 영조(완론탕평): 붕당을 없애자는 논리에 동의하는 탕평파를 중심으로 정국을 운영, 서원 대폭 정리 • 정조(준론탕평): 시파 · 벽파의 갈등 경험 후 강한 탕평책 추진, 척신과 환관 제거, 권력에서 소외되었던 소론 일부와 남인 계열도 중용

15 난도 ★☆☆
정답 ②

시대 통합 > 문화사

② 고려 우왕 때 최무선의 건의로 화약과 화포 제작을 위한 화통도감이 설치되었다(1377).

① 세종의 명으로 금속 활자인 갑인자가 주조되어 조선의 금속 활자 인쇄술이 한층 더 발전하였다.

③ 세종 때 중국의 수시력과 아라비아의 회회력을 참고로 내편(內篇)과 외편(外篇)으로 이루어진 역법서 『칠정산』을 편찬하였다.

④ 세종은 이천과 장영실에게 간의를 제작하고 실험하도록 지시하였고, 간의 제작에 성공하자 경복궁 경회루 북쪽에 간의대를 세우고 대간의를 설치해 천체 관측 업무를 수행하였다. 간의는 천체를 관측하기 위한 전문 관측기구이다.

일제 강점기 > 정치사

제시문은 신간회의 행동 강령이다. 신간회는 1920년대 중반 정우회 선언(1926)을 계기로 사회주의 세력과 민족주의 세력이 연대하여 결성된 좌우 합작 단체이다(1927).

④ 1929년 광주 학생 항일 운동이 일어나자 신간회는 광주에 조사단을 파견하고 일제의 학생 운동 탄압에 항의하였다. 그리고 사건의 진상 보고를 위한 민중 대회를 열어 이를 전국적인 항일 운동으로 확산시키려고 하였다. 그러나 이 계획은 사전에 일본 경찰에 발각되어 신간회 간부들이 체포되었고, 민중 대회는 열리지 못하였다.

① 이상재 등이 중심이 된 조선 교육회의 제안으로 경성에서 조선 민립 대학 기성 준비회가 조직되었다(1922). 이를 바탕으로 출범한 조선 민립 대학 기성회(1923)는 '한민족 1천만이 한 사람이 1원씩'이라는 구호를 내걸고 전국적인 모금 운동을 벌였다(민립 대학 설립 운동).

② 대한민국 임시 정부는 파리 강화 회의에 김규식을 파견하여 독립 청원서를 제출하는 등 외교 활동을 전개하였다(1919).

③ 순종의 국장일에 사회주의자들과 학생들이 대규모 만세 운동을 준비하였으나, 사회주의자들이 사전에 일제에 발각되면서 학생들을 중심으로 6 · 10 만세 운동을 전개하였다(1926).

신간회

창립	• 비타협적 민족주의 세력과 사회주의 계열이 연대하여 창립(1927) • 회장 이상재, 부회장 홍명희 선출
활동	• 민족 단결, 정치적 · 경제적 각성 촉구, 기회주의자 배격 • 민중 계몽 활동으로 순회 강연, 야학 등 전개 • 농민 · 노동 · 여성 · 형평 운동 등 지원 • 광주 학생 항일 운동 지원(조사단 파견, 대규모 민중 대회 계획)
해소	민중 대회 사건으로 간부 대거 구속 → 타협적 민족주의와의 협력으로 갈등 발생, 코민테른 노선 변화 → 해소론 대두 → 해소(1931)
의의	• 민족주의 계열과 사회주의 계열의 민족 연합 • 일제 강점기 최대의 합법적인 반일 사회단체
행동강령	• 우리는 정치적, 경제적 각성을 촉진함 • 우리는 단결을 공고히 함 • 우리는 기회주의를 일체 부인함

중세 > 문화사

[자료해설]

제시문은 이규보가 쓴 『동명왕편』의 서문이다. 『동명왕편』은 한국 문학 최초의 서사시로, 고구려를 건국한 동명왕의 업적을 칭송하고 고려가 고구려를 계승하였다는 점을 수록하여 고려인의 자부심을 표현하였다.

[정답의 이유]

④ 이규보는 『동명왕편』 서문에서 김부식이 『삼국사기』를 편찬할 때 동명왕의 신이한 사적을 생략하였다고 비판하였다.

[오답의 이유]

① '강목체'는 사실에 대한 '강', 자세한 사실 경위에 대한 '목'의 순서로 사건을 서술하는 형식으로 평가를 강조한다는 특징이 있다. 고려 충숙왕 때 민지가 우리나라 최초의 강목체 역사서 『본조편년강목』을 편찬하였다(1317).

② 충렬왕 때 이승휴가 쓴 『제왕운기』는 단군부터 충렬왕까지의 역사를 서사시로 서술하였다(1287). 중국과 우리나라의 역사를 병렬적으로 서술하여 우리 역사만의 독자성을 강조하였고, 단군의 고조선 건국 이야기를 수록하여 고조선을 한국사에 포함시켰다.

③ 『삼국유사』는 고려 충렬왕 때 승려 일연이 저술한(1281) 역사서이다. 불교사를 중심으로 왕력과 함께 기이(紀異)편을 두어 전래 기록을 광범위하게 수록하였으며, 특히 단군을 우리 민족의 시초로 여겨 단군 왕검의 건국 설화를 수록하였다.

일제 강점기 > 정치사

[정답의 이유]

③ 임병찬은 고종의 밀지를 받고 국내 잔여 의병 세력과 유생을 규합하여 독립 의군부를 조직하고(1912), 대한제국의 회복을 목표로 조직적인 항일 투쟁을 전개하였다. 독립 의군부는 조선 왕조를 부활시킨다는 복벽주의를 추구하며 일본 총리와 조선 총독에게 국권 반환 요구서를 제출하고 국권 회복을 위해 끝까지 저항할 것임을 알렸다.

[오답의 이유]

① 조선 독립 동맹은 화북 조선 청년 연합회를 확대·개편하여 김두봉이 결성하였고, 그 산하에 조선 의용대 화북 지대를 개편한 조선 의용군(1942)을 두었다.

② 만주 지역의 독립군 부대들은 대한민국 임시정부 소속의 군정부로서 중국 지안을 중심으로 압록강 접경을 관할한 참의부(1924), 하얼빈 이남의 남만주를 관할한 정의부(1924), 북만주를 관할한 신민부(1925) 등 3부가 성립되었다.

④ 양세봉이 이끄는 조선 혁명군은 남만주 일대에서 중국 의용군과 연합 작전을 전개하여 영릉가 전투에서 일본군을 격파하였다(1932).

일제 강점기 > 문화사

[자료해설]

제시문은 백남운이 쓴 『조선사회경제사』의 일부이다. 제시문에서 우리 조선의 역사적 발전이 '세계사적인 일원론적 역사 법칙에 의해 다른 민족과 거의 같은 궤도로 발전 과정을 거쳐 왔다.'는 내용을 통해 사적 유물론을 바탕으로 한 백남운의 주장임을 알 수 있다.

[정답의 이유]

③ 백남운은 일제의 식민 사관을 비판하면서 마르크스의 유물 사관에 나오는 사적 유물론의 원리를 적용하여 주체적으로 역사를 해석하였다. 이를 통해 한국사를 세계사적 보편성 위에 체계화하는 과정에서 식민 사학의 정체성론을 비판하였다.

[오답의 이유]

① 민족정신으로서 '조선 혼(魂)'을 강조하며 『한국통사』, 『한국독립운동지혈사』 등을 저술한 인물은 '박은식'이다.

② 민족주의 사학을 계승하여 조선의 '얼'을 강조하며 『조선사연구』 등을 저술한 인물은 '정인보'이다.

④ 이병도, 손진태, 이윤재 등은 문헌 고증의 방법을 통해 한국사를 실증적으로 연구하는 진단 학회를 조직하고(1934), 『진단학보』를 발행하였다.

현대 > 정치사

[정답의 이유]

④ 애치슨 선언은 미국 국무장관 애치슨이 한국을 미국의 태평양 방위선에서 제외한다는 내용을 포함하여 발표한 연설로, 6·25 전쟁 발발의 원인을 제공하였다(1950.1.).

[오답의 이유]

① 국군과 유엔군은 인천 상륙 작전(1950.9.)의 성공으로 서울을 수복하고 압록강까지 진격하였다.

② 6·25 전쟁 중 자유당은 이승만 대통령의 재선을 위해 부산 지역에 비상계엄을 선포하고 대통령 간선제를 직선제로, 국회 단원제를 양원제(내각 책임제)로 고치는 개헌안을 국회에 제출하여 토론 없이 기립 표결로 통과시키는 제1차 개헌(발췌 개헌)을 단행하였다(1952.7.).

③ 휴전 협정이 진행 중이던 시기에 이승만은 모든 포로를 중립국에 넘긴 다음 남한과 북한 가운데 하나를 선택하게 한다는 협정에 반발하여 전국 8개 포로수용소(부산 거제리, 부산 가야리, 광주, 논산, 마산, 영천, 부평, 대구)의 반공 포로를 석방하였다(1953.6.).

한국사 | 2022년 국가직 9급

✓ 점수 체크

구분	1회독	2회독	3회독
맞힌 문항 수	/ 20	/ 20	/ 20
나의 점수	점	점	점

01 난도 ★☆☆　　　　　　　　　　　정답 ①

선사 시대와 국가의 형성 > 국가의 형성

[자료해설]

'가매장', '가족 공동 무덤'을 통해 옥저에 대한 내용임을 알 수 있다.

[정답의 이유]

① 옥저에는 여자가 어렸을 때 혼인할 남자의 집에서 생활하다가 성인이 된 후에 혼인을 하는 민며느리제의 풍습이 있었다.

[오답의 이유]

② 부여는 왕 아래 마가, 우가, 저가, 구가의 제가들이 각자의 행정 구역인 사출도를 다스렸으며, 왕이 통치하는 중앙과 합쳐 5부를 구성하는 연맹 왕국이었다.

③ 삼한은 소도라는 신성 구역을 따로 두어 제정인 천군이 이를 관리하는 제정 분리 사회였다.

④ 동예는 매년 10월에 무천이라는 제천 행사를 열었으며, 단궁, 과하마, 반어피 등의 특산물이 유명하여 이를 낙랑과 왜에 수출하기도 하였다.

[더 알아보기]

옥저와 동예

옥저와 동예의 발전	• 위치: 함경도 및 강원도 북부의 동해안에 위치 → 선진 문화의 수용이 늦음 • 발전: 고구려의 압박과 수탈로 정치적으로 발전하지 못함 • 군장 국가: 옥저와 동예의 읍락은 읍군이나 삼로 등 군장이 지배
옥저의 사회상	• 경제: 토지 비옥(농경 발달), 해산물 풍부, 고구려에 공납 • 풍습: 가족 공동묘(가족이 죽으면 가매장 후 목곽에 안치), 민며느리제(혼인 풍습)
동예의 사회상	• 경제: 해산물 풍부, 토지 비옥(농경 발달), 방직 기술 발달, 특산물로는 단궁, 과하마, 반어피 등 • 풍습: 10월 무천(제천 행사), 책화(다른 부족 영역 침범 시 소와 말로 변상, 부족의 영역 중시), 족외혼

02 난도 ★★☆　　　　　　　　　　　정답 ③

시대 통합 > 문화사

[정답의 이유]

③ 유네스코 세계 유산인 백제 역사 유적 지구에 속해 있는 부여 능산리 고분은 규모가 작은 굴식 돌방 무덤으로 되어 있으며, 계단식 돌무지 무덤은 서울 석촌동에 위치하고 있는 백제 초기 한성 시대의 고분이다.

① 유네스코 세계 유산인 백제 역사 유적 지구에 속해 있는 익산 미륵사지 석탑은 백제 무왕 때 건립된 것으로 추정되며, 국보 제11호로 지정되어 있다. 목탑의 형태로 만들어진 석탑으로, 현존하는 삼국 시대의 석탑 중 가장 크며 당시 백제의 건축 기술을 확인할 수 있다.

② 유네스코 세계 유산인 백제 역사 유적 지구에 속해 있는 부여 정림사지 5층 석탑은 목탑의 구조와 비슷하지만 돌의 특성을 잘 살린 백제의 대표적인 석탑으로, 국보 제9호로 지정되어 있다.

④ 유네스코 세계 유산인 백제 역사 유적 지구에 속해 있는 무령왕릉은 널길과 널방을 벽돌로 쌓은 벽돌 무덤으로 중국 남조의 영향을 받았다. 현재 송산리 고분군 내 무령왕릉은 제7호분으로 분류되어 있으나, 무덤의 주인이 무령왕임을 알 수 있는 묘지석이 출토되었으므로 무령왕릉이라고 부른다.

더 알아보기

백제 역사 유적 지구(2015년 유네스코 세계 유산 등재)

• 대한민국 중서부 산지에 위치한 백제의 옛 수도였던 3개 도시에 남아 있는 유적은 이웃한 지역과의 빈번한 교류를 통하여 문화적 전성기를 구가하였던 고대 백제 왕국의 후기 시대를 대표한다.

• 백제 역사 유적 지구는 공주시, 부여군, 익산시 3개 지역에 분포한 8개 고고학 유적지로 이루어져 있다.

• 공주 웅진성과 연관된 공산성과 송산리 고분군, 부여 사비성과 관련된 관북리 유적(관북리 왕궁지) 및 부소산성, 정림사지, 능산리 고분군, 부여 나성, 사비 시대 백제의 두 번째 수도였던 익산시 지역의 왕궁리 유적, 미륵사지 등이 있다.

• 이들 유적은 475~660년 사이의 백제 왕국의 역사를 보여주고 있다.

• 백제 역사 유적은 세련된 백제의 문화가 일본 및 동아시아로 전파된 사실을 증언하고 있다.

03 난도 ★★☆　　　　　　　　　　　　　　정답 ④

근세 > 정치사

정답의 이유

④ 조선 정종 때 창설된 승정원은 왕명 출납을 담당하고 모든 기밀을 취급하던 국왕의 비서 기관으로 정원(政院), 후원(喉院), 은대(銀臺), 대언사(代言司) 등으로 불리기도 하였다.

오답의 이유

① 사간원은 홍문관, 사헌부와 함께 3사를 구성하였고, 정책에 대한 간쟁과 논박을 담당하는 관청이었다. 교지를 작성·관리하는 곳은 예문관이었다.

② 춘추관의 사관들은 각 관청의 업무 기록을 종합한 시정기를 편찬하였으며, 한성부는 조선의 수도 한성의 치안과 행정을 담당하였다.

③ 춘추관은 조선 시대에 역사서를 보관하고 관리하는 관청이었으며, 이곳에 설치된 실록청에서 실록 편찬을 담당하였다. 조선 시대의 외교 문서를 작성한 곳은 승문원으로 이곳의 관원은 모두 문관으로만 임용하였는데, 주로 연소하고 총민한 자들을 배치하였다.

더 알아보기

조선의 중앙 통치 조직

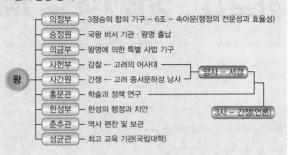

04 난도 ★★☆　　　　　　　　　　　　　　정답 ①

일제 강점기 > 정치사

자료해설

'3·1 운동 직후 만들어진', '연통제라는 비밀 행정 조직', '교통국' 등으로 보아 (가)는 대한민국 임시 정부임을 알 수 있다. 대한민국 임시 정부는 '교통국'과 '연통제'라는 비밀 연락 조직을 설치하고 독립운동 자금을 모았으나 일제의 탄압으로 성과는 미흡하였으며, 독립운동 방법을 둘러싼 갈등이 발생하기도 하였다.

정답의 이유

① 대한민국 임시 정부는 비밀 행정 조직으로 연통제와 교통국을 이용하여 국내와의 연락망을 확보하고 대미 외교 업무를 수행하기 위해 미국에 구미 위원부를 두었다(1919).

오답의 이유

② 독립 의군부는 고종의 밀지를 받아 임병찬을 중심으로 전라도 지방에서 조직된 비밀 독립운동 단체이다(1912).

③ 정미의병의 유생 의병장들은 13도 창의군을 결성하고 이인영을 총대장, 허위를 군사장으로 추대하여 서울 진공 작전을 전개하였다(1908).

④ 대한매일신보는 1904년 영국인 베델과 양기탁을 중심으로 창간되었으며, 국채 보상 운동 등 항일 민족 운동을 적극적으로 지원하였다.

더 알아보기

대한민국 임시 정부의 활동

비밀 조직 운영	연통제(비밀 행정 조직), 교통국(통신 기관) 조직 → 독립운동 자금 확보, 정보 수집
자금 모금	독립 공채 발행, 국민 의연금 모금
외교 활동	• 김규식을 전권대사로 임명, 파리 강화 회의에 대표로 파견 → 독립 청원서 제출 • 미국에 구미 위원부 설치(1919): 한국의 독립 문제 국제 여론화 노력
무장 투쟁	군무부를 설치하고 직할 부대로 광복군 사령부, 광복군 총영, 육군 주만 참의부 편성
문화 활동	기관지로 독립신문 간행, 외교 선전 책자 발행, 임시 사료 편찬 위원회에서 『한·일 관계 사료집』 간행

고대 > 문화사

자료해설

(가) 신라 승려인 의상은 영주 부석사를 창건하여 많은 제자를 양성하였으며, 문무왕 재위 말기에 경주 도성 주위에 대대적인 토목 공사인 성벽을 쌓으려고 하자 만류를 간언하여 왕이 그만둔 일화로도 유명하다.

(나) 신라 선덕 여왕 때 승려 자장이 주변 9개 민족의 침략을 부처의 힘으로 막기 위한 목탑 건립을 건의하여 황룡사 9층 목탑을 건립하였다(645).

정답의 이유

② 의상은 당에 가서 지엄으로부터 화엄에 대한 가르침을 받고 돌아와 신라에서 화엄 사상을 펼쳤으며 「화엄일승법계도」를 만들어 화엄 교단을 세웠다.

오답의 이유

① 원효는 일심사상을 바탕으로 종파 간의 사상적 대립·분파의 의식을 극복하려는 노력에서 「십문화쟁론」을 저술하고 화쟁사상을 주장하였다.

③ 신라의 승려 혜초는 인도와 중앙 아시아 지역을 답사한 뒤 「왕오천축국전」을 지었다.

④ 의천은 교종과 선종의 통합 운동을 뒷받침하기 위한 사상적 바탕으로 이론의 연마와 실천을 강조하는 교관겸수를 제시하였다.

고대 > 정치사

자료해설

(가)는 대조영의 뒤를 이은 제2대 발해 무왕으로 '인안'이라는 연호를 통해 유추할 수 있다.

정답의 이유

③ 발해 무왕은 영토 확장을 통해 동북방의 여러 세력을 복속하고 북만주 지역을 장악하였다. 동생인 대문예를 보내 흑수 말갈을 정벌하게 하였고, 장문휴의 수군으로 당의 등주를 공격하였다(732).

오답의 이유

① 발해 문왕은 확대된 영토를 효과적으로 다스리고자 중경 현덕부에서 상경 용천부로 천도하였다.

② 발해 선왕은 영토를 크게 확장하여 지방 행정 체제를 5경 15부 62주로 정비하였고, 이후 전성기를 누리면서 해동성국이라 불렸다.

④ 고구려 출신 대조영이 유민들을 이끌고 지린성 동모산에서 발해를 건국하였다(698).

더 알아보기

발해의 건국과 발전

대조영 (698~719)	지린성 동모산에서 발해 건국(698)
무왕 (719~737)	연호 사용(인안), 영토 확장, 당의 산동반도 공격(장문휴의 수군), 신라 견제, 일본과 친교
문왕 (737~793)	당·신라와 친선 관계, 3성 6부 정비, 주자감 설치, 연호 사용(대흥), 신라도를 통해 신라와 교류, 상경 용천부 천도
선왕 (818~830)	지방 행정 5경 15부 62주로 정비, 연호 사용(건흥), 대부분 말갈족 복속과 요동 진출, 최대 영토 확보 → '해동성국'이라 불림

시대 통합 > 문화사

자료해설

(가)의 「경국대전」 완성은 성종, (나)의 「속대전」 편찬은 영조, (다)의 「대전통편」 편찬은 정조, (라)의 「대전회통」 편찬은 고종(흥선 대원군) 때의 일이다.

정답의 이유

④ 철종 때 발생한 임술 농민 봉기에 안핵사로 파견된 박규수는 삼정이정청을 설치하여 삼정의 문란을 해결하고자 하였다(1862).

오답의 이유

① 성종 때 설치된 홍문관은 집현전을 계승한 기구로 왕의 자문 역할과 경연, 경서, 사적 관리 등의 업무를 담당하였다.

② 영조는 탕평책을 통한 왕권 강화를 위해 붕당의 지지 기반이던 서원을 대폭 정리하였으며, 각 붕당의 사상적 지주였던 산림의 존재를 부정하였다.

③ 정조는 수원에 화성을 축조하여 사도 세자의 묘를 옮기고 국왕 친위 부대인 장용영의 외영을 설치하는 등 화성에 정치적·군사적 기능을 부여하였다. 또한, 수원성의 동서남북에 네 개의 호수와 축만제 등의 저수지를 축조하고 농업용수를 공급할 수 있도록 하였다.

근세 > 정치사

자료해설

위훈 삭제로 인한 훈구 공신 세력의 반발로 조광조 등 사림이 큰 피해를 입었다는 내용을 통해 밑줄 친 '사건'은 중종 때 일어난 기묘사화(1519)임을 알 수 있다.

정답의 이유

② 중종은 반정으로 왕위에 오른 뒤 훈구파를 견제하기 위해 사림을 중용하여 유교 정치를 발전시키고자 하였다. 이에 따라 등용된 조광조는 천거제의 일종인 현량과 실시를 건의하여 사림이 대거 등용될 수 있는 발판을 마련하였다. 또한, 반정 공신들의 위훈 삭제, 소격서 폐지, 향약 시행, 소학 보급 등을 주장하였으나 이에 반발한 훈구 세력들이 주초위왕 사건을 일으켜 기묘사화(1519)가 발생하면서 조광조를 비롯한 사림들이 큰 피해를 입었다.

오답의 이유

① 연산군이 생모인 폐비 윤씨 사건의 전말을 알게 되면서 갑자사화(1504)가 발생하였다. 이로 인해 김굉필 등 당시 폐비 윤씨 사건에 관련된 인물들과 무오사화 때 피해를 면했던 사림들까지 큰 화를 입었다.

③ 연산군 때 사관 김일손이 영남 사림파의 영수인 김종직의 조의제문을 실록에 기록하였는데, 사림 세력과 대립 관계였던 유자광, 이극돈 등의 훈구 세력이 이를 문제 삼아 연산군에게 알리면서 무오사화(1498)가 발생하였다.

④ 인종의 뒤를 이어 명종이 어린 나이로 즉위하자 명종의 어머니 문정왕후가 수렴청정을 하였다. 인종의 외척인 윤임을 중심으로 한 대윤 세력과 명종의 외척인 윤원형을 중심으로 한 소윤 세력의 대립으로 을사사화(1545)가 발생하여 윤임을 비롯한 대윤 세력과 사림들이 큰 피해를 입었다.

시대 통합 > 문화사

자료해설

(가)는 고려 인종 때 김부식이 집필한 『삼국사기』이고, (나)는 조선 후기 유득공이 집필한 『발해고』이다.

정답의 이유

③ 정조 때 서얼 출신 유득공이 『발해고』를 통해 발해를 우리나라의 역사로 인식하면서 신라와 발해가 있던 시기를 남북국 시대라고 부를 것을 처음으로 제안하였다. 유득공은 발해사 연구의 시야를 만주 지방까지 확대하여 한반도 중심의 협소한 사관을 극복하려 하였다.

오답의 이유

① 고려 무신 정권기의 문인 이규보는 『동국이상국집』을 저술하였다. 여기에 수록된 『동명왕편』은 한국 문학 최초의 서사시로, 고구려를 건국한 동명왕의 업적을 칭송하고 고려가 고구려를 계승하였다는 고려인의 자부심을 표현하였다.

② 충렬왕 때 승려 일연이 저술한 『삼국유사』에는 불교사를 중심으로 왕력과 함께 『기이(紀異)』편을 통해 전래 기록이 수록되어 있으며, 특히 단군을 우리 민족의 시초로 여겨 고조선 건국 설화를 수록하였다.

④ 조선 성종의 명을 받아 서거정이 집필한 『동국통감』과 조선 후기 안정복의 『동사강목』 등은 고조선부터 고려 말까지의 역사를 정리하여 편찬한 역사서이다.

근대 태동기 > 경제사

자료해설

제시문은 박지원의 『한민명전의』에 실린 한전론에 대한 내용이다. 박지원은 『과농소초』에서 중국 농법 도입과 재래 농사 기술의 개량을 주장하였고, 『한민명전의』에서는 토지 소유의 상한선을 설정하는 한전론을 제안하여 심각한 토지 소유 불균형을 해소하려고 하였다.

정답의 이유

③ 박지원은 청에 다녀온 뒤 『열하일기』를 저술하여 상공업 진흥과 화폐 유통, 수레 사용의 필요성을 주장하였다. 또한, 『양반전』, 『허생전』, 『호질』 등을 통해 양반의 무능과 허례를 풍자하고 비판하였다.

오답의 이유

① 유형원은 『반계수록』에서 토지는 국가가 공유하며 신분에 따라 토지를 차등 분배하고, 자영농을 육성하여 민생의 안정과 국가 경제를 바로잡아야 한다는 내용의 균전론을 주장하였다. 그 외에도 부병제를 주장하며 병농일치를 강조하였다.

② 이익은 『성호사설』을 통해 한 가정의 생활을 유지하는 데 필요한 규모의 토지를 영업전으로 정하고, 영업전의 매매를 금지하는 한전론을 주장하였다. 또한, 나라를 좀먹는 6가지의 폐단(노비제, 과거제, 양반 문벌제, 사치와 미신, 승려, 게으름)에 대해 비판하였다.

④ 정약용은 유배 생활 중에 『목민심서』를 저술하여 지방 행정 개혁 방향을 제시하였다.

더 알아보기

『목민심서』 사료

근래 아전의 풍속이 나날이 변하여 하찮은 아전이 길에서 양반을 만나도 절을 하지 않으려 한다. 아전의 아들·손자로서 아전의 역을 맡지 않은 자가 고을 안의 양반을 대할 때 맞먹듯이 너 나하며 자(字)를 부르고 예의를 차리지 않는다.

조선 후기 대표적 실학자와 저서

	유형원	『반계수록』
중농 학파	이익	『성호사설』, 『곽우록』
	정약용	『목민심서』, 『경세유표』, 『흠흠신서』
	유수원	『우서』
중상 학파	홍대용	『의산문답』, 『임하경륜』
	박지원	『열하일기』, 『과농소초』, 『한민명전의』
	박제가	『북학의』

11 난도 ★★☆
정답 ①

일제 강점기 > 정치사

[자료해설]

(가)는 1910년대의 무단 통치 시기에 대한 내용이다. 이 시기에는 조선 총독부의 설치, 헌병 경찰제, 조선 태형령 등이 자행되었으며, 토지조사사업, 회사령 실시 등의 경제적인 침탈이 있었다.

[정답의 이유]

① 조선 총독부는 토지 조사국을 설치하고 토지 조사령을 발표하여 일정 기간 내 토지를 신고하도록 하는 토지조사사업을 실시하였다(1912).

[오답의 이유]

② 1939년 일제는 우리의 성과 이름을 일본식 성명으로 바꾸는 창씨 개명령을 공포하고, 1940년 창씨 개명을 실시하였다.

③ 일제는 제3차 조선 교육령을 공포하여 일왕의 칙령에 따라 소학교를 '황국 신민의 학교'라는 의미인 국민학교로 개칭하였다(1941).

④ 1930년대 중·일 전쟁과 태평양 전쟁이 일어나자 일제는 우리 민족을 전쟁에 동원하기 위해 국가 총동원법을 제정(1938)하여 인력과 물자 등을 수탈하였다.

[더 알아보기]

일제 강점기 시기별 식민 통치 방식

구분\시기	통치 내용	경제 침탈
무단 통치 (1910~1919)	• 조선 총독부 설치 • 헌병 경찰제 • 조선 태형령	• 토지조사사업 • 회사령 실시
기만적 문화 통치 (1919~1931)	• 3·1 운동(1919)을 계기로 통치 체제 변화 • 보통 경찰제 • 경성 제국 대학 설립	• 산미증식계획 시행: 일본 본토로 식량 반출 • 회사령 폐지: 일본 자본 유입
민족 말살 통치 (1931~1945)	• 황국 신민화 정책 • 신사 참배, 황국 신민 서사 암송, 창씨 개명 강요 • 조선어, 조선 역사 과목 폐지	• 국가 총동원령 시행 • 병참 기지화 정책 • 남면북양 정책

12 난도 ★★☆
정답 ④

현대 > 정치사

[자료해설]

한국 국민당을 이끌고 한국 독립당을 결성하였으며 남북 협상을 위한 평양 방문을 한 사실을 통해 제시문의 밑줄 친 '그'가 백범 김구임을 알 수 있다. 김구는 광복 이후 모스크바 3국 외상 회의 결정에 따른 신탁 통치를 이승만과 함께 반대하였으며, 남한만의 단독 정부를 추진한 이승만과 달리 통일 정부 수립을 위해 평양으로 가서 남북 협상까지 시도하였으나 결국 실패하였다(1948.4.).

[정답의 이유]

④ 모스크바 3국 외상 회의에서 신탁 통치 결정이 알려지자 김구는 '신탁 통치 반대 국민 총동원 위원회'를 결성(1945.12.)하여 신탁 통치 반대 운동을 전개하였다.

[오답의 이유]

① 광복 이후 좌우 대립이 격화되면서 분단의 위기감을 느낀 중도파 세력들은 여운형, 김규식이 중심이 되어 1946년 7월에 좌우 합작 위원회를 수립하였다. 이 위원회는 모든 조직이 하나로 통합되어, 중도적 사상의 통일 정부를 수립하는 것을 목표로 삼고 1946년 10월 좌우 합작 7원칙을 합의하여 제정하였다.

② 조선 건국 동맹의 여운형은 안재홍과 함께 일본인의 안전한 귀국을 보장하는 조건으로 조선 총독부로부터 행정권의 일부를 이양 받아 조선 건국 준비 위원회를 결성하였다(1945).

③ 박용만은 하와이에 대조선 국민 군단을 조직하여 독립군 사관 양성을 바탕으로 한 무장 투쟁을 준비하였다(1914).

13 난도 ★★☆
정답 ①

현대 > 정치사

[정답의 이유]

① 제헌 국회는 일제의 잔재를 청산하고 민족정기를 바로잡기 위해 「반민족 행위 처벌법」을 제정(1948)하여 반민족 행위 특별 조사 위원회를 조직하였다.

[오답의 이유]

② 1965년 6월 한·일 협정이 정식으로 조인되자 전국 각 대학 및 고교 학생들의 한·일 협정 조인 무효화 시위와 시민 각계에서 회담 반대 성명이 전개되었다.

③ 박정희 정부 시기 서울과 평양에서 7·4 남북 공동 성명을 발표하고, 남북 조절 위원회를 설치하였다(1972).

④ 박정희 정부는 유신 헌법을 발표하여 대통령 임기 6년과 중임 제한 조항 삭제 및 통일 주체 국민 회의를 통한 대통령 간접 선거의 내용을 담은 제7차 헌법 개정을 단행하였다(1972).

[더 알아보기]

「반민족 행위 처벌법」 및 위원회

「반민족 행위 처벌법」	배경	친일파 청산으로 민족 정기 확립 요구, 미군 정의 친일 관료 유지 정책
	과정	일제 강점기 반민족 행위자 처벌 및 재산 몰수 → 반민족 행위 특별 조사 위원회(반민 특위) 설치
반민족 행위 특별 조사 위원회 (반민 특위)	개념	친일파 청산을 목적으로 「반민족 행위 처벌법」을 근거로 국회에서 구성된 특별 위원회
	활동	1949년 1월부터 시작, 이광수·박흥식·노덕술·최린·최남선 등 친일 혐의자 체포·조사
	위기	이승만 정부의 비협조와 방해, 일부 경찰의 반민 특위 습격, 국회 프락치 사건 등으로 활동 제약

14 난도 ★☆☆　　　　　　　　정답 ②

근대 > 정치사

[자료해설]

'고종이 즉위한 직후에 실권을 장악', '병인박해', '고종의 친정이 시작됨에 따라 물러남', '임오군란이 일어났을 때 잠시 권력을 장악', '청군의 개입으로 물러났다'를 통해 밑줄 친 '그'는 흥선 대원군임을 알 수 있다.

[정답의 이유]

② 병인양요와 신미양요를 극복한 흥선 대원군은 외세의 침입을 경계하고 서양과의 통상 수교 반대 의지를 알리기 위해 전국 각지에 척화비를 세웠다(1871).

[오답의 이유]

① 조 · 미 수호 통상 조약이 체결된 후 조선 주재 미국 공사가 파견되자 조선 정부는 답례로 미국에 보빙사를 파견하였다(1883). 민영익, 홍영식, 서광범을 중심으로 한 보빙사는 서양 국가에 파견된 최초의 사절단으로 40여 일간 미국 대통령을 만나고 다양한 기관들을 시찰하였다.

③ 숙종 때 간도 지역을 두고 청과 국경 분쟁이 발생하자 두 나라 대표가 백두산 일대를 답사하고 국경을 확정하여 백두산정계비를 세웠다(1712).

④ 고종은 국내외의 군국 기무와 개화 정책을 총괄하는 업무를 맡은 관청인 통리기무아문을 설치하고 그 아래 12사(司)를 두어 행정 업무를 맡게 하였다(1880). 통리기무아문은 기존 5군영을 무위영과 장어영의 2군영으로 개편하고 신식 군대인 별기군을 설치하였다(1881).

[더 알아보기]

흥선 대원군의 정책

대내적	국왕 중심 통치 체제	• 세도 정치 타파 • 비변사 철폐: 의정부와 삼군부 부활 • 경복궁 중건 • 『대전회통』, 『육전조례』 편찬
	민생 안정과 국가 재정 강화	• 호포제 실시 • 사창제 실시 • 서원 정리(47개 제외)
대외적	통상 수교 거부 정책	• 프랑스군과 미국군의 침입 격퇴 • 척화비 건립 • 군비 강화

15 난도 ★★☆　　　　　　　　정답 ①

고대 > 정치사

[자료해설]

제시된 자료는 '백제 개로왕이 고구려 장수왕의 밀사인 도림의 건의에 따라 성을 쌓고 궁을 화려하게 하는 등 대규모 토목 공사를 단행했지만 이로 인해 백성이 곤궁하고 나라가 위태롭게 되었다. 이때 도림이 고구려 장수왕에게 이 내용을 전달하니, 장수왕이 기뻐하며 백제를 치려고 장수에게 군사를 나누어 주었다'는 내용이다. 따라서 밑줄 친 '이 왕'은 백제 한성을 점령한 고구려 장수왕이다.

[정답의 이유]

① 고구려 장수왕은 수도를 국내성에서 평양성으로 옮기면서 적극적인 남진 정책을 추진하였다(427).

[오답의 이유]

② 고구려 고국천왕은 국상 을파소의 건의에 따라 봄에 곡식을 빌려주고 겨울에 갚게 하는 진대법을 시행(194)하여 빈민을 구제하였다.

③ 고구려 미천왕은 낙랑군을 축출(313)하고 한의 군현을 모두 몰아내어 영토를 확장하였다.

④ 고구려 광개토 대왕은 신라의 원군 요청을 받고 군대를 보내 신라에 침입한 왜를 낙동강 유역에서 격퇴(400)함으로써 한반도 남부의 세력 균형에도 영향을 미쳤다.

16 난도 ★★☆　　　　　　　　정답 ②

시대 통합 > 문화사

[자료해설]

제시된 문화 유산은 고려 시대의 건축물인 안동 봉정사 극락전이다.

[정답의 이유]

② 안동 봉정사 극락전은 고려 시대의 건물로 국보 제15호로 지정되어 있다. 통일 신라 시대 건축 양식을 띠고 있으며, 우리나라의 목조 건물 중 가장 오래된 건물이다.

[오답의 이유]

① 서울 흥인지문(興仁之門)은 동대문이라고도 하며, 한성부를 보호하기 위한 서울 도성의 사대문 가운데 동쪽에 위치한 대문이다.

③ 영주 부석사 무량수전은 부석사의 중심 건물로 신라 문무왕 때 지어졌으나 고려 공민왕 때 불에 타 우왕 때 다시 지었고, 조선 광해군 때 단청을 새로 하였다. 기둥 중간이 굵은 배흘림기둥이 사용되었으며, 지붕 처마를 받치기 위한 구조인 공포를 기둥 위에서만 짜 올린 주심포 양식으로 축조되었다.

④ 합천 해인사 장경판전은 고려 팔만대장경을 보존하기 위해 15세기에 건축된 조선 전기 건축물로 우리나라에 현존하는 가장 오래된 도서관이기도 하다.

[더 알아보기]

고려 시대 건축과 조각

건축	주심포(안동 봉정사 극락전, 영주 부석사 무량수전, 예산 수덕사 대웅전), 다포(성불사 응진전)
탑	월정사 팔각 9층 석탑, 경천사지 10층 석탑(원의 양식)
불상	부석사 소조여래 좌상, 관촉사 석조 미륵보살 입상

17 난도 ★★☆　　　　　　　　정답 ②

근대 > 정치사

[자료해설]

'서재필', '만민 공동회 개최' 등으로 보아 (가)는 1896년에 창립된 독립 협회임을 알 수 있다. 독립 협회는 갑신정변 이후 서재필이 창립하고, 만민 공동회와 관민 공동회를 개최하여 민중에게 근대적 지식과 국권 · 민권 사상을 고취시켰으며, 헌의 6조를 결의하여 고종에게 건의하였다.

정답의 이유

② 독립 협회는 청의 사신을 맞던 영은문을 헐고 그 자리 부근에 독립문을 건립하였다(1897).

오답의 이유

① 갑오개혁 이후 고종은 교육 입국 조서를 발표하고 교육의 중요성을 강조하면서 교사 양성을 위해 한성 사범 학교를 세웠다(1895).

③ 고종은 제1차 갑오개혁 추진 이후 종묘에서 홍범 14조를 발표하였다(1895). 이는 청의 종주권 배제, 탁지아문으로 재정 일원화, 왕실과 국정 사무 분리 등의 내용을 담아 제1차 갑오개혁의 내용을 재확인하고 제2차 갑오개혁의 방향성을 설정하여 강령으로 선언한 것이다.

④ 국채 보상 운동은 김광제, 서상돈 등의 제안으로 대구에서 시작되었다. 이후 서울에서 조직된 국채 보상 기성회를 중심으로 전국적으로 확산되어 일본에서 도입한 차관 1,300만 원을 갚아 주권을 회복하고자 하였다(1907).

더 알아보기

독립 협회 창립과 활동

창립	배경	아관파천 이후 열강의 이권 침탈 심화, 자유민주주의적 개혁 사상 보급, 자주 독립 국가 건설 목표
	구성	서재필, 윤치호, 이상재, 남궁억 등의 지도부와 광범위한 사회 계층(학생, 노동자, 여성, 천민 등) 참여
	과정	서재필 등이 자유민주주의적 개혁 사상을 보급, 독립신문 창간 이후 독립 협회 창립
활동	민중 계몽 운동	『대조선 독립 협회 회보』 간행, 독립관에서 토론회 개최
	자주 국권 운동	• 독립문 건립 • 만민 공동회 개최 → 러시아의 절영도 조차 요구 저지
	자유 민권 운동	국민의 신체와 재산권의 자유, 언론 · 출판 · 집회 · 결사의 자유 등 요구
	의회 설립 운동	관민 공동회를 개최하여 헌의 6조 채택 → 고종의 수락, 중추원 관제 반포

18 난도 ★★☆ 정답 ③

중세 > 정치사

자료해설

제시된 자료의 '무신 정권 몰락(1270)'과 '공민왕 즉위(1351)'로 보아 (가)는 원 간섭기의 사실임을 알 수 있다.

정답의 이유

③ 공민왕은 개혁 정치를 실시하면서 반원 자주 정책의 일환으로 쌍성총관부를 공격하여 철령 이북 지역의 영토를 수복하였다(1356).

오답의 이유

① 충선왕은 왕위를 물려준 뒤 원의 연경에 만권당을 세우고(1314) 고려에서 이제현 등의 성리학자들을 데려와 원의 학자들과 교류하게 하였다.

② 충렬왕 때 일본 원정을 위해 원에서 설치한 정동행성(1280)은 내정 간섭 기구로 이용되었으며, 당시 지배층을 중심으로 몽골의 풍습인 변발과 호복이 유행하였다.

④ 원 간섭기인 충렬왕 때 이승휴가 저술한 『제왕운기』(1287)는 단군의 고조선 건국 이야기를 수록하여 고조선을 한국사에 포함시켰으며 이러한 역사의식은 고려 말 신진 사대부에게 전승되었다.

더 알아보기

공민왕의 정책

반원 자주 정책	• 기철 등 친원파 제거, 정동행성 이문소 폐지 • 왕실 칭호와 관제 복구, 몽골풍 금지 • 쌍성총관부 공격 → 철령 이북 지역 수복
왕권 강화 정책	• 정방 폐지: 인사권 장악 • 신진 사대부 등용 • 신돈 등용(전민변정도감 설치)

19 난도 ★★☆ 정답 ②

중세 > 경제사

자료해설

'전시과 제도', '2년 3작의 윤작법 보급', '남부 지방에 이앙법 보급' 등을 통해 밑줄 친 '이 나라'는 고려임을 알 수 있다.

정답의 이유

② 공물의 부과 기준이 가호에서 토지로 바뀐 것은 조선 시대의 대동법에 대한 내용이다. 조선 광해군 때 공납의 폐단을 해결하기 위해 공납을 전세화하여 공물 대신 쌀을 납부하도록 하는 대동법을 경기도부터 실시하였다.

오답의 이유

① 고려 시대의 삼사는 곡식의 출납과 회계 관련 사무 등 재정 관련 사무를 담당하였다.

③ 고려 시대에는 논과 밭을 비옥도에 따라 3등급으로 나누어 생산량의 1/10을 납부하게 하였다.

④ 고려 시대 소(所) 지역의 주민들은 수공업이나 광업에 종사하였고, 지방 특산물을 생산하여 공물로 바쳤다.

20 난도 ★★☆ 정답 ④

근대 > 정치사

자료해설

미국이 강화도를 침략한 사건인 '신미양요'는 1871년의 일이고, 군국기무처를 통해 실시된 '갑오개혁'은 1894년의 일이다.

정답의 이유

④ 조 · 미 수호 통상 조약은 조선이 서양 국가와 맺은 최초의 조약으로, 청이 러시아와 일본을 견제하고 조선에 대한 청의 종주권을 확인할 목적으로 체결을 알선하였다. 이는 최혜국 대우, 거중 조정, 치외 법권, 관세 규정 등의 조항이 포함된 불평등 조약이었다(1882).

① 일본의 강압으로 을사늑약이 체결(1905)되어 대한제국의 외교권이 박탈되고 통감부가 설치되었다. 이후 이토 히로부미가 초대 통감으로 부임하면서 일제의 내정 간섭이 공식화되었다.

② 정미의병은 일제가 한·일 신협약으로 대한제국의 군대를 강제 해산시키자 해산된 군인들이 의병 활동에 가담하면서 조직되었다 (1907).

③ 오페르트를 비롯한 서양인들이 충남 덕산에 위치한 흥선 대원군의 아버지 남연군의 묘를 도굴하려다가 실패하였다(1868).

더 알아보기

조·미 수호 통상 조약

배경	황준헌의 『조선책략』 유포 → 미국과의 수교 주장 → 청의 알선(러시아와 일본 견제 의도)
내용	• 거중 조정, 관세 조항 규정 • 치외 법권, 최혜국 대우 인정
성격	서양과 맺은 최초의 근대적 조약, 불평등 조약

한국사 | 2022년 지방직 9급

✅ **빠른 정답**

01	02	03	04	05	06	07	08	09	10
②	②	③	①	③	①	①	②	③	④

11	12	13	14	15	16	17	18	19	20
①	④	③	②	④	③	②	④	②	④

✅ **점수 체크**

구분	1회독	2회독	3회독
맞힌 문항 수	/ 20	/ 20	/ 20
나의 점수	점	점	점

---

01 난도 ★☆☆ 정답 ②

고대 > 정치사

자료해설

제시문에서 '기벌포', '황산 전투' 등의 내용을 통해 밑줄 친 '그'가 김유신임을 알 수 있다.

정답의 이유

② 진덕 여왕 사후 귀족 회의에서 알천과 김춘추가 왕위를 놓고 경쟁한 결과 김춘추가 왕위에 오르게 되었다. 이때 김유신은 진골 출신인 김춘추를 도와 신라의 왕이 될 수 있도록 많은 지원을 하였다.

오답의 이유

① 고구려 영양왕 때 수 양제가 우중문의 30만 별동대로 평양성을 공격하였으나 을지문덕이 살수에서 2,700여 명을 제외한 수군을 전멸시켰다(612).

③ 통일 신라 장보고는 완도에 청해진을 설치하고 해적을 소탕하여 당과 신라, 일본 간 해상 무역을 전개하였다(828).

④ 신라 진흥왕은 고구려가 차지하고 있던 한강 유역을 빼앗고 대가야를 병합하여 영토를 확장하였다(562).

02 난도 ★★☆ 정답 ②

고대 > 정치사

자료해설

제시문에 나온 '이사부', '우산국' 등의 단어로 보아 신라 지증왕 대의 우산국 정복에 대한 내용임을 알 수 있다. 지증왕은 이사부를 시켜 우산국(울릉도)과 우산도(독도)를 정벌하게 하고 실직주(삼척)의 군주로 삼았다(512).

정답의 이유

② 신라 지증왕은 사로국이었던 국호를 신라로 확정하고 마립간 대신 왕이라는 칭호를 사용하였다.

오답의 이유

① 신라 원성왕은 국학의 학생들을 대상으로 독서삼품과를 실시하여 유교 경전의 이해 수준에 따라 관리를 채용하였다.

③ 신라 신문왕은 녹읍을 폐지하고 관료전을 지급하여 귀족의 경제 기반을 약화시키고자 하였다.

④ 발해 무왕은 동북방의 여러 세력을 복속하여 영토를 확장하였고, 장문휴의 수군으로 당의 등주 등을 공격하였다.

신라의 우산국 정복

(지증마립간) 13년(512) 여름 6월. 우산국이 항복해 와 해마다 토산물을 공물로 바치기로 하였다. 우산국은 명주의 정동쪽 바다에 있는 섬이며, 혹 울릉도라고 부르기도 한다. 땅은 사방 100리인데, (지세가) 험한 것을 믿고 항복하지 않았다. 이찬(伊湌) 이사부(異斯夫)가 하슬라주(何瑟羅州) 군주가 되어 이르기를, "우산국 사람들은 어리석고 사나워 힘으로 복속시키기는 어렵지만 꾀로써 복속시킬 수 있다."라고 하였다. 이에 나무 사자를 많이 만들어 전선에 나누어 싣고 그 나라의 해안에 이르러 거짓으로 말하기를, "너희가 만약 항복하지 않으면 이 사나운 짐승을 풀어 밟아 죽이겠다."라고 하니, (그) 나라 사람들이 두려워하며 곧 항복하였다.

– 「삼국사기」 –

세종의 분야별 업적

정치	• 의정부 서사제 • 집현전 설치, 경연 활성화
군사	• 여진: 4군 6진 개척 • 왜: 쓰시마 섬 토벌
과학	• 농업 관련 기술: 측우기, 자격루 등 발명. 「농사직설」 편찬, 연분 9등법과 전분 6등법 실시 • 역법: 최초로 한양 기준 천체 운동을 계산한 「칠정산」
문화	• 훈민정음 창제 · 반포 → 민족 문화 기반 확립 • 편찬 사업: 「고려사」, 「삼강행실도」, 「총통등록」, 「향약집성방」, 「의방유취」, 「농사직설」, 「신찬팔도지리지」 • 정간보 창안

03 난도 ★☆☆
정답 ③

고대 > 정치사

자료해설

제시문에 나온 특산물인 '솔빈부의 말', 영역이 '영주의 동쪽 2천 리', '신라와 접함' 등의 내용으로 밑줄 친 '이 나라'는 발해임을 알 수 있다.

정답의 이유

③ 발해는 지방 행정 체제를 5경 15부 62주로 정비하였고, 주현에 지방관을 파견하였다.

오답의 이유

① 백제 고이왕은 6좌평제와 16관등제를 정비하여 중앙 집권 국가의 기틀을 마련하였다.

② 통일 신라 신문왕은 중앙군을 9서당, 지방군을 10정으로 편성하여 군사 조직을 정비하였다.

④ 고구려는 귀족 회의인 제가 회의를 통해 국가의 중대사를 결정하였다.

04 난도 ★☆☆
정답 ①

근세 > 정치사

자료해설

제시문의 「농사직설」 편찬'으로 보아 밑줄 친 '왕'은 조선의 세종임을 알 수 있다.

정답의 이유

① 조선 전기 세종은 공법을 제정하고 실시하기 위해 전제상정소를 설립하였다. 이에 따라 풍흉과 토지 비옥도에 따라 전세를 차등 징수하는 연분 9등법과 전분 6등법을 전라도부터 시행하였다.

오답의 이유

② 태조 이성계는 조선을 건국한 이후 도읍을 개경에서 한양으로 천도하고 경복궁을 창건하였다.

③ 조선 세조 때 편찬되기 시작한 「경국대전」은 조선의 기본 법전으로 성종 때 완성되어 반포되었다.

④ 조선 중종은 반정으로 왕위에 오른 후 사림파를 중용하기 위해 조광조를 등용하고 현량과 실시하는 등 개혁 정치를 실시하였다.

05 난도 ★☆☆
정답 ③

근세 > 사회사

자료해설

제시문의 '경대부의 자식인데 오직 어머니가 첩이라는 이유만으로 대대로 벼슬길을 막아'라는 내용으로 보아 밑줄 친 '이들'은 서얼임을 알 수 있다.

정답의 이유

③ 조선 태종 때 서얼 금고법을 제정하여 양반의 자손이라도 서얼(첩의 자식)인 경우 관직에 진출할 수 없도록 하였으며, 「경국대전」에서 보다 구체적으로 법제화하였다. 조선 후기에 서얼들은 신분 상승 운동인 통청 운동을 전개하면서 청요직으로 진출하는 것을 허용해 달라는 상소를 올리기도 하였다.

오답의 이유

① 조선의 향리는 수령의 행정 실무를 보좌하는 지방 말단직이었으며, 호장, 기관, 장교, 통인 등으로 분류되었다. 향리직은 세습되었으나 국가로부터 녹봉을 받지 못하였고, 문과에 응시할 수 없었다.

② · ④ 조선 시대의 천민에는 백정, 무당, 창기, 공노비, 사노비 등이 있었다. 특히 노비는 비자유민으로 재산으로 취급되었고(매매 · 상속 · 증여의 대상), 교육을 받거나 벼슬을 할 수 없었다.

06 난도 ★☆☆
정답 ①

중세 > 정치사

자료해설

제시문에 나온 '쌍기의 건의로 과거를 실시' 등의 내용으로 보아 밑줄 친 '왕'은 고려 광종임을 알 수 있다.

정답의 이유

① 고려 광종은 노비안검법을 실시하여 억울하게 노비가 된 사람들을 구제하고 호족 세력을 약화시키고자 하였다.

오답의 이유

② 고려 공민왕은 전민변정도감을 설치하여 권문세족이 부당하게 빼앗은 토지를 본래 주인에게 돌려주고 억울하게 노비가 된 사람들을 양민으로 해방시켜 주었다(1366).

③ 고려 경종에 의해 처음 시행된 전시과는 관직 복무와 직역의 대가로 관료들에게 토지를 나누어 주는 제도였다(976).

④ 고려 성종은 최승로의 시무 28조(982)를 받아들여 12목을 설치하고 지방관을 파견하였다(983).

더 알아보기

고려 광종의 개혁 정치

왕권 강화	• 노비안검법(956) 실시: 억울하게 노비가 된 사람들 구제, 국가 재정을 확충, 호족 세력 약화 • 과거제(958) 실시: 후주 출신 쌍기의 건의로 실시한 과거 제도를 통하여 신진 사대부 등용 • 독자적 연호 사용: 국왕을 황제라 칭하고 광덕, 준풍 등의 독자적 연호 사용 • 기타: 왕권 강화를 위해 공신·호족 세력을 숙청하였다.
통치 체제 정비	• 백관공복제 정비: 관료들을 4색(자색, 단색, 비색, 녹색)으로 분류하여 지배층의 위계질서를 확립 • 기타: 주현공부법, 제위보 설치, 승과 제도 등 시행

더 알아보기

4·19 혁명의 전개

배경	• 이승만 정부의 독재와 부정부패: 상대 민주당 후보 조병옥 선거 도중 사망, 이승만 대통령 당선 확실시 • 3·15 부정 선거: 부통령에 이기붕을 당선시키기 위한 대대적인 부정 선거 자행
전개	각 지역에서 부정 선거 규탄 시위 → 마산에서 김주열 학생의 시신 발견(4.11.), 전국으로 시위 확산 → 학생·시민 대규모 시위 → 경찰 발포로 여러 사상자 발생, 비상 계엄령 선포(4.19.) → 서울 시내 대학 교수단 시국 선언문 발표 및 시위(4.25.)
결과	• 이승만 대통령 하야 성명 발표(4.26.), 다음 날 대통령 사임서 제출(4.27.) • 허정(대통령 권한 대행) 과도 정부 구성
의의	• 학생과 시민이 중심이 되어 독재 정권을 타도한 민주주의 혁명 • 민주주의 발전에 밑바탕이 됨

07 난도 ★★☆　　　　　　　　　　정답 ①

현대 > 정치사

[자료해설]

제시된 자료는 1960년 4·19 혁명 당시 대학 교수단이 발표한 시국 선언문의 내용이다.

[정답의 이유]

① 이승만의 장기 집권과 자유당 정권의 3·15 부정 선거에 저항하여 4·19 혁명이 발발하였고, 대학 교수단이 시국 선언문을 발표하고 대통령의 하야를 요구하는 행진을 전개하는 등 시위가 전국적으로 확산되었다(1960). 결국 4·19 혁명으로 이승만 대통령이 하야하고 내각 책임제를 기본으로 하는 허정 과도 정부가 구성되었다.

[오답의 이유]

② 신군부의 비상계엄 확대에 항거하여 광주에서 일어난 5·18 민주화 운동은 신군부가 공수 부대를 동원하여 무력 진압에 나서자 학생과 시민들이 시민군을 결성하여 계엄군에 대항하면서 격화되었다(1980). 5·18 민주화 운동은 1980년대 우리나라 민주화 운동의 밑거름이 되었고, 2011년에는 관련 기록물이 유네스코 세계 기록 유산으로 등재되었다.

③ 박정희 정부가 1964년에 한·일 국교 정상화를 위한 회담을 진행하면서 학생과 야당을 주축으로 이에 반대하는 6·3 시위가 전개되었다.

④ 6월 민주 항쟁의 결과 정부는 국민들의 민주화 요구를 수용하여 6·29 민주화 선언을 통해 5년 단임의 대통령 직선제 개헌을 단행하였다(1987).

08 난도 ★★☆　　　　　　　　　　정답 ②

시대 통합 > 문화사

[자료해설]

제시문에 나온 '하남 하사창동 철조 석가여래 좌상', '논산 관촉사 석조 미륵보살 입상' 등의 내용을 통해 밑줄 친 '이 시기'는 고려 시대 초기임을 알 수 있다. 고려 초기에는 조형미는 떨어지나 토속적·향토적인 특색이 표현된 거대 석불이나 대형 철불을 조성하였다.

[정답의 이유]

② 고려 초기에는 건국에 지대한 영향을 끼친 지방 호족들이 그 지역 내에서 독자적인 지배권을 인정받았다. 이들은 지방 문화의 성격이 강한 거대 불상이나 불교 건축물 등을 제작하기도 하였다.

[오답의 이유]

① 성골 출신이 국왕이 재위한 것은 신라 상대(박혁거세~진덕 여왕)의 일이다.

③ 조선 시대 세도 정치 시기에는 외척인 안동 김씨와 풍양 조씨 등의 특정 가문이 정권을 장악하였고, 이 시기에 삼정의 문란이 극에 달했다.

④ 16세기 이후 조선은 성리학에 투철한 사림 세력이 정국을 주도하였다.

09 난도 ★★☆　　　　　　　　　　정답 ③

시대 통합 > 문화사

[정답의 이유]

ㄴ 이규보의 『동국이상국집』에 실린 「동명왕편」은 한국 문학 최초의 서사시로, 고구려를 건국한 동명왕의 업적을 칭송하고 고려가 고구려를 계승하였다는 고려인의 자부심을 표현하였다.

ㄹ 유득공의 『발해고』는 발해를 우리의 역사로 인식하고 최초로 '남북국'이라는 용어를 사용하였다.

㉠ 단군 신화가 수록된 문헌에는 『삼국유사』, 『제왕운기』, 『동국여지승람』, 『응제시주』, 『세종실록지리지』 등이 있다.

㉢ 안정복이 쓴 『동사강목』은 고조선부터 고려 공양왕까지의 역사를 정리한 것으로 강목체 형식의 편년체로 편찬되었다.

10 난도 ★☆☆   정답 ④

근대 태동기 > 정치사

자료해설

제시문의 '탕평책', '균역법', '청계천 준설' 등을 통해 밑줄 친 '나'는 조선의 영조임을 알 수 있다.

정답의 이유

④ 조선 후기 영조는 각종 제도의 연혁과 내용을 정리한 백과 전서인 『동국문헌비고』를 편찬하여 문물제도를 정비하였다.

오답의 이유

① 정조는 왕권을 뒷받침하는 군사적 기반을 갖추기 위해 친위 부대인 장용영을 설치하였다(1793).

② 효종 때 러시아가 만주 지역까지 침략해오자 청은 조선에 원병을 요청하였고, 조선에서는 두 차례에 걸쳐 조총 부대를 파견하여 나선 정벌을 단행하였다(1654, 1658).

③ 세도 정치로 인한 삼정의 문란과 서북 지역민에 대한 차별에 항거하여 홍경래의 난이 일어났다(1811).

더 알아보기

영조의 업적

탕평책을 통한 왕권 강화	• 각 붕당의 사상적 지주였던 산림의 존재 부정 • 붕당의 지지 기반인 서원을 대폭 정리 • 이조 전랑의 삼사 관리 선발권 폐지
민생 안정 노력	• 균역법 실시: 백성의 군역 부담 경감 • 지나친 형벌 금지, 사형수에 대한 엄격한 삼심제 시행 • 신문고 부활: 백성의 억울함 해소 • 문물제도 정비: 『속대전』, 『동국문헌비고』 편찬

11 난도 ★★☆   정답 ①

근대 > 정치사

자료해설

제시된 자료에서 을미사변(1895)과 러 · 일 전쟁(1904) 사이에 일어난 사실 (가)를 찾는 문제이다. 을미사변은 삼국 간섭 이후 민씨 세력이 러시아를 통해 일본을 견제하자, 일본이 경복궁에 난입하여 명성 황후를 시해한 사건이다(1895). 러 · 일 전쟁은 한반도와 만주 지역에 대한 지배권을 두고 러시아와 일본 간에 벌어진 제국주의 전쟁이다(1904).

정답의 이유

① 갑신정변 이후 미국에서 돌아온 서재필은 독립신문을 창간하고 독립 협회를 창립하였으며, 청의 사신을 맞던 영은문을 헐어 그 자리에 독립문을 건립하였다(1897).

② 일본의 강압으로 을사늑약이 체결(1905)되어 대한제국의 외교권이 박탈되고 통감부가 설치되었다.

③ 일제 통감부는 대한제국의 토지와 자원을 수탈하기 위해 동양 척식 주식회사를 설립하였다(1908).

④ 흥선 대원군은 왕실의 권위 회복을 위해 임진왜란 때 불에 탄 뒤 방치되어있던 경복궁을 중건하였으며(1865~1868), 이에 필요한 재정을 확보하기 위해 당백전을 발행하였다.

12 난도 ★★★   정답 ④

중세 > 정치사

자료해설

제시된 자료에 있는 '모니노', '신돈의 여종 반야의 소생', '이인임 등의 권력 횡포' 등으로 보아 밑줄 친 '왕'은 고려 공민왕의 뒤를 이어 왕위에 오른 우왕(1374~1388)이라는 것을 알 수 있다.

정답의 이유

④ 고려 말의 무신 이성계는 우왕 때 왕명에 따라 요동 정벌을 위해 출병하였다. 그러나 의주 부근의 위화도에서 말을 돌려 개경으로 회군(1388)한 후, 최영을 제거하고 우왕을 폐위시켰으며 정치적 실권을 장악하였다.

오답의 이유

① 조선 전기 왜구의 약탈이 빈번하자 세종은 이종무를 대마도로 보내 왜구를 토벌하였다(1419).

② 고려 무신 정권 해체 이후 강화도에 있던 고려 조정이 개경으로 환도하면서 몽골과의 강화가 성립되었다. 최씨 무신 정권의 군사적 기반이었던 삼별초는 이에 반발하여 배중손의 지휘에 따라 진도로 이동하며 대몽 항쟁을 전개하였다(1270~1273).

③ 고려 공민왕은 반원 자주 정책을 실시하여 유인우, 이자춘, 이인임 등으로 하여금 동계 지역의 쌍성총관부를 공격하여 원에 빼앗긴 철령 이북의 땅을 수복하였다(1356).

13 난도 ★★☆   정답 ③

일제 강점기 > 사회사

자료해설

제시된 자료의 '조선 물산 팔고 사자' 등의 포스터 내용을 통해 1920년대 전개된 물산 장려 운동이라는 것을 알 수 있다.

정답의 이유

③ 물산 장려 운동은 1920년대 조만식 등을 중심으로 평양에서 전개되었다. 민족 자본 육성을 통한 경제 자립을 위해 자급자족, 국산품 애용, 소비 절약 등을 내세웠으며 자작회, 토산 애용 부인회 등의 단체가 활동하였다. 그러나 일부 사회주의 세력은 이 운동이 자본가 계급의 이익만 추구할 뿐이라는 이유로 비판하기도 하였다.

오답의 이유

① 1920년대 이상재, 이승훈, 윤치호 등의 주도로 한국인을 위한 고등 교육 기관인 민립 대학 설립 운동이 시작되어 조선 민립 대학 기성회가 조직되었다. 그러나 일제의 방해와 경성 제국 대학

의 설립, 남부 지방의 가뭄과 전국적인 수해로 모금 활동이 중단되면서 좌절되었다.

② · ④ 1920년 일제의 회사령 폐지로 일본 자본이 본격적으로 들어왔고, 일제는 한 · 일 간의 관세 철폐를 추진하였다. 여기에 맞서 민족 자본가들은 일본의 자본에 대항하기 위해 물산 장려 운동을 추진하였다.

더 알아보기

물산 장려 운동

배경	일본 기업의 한국 진출 활발. 일본 상품의 관세 철폐(1923) → 일본 상품 대량 유입으로 한국 기업 위기 → 한국인 자본을 보호 · 육성하여 민족의 경제적 실력을 향상하고자 함
전개	• 평양에서 조만식을 중심으로 평양 물산 장려회 설립(1920) → 서울과 전국으로 확산 • '내 살림 내 것으로', '조선 사람 조선 것' 등의 구호 제시 • 민족 산업 보호 · 육성을 위한 토산품 애용, 근검 · 저축 · 금주 · 금연 등 실천
결과	일부 기업가에 의해 토산품 가격 상승 → 일제의 탄압과 방해로 큰 성과 거두지 못함

14 난도 ★★☆   정답 ②

현대 > 정치사

자료해설

제시된 자료의 '통일 주체 국민 회의에서 대통령을 무기명으로 선출한다'는 내용으로 보아 1972년에 개정된 유신 헌법임을 알 수 있다.

정답의 이유

② 대통령 임기를 7년 단임으로 정한 것은 1980년 개정된 제8차 개헌 때이다. 유신 헌법에서는 대통령의 임기는 6년으로 정하고, 중임 제한을 철폐하였고 통일 주체 국민 회의에서 대통령을 선출할 수 있게 하였다.

오답의 이유

① · ③ · ④ 유신 헌법은 3권 분립을 무시하고 대통령의 초법적 권한을 부여하기 위해 긴급 조치권을 부여하였으며, 국회의원 1/3 추천권, 국회 해산권, 대법원장과 헌법 위원회 위원장 임명권, 정당 및 정치 활동 금지 등을 규정하였다.

15 난도 ★☆☆   정답 ④

고대 > 정치사

자료해설

제시된 자료의 순서는 (라) 고구려 장수왕의 평양 천도(427) - (다) 백제 문주왕의 웅진 천도(475) - (가) 신라 진흥왕의 한강 유역 확보(553) - (나) 관산성 전투(554)이다.

정답의 이유

(라) 고구려 장수왕은 수도를 국내성에서 평양성으로 옮기고 남진 정책을 추진하였다.

(다) 남진 정책을 추진하던 고구려 장수왕에 의해 수도 한성이 함락되고 백제 개로왕이 전사하였다. 한강 유역을 빼앗긴 이후 즉위한 백제 문주왕은 웅진(공주)으로 천도하였다.

(가) · (나) 신라 진흥왕과 백제 성왕은 함께 고구려를 공격하여 한강 유역을 차지하였으나, 진흥왕이 나 · 제 동맹을 깨고 백제가 차지한 지역을 점령하였고, 이에 분노한 성왕은 신라를 공격하였으나 관산성 전투에서 전사하였다.

16 난도 ★★★   정답 ③

중세 > 정치사

자료해설

제시된 자료에서 '통주성 남쪽으로 나가 진을 친', '결국 패해 거란군의 포로가 된', '고려 사람' 등의 내용으로 보아 (가) 인물은 고려 시대 무신 강조이다. 강조는 거란의 2차 침입 때 통주 전투에서 대패하여 포로가 되었으나 거란 왕에게 고려 신하의 절의를 꺾지 않고 저항하다가 죽음을 맞았다.

정답의 이유

③ 고려의 무신 강조는 천추 태후와 그의 정부 김치양으로 인한 국가의 혼란을 바로잡기 위해 정변을 일으켜 목종을 폐위시키고 현종(대량원군)을 즉위시켰다(1009).

오답의 이유

① 묘청의 난은 묘청, 정지상 등을 중심으로 한 서경 세력이 서경 천도와 칭제건원, 금 정벌 등을 주장하였으나 받아들여지지 않자 서경에서 반란을 일으킨 사건으로, 인조의 명에 의해 김부식이 진압하였다(1135).

② 고려 숙종 때 부족을 통일한 여진족이 고려의 국경을 자주 침입하자 윤관이 왕에게 건의하여 별무반을 편성하였다(1104). 별무반은 신기군, 신보군, 항마군으로 구성되었으며 여진족을 공격하여 동북 지역에 9성을 쌓았다(1107).

④ 거란의 1차 침입 때 서희가 소손녕과 외교 담판을 통해 강동 6주를 획득하였다(993).

더 알아보기

거란의 침입과 고려의 대응

거란 침입	결과
1차 침입 (993)	10세기 초 통일 국가를 세운 거란이 고려를 여러 차례 침략하였다. 고려 성종 때 거란이 고려가 차지하고 있는 옛 고구려 땅을 내놓고 송과 교류를 끊을 것을 요구하였으나 서희가 소손녕과의 외교 담판을 통해 강동 6주를 획득하였다.
2차 침입 (1010)	거란은 강조의 정변을 구실로 고려를 침입하여 흥화진을 공격하였다. 이때 고려 장수 양규는 무로대에서 거란을 기습 공격하여 포로로 잡힌 백성을 되찾았다.
3차 침입 (1018)	거란의 소배압이 이끄는 10만 대군이 다시 고려를 침입하였으나 강감찬이 이에 맞서 귀주에서 대승을 거두었다(귀주 대첩, 1019).

근세 > 정치사

자료해설

제시문의 『성학집요』를 완성하였다는 내용으로 밑줄 친 '저'가 율곡 이이라는 것을 알 수 있다. 이이는 군주가 수양해야 할 덕목을 정리한 『성학집요』를 저술하여 선조에게 바쳤다.

정답의 이유

② 율곡 이이는 왕도 정치의 이상을 문답식으로 저술한 『동호문답』을 통해 다양한 개혁 방안을 제시하였다.

오답의 이유

① 조선 중기의 성리학자 퇴계 이황은 향촌 사회의 교화를 위해 향약의 4대 덕목 가운데 '과실상규'를 강조하는 예안향약을 만들었다.

③ 조선 중종 때 풍기 군수 주세붕이 성리학을 전래한 고려 말의 학자 안향을 기리기 위해 최초로 백운동 서원을 건립하였다. 백운동 서원은 이황의 건의로 최초의 사액 서원인 소수 서원으로 사액되었다.

④ 정도전은 태조의 막내 아들인 방석을 세자로 임명하려다가 발생한 제1차 왕자의 난 때 이방원에 의해 피살되었다.

근대 > 정치사

자료해설

제시된 자료에서 '한국의 의병', 『동양평화론』, '연해주에서 의병 투쟁' 등의 내용을 통해 밑줄 친 '나'가 안중근임을 알 수 있다. 안중근은 자신이 대한제국 용병 참모중장의 자격으로 동양의 평화를 교란한 이토 히로부미를 처단했다고 하였다.

정답의 이유

ⓒ 안중근은 뤼순 감옥에서 한국, 일본, 청의 동양 삼국이 협력하여 서양 세력의 침략을 방어하고 동양 평화를 실현해야 한다는 사상을 담은 『동양평화론』을 집필하였으나 일제가 사형을 앞당겨 집행하면서 미완성으로 남게 되었다.

ⓔ 안중근은 연해주에서 의병 운동을 했으며, 각종 모임을 만들어 애국 사상을 고취하고 군사 훈련을 담당하였다.

오답의 이유

㉠ 안중근은 중국의 뤼순 감옥의 형장에서 순국하였다(1910.3.).

ⓛ 한인 애국단은 김구가 상하이에서 적극적인 의열 투쟁 활동을 전개하고자 결성한 단체로 대표적인 단원으로는 윤봉길, 이봉창 등이 있다.

더 알아보기

『동양평화론』

안중근은 뤼순 감옥에서 한국, 일본, 청의 동양 삼국이 협력하여 서양 세력의 침략을 방어하고 동양 평화를 실현해야 한다는 사상을 담은 『동양평화론』을 집필하였다. 원래 5편으로 구상되었으나 사형 집행이 앞당겨져 서문과 전감(前鑑)만 집필되었다. 일제의 한국 침략에 대한 비판과 진정한 동양 평화를 위한 한·중·일 삼국의 대등한 연합이 주된 내용을 이룬다.

현대 > 정치사

자료해설

제시된 자료에 있는 '일본 정부와 공모하여 한·일 합병에 적극 협력한 자'와 '처벌'을 통해 1948년 제헌 국회에서 제정한 반민족 행위 처벌법의 조항임을 알 수 있다.

정답의 이유

② 5·10 총선거를 통해 구성된 제헌 국회는 1948년 9월 반민족 행위 처벌법을 제정하였으며, 다음 해인 1949년 6월 농지 개혁법을 제정하였다.

오답의 이유

①·③ 제헌 국회는 1948년 9월 『반민족 행위 처벌법』을 제정하였으며, 10월에는 반민족 행위 특별 조사 위원회와 특별 재판부를 설치하여 공소를 제기하도록 하였다.

④ 1949년 6월 특별 조사 위원회가 일제 때 친일 행위를 한 박흥식, 노덕술 등 고위 경찰 간부를 체포하여 조사하였다. 그러나 정부가 간첩 혐의로 반민족 특별 위원회 위원을 구속하는 국회 프락치 사건, 경찰의 반민 특위 습격 사건, 반민족 특별 위원회의 활동 기간 축소에 따른 공소 기간 만료 등으로 반민족 특별 위원회가 해체되어 친일파 청산은 결과적으로 실패하였다.

일제 강점기 > 정치사

자료해설

제시된 자료는 신채호의 『조선 혁명 선언』이다(1923). (나) 신채호는 의열단 단장 (가) 김원봉의 부탁으로 작성한 『조선 혁명 선언』을 통해 민중의 직접 혁명을 통한 무장 독립 투쟁의 필요성을 강조하였다.

정답의 이유

④ (가) 김원봉은 개인적인 폭력 투쟁의 한계를 느끼고, 조직적으로 항일 무장 투쟁을 전개하기 위해 단원들과 함께 중국의 황포 군관 학교에서 정규 군사 훈련을 교육받았다.

(나) 신채호는 『독사신론』을 발표하여 민족을 역사 서술의 중심에 두는 민족주의 사학의 기반을 마련하였다.

오답의 이유

① (가)는 김원봉이 맞으나 (나)는 옳지 않다.
- 조선 의용대는 (가) 김원봉이 주도하여 중국 국민당의 지원을 받아 중국 관내 결성된 최초의 한인 무장 부대이다.
- 독립을 위해 '국혼'을 강조한 인물은 박은식이다.

② (가)와 (나) 모두 옳지 않다.
- 신민회의 이회영 등은 서간도 삼원보 지역에 독립군 양성 학교인 신흥 강습소를 설립하였고 이후 명칭을 신흥 무관 학교로 바꾸었다.
- 일제 강점기의 사회 운동가 강상호는 경남 진주에서 백정 이학찬 등과 함께 백정에 대한 사회적 차별 철폐를 위한 형평사를 조직하였다.

③ (가)와 (나) 모두 옳지 않다.

- 여운형은 일제의 패망에 대비하여 광복 이후 민주주의 국가 건설을 목표로 한 조선 건국 동맹을 결성하였다.
- 백남운은 『조선사회경제사』를 통해 유물 사관을 토대로 식민 사학의 정체성론을 반박하였다.

더 알아보기

일제 강점기 국학 연구

민족주의 사학	박은식	• 혼(魂) 강조 • 『한국통사』, 『한국독립운동지혈사』
	신채호	• 민족주의 역사학의 기반 확립 • 고대사 연구 • 『독사신론』, 『조선상고사』, 『조선사연구초』
	정인보	'얼' 강조, 「5천년간 조선의 얼」(동아일보 연재) → 『조선사연구』, 조선학 운동
	문일평	• 심(心) 사상(조선심) • 역사학의 대중화에 관심
사회 · 경제 사학	백남운	• 유물 사관을 바탕으로 정체성론 비판 • 『조선사회경제사』, 『조선봉건사회경제사』
실증 사학	손진태, 이병도	• 문헌 고증 강조 • 진단학회 조직

한국사 | 2021년 국가직 9급

한눈에 훑어보기

✔ **영역 분석**

선사 시대와 국가의 형성 05
1문항, 5%

고대 01 06 09
3문항, 15%

중세 02 10 14
3문항, 15%

근세 03 04
2문항, 10%

근대 태동기 15
1문항, 5%

근대 13 19 20
3문항, 15%

일제 강점기 12 17 18
3문항, 15%

현대 11 16
2문항, 10%

시대 통합 07 08
2문항, 10%

✔ **빠른 정답**

01	02	03	04	05	06	07	08	09	10
③	②	③	①	①	④	④	③	③	①
11	12	13	14	15	16	17	18	19	20
④	③	②	④	②	①	④	②	②	③

✔ **점수 체크**

구분	1회독	2회독	3회독
맞힌 문항 수	/ 20	/ 20	/ 20
나의 점수	점	점	점

01 난도 ★★☆   정답 ③

고대 > 정치사

[자료해설]

제시문은 고구려 제2대 유리왕이 지은 「황조가」이다. 이 노래는 정답게 노는 꾀꼬리의 모습과 작가의 처지를 대비하여 외로움의 정서를 우의적으로 표현하였다.

[정답의 이유]

③ 고구려 주몽은 압록강 중류의 졸본 지역을 첫 도읍으로 정하고 나라를 세웠다. 이후 유리왕 때 중국 지린성 지안 지역의 국내성으로 수도를 옮겼다.

[오답의 이유]

① 고구려 고국천왕은 국상 을파소의 건의에 따라 빈민을 구제하기 위해 먹을거리가 부족한 봄에 곡식을 빌려주고 겨울에 갚게 하는 진대법을 실시하였다.

② 고구려 미천왕은 낙랑군을 축출(313)하고 한의 군현을 모두 몰아내어 영토를 확장하였다.

④ 고구려 소수림왕은 중국 전진으로부터 불교를 수용하고 이를 통해 왕실의 권위를 높이고자 하였으며, 율령을 반포(373)하여 국가 조직을 정비하였다.

[더 알아보기]

고구려 주요 왕의 업적

1~2세기	태조왕	정복 활동 활발 → 옥저 정복, 요동 진출
	유리왕	국내성 수도 천도
	고국천왕	왕위 부자 세습, 진대법 실시(을파소 건의)
4세기	미천왕	낙랑군 축출 → 대동강 유역 확보
	소수림왕	불교 수용, 태학 설립, 율령 반포
5세기	광개토 대왕	만주 일대 장악, 신라에 침입한 왜 격퇴, 금관가야 공격, 한강 이북 차지
	장수왕	평양 천도(427), 남진 정책, 한강 유역 장악
6세기	영류왕	천리장성 축조
	보장왕	연개소문 집권, 고구려 멸망(668)

중세 > 문화사

자료해설

밑줄 친 '유학자'는 안향이다. 조선 중종 때 풍기군수 주세붕은 고려 말 성리학을 전래시킨 안향을 기리고 사림 및 자제들을 교육하기 위해 최초의 서원인 백운동 서원을 건립하였다. 이후 백운동 서원은 이황의 건의로 최초의 사액 서원인 소수 서원으로 공인되었다.

정답의 이유

② 안향은 원 간섭기인 고려 충렬왕 때 성리학을 국내에 처음으로 소개하였다.

오답의 이유

① 이이는 정계 은퇴 후 우리나라의 지방 행정 조직 실정에 맞는 향약인 해주향약을 만들기도 하였다.

③ 『성학십도』를 저술한 인물은 퇴계 이황이다. 이황은 『성학십도』에서 10개의 도식을 통해 군주 스스로 성학을 따를 것을 강조하였다.

④ 『해동제국기』는 통신사로 일본에 다녀온 신숙주가 일본의 지리, 사회, 정치 등에 대한 관찰을 종합적으로 기록한 책으로 성종 때 편찬되었다.

03 난도 ★★☆   정답 ③

근세 > 정치사

자료해설

밑줄 친 '왕'은 원각사지 10층 석탑을 세운 인물로 조선 세조이다. 원각사지 10층 석탑은 고려의 개성 경천사지 10층 석탑을 본떠 만든 것으로 대리석을 재료로 하였으며 국보 제2호로 지정되어 있다.

정답의 이유

③ 세조는 왕권 강화를 위해 의정부 서사제를 폐지하고 6조에서 의정부를 거치지 않고 국왕이 바로 재가를 내리는 6조 직계제를 실시하였다.

오답의 이유

① 『동국병감』은 조선 문종 대에 이민족과의 전란·전쟁사를 정리하여 편찬한 책이다.

② 『동문선』은 조선 성종 대에 서거정이 삼국 시대부터 조선 초까지의 뛰어난 시문들을 모아 편찬한 시문집이다.

④ 경복궁의 이궁인 창덕궁이 건립된 것은 조선 태종 5년 시기의 일이다.

더 알아보기

6조 직계제 사료

상왕(단종)이 어려서 무릇 조치하는 바는 모두 대신에게 맡겨 논의, 시행하였다. 지금 내(세조)가 명을 받아 왕통을 계승하여 군국 서무를 아울러 모두 처리하며 조종의 옛 제도를 모두 복구한다. 지금부터 형조의 사형수를 제외한 모든 서무는 6조가 각각 그 직무를 담당하여 직계한다.

– 『세조실록』 –

04 난도 ★★☆   정답 ①

근세 > 정치사

자료해설

현량과 실시를 건의한 내용을 통해 (가) 인물이 조광조라는 것을 알 수 있다.

정답의 이유

① 중종 때 등용된 조광조는 현량과 실시, 소격서 폐지, 위훈 삭제 등의 급진적인 개혁을 실시하였다. 이에 반발한 훈구 세력들이 주초위왕 사건을 일으켜 기묘사화가 발생하면서 조광조를 비롯한 사림들이 피해를 입었다(1519).

오답의 이유

② 연산군 때 사관 김일손이 영남 사림파 스승인 김종직의 조의제문을 사초에 기록하였다. 그러자 사림 세력과 대립 관계였던 유자광, 이극돈 등의 훈구 세력이 이를 문제 삼아 연산군에게 알리면서 무오사화가 발생하였다(1498).

③ 인종의 뒤를 이어 명종이 어린 나이로 즉위하자, 명종의 어머니인 문정왕후가 수렴청정을 하였다. 이후 인종의 외척 세력인 대윤(윤임)과 명종의 외척 세력인 소윤(윤원형)의 대립이 심화되어 을사사화가 발생하였다(1545).

④ 연산군이 생모인 폐비 윤씨 사건의 전말을 알게 되면서 갑자사화가 발생하였다(1504). 이로 인해 연산군의 생모 윤씨를 폐비하는 데 동조한 김굉필 등의 사림파와 이미 죽은 훈구파 한명회 등을 부관참시하였다.

더 알아보기

조선 시대 사화

무오사화 (1498)	• 배경: 김일손이 스승 김종직의 조의제문을 사초에 기록한 사건 • 훈구파(유자광, 이극돈)와 사림파(김일손)의 대립
갑자사화 (1504)	• 배경: 폐비 윤씨 사사 사건 • 무오사화 때 피해를 면한 사림과 일부 훈구 세력까지 피해
기묘사화 (1519)	• 배경: 조광조의 개혁 정치 • 위훈 삭제로 인한 훈구 공신 세력의 반발 → 주초위왕 사건으로 조광조 축출
을사사화 (1545)	• 배경: 인종의 외척 윤임(대윤)과 명종의 외척 윤원형(소윤) 간 대립 심화 • 명종 즉위, 문정왕후 수렴청정 → 집권한 소윤이 대윤 공격

05 난도 ★★☆   정답 ①

선사 시대와 국가의 형성 > 선사 시대

정답의 이유

㉠ 강원 양양 오산리 유적은 신석기 시대의 유적지로 덧무늬 토기, 흙으로 빚어 구운 사람의 얼굴, 흑요석기 등이 발견되었다.

㉡ 서울 암사동 유적은 신석기 시대의 대표 유적지로, 빗살무늬 토기, 돌도끼, 움집터 등이 발견되었다.

ⓒ 공주 석장리 유적은 구석기 시대의 대표 유적지이고, 미송리식 토기는 청동기 시대의 대표적인 유물이다.

ⓔ 부산 동삼동 유적은 신석기 시대 유적지이고, 아슐리안형 주먹도끼는 연천 전곡리에서 발견된 구석기 시대의 대표적인 유물이다.

더 알아보기

구석기와 신석기 시대 유적지

구석기	• 연천 전곡리: 아슐리안형 주먹도끼 • 상원 검은모루 동굴: 동물화석, 주먹도끼 • 청원 두루봉 동굴: 어린아이 유골(흥수아이) • 충북 단양 금굴: 한반도에서 가장 오래된 유물(70만 년 전) 발굴 • 공주 석장리: 남한에서 최초 발굴 조사 • 함경북도 종성군 동관진: 한반도 최초 구석기 유물 석기와 골각기 발견 • 웅기 굴포리: 북한에서 최초 발굴
신석기	• 황해 봉산 지탑리: 탄화된 좁쌀 발견 • 강원 양양 오산리: 한반도에서 가장 오래된 신석기 집터 발견 • 부산 동삼동: 조개껍데기 가면, 빗살무늬 토기 출토 • 서울 암사동: 집터와 취락 유적, 빗살무늬 토기 출토 • 제주 한경 고산리: 이른 민무늬 토기, 덧무늬 토기 출토

06 난도 ★★☆　　　　　　　　　　　　　　정답 ④

고대 > 정치사

[자료해설]

고구려 장수왕의 공격으로 한성이 함락되자(475), 백제 문주왕은 웅진으로 천도하였다(475). 백제 성왕은 웅진에서 사비로 천도(538)하고 국호를 남부여로 고쳐 새롭게 중흥을 도모하였다.

[정답의 이유]

④ 신라 법흥왕은 이차돈의 순교를 계기로 불교를 국교로 공인하였다(527).

[오답의 이유]

① 신라 진흥왕은 고구려가 차지하고 있던 한강 유역을 빼앗고 대가야를 병합하여 영토를 확장하였다(562).

② 황초령 순수비는 신라 진흥왕 시기인 568년에 세워졌다.

③ 신라 진흥왕은 거칠부에게 역사서인 「국사」를 편찬하게 하였다(545).

07 난도 ★★☆　　　　　　　　　　　　　　정답 ④

시대 통합 > 경제사

[정답의 이유]

④ 조선 후기 청과의 무역이 활발하였던 국경 지역을 중심으로 공적으로 허용된 개시 무역과 사적 무역인 후시 무역이 이루어졌는데 대표적인 예로 중강 개시, 책문 후시가 있다.

[오답의 이유]

① 노리사치계는 백제 성왕 시기에 일본으로 건너가 불경과 불상을 전하였다.

② 통일 신라의 장보고는 완도에 청해진을 설치하여 해적들을 소탕하고 해상 무역권을 장악하면서 당, 신라, 일본을 잇는 국제 무역을 주도하였다.

③ 고려의 국제 무역항인 벽란도는 예성강 하구에 위치하였고 이곳을 통해 송, 아라비아 상인들과도 교역을 전개하였다.

08 난도 ★★☆　　　　　　　　　　　　　　정답 ③

시대 통합 > 문화사

[정답의 이유]

ⓐ 공주 송산리 고분군에 있는 송산리 6호분과 무령왕릉은 중국 남조의 영향을 받은 벽돌 무덤(전축분)이다. 2015년 유네스코 세계 문화 유산으로 선정되었다.

ⓑ 양산 통도사는 자장이 창건한 절로, 우리나라의 삼보 사찰 중 하나이다. 자장이 중국 유학을 마치고 귀국할 때 가져온 불경과 불사리를 봉안하기 위해 통도사에 금강 계단을 조성하였다. 2018년 영주 부석사, 보은 법주사 등과 함께 유네스코 세계 문화 유산으로 선정되었다.

ⓒ 남한산성은 2014년 유네스코 세계 문화 유산으로 선정된 곳이다. 병자호란 때 인조가 남한산성으로 피신하여 항전하였으나 강화도로 보낸 왕족과 신하들이 인질로 잡히자 삼전도에서 굴욕적으로 항복하였다(1637).

[오답의 이유]

ⓔ 왕의 업적을 「실록」에서 뽑아 만든 것은 「국조보감」이다. 「승정원 일기」는 조선 시대의 왕명 출납 기관인 승정원에서 취급 문서 및 사건을 매일 기록한 일기로 2001년에 유네스코 세계 기록 유산으로 등재되었다.

더 알아보기

유네스코 지정 세계 유산(2023년 9월 기준)

세계 문화 · 자연 유산	해인사 장경판전(1995), 종묘(1995), 석굴암과 불국사(1995), 창덕궁(1997), 수원 화성(1997), 경주 역사 유적 지구(2000), 고창 · 화순 · 강화의 고인돌 유적(2000), 제주 화산섬과 용암 동굴(2007), 조선 왕릉(2009), 한국의 역사 마을(2010, 하회와 양동), 남한산성(2014), 백제 역사 유적 지구(2015), 산사, 한국의 산지 승원(2018, 통도사, 부석사, 봉정사, 법주사, 마곡사, 선암사, 대흥사), 한국의 서원(2019, 소수 서원, 남계 서원, 옥산 서원, 도산 서원, 필암 서원, 도동 서원, 병산 서원, 무성 서원, 돈암 서원), 한국의 갯벌(2021), 가야고분군(2023)
세계 기록 유산	「조선왕조실록」(1997), 「훈민정음」(해례본)(1997), 「직지심체요절」 하권(2001), 「승정원 일기」(2001), 해인사 대장경판 및 제경판(2007), 조선 왕조 의궤(2007), 「동의보감」(2009), 「일성록」(2011), 5 · 18 광주 민주화 운동 기록물(2011), 새마을 운동 기록물(2013), 「난중일기」(2013), 한국의 유교책판(2015), KBS 특별생방송 '이산가족을 찾습니다' 기록물(2015), 국채 보상 운동 기록물(2017), 조선 통신사 기록물(2017), 조선 왕실 어보와 어책(2017), 4 · 19 혁명 기록물(2023), 동학 농민 혁명 기록물(2023)

09 난도 ★★★ 정답 ③

고대 > 문화사

자료해설

제시된 지도에 표기된 장소는 ㉠ 돈화시 동모산, ㉡ 화룡 용두산 고분군(중경), ㉢ 영안 동경성(상경 용천부), ㉣ 훈춘 동경 용원부를 나타낸다.

정답의 이유

㉡ 중경 인근 용두산 고분군에 위치한 정효공주 묘는 벽돌 무덤 양식이다.

㉢ 오봉루는 상경성의 정문이다. 발해의 수도인 상경성은 당의 수도인 장안성을 본떠 만들었다.

오답의 이유

㉠ 정효공주 묘는 중경 인근 용두산 고분군에서 발견되었으며, 인물 벽화가 포함되어 있다.

㉣ 정혜공주 묘는 돈화시 동모산 인근 육정산 고분군에서 발견되었다.

더 알아보기

발해의 문화 유산

발해 석등	영광탑 (발해 오층 전탑)	발해 이불병좌상
발해 치미	정효공주 고분 벽화	발해 귀면와

10 난도 ★☆☆ 정답 ①

중세 > 정치사

자료해설

제시문은 고려 성종에게 최승로가 건의한 '시무 28조'의 일부이다.

정답의 이유

① 상평창은 물가 조절 기관으로, 고려 성종 때 개경 · 서경 · 12목에 설치되었다.

오답의 이유

② 고려 광종은 왕권을 강화하기 위해 개경에 화엄종 계열의 귀법사를 창건하고 균여를 주지로 삼은 뒤 제위보를 설치하여 민심을 수습하는 등 불교 정책을 펼쳤다.

③ 고려 중기에 최충의 문헌공도를 대표로 하는 사학 12도의 발전으로 관학이 위축되자 예종은 국자감을 재정비하여 전문 강좌인 7재를 설치하였다.

④ 문종은 현직 관리에게만 전지와 시지를 지급하는 경정 전시과를 실시하였다.

더 알아보기

고려의 국가 기틀 확립

태조	• 호족 통합 정책: 유력 호족과 혼인, 성씨 하사, 사심관 제도와 기인 제도 실시 • 민생 안정: 조세 부담 축소 • 북진 정책: 고구려 계승 의식, 서경(평양) 중시
광종	노비안검법 실시(호족, 공신의 경제력 약화), 과거제 실시, 관리 공복 제정, 황제 칭호와 독자적 연호 '준풍' 사용
성종	• 유교 정치: 최승로의 시무 28조 수용, 불교 행사 억제, 국자감 설치 • 통치 체제: 중앙 관제 2성 6부제 구성, 12목에 지방관 파견, 향리제 정비

11 난도 ★★☆ 정답 ④

현대 > 경제사

정답의 이유

④ 제1차 경제 개발 5개년 계획은 박정희 정부 시기인 1962년부터 추진되었다.

오답의 이유

① 한 · 미 원조 협정은 미국 정부의 한국 정부에 대한 원조를 규정한 협정으로, 이승만 정부 시기인 1948년에 체결되었다.

② 이승만 정부는 3정보를 상한으로 하고 이를 초과하여 지주가 소유한 농지는 국가가 유상 매입하고 지주에게 지가 증권을 발행해주는 '농지 개혁'을 실시하였다.

③ 이승만 정부 시기인 1950년대에는 미국의 원조로 제분, 제당, 면방직 등 삼백 산업이 성장하였다.

12 난도 ★★☆ 정답 ③

일제 강점기 > 정치사

정답의 이유

③ 남면북양 정책은 만주 사변(1931) 이후 일제가 한반도를 공업 원료의 공급지로 이용하기 위해 시행한 경제 침탈 정책이다. 남부 지방 농민들에게 면화의 재배를, 북부 지방 농민들에게 면양의 사육을 강요하였다.

오답의 이유

① · ② 일제는 1937년 중 · 일 전쟁 이후 궁성요배, 황국 신민 서사 암송, 창씨 개명 등의 민족 말살 정책을 자행하였다.

④ 1941년 국민학교령의 제정에 따라 소학교가 국민학교로 개칭되었다.

황국 신민화 정책(민족 말살 통치)

내선 일체 강요	황국 신민 서사 암송, 궁성 요배, 신사 참배, 창씨 개명 강요
교육 · 언론 통제	소학교 명칭을 국민학교로 변경, 우리말 사용 및 교육 금지, 한글 신문 · 잡지 폐간
사상 탄압	조선 사상범 예방 구금령(1941): 독립운동가들을 재판 없이 구금

13 난도 ★★☆   정답 ②

근대 > 정치사

자료해설

'1882년에 맺은'과 '거중 조정 조항'을 통해 밑줄 친 '조약'은 조 · 미 수호 통상 조약이라는 것을 알 수 있다. 미국과 맺은 조 · 미 수호 통상 조약은 조선이 서양 국가와 맺은 최초의 조약으로, 청이 러시아와 일본을 견제하고 조선에 대한 청의 종주권을 확인할 목적으로 체결을 알선하였다.

정답의 이유

② 조 · 미 수호 통상 조약은 1882년 6월 임오군란이 발생하기 전인 1882년 4월에 체결되었다. 임오군란을 계기로 체결된 조약은 '제물포 조약', '조 · 청 상민 수륙 무역 장정'이 있다.

오답의 이유

① 조 · 미 수호 통상 조약 제4관에는 미국 국민이 조선에서 죄를 저지른 경우 미국 영사나 그 권한을 가진 관리가 미국 법률에 따라 처벌하는 영사재판권(치외 법권)이 포함되어 있다.

③ 조 · 미 수호 통상 조약은 최혜국 대우 조항을 처음 규정하였다.

④ 제2차 수신사 김홍집이 황준헌의 『조선책략』을 가져오면서 청의 알선으로 조 · 미 수호 통상 조약이 체결되었다.

열강과 체결한 조약 및 주요 내용

국가	조약	주요 내용
일본	강화도 조약 (조 · 일 수호 조규, 1876)	• 청의 종주권 부인 • 치외 법권, 해안 측량권 • 부산, 원산, 인천 개항
미국	조 · 미 수호 통상 조약 (1882)	• 서양과 맺은 최초의 조약 • 치외 법권, 최혜국 대우 • 거중 조정
청	조 · 청 상민 수륙 무역 장정(1882)	• 치외 법권, 최혜국 대우 • 청 상인에 대한 통상 특권
러시아	조 · 러 수호 통상 조약 (1884)	최혜국 대우
프랑스	조 · 불 수호 통상 조약 (1886)	• 천주교 신앙의 자유 • 포교 허용

14 난도 ★★☆   정답 ④

중세 > 사회사

정답의 이유

㉠ 사심관 제도는 중앙의 고관을 자기 출신지의 사심관으로 임명하는 제도이다. 이를 통해 사심관은 부호장 이하의 향리를 임명하고 감독할 수 있었으며, 풍속 교정뿐만 아니라 지방 치안에 대한 연대 책임 등의 임무도 맡았다.

㉡ 고려 시대의 상층 향리는 지방의 실제 지배층으로, 과거로 중앙 관직에 진출할 수 있었다.

㉢ 고려 시대의 기인 제도는 지방 향리의 자제를 수도인 개경에 인질로 잡아 두어 지방 세력을 견제하기 위한 제도이다.

㉣ 고려 시대의 향리는 속현과 특수 행정 구역의 실질적인 운영을 담당하였다.

15 난도 ★★☆   정답 ②

근대 태동기 > 경제사

자료해설

'옛 흙을 떠나 새 흙으로 가서', '논에는 물을 끌어들일 수 있는 하천이나 물을 댈 수 있는 저수지가 꼭 필요' 등으로 볼 때 밑줄 친 '이 농법'은 서유구의 『임원경제지』에 실린 이앙법(모내기법)이다.

정답의 이유

㉠ 세종 때 편찬된 『농사직설』(1429)에는 모내기법, 우리나라 풍토에 맞는 씨앗의 저장법 등이 실려 있다.

㉣ 모내기법의 큰 이점 중 하나는 직파법보다 제초 노동력을 절약할 수 있었으므로, 농민들은 경작지의 규모를 확대할 수 있었다.

오답의 이유

㉡ 밭고랑에 씨를 뿌려 작물을 심도록 한 농법은 견종법이다.

㉢ 수령칠사는 수령이 힘써야 할 일곱 가지 임무에 관한 것으로, 그 내용에는 이앙법이 들어가 있지 않다.

수령칠사

1. 농상성(農桑盛): 농업과 양잠 장려
2. 호구증(戶口增): 호구의 증가
3. 학교흥(學校興): 학교 교육의 진흥
4. 군정수(軍政修): 군정의 바른 처리
5. 부역균(賦役均): 부역의 균등 부과
6. 사송간(詞訟簡): 소송의 간명한 처리
7. 간활식(奸猾息): 간교한 풍속을 없앰

현대 > 정치사

자료해설

제시문의 밑줄 친 '헌법'은 유신 헌법이다. 박정희 정부는 유신 헌법을 발표하여 대통령 임기 6년과 중임 제한 조항 삭제 및 통일 주체 국민 회의를 통한 대통령 간선제의 내용을 담은 제7차 헌법 개정을 단행하였다. 유신 헌법은 1972년 12월에 시행되어 제8차 개헌(1980.10.) 전까지 유지되었다.

정답의 이유

① 부·마 민주 항쟁은 유신 헌법이 시행되던 중인 1979년 10월에 일어났다. 부·마 민주 항쟁 진압 문제를 두고 집권층이 대립하던 도중 10·26 사태로 박정희 대통령이 피살되면서 유신 체제가 붕괴되었다.

오답의 이유

② 국민 교육 헌장의 선포는 제3공화국 시기의 일이다(1968). 박정희 정부는 국민 교육 헌장을 제정하여 우리나라 교육이 지향해야 할 이념과 근본 목표를 세우고자 하였다.

③ 7·4 남북 공동 성명은 제3공화국 시기로 박정희 정부가 유신 헌법을 공포하기 직전 서울과 평양에서 공동으로 발표되었고, 이때 남북 조절 위원회 설치에 합의하였다(1972.7.).

④ 6·3 시위는 제3공화국 시기로 박정희 정부가 한·일 회담 진행 과정에서 추진한 한·일 국교 정상화에 대한 협정 내용이 공개되자 학생과 야당을 주축으로 굴욕적 대일 외교에 반대하여 일어난 시위이다(1964).

17 난도 ★★★   정답 ④

일제 강점기 > 정치사

자료해설

제시문은 '국민 대표 회의 선언서'의 일부로 밑줄 친 '회의'는 1923년 개최된 국민 대표 회의이다.

정답의 이유

④ 국민 대표 회의는 대한민국 임시정부의 활동과 독립운동의 방법을 놓고 격론을 벌인 회의로 임시정부를 유지·개편하자는 개조파와 임시정부를 해체하고 새로운 정부를 만들자는 창조파가 분열되면서 눈에 띄는 성과를 거두지는 못하였다.

오답의 이유

① 대한민국 건국강령의 반포는 충칭 임시정부 시기인 1941년의 일이다.

② 박은식이 임시 대통령으로 선출된 것은 이승만의 탄핵 이후인 1925년의 일이다.

③ 1935년에 의열단(김원봉)을 중심으로 한국 독립당(조소앙), 조선 혁명당(지청천) 등 여러 단체들이 민족 유일당 운동을 목표로 민족 혁명당을 창건하였다.

더 알아보기

국민 대표 회의(1923)

배경	일제의 탄압으로 임시정부의 연통제·교통국 마비, 외교 활동 성과 미약, 이승만의 위임 통치 청원서 제출 → 독립 운동의 노선을 둘러싼 논쟁 발생(외교 독립론, 무장 투쟁론, 실력 양성론 등)
전개	독립운동의 새로운 활로를 모색할 목적으로 개최 → 창조 파(임시 정부 해산 후 새 정부 수립 주장)와 개조파(임시 정 부 유지)로 대립 → 결렬
결과	많은 독립운동가들이 임시정부에서 이탈 → 임시정부의 세 력 약화

18 난도 ★★☆   정답 ②

일제 강점기 > 정치사

자료해설

제시문은 1912년 공포된 '토지 조사령'으로, 이 법령에 따라 토지 조사 사업이 시행되었다.

정답의 이유

② 토지 조사 사업을 통해 조선 총독부는 역둔토, 궁장토와 공공 기관이 소유한 토지 등을 무상으로 점유하였다.

오답의 이유

① 토지 조사 사업은 조선 총독부 안의 임시 토지 조사국에서 실시되었다. 농상공부는 제2차 갑오개혁 때 농상아문과 공무아문이 통합된 관청이다.

③ 동양 척식 회사의 설립은 토지 조사 사업 시행 이전인 1908년의 일이다.

④ 춘궁 퇴치, 농가 부채 근절을 목표로 내세운 것은 1932년부터 실시된 농촌 진흥 운동이다.

19 난도 ★★★   정답 ②

근대 > 경제사

정답의 이유

② 조·청 상민 수륙 무역 장정의 체결로 청과 일본 상인들의 경쟁이 치열해졌다. 하지만 일본이 개항 후 6년간 대조선 무역을 독점하다시피 하여 조선은 완전히 일본의 독점적 경제 침투 체제에 놓여 있었으므로 청이 일본의 수입액을 앞서지는 못하였다.

오답의 이유

① 개항 초기 일본 상인의 활동 범위가 개항장으로부터 10리 이내로 제한되었기 때문에 조선 상인(객주·여각·보부상 등)을 매개로 무역활동을 하였다.

③ 일본 상인들은 중계 무역을 통하여 주로 영국산 면제품을 가지고 와서 팔고, 쇠가죽·쌀·콩 등을 수입해 갔다.

④ 조선은 일본과의 무역에 대한 관세권을 회복하기 위해 조·일 통상 장정을 체결하였다(1883). 조항 중에 천재·변란 등에 의한 식량 부족의 우려가 있을 때 방곡령을 선포하는 조항이 포함되어 있었다.

근대 > 정치사

[자료해설]

밑줄 친 '그'는 호포제를 실시했던 흥선 대원군이다.

[정답의 이유]

③ 흥선 대원군은 임오군란 때 일시적으로 재집권하여 통리기무아문을 폐지하고 5군영을 부활시켰다.

[오답의 이유]

① 만동묘는 숙종 때 송시열의 건의에 따라 명나라 신종의 제사를 지내기 위해 건립한 사당이다. 흥선 대원군은 만동묘를 철폐하였다.

② 군국기무처 총재를 역임한 인물은 김홍집이다. 군국기무처는 1894년 6월에 설치되어 김홍집과 박정양 등을 중심으로 갑오개혁을 추진하였다.

④ 『만기요람』은 1808년(순조 8) 서영보, 심상규 등이 왕명에 따라 편찬한 국가 재정 및 군정에 관한 책이다.

더 알아보기

임오군란(1882)

배경	개화 정책으로 인한 세금 증가에 대한 불만, 개항 이후 쌀 유출로 쌀값 폭등 → 백성 불만 고조
발단	신식 군대 별기군과 구식 군인에 대한 차별 대우, 밀린 급료로 받은 쌀에 겨와 모래가 섞임
전개	구식 군인이 봉기(민씨 정권 고관의 집과 일본 공사관 습격, 궁궐 습격) → 왕비 피신 → 흥선 대원군 재집권(통리기무아문과 별기군 폐지, 5군영 복구) → 민씨 정권의 요청으로 청군 개입 → 흥선 대원군 청으로 압송, 군란 진압 → 민씨 재집권
결과	• 청의 내정 간섭 심화: 마건상과 묄렌도르 파견, 조ㆍ청 상민 수륙 무역 장정 체결(청 상인의 내륙 진출, 영사 재판권 인정) • 제물포 조약 체결: 일본 공사관에 경비병 주둔 허용, 배상금 지불 • 개화 정책 후퇴

한국사 | 2021년 지방직 9급

한눈에 훑어보기

✓ 영역 분석

선사 시대와 국가의 형성 01
1문항, 5%

고대 02 06 07 12
4문항, 20%

중세 03 04 09 10
4문항, 20%

근세 05
1문항, 5%

근대 태동기 08 13
2문항, 10%

근대 14 16 18
3문항, 15%

일제 강점기 15 17
2문항, 10%

현대 19 20
2문항, 10%

시대 통합 11
1문항, 5%

✓ 빠른 정답

01	02	03	04	05	06	07	08	09	10
③	①	④	①	①	②	③	③	③	④
11	12	13	14	15	16	17	18	19	20
②	②	③	②	②	③	④	④	①	②

✓ 점수 체크

구분	1회독	2회독	3회독
맞힌 문항 수	/ 20	/ 20	/ 20
나의 점수	점	점	점

---

01 난도 ★☆☆   정답 ③

선사 시대와 국가의 형성 > 국가의 형성

[자료해설]

제시문의 영고라는 제천 행사를 열었다는 내용을 통해 부여라는 것을 알 수 있다.

[정답의 이유]

③ 부여에는 왕 아래 가축의 이름을 딴 마가, 우가, 저가, 구가가 있었으며, 이들 가(加)는 각각 행정 구획인 사출도를 다스려, 왕이 직접 통치하는 중앙과 합쳐 5부를 이루었다.

[오답의 이유]

① 가족이 죽으면 시체를 가매장하였다가 나중에 그 뼈를 추려서 가족 공동 무덤인 커다란 목곽에 안치한 골장제는 옥저의 풍습이다.

② 읍군, 삼로 등이 통치한 것은 옥저와 동예이다.

④ 삼한에서는 정치적 지배자인 군장 외에 소도에서 농경과 종교에 대한 의례를 주관하는 천군이 존재했다.

[더 알아보기]

부여의 정치와 풍속

위치	송화강 유역의 평야지대
발전 과정	• 1세기 초 왕호 사용, 중국과 외교 시작 • 3세기 말 선비족의 침입으로 크게 쇠퇴 • 4세기 말 연의 침입 • 494년 고구려 문자왕에 의해 편입되면서 멸망
정치	• 왕 아래 마가, 우가, 저가, 구가의 가(加)들이 각자의 행정 구역인 사출도를 다스림 • 왕이 통치하는 중앙과 합쳐 5부를 구성하는 연맹 왕국임
경제 및 사회	• 경제는 반농반목, 말·주옥·모피 등의 특산물 생산 • 풍속으로는 순장, 형사취수제, 우제점법, 1책 12법, 제천 행사 영고(12월) • 4조목 법 　- 살인자는 사형에 처하고, 그 가족은 노비로 삼음(연좌제) 　- 절도자는 12배의 배상을 물림(1책 12법) 　- 간음자는 사형에 처함 　- 질투가 심한 부인은 사형에 처함

부여의 의복

나라 안에 있을 때의 의복은 흰색을 숭상하여, 흰 베로 만든 큰 소매 달린 도포와 바지를 입고 신발은 가죽신을 신는다. 외국에 나갈 때는 비단옷과 수놓은 옷·모직(毛織) 옷을 즐겨 입고, 대인(大人)은 그 위에 여우 · 살쾡이 · 원숭이, 희거나 검은 담비 가죽으로 만든 갖옷을 입으며, 또 금 · 은으로 모자를 장식하였다.

－『삼국지』 위서 동이전 －

02 난도 ★☆☆　　　　　　　　　　　　정답 ①

고대 > 문화사

자료해설

제시문에서 '구지', '수로왕' 등의 내용을 통해 (가) 나라는 금관가야인 것을 알 수 있다. 『삼국유사』에 기록된 가야의 건국 설화에 따르면, 김수로왕은 하늘에서 내려온 알에서 태어나 금관가야를 세우고 인도에서 온 허황옥과 결혼하였다.

정답의 이유

① 금관가야는 풍부한 철의 생산과 해상 교통이 유리한 지역적 특색을 통해 낙랑과 왜에 철을 수출하였다.

오답의 이유

② 초기의 신라는 박, 석, 김의 3성이 교대로 왕위를 계승하였다.

③ 고구려 장수왕은 지방에 경당을 설치하여 평민 자제들에게 학문과 무술을 가르쳤다.

④ 백제의 귀족들은 정사암이라는 바위에서 회의를 통해 재상을 선출하고 국가의 중대사를 결정하였다.

더 알아보기

가야 연맹의 특징

구분	내용
정치	• 2~3세기경: 금관가야(김해) 주축 → 5세기경 고구려의 진출로 타격 • 5세기 이후: 대가야(고령)로 중심 이동 • 6세기: 신라에 병합(법흥왕 – 금관가야, 진흥왕 – 대가야)
경제	중계 무역 장악: 낙랑 · 왜 등에 철을 수출
문화	• 철기 문화 발달(금동관, 철제 무기, 갑옷 등) • 토기: 수레 토기 → 일본 스에키 토기에 영향을 줌

03 난도 ★☆☆　　　　　　　　　　　　정답 ④

중세 > 정치사

자료해설

제시문은 고려의 도병마사와 함께 국가 중대사를 합의제로 운영하며, 법률 · 제도 · 격식을 제정하는 식목도감을 묻는 문제이다.

정답의 이유

④ 고려는 2성 6부의 중앙 관제를 갖추고 있으면서 중서문하성의 재신과 중추원의 추밀이 참여하는 두 개의 회의기관을 만들었다. 도병마사는 대외적인 국방과 군사 문제를 관장하였고, 식목도감은 대내적인 법제와 격식을 관장하였다.

오답의 이유

① 고려의 삼사는 화폐와 곡식의 출납에 대한 회계를 맡았다.

② 상서성은 6부를 관리하고 정책을 집행하였다.

③ 어사대는 관리의 비리를 감찰하는 역할과 풍속 교정 업무를 수행하였다.

더 알아보기

고려의 중앙 정치 기구

2성 6부	• 중서문하성(국정 총괄 → 수상은 문하시중), 상서성 (6부 관리) • 당의 제도 모방	
중추원	• 왕의 비서 기구, 군사 기밀(추밀)과 왕명 출납(승선) 담당 • 송의 제도 모방	
도병마사	국방 문제 논의	귀족 합의체: 재신(중서문하성)과 추밀(중추원)의 합의
식목도감	법률 · 제도 제정	
어사대	감찰 기구, 풍속 교정	
삼사	화폐 · 곡식의 출납, 회계	
대간	어사대의 관원 + 중서문하성의 낭사 → 간쟁, 봉박, 서경권	

04 난도 ★☆☆　　　　　　　　　　　　정답 ①

중세 > 정치사

자료해설

발해를 멸망시킨 (가)는 거란이다. 거란은 3차례에 걸쳐 고려에 침략하였는데, 1차 침입(993) 때에는 서희가 소손녕과의 외교 담판으로 강동 6주를 획득하였고, 2차 침입(1010)에는 양규가 무로대에서 거란을 기습 공격하여 포로로 잡힌 백성들을 되찾았다. 3차 침입(1018) 때는 소배압의 10만 대군에 맞서 강감찬이 귀주에서 대승을 거두었다(1019).

정답의 이유

① 거란이 강조의 정변을 구실로 고려를 침입하여 흥화진을 공격하였다. 이때 고려 장수 양규는 무로대에서 거란을 기습 공격하여 포로로 잡힌 백성을 되찾았다(1010).

오답의 이유

② 동북 9성 반환을 요구한 것은 여진이다. 윤관은 숙종 때 부족을 통일한 여진족이 국경을 자꾸 침입하자 왕에게 건의하여 별무반을 편성했으며, 예종 때 별무반을 이끌고 여진을 정벌해 동북 9성을 축조했다(1107).

③ 다루가치는 몽골이 고려의 내정을 간섭하기 위해 파견한 감찰관이다.

④ 쌍성총관부는 몽골과의 전쟁이 진행되던 1258년에 몽골이 철령 이북 지역을 직접 통치하기 위해 설치하였다.

더 알아보기

거란(요)의 침입

1차 침입 (993)	• 배경: 소손녕이 송과의 교류 단절과 옛 고구려 영토를 요구하며 침입 • 전개: 서희의 외교 담판 • 결과: 압록강 동쪽의 강동 6주 획득하여 영토 확장
2차 침입 (1010)	• 배경: 강조의 정변을 구실로 침입 • 전개: 양규의 활약으로 흥화진 전투 승리 • 결과: 거란과의 친교를 약속
3차 침입 (1018)	• 배경: 고려의 친요 약속 불이행에 대한 불만으로 침입 (소배압) • 전개: 귀주에서 강감찬 승리(1019, 귀주 대첩) • 결과: 거란군을 귀주에서 크게 격파

05 난도 ★☆☆

정답 ①

근세 > 정치사

자료해설

제시문에서 '관직을 받는 자가 5품 이하일 때 서경한다'는 내용과 '관원 규찰, 풍속을 바르게 한다'는 내용으로 보아 (가)에 들어갈 기구는 사헌부임을 알 수 있다.

정답의 이유

① 사헌부는 조선 시대에 언론 활동, 풍속 교정, 백관에 대한 규찰과 탄핵 등을 관장하던 관청으로, 사간원과 함께 양사 또는 대간이라 하여 5품 이하 관리의 임명과 관련된 서경권을 행사하였다.

오답의 이유

② 교서관은 궁중의 서적을 간행·관리하고 제사나 축하 전문을 보내는 것을 관장하던 기구이다.

③ 승문원은 조선의 사대교린에 관한 외교 문서를 관장하기 위해 설치한 관서이다. 이문(관용공문서)의 교육도 담당하였다.

④ 승정원은 국왕의 비서 기관으로 국가 기밀과 왕명 출납을 맡아 보던 기구이다.

06 난도 ★★★

정답 ②

고대 > 정치사

자료해설

제시문은 연개소문이 보장왕에게 도교를 수용할 것을 청한 내용으로, 밑줄 친 '그'는 연개소문을 가리킨다.

정답의 이유

② 연개소문은 천리장성 공사를 감독하면서 요동의 군사력을 장악한 뒤 정변을 일으켜, 영류왕과 자신을 반대하는 대신들을 죽이고 보장왕을 세우는 동시에 스스로 대막리지가 되었다(642).

오답의 이유

① 김춘추는 진덕 여왕의 명을 받고 당으로 건너가 나·당 동맹을 성사시키고(648) 나·당 연합군을 결성하였다.

③ 고구려 영양왕 때 수 양제가 우중문의 30만 별동대로 평양성을 공격하였으나, 을지문덕이 살수에서 2,700여 명을 제외한 수군을 전멸시켰다(612).

④ 고구려 장수왕은 평양으로 천도하며 남진 정책을 추진하였다. 이를 바탕으로 백제의 수도 한성을 함락하고 백제 개로왕을 전사시킨 뒤 한강 유역을 차지하였다(475).

07 난도 ★☆☆

정답 ③

고대 > 정치사

자료해설

제시문에서 원광은 신라 진평왕에게 화랑도의 생활 규범으로 사군이충(事君以忠)·사친이효(事親以孝)·교우이신(交友以信)·임전무퇴(臨戰無退)·살생유택(殺生有擇)의 내용이 담긴 세속 5계를 제시하였다.

정답의 이유

③ 원광은 608년(진평왕 30) 수나라에 군사를 청하기 위해 걸사표를 작성하였다. 원문은 전하지 않지만 『삼국사기』에 의하면, 611년 신라에서는 수나라에 사신을 파견하여 이 걸사표로 군사를 청했고, 이에 수나라 양제가 100만의 대군을 이끌고 612년 고구려를 침략하였다고 한다.

오답의 이유

① 원효는 일심 사상으로 불교 종파의 사상적인 대립을 조화시키고, 분파의식을 극복하려는 『십문화쟁론』을 통해 화쟁 사상을 제시하였다.

② 의상은 당에서 돌아와 『화엄일승법계도』를 저술하여 모든 존재는 상호 의존적인 관계에 있으면서 서로 조화를 이루고 있다는 화엄 사상을 정립하였다.

④ 혜초는 인도와 중앙 아시아(서역) 여러 나라의 성지를 순례하고 풍물을 생생하게 기록한 『왕오천축국전』을 남겼다.

08 난도 ★☆☆

정답 ③

근대 태동기 > 경제사

정답의 이유

③ 박제가는 청에 다녀온 후 저술한 『북학의』에서 청 문물의 적극적 수용, 청과의 통상 강화, 수레와 선박의 이용, 신분제 타파 등을 주장하고, 검약보다는 소비를 권장하였다. 『해동역사』는 조선 후기 실학자 한치윤이 단군 조선부터 고려 시대까지의 역사를 서술한 책이다.

09 난도 ★☆☆

정답 ③

중세 > 정치사

자료해설

제시된 자료의 사건 순서는 (라) 이자겸의 난 - (가) 무신 정변 - (나) 최충헌의 집권 - (다) 충주성 전투이다.

정답의 이유

(라) 1126년 인종은 이자겸의 권력에 불안을 느껴 그를 제거하려 했으나 실패하고, 이자겸이 이에 반발하여 척준경과 함께 난을 일으켰다.

(가) 1170년 정중부, 이의방 등의 무신들이 정변을 일으켜 정권을 장악하여 의종이 폐위되고 명종이 즉위하였다(무신 정변).

(나) 1196년 최충헌은 이의민을 제거하고 권력을 장악한 후 명종에게 봉사 10조를 올렸다.

(다) 1253년 몽골의 5차 침입 때 김윤후가 천민(관노)들과 함께 충주성에서 몽골군에 맞서 싸웠다.

10 난도 ★★☆   정답 ④

중세 > 정치사

자료해설

제시문은 고려 태조의 훈요 10조의 일부 내용으로 (가)는 서경(평양)을 가리킨다.

정답의 이유

④ 원종 10년(1269) 서북면 병마사의 최탄 등이 난을 일으켜 서경을 비롯한 북계 지역을 거느리고 원에 항복하였다. 원에서는 서경에 동녕부(東寧府)를 설치(1270)하여 이 지역을 직접 지배하다가, 충렬왕 16년(1290) 고려에 돌려주었다.

오답의 이유

① 몽골 침략으로 소실된 초조대장경을 대신하여 고려 고종 때 강화도에 대장도감을 설치하고 16년(1236~1251) 만에 재조(팔만)대장경을 완성하였다.

② 지눌은 무신 정권 시기 순천 송광사(길상사)를 중심으로 결사 운동을 전개했다.

③ 정중부 집권기에 공주 명학소에서 망이 · 망소이 형제가 신분 해방을 외치며 봉기하였다(1176).

더 알아보기

고려 서경(평양)의 역사

태조	분사 제도 시행. 처음 평양대도호부로 삼았다가 서경으로 개편
광종	서도(西都)로 개칭
인종	묘청의 서경 천도 운동
원종	몽골이 서경에 동녕부 설치
충렬왕	다시 반환되어 서경으로 불림
충선왕	평양부로 격하
공민왕	평양부에서 다시 서경으로 변경
우왕	위화도 회군 당시 서경에서 출발

11 난도 ★☆☆   정답 ②

시대 통합 > 문화사

자료해설

제시문은 『삼국사기』에 대한 내용이다.

정답의 이유

② 『삼국사기』는 고려 인종의 명을 받아 김부식이 편찬한 현존하는 우리나라 최고(最古)의 역사서이다. 이는 유교적 사관을 바탕으로 본기, 연표, 지, 열전 등으로 구성된 기전체 형식으로 서술되었다.

오답의 이유

① 불교사를 중심으로 고대의 민간 설화나 전래 기록을 수록하는 등 우리의 고유 문화와 전통을 중시한 것은 일연의 『삼국유사』이다.

③ 조선 초기 성종 때 편찬된 『동국통감』은 서거정 등이 고조선(단군 조선)부터 고려 말까지의 역사를 연대순으로 기록한 편년체 통사이다.

④ 신라 진흥왕은 거칠부에게 역사서인 『국사』를 편찬하게 하였다.

12 난도 ★☆☆   정답 ②

고대 > 정치사

자료해설

『삼국유사』에 따르면 문무왕은 부처의 힘을 빌려 왜구를 물리치기 위해 절을 짓기 시작하였으나 절의 완성을 보지 못하였고, 뒤를 이어 왕위에 오른 신문왕이 문무왕의 뜻을 이어 완성한 뒤 감은사라 칭하였다고 전한다.

정답의 이유

② 신문왕은 유교 정치 이념의 확립을 위하여 유학 사상을 강조하고, 유학 교육을 위한 국학을 설립하였다.

오답의 이유

① 신라 법흥왕은 건원이라는 독자적인 연호를 사용하였다.

③ 통일 신라 성덕왕은 토지가 없는 백성들에게 정전을 지급하였다. 이는 국가의 토지 지배력을 강화하고 수취 체제를 정비하려는 목적에서 시행되었다.

④ 무열왕 김춘추는 신라 최초의 진골 출신 왕으로, 나 · 당 연맹 결성을 주도하였고 나 · 당 연합군을 동원하여 백제를 멸망시켰다.

더 알아보기

통일 신라 국왕의 업적

무열왕	• 최초의 진골 출신 왕 • 시중의 권한 강화(신라 중대 시작) → 상대등 세력 약화. 왕권 전제화 • 백제 멸망(660)
문무왕	• 고구려 멸망(668) • 나 · 당 전쟁 승리 → 삼국 통일 완수(676) • 외사정 파견(지방 감시)
신문왕	• 김흠돌의 난 진압 → 귀족 숙청, 왕권 강화 • 제도 정비(9주 5소경), 관료전 지급, 녹읍 폐지, 국학 설립
성덕왕	• 정전 지급 → 국가의 토지 지배력 강화, 수취 체제 정비
경덕왕	• 녹읍 부활, 왕권 약화 → 귀족 연합 정치 • 국학을 태학으로 개편(박사와 조교)
혜공왕 이후	• 김헌창의 난 • 장보고의 청해진 설치 • 6두품의 사회 비판, 개혁 시도 • 왕위 쟁탈전 → 지방 통제 약화 → 호족 등장, 선종 발달

13 난도 ★☆☆ 정답 ③

근대 태동기 > 정치사

자료해설

제시문의 '노론과 소론, 남인을 두루 등용', '초계문신제', '서얼 출신의 유능한 인사를 규장각 검서관으로 등용' 등을 통하여 밑줄 친 '왕'은 조선 후기 정조임을 알 수 있다.

정답의 이유

③ 정조 때에는 당시 좌의정이었던 채제공의 건의로 육의전을 제외한 시전 상인의 금난전권을 폐지(신해통공, 1791)하여 자유로운 상업 행위를 진작시켰다.

오답의 이유

① 세도 정치기인 철종 때 최제우는 천주교의 확산에 대항하여 동학을 창시하고 마음속에 한울님을 모시는 시천주와 '사람이 곧 하늘'이라는 인내천 사상을 강조하였다.

② 흥선 대원군은 정조 때 편찬된 『대전통편』을 보완하고 각종 조례를 정리한 법전인 『대전회통』을 편찬하여 통치 체제를 정비하였다.

④ 조선 순조 때 세도 정치와 삼정의 문란으로 인해 어려움을 겪던 농민들과 서북 지역 차별 대우에 불만을 품은 평안도 지방 사람들이 몰락 양반 출신 홍경래를 중심으로 난을 일으켰다.

14 난도 ★☆☆ 정답 ②

근대 > 정치사

자료해설

제시문에서 '고종의 아버지', '경복궁 중건', '원납전 징수', '당백전 발행' 등의 예시를 통해 (가) 인물이 흥선 대원군이라는 것을 알 수 있다.

정답의 이유

② 흥선 대원군은 전국의 서원을 47개소만 남기고 철폐하였다. 당시 서원은 지방 양반들의 세력 기반이 되어 각종 면세와 면역의 특권을 누렸고, 지역 농민을 가혹하게 수탈하여 원성을 사기도 하였다. 서원 철폐로 국가 재정이 늘고 민생이 안정되자 백성은 이를 크게 환영하였다.

오답의 이유

① 대한제국을 선포한 고종은 대한국 국제를 제정한 후 원수부를 설치하여 대원수로서 모든 군대를 통솔하고자 하였다(1899).

③ 1884년 김옥균을 중심으로 한 급진 개화파는 우정총국의 개국 축하연을 이용하여 민씨 세력 중 핵심 인물들을 제거하고 개화당 정부를 구성하였다(갑신정변).

④ 1880년대에 김홍집이 청에서 황쭌셴의 『조선책략』을 국내에 소개했다. 이로 인해 러시아의 남하 정책에 대비하기 위해 미국과 수교를 맺어야 한다는 여론이 형성되었고, 서양 열강 중 미국과 최초로 조·미 수호 통상 조약을 체결하게 되었다(1882).

15 난도 ★☆☆ 정답 ②

일제 강점기 > 정치사

자료해설

제시문에서 3·1 운동 이후 독립운동을 더 조직적으로 전개하기 위해 설립된 (가) 단체는 대한민국 임시정부이다. 대한민국 임시정부는 결성 초기 미국에 구미 위원부를 설치하여 외교 활동을 전개하였다(1919).

정답의 이유

② 대한민국 임시정부는 독립운동 자금을 안정적으로 확보하고 국내외의 항일 세력과 연락하기 위해 연통제와 교통국을 조직하였다.

오답의 이유

① 신규식 등 해외에 거주하던 독립운동가 14명은 국내외 여러 독립운동 단체를 하나의 통합된 조직으로 결성하고 민족 대회를 개최하기 위해 상하이에서 「대동단결 선언」을 발표하였다(1917).

③ 서간도 삼원보 지역에서 신민회 회원인 이상룡, 이회영 등이 중심이 되어 독립군 양성 학교인 신흥 강습소(이후 신흥 무관 학교)를 설립하였다.

④ 김원봉이 결성한 의열단(1919)은 신채호가 작성한 「조선 혁명 선언」을 기본 행동 강령으로 하여 직접적인 투쟁 방법인 암살, 파괴, 테러 등을 통해 독립운동을 전개하였다.

더 알아보기

대한민국 임시정부의 초기 활동

연결망	• 비밀 행정망인 연통제 조직 → 군자금 조달, 국내외 업무 연락 • 비밀 통신망 교통국 조직 → 정보 수집 및 분석
자금 모금	• 독립 공채 발행 • 국민 의연금 모금
외교	• 파리 강화 회의에 김규식을 대표로 파견(독립 청원서 제출) • 미국에 구미 위원부 설치
문화	• 독립신문 간행 • 사료 편찬소 설치와 『한·일 관계 사료집』 간행
군사	• 광복군 사령부·광복군 총영 마련 • 독립군을 군무부 산하로 편제

16 난도 ★☆☆ 정답 ③

근대 > 정치사

자료해설

제시문의 (가) 시기는 제너럴셔먼호 사건(1866)과 신미양요(1871)의 중간 시기에 발생한 사건이다.

정답의 이유

③ 독일 상인이었던 오페르트가 통상을 요구하다 거절당하자, 충남 덕산에 있는 남연군(대원군 아버지)의 묘를 도굴하여 유해를 미끼로 통상을 요구하려 하였으나, 실패하고 도주하는 사건이 발생하였다(오페르트 도굴 미수 사건, 1868년).

① 고종은 제1차 갑오개혁 추진 이후 종묘에서 홍범 14조를 발표하였다. 이는 청의 종주권 배제, 탁지아문으로 재정 일원화, 왕실과 국정 사무 분리 등의 내용을 담아 제1차 갑오개혁의 내용을 재확인하고, 제2차 갑오개혁의 방향성을 설정하여 강령으로 선언한 것이다(1895.1.).

② 일본은 조선의 해안을 조사한다는 구실로 군함 운요호를 동원하여 강화 해역 깊이 들어와 조선 수비군의 발포를 유도하고 초지진과 영종도를 포격하여 파괴하였다(운요호 사건, 1875). 이에 조선이 방어적 공격을 하자 이를 구실로 일본은 조선에 통상 조약 체결을 요구하여 강화도 조약이 체결되었다.

④ 구식 군대는 신식 군대와의 차별 대우로 인한 불만이 폭발하면서 임오군란을 일으켜 선혜청과 일본 공사관을 습격하였다(1882).

17 난도 ★☆☆   정답 ④

일제 강점기 > 사회사

신간회는 1920년대 중반 정우회 선언(1926)을 계기로 사회주의 세력과 민족주의 세력이 연대하여 결성된 좌·우 합작 단체이다(1927).

④ 1929년 11월 광주 학생 항일 운동이 일어나자 신간회는 광주에 조사단을 파견하고 일제의 학생 운동 탄압에 항의하였다. 그리고 사건의 진상 보고를 위한 민중 대회를 열어 이를 전국적인 항일 운동으로 확산시키려고 하였다. 그러나 이 계획은 사전에 일본 경찰에 발각되어 신간회 간부들이 체포되었고, 민중 대회는 열리지 못하였다.

① 1920년 조만식 등이 평양에서 조선 물산 장려회를 조직하여 물산 장려 운동을 시작하였고, 1923년 경성에서도 조선 물산 장려회가 만들어지는 등 물산 장려 운동은 전국적으로 퍼져 나갔다.

② 이상재 등이 중심이 된 조선 교육회의 제안으로 경성에서 조선 민립 대학 기성 준비회가 만들어졌다(1922). 이를 바탕으로 출범한 조선 민립 대학 기성회(1923)는 '한민족 1천만 한 사람이 1원씩'이라는 구호를 내걸고 전국적인 모금 운동을 벌였다(민립 대학 설립 운동).

③ 동아일보는 1931년부터 학생 계몽대를 만들어 브나로드 운동을 전개하였다. 각 지방의 마을마다 야학을 만들어 한글 등을 가르쳤다.

18 난도 ★☆☆   정답 ④

근대 > 정치사

제시문의 '한국 황제 밑에 1명의 통감을 두되, 통감은 전적으로 외교에 관한 사항을 관리하기 위하여'라는 문항을 통해 1905년에 체결된 을사늑약임을 알 수 있다. 일제는 이 조약으로 대한제국의 외교권 박탈뿐만 아니라 내정에도 간섭하였다.

④ 일본의 강압으로 을사늑약이 체결(1905)되어 대한제국의 외교권이 박탈되고 통감부가 설치되었다.

① 일제는 한·일 병합 조약을 공포하면서 대한제국을 조선으로 개칭하고, 통치 기구로 조선 총독부를 설치하여 일체의 정무를 관할하도록 하였다. 또한, 통감부의 군사적 지배 방침을 계승하여 무단 통치를 실시하였다(1910).

② 일제는 고종의 헤이그 특사 파견을 구실로 '한·일 신협약'을 체결하여 대한제국 군대를 강제 해산시키는 등 대한제국의 내정을 완전히 장악하고자 하였다(1907).

③ 조·일 통상 장정의 조항 중에는 천재·변란 등에 의한 식량 부족의 우려가 있을 때 방곡령을 선포하는 조항이 포함되어 있었다(1883).

일제의 국권 침탈 과정

조약	주요 내용
한·일 의정서 (1904.2.)	• 러·일 전쟁 발발 직후 체결 • 대한제국의 군사적 요지 점령
제1차 한·일 협약 (1904.8.)	고문 정치: 외교 고문 스티븐스, 재정 고문 메가타
을사늑약 (제2차 한·일 협약, 1905.11.)	• 외교권 박탈 • 통감부 설치: 초대 통감 이토 히로부미
한·일 신협약 (정미 7조약, 1907.7.)	• 차관 정치: 일본인 차관, 통감부의 내정 간섭 심화 • 대한제국 군대 해산
기유각서 (1909)	사법권 박탈
한·일 병합 조약 (1910.8.)	• 대한제국 국권 상실 • 조선 총독부 설치: 초대 총독 데라우치, 총리대신 이완용

19 난도 ★☆☆   정답 ①

현대 > 정치사

[자료해설]

제시문의 모스크바 3국 외상 회의의 결정에 따라 서울 덕수궁 석조전에서 제1차 미·소 공동 위원회가 개최되었다(1946.3.).

[정답의 이유]

① 1946년 미국과 소련은 모스크바 3국 외상 회의의 결정 사항을 이행하기 위해 제1차 미·소 공동 위원회를 개최하였으나 미국과 소련의 입장 차이로 결렬되었다.

[오답의 이유]

② 조선 건국 동맹의 여운형은 일본인의 안전한 귀국을 보장하는 조건으로 조선 총독부로부터 행정권의 일부를 이양 받아 조선 건국 준비 위원회를 결성하였다(1945).

③ 5·10 총선거를 통해 제헌 국회가 구성되었고, 민주 공화국 체제의 제헌 헌법이 제정되었다(1948.7.).

④ 1947년 11월 유엔 총회에서는 유엔 한국 임시 위원단을 설치하고, 유엔 감시 아래 인구 비례에 의한 남북한 총선거를 통해 통일 정부를 수립할 것을 결정하였다.

[더 알아보기]

미·소 공동 위원회

제1차 회의(1946.3.)	제2차 회의(1947.5.)
• 안건: 미·소 공동 위원회 설치, 신탁 통치(최대 5년) 협정 결정 • 경과: 미국은 신탁 반대 운동의 단체를 협의 대상에 포함할 것을 주장한 반면 소련은 반탁 정당과 단체의 제외를 주장 • 휴회: 미·소의 의견 차이로 무기한 휴회	• 미·소 냉전 격화: 트루먼 독트린 선언 • 회담 결렬: 자국에 우호적인 정부를 세우려는 미·소의 정책으로 결렬 • 유엔 이관: 미국이 한반도 문제를 유엔 총회에 상정(1947.10.)

20 난도 ★☆☆   정답 ②

현대 > 정치사

[자료해설]

제시된 자료에서 (가) 사건은 4·19 혁명(1960)과 유신 헌법 공포(1972.10.) 사이에 일어난 것이다.

[정답의 이유]

② 박정희 정부가 남북 간의 교류를 제의하였고, 1972년 7월 '7·4 남북 공동 성명'이 서울과 평양에서 동시에 발표되었다.

[오답의 이유]

① 제헌 국회는 일제의 잔재를 청산하고 민족 정기를 바로잡기 위해 반민족 행위 처벌법을 제정하여 반민족 행위 특별 조사 위원회를 조직하였다(1948).

③ 노태우 정부의 북방 외교를 바탕으로 남북한의 유엔 동시 가입이 이루어졌으며, 남북 기본 합의서와 한반도 비핵화에 관한 공동 선언이 채택되었다(1991).

④ 신군부의 비상 계엄 확대, 공수 부대를 동원한 무력 진압에 항거하여 광주에서 5·18 민주화 운동이 일어났다(1980).

[더 알아보기]

「반민족 행위 처벌법」

일제 강점기 때 일본에 협력하며 반민족적 행위로 민족에게 해를 끼친 자를 처벌하기 위하여 제정한 법률이다. 대한민국 독립 정부가 성립된 후 제헌 의회 안에서 다시 친일파 처리 문제가 재논의되기 시작하였고, 국회의 결의로 긴급 구성된 기초 특별 위원회는 미군정 시대에 마련된 「민족 반역자, 부일 협력자, 모리간상배에 관한 특별 법률 조례」안을 참고하여 전문 32조로 된 「반민족 행위 처벌법」 초안을 만들어 국회에 제출하였다. 이 법이 발효됨에 따라 특별 조사 위원회가 설치되어 조사에 착수했으나 단 10명의 국회 의원이 그 방대한 업무를 처리하기에는 과중하였고, 특히 이 법의 표적이 된 친일 세력이 노골적으로 저항과 방해를 하고, 이승만 정부의 비협조적인 태도로 조사 활동이 극히 제한을 받았다. 이후 대법원과 대검찰청에서 반민족 행위자에 대한 공판을 계속했으나 재판을 받아 실형을 선고받고 복역한 사람은 10여 명에 불과했다. 결국 이 법은 실효를 보지 못하고 소멸되었다.

목적과 그에 따른 계획이 없으면 목적지 없이 항해하는 배와 같다.

- 피츠휴 닷슨 -

PART 4
행정법총론

한눈에 훑어보기

✓ **빠른 정답**

01	02	03	04	05	06	07	08	09	10
②	②	①	④	④	③	①	①	②	③
11	12	13	14	15	16	17	18	19	20
④	③	②	③	①	①	①	②	①	④

✓ **점수 체크**

구분	1회독	2회독	3회독
맞힌 문항 수	/ 20	/ 20	/ 20
나의 점수	점	점	점

---

01 난도 ★☆☆　　　　　　　　　　　정답 ②

행정과정의 규율 > 행정절차

정답의 이유

② 행정청은 신청에 구비서류의 미비 등 흠이 있는 경우에는 보완에 필요한 상당한 기간을 정하여 지체 없이 신청인에게 보완을 요구하여야 한다(행정절차법 제17조 제5항).

오답의 이유

① 행정절차법 제17조 제7항

③ 행정절차법 제17조 제4항 및 동법 시행령 제9조 제2호

> **제17조(처분의 신청)**
> ④ 행정청은 신청을 받았을 때에는 다른 법령 등에 특별한 규정이 있는 경우를 제외하고는 그 접수를 보류 또는 거부하거나 부당하게 되돌려 보내서는 아니 되며, 신청을 접수한 경우에는 신청인에게 접수증을 주어야 한다. 다만, 대통령령으로 정하는 경우에는 접수증을 주지 아니할 수 있다.
>
> **시행령 제9조(접수증)**
> 행정절차법 제17조 제4항 단서에서 "대통령령이 정하는 경우"라 함은 다음 각 호의 1에 해당하는 신청의 경우를 말한다.
> 1. 구술 · 우편 또는 정보통신망에 의한 신청
> 2. 처리기간이 "즉시"로 되어 있는 신청
> 3. 접수증에 갈음하는 문서를 주는 신청

④ 행정절차법 제18조

---

02 난도 ★☆☆　　　　　　　　　　　정답 ②

행정작용법 > 행정행위

정답의 이유

② 행정행위의 취소는 일단 유효하게 성립한 행정행위를 그 행위에 위법 또는 부당한 하자가 있음을 이유로 소급하여 그 효력을 소멸시키는 별도의 행정처분이고, 행정행위의 철회는 적법요건을 구비하여 완전한 효력을 발하고 있는 행정행위를 사후적으로 그 행위의 전부 또는 일부를 장래에 향해 소멸시키는 행정처분이므로, 행정행위의 취소 사유는 행정행위의 성립 당시에 존재하였던 하자를 말하고, 철회 사유는 행정행위가 성립된 이후에 새로이 발생한 것으로서 행정행위의 효력을 존속시킬 수 없는 사유를 말한다(대판 2003.5.30. 2003다6422).

① 행정기본법 제18조 및 제19조에 처분청의 직권취소와 철회에 대한 일반적 근거규정을 두고 있다. 또한 별도의 법적 근거가 없어도 공익상 필요가 있으면 직권취소나 철회가 가능하다.

제18조(위법 또는 부당한 처분의 취소)

① 행정청은 위법 또는 부당한 처분의 전부나 일부를 소급하여 취소할 수 있다. 다만, 당사자의 신뢰를 보호할 가치가 있는 등 정당한 사유가 있는 경우에는 장래를 향하여 취소할 수 있다.

제19조(적법한 처분의 철회)

① 행정청은 적법한 처분이 다음 각 호의 어느 하나에 해당하는 경우에는 그 처분의 전부 또는 일부를 장래를 향하여 철회할 수 있다.

    1. 법률에서 정한 철회 사유에 해당하게 된 경우

    2. 법령 등의 변경이나 사정변경으로 처분을 더 이상 존속시킬 필요가 없게 된 경우

    3. 중대한 공익을 위하여 필요한 경우

---

③ 수익적 행정처분의 하자가 당사자의 사실은폐나 기타 사위의 방법에 의한 신청행위에 기인한 것이라면 당사자는 처분에 의한 이익이 위법하게 취득되었음을 알아 취소 가능성도 예상하고 있었다할 것이므로, 그 자신이 처분에 관한 신뢰이익을 원용할 수 없음은 물론 행정청이 이를 고려하지 아니하였더라도 재량권의 남용이 되지 아니한다(대판 2014.11.27, 2013두16111).

④ 행정행위를 한 처분청은 그 행위에 흠이 있는 경우 별도의 법적 근거가 없더라도 스스로 이를 취소할 수 있고, 다만 수익적 행정처분을 취소할 때에는 이를 취소하여야 할 공익상의 필요와 그 취소로 인하여 당사자가 입게 될 기득권과 신뢰보호 및 법률생활 안정의 침해 등 불이익을 비교·교량한 후 공익상의 필요가 당사자가 입을 불이익을 정당화할 만큼 강한 경우에 한하여 취소할 수 있다(대판 2006.5.25, 2003두4669).

---

03 난도 ★☆☆

정답 ①

행정작용법 > 행정행위

① • 수익적 행정처분에 있어서는 법령에 특별한 근거규정이 없다고 하더라도 그 부관으로서 부담을 붙일 수 있고, 그와 같은 부담은 행정청이 행정처분을 하면서 일방적으로 부가할 수도 있지만 부담을 부가하기 이전에 상대방과 협의하여 부담의 내용을 협약의 형식으로 미리 정한 다음 행정처분을 하면서 이를 부가할 수도 있다(대판 2009.2.12, 2005다65500).

  • 행정기본법 역시 행정청은 처분에 재량이 있는 경우 부관으로서 부담을 붙일 수 있다고 규정하여 재량행위의 부관 성립 시 별도의 법적 근거를 요구하고 있지 않다(행정기본법 제17조 제1항).

제17조(부관)

① 행정청은 처분에 재량이 있는 경우에는 부관(조건, 기한, 부담, 철회권의 유보 등을 말한다. 이하 이 조에서 같다)을 붙일 수 있다.

---

② 대판 1990.4.27, 89누6808

③ • 부관은 면허 발급 당시에 붙이는 것뿐만 아니라 면허 발급이 후에 붙이는 것도 법률에 명문의 규정이 있거나 변경이 미리 유보되어 있는 경우 또는 상대방의 동의가 있는 경우 등에는 특별한 사정이 없는 한 허용된다(대판 2016.11.24, 2016두45028).

  • 행정기본법 역시 사후부관에 대하여 같은 입장이다(행정기본법제17조 제3항).

제17조(부관)

③ 행정청은 부관을 붙일 수 있는 처분이 다음 각 호의 어느 하나에 해당하는 경우에는 그 처분을 한 후에도 부관을 새로 붙이거나 종전의 부관을 변경할 수 있다.

    1. 법률에 근거가 있는 경우

    2. 당사자의 동의가 있는 경우

    3. 사정이 변경되어 부관을 새로 붙이거나 종전의 부관을 변경하지 아니하면 해당 처분의 목적을 달성할 수 없다고 인정되는 경우

---

④ 대판 1999.5.25, 98다53134

---

04 난도 ★★☆

정답 ④

행정법통론 > 행정법관계

④ 준정부기관으로부터 공공기관운영법 제44조 제2항에 따라 계약체결 업무를 위탁받은 조달청장은 국가계약법 제27조 제1항에 따라 입찰참가자격 제한 처분을 할 수 있는 권한이 있다(대판 2017.12.28, 2017두39433). 즉, 국가와 지방자치단체, 공공기관운영법상 공공기관 그리고 조달청장 등 행정청이 행하는 입찰참가자격제한은 항고소송의 대상인 행정처분에 해당하므로 공법관계에 해당한다.

① 행정재산의 사용허가는 강학상 특허로서 항고소송의 대상이 되는 행정처분이므로 공법관계이지만, 사용허가를 받은 행정재산의 '전대'는 사법상 임대차계약이므로 사법관계에 해당한다.

  • 국유재산 등의 관리청이 하는 행정재산의 사용·수익에 대한 허가는 순전히 사경제주체로서 행하는 사법상의 행위가 아니라 관리청이 공권력을 가진 우월적 지위에서 행하는 행정처분으로서 특정인에게 행정재산을 사용할 수 있는 권리를 설정하여 주는 강학상 특허에 해당한다(대판 2006.3.9, 2004두31074).

  • 한국공항공단이 무상사용허가를 받은 행정재산에 대하여 하는 전대행위는 통상의 사인 간의 임대차와 다를 바가 없고, 그 임대차계약이 임차인의 사용승인신청과 임대인의 사용승인의 형식으로 이루어졌다고 하여 달리 볼 것은 아니다(대판 2004.1.15, 2001다12638).

② 예산회계법에 따라 체결되는 계약은 사법상의 계약이라고 할 것이고, 동법 제70조의5의 입찰보증금은 사법상의 손해배상 예정

으로서의 성질을 갖는 것이라고 할 것이므로 입찰보증금의 국고 귀속조치는 국가가 사법상의 재산권의 주체로서 행위하는 것이지 공권력을 행사하는 것이거나 공권력 작용과 일체성을 가진 것이 아니라 할 것이므로 이에 관한 분쟁은 행정소송이 아닌 민사소송의 대상이 될 수밖에 없다(대판 1983.12.27, 81누366).

③ • 국유재산의 관리청이 그 무단점유자에 대하여 하는 변상금부과처분은 순전히 사경제 주체로서 행하는 사법상의 법률행위라 할 수 없고 이는 관리청이 공권력을 가진 우월적 지위에서 행한 것으로서 행정소송의 대상이 되는 행정처분이라고 보아야 한다(대판 1988.2.23, 87누1046, 1047).
  • 국유잡종재산(현 일반재산)을 대부하는 행위는 국가가 사경제 주체로서 상대방과 대등한 위치에서 행하는 사법상의 계약이고, 행정청이 공권력의 주체로서 상대방의 의사 여하에 불구하고 일방적으로 행하는 행정처분이라고 볼 수 없다(대판 2000.2.11, 99다61675).

05 난도 ★★☆ 정답 ④

행정법통론 > 행정상 법률관계

정답의 이유

④ 당사자가 인허가나 신고의 위법성을 경과실로 알지 못한 경우는 중과실로 알지 못한 경우와 달리 행정기본법상 제재처분의 제척기간 적용제외 대상이 아니다. 즉 제재처분 제척기간 규정이 적용되므로 5년이 지나면 제재처분을 할 수 없다(행정기본법 제23조 제1항). 당사자가 인허가나 신고의 위법성을 알고 있었거나 중대한 과실로 알지 못한 경우 제재처분의 제척기간에 관한 규정이 적용되지 않으므로, 위반행위가 종료된 날부터 5년이 지나더라도 제재처분을 할 수 있다.

> 제23조(제재처분의 제척기간)
> ① 행정청은 법령 등의 위반행위가 종료된 날부터 5년이 지나면 해당 위반행위에 대하여 제재처분(인허가의 정지·취소·철회, 등록말소, 영업소 폐쇄와 정지를 갈음하는 과징금 부과를 말한다. 이하 이 조에서 같다)을 할 수 없다.
> ② 다음 각 호의 어느 하나에 해당하는 경우에는 제1항을 적용하지 아니한다.
> 　1. 거짓이나 그 밖의 부정한 방법으로 인허가를 받거나 신고를 한 경우
> 　2. 당사자가 인허가나 신고의 위법성을 알고 있었거나 중대한 과실로 알지 못한 경우
> 　3. 정당한 사유 없이 행정청의 조사·출입·검사를 기피·방해·거부하여 제척기간이 지난 경우
> 　4. 제재처분을 하지 아니하면 국민의 안전·생명 또는 환경을 심각하게 해치거나 해칠 우려가 있는 경우

오답의 이유

① 행정기본법 제23조 제2항 제4호
② 행정기본법 제23조 제2항 제1호
③ 행정기본법 제23조 제2항 제3호

06 난도 ★☆☆ 정답 ③

행정작용법 > 행정입법

정답의 이유

③ 법령에서 행정처분의 요건 중 일부 사항을 부령으로 정할 것을 위임한 데 따라 시행규칙 등 부령에서 이를 정한 경우에 그 부령의 규정은 국민에 대해서도 구속력이 있는 법규명령에 해당한다고 할 것이지만, 법령의 위임이 없음에도 법령에 규정된 처분 요건에 해당하는 사항을 부령에서 변경하여 규정한 경우에는 그 부령의 규정은 행정청 내부의 사무처리 기준 등을 정한 것으로서 행정조직 내에서 적용되는 행정명령의 성격을 지닐 뿐 국민에 대한 대외적 구속력은 없다고 보아야 한다(대판 2013.9.12, 2011두10584).

오답의 이유

① 대통령령은 필수적으로 국무회의 심의를 거쳐야 한다. 하지만 총리령·부령은 국무회의 심의절차가 필수는 아니다(헌법 제89조 제3호). 즉 필요한 경우 국무회의에 제출되어 국무회의를 거칠 수는 있다(헌법 제89조 제17호). 또한, 총리령·부령 역시 법제처 심사는 반드시 거쳐야 한다(정부조직법 제23조 제1항).

> 헌법 제89조
> 다음 사항은 국무회의의 심의를 거쳐야 한다.
> 3. 헌법개정안·국민투표안·조약안·법률안 및 대통령령안
> 17. 기타 대통령·국무총리 또는 국무위원이 제출한 사항
>
> 정부조직법 제23조(법제처)
> ① 국무회의에 상정될 법령안·조약안과 총리령안 및 부령안의 심사와 그 밖에 법제에 관한 사무를 전문적으로 관장하기 위하여 국무총리 소속으로 법제처를 둔다.

② 행정규칙이 법령의 규정에 의하여 행정관청에 법령의 구체적 내용을 보충할 권한을 부여한 경우(법령보충적 행정규칙)나 재량권행사의 준칙인 규칙이 그 정한 바에 따라 되풀이 시행되어 행정관행이 이룩되게 되면 평등의 원칙이나 신뢰보호의 원칙에 따라 행정기관은 그 상대방에 대한 관계에서 그 규칙에 따라야 할 자기구속을 당하게 되는 경우에는 대외적인 구속력을 가지게 되는바 이러한 경우에는 헌법소원의 대상이 될 수도 있다(헌재 2001.5.31, 99헌마413).

④ 특정다목적댐법 제41조에 의하면 다목적댐 건설로 인한 손실보상 의무가 국가에게 있고, 같은 법 제42조에 의하면 손실보상 절차와 그 방법 등 필요한 사항은 대통령령으로 규정하도록 되어 있음에도 피고가 이를 제정하지 아니한 것은 행정입법부작위에 해당하는 것이어서 그 부작위법확인을 구한다고 주장하나, 행정소송은 구체적 사건에 대한 법률상 분쟁을 법에 의하여 해결함으로써 법적 안정을 기하자는 것이므로 부작위법확인소송의 대상이 될 수 있는 것은 구체적 권리의무에 관한 분쟁이어야 하고 추상적인 법령에 관하여 제정의 여부 등은 그 자체로서 국민의 구체적인 권리의무에 직접적 변동을 초래하는 것이 아니어서 행정소송의 대상이 될 수 없으므로 이 사건 소는 부적법하다(대판 1992.5.8, 91누11261).

07 난도 ★★☆ 정답 ①

정답의 이유

① 개별공시지가결정은 이를 기초로 한 과세처분 등과는 별개의 독립된 처분으로서 서로 독립하여 별개의 법률효과를 목적으로 하는 것이나, 위법한 개별공시지가결정에 대하여 그 정해진 시정절차를 통하여 시정하도록 요구하지 아니하였다는 이유로 위법한 개별공시지가를 기초로 한 과세처분 등 후행 행정처분에서 개별공시지가결정의 위법을 주장할 수 없도록 하는 것은 수인한도를 넘는 불이익을 강요하는 것으로서 개별공시지가결정에 위법이 있는 경우에는 그 자체를 행정소송의 대상이 되는 행정처분으로 보아 그 위법 여부를 다툴 수 있음은 물론 이를 기초로 한 과세처분 등 행정처분의 취소를 구하는 행정소송에서도 선행처분인 개별공시지가결정의 위법을 독립된 위법사유로 주장할 수 있다(대판 1994.1.25, 93누8542).

오답의 이유

② 재건축조합설립인가처분 당시 동의율을 충족하지 못한 하자는 후에 추가동의서가 제출되었다는 사정만으로 치유될 수 없다(대판 2013.7.11, 2011두27544).

③ 적법한 건축물에 대한 철거명령은 그 하자가 중대하고 명백하여 당연무효라고 할 것이고, 그 후행행위인 건축물철거 대집행계고처분 역시 당연무효라고 할 것이다(대판 1999.4.27, 97누6780).

④ 세액산출근거가 기재되지 아니한 납세고지서에 의한 부과처분은 강행법규에 위반하여 취소대상이 된다 할 것이므로 이와 같은 하자는 납세의무자가 전심절차에서 이를 주장하지 아니하였거나, 그 후 부과된 세금을 자진납부하였다거나, 또는 조세채권의 소멸시효기간이 만료되었다 하여 치유되는 것이라고는 할 수 없다(대판 1985.4.9, 84누431).

08 난도 ★★☆ 정답 ①

정답의 이유

① 항고소송의 대상인 '처분'이란 "행정청이 행하는 구체적 사실에 관한 법집행으로서의 공권력의 행사 또는 그 거부와 그 밖에 이에 준하는 행정작용"(행정소송법 제2조 제1항 제1호)을 말한다. 행정청의 행위가 항고소송의 대상이 될 수 있는지는 추상적·일반적으로 결정할 수 없고, 구체적인 경우에 관련 법령의 내용과 취지, 그 행위의 주체·내용·형식·절차, 그 행위와 상대방 등 이해관계인이 입는 불이익 사이의 실질적 견련성, 법치행정의 원리와 그 행위에 관련된 행정청이나 이해관계인의 태도 등을 고려하여 개별적으로 결정하여야 한다. 또한 어떠한 처분에 법령상 근거가 있는지, 행정절차법에서 정한 처분절차를 준수하였는지는 본안에서 당해 처분이 적법한가를 판단하는 단계에서 고려할 요소이지, 소송요건 심사단계에서 고려할 요소가 아니다(대판 2020.1.16, 2019다264700).

오답의 이유

② 대판 2019.6.27, 2018두49130

③ 국민건강보험 직장가입자 또는 지역가입자 자격변동은 법령이 정하는 사유가 생기면 별도 처분 등의 개입 없이 사유가 발생한 날부터 변동의 효력이 당연히 발생하므로, 국민건강보험공단이 갑 등에 대하여 가입자 자격이 변동되었다는 취지의 '직장가입자 자격상실 및 자격변동 안내' 통보를 하였거나, 그로 인하여 사업장이 국민건강보험법상의 적용대상사업장에서 제외되었다는 취지의 '사업장 직권탈퇴에 따른 가입자 자격상실 안내' 통보를 하였더라도, 이는 갑 등의 가입자 자격의 변동 여부 및 시기를 확인하는 의미에서 한 사실상 통지행위에 불과할 뿐, 위 각 통보에 의하여 가입자 자격이 변동되는 효력이 발생한다고 볼 수 없고, 또한 위 각 통보로 갑 등에게 지역가입자로서의 건강보험료를 납부하여야 하는 의무가 발생함으로써 갑 등의 권리의무에 직접적 변동을 초래하는 것도 아니다. 따라서 위 각 통보의 처분성이 인정되지 않는다(대판 2019.2.14, 2016두41729).

④ 대판 2021.1.14, 2020두50324

09 난도 ★★★ 정답 ②

정답의 이유

㉠ 「공공기관의 정보공개에 관한 법률」상 비공개사유에 해당한다.

> **제9조(비공개 대상 정보)**
> ① 공공기관이 보유·관리하는 정보는 공개 대상이 된다. 다만, 다음 각 호의 어느 하나에 해당하는 정보는 공개하지 아니할 수 있다.
> 　6. 해당 정보에 포함되어 있는 성명·주민등록번호 등 「개인정보보호법」 제2조 제1호에 따른 개인정보로서 공개될 경우 사생활의 비밀 또는 자유를 침해할 우려가 있다고 인정되는 정보. 다만, 다음 각 목에 열거한 사항은 제외한다.
> 　　가. 법령에서 정하는 바에 따라 열람할 수 있는 정보
> 　　나. 공공기관이 공표를 목적으로 작성하거나 취득한 정보로서 사생활의 비밀 또는 자유를 부당하게 침해하지 아니하는 정보
> 　　다. 공공기관이 작성하거나 취득한 정보로서 공개하는 것이 공익이나 개인의 권리 구제를 위하여 필요하다고 인정되는 정보
> 　　라. 직무를 수행한 공무원의 성명·직위
> 　　마. 공개하는 것이 공익을 위하여 필요한 경우로서 법령에 따라 국가 또는 지방자치단체가 업무의 일부를 위탁 또는 위촉한 개인의 성명·직업

㉣ 학술·연구를 위하여 일시적으로 체류하는 외국인은 정보공개청구권이 인정된다(공공기관의 정보공개에 관한 법률 제5조 제2항 및 동법 시행령 제3조 제1호).

제5조(정보공개 청구권자)

② 외국인의 정보공개 청구에 관하여는 대통령령으로 정한다.

시행령 제3조(외국인의 정보공개 청구)

법 제5조 제2항에 따라 정보공개를 청구할 수 있는 외국인은 다음 각 호의 어느 하나에 해당하는 자로 한다.

1. 국내에 일정한 주소를 두고 거주하거나 학술 · 연구를 위하여 일시적으로 체류하는 사람

오답의 이유

ⓛ 甲이 행정심판을 청구한 2022.12.27.은 심판청구의 대상인 비공개결정통보를 받은 2022.8.26.로부터 90일이 경과하였으므로 행정심판 제기기간을 경과한 부적법한 심판제기로서 각하재결의 대상이다.

ⓒ 甲의 국민권익위원회에 대한 고충민원 제기는 행정심판의 대상이 되는 처분성이 없으므로 행정기본법상 이의신청에 해당하는 것이 아니다. 따라서 고충민원에 대한 답변을 받은 날이 행정심판 제기기간의 기산점이 될 수 없다. 행정심판법상 행정심판의 대상이 되는 처분은 고충민원이 아니라 법정민원에 대한 거부처분이므로 이의신청 대상이 되어 그 답변을 받은 날이 행정심판 제기기간의 기산점이 될 수 있다(행정기본법 제36조 제4항).

제36조(처분에 대한 이의신청)

④ 이의신청에 대한 결과를 통지받은 후 행정심판 또는 행정소송을 제기하려는 자는 그 결과를 통지받은 날(제2항에 따른 통지기간 내에 결과를 통지받지 못한 경우에는 같은 항에 따른 통지기간이 만료되는 날의 다음 날을 말한다)부터 90일 이내에 행정심판 또는 행정소송을 제기할 수 있다.

더 알아보기

- 행정기본법 제36조(처분에 대한 이의신청)는 시행일인 2023.3. 24. 이후에 하는 처분부터 적용되므로, 시행일 전에 이루어진 사안의 처분들은 애초 행정기본법 제36조와는 관련이 없다고도 할 수 있다.
- 행정기본법 부칙 제6조(처분에 대한 이의신청에 관한 적용례) 제36조는 부칙 제1조 단서에 따른 시행일 이후에 하는 처분부터 적용한다.

10 난도 ★★★ 정답 ③

행정과정의 규율 > 행정절차

정답의 이유

③ 공청회가 개최는 되었으나 정상적으로 진행되지 못하고 무산된 횟수가 3회 이상인 경우 온라인공청회를 단독으로 개최할 수 있다(행정절차법 제38조의2 제2항 제2호).

오답의 이유

① 행정절차법 제20조에 따르면 처분기준의 설정 · 공표는 처분의 공통규정에 해당하므로, 적용대상이 침익적 처분에 한정되는 것이 아니라 수익적 처분도 포함된다.

제20조(처분기준의 설정 · 공표)

① 행정청은 필요한 처분기준을 해당 처분의 성질에 비추어 되도록 구체적으로 정하여 공표하여야 한다. 처분기준을 변경하는 경우에도 또한 같다.

② 행정절차법 제15조 제2항
④ 행정절차법 제14조 제4항 제2호

11 난도 ★★☆ 정답 ④

실효성 확보수단 > 행정벌

정답의 이유

④ 행정청이 위반사실을 적발하면 행정청이 먼저 과태료 처분을 하고, 당사자가 이의제기를 하면 그때부터 14일 이내에 과태료를 부과받을 자의 주소지를 관할하는 지방법원에 통보하여야 한다(질서위반행위규제법 제21조 제1항).

제21조(법원에의 통보)

① 제20조 제1항에 따른 이의제기를 받은 행정청은 이의제기를 받은 날부터 14일 이내에 이에 대한 의견 및 증빙서류를 첨부하여 관할 법원에 통보하여야 한다. 다만, 다음 각 호의 어느 하나에 해당하는 경우에는 그러하지 아니하다.

1. 당사자가 이의제기를 철회한 경우
2. 당사자의 이의제기에 이유가 있어 과태료를 부과할 필요가 없는 것으로 인정되는 경우

오답의 이유

① 질서위반행위규제법 제12조 제2항
② 질서위반행위규제법 제13조 제1항
③ 질서위반행위규제법 제8조

12 난도 ★★☆ 정답 ③

실효성 확보수단 > 행정조사

정답의 이유

③ 행정기관의 장은 인터넷 등 정보통신망을 통하여 조사대상자로 하여금 자료의 제출 등을 하게 할 수 있다(행정조사기본법 제28조 제1항).

오답의 이유

① 행정기관의 장은 조사원이 조사목적의 달성을 위하여 한 시료채취로 조사대상자에게 손실을 입힌 때에는 대통령령으로 정하는 절차와 방법에 따라 그 손실을 보상하여야 한다(행정조사기본법 제12조 제1항 · 제2항).

제12조(시료채취)

① 조사원이 조사목적의 달성을 위하여 시료채취를 하는 경우에는 그 시료의 소유자 및 관리자의 정상적인 경제활동을 방해하지 아니하는 범위 안에서 최소한도로 하여야 한다.

② 행정기관의 장은 제1항에 따른 시료채취로 조사대상자에게 손실을 입힌 때에는 대통령령으로 정하는 절차와 방법에 따라 그 손실을 보상하여야 한다.

② 행정기관은 법령 등에서 행정조사를 규정하고 있는 경우에 한하여 행정조사를 실시할 수 있다. 다만, 조사대상자의 자발적인 협조를 얻어 실시하는 행정조사의 경우에는 그러하지 아니하다(행정조사기본법 제5조).

④ 행정조사기본법 제14조 제1항 제1호

더 알아보기

행정조사기본법

제6조(연도별 행정조사운영계획의 수립 및 제출) ① 행정기관의 장은 매년 12월 말까지 다음 연도의 행정조사운영계획을 수립하여 국무조정실장에게 제출하여야 한다. 다만, 행정조사운영계획을 제출해야 하는 행정기관의 구체적인 범위는 대통령령으로 정한다.

제14조(공동조사) ④ 국무조정실장은 행정기관의 장이 제6조에 따라 제출한 행정조사운영계획의 내용을 검토한 후 관계 부처의 장에게 공동조사의 실시를 요청할 수 있다.

13 난도 ★☆☆

정답 ②

행정쟁송 > 행정소송

정답의 이유

② 사정판결의 요건인 처분의 위법성은 <u>처분 시</u>를 기준으로 판단하고, 공공복리를 위한 사정판결의 필요성은 <u>변론 종결 시</u>를 기준으로 판단하여야 한다.

오답의 이유

① 신청에 대한 거부처분의 효력을 정지하더라도 거부처분이 없었던 것과 같은 상태, 즉 거부처분이 있기 전의 신청 시의 상태로 되돌아가는 데에 불과하고 행정청에게 신청에 따른 처분을 하여야 할 의무가 생기는 것이 아니므로, 거부처분의 효력정지는 그 거부처분으로 인하여 신청인에게 생길 손해를 방지하는 데 아무런 보탬이 되지 아니하여 그 효력정지를 구할 이익이 없다(대판 1995.6.21, 95두26).

③ 행정소송법 제23조 제3항에서 집행정지의 요건으로 규정하고 있는 '공공복리에 중대한 영향을 미칠 우려'가 없을 것이라고 할 때의 '공공복리'는 그 처분의 집행과 관련된 구체적이고도 개별적인 공익을 말하는 것으로서 이러한 집행정지의 소극적 요건에 대한 주장·소명책임은 행정청에게 있다(대결 1999.12.20, 99무42).

행정소송법 제23조(집행정지)

③ 집행정지는 공공복리에 중대한 영향을 미칠 우려가 있을 때에는 허용되지 아니한다.

④ 조합설립인가처분은 도시 및 주거환경정비법상 주택재건축사업을 시행할 수 있는 권한을 갖는 행정주체(공법인)로서의 지위를 부여하는 일종의 설권적 처분의 성격을 갖는다고 보아야 한다. 그리고 그와 같이 보는 이상 조합설립결의는 조합설립인가처분이라는 행정처분을 하는 데 필요한 요건 중 하나에 불과한 것이어서, 조합설립결의에 하자가 있다면 그 하자를 이유로 직접 항고소송의 방법으로 조합설립인가처분의 취소 또는 무효확인을 구하여야 한다(대판 2009.9.24, 2008다60568).

14 난도 ★★☆

정답 ③

손해전보 > 행정상 손해배상

정답의 이유

③ 전투·훈련 등 직무집행과 관련하여 공상을 입은 군인·군무원·경찰공무원 또는 향토예비군대원이 먼저 국가배상법에 따라 손해배상금을 지급받은 다음 보훈보상대상자 지원에 관한 법률(이하 '보훈보상자법'이라 한다)이 정한 보상금 등 보훈급여금의 지급을 청구하는 경우, …(중략)… <u>국가배상법에 따라 손해배상을 받았다는 사정을 들어 보상금 등 보훈급여금의 지급을 거부할 수 없다</u>(대판 2017.2.3, 2015두60075).

오답의 이유

① 국가배상법 제2조 제1항 단서 규정은 다른 법령에 보상제도가 규정되어 있고, 그 법령에 규정된 상이등급 또는 장애등급 등의 요건에 해당되어 그 권리가 발생한 이상, 실제로 그 권리를 행사하였는지 또는 그 권리를 행사하고 있는지 여부에 관계없이 적용된다고 보아야 하고, 그 각 법률에 의한 보상금청구권이 시효로 소멸되었다 하여 적용되지 않는다고 할 수는 없다(대판 2002.5.10, 2000다39735).

→ 국가배상법 제2조 제1항 단서는 '다른 법령에 따라 재해보상금·유족연금·상이연금 등의 보상을 지급받은 때가 아니라 지급받을 수 있을 때'라고 규정하고 있다. 따라서 개별법상의 보상금을 받을 수 있었음에도 시효기간 내 수령하지 않아 받을 수 없게 된 경우라면, 여전히 이중배상금지가 적용되어 국가배상이 불가하다는 것이 판례의 취지이다.

② 경찰공무원인 피해자가 구 공무원연금법의 규정에 따라 공무상 요양비를 지급받는 것은 국가배상법 제2조 제1항 단서에서 정한 '다른 법령의 규정'에 따라 보상을 지급받는 것에 해당하지 않는다(대판 2019.5.30, 2017다16174). 즉, 공무원연금법에 따른 공무상 요양비는 이중배상금지가 적용되는 보상금에 해당하지 않으므로, 이를 지급받았어도 배상청구가 제한되지 않는다.

④ 군인, 군무원 등 국가배상법 제2조 제1항 단서에 열거된 자가 전투·훈련 기타 직무집행과 관련하는 등으로 공상을 입은 경우라고 하더라도 군인연금법 또는 국가유공자예우 등에 관한 법률에 의하여 재해보상금, 유족연금, 상이연금 등 별도의 보상을 받을 수 없는 경우에는 국가배상법 제2조 제1항 단서의 적용 대상에서 제외된다(대판 1996.12.20, 96다42178).

따라서 입주예정자들은 제3자의 지위에서 건물사용검사처분의 취소를 행정소송을 통해 다툴 수 없다.

오답의 이유

② 이 사건 소(당사자소송을 민사소송으로 제기한 소)는 제1심 관할법원인 서울행정법원에 제기되었어야 할 것인데도 서울북부지방법원에 제기되어 심리되었으므로 확인의 이익 유무에 앞서 전속관할을 위반한 위법이 있다(대판 2009.9.24, 2008다60568).

③ 민사소송인 이 사건 소(환매권의 존부확인 및 환매금증감청구)가 서울행정법원에 제기되었는데도 피고는 제1심법원에서 관할위반이라고 항변하지 아니하고 본안에 대하여 변론을 한 사실을 알 수 있는바 행정소송법 제8조 제2항, 민사소송법 제30조에 의하여 제1심법원에 변론관할이 생겼다고 봄이 상당하다(대판 2013.2.28, 2010두22368).

④ 환경부장관이 생태·자연도 1등급으로 지정되었던 지역을 2등급 또는 3등급으로 변경하는 내용의 생태·자연도 수정·보완을 고시하자, 인근 주민 甲이 생태·자연도 등급변경처분의 무효 확인을 청구한 사안에서 생태·자연도는 토지이용 및 개발계획의 수립이나 시행에 활용하여 자연환경을 체계적으로 보전·관리하기 위한 것일 뿐 1등급 권역의 인근주민들이 가지는 이익은 환경보호라는 공공의 이익이 달성됨에 따라 반사적으로 얻게 되는 이익에 불과하므로, 인근 주민에 불과한 甲은 원고적격이 없다(대판 2014.2.21, 2011두29052).

17 난도 ★☆☆ 정답 ①

손해전보 > 행정상 손실보상

정답의 이유

① 구 공공용지의 취득 및 손실보상에 관한 특례법에 따른 토지 등의 협의취득은 공공사업에 필요한 토지 등을 그 소유자와의 협의에 의하여 취득하는 것으로서 공공기관이 사경제주체로서 행하는 사법상 매매 내지 사법상 계약의 실질을 가지는 것이지 행정청이 공권력의 주체로서 상대방의 의사 여하에 불구하고 일방적으로 행하는 행정처분이라 볼 수 없는 것이고, 위 협의취득에 기한 손실보상금의 환수통보 역시 사법상의 이행청구에 해당하는 것으로서 이를 항고소송의 대상이 되는 행정처분이라고 할 수 없다(대판 2010.11.11, 2010두14367).

오답의 이유

② 사업인정고시가 된 후 토지의 사용으로 인하여 토지의 형질이 변경되는 경우 해당 토지소유자는 사업시행자에게 해당 토지의 매수를 청구하거나 관할 토지수용위원회에 그 토지의 수용을 청구할 수 있다(공익사업을 위한 토지 등의 취득 및 보상에 관한 법률 제72조 제2호).

더 알아보기

국가배상법

제2조(배상책임) ① 국가나 지방자치단체는 공무원 또는 공무를 위탁받은 사인(이하 "공무원"이라 한다)이 직무를 집행하면서 고의 또는 과실로 법령을 위반하여 타인에게 손해를 입히거나, 「자동차손해배상 보장법」에 따라 손해배상의 책임이 있을 때에는 이 법에 따라 그 손해를 배상하여야 한다. 다만, 군인·군무원·경찰공무원 또는 예비군대원이 전투·훈련 등 직무 집행과 관련하여 전사(戰死)·순직(殉職)하거나 공상(公傷)을 입은 경우에 본인이나 그 유족이 다른 법령에 따라 재해보상금·유족연금·상이연금 등의 보상을 지급받을 수 있을 때에는 이 법 및 「민법」에 따른 손해배상을 청구할 수 없다.

15 난도 ★★☆ 정답 ④

행정쟁송 > 행정소송

정답의 이유

④ 지방의회 의원에 대한 제명의결 취소소송 계속 중 의원의 임기가 만료된 사안에서, 제명의결의 취소로 의원의 지위를 회복할 수는 없다 하더라도 제명의결 시부터 임기만료일까지의 기간에 대한 월정수당의 지급을 구할 수 있는 등 여전히 그 제명의결의 취소를 구할 법률상 이익이 있다(대판 2009.1.30, 2007두13487).

오답의 이유

① 지방의회의원에 대한 제명의결은 항고소송의 대상인 행정처분이므로, 甲이 제명의결을 행정소송으로 다투는 경우 소송의 유형은 무효확인소송 또는 취소소송으로 할 수 있다.

② A구 의회는 법령에 따라 제명의결처분을 할 수 있는 권한을 보유하고 있으므로 행정소송법상 행정청의 지위를 가진다. 따라서 甲에 대한 제명의결을 다투는 행정소송에서는 제명의결처분을 자신의 명의로 표시한 A구 의회가 피고가 되어야 한다.

③ 행정소송법 제12조의 '법률상 이익' 개념에 관하여 법률상 이익구제설에 따르는 판례에 의하면 甲은 침해된 자신의 법률상 이익의 구제를 위해 제명의결을 다툴 원고적격을 갖는다.

16 난도 ★☆☆ 정답 ①

행정쟁송 > 행정소송

정답의 이유

① 입주자나 입주예정자들은 사용검사처분의 무효확인을 받거나 그 처분을 취소하지 않고도 민사소송 등을 통하여 분양계약에 따른 법률관계 및 하자 등을 주장·증명함으로써 사업주체 등으로부터 하자의 제거·보완 등에 관한 권리구제를 받을 수 있으므로, 입주자나 입주예정자는 사용검사처분의 무효확인 또는 취소를 구할 법률상 이익이 없다(대판 2015.1.29, 2013두24976). 즉 건축물의 하자를 다투는 입주자나 입주예정자들은 건물의 사용검사처분을 취소시키더라도 건축물의 하자가 원상회복되는 것이 아니므로 취소를 구할 법률상 이익이 부정된다.

공익사업을 위한 토지 등의 취득 및 보상에 관한 법률 제72조(사용하는 토지의 매수청구 등)

사업인정고시가 된 후 다음 각 호의 어느 하나에 해당할 때에는 해당 토지소유자는 사업시행자에게 해당 토지의 매수를 청구하거나 관할 토지수용위원회에 그 토지의 수용을 청구할 수 있다. 이 경우 관계인은 사업시행자나 관할 토지수용위원회에 그 권리의 존속(存續)을 청구할 수 있다.

1. 토지를 사용하는 기간이 3년 이상인 경우
2. 토지의 사용으로 인하여 토지의 형질이 변경되는 경우
3. 사용하려는 토지에 그 토지소유자의 건축물이 있는 경우

③ 개발제한구역의 지정으로 그 효용이 현저히 감소한 토지 또는 당해 토지의 사용 및 수익이 사실상 불가능한 토지의 소유자에게 토지매수청구권을 인정하고 있는 점 등을 종합할 때, 이 사건 법률조항은 비례의 원칙에 위반하여 당해 토지 소유자의 재산권을 침해하지 않는다(헌재 2007.8.30, 2006헌바9).
→ 헌법재판소는 개발제한구역의 지정 및 관리에 관한 특별조치법 제11조 제1항 등에 대한 위헌소원사건에서 토지의 효용이 감소한 토지소유자에게 토지매수청구권을 인정하는 등 보상규정을 두고 있는 것이 토지소유자의 재산권을 침해하지 않는 적절한 손실보상에 해당한다고 보아 합헌결정을 하였다.

④ 사업시행자는 동일한 사업지역에 보상시기를 달리하는 동일인 소유의 토지 등이 여러 개 있는 경우 토지소유자나 관계인이 요구할 때에는 한꺼번에 보상금을 지급하도록 하여야 한다(공익사업을 위한 토지 등의 취득 및 보상에 관한 법률 제65조).

18 난도 ★★★
정답 ②

실효성 확보수단 > 행정강제

정답의 이유

② 건축법상의 이행강제금은 시정명령의 불이행이라는 과거의 위반행위에 대한 제재가 아니라, 의무자에게 시정명령을 받은 의무의 이행을 명하고 그 이행기간 안에 의무를 이행하지 않으면 이행강제금이 부과된다는 사실을 고지함으로써 의무자에게 심리적 압박을 주어 의무의 이행을 간접적으로 강제하는 행정상의 간접강제 수단에 해당한다. 이러한 이행강제금의 본질상 시정명령을 받은 의무자가 이행강제금이 부과되기 전에 그 의무를 이행한 경우에는 비록 시정명령에서 정한 기간을 지나서 이행한 경우라도 이행강제금을 부과할 수 없다. 나아가 시정명령을 받은 의무자가 그 시정명령의 취지에 부합하는 의무를 이행하기 위한 정당한 방법으로 행정청에 신청 또는 신고를 하였으나 행정청이 위법하게 이를 거부 또는 반려함으로써 결국 그 처분이 취소되기에 이르렀다면, 특별한 사정이 없는 한 그 시정명령의 불이행을 이유로 이행강제금을 부과할 수는 없다고 보는 것이 위와 같은 이행강제금 제도의 취지에 부합한다(대판 2018. 1.25, 2015두35116).

오답의 이유

① 대판 1996.4.12, 96도158
③ 대판 1994.10.28, 94누5144
④ 대판 2021.2.4, 2020두48390

19 난도 ★★☆
정답 ①

단원종합

정답의 이유

㉠ 구 상훈법 제8조는 서훈취소의 요건을 구체적으로 명시하고 있고 절차에 관하여 상세하게 규정하고 있다. 그리고 서훈취소는 서훈수여의 경우와는 달리 이미 발생된 서훈대상자 등의 권리 등에 영향을 미치는 행위로서 관련 당사자에게 미치는 불이익의 내용과 정도 등을 고려하면 사법심사의 필요성이 크다. 따라서 기본권의 보장 및 법치주의의 이념에 비추어 보면, 비록 서훈취소가 대통령이 국가원수로서 행하는 행위라고 하더라도 법원이 사법심사를 자제하여야 할 고도의 정치성을 띤 행위라고 볼 수는 없다(대판 2015.4.23, 2012두26920).

㉡ 서훈은 서훈대상자의 특별한 공적에 의하여 수여되는 고도의 일신전속적 성격을 가지는 것이다. 나아가 서훈은 단순히 서훈대상자 본인에 대한 수혜적 행위로서의 성격만을 가지는 것이 아니라, 국가에 뚜렷한 공적을 세운 사람에게 영예를 부여함으로써 국민 일반에 대하여 국가와 민족에 대한 자긍심을 높이고 국가적 가치를 통합·제시하는 행위의 성격도 있다. 서훈의 이러한 특수성으로 말미암아 상훈법은 일반적인 행정행위와 달리 사망한 사람에 대하여도 그의 공적을 영예의 대상으로 삼아 서훈을 수여할 수 있도록 규정하고 있다. 그러나 그러한 경우에도 서훈은 어디까지나 서훈대상자 본인의 공적과 영예를 기리기 위한 것이므로 비록 유족이라고 하더라도 제3자는 서훈수여 처분의 상대방이 될 수 없다(대판 2014.9.26, 2013두2518).

오답의 이유

㉢ 건국훈장 독립장이 수여된 망인에 대한 서훈취소를 국무회의에서 의결하고 대통령이 결재함으로써 서훈취소가 결정된 후에 국가보훈처장이 망인의 유족에게 독립유공자 서훈취소결정 통보를 한 경우 항고소송의 대상은 대통령의 서훈취소결정처분이므로, 당해 취소소송에서의 피고적격은 국가보훈처장이 아니라 대통령에 있다.

㉣ • 서훈추천권의 행사, 불행사가 당연무효임의 확인, 또는 그 불작위가 위법함의 확인을 구하는 청구는 과거의 역사적 사실관계의 존부나 공법상의 구체적인 법률관계가 아닌 사실관계에 관한 것들을 확인의 대상으로 하는 것이거나 행정청의 단순한 부작위를 대상으로 하는 것으로서 항고소송의 대상이 되지 아니하는 것이다(대판 1990. 11. 23, 90누3553).
• 국가보훈처장이 서훈추천 신청자에 대한 서훈추천을 하여 주어야 할 헌법적 작위의무가 있다고 할 수는 없으므로, 서훈추천을 거부한 것에 대하여 행정권력의 부작위에 대한 헌법소원으로서 다툴 수 없다(헌재 2005.6.30, 2004헌마859).

실효성 확보수단 > 행정강제

정답의 이유

④ 대집행에 요한 비용에 대하여서는 행정청은 사무비의 소속에 따라 국세에 다음가는 순위의 선취득권을 가지며, 대집행에 요한 비용을 징수하였을 때에는 그 징수금은 사무비의 소속에 따라 국고 또는 지방자치단체의 수입으로 한다(행정대집행법 제6조 제2항 · 제3항).

> **제6조(비용징수)**
> ① 대집행에 요한 비용은 국세징수법의 예에 의하여 징수할 수 있다.
> ② 대집행에 요한 비용에 대하여서는 행정청은 사무비의 소속에 따라 국세에 다음가는 순위의 선취득권을 가진다.
> ③ 대집행에 요한 비용을 징수하였을 때에는 그 징수금은 사무비의 소속에 따라 국고 또는 지방자치단체의 수입으로 한다.

오답의 이유

① 행정기본법 역시 제30조에서 행정상 강제집행의 하나인 행정대집행을 행정상 강제의 일종으로 규정하고 있다.

> **행정기본법 제30조(행정상 강제)**
> ① 행정청은 행정목적을 달성하기 위하여 필요한 경우에는 법률로 정하는 바에 따라 필요한 최소한의 범위에서 다음 각 호의 어느 하나에 해당하는 조치를 할 수 있다.
> 　1. 행정대집행: 의무자가 행정상 의무(법령 등에서 직접 부과하거나 행정청이 법령 등에 따라 부과한 의무를 말한다. 이하 이 절에서 같다)로서 타인이 대신하여 행할 수 있는 의무를 이행하지 아니하는 경우 법률로 정하는 다른 수단으로는 그 이행을 확보하기 곤란하고 그 불이행을 방치하면 공익을 크게 해칠 것으로 인정될 때에 행정청이 의무자가 하여야 할 행위를 스스로 하거나 제3자에게 하게 하고 그 비용을 의무자로부터 징수하는 것

② 행정대집행법 제6조 제1항

③ 행정대집행법상 대집행의 대상이 되는 대체적 작위의무는 공법상 의무이어야 할 것인데, 사법상 계약의 실질을 가지는 것이므로, 그 협의취득 시 건물소유자가 매매대상 건물에 대한 철거의무를 부담하겠다는 취지의 약정을 하였다고 하더라도 이러한 철거의무는 공법상의 의무가 될 수 없고, 이 경우에도 행정대집행법을 준용하여 대집행을 허용하는 별도의 규정이 없는 한 위와 같은 철거의무는 행정대집행법에 의한 대집행의 대상이 되지 않는다(대판 2006.10.13, 2006두7096).

행정법총론 | 2023년 지방직 9급

한눈에 훑어보기

✔ 영역 분석

행정법통론 02 05 09
3문항, 15%

행정작용법 01 03 07 10 11 20
6문항, 30%

행정과정의 규율 13 18
2문항, 10%

실효성 확보수단 04 08 19
3문항, 15%

손해전보 14 16
2문항, 10%

행정쟁송 06 12 15 17
4문항, 20%

✔ 빠른 정답

01	02	03	04	05	06	07	08	09	10
③	②	④	④	②	②	④	①	①	③

11	12	13	14	15	16	17	18	19	20
②	④	②	①	①	④	③	③	②	③

✔ 점수 체크

구분	1회독	2회독	3회독
맞힌 문항 수	/ 20	/ 20	/ 20
나의 점수	점	점	점

01 난도 ★☆☆   정답 ③

행정작용법 > 행정행위

[정답의 이유]

③ 행정기본법상 자동적 처분을 할 수 있는 '완전히 자동화된 시스템'에 '인공지능 기술을 적용한 시스템'이 포함된다(행정기본법 제20조).

> **제20조(자동적 처분)**
> 행정청은 법률로 정하는 바에 따라 완전히 자동화된 시스템(인공지능 기술을 적용한 시스템을 포함한다)으로 처분을 할 수 있다. 다만, 처분에 재량이 있는 경우는 그러하지 아니하다.

[오답의 이유]

① 행정의 자동화는 주로 컴퓨터 등의 전자데이터 처리장치를 투입하여 미리 입력된 프로그램에 따라 행정결정이 자동으로 행해지는 것을 의미한다. 컴퓨터에 의한 납세고지서의 발부 등도 그 예이다.

② 자동적 처분, 즉 행정의 자동결정은 행정행위로서의 성질을 갖는다고 보는 것이 일반적이다. 따라서 처분성이 인정되며 항고소송의 대상이 된다.

④ 행정기본법 제20조

02 난도 ★☆☆   정답 ②

행정법통론 > 법치행정

[정답의 이유]

② 헌법 제75조는 "대통령은 법률에서 구체적으로 범위를 정하여 위임받은 사항과 법률을 집행하기 위하여 필요한 사항에 관하여 대통령령을 발할 수 있다."라고 규정하고 있다. 따라서 대통령은 법률에서 구체적으로 범위를 정하여 위임받은 사항과 법률을 집행하기 위하여 필요한 사항에 관하여만 대통령령을 발할 수 있으므로, 법률의 시행령은 모법인 법률에 의하여 위임받은 사항이나 법률이 규정한 범위 내에서 법률을 현실적으로 집행하는데 필요한 세부적인 사항만을 규정할 수 있을 뿐, 법률에 의한 위임이 없는 한 법률이 규정한 개인의 권리·의무에 관한 내용을 변경·보충하거나 법률에 규정되지 아니한 새로운 내용을 규정할 수는 없다(대판 2020.9.3, 2016두32992 전합).

[오답의 이유]

① 대판 2015.8.20, 2012두23808

③ 헌재 2005.2.24, 2003헌마289

④ 행정기본법 제8조

행정작용법 > 행정입법

정답의 이유

④ 행정소송은 구체적 사건에 대한 법률상 분쟁을 법에 의하여 해결함으로써 법적 안정을 기하자는 것이므로 부작위위법확인소송의 대상이 될 수 있는 것은 구체적 권리의무에 관한 분쟁이어야 하고 추상적인 법령에 관하여 제정의 여부 등은 그 자체로서 국민의 구체적인 권리의무에 직접적 변동을 초래하는 것이 아니어서 행정소송의 대상이 될 수 없으므로 이 사건 소는 부적법하다(대판 1992.5.8, 91누11261). 따라서 행정입법부작위는 부작위위법확인소송의 대상이 될 수 없다.

오답의 이유

① · ② 법규명령은 행정입법이므로 직접 항고소송의 대상이 되는 것이 아니라 구체적 · 간접적 규범통제가 원칙이다. 단, 예외적으로 처분적 법령의 경우 직접 항고소송의 대상이 된다.

③ 명령 · 규칙 또는 처분이 헌법이나 법률에 위반되는 여부가 재판의 전제(선결문제)가 된 경우에는 각급 법원의 통제대상이 된다. 최종적으로 대법원에 의해 확정된 경우 대법원이 그 사유를 행정안전부장관에게 통보한다(행정소송법 제6조 제1항). 법률이 헌법에 위반되는 여부가 재판의 전제가 된 경우에는 헌법재판소가 전속적으로 심사하게 된다.

> **제6조(명령 · 규칙의 위헌판결 등 공고)**
> ① 행정소송에 대한 대법원판결에 의하여 명령 · 규칙이 헌법 또는 법률에 위반된다는 것이 확정된 경우에는 대법원은 지체없이 그 사유를 행정안전부장관에게 통보하여야 한다.
> ② 제1항의 규정에 의한 통보를 받은 행정안전부장관은 지체없이 이를 관보에 게재하여야 한다.

실효성 확보수단 > 종합

정답의 이유

④ 체납자 등에 대한 공매통지는 국가의 강제력에 의하여 진행되는 공매에서 체납자 등의 권리 내지 재산상의 이익을 보호하기 위하여 법률로 규정한 절차적 요건이라고 보아야 하며, 공매처분을 하면서 체납자 등에게 공매통지를 하지 않았거나 공매통지를 하였더라도 그것이 적법하지 아니한 경우에는 절차상의 흠이 있어 그 공매처분이 위법하게 되는 것이지만, 공매통지 자체가 그 상대방인 체납자 등의 법적 지위나 권리 · 의무에 직접적인 영향을 주는 행정처분에 해당한다고 할 것은 아니므로 다른 특별한 사정이 없는 한 체납자 등은 공매통지의 결여나 위법을 들어 공매처분의 취소 등을 구할 수 있는 것이지 공매통지 자체를 항고소송의 대상으로 삼아 그 취소 등을 구할 수는 없다(대판 2011. 3.24, 2010두25527).

오답의 이유

① 국세징수법 제21조, 제22조가 규정하는 가산금 또는 중가산금은 국세를 납부기한까지 납부하지 아니하면 과세청의 확정절차 없이도 법률 규정에 의하여 당연히 발생하는 것이므로 가산금 또는 중가산금의 고지가 항고소송의 대상이 되는 처분이라고 볼 수 없다(대판 2005.6.10, 2005다15482).

② 국가가 본래 그의 사무의 일부를 지방자치단체의 장에게 위임하여 그 사무를 처리하게 하는 기관위임사무의 경우에는 지방자치단체는 국가기관의 일부로 볼 수 있는 것이지만, 지방자치단체가 그 고유의 자치사무를 처리하는 경우에는 지방자치단체는 국가기관의 일부가 아니라 국가기관과는 별도의 독립한 공법인이므로, 지방자치단체 소속 공무원이 지방자치단체 고유의 자치사무를 수행하던 중 도로법 제81조 내지 제85조의 규정에 의한 위반행위를 한 경우에는 지방자치단체는 도로법 제86조의 양벌규정에 따라 처벌대상이 되는 법인에 해당한다(대판 2005.11.10, 2004도2657).

③ 불법게임물의 수거 · 폐기는 즉시강제로서 영장 없는 수거를 인정하고 있는 이 사건 법률조항은 헌법상 영장주의에 위배되는 것으로는 볼 수 없다(헌재 2002.10.31, 2000헌가12 참고).

행정법통론 > 행정상 법률관계의 원인

정답의 이유

② 전입신고를 받은 시장 · 군수 또는 구청장의 심사 대상은 전입신고자가 30일 이상 생활의 근거로 거주할 목적으로 거주지를 옮기는지 여부만으로 제한된다고 보아야 한다. 따라서 전입신고자가 거주의 목적 이외에 다른 이해관계에 관한 의도를 가지고 있는지 여부, 무허가 건축물의 관리, 전입신고를 수리함으로써 당해 지방자치단체에 미치는 영향 등과 같은 사유는 주민등록법이 아닌 다른 법률에 의하여 규율되어야 하고, 주민등록전입신고의 수리 여부를 심사하는 단계에서는 고려 대상이 될 수 없다(대판 2009.6.18, 2008두10997 전합).

오답의 이유

① 공무원이 한 사직 의사표시의 철회나 취소는 그에 터잡은 의원면직처분이 있을 때까지 할 수 있는 것이고, 일단 면직처분이 있고 난 이후에는 철회나 취소할 여지가 없다(대판 2001.8.24, 99두9971).

③ 민원사무처리법상 보완의 대상이 되는 흠은 보완이 가능한 경우이어야 함은 물론이고, 그 내용 또한 형식적 · 절차적인 요건이거나, 실질적인 요건에 관한 흠이 있는 경우라도 그것이 민원인의 단순한 착오나 일시적인 사정 등에 기한 경우 등이라야 한다(대판 2004.10.15, 2003두6573). 즉, 신청의 실질적인 요건에 관한 흠이 민원인의 단순한 착오나 일시적인 사정 등에 기인한 경우에는 예외적으로 보완을 요구할 수 있다.

④ 사인의 공법행위 역시 의사표시의 일반법리에 의하므로 원칙적으로 도달주의에 따라 그 효력이 발생한다. 개별법상 발신인의 이익을 위해 특별히 발신주의를 규정하고 있는 예외도 있다(국세기본법 제5조의2).

제5조의2(우편신고 및 전자신고)

① 우편으로 과세표준신고서, 과세표준수정신고서, 경정청구서 또는 과세표준신고·과세표준수정신고·경정청구와 관련된 서류를 제출한 경우「우편법」에 따른 우편날짜도장이 찍힌 날(우편날짜도장이 찍히지 아니하였거나 분명하지 아니한 경우에는 통상 걸리는 배송일수를 기준으로 발송한 날로 인정되는 날)에 신고되거나 청구된 것으로 본다.

② 제1항의 신고서 등을 국세정보통신망을 이용하여 제출하는 경우에는 해당 신고서 등이 국세청장에게 전송된 때에 신고되거나 청구된 것으로 본다.

---

06 난도 ★☆☆   정답 ②

행정쟁송 > 행정소송

정답의 이유

② 행정처분의 위법 여부는 행정처분이 행하여진 때의 법령과 사실을 기준으로 판단하므로, 확정판결의 당사자인 처분 행정청은 종전 처분 후에 발생한 새로운 사유를 내세워 다시 처분을 할 수 있고, <u>새로운 처분의 처분사유가 종전 처분의 처분사유와 기본적 사실관계에서 동일하지 않은 다른 사유에 해당하는 이상, 처분사유가 종전 처분 당시 이미 존재하고 있었고 당사자가 이를 알고 있었더라도 이를 내세워 새로이 처분을 하는 것은 확정판결의 기속력에 저촉되지 않는다</u>(대판 2016.3.24, 2015두48235).

오답의 이유

① 행정소송법 제29조 제1항
③ 행정소송법 제28조 제1항
④ 과세처분 시 납세고지서에 과세표준, 세율, 세액의 산출근거 등이 누락되어 있어 이러한 절차 내지 형식의 위법을 이유로 과세처분을 취소하는 판결이 확정된 경우에 그 확정판결의 기속력은 확정판결에 적시된 절차 내지 형식의 위법사유에 한하여 미친다고 할 것이므로 과세처분권자가 그 확정판결에 적시된 위법사유를 보완하여 행한 새로운 과세처분은 확정판결에 의하여 취소된 종전의 과세처분과는 별개의 처분으로서 확정판결의 기속력에 저촉되는 것은 아니다(대판 1986.11.11, 85누231).

---

07 난도 ★☆☆   정답 ④

행정작용법 > 기타 행정행위

정답의 이유

④ 교도소 수형자에게 소변을 받아 제출하게 한 것은, 형을 집행하는 우월적인 지위에서 외부와 격리된 채 형의 집행에 관한 지시, 명령을 복종하여야 할 관계에 있는 자에게 행해진 것으로서 그 목적 또한 교도소 내의 안전과 질서유지를 위하여 실시하였고, <u>일방적으로 강제하는 측면이 존재하며, 응하지 않을 경우 직접적인 징벌 등의 제재는 없다고 하여도 불리한 처우를 받을 수 있다는 심리적 압박이 존재하리라는 것을 충분히 예상할 수 있는 점에 비추어, 권력적 사실행위로서 헌법재판소법 제68조 제1항의 공권력의 행사에 해당한다</u>(헌재 2006.7.27, 2005헌마277).

오답의 이유

① 공법상 법률행위인 행정행위처럼 직접적인 법률효과의 발생을 목적으로 하는 것이 아니라, 어떠한 사실상의 결과실현을 목적으로 하는 행정주체의 일체의 행위를 '행정상 사실행위'라 한다. 도로의 보수공사, 각종 홍보활동, 교통정리, 경찰관의 무기사용, 소방자동차 운전, 하천의 준설 등도 그 대표적인 예이다.

② 위법 건축물에 대한 단전 및 전화통화 단절조치 요청행위는 항고소송의 대상이 되는 행정처분이 아니다(대판 1996.3.22, 96누433).

③ 마산교도소장이 행형법 시행령 제131조 제2항, 영치금품관리규정(법무부예규관리 제630호) 제28조 제1항 별표 수용자 1인의 영치품 휴대 허가기준에 따라 이에 부합하지 않는 위 단추 달린 남방형 티셔츠에 대하여 휴대를 불허한 이 사건 행위는 이른바 "권력적 사실행위"로서 행정소송법 및 행정심판법의 대상이 되는 "행정청이 행하는 구체적 사실에 대한 법집행으로서의 공권력의 행사"(행정소송법 제2조 제1항 제1호, 행정심판법 제2조 제1항 제1호)에 해당하고, 따라서 이 사건 행위에 대하여는 행정소송 및 행정심판이 가능할 것이므로 헌법소원심판청구를 하기 위하여서는 먼저 헌법재판소법 제68조 제1항 단서 규정에 따라 행정소송 등 권리구제절차를 거쳐야 할 것이다(헌결 2002.8.5, 2002헌마462).

→ 헌법재판소법 제68조 제1항 단서에서, 다른 법률에 구제절차가 있는 경우에는 그 절차를 모두 거친 후가 아니면 헌법소원심판을 청구할 수 없다고 규정하고 있다. 따라서 항고소송의 대상인 처분성을 긍정하여, 헌법소원의 보충성 원칙상 헌법소원의 대상으로는 인정되지 않은 판례이다.

더 알아보기

헌법소원 보충성 원칙의 예외 부정

수형자의 영치품에 대한 사용신청 불허처분 후 수형자가 다른 교도소로 이송되었다 하더라도 수형자의 권리와 이익의 침해 등이 해소되지 않은 점에 비추어, 위 영치품 사용신청 불허처분의 취소를 구할 이익이 있다(대판 2008.2.14, 2007두13203).

---

08 난도 ★☆☆   정답 ①

실효성 확보수단 > 종합

정답의 이유

① 농지법은 농지 처분명령에 대한 이행강제금 부과처분에 불복하는 자가 그 처분을 고지받은 날부터 30일 이내에 부과권자에게 이의를 제기할 수 있고, 이의를 받은 부과권자는 지체 없이 관할 법원에 그 사실을 통보하여야 하며, 그 통보를 받은 관할 법원은 비송사건절차법에 따른 과태료 재판에 준하여 재판을 하도록 정하고 있다(제62조 제1항, 제6항, 제7항). 따라서 농지법 제62조 제1항에 따른 이행강제금 부과처분에 불복하는 경우에는 비송사건절차법에 따른 재판절차가 적용되어야 하고, 행정소송법상 항고소송의 대상은 될 수 없다(대판 2019.4.11, 2018두42955).

오답의 이유

② 대판 2017.4.28, 2016다213916

③ 행정조사기본법 제20조 제1항
④ 헌재 1998.5.28, 96헌바4

09 난도 ★★☆　　　　　　　　　　　　　　　　정답 ①

행정법통론 > 행정상 법률관계

정답의 이유

㉠ 산림청장이나 그로부터 권한을 위임받은 행정청이 산림법 등이 정하는 바에 따라 국유임야를 대부하거나 매각하는 행위는 사경제적 주체로서 상대방과 대등한 입장에서 하는 사법상 계약이지 행정청이 공권력의 주체로서 상대방의 의사 여하에 불구하고 일방적으로 행하는 행정처분이라고 볼 수 없으며 이 대부계약에 의한 대부료 부과조치 역시 사법상 채무이행을 구하는 것으로 보아야지 이를 행정처분이라고 할 수 없다(대판 1993.12.7, 91누11612).

오답의 이유

㉡ 국유 일반재산의 대부료 등의 징수에 관하여는 국세징수법 규정을 준용한 간이하고 경제적인 특별구제절차가 마련되어 있으므로, 특별한 사정이 없는 한 민사소송의 방법으로 대부료 등의 지급을 구하는 것은 허용되지 아니한다(대판 2014.9.4, 2014다203588). 따라서 ㉡은 국세징수법이 준용되어 행정상 강제징수가 가능한 경우이므로, 민사상 강제집행은 허용되지 않는다. 그러므로 甲은 대부료를 납부하지 않은 乙을 상대로 민사소송을 제기하여 대부료 지급을 구할 수 없다.

㉢ 국유재산 '무단점유자에 대한 변상금부과처분'은 관리청이 우월적 지위에서 행한 것으로서 행정처분이다(대판 1988.2.23, 87누1046 등). 따라서 丙은 그 처분에 대해 항고소송을 제기하여 다툴 수 있다.

10 난도 ★☆☆　　　　　　　　　　　　　　　　정답 ③

행정작용법 > 기타 행정작용

정답의 이유

③ 행정관청이 국토이용관리법 소정의 토지거래계약신고에 관하여 공시된 기준시가를 기준으로 매매가격을 신고하도록 행정지도를 하여 그에 따라 허위신고를 한 것이라 하더라도 이와 같은 행정지도는 법에 어긋나는 것으로서 그와 같은 행정지도나 관행에 따라 허위신고행위에 이르렀다고 하여도 이것만 가지고서는 그 범법행위가 정당화될 수 없다(대판 1994.6.14, 93도3247). 즉, 위법한 행정지도에 따른 사인의 행위도 (행정지도의 한계를 일탈한 경우가 아니라면) 임의적인 자의에 의한 행위이므로 법령에 명시적으로 정함이 없는 한, 위법성이 조각된다고 할 수 없다. 따라서 사인의 위반행위는 범법행위이고 가벌성이 소멸되는 것은 아니다.

오답의 이유

① 행정절차법 제48조 제2항

② 행정절차법 제51조

④ 대판 2008.9.25, 2006다18228

11 난도 ★☆☆　　　　　　　　　　　　　　　　정답 ②

행정작용법 > 행정행위

정답의 이유

② 선행처분과 후행처분이 서로 독립하여 별개의 효과를 목적으로 하는 경우에도 선행처분의 불가쟁력이나 구속력이 그로 인하여 불이익을 입게 되는 자에게 수인한도(受忍限度)를 넘는 가혹함을 가져오며, 그 결과가 당사자에게 예측가능한 것이 아닌 경우에는 국민의 재판받을 권리를 보장하고 있는 헌법의 이념에 비추어 선행처분의 후행처분에 대한 구속력은 인정될 수 없다고 봄이 타당할 것이다(하자승계 긍정)(대판 1994.1.25, 93누8542).

오답의 이유

① 대판 2019.1.31, 2017두40372

③ 과세관청의 선행처분인 소득금액변동통지에 하자가 존재하더라도 당연무효사유에 해당하지 않는 한 후행처분인 징수처분에 그대로 승계되지 아니한다. 따라서 과세관청의 소득처분과 그에 따른 소득금액변동통지가 있는 경우 원천징수하는 소득세의 납세의무에 관하여는 이를 확정하는 소득금액변동통지에 대한 항고소송에서 다투어야 하고, 소득금액변동통지가 당연무효가 아닌 한 징수처분에 대한 항고소송에서 이를 다툴 수는 없다(대판 2012.1.26, 2009두14439).

④ 대판 2008.8.21, 2007두13845

12 난도 ★☆☆　　　　　　　　　　　　　　　　정답 ④

행정쟁송 > 행정소송

정답의 이유

④ 당사자소송은 공법상 법률관계에 관한 소송이므로 이를 본안으로 하는 가처분에 대하여는 항고소송과 달리 민사집행법상 가처분에 관한 규정이 준용된다.

오답의 이유

① 행정소송법 제3조 제2호

> **제3조(행정소송의 종류)**
> 행정소송은 다음의 네 가지로 구분한다.
> 1. 항고소송: 행정청의 처분 등이나 부작위에 대하여 제기하는 소송
> 2. 당사자소송: 행정청의 처분 등을 원인으로 하는 법률관계에 관한 소송 그 밖에 공법상의 법률관계에 관한 소송으로서 그 법률관계의 한쪽 당사자를 피고로 하는 소송
> 3. 민중소송: 국가 또는 공공단체의 기관이 법률에 위반되는 행위를 한 때에 직접 자기의 법률상 이익과 관계없이 그 시정을 구하기 위하여 제기하는 소송
> 4. 기관소송: 국가 또는 공공단체의 기관상호간에 있어서의 권한의 존부 또는 그 행사에 관한 다툼이 있을 때에 이에 대하여 제기하는 소송. 다만, 헌법재판소법 제2조의 규정에 의하여 헌법재판소의 관장사항으로 되는 소송은 제외한다.

② 대판 2021.2.4, 2019다277133

③ 대판 2016.5.24, 2013두14863

13 난도 ★☆☆　　　　　　　정답 ②

행정과정의 규율 > 정보공개와 개인정보 보호

[정답의 이유]

㉠ 공공기관의 정보공개에 관한 법률 제5조 제1항

ⓒ 대판 2014.12.24, 2014두9349

[오답의 이유]

ⓛ 검찰보존사무규칙이 검찰청법 제11조에 기하여 제정된 법무부령이기는 하지만, 그 사실만으로 같은 규칙 내의 모든 규정이 법규적 효력을 가지는 것은 아니다. 검사의 불기소사건기록의 열람·등사의 제한을 정하고 있는 같은 규칙 제22조는 법률상의 위임근거가 없어 행정기관 내부의 사무처리준칙으로서 행정규칙에 불과하므로, 위 규칙상의 열람·등사의 제한을 공공기관의 정보공개에 관한 법률 제9조 제1항 제1호의 '다른 법률 또는 법률에 의한 명령에 의하여 비공개사항으로 규정된 경우'에 해당한다고 볼 수 없다(대판 2006.5.25, 2006두3049).

ⓔ 청구인이 정보공개와 관련한 공공기관의 결정에 대하여 불복이 있거나 정보공개청구 후 20일이 경과하도록 정보공개 결정이 없는 때에는 행정심판법에서 정하는 바에 따라 행정심판을 청구할 수 있다(공공기관의 정보공개에 관한 법률 제19조 제1항).

14 난도 ★★☆　　　　　　　정답 ①

손해전보 > 행정상 손해배상

[정답의 이유]

① 지방자치단체장이 교통신호기를 설치하여 그 관리권한이 도로교통법 제71조의2 제1항의 규정에 의하여 관할 지방경찰청장에게 위임되어 지방자치단체 소속 공무원과 지방경찰청 소속 공무원이 합동 근무하는 교통종합관제센터에서 그 관리업무를 담당하던 중 위 신호기가 고장난 채 방치되어 교통사고가 발생한 경우, 국가배상법 제2조 또는 제5조에 의한 배상책임을 부담하는 것은 지방경찰청장이 소속된 국가가 아니라, 그 권한을 위임한 지방자치단체 장이 소속된 지방자치단체라고 할 것이다(대판 1999. 6. 25, 99다11120).

[오답의 이유]

② 헌법소원심판을 청구한 자로서는 헌법재판소 재판관이 일자 계산을 정확하게 하여 본안판단을 할 것으로 기대하는 것이 당연하고, 따라서 헌법재판소 재판관의 위법한 직무집행의 결과 잘못된 각하결정을 함으로써 청구인으로 하여금 본안판단을 받을 기회를 상실하게 한 이상, 설령 본안판단을 하였더라도 어차피 청구가 기각되었을 것이라는 사정이 있다고 하더라도 잘못된 판단으로 인하여 헌법소원심판 청구인의 위와 같은 합리적인 기대를 침해한 것이고 이러한 기대는 인격적 이익으로서 보호할 가치가 있다고 할 것이므로 그 침해로 인한 정신상 고통에 대하여는 위자료를 지급할 의무가 있다(대판 2003.7.11, 99다24218).

③ 국가배상법 제6조 제1항·제2항

> **국가배상법 제6조(비용부담자 등의 책임)**
> ① 제2조·제3조 및 제5조에 따라 국가나 지방자치단체가 손해를 배상할 책임이 있는 경우에 공무원의 선임·감독 또는 영조물의 설치·관리를 맡은 자와 공무원의 봉급·급여, 그 밖의 비용 또는 영조물의 설치·관리 비용을 부담하는 자가 동일하지 아니하면 그 비용을 부담하는 자도 손해를 배상하여야 한다.
> ② 제1항의 경우에 손해를 배상한 자는 내부관계에서 그 손해를 배상할 책임이 있는 자에게 구상할 수 있다.

④ 다른 법령에 따라 지급받은 급여와의 조정에 관한 조항을 두고 있지 아니한 보훈보상대상자 지원에 관한 법률과 달리 군인연금법 제41조 제1항은 "다른 법령에 따라 국가나 지방자치단체의 부담으로 이 법에 따른 급여와 같은 종류의 급여를 받은 사람에게는 그 급여금에 상당하는 금액에 대하여는 이 법에 따른 급여를 지급하지 아니한다."라고 명시적으로 규정하고 있다. 나아가 군인연금법이 정하고 있는 급여 중 사망보상금(군인연금법 제31조)은 일실손해의 보전을 위한 것으로 불법행위로 인한 소극적 손해배상과 같은 종류의 급여라고 봄이 타당하다. 따라서 피고에게 군인연금법 제41조 제1항에 따라 원고가 받은 손해배상금 상당 금액에 대하여는 사망보상금을 지급할 의무가 존재하지 아니한다(대판 2018.7.20, 2018두36691).

15 난도 ★☆☆　　　　　　　정답 ①

행정쟁송 > 행정소송

[정답의 이유]

① 법원은 필요하다고 인정할 때에는 직권으로 증거조사를 할 수 있고, 이 경우 당사자가 주장하지 아니한 사실에 대하여도 판단할 수 있다(행정소송법 제26조).

[오답의 이유]

② 대판 1993.5.27, 92누19033

③ 행정소송법 제25조 제1항·제2항

④ 결혼이민[F-6 (다)목] 체류자격을 신청한 외국인에 대하여 행정청이 그 요건을 충족하지 못하였다는 이유로 거부처분을 하는 경우에는 '그 요건을 갖추지 못하였다는 판단', 다시 말해 '혼인파탄의 주된 귀책사유가 국민인 배우자에게 있지 않다는 판단' 자체가 처분사유가 된다. 부부가 혼인파탄에 이르게 된 여러 사정들은 그와 같은 판단의 근거가 되는 기초 사실 내지 평가요소에 해당한다. 결혼이민[F-6 (다)목] 체류자격 거부처분 취소소송에서 원고와 피고 행정청은 각자 자신에게 유리한 평가요소들을 적극적으로 주장·증명하여야 하며, 수소법원은 증명된 평가요소들을 종합하여 혼인파탄의 주된 귀책사유가 누구에게 있는지를 판단하여야 한다. 수소법원이 '혼인파탄의 주된 귀책사유가 국민인 배우자에게 있다'고 판단하게 되는 경우에는, 해당 결혼이민[F-6 (다)목] 체류자격 거부처분은 위법하여 취소되어야 하므로, 이러한 의미에서 결혼이민[F-6 (다)목] 체류자격 거부처분 취소소송에서도 그 처분사유에 관한 증명책임은 피고 행정청에 있다(대판 2019.7.4, 2018두66869).

손해전보 > 행정상 손실보상

정답의 이유

④ 어떤 보상항목이 공익사업을 위한 토지 등의 취득 및 보상에 관한 법령상 손실보상대상에 해당함에도 관할 토지수용위원회가 사실을 오인하거나 법리를 오해함으로써 손실보상대상에 해당하지 않는다고 잘못된 내용의 재결을 한 경우에는, 피보상자는 관할 토지수용위원회를 상대로 그 재결에 대한 취소소송을 제기할 것이 아니라, 사업시행자를 상대로 구 공익사업을 위한 토지 등의 취득 및 보상에 관한 법률 제85조 제2항에 따른 보상금증감소송을 제기하여야 한다(대판 2018.7.20, 2015두4044).

오답의 이유

① 하천법 제50조에 의한 하천수 사용권은 하천법 제33조에 의한 하천의 점용허가에 따라 해당 하천을 점용할 수 있는 권리와 마찬가지로 특허에 의한 공물사용권의 일종으로서, 양도가 가능하고 이에 대한 민사집행법상의 집행 역시 가능한 독립된 재산적 가치가 있는 구체적인 권리라고 보아야 한다. 따라서 하천법 제50조에 의한 하천수 사용권은 공익사업을 위한 토지 등의 취득 및 보상에 관한 법률 제76조 제1항이 손실보상의 대상으로 규정하고 있는 '물의 사용에 관한 권리'에 해당한다(대판 2018. 12.27, 2014두11601).

② 공익사업을 위한 토지 등의 취득 및 보상에 관한 법률 제88조

③ 사업인정은 공익사업의 토지 등을 수용 또는 사용할 사업으로 결정하는 것으로서 단순한 확인행위가 아니라 일정한 수용권을 설정해 주는 형성행위이다(대판 2005.4.29, 2004두14670).

17 난도 ★★☆   정답 ③

행정쟁송 > 행정심판

정답의 이유

③ 행정심판법 제49조 제1항에 따르면 처분청 및 관계 행정청은 인용재결의 기속력을 받는다(반복금지의무). 따라서 행정심판위원회 丙이 영업정지처분을 취소하는 재결을 할 경우, 피청구인 乙은 이 인용재결의 취소를 구하는 행정소송을 제기할 수 없다.

제49조(재결의 기속력 등)

① 심판청구를 인용하는 재결은 피청구인과 그 밖의 관계 행정청을 기속(羈束)한다.

오답의 이유

① 행정심판법 제43조 제3항에 따르면 행정심판위원회는 인용재결의 하나로 적극적인 변경재결이 가능하다. 따라서 丙은 영업정지 2개월에 갈음하여 식품위생법 소정의 과징금으로 변경할 수 있다.

제43조(재결의 구분)

③ 위원회는 취소심판의 청구가 이유가 있다고 인정하면 처분을 취소 또는 다른 처분으로 변경하거나 처분을 다른 처분으로 변경할 것을 피청구인에게 명한다.

---

② 행정소송법 제19조는 취소소송은 행정청의 원처분을 대상으로 하되(원처분주의), 다만 "재결 자체에 고유한 위법이 있음을 이유로 하는 경우"에 한하여 행정심판의 재결도 취소소송의 대상으로 삼을 수 있도록 규정하고 있으므로 재결취소소송의 경우 재결 자체에 고유한 위법이 있는지 여부를 심리할 것이고, 재결 자체에 고유한 위법이 없는 경우에는 원처분의 당부와는 상관없이 당해 재결취소소송은 이를 기각하여야 한다(대판 1994. 1.25, 93누16901).

④ 행정심판법 제47조 제2항에 따르면 행정심판법상 불이익변경금지의 원칙이 재결에 요구된다. 따라서 행정심판위원회 丙은 피청구인 乙의 2개월 영업정지와는 별도로 1개월 영업정지를 추가하여 청구인게 불리한 재결을 할 수 없다.

제47조(재결의 범위)

② 위원회는 심판청구의 대상이 되는 처분보다 청구인에게 불리한 재결을 하지 못한다.

---

18 난도 ★★☆   정답 ③

행정과정의 규율 > 행정절차

정답의 이유

③ 행정절차법상 사전통지 및 의견제출에 대한 권리를 부여하고 있는 '당사자 등'에는 불이익처분의 직접 상대방인 당사자와 행정청이 직권으로 또는 신청에 따라 행정절차에 참여하게 한 이해관계인이 포함되며(행정절차법 제2조 제4호), 그밖의 제3자는 포함되지 않는다.

제2조(정의)

이 법에서 사용하는 용어의 뜻은 다음과 같다.

4. "당사자 등"이란 다음 각 목의 자를 말한다.

　가. 행정청의 처분에 대하여 직접 그 상대가 되는 당사자

　나. 행정청이 직권으로 또는 신청에 따라 행정절차에 참여하게 한 이해관계인

오답의 이유

① 행정절차법 제20조 제3항

② 행정처분의 상대방이 통지된 청문일시에 불출석하였다는 이유만으로 행정청이 관계 법령상 그 실시가 요구되는 청문을 실시하지 아니한 채 침해적 행정처분을 할 수는 없을 것이므로, 행정처분의 상대방에 대한 청문통지서가 반송되었다거나, 행정처분의 상대방이 청문일시에 불출석하였다는 이유로 청문을 실시하지 아니하고 한 침해적 행정처분은 위법하다(2001.4.13, 2000두3337).

④ 일반적으로 당사자가 근거규정 등을 명시하여 신청하는 인허가 등을 거부하는 처분을 함에 있어 당사자가 그 근거를 알 수 있을 정도로 상당한 이유를 제시한 경우에는 당해 처분의 근거 및 이유를 구체적으로 명시하지 않았더라도 처분이 위법하다고 할 수 없다(대판 2002.5.17, 2000두8912).

실효성 확보수단 > 행정벌

[정답의 이유]

② 고의 또는 과실이 없는 질서위반행위에는 과태료를 부과할 수 없다(질서위반행위규제법 제7조).

[오답의 이유]

① 질서위반행위규제법 제3조 제2항

③ 질서위반행위규제법 제20조 제1항

④ 질서위반행위규제법 제44조·제45조 제1항

> **제44조(약식재판)**
> 법원은 상당하다고 인정하는 때에는 제31조 제1항에 따른 심문 없이 과태료 재판을 할 수 있다.
>
> **제45조(이의신청)**
> ① 당사자와 검사는 제44조에 따른 약식재판의 고지를 받은 날부터 7일 이내에 이의신청을 할 수 있다.

행정작용법 > 행정행위

[정답의 이유]

③ 구 도시 및 주거환경정비법에 기초하여 주택재개발정비사업조합이 수립한 사업시행계획은 관할 행정청의 인가·고시를 통해 이루어지면 이해관계인들에게 구속력이 발생하는 독립된 행정처분에 해당하고, 관할 행정청의 사업시행계획 인가처분은 사업시행계획의 법률상 효력을 완성시키는 보충행위에 해당한다. 따라서 기본행위인 사업시행계획에는 하자가 없는데 보충행위인 인가처분에 고유한 하자가 있다면 그 인가처분의 무효확인이나 취소를 구하여야 할 것이지만, 인가처분에는 고유한 하자가 없는데 사업시행계획에 하자가 있다면 사업시행계획의 무효확인이나 취소를 구하여야 할 것이지 사업시행계획의 무효를 주장하면서 곧바로 그에 대한 인가처분의 무효확인이나 취소를 구하여서는 아니된다(대판 2021.2.10, 2020두48031).

[오답의 이유]

① 자동차관리법상 자동차관리사업자로 구성하는 사업자단체인 조합 또는 협회(이하 '자동차정비조합'이라고 한다)의 설립인가처분은 국토해양부장관 또는 시·도지사 등이 자동차관리사업자들의 단체결성행위를 보충하여 효력을 완성시키는 처분에 해당한다(대판 2015.5.29, 2013두635).

② 조합설립추진위원회의 구성을 승인하는 처분은 조합의 설립을 위한 주체에 해당하는 추진위원회를 구성하는 행위를 보충하여 그 효력을 부여하는 처분이다(대판 2013. 12. 26, 2011두8291).

④ 토지 등 소유자들이 조합을 따로 설립하지 않고 직접 시행하는 도시환경정비사업에서 사업시행인가처분의 법적 성격은 단순히 사업시행계획에 대한 보충행위로서의 성질을 가지는 것이 아니라 구 도시정비법상 정비사업을 시행할 수 있는 권한을 가지는 행정주체로서의 지위를 부여하는 일종의 설권적 처분의 성격을 가진다(대판 2013.6.13, 2011두19994).

한눈에 훑어보기

영역 분석

행정법통론　01　07
2문항, 10%

행정작용법　02　03　04　11　12　13
6문항, 30%

행정과정의 규율　05　15
2문항, 10%

실효성 확보수단　08　09　17　20
4문항, 20%

손해전보　10　19
2문항, 10%

행정쟁송　06　14　16　18
4문항, 20%

빠른 정답

01	02	03	04	05	06	07	08	09	10
④	①	①	④	①	③	①	④	④	①
11	12	13	14	15	16	17	18	19	20
③	②	③	①	③	②	③	③	②	③

점수 체크

구분	1회독	2회독	3회독
맞힌 문항 수	/ 20	/ 20	/ 20
나의 점수	점	점	점

---

01 난도 ★★☆　　　　　　　　　정답 ④

행정법통론 > 행정 · 행정법

정답의 이유

④ 지방병무청 총무과 민원팀장에 불과한 甲이 법령의 내용을 숙지하지 못한 상태에서 원고측의 상담에 응하여 민원봉사차원에서 위와 같이 안내하였다고 하여 그것이 피고의 공적인 견해표명이라고 하기 어렵고, 원고측이 더 나아가 담당부서의 담당공무원에게 공적 견해의 표명을 구하는 정식의 서면질의 등을 하지 아니한 채 甲의 안내만을 신뢰한 것에는 원고측에 귀책사유도 있어 신뢰보호의 원칙이 적용되지 아니한다(대판 2003.12.26, 2003두1875).

오답의 이유

① 대판 2002.11.8, 2001두1512

② 공적인 의사표명 자체에서 상대방으로 하여금 언제까지 처분의 발령을 신청을 하도록 유효기간을 두었는데도 그 기간 내에 상대방의 신청이 없었다거나 확약 또는 공적인 의사표명이 있은 후에 사실적 · 법률적 상태가 변경되었다면, 그와 같은 확약 또는 공적인 의사표명은 행정청의 별다른 의사표시를 기다리지 않고 실효된다(대판 1996.8.20, 95누10877).

③ 소급효는 이미 과거에 완성된 사실관계를 규율의 대상으로 하는 이른바 진정소급효와 과거에 시작하였으나 아직 완성되지 아니하고 진행과정에 있는 사실관계를 규율대상으로 하는 이른바 부진정소급효를 상정할 수 있는바(81누423 참조), 대학이 성적불량을 이유로 학생에 대하여 징계처분을 하는 경우에 있어서 수강신청이 있은 후 징계요건을 완화하는 학칙개정이 이루어지고 이어 당해 시험이 실시되어 그 개정학칙에 따라 징계처분을 한 경우라면 이는 이른바 부진정소급효에 관한 것으로서 구 학칙의 존속에 관한 학생의 신뢰보호가 대학당국의 학칙개정의 목적달성보다 더 중요하다고 인정되는 특별한 사정이 없는 한 위법하다고 할 수 없다(대판 1989.7.11, 87누1123).

---

02 난도 ★★☆　　　　　　　　　정답 ①

행정작용법 > 행정행위

정답의 이유

① 영업의 금지를 명한 영업허가취소처분 자체가 나중에 행정쟁송절차에 의하여 취소되었다면 그 영업허가취소처분은 그 처분 시에 소급하여 효력을 잃게 되며, 그 영업허가취소처분에 복종할 의무가 원래부터 없었음이 확정되었다고 봄이 타당하고, 영업허가취소처분이 장래에 향하여서만 효력을 잃게 된다고 볼 것은

아니므로 그 영업허가취소처분 이후의 영업행위를 무허가영업이라고 볼 수는 없다(대판 1993.6.25, 93도277).

오답의 이유

② 대판 1982.6.8, 80도2646

③ 처벌을 하기 위하여는 그 처분이나 조치명령이 적법한 것이라야 하고, 그 처분이 당연무효가 아니라 하더라도 그것이 위법한 처분으로 인정되는 한 같은 법 제92조 위반죄가 성립될 수 없다(대판 2004.5.14, 2001도2841). 즉, 구 도시계획법상 범죄구성요건을 구성하는 사안에서 처분의 적법여부는 판단할 수 있다.

④ 대판 2019.9.26, 2017도11812

03 난도 ★★☆   정답 ①

행정작용법 > 행정행위

정답의 이유

① 지방자치단체의 장이 공유재산법에 근거하여 기부채납 및 사용·수익허가 방식으로 민간투자사업을 추진하는 과정에서 사업시행자를 지정하기 위한 전 단계에서 공모제안을 받아 일정한 심사를 거쳐 우선협상대상자를 선정하는 행위와 이미 선정된 우선협상대상자를 그 지위에서 배제하는 행위는 민간투자사업의 세부내용에 관한 협상을 거쳐 공유재산법에 따른 공유재산의 사용·수익허가를 우선적으로 부여받을 수 있는 지위를 설정하거나 또는 이미 설정한 지위를 박탈하는 조치이므로 모두 항고소송의 대상이 되는 행정처분이다(대판 2020.4.29, 2017두3106 4).

오답의 이유

② 원자로 및 관계 시설의 부지사전승인처분은 그 자체로서 건설부지를 확정하고 사전공사를 허용하는 법률효과를 지닌 독립한 행정처분이기는 하지만, 건설허가 전에 신청자의 편의를 위하여 미리 그 건설허가의 일부 요건을 심사하여 행하는 사전적 부분 건설허가처분의 성격을 갖고 있는 것이어서 나중에 건설허가처분이 있게 되면 그 건설허가처분에 흡수되어 독립된 존재가치를 상실함으로써 그 건설허가처분만이 쟁송의 대상이 된다(대판 1998.9.4, 97누19588).

③ 후행처분은 자진신고 감면까지 포함하여 처분 상대방이 실제로 납부하여야 할 최종적인 과징금액을 결정하는 종국적 처분이고, 선행처분은 이러한 종국적 처분을 예정하고 있는 일종의 잠정적 처분으로서 후행처분이 있을 경우 선행처분은 후행처분에 흡수되어 소멸한다. 따라서 위와 같은 경우에 선행처분의 취소를 구하는 소는 이미 효력을 잃은 처분의 취소를 구하는 것으로 부적법하다(대판 2015.2.12, 2013두987).

④ 내인가를 취소함으로써 다시 본인가에 대하여 따로이 인가 여부의 처분을 한다는 사정이 보이지 않는다면 위 내인가취소를 인가신청을 거부하는 처분으로 보아야 할 것이다(대판 1991.6.28, 90누4402).

04 난도 ★★☆   정답 ④

행정작용법 > 행정행위

정답의 이유

④ 직위해제처분과 구 경찰공무원법 제3항에 의한 면직처분은 후자가 전자의 처분을 전제로 한 것이기는 하나 각각 단계적으로 별개의 법률효과를 발생하는 행정처분이어서 선행직위 해제처분의 위법사유가 면직처분에는 승계되지 아니한다 할 것이므로 선행된 직위해제 처분의 위법사유를 들어 면직처분의 효력을 다툴 수는 없다(대판 1984.9.11, 84누191).

오답의 이유

① 이미 불가쟁력이 생겨 그 효력을 다툴 수 없게 된 경우에는, 병역처분변경신청에 의하는 경우는 별론으로 하고, 보충역편입처분에 하자가 있다고 할지라도 그것이 당연무효라고 볼만한 특단의 사정이 없는 한 그 위법을 이유로 공익근무요원소집처분의 효력을 다툴 수 없다(대판 2002.12.10, 2001두5422).

② 건물철거명령이 당연무효가 아닌 이상 행정심판이나 소송을 제기하여 그 위법함을 소구하는 절차를 거치지 아니하였다면 위 선행행위인 건물철거명령은 적법한 것으로 확정되었다고 할 것이므로 후행행위인 대집행계고처분에서는 그 건물이 무허가건물이 아닌 적법한 건축물이라는 주장이나 그러한 사실인정을 하지 못한다(대판 1998.9.8, 97누20502).

③ 선행처분과 후행처분이 서로 독립하여 별개의 법률효과를 목적으로 하는 때에도 선행처분이 당연무효이면 선행처분의 하자를 이유로 후행처분의 효력을 다툴 수 있다. 도시계획시설사업의 시행자가 작성한 실시계획을 인가하는 처분은 도시계획시설사업 시행자에게 도시계획시설사업의 공사를 허가하고 수용권을 부여하는 처분으로서 선행처분인 도시계획시설사업 시행자 지정 처분이 처분 요건을 충족하지 못하여 당연무효인 경우에는 사업시행자 지정 처분이 유효함을 전제로 이루어진 후행처분인 실시계획 인가처분도 무효라고 보아야 한다(대판 2017.7.11, 2016두35120).

05 난도 ★★☆   정답 ①

행정과정의 규율 > 정보공개와 개인정보 보호

정답의 이유

① 정보공개청구권은 법률상 보호되는 구체적인 권리이므로 청구인이 공공기관에 대하여 정보공개를 청구하였다가 거부처분을 받은 것 자체가 법률상 이익의 침해에 해당한다고 할 것이고, 거부처분을 받은 것 이외에 추가로 어떤 법률상의 이익을 가질 것을 요구하지 않는다(대판 2004.9.23, 2003두1370). 따라서 법률상 이익과 무관하게 취소소송을 제기할 수 있다.

오답의 이유

② 공개청구정보에 직접적인 이해관계가 있는 경우에는 공개거부에 대해 공개 이행을 구하는 당사자소송이 아닌 정보공개거부처분에 대한 취소소송을 제기해야 한다(대판 2010.12.23, 2008두13101).

③ 법원이 행정기관의 정보공개거부처분의 위법 여부를 심리한 결과 공개를 거부한 정보에 비공개사유에 해당하는 부분과 그렇지 않은 부분이 혼합되어 있고, 공개청구의 취지에 어긋나지 않는 범위 안에서 두 부분을 분리할 수 있음을 인정할 수 있을 때에는 공개가 가능한 정보에 국한하여 일부취소를 명할 수 있다. 이러한 정보의 부분 공개가 허용되는 경우란 그 정보의 공개방법 및 절차에 비추어 당해 정보에서 비공개대상정보에 관련된 기술 등을 제외 혹은 삭제하고 나머지 정보만을 공개하는 것이 가능하고 나머지 부분의 정보만으로도 공개의 가치가 있는 경우를 의미한다(대판 2009.12.10, 2009두12785).

④ 정보공개법에서 정한 '진행 중인 재판에 관련된 정보'에 해당한다는 사유로 정보공개를 거부하기 위하여는 반드시 그 정보가 진행 중인 재판의 소송기록 자체에 포함된 내용일 필요는 없다. 그러나 재판에 관련된 일체의 정보가 그에 해당하는 것은 아니고 진행 중인 재판의 심리 또는 재판결과에 구체적으로 영향을 미칠 위험이 있는 정보에 한정된다(대판 2011.11.24, 2009두19021).

06 난도 ★★☆

정답 ③

행정쟁송 > 행정소송

정답의 이유

③ 이행강제금 부과처분에 대한 불복절차를 분명하게 규정하고 있으므로, 이와 다른 불복절차를 허용할 수는 없다. 설령 관할청이 이행강제금 부과처분을 하면서 재결청에 행정심판을 청구하거나 관할 행정법원에 행정소송을 할 수 있다고 잘못 안내하거나 관할 행정심판위원회가 각하재결이 아닌 기각재결을 하면서 관할 법원에 행정소송을 할 수 있다고 잘못 안내하였다고 하더라도, 그러한 잘못된 안내로 행정법원의 항고소송 재판관할이 생긴다고 볼 수도 없다(대판 2019.4.11, 2018두42955).

오답의 이유

① 행정처분의 무효확인 또는 취소를 구하는 소에서, 비록 행정처분의 위법을 이유로 무효확인 또는 취소 판결을 받더라도 처분에 의하여 발생한 위법상태를 원상으로 회복시키는 것이 불가능한 경우에는 원칙적으로 무효확인 또는 취소를 구할 법률상 이익이 없고, 다만 원상회복이 불가능하더라도 무효확인 또는 취소로써 회복할 수 있는 다른 권리나 이익이 남아 있는 경우 예외적으로 법률상 이익이 인정될 수 있을 뿐이다(대판 2016.6.10, 2013두1638).

② 해임처분 무효확인 또는 취소소송 계속 중 임기가 만료되어 해임처분의 무효확인 또는 취소로 그 지위를 회복할 수는 없다 할지라도, 그 무효확인 또는 취소로 인하여 해임처분일부터 임기 만료일까지의 기간에 대한 보수 지급을 구할 수 있는 경우에는 해임처분의 무효확인 또는 취소를 구할 법률상 이익이 있다(대판 2003.4.22, 2002두10483).

④ 대판 1997.9.12, 96누14661

07 난도 ★★☆

정답 ①

행정법통론 > 행정법관계

정답의 이유

① 우선 관계 법령에 따라 국방부장관 등에게 급여지급을 청구하여 국방부장관 등이 이를 거부하거나 일부 금액만 인정하는 급여지급결정을 하는 경우 그 결정을 대상으로 항고소송을 제기하는 등으로 구체적 권리를 인정받은 다음 비로소 당사자소송으로 그 급여의 지급을 구해야 한다. 이러한 구체적인 권리가 발생하지 않은 상태에서 곧바로 국가를 상대로 한 당사자소송으로 급여의 지급을 소구하는 것은 허용되지 않는다(대판 2021.12.16, 2019두45944).

오답의 이유

② 법무사가 사무원 채용에 관하여 법무사법이나 법무사규칙을 위반하는 경우에는 소관 지방법원장으로부터 징계를 받을 수 있으므로, 법무사에 대하여 지방법무사회로부터 채용승인을 얻어 사무원을 채용할 의무는 법무사법에 의하여 강제되는 공법적 의무이다(대판 2020.4.9, 2015다34444).

③ 원고가 방제작업을 하면서 해양경찰의 지시·통제를 받았던 점 등에 비추어 원고는 피고의 사무를 처리한다는 의사로 방제작업을 한 것으로 볼 수 있어서, 원고는 피고의 사무인 방제작업을 보조함으로써 의무 없이 피고의 사무를 관리하였다고 할 것이므로, 허베이 스피리트호 선주 측이 방제비용의 최종적인 부담자라고 하여도 원고는 피고에 대하여 사무관리를 근거로 방제비용을 청구할 수 있다(대판 2014.12.11, 2012다15602).

④ 구 공익사업을 위한 토지 등의 취득 및 보상에 관한 법률상 제91조에 규정된 환매권은 상대방에 대한 의사표시를 요하는 형성권의 일종으로서 재판상이든 재판 외든 위 규정에 따른 기간 내에 행사하면 매매의 효력이 생기는 바, 각 소송은 모두 민사소송에 해당한다고 보아야 한다(대판 2013.2.28, 2010두22368).

08 난도 ★★☆

정답 ④

실효성 확보수단 > 행정벌

정답의 이유

④ 양벌규정에 의한 법인의 처벌은 어디까지나 형벌의 일종으로서 행정적 제재처분이나 민사상 불법행위책임과는 성격을 달리하는 것이다(서울중앙지법 2010.11.3, 2010노639).

오답의 이유

① 대판 1999.7.15, 95도2870 전합

② 대판 2006.2.24, 2005도7673

③ 법인은 기관을 통하여 행위를 하므로 법인이 대표자를 선임한 이상 그의 행위로 인한 법률효과는 법인에게 귀속되어야 하고 법인 대표자의 범죄행위에 대하여는 법인 자신이 자신의 행위에 대한 책임을 부담하여야 하는바, 법인 대표자의 법규위반행위에 대한 법인의 책임은 법인 자신의 법규위반행위로 평가될 수 있는 행위에 대한 법인의 직접책임으로서, 대표자의 고의에 의한 위반행위에 대하여는 법인 자신의 고의에 의한 책임을, 대표자의 과실에 의한 위반행위에 대하여는 법인 자신의 과실에 의한 책임을 부담하는 것이다(헌재 2011.10.25, 2010헌바307).

09 난도 ★★☆
정답 ④

실효성 확보수단 > 새로운 의무이행확보수단

정답의 이유

④ 부동산 실권리자명의 등기에 관한 법률 제3조 제1항, 제5조 제1항, 같은 법 시행령 제3조 제1항의 규정을 종합하면, 명의신탁자에 대하여 과징금을 부과할 것인지 여부는 기속행위에 해당하므로, 명의신탁이 조세를 포탈하거나 법령에 의한 제한을 회피할 목적이 아닌 경우에 한하여 그 과징금을 일정한 범위 내에서 감경할 수 있을 뿐이지 그에 대하여 과징금 부과처분을 하지 않거나 과징금을 전액 감면할 수 있는 것은 아니다(대판 2007. 7. 12, 2005두17287).

오답의 이유

① 과징금은 원칙적으로 행정법상의 의무를 위반한 자에 대하여 당해 위반행위로 얻게 된 경제적 이익을 박탈하기 위한 목적으로 부과하는 금전적인 제재이므로, 법이 규정한 범위 내에서 그 부과처분 당시까지 부과관청이 확인한 사실을 기초로 일의적으로 확정되어야 할 것이지, 추후에 부과금 산정기준이 되는 새로운 자료가 나왔다고 하여 새로운 부과처분을 할 수 있는 것은 아니다(대판 2002. 5. 28, 2000두6121).

② 자동차운수사업면허조건 등을 위반한 사업자에 대하여 행정청이 행정제재수단으로 사업 정지를 명할 것인지, 과징금을 부과할 것인지, 과징금을 부과키로 한다면 그 금액은 얼마로 할 것인지에 관하여 재량권이 부여되었다 할 것이다(대판 1998. 4. 10, 98두2270).

③ 공정거래법에서 형사처벌과 아울러 과징금의 병과를 예정하고 있더라도 이중처벌금지원칙에 위반된다고 볼 수 없으며, 이 과징금 부과처분에 대하여 공정력과 집행력을 인정한다고 하여 이를 확정판결 전의 형벌집행과 같은 것으로 보아 무죄추정의 원칙에 위반된다고도 할 수 없다(헌재 2003. 7. 24, 2001헌가25 전합).

10 난도 ★★☆
정답 ①

손해전보 > 행정상 손해배상

정답의 이유

① 공무원의 불법행위로 손해를 입은 피해자의 국가배상청구권의 소멸시효 기간이 지났으나 국가가 소멸시효 완성을 주장하는 것이 신의성실의 원칙에 반하는 권리남용으로 허용될 수 없어 배상책임을 이행한 경우에는, 소멸시효 완성 주장이 권리남용에 해당하게 된 원인행위와 관련하여 공무원이 원인이 되는 행위를 적극적으로 주도하였다는 등의 특별한 사정이 없는 한, 국가가 공무원에게 구상권을 행사하는 것은 신의칙상 허용되지 않는다(대판 2016. 6. 10, 2015다217843).

오답의 이유

② 처분 당시 그와 같은 처리 방법 이상의 것을 성실한 평균적 공무원에게 기대하기 어려웠던 경우라면 특별한 사정이 없는 한 이를 두고 공무원의 과실로 인한 것이라고는 할 수 없기 때문에, 그 행정처분이 후에 항고소송에서 취소되었다고 할지라도 당해

행정처분이 곧바로 공무원의 고의 또는 과실로 인한 불법행위를 구성한다고 단정할 수는 없다(대판 1997. 7. 11, 97다7608).

③ 대판 2006. 4. 14, 2003다41746

④ 어떠한 행정처분이 후에 항고소송에서 취소되었다고 할지라도 그 기판력에 의하여 당해 행정처분이 곧바로 공무원의 고의 또는 과실로 인한 것으로서 불법행위를 구성한다고 단정할 수는 없는 것이고, 그 행정처분의 담당공무원이 보통 일반의 공무원을 표준으로 하여 볼 때 객관적 주의의무를 결하여 그 행정처분이 객관적 정당성을 상실하였다고 인정될 정도에 이른 경우에 국가배상법 제2조 소정의 국가배상책임의 요건을 충족하였다고 봄이 상당할 것이며, 이때에 객관적 정당성을 상실하였는지 여부는 피침해이익의 종류 및 성질, 침해행위가 되는 행정처분의 태양 및 그 원인, 행정처분의 발동에 대한 피해자 측의 관여의 유무, 정도 및 손해의 정도 등 제반 사정을 종합하여 손해의 전보책임을 국가 또는 지방자치단체에게 부담시켜야 할 실질적인 이유가 있는지 여부에 의하여 판단하여야 한다(대판 2000. 5. 12, 99다70600).

11 난도 ★★★
정답 ③

행정작용법 > 행정행위

정답의 이유

③ 행정행위를 한 처분청은 비록 처분 당시에 별다른 하자가 없었고, 처분 후에 이를 철회할 별도의 법적 근거가 없더라도 원래의 처분을 존속시킬 필요가 없게 된 사정변경이 생겼거나 중대한 공익상 필요가 발생한 경우에는 그 효력을 상실케 하는 별개의 행정행위로 이를 철회할 수 있다(대판 2017. 3. 15, 2014두41190).

오답의 이유

① 토지사용승낙서를 받아 그 토지 위에 건축물을 건축하는 대물적(對物的) 성질의 건축허가를 받았다가 착공에 앞서 건축주의 귀책사유로 해당 토지를 사용할 권리를 상실한 경우, 건축허가의 존재로 말미암아 토지에 대한 소유권 행사에 지장을 받을 수 있는 토지 소유자로서는 건축허가의 철회를 신청할 수 있다(대판 2017. 3. 15, 2014두41190).

② · ④ 대판 2017. 3. 15, 2014두41190

더 알아보기

행정기본법

제19조(적법한 처분의 철회) ① 행정청은 적법한 처분이 다음 각 호의 어느 하나에 해당하는 경우에는 그 처분의 전부 또는 일부를 장래를 향하여 철회할 수 있다.

1. 법률에서 정한 철회 사유에 해당하게 된 경우
2. 법령 등의 변경이나 사정변경으로 처분을 더 이상 존속시킬 필요가 없게 된 경우
3. 중대한 공익을 위하여 필요한 경우

② 행정청은 제1항에 따라 처분을 철회하려는 경우에는 철회로 인하여 당사자가 입게 될 불이익을 철회로 달성되는 공익과 비교 · 형량하여야 한다.

12 난도 ★★★

정답 ②

행정작용법 > 행정행위

정답의 이유

② 위헌결정이 있기 전에 이와 동종의 위헌 여부에 관하여 헌법재판소에 위헌여부심판제청을 하였거나 법원에 위헌여부심판제청신청을 한 경우의 당해 사건과 따로 위헌제청신청은 아니하였지만 당해 법률 또는 법률의 조항이 재판의 전제가 되어 법원에 계속 중인 사건뿐만 아니라 위헌결정 이후에 위와 같은 이유로 제소된 일반사건에도 미친다(대판 1993.1.15, 91누5747). 즉, 소급효가 미친다.

오답의 이유

① 위헌결정 이후에 별도의 행정처분으로서 다른 재산에 대한 압류처분, 징수처분 등 체납처분절차를 진행하였다면 이는 근거되는 법률이 없는 것이어서 그 하자가 중대하고 명백하여 당연무효라고 하지 않을 수 없다(대판 2002.6.28, 2001다60873).

③ 행정심판을 청구하는 방법을 선택한 때에는 처분이 있음을 안 날부터 90일 이내에 행정심판을 청구하고 행정심판의 재결서를 송달받은 날부터 90일 이내에 취소소송을 제기하여야 한다(대판 2011.11.24, 2011두18786).

④ 과세처분을 하고 처분이 확정되었는데, 이후 위 규정에 대해 헌법재판소의 위헌결정이 있었으나 과세관청이 조세채권의 집행을 위해 乙의 예금채권에 압류처분을 한 사안에서, 위헌결정 이후에는 위헌법률의 종국적인 집행을 위한 국가기관의 추가적인 행위를 용납하여서는 안 된다는 전제하에 압류처분은 당연무효이다(대판 2012.2.16, 2010두10907 전합).

13 난도 ★★☆

정답 ③

행정작용법 > 행정입법

정답의 이유

③ 법률의 위임에 따라 효력을 갖는 법규명령의 경우에 위임의 근거가 없어 무효였더라도 나중에 법 개정으로 위임의 근거가 부여되면 그때부터는 유효한 법규명령으로 볼 수 있다(대판 2017.4.20, 2015두45700 전합).

오답의 이유

① 제재적 행정처분의 기준이 부령의 형식으로 규정되어 있더라도 그것은 행정청 내부의 사무처리준칙을 정한 것에 지나지 아니하여 대외적으로 국민이나 법원을 기속하는 효력이 없고, 당해 처분의 적법 여부는 위 처분기준만이 아니라 관계 법령의 규정 내용과 취지에 따라 판단되어야 한다(대판 2007. 9. 20, 2007두6946).

② 대결 2003.10.9, 2003무23

④ 대판 2020.5.28, 2017두66541

14 난도 ★★☆

정답 ①

행정쟁송 > 행정소송

정답의 이유

① '4대강 살리기 마스터플랜' 등은 4대강 정비사업과 주변 지역의 관련 사업을 체계적으로 추진하기 위하여 수립한 종합계획이자 '4대강 살리기 사업'의 기본방향을 제시하는 계획으로서, 행정기관 내부에서 사업의 기본방향을 제시하는 것일 뿐, 국민의 권리·의무에 직접 영향을 미치는 것이 아니어서 행정처분에 해당하지 않는다(대결 2011.4.21, 2010무111 전합).

오답의 이유

② 공법상 계약에는 공정력이 인정되지 않기 때문에 취소가 적용되지 않는다. 따라서 원칙상 언제나 무효이다.

③ 행정지도는 비권력적 사실행위로 항고소송의 대상이 되지 않는다는 것이 통설이다. 판례에서는 "행정권 내부에서의 행위나 알선, 권유, 사실상의 통지 등과 같이 상대방 또는 기타 관계자들의 법률상 지위에 직접적인 법률적 변동을 일으키지 아니하는 행위는 항고소송의 대상이 될 수 없다"(대판 1993.10.26, 93누6331)고 판시하고 있다.

④ 국가를 당사자로 하는 계약에 관한 법률에 따라 국가가 당사자가 되는 이른바 공공계약에 관한 법적 분쟁은 사적 자치와 계약자유의 원칙을 비롯한 사법의 원리가 원칙적으로 적용된다(대판 2017.12.21, 2012다74076 전합).

더 알아보기

행정지도의 항고소송 적격성

행정지도는 비권력적 사실행위로, 쟁송법상의 처분개념에 해당하여 항고소송의 대상적격성이 인정되는지가 문제된다. 이는 이른바 쟁송법상의 처분개념을 어떻게 해석하는지에 따라 대상적격성이 결정된다.

- 부정설: 쟁송법상의 처분개념과 강학상 행정행위를 같은 의미로 보는 견해에 의하면, 비권력적 사실행위인 행정지도는 행정행위가 아니기 때문에 처분성이 없게 된다.
- 긍정설: 쟁송법상의 처분개념을 강학상 처분개념보다 더 넓은 개념으로 보는 견해에 의하면, 규제적·조정적 행정지도의 경우 사실상 강제력을 갖고 국민의 권리·의무에 영향을 미치므로 이 때는 '그 밖에 이에 준하는 행정작용'에 해당하는 것으로 보고 처분성을 인정한다.
- 판례·다수설: 부정설을 긍정한다.
- 결론: 행정지도는 비권력적 사실행위이므로 행정쟁송법상 처분성이 없다. 따라서 행정지도에 대해 항고쟁송을 제기할 수 없다는 것이 통설이다. 다만 행정지도에 따르지 않는다는 이유로 발령된 행정행위에 대하여는 항고소송을 제기할 수 있다.

행정과정의 규율 > 행정절차

정답의 이유

③ 내용을 행정의 공정성, 투명성 및 신뢰성을 확보하고 국민의 권익을 보호함을 목적으로 하는 행정절차법의 입법 목적에 비추어 보면, '공무원 인사관계 법령에 의한 처분'에 해당하는 별정직 공무원에 대한 직권면직 처분의 경우에도 마찬가지로 적용된다(대판 2013.1.16, 2011두30687).

오답의 이유

① 행정절차법 제21조(처분의 사전통지) 제4항 제2호
② 행정절차법 제22조(의견청취) 제4항
④ 행정청이 침해적 행정처분을 하면서 당사자에게 행정절차법상의 사전통지를 하거나 의견제출의 기회를 주지 않고, 그 처분의 근거와 이유를 제시하지 아니하였다면, 그러한 절차를 거치지 않아도 되는 예외적인 경우에 해당하지 아니하는 한 그 처분은 위법하다(대판 2012.2.23, 2011두5001).

16 난도 ★★☆　　　　　　　　　　　　　　　　　정답 ②

행정쟁송 > 행정소송

정답의 이유

② 처분성이 인정되는 국민권익위원회의 조치요구에 불복하고자 하는 소방청장으로서는 조치요구의 취소를 구하는 항고소송을 제기하는 것이 유효·적절한 수단으로 볼 수 있으므로 소방청장이 예외적으로 당사자능력과 원고적격을 가진다(대판 2018. 8.1, 2014두35379).

오답의 이유

① 대한민국에서 출생하여 오랜 기간 대한민국 국적을 보유하면서 거주한 사람이므로 이미 대한민국과 실질적 관련성이 있거나 대한민국에서 법적으로 보호가치 있는 이해관계를 형성하였다고 볼 수 있다. 또한 재외동포의 대한민국 출입국과 대한민국 안에서의 법적 지위를 보장함을 목적으로 '재외동포법'이 특별히 제정되어 시행 중이다. 따라서 원고는 이 사건 사증발급 거부처분의 취소를 구할 법률상 이익이 인정된다(대판 2019.7.11, 2017두38874).

③ 대판 2005.4.15, 2004두11626
④ 피해자의 의사와 무관하게 주민등록번호가 유출된 경우에는 조리상 주민등록번호의 변경을 요구할 신청권을 인정함이 타당하고, 구청장의 주민등록번호 변경신청 거부행위는 항고소송의 대상이 되는 행정처분에 해당한다(대판 2017.6.15, 2013두2945).

실효성 확보수단 > 행정강제

정답의 이유

㉠ 행정상의 즉시강제는 권력적 사실행위로 항고소송의 대상이 되는 처분이다.
㉣ 즉시강제 중 '개별법상 강제'에는 감염병환자의 강제격리·강제건강진단(감염병예방법), 물건의 수거(청소년보호법), 차량 또는 물건의 제거(소방기본법) 등이 있다.
㉤ 국가배상법 제2조 제1항

오답의 이유

㉡ 과거의 의무위반에 대하여 가해지는 제재는 행정벌이다.
㉢ 기본권 침해가 불가피하기 때문에 법률에 명시적으로 규정된 경우에만 인정된다.

> **더 알아보기**
>
> **행정기본법**
>
> **제30조(행정상 강제)** ① 행정청은 행정목적을 달성하기 위하여 필요한 경우에는 법률로 정하는 바에 따라 필요한 최소한의 범위에서 다음 각 호의 어느 하나에 해당하는 조치를 할 수 있다.
>
> 1. 행정대집행: 의무자가 행정상 의무(법령 등에서 직접 부과하거나 행정청이 법령 등에 따라 부과한 의무를 말한다. 이하 이 절에서 같다)로서 타인이 대신하여 행할 수 있는 의무를 이행하지 아니하는 경우 법률로 정하는 다른 수단으로는 그 이행을 확보하기 곤란하고 그 불이행을 방치하면 공익을 크게 해칠 것으로 인정될 때에 행정청이 의무자가 하여야 할 행위를 스스로 하거나 제3자에게 하게 하고 그 비용을 의무자로부터 징수하는 것
> 2. 이행강제금의 부과: 의무자가 행정상 의무를 이행하지 아니하는 경우 행정청이 적절한 이행기간을 부여하고, 그 기한까지 행정상 의무를 이행하지 아니하면 금전급부의무를 부과하는 것
> 3. 직접강제: 의무자가 행정상 의무를 이행하지 아니하는 경우 행정청이 의무자의 신체나 재산에 실력을 행사하여 그 행정상 의무의 이행이 있었던 것과 같은 상태를 실현하는 것
> 4. 강제징수: 의무자가 행정상 의무 중 금전급부의무를 이행하지 아니하는 경우 행정청이 의무자의 재산에 실력을 행사하여 그 행정상 의무가 실현된 것과 같은 상태를 실현하는 것
> 5. 즉시강제: 현재의 급박한 행정상의 장해를 제거하기 위한 경우로서 다음 각 목의 어느 하나에 해당하는 경우에 행정청이 곧바로 국민의 신체 또는 재산에 실력을 행사하여 행정목적을 달성하는 것
>   가. 행정청이 미리 행정상 의무 이행을 명할 시간적 여유가 없는 경우
>   나. 그 성질상 행정상 의무의 이행을 명하는 것만으로는 행정목적 달성이 곤란한 경우
>
> ② 행정상 강제 조치에 관하여 이 법에서 정한 사항 외에 필요한 사항은 따로 법률로 정한다.

18 난도 ★★☆

행정쟁송 > 행정심판

정답의 이유

ⓒ 토지보상법에 의한 이의신청은 행정심판으로서의 성질을 가지 므로 행정심판법 제4조 '특별행정심판 등'에 해당한다. 따라서 행정심판법 제51조에 의거하여 심판청구에 대한 재결을 허용하 지 않는다. 즉 행정심판을 청구할 수 없다.

ⓒ 난민법 제21조(이의신청) 제1항에 의한 이의신청을 한 경우 행 정심판을 청구할 수 없다고 규정하고 있다(난민법 제2항).

오답의 이유

㉠ 정보공개법 제19조 제2항

㉣ 민원 처리에 관한 법률 제35조 제3항

19 난도 ★★★

정답 ②

손해전보 > 행정상 손실보상

정답의 이유

② 토지보상법 제85조 제1항

> 제85조(행정소송의 제기)
> ① 사업시행자, 토지소유자 또는 관계인은 제34조에 따른 재결에 불복할 때에는 재결서를 받은 날부터 90일 이내에, 이의신청을 거 쳤을 때에는 이의신청에 대한 재결서를 받은 날부터 60일 이내에 각각 행정소송을 제기할 수 있다. 이 경우 사업시행자는 행정소송을 제기하기 전에 제84조에 따라 늘어난 보상금을 공탁하여야 하며, 보상금을 받을 자는 공탁된 보상금을 소송이 종결될 때까지 수령할 수 없다.

오답의 이유

① 제83조에 따른 이의의 신청이나 제85조에 따른 행정소송의 제 기는 사업의 진행 및 토지의 수용 또는 사용을 정지시키지 아니 한다(토지보상법 제88조).

③ 행정소송이 보상금의 증감(增減)에 관한 소송인 경우 그 소송을 제기하는 자가 토지소유자 또는 관계인일 때에는 사업시행자를, 사업시행자일 때에는 토지소유자 또는 관계인을 각각 피고로 한 다(토지보상법 제85조 제2항). 이 소송은 형식적 당사자소송이다.

④ 편입된 토지 및 그 위 주거용 비닐하우스에 대한 수용 개시 후, 그에 거주하는 사람에게 일정 기일까지 토지 등을 인도 내지 이 전하지 않을 경우 행정대집행을 실시하고 그 비용을 징수하겠다 는 내용의 계고처분을 한 사안에서, 위 주거용 비닐하우스 자체 를 인도하여야 할 의무는 대체적 작위의무에 해당하지 않으므로 행정대집행법에 의한 대집행의 대상이 될 수 없다(서울행법 2010.1.7, 2009구합32598).

20 난도 ★★★

정답 ③

실효성 확보수단 > 새로운 의무이행확보수단

정답의 이유

③ 구 식품위생법시행규칙 제53조에서 [별표 15]로 식품위생법 제 58조에 따른 행정처분의 기준을 정하였다고 하더라도 이는 형식 만 부령으로 되어 있을 뿐, 그 성질은 행정기관 내부의 사무처리 준칙을 정한 것으로서 행정명령의 성질을 가지는 것이고, 대외 적으로 국민이나 법원을 기속하는 힘이 있는 것은 아니다(대판 1995.3.28, 94누6925). 따라서 행정처분의 기준은 행정청 내부 의 재량준칙에 불과하다.

오답의 이유

① 조세부과처분이 당연무효임을 전제로 하여 이미 납부한 세금의 반환을 청구하는 것은 민사상의 부당이득반환청구로서 민사소 송절차에 따라야 한다(대판 1995.4.28, 94다55019).

② 과세처분 시 납세고지서에 과세표준, 세율, 세액의 산출근거 등 이 누락된 경우에는 늦어도 과세처분에 대한 불복여부의 결정 및 불복신청에 편의를 줄 수 있는 상당한 기간내에 보정행위를 하여야 그 하자가 치유된다 할 것이므로, 과세처분이 있은지 4 년이 지나서 그 취소소송이 제기된 때에 보정된 납세고지서를 송달하였다는 사실이나 오랜 기간(4년)의 경과로써 과세처분의 하자가 치유되었다고 볼 수는 없다(대판 1983.7.26, 82누420). 즉, 행정심판이나 행정소송을 제기하기 전까지만 하자치유가 가 능하다.

④ 청소년 고용 사실과 유통기한 경과 식품판매 사실은 기본적으로 동일성이 인정되지 않기 때문에 처분사유의 추가·변경이 인정 되지 않는다.

행정법총론 | 2022년 지방직 9급

한눈에 훑어보기

✓ 영역 분석

행정법통론   05
1문항, 5%

행정작용법   01   02   03   06   09   14   15
7문항, 35%

행정과정의 규율   04   07
2문항, 10%

실효성 확보수단   10   12   13
3문항, 15%

손해전보   11
1문항, 5%

행정쟁송   08   16   17   18   19   20
6문항, 30%

✓ 빠른 정답

01	02	03	04	05	06	07	08	09	10
②	④	③	③	②	④	②	①	④	②

11	12	13	14	15	16	17	18	19	20
①	③	①	②	④	①	②	④	③	④

✓ 점수 체크

구분	1회독	2회독	3회독
맞힌 문항 수	/ 20	/ 20	/ 20
나의 점수	점	점	점

01 난도 ★★☆   정답 ②

행정작용법 > 행정입법

[정답의 이유]

② 제재적 행정처분의 기준이 부령의 형식으로 규정되어 있더라도 그것은 행정청 내부의 사무처리준칙을 정한 것에 지나지 아니하여 대외적으로 국민이나 법원을 기속하는 효력이 없다(대판 2007. 9.20, 2007두6946).

[오답의 이유]

① 조례의 제정권자인 지방의회는 선거를 통해서 그 지역적인 민주적 정당성을 지니고 있는 주민의 대표기관이고 헌법이 지방자치단체에 포괄적인 자치권을 보장하고 있는 취지로 볼 때, 조례에 대한 법률의 위임은 법규명령에 대한 법률의 위임과 같이 반드시 구체적으로 범위를 정하여 할 필요가 없으며 포괄적인 것으로 족하다(헌재 1995.4.20, 92헌마264).

③ 행정규칙인 부령이나 고시가 법령의 수권에 의하여 법령을 보충하는 사항을 정하는 경우에는 그 근거 법령규정과 결합하여 대외적으로 구속력이 있는 법규명령으로서의 성질과 효력을 가진다(대판 2007.5.10, 2005도591).

④ 법률의 시행령은 모법인 법률의 위임 없이 법률이 규정한 개인의 권리·의무에 관한 내용을 변경·보충하거나 법률에서 규정하지 아니한 새로운 내용을 규정할 수 없고, 특히 법률의 시행령이 형사처벌에 관한 사항을 규정하면서 법률의 명시적인 위임 범위를 벗어나 처벌의 대상을 확장하는 것은 죄형법정주의의 원칙에도 어긋나는 것이므로, 그러한 시행령은 위임입법의 한계를 벗어난 것으로서 무효이다(대판 2017.2.16, 2015도16014 전합).

02 난도 ★★☆   정답 ④

행정작용법 > 행정행위

[정답의 이유]

④ 행정행위의 부관은 부담인 경우를 제외하고는 독립하여 행정소송의 대상이 될 수 없는 바, 기부채납받은 행정재산에 대한 사용·수익허가에서 공유재산의 관리청이 정한 사용·수익허가의 기간은 그 허가의 효력을 제한하기 위한 행정행위의 부관으로서 이러한 사용·수익허가의 기간에 대해서는 독립하여 행정소송을 제기할 수 없다(대판 2001.6.15, 99두509).

[오답의 이유]

① 행정처분에 부담인 부관을 붙인 경우 부관의 무효화에 의하여 본체인 행정처분 자체의 효력에도 영향이 있게 될 수는 있지만, 그 처분을 받은 사람이 부담의 이행으로 사법상 매매 등의 법률행위를 한 경우에는 그 부관은 특별한 사정이 없는 한 법률행위

를 하게 된 동기 내지 연유로 작용하였을 뿐이므로 이는 법률행위의 취소사유가 될 수 있음은 별론으로 하고 그 법률행위 자체를 당연히 무효화하는 것은 아니다(대판 2009.6.25. 2006다18174).

② 행정기본법 제17조 제3항 제3호

제17조(부관)

③ 행정청은 부관을 붙일 수 있는 처분이 다음 각 호의 어느 하나에 해당하는 경우에는 그 처분을 한 후에도 부관을 새로 붙이거나 종전의 부관을 변경할 수 있다.

　3. 사정이 변경되어 부관을 새로 붙이거나 종전의 부관을 변경하지 아니하면 해당 처분의 목적을 달성할 수 없다고 인정되는 경우

---

③ 부담은 법치주의와 사유재산 존중, 조세법률주의 등 헌법의 기본원리에 비추어 비례의 원칙이나 부당결부의 원칙에 위반되지 않아야만 적법한 것인바, 행정처분과 부관 사이에 실제적 관련성이 있다고 볼 수 없는 경우 공무원이 위와 같은 공법상의 제한을 회피할 목적으로 행정처분의 상대방과 사이에 사법상 계약을 체결하는 형식을 취하였다면 이는 법치행정의 원리에 반하는 것으로서 위법하다(대판 2009.12.10. 2007다63966).

03 난도 ★★☆ 　　　　　　　　　　　　정답 ③

행정작용법 > 행정행위

[정답의 이유]

㉠ 여객자동차 운수사업법에 의한 개인택시운송사업면허는 특정인에게 권리나 이익을 부여하는 행정행위로서 법령에 특별한 규정이 없는 한 재량행위이고, 그 면허를 위하여 정하여진 순위 내에서의 운전경력인정방법의 기준설정 역시 행정청의 재량이다(대판 2010.1.28. 2009두19137).

㉡ 대기오염물질 총량관리사업장 설치의 허가 또는 변경허가는 특정인에게 인구가 밀집되고 대기오염이 심각하다고 인정되는 수도권 대기관리권역에서 총량관리대상 오염물질을 일정량을 초과하여 배출할 수 있는 특정한 권리를 설정하여 주는 행위로서 그 처분의 여부 및 내용의 결정은 행정청의 재량에 속한다(대판 2013.5.9. 2012두22799).

㉣ 체류자격 변경허가는 신청인에게 당초의 체류자격과 다른 체류자격에 해당하는 활동을 할 수 있는 권한을 부여하는 일종의 설권적 처분의 성격을 가지므로, 허가권자는 신청인이 관계 법령에서 정한 요건을 충족하였더라도, 신청인의 적격성, 체류 목적, 공익상의 영향 등을 참작하여 허가 여부를 결정할 수 있는 재량을 가진다(대판 2016.7.14. 2015두48846).

[오답의 이유]

㉢ 국가공무원법 제73조 제2항의 문언에 비추어 복직명령은 기속행위이므로 휴직 사유가 소멸하였음을 이유로 신청하는 경우 임용권자는 지체 없이 복직명령을 하여야 한다(대판 2014.6.12. 2012두4852).

더 알아보기

학설 정리

학설	내용
요건재량설	• 요건이 다의적인 경우: 재량행위 • 요건이 일의적인 경우: 기속행위
효과재량설	• 수익적 효과: 재량행위 • 침익적 효과: 기속행위
법률문언설 (통설·판례)	• 하여야 한다: 기속행위 • 할 수 있다: 재량행위 • 판례: 법률문언설(원칙) + 효과재량설(예외)

04 난도 ★★☆ 　　　　　　　　　　　　정답 ③

행정과정의 규율 > 행정절차

[정답의 이유]

③ 국가공무원법상 직위해제처분은 구 행정절차법에 의하여 당해 행정작용의 성질상 행정절차를 거치기 곤란하거나 불필요하다고 인정되는 사항 또는 행정절차에 준하는 절차를 거친 사항에 해당하므로, 처분의 사전통지 및 의견청취 등에 관한 행정절차법의 규정이 별도로 적용되지 않는다(대판 2014.5.16. 2012두26180).

[오답의 이유]

① 계약직공무원 채용계약해지의 의사표시는 일반공무원에 대한 징계처분과는 달라서 항고소송의 대상이 되는 처분 등의 성격을 가진 것으로 인정되지 아니하고, 일정한 사유가 있을 때에 국가 또는 지방자치단체가 채용계약 관계의 한쪽 당사자로서 대등한 지위에서 행하는 의사표시로 취급되는 것으로 이해되므로, 이를 징계해고 등에서와 같이 그 징계사유에 한하여 효력 유무를 판단하여야 하거나, 행정처분과 같이 행정절차법에 의하여 근거와 이유를 제시하여야 하는 것은 아니다(대판 2002.11.26. 2002두5948).

② 교육부장관이 어떤 후보자를 총장으로 임용제청하는 행위 자체에 그가 총장으로 더욱 적합하다는 정성적 평가 결과가 당연히 포함되어 있는 것으로, 이로써 행정절차법상 이유제시의무를 다한 것이라고 보아야 한다. 여기에서 나아가 교육부장관에게 개별 심사항목이나 고려요소에 대한 평가 결과를 더 자세히 밝힐 의무까지는 없다(대판 2018.6.15. 2016두57564).

④ 납세고지서에서 과세표준 등의 기재를 누락시킨 하자가 있는 때에는 적법한 부과결정의 고지라 볼 수 없어 부과처분 자체가 위법한 것이므로 설사 납세의무자가 사실상 과세표준 과세액 등을 알고 쟁송에 이르렀다 하여 그 위법이 치유될 수는 없다 할 것이다(대판 1984.2.28. 83누674).

행정법통론 > 행정·행정법

정답의 이유

㉠ 비례의 원칙은 법치국가 원리에서 당연히 파생되는 헌법상의 기본원리로서, 모든 국가작용에 적용된다. 따라서 행정목적을 달성하기 위한 수단은 목적달성에 유효·적절하고, 가능한 한 최소 침해를 가져오는 것이어야 하며, 아울러 그 수단의 도입에 따른 침해가 의도하는 공익을 능가하여서는 안 된다(대판 2020. 1.9, 2018두47561).

㉣ 주택사업과는 아무런 관련이 없는 토지를 기부채납하도록 하는 부관을 위 주택사업계획승인에 붙인 사실이 인정되므로, 위 부관은 부당결부금지의 원칙에 위반되어 위법하다고 할 것이다(대판 1997.3.11, 96다49650).

오답의 이유

㉡ 평등의 원칙은 본질적으로 같은 것을 자의적으로 다르게 취급함을 금지하는 것이고, 위법한 행정처분이 수차례에 걸쳐 반복적으로 행하여졌다 하더라도 그러한 처분이 위법한 것인 때에는 행정청에 대하여 자기구속력을 갖게 된다고 할 수 없다(대판 2009.6.25, 2008두13132).

㉢ 국가가 공무원임용결격사유가 있는 자에 대하여 결격사유가 있는 것을 알지 못하고 공무원으로 임용하였다가 사후에 결격사유가 있는 자임을 발견하고 공무원 임용행위를 취소하는 것은 당사자에게 원래의 임용행위가 당초부터 당연무효이었음을 통지하여 확인시켜 주는 행위에 지나지 아니하는 것이므로, 그러한 의미에서 당초의 임용처분을 취소함에 있어서는 신의칙 내지 신뢰의 원칙을 적용할 수 없고 또 그러한 의미의 취소권은 시효로 소멸하는 것도 아니다(대판 1987.4.14, 86누459).

행정작용법 > 행정행위

정답의 이유

④ 공유수면매립면허는 설권행위인 특허의 성질을 갖는 것이므로 원칙적으로 행정청의 자유재량에 속하며, 일단 실효된 공유수면매립면허의 효력을 회복시키는 행위도 특단의 사정이 없는 한 새로운 면허부여와 같이 면허관청의 자유재량에 속한다(대판 1989. 9.12, 88누9206).

오답의 이유

① 대판 2017.3.15, 2014두41190

② 지방경찰청장이 횡단보도를 설치하여 보행자의 통행방법 등을 규제하는 것은 행정청이 특정사항에 대하여 의무의 부담을 명하는 행위이고, 이는 국민의 권리·의무에 직접 관계가 있는 행위로서 행정처분이다(대판 2000.10.27, 98두8964).

③ 국유재산의 무단점유 등에 대한 변상금징수의 요건은 국유재산법 제51조 제1항에 명백히 규정되어 있으므로 변상금을 징수할 것인가는 처분청의 재량을 허용하지 않는 기속행위이다(대판 2000.1.28, 97누4098).

행정과정의 규율 > 정보공개와 개인정보 보호

정답의 이유

② 학교환경위생구역 내 금지행위(숙박시설) 해제결정에 관한 학교환경위생정화위원회의 회의록에 기재된 발언내용에 대한 해당 발언자의 인적사항 부분에 관한 정보는 정보공개법 제7조 제1항 제5호 소정의 비공개대상에 해당한다(대판 2003.8.22, 2002두12946).

오답의 이유

① 정보공개 청구권자가 공개를 청구하는 정보와 어떤 관련성을 가질 것을 요구하거나 정보공개청구의 목적에 특별한 제한을 두고 있지 아니하므로 정보공개 청구권자의 권리구제 가능성 등은 정보의 공개 여부 결정에 아무런 영향을 미치지 못한다(대판 2017. 9.7, 2017두44558).

③ 대상이 된 정보의 내용을 구체적으로 확인·검토하여, 어느 부분이 어떠한 법익 또는 기본권과 충돌되어 정보공개법 제9조 제1항 몇 호에서 정하고 있는 비공개사유에 해당하는지를 주장·증명하여야만 하고, 그에 이르지 아니한 채 개괄적인 사유만을 들어 공개를 거부하는 것은 허용되지 아니한다(대판 2018.4.12, 2014두5477).

④ 공개청구자는 그가 공개를 구하는 정보를 공공기관이 보유·관리하고 있을 상당한 개연성이 있다는 점에 대하여 입증할 책임이 있으나, 공개를 구하는 정보를 공공기관이 한때 보유·관리하였으나 후에 그 정보가 담긴 문서들이 폐기되어 존재하지 않게 된 것이라면 그 정보를 더 이상 보유·관리하고 있지 않다는 점에 대한 증명책임은 공공기관에 있다(대판 2013.1.24, 2010두18918).

행정쟁송 > 행정소송

정답의 이유

① 처분청이 위 규정에 따른 고지의무를 이행하지 아니하였다고 하더라도 경우에 따라서는 행정심판의 제기기간이 연장될 수 있는 것에 그치고 이로 인하여 심판의 대상이 되는 행정처분에 어떤 하자가 수반된다고 할 수 없다(대판 1987.11.24, 87누529).

오답의 이유

② 행정처분이 뒤에 항고소송에서 취소되었다고 할지라도 그 자체만으로 그 행정처분이 곧바로 공무원의 고의 또는 과실로 인한 불법행위를 구성한다고 단정할 수는 없다. 왜냐하면 행정청이 관계 법령의 해석이 확립되기 전에 어느 한 설을 취하여 업무를 처리한 것이 결과적으로 위법하게 되어 그 법령의 부당집행이라는 결과를 빚었다고 하더라도 처분 당시 그와 같은 처리방법 이상의 것을 성실한 평균적 공무원에게 기대하기 어려웠던 경우라면 특별한 사정이 없는 한 이를 두고 공무원의 과실로 인한 것이라고는 볼 수 없기 때문이다(대판 2001.3.13, 2000다20731).

③ 행정처분의 절차 또는 형식에 위법이 있어 행정처분을 취소하는 판결이 확정되었을 때는 그 확정판결의 기판력은 거기에 적시된

절차 및 형식의 위법사유에 한하여 미치는 것이므로 행정관청은 그 위법사유를 보완하여 다시 새로운 행정처분을 할 수 있고 그 새로운 행정처분은 확정판결에 의하여 취소된 종전의 행정처분과는 별개의 처분이라 할 것이어서 종전의 처분과 중복된 행정처분이 아니다(대판 1992.5.26, 91누5242).

④ 대판 1984.10.10, 84누463

09 난도 ★★☆　　　　　　　　　　　　　　　정답 ④

행정작용법 > 행정행위

[정답의 이유]

④ 사실상 영업이 양도ㆍ양수되었지만 아직 승계신고 및 그 수리처분이 있기 이전에는 여전히 종전의 영업자인 양도인이 영업허가자이고, 양수인은 영업허가자가 되지 못한다 할 것이어서 행정제재처분의 사유가 있는지 여부 및 그 사유가 있다고 하여 행하는 행정제재처분은 영업허가자인 양도인을 기준으로 판단하여 그 양도인에 대하여 행하여야 할 것이고, 한편 양도인이 그의 의사에 따라 양수인에게 영업을 양도하면서 양수인으로 하여금 영업을 하도록 허락하였다면 그 양수인의 영업 중 발생한 위반행위에 대한 행정적인 책임은 영업허가자인 양도인에게 귀속된다(대판 1995.2.24, 94누9146).

[오답의 이유]

① 구 식품위생법 규정에 의하여 영업자지위승계신고를 수리하는 처분은 종전의 영업자의 권익을 제한하는 처분이라 할 것이고 따라서 종전의 영업자는 그 처분에 대하여 직접 그 상대가 되는 자에 해당한다고 봄이 상당하므로, 행정청으로서는 위 신고를 수리하는 처분을 함에 있어서 행정절차법 규정 소정의 당사자에 해당하는 종전의 영업자에 대하여 위 규정 소정의 행정절차를 실시하고 처분을 하여야 한다(대판 2003.2.14, 2001두7015).

② 개인택시운송사업을 양수한 사람은 양도인의 운송사업자로서의 지위를 승계하므로, 관할 관청은 개인택시 운송사업의 양도ㆍ양수에 대한 인가를 한 후에도 그 양도ㆍ양수 이전에 있었던 양도인에 대한 운송사업면허 취소사유를 들어 양수인의 사업면허를 취소할 수 있다(대판 2010.11.11, 2009두14934).

③ 사업의 양도행위가 무효라고 주장하는 양도자는 민사쟁송으로 양도ㆍ양수행위의 무효를 구함이 없이 막바로 허가관청을 상대로 하여 행정소송으로 위 신고수리처분의 무효확인을 구할 법률상 이익이 있다(대판 2005.12.23, 2005두3554).

10 난도 ★★☆　　　　　　　　　　　　　　　정답 ②

실효성 확보수단 > 새로운 의무이행확보수단

[정답의 이유]

② 과징금 부과처분은 제재적 행정처분으로서 여객자동차 운수사업에 관한 질서를 확립하고 여객의 원활한 운송과 여객자동차 운수사업의 종합적인 발달을 도모하여 공공복리를 증진한다는 행정목적의 달성을 위하여 행정법규 위반이라는 객관적 사실에 착안하여 가하는 제재이므로 반드시 현실적인 행위자가 아니라도 법령상 책임자로 규정된 자에게 부과되고 원칙적으로 위반자

의 고의ㆍ과실을 요하지 아니하나, 위반자의 의무 해태를 탓할 수 없는 정당한 사유가 있는 등의 특별한 사정이 있는 경우에는 이를 부과할 수 없다(대판 2014.10.15, 2013두5005).

[오답의 이유]

① 대판 2014.10.15, 2013두5005

③ 과징금 부과행위는 급부하명으로 행정쟁송법상 처분에 해당한다. 따라서 이 처분에 대한 취소송이 가능하다.

④ 과징금 부과처분이 법이 정한 한도액을 초과하여 위법할 경우 법원으로서는 그 전부를 취소할 수밖에 없고, 그 한도액을 초과한 부분이나 법원이 적정하다고 인정되는 부분을 초과한 부분만을 취소할 수 없다(대판 1998.4.10, 98두2270).

11 난도 ★★☆　　　　　　　　　　　　　　　정답 ①

손해전보 > 행정상 손해배상

[정답의 이유]

① 공무원이 고의 또는 과실로 그에게 부과된 직무상 의무를 위반하였을 경우라고 하더라도 국가는 그러한 직무상의 의무 위반과 피해자가 입은 손해 사이에 상당인과관계가 인정되는 범위 내에서만 배상책임을 지는 것이고, 이 경우 상당인과관계가 인정되기 위하여는 공무원에게 부과된 직무상 의무의 내용이 단순히 공공 일반의 이익을 위한 것이거나 행정기관 내부의 질서를 규율하기 위한 것이 아니고 전적으로 또는 부수적으로 사회구성원 개인의 안전과 이익을 보호하기 위하여 설정된 것이어야 한다(대판 2010.9.9, 2008다77795).

[오답의 이유]

② 국가배상청구의 요건인 '공무원의 직무'에는 권력적 작용만이 아니라 비권력적 작용도 포함되며 단지 행정주체가 사경제주체로서 하는 활동만 제외된다(대판 2001.1.5, 98다39060).

③ 경과실이 있는 공무원이 피해자에 대하여 손해배상책임을 부담하지 아니함에도 피해자에게 손해를 배상하였다면 그것은 채무자 아닌 사람이 타인의 채무를 변제한 경우에 해당하고, 이는 민법 제469조의 '제3자의 변제' 또는 민법 제744조의 '도의관념에 적합한 비채변제'에 해당하여 피해자는 공무원에 대하여 이를 반환할 의무가 없다(대판 2014.8.20, 2012다54478).

④ 국가배상법 제5조 제1항 소정의 '공공의 영조물'이라 함은 국가 또는 지방자치단체에 의하여 특정 공공의 목적에 공여된 유체물 내지 물적 설비를 말하며, 국가 또는 지방자치단체가 소유권, 임차권 그 밖의 권한에 기하여 관리하고 있는 경우뿐만 아니라 사실상의 관리를 하고 있는 경우도 포함된다(대판 1998.10.23, 98다17381).

더 알아보기

직무행위 범위에 관한 학설

학설	내용
협의설	권력적 작용
광의설(통설ㆍ판례)	권력적 작용 + 비권력적 작용
최광의설	권력적 작용 + 비권력적 작용 + 사경제작용

12 난도 ★★☆　　　　　　　　　　　　　　정답 ③

실효성 확보수단 > 행정벌

정답의 이유

③ 질서위반행위규제법 제20조 제1항·제2항

> 제20조(이의제기)
> ① 행정청의 과태료 부과에 불복하는 당사자는 제17조 제1항에 따른 과태료 부과 통지를 받은 날부터 60일 이내에 해당 행정청에 서면으로 이의제기를 할 수 있다.
> ② 제1항에 따른 이의제기가 있는 경우에는 행정청의 과태료 부과처분은 그 효력을 상실한다.
> ③ 당사자는 행정청으로부터 제21조 제3항에 따른 통지를 받기 전까지는 행정청에 대하여 서면으로 이의제기를 철회할 수 있다.

오답의 이유

① 양벌규정에 의한 영업주의 처벌은 금지위반행위자인 종업원의 처벌에 종속하는 것이 아니라 독립하여 그 자신의 종업원에 대한 선임감독상의 과실로 인하여 처벌되는 것이므로 종업원의 범죄성립이나 처벌이 영업주 처벌의 전제조건이 될 필요는 없다(대판 2006.2.24, 2005도7673).

② 통고처분은 행정소송의 대상이 되는 행정처분이 아니므로 그 처분의 취소를 구하는 소송은 부적법하고, 도로교통법상의 통고처분을 받은 자가 그 처분에 대하여 이의가 있는 경우에는 통고처분에 따른 범칙금의 납부를 이행하지 아니함으로써 경찰서장의 즉결심판청구에 의하여 법원의 심판을 받을 수 있게 될 뿐이다(대판 1995.6.29, 95누4674).

④ 과태료재판은 관할 관청이 부과한 과태료처분에 대한 당부를 심판하는 행정소송절차가 아니라 법원이 직권으로 개시·결정하는 것이므로, 원칙적으로 과태료재판에서는 행정소송에서와 같은 신뢰보호의 원칙 위반 여부가 문제로 되지 않는다(대결 2006.4.28, 2003마715).

13 난도 ★★☆　　　　　　　　　　　　　　정답 ①

실효성 확보수단 > 행정강제

정답의 이유

㉠ 행정청이 행정대집행의 방법으로 건물철거의무의 이행을 실현할 수 있는 경우에는 건물철거 대집행 과정에서 부수적으로 그 건물의 점유자들에 대한 퇴거 조치를 할 수 있다(대판 2017.4.28, 2016다213916).

㉡ 아무런 권원 없이 국유재산에 설치한 시설물에 대하여 행정청이 행정대집행을 실시하지 않는 경우, 토지 사용청구권을 가지는 원고로서는 위 청구권을 보전하기 위하여 국가를 대위하여 피고들을 상대로 민사소송의 방법으로 이 사건 시설물의 철거를 구하는 이외에는 이를 실현할 수 있는 다른 절차와 방법이 없어 그 보전의 필요성이 인정되므로, 원고는 국가를 대위하여 피고들을 상대로 민사소송의 방법으로 이 사건 시설물의 철거를 구할 수 있다(대판 2009.6.11, 2009다1122).

오답의 이유

㉢ 공유 일반재산의 대부료의 징수에 관하여도 지방세 체납처분의 예에 따른 간이하고 경제적인 특별한 구제절차가 마련되어 있으므로, 특별한 사정이 없는 한 민사소송으로 공유 일반재산의 대부료의 지급을 구하는 것은 허용되지 아니한다(대판 2017.4.13, 2013다207941).

㉣ 용도위반 부분을 장례식장으로 사용하는 것이 관계법령에 위반한 것이라는 이유로 장례식장의 사용을 중지할 것과 이를 불이행할 경우 행정대집행법에 의하여 대집행하겠다는 내용의 이 사건 처분은, 이 사건 처분에 따른 '장례식장 사용중지 의무'가 원고 이외의 '타인이 대신'할 수도 없고, 타인이 대신하여 '행할 수 있는 행위'라고도 할 수 없는 비대체적 부작위 의무에 대한 것이므로, 그 자체로 위법함이 명백하다(대판 2005.9.28, 2005두7464).

14 난도 ★★☆　　　　　　　　　　　　　　정답 ②

행정작용법 > 행정행위

정답의 이유

② 위법한 행정대집행이 완료되면 그 처분의 무효확인 또는 취소를 구할 소의 이익은 없다 하더라도, 미리 그 행정처분의 취소판결이 있어야만, 그 행정처분의 위법임을 이유로 한 손해배상 청구를 할 수 있는 것은 아니다(대판 1972.4.28, 72다337). 즉 처분이 위법하면 국사배상청구가 인정된다.

오답의 이유

① 조세부과처분이 당연무효임을 전제로 하여 이미 납부한 세금의 반환을 청구하는 것은 민사상의 부당이득반환청구로서 민사소송절차에 따라야 한다는 것이 대법원의 확립된 견해이다(대판 1995.4.28, 94다55019).

③ 대판 1989.3.28, 89도149

④ 영업의 금지를 명한 영업허가취소처분 자체가 나중에 행정쟁송절차에 의하여 취소되었다면 그 영업허가취소처분은 그 처분 시에 소급하여 효력을 잃게 되며, 그 영업허가취소처분에 복종할 의무가 원래부터 없었음이 확정되었다고 봄이 타당하고, 영업허가취소처분이 장래에 향하여서만 효력을 잃게 된다고 볼 것은 아니므로 그 영업허가취소처분 이후의 영업행위를 무허가영업이라고 볼 수는 없다(대판 1993.6.25, 93도277).

15 난도 ★★☆　　　　　　　　　　　　　　정답 ④

행정작용법 > 기타 행정작용

정답의 이유

④ 갑 지방자치단체가 을 주식회사 등 4개 회사로 구성된 공동수급체를 자원회수시설과 부대시설의 운영·유지관리 등을 위탁할 민간사업자로 선정하고 을 회사 등의 공동수급체와 위 시설에 관한 위·수탁 운영 협약을 체결하였는데, 민간위탁 사무감사를 실시한 결과 을 회사 등이 위 협약에 근거하여 노무비와 복지후생비 등 비정산비용 명목으로 지급받은 금액 중 집행되지 않은 금액에 대하여 회수하기로 하고 을 회사에 이를 납부하라고 통보하자, 을 회사 등이 이를 납부한 후 회수통보의 무효확인 등을

구하는 소송을 제기한 사안에서, 위 협약은 갑 지방자치단체가 사인인 을 회사 등에 위 시설의 운영을 위탁하고 그 위탁운영비용을 지급하는 것을 내용으로 하는 용역계약으로서 상호 대등한 입장에서 당사자의 합의에 따라 체결한 사법상 계약에 해당하고, 위 협약에 따르면 수탁인 을 회사 등이 위탁운영비용 중 비정산비용 항목을 일부 집행하지 않았다고 하더라도, 위탁자인 갑 지방자치단체에 미집행액을 회수할 계약상 권리가 인정된다고 볼 수 없는 점, 인건비 등이 일부 집행되지 않았다는 사정만으로 을 회사 등이 협약상 의무를 불이행하였다고 볼 수는 없는 점, 을 회사 등이 갑 지방자치단체에 미집행액을 반환하여야 할 계약상 의무가 없으므로 결과적으로 을 회사 등이 미집행액을 계속 보유하고 자신들의 이윤으로 귀속시킬 수 있다고 해서 협약에서 정한 '운영비용의 목적 외 사용'에 해당한다고 볼 수도 없는 점 등을 종합하면, 갑 지방자치단체가 미집행액 회수를 위하여 을 회사 등으로부터 지급받은 돈이 부당이득에 해당하지 않는다고 본 원심판단에 법리를 오해한 잘못이 있다고 한 사례이다(대판 2019.10.17, 2018두60588).

오답의 이유
① 지방자치단체가 일방 당사자가 되는 이른바 '공공계약'이 사경제의 주체로서 상대방과 대등한 위치에서 체결하는 사법상 계약에 해당하는 경우 그에 관한 법령에 특별한 정함이 있는 경우를 제외하고는 사적 자치와 계약자유의 원칙 등 사법의 원리가 그대로 적용된다(대판 2018.2.13, 2014두11328).
② 국립의료원 부설 주차장에 관한 위탁관리용역운영계약의 실질은 행정재산에 대한 국유재산법 제24조 제1항의 사용·수익 허가(강학상 특허)이다(대판 2006.3.9, 2004두31074).
③ 공법상 계약이란 공법적 효과의 발생을 목적으로 하여 대등한 당사자 사이의 의사표시의 합치로 성립하는 공법행위를 말한다. 공법상 계약의 한쪽 당사자가 다른 당사자를 상대로 효력을 다투거나 이행을 청구하는 소송은 공법상의 법률관계에 관한 분쟁이므로 분쟁의 실질이 공법상 권리·의무의 존부·범위에 관한 다툼이 아니라 손해배상액의 구체적인 산정방법·금액에 국한되는 등의 특별한 사정이 없는 한 공법상 당사자소송으로 제기하여야 한다(대판 2021.2.4, 2019다277133).

더 알아보기

행정기본법
제27조(공법상 계약의 체결) ① 행정청은 법령 등을 위반하지 아니하는 범위에서 행정목적을 달성하기 위하여 필요한 경우에는 공법상 법률관계에 관한 계약(이하 "공법상 계약"이라 한다)을 체결할 수 있다. 이 경우 계약의 목적 및 내용을 명확하게 적은 계약서를 작성하여야 한다.
② 행정청은 공법상 계약의 상대방을 선정하고 계약 내용을 정할 때 공법상 계약의 공공성과 제3자의 이해관계를 고려하여야 한다.

---

16 난도 ★★☆   정답 ①

행정쟁송 > 행정소송

정답의 이유
① 행정처분이 위법한 경우에는 이를 취소하는 것이 원칙이고, 예외적으로 그 위법한 처분을 취소·변경하는 것이 도리어 현저히 공공복리에 적합하지 아니하는 경우에는 그 취소를 허용하지 아니하는 사정판결을 할 수 있고, 이러한 사정판결에 관하여는 당사자의 명백한 주장이 없는 경우에도 기록에 나타난 여러 사정을 기초로 직권으로 판단할 수 있다(대판 2001.1.19, 99두9674).

오답의 이유
② 행정처분을 취소한다는 확정판결이 있으면 그 취소판결의 형성력에 의하여 당해 행정처분의 취소나 취소통지 등의 별도의 절차를 요하지 아니하고 당연히 취소의 효과가 발생한다고 할 것이고 별도로 취소의 절차를 취할 필요는 없을 것이다(대판 1991.10.11, 90누5443).
③ 행정청이 관련 법령에 근거하여 행한 공사중지명령의 상대방이 명령의 취소를 구한 소송에서 패소함으로써 그 명령이 적법한 것으로 이미 확정되었다면, 이후 이러한 공사중지명령의 상대방은 그 명령의 해제신청을 거부한 처분의 취소를 구하는 소송에서 그 명령의 적법성을 다툴 수 없다(대판 2014.11.27, 2014두37665).
④ 새로운 처분의 처분사유가 종전 처분의 처분사유와 기본적 사실관계에서 동일하지 않은 다른 사유에 해당하는 이상, 처분사유가 종전 처분 당시 이미 존재하고 있었고 당사자가 이를 알고 있었더라도 이를 내세워 새로이 처분을 하는 것은 확정판결의 기속력에 저촉되지 않는다(대판 2016.3.24, 2015두48235).

---

17 난도 ★★☆   정답 ②

행정쟁송 > 행정심판

정답의 이유
② 행정심판법 제43조 제3항에 따르면 행정심판 중 취소심판 인용재결에는 취소·변경·변경명령재결이 있다. 취소·변경재결은 형성적 재결, 변경명령재결은 이행적 재결이다.

행정심판법 제43조(재결의 구분)
③ 위원회는 취소심판의 청구가 이유가 있다고 인정하면 처분을 취소 또는 다른 처분으로 변경하거나 처분을 다른 처분으로 변경할 것을 피청구인에게 명한다.

오답의 이유
① 재결의 기속력은 인용재결에 있기 때문에 기각재결과 각하재결은 기속력이 없다. 따라서 처분청은 기각재결 후 처분을 직권취소 하거나 변경이 가능하다.
③ 무효확인심판에는 사정재결이 인정되지 않는다(행정심판법 제44조 제3항). 따라서 청구가 이유있다고 판단되면 인용재결을 하면 될 뿐, 공공복리를 고려할 필요는 없다.

제44조(사정재결)

① 위원회는 심판청구가 이유가 있다고 인정하는 경우에도 이를 인용(認容)하는 것이 공공복리에 크게 위배된다고 인정하면 그 심판청구를 기각하는 재결을 할 수 있다. 이 경우 위원회는 재결의 주문(主文)에서 그 처분 또는 부작위가 위법하거나 부당하다는 것을 구체적으로 밝혀야 한다.

② 위원회는 제1항에 따른 재결을 할 때에는 청구인에 대하여 상당한 구제방법을 취하거나 상당한 구제방법을 취할 것을 피청구인에게 명할 수 있다.

③ 제1항과 제2항은 무효등확인심판에는 적용하지 아니한다.

④ 재결에 고유한 위법이 있다면 원처분에 대한 행정소송을 제기하면 되고 다시 행정심판을 청구할 수 없다(행정심판법 제51조).

제51조(행정심판 재청구의 금지)

심판청구에 대한 재결이 있으면 그 재결 및 같은 처분 또는 부작위에 대하여 다시 행정심판을 청구할 수 없다.

18 난도 ★★☆ 　　　　　　　　　정답 ④

행정쟁송 > 행정소송

정답의 이유

④ 乙이 건축허가거부처분에 대해 제기한 취소소송에서 인용판결이 확정되었으나 B 시장이 기속력에 위반하여 다시 거부처분(→ 무효)을 한 경우 乙은 간접강제신청을 할 수 있다(대결 2002.12.11. 2002무22).

오답의 이유

① 甲이 취소소송을 제기하면서 집행정지 신청을 한 경우 법원이 집행정지결정을 하는 데 있어 권리보호수단이라는 점에 비추어 보면 집행정지사건 자체에 의하여도 신청인의 본안청구가 적법한 것이어야 한다는 것을 집행정지의 요건에 포함시켜야 할 것이다(대결 1995.2.28. 94두36).

② 행정심판을 거쳤으므로 재결서 정본을 2022.4.2. 송달받은 경우 취소소송의 기산점은 2022.4.2.(90일 이내)이다(행정소송법 제20조 제1항).

제20조(제소기간)

① 취소소송은 처분 등이 있음을 안 날부터 90일 이내에 제기하여야 한다. 다만, 제18조 제1항 단서에 규정한 경우와 그 밖에 행정심판청구를 할 수 있는 경우 또는 행정청이 행정심판청구를 할 수 있다고 잘못 알린 경우에 행정심판청구가 있은 때의 기간은 재결서의 정본을 송달받은 날부터 기산한다.

③ 행정심판법 제50조 제1항에 따르면 乙이 의무이행심판을 제기하여 처분명령재결이 있었음에도 B 시장이 허가를 하지 않는 경우(→ 재처분의무 불이행) 행정심판위원회는 신청으로 시정을 명하고 이를 이행하지 아니하면 직접 건축허가처분을 할 수 있다.

행정심판법 제49조(재결의 기속력 등)

③ 당사자의 신청을 거부하거나 부작위로 방치한 처분의 이행을 명하는 재결이 있으면 행정청은 지체 없이 이전의 신청에 대하여 재결의 취지에 따라 처분을 하여야 한다.

제50조(위원회의 직접 처분)

① 위원회는 피청구인이 제49조 제3항에도 불구하고 처분을 하지 아니하는 경우에는 당사자가 신청하면 기간을 정하여 서면으로 시정을 명하고 그 기간에 이행하지 아니하면 직접 처분을 할 수 있다. 다만, 그 처분의 성질이나 그 밖의 불가피한 사유로 위원회가 직접 처분을 할 수 없는 경우에는 그러하지 아니하다.

19 난도 ★★☆ 　　　　　　　　　정답 ③

행정쟁송 > 행정소송

정답의 이유

③ 도시 및 주거환경정비법상 주택재건축정비사업조합이 같은 법 제48조에 따라 수립한 관리처분계획에 대하여 관할 행정청의 인가·고시까지 있게 되면 관리처분계획은 행정처분으로서 효력이 발생하게 되므로, 총회결의의 하자를 이유로 하여 행정처분의 효력을 다투는 항고소송의 방법으로 관리처분계획의 취소 또는 무효확인을 구하여야 하고, 그와 별도로 행정처분에 이르는 절차적 요건 중 하나에 불과한 총회결의 부분만을 따로 떼어내어 효력 유무를 다투는 확인의 소를 제기하는 것은 특별한 사정이 없는 한 허용되지 않는다(대판 2009.9.17. 2007다2428 전합). 즉 甲이 ㉣에 대해 소송으로 다투려면 항고소송을 제기하여야 한다.

오답의 이유

① ㉠ 행정청이 도시정비법 등 관련 법령에 근거하여 행하는 조합설립인가처분은 단순히 사인들의 조합설립행위에 대한 보충행위로서의 성질을 갖는 것에 그치는 것이 아니라 법령상 요건을 갖출 경우 도시정비법상 주택재건축사업을 시행할 수 있는 권한을 갖는 행정주체(공법인)로서의 지위를 부여하는 일종의 설권적 처분의 성격을 갖는다고 보아야 한다(대판 2009.10.15. 2009다10638 등). 즉 조합설립인가는 설권적 처분(공법인으로서의 지위 부여)이다.

㉢ 도시 및 주거환경정비법(이하 '도시정비법'이라 한다)에 기초하여 주택재개발정비사업조합(이하 '조합'이라 한다)이 수립한 관리처분계획은 그것이 인가·고시를 통해 확정되면 이해관계인에 대한 구속적 행정계획으로서 독립적인 행정처분에 해당한다. 이러한 관리처분계획을 인가하는 행정청의 행위는 조합의 관리처분계획에 대한 법률상의 효력을 완성시키는 보충행위이다(대판 2016.12.15. 2015두51347). 즉 관리처분계획에 대한 인가는 인가(법률상 효력을 완성하는 보충행위)이다.

② ㉡ 도시 및 주거환경정비법상 행정주체인 주택재건축정비사업조합을 상대로 관리처분계획안에 대한 조합 총회결의의 효력 등을 다투는 소송은 행정처분에 이르는 절차적 요건의 존부

나 효력 유무에 관한 소송으로서 그 소송결과에 따라 행정처분의 위법 여부에 직접 영향을 미치는 공법상 법률관계에 관한 것이므로, 이는 행정소송법상의 당사자소송에 해당한다(대판 2009.9.17, 2007다2428 전합). 즉 관리처분계획에 대한 의결을 소송에서 다투려면 A주택재건축정비사업조합을 상대로 공법상 당사자소송을 제기하여야 한다.

④ 관리처분계획은 토지 등의 소유자에게 구체적이고 결정적인 영향을 미치는 것으로서 조합이 행한 처분에 해당하므로 항고소송에 의하여 관리처분계획 또는 그 내용인 분양거부처분 등의 취소를 구할 수 있다(대판 1996.2.15, 94다31235 전합). 즉 관리처분계획은 재건축조합이 추진한 것으로 ㉣에 대한 소송은 A 주택재건축정비사업조합을 피고로 하여야 한다.

20 난도 ★★★ 정답 ④

행정쟁송 > 행정심판

[정답의 이유]

④ 행정소송을 제기한 경우에까지 확대된다고 할 수 없으므로, 당사자가 행정처분 시나 그 이후 행정청으로부터 행정심판 제기기간에 관하여 법정 심판청구기간보다 긴 기간으로 잘못 통지받아 행정소송법상 법정 제소기간을 도과하였다고 하더라도, 그것이 당사자가 책임질 수 없는 사유로 인한 것이라고 할 수는 없다(대판 2001.5.8, 2000두6916).

[오답의 이유]

① 재결은 판결에서와 같은 기판력이 인정되는 것은 아니어서 재결이 확정된 경우에도 처분의 기초가 된 사실관계나 법률적 판단이 확정되고 당사자들이나 법원이 이에 기속되어 모순되는 주장이나 판단을 할 수 없게 되는 것은 아니다(대판 2015.11.27, 2013다6759).

② 행정처분의 당연무효를 선언하는 의미에서 그 취소를 청구하는 행정소송을 제기하는 경우에도 소원의 전치와 제소기간의 준수 등 취소소송의 제소요건을 갖추어야 한다(대판 1984.5.29, 84누175).

③ 거부행위가 항고소송의 대상인 처분이 되기 위해서는 그 거부행위가 신청인의 실체상의 권리관계에 직접적인 변동을 일으키는 것이어야 하며, 신청인이 실체상의 권리자로서 권리를 행사함에 중대한 지장을 초래하는 것도 포함된다(대판 2007.10.11, 2007두1316).

행정법총론 | 2021년 국가직 9급

한눈에 훑어보기

✓ 영역 분석

행정법통론
2문항, 10%
01 02

행정작용법
6문항, 30%
03 05 06 09 10 16

행정과정의 규율
2문항, 10%
04 14

실효성 확보수단
3문항, 15%
11 12 13

손해전보
1문항, 5%
08

행정쟁송
5문항, 25%
07 15 17 18 19

단원종합
1문항, 5%
20

✓ 빠른 정답

01	02	03	04	05	06	07	08	09	10
④	①	③	③	④	④	②	①	②	②
11	12	13	14	15	16	17	18	19	20
④	③	①	④	④	②	②	④	②	③

✓ 점수 체크

구분	1회독	2회독	3회독
맞힌 문항 수	/ 20	/ 20	/ 20
나의 점수	점	점	점

---

01 난도 ★★☆

정답 ④

행정법통론 > 행정법의 법원

정답의 이유

④ 개정 법령이 기존의 사실 또는 법률관계를 적용대상으로 하면서 국민의 재산권과 관련하여 종전보다 불리한 법률효과를 규정하고 있는 경우에도 그러한 사실 또는 법률관계가 개정 법령이 시행되기 이전에 이미 완성 또는 종결된 것이 아니라면 이를 헌법상 금지되는 소급입법에 의한 재산권 침해라고 할 수는 없다. 또 그러한 개정 법령(=부진정소급입법)의 적용과 관련하여서는 개정 전 법령의 존속에 대한 국민의 신뢰가 개정 법령의 적용에 관한 공익상의 요구보다 더 보호가치가 있다고 인정되는 경우에 그러한 국민의 신뢰를 보호하기 위하여 그 적용이 제한될 수 있는 여지가 있을 따름이다(대판 2009.4.23, 2008두8918).

오답의 이유

① '1994년 관세 및 무역에 관한 일반협정'(이하 'GATT'라 한다)과 '정부조달에 관한 협정'(이하 'AGP'라 한다)은 국회의 동의를 얻어 공포시행된 조약으로서 각 헌법 제6조 제1항에 의하여 국내 법령과 동일한 효력을 가지므로 지방자치단체가 제정한 조례가 GATT나 AGP에 위반되는 경우에는 그 효력이 없다(대판 2005. 9.9, 2004추10).

② 행정소송법 제8조 제2항

③ 조세평등주의에서의 평등은 일체의 차별적 대우를 부정하는 절대적 평등을 의미하는 것이 아니라 입법과 법의 적용에 있어서 합리적인 근거가 없는 차별을 배제하는 상대적 평등을 뜻하며, 따라서 합리적 근거가 있는 차별은 평등원칙에 반하는 것이 아니다(대결 2018.4.26, 2018아541).

02 난도 ★★☆

정답 ①

행정법통론 > 행정법의 법원

정답의 이유

① 헌재 2008.12.26, 2008헌마419 등

오답의 이유

② 행정청이 조합설립추진위원회의 설립승인 심사에서 위법한 행정처분을 한 선례가 있다고 하여 그러한 기준을 따라야 할 의무가 없는 점 등에 비추어, 평등의 원칙이나 신뢰보호의 원칙 또는 자기구속의 원칙 등에 위배되고 재량권을 일탈·남용하여 자의적으로 조합설립위원회 승인처분을 한 것으로 볼 수 없다(대판 2009.6.25, 2008두13132).

③ 지방공무원 임용신청 당시 잘못 기재된 호적상 출생연월일을 생년월일로 기재하고, 이에 근거한 공무원인사기록카드의 생년월

일 기재에 대하여 처음 임용된 때부터 약 36년간 전혀 이의를 제기하지 않다가, 정년을 1년 3개월 앞두고 호적상 출생연월일을 정정한 후 그 출생연월일을 기준으로 정년의 연장을 요구하는 것은 신의성실의 원칙에 반하지 않는다(대판 2009.3.26, 2008두21300).

④ 도시계획구역 안에서의 폐기물처리시설의 결정기준 및 설치기준 등을 규정하고 있는 도시계획법 및 폐기물관리법령은 도시계획구역 안에서의 토지형질변경의 허가기준을 규정하고 있는 도시계획법 및 토지의 형질변경 등 행위허가기준 등에 관한 규칙과 각기 규정대상 및 입법취지를 달리하고 있으므로, 일반적으로 폐기물처리업 사업계획에 대한 적정통보에 당해 토지에 대한 형질변경허가신청을 허가하는 취지의 공적 견해표명이 있는 것으로는 볼 수 없다(대판 1998.9.25, 98두6494).

03 난도 ★★☆ 정답 ③

행정작용법 > 행정행위

정답의 이유

③ 부담의 이행으로서 하게 된 사법상 매매 등의 법률행위는 부담을 붙인 행정처분과는 어디까지나 별개의 법률행위이므로 그 부담의 불가쟁력의 문제와는 별도로 법률행위가 사회질서 위반이나 강행규정에 위반되는지 여부 등을 따져 보아 그 법률행위의 유효 여부를 판단하여야 한다(대판 2009.6.25, 2006다18174).

더 알아보기

[비교판례] 토지소유자가 토지형질변경행위허가에 붙은 기부채납의 부관에 따라 토지를 국가나 지방자치단체에 기부채납(증여)한 경우, 기부채납의 부관이 당연무효이거나 취소되지 아니한 이상 토지소유자는 위 부관으로 인하여 증여계약의 중요 부분에 착오가 있음을 이유로 증여계약을 취소할 수 없다(대판 1999.5.25, 98다53134).

오답의 이유

① 행정처분과 부관 사이에 실제적 관련성이 있다고 볼 수 없는 경우, 공무원이 위와 같은 공법상의 제한을 회피할 목적으로 행정처분의 상대방과 사이에 사법상 계약을 체결하는 형식을 취하였다면 이는 법치행정의 원리에 반하는 것으로서 위법하다(대판 2009.12.10, 2007다63966).

② 행정청이 수익적 행정처분을 하면서 부가한 부담의 위법 여부는 처분 당시 법령을 기준으로 판단하여야 하고, 부담이 처분 당시 법령을 기준으로 적법하다면 처분 후 부담의 전제가 된 주된 행정처분의 근거 법령이 개정됨으로써 행정청이 더 이상 부관을 붙일 수 없게 되었다 하더라도 곧바로 위법하게 되거나 그 효력이 소멸하게 되는 것은 아니다(대판 2009.2.12, 2005다65500).

③ 당초에 붙은 기한을 허가 자체의 존속기간이 아니라 허가조건의 존속기간으로 보더라도 그 후 당초의 기한이 상당 기간 연장되어 연장된 기간을 포함한 존속기간 전체를 기준으로 볼 경우 더 이상 허가된 사업의 성질상 부당하게 짧은 경우에 해당하지 않게 된 때에는 관계 법령의 규정에 따라 허가 여부의 재량권을 가진 행정청으로서는 그때에도 허가조건의 개정만을 고려하여야 하는 것은 아니고 재량권의 행사로서 더 이상의 기간연장을 불

허가할 수도 있는 것이며, 이로써 허가의 효력은 상실된다(대판 2004.3.25, 2003두12837).

04 난도 ★★☆ 정답 ③

행정과정의 규율 > 정보공개와 개인정보 보호

정답의 이유

③ 정보공개법상 공개청구의 대상이 되는 정보란 공공기관이 직무상 작성 또는 취득하여 현재 보유·관리하고 있는 문서에 한정되는 것이기는 하나, 그 문서가 반드시 원본일 필요는 없다(대판 2006.5.25, 2006두3049).

오답의 이유

① 국민의 알 권리, 특히 국가정보에의 접근의 권리는 우리 헌법상 기본적으로 표현의 자유와 관련하여 인정되는 것으로 그 권리의 내용에는 일반 국민 누구나 국가에 대하여 보유·관리하고 있는 정보의 공개를 청구할 수 있는 이른바 일반적인 정보공개청구권이 포함된다(대판 1999.9.21, 97누5114).

② 대판 2003.12.12, 2003두8050

④ 대판 2013.1.24, 2010두18918

05 난도 ★★☆ 정답 ③

행정작용법 > 기타 행정작용

정답의 이유

③ 중소기업 정보화지원사업에 따른 지원금 출연을 위하여 중소기업청장이 체결하는 협약은 공법상 대등한 당사자 사이의 의사표시의 합치로 성립하는 공법상 계약에 해당한다. 협약의 해지 및 그에 따른 환수통보는 공법상 계약에 따라 행정청이 대등한 당사자의 지위에서 하는 의사표시로 보아야 하고, 이를 행정청이 우월한 지위에서 행하는 공권력의 행사로서 행정처분에 해당한다고 볼 수는 없다(대판 2015.8.27, 2015두41449).

오답의 이유

① 행정청이 자신과 상대방 사이의 법률관계를 일방적인 의사표시로 종료시켰다고 하더라도 곧바로 그 의사표시가 행정청으로서 공권력을 행사하여 행하는 행정처분이라고 단정할 수는 없고, 관계 법령이 상대방의 근무관계에 관하여 구체적으로 어떻게 규정하고 있는지에 따라 그 의사표시가 항고소송의 대상이 되는 행정처분에 해당하는 것인지 아니면 공법상 계약관계의 일방 당사자로서 대등한 지위에서 행하는 의사표시인지 여부를 개별적으로 판단하여야 한다(대판 2015.8.27, 2015두41449).

② 대판 2008.6.12, 2006두16328

④ 계약직공무원 채용계약해지의 의사표시는 일반공무원에 대한 징계처분과는 달라서 항고소송의 대상이 되는 처분 등의 성격을 가진 것으로 인정되지 아니하고, 국가 또는 지방자치단체가 채용계약 관계의 한쪽 당사자로서 대등한 지위에서 행하는 의사표시로 취급되는 것으로 이해되므로, 행정처분과 같이 행정절차법에 의하여 근거와 이유를 제시하여야 하는 것은 아니다(대판 2002.11.26, 2002두5948).

06 난도 ★★★　　　　　　　　　　　　정답 ④

행정작용법 > 행정행위

[정답의 이유]

④ 주택건설사업계획 승인처분에 따라 의제된 인허가가 위법함을 다투고자 하는 이해관계인은, 주택건설사업계획 승인처분의 취소를 구할 것이 아니라 의제된 인허가의 취소를 구하여야 하며, 의제된 인허가는 주택건설사업계획 승인처분과 별도로 항고소송의 대상이 되는 처분에 해당한다(대판 2018.11.29, 2016두 38792).

[오답의 이유]

① 대판 2018.11.29, 2016두38792

② 대판 2016.8.24, 2016두35762

③ 건축법에서 관련 인허가 의제 제도를 둔 취지는 인허가 의제사항과 관련하여 건축행정청으로 그 창구를 단일화하고 절차를 간소화하며 비용과 시간을 절감함으로써 국민의 권익을 보호하려는 것이지, 인허가 의제사항 관련 법률에 따른 각각의 인허가 요건에 관한 일체의 심사를 배제하려는 것이 아니다(대판 2011. 1.20, 2010두14954 전합).

07 난도 ★★☆　　　　　　　　　　　　정답 ②

행정상 쟁송 > 행정심판

[정답의 이유]

② 처분을 할 것을 명하는 재결은 행정심판법(제43조)상 행정심판위원회가 의무이행심판의 청구가 이유가 있다고 인정하는 경우에 행할 수 있는 재결이다.

[오답의 이유]

① · ③ · ④ 취소심판의 인용재결에는 취소재결과 변경재결 및 변경명령재결이 있다.

> **더 알아보기**
>
> 행정심판법
> 제43조(재결의 구분) ③ 위원회는 취소심판의 청구가 이유가 있다고 인정하면 처분을 취소 또는 다른 처분으로 변경하거나 처분을 다른 처분으로 변경할 것을 피청구인에게 명한다.

08 난도 ★★☆　　　　　　　　　　　　정답 ①

손해전보 > 행정상 손해배상

[정답의 이유]

① 일반적으로 공무원이 직무를 집행함에 있어서 관계법규를 알지 못하거나 필요한 지식을 갖추지 못하고 법규의 해석을 그르쳐 행정처분을 하였다면 그가 법률전문가가 아닌 행정직 공무원이라고 하여 과실이 없다고 할 수 없다(대판 2001.2.9, 98다52988).

[오답의 이유]

② 국가배상법이 정한 손해배상청구의 요건인 '공무원의 직무'에는 국가나 지방자치단체의 권력적 작용뿐만 아니라 비권력적 작용도 포함되지만, 단순한 사경제의 주체로서 하는 작용은 포함되지 아니한다(대판 1999.11.26, 98다47245).

③ 손해배상책임 묻기 위해서 가해공무원의 특정이 필수적인 것은 아니다. 누구의 행위인지가 판명되지 않더라도, 발생상황으로 보아 공무원의 행위에 의한 것이라고 인정되면 국가가 배상책임을 지게 된다는 것이 통설과 판례의 입장이다.

④ 당해 공무원의 직무내용, 당해 불법행위의 상황, 손해발생에 대한 당해 공무원의 기여정도, 당해 공무원의 평소 근무태도 등 제반사정을 참작하여 손해의 공평한 분담이라는 견지에서 신의칙상 상당하다고 인정되는 한도 내에서만 당해 공무원에 대하여 구상권을 행사할 수 있다고 봄이 상당하다(대판 1991.5.10, 91다6764).

09 난도 ★★☆　　　　　　　　　　　　정답 ②

행정작용법 > 행정행위

[정답의 이유]

㉠ 일반적으로 처분이 주체 · 내용 · 절차와 형식의 요건을 모두 갖추고 외부에 표시된 경우에는 처분의 존재가 인정된다. 행정의사가 외부에 표시되어 행정청이 자유롭게 취소 · 철회할 수 없는 구속을 받게 되는 시점에 처분이 성립하고, 그 성립여부는 행정청이 행정의사를 공식적인 방법으로 외부에 표시하였는지를 기준으로 판단해야 한다(대판 2019.7.11, 2017두38874).

㉡ 대판 2001.6.29, 2001두1611

㉢ 조합설립인가처분이 있은 이후에는 조합설립결의의 하자를 이유로 조합설립의 무효를 주장하는 것은 조합설립인가처분의 취소 또는 무효확인을 구하는 항고소송의 방법에 의하여야 할 것이고, 이와는 별도로 조합설립결의만을 대상으로 그 효력 유무를 다투는 확인의 소를 제기하는 것은 확인의 이익이 없어 허용되지 아니한다(대결 2010.4.8, 2009마1026).

[오답의 이유]

㉣ 공정거래위원회가 부당한 공동행위를 행한 사업자로서 구 독점규제 및 공정거래에 관한 법률에서 정한 자진신고자나 조사협조자에 대하여 과징금 부과처분(이하 '선행처분'이라 한다)을 한 뒤, 다시 자진신고자 등에 대한 사건을 분리하여 자진신고 등을 이유로 한 과징금 감면처분(이하 '후행처분'이라 한다)을 하였다면, 후행처분은 자진신고 감면까지 포함하여 처분 상대방이 실제로 납부하여야 할 최종적인 과징금액을 결정하는 종국적 처분이고, 선행처분은 이러한 종국적 처분을 예정하고 있는 일종의 잠정적 처분으로서 후행처분이 있을 경우 선행처분은 후행처분에 흡수되어 소멸한다. 따라서 위와 같은 경우에 선행처분의 취소를 구하는 소는 이미 효력을 잃은 처분의 취소를 구하는 것으로 부적법하다(대판 2015.2.12, 2013두987).

> **더 알아보기**
>
> [비교판례] 공정거래위원회가 시정명령 및 과징금 부과와 감면 여부를 분리 심리하여 별개로 의결한 다음 과징금 등 처분과 별도의 처분서로 감면기각처분을 하였다면, 원칙적으로 2개의 처분, 즉 과징금 등 처분과 감면기각처분이 각각 성립한 것이고, 처분의 상대방으로서는 각각의 처분에 대하여 함께 또는 별도로 불복할 수 있다(대판 2017.1.12, 2016두35199).

행정작용법 > 기타 행정작용

정답의 이유

② 원칙적으로는 그 계획이 일단 확정된 후에 어떤 사정의 변동이 있다고 하여 그러한 사유만으로는 지역주민이나 일반 이해관계인에게 일일이 그 계획의 변경을 신청할 권리를 인정하여 줄 수는 없을 것이지만 장래 일정한 기간 내에 관계 법령이 규정하는 시설 등을 갖추어 일정한 행정처분을 구하는 신청을 할 수 있는 법률상 지위에 있는 자의 국토이용계획변경신청을 거부하는 것이 실질적으로 당해 행정처분 자체를 거부하는 결과가 되는 경우에는 예외적으로 그 신청인에게 국토이용계획변경을 신청할 권리가 인정된다고 봄이 상당하므로, 이러한 신청에 대한 거부행위는 항고소송의 대상이 되는 행정처분에 해당한다(대판 2003.9.23. 2001두10936).

오답의 이유

① 도시기본계획은 도시의 기본적인 공간구조와 장기발전방향을 제시하는 종합계획으로서 그 계획에는 토지이용계획, 환경계획, 공원녹지계획 등 장래의 도시개발의 일반적인 방향이 제시되지만, 그 계획은 도시계획입안의 지침이 되는 것에 불과하여 일반국민에 대한 직접적인 구속력은 없는 것이다(대판 2002.10.11. 2000두8226).

③ 헌재 2016.10.27. 2013헌마576

④ 도시계획의 결정·변경 등에 관한 권한을 가진 행정청은 이미 도시계획이 결정·고시된 지역에 대하여도 다른 내용의 도시계획을 결정·고시할 수 있고, 이때에 후행 도시계획에 선행 도시계획과 서로 양립할 수 없는 내용이 포함되어 있다면, 특별한 사정이 없는 한 선행 도시계획은 후행 도시계획과 같은 내용으로 변경되는 것이다(대판 2000.9.8. 99두11257).

11 난도 ★★☆ 정답 ④

실효성 확보수단 > 행정강제

정답의 이유

④ 구 건축법상의 이행강제금 납부의무는 상속인 기타의 사람에게 승계될 수 없는 일신전속적인 성질의 것이므로 이미 사망한 사람에게 이행강제금을 부과하는 내용의 처분이나 결정은 당연무효이고, 이행강제금을 부과받은 사람의 이의에 의하여 비송사건절차법에 의한 재판절차가 개시된 후에 그 이의한 사람이 사망한 때에는 사건 자체가 목적을 잃고 절차가 종료한다(대결 2006.12.8. 2006마470).

오답의 이유

① 관계 법령상 행정대집행의 절차가 인정되어 행정청이 행정대집행의 방법으로 건물의 철거 등 대체적 작위의무의 이행을 실현할 수 있는 경우에는 따로 민사소송의 방법으로 그 의무의 이행을 구할 수 없다(대판 2017.4.28. 2016다213916).

② 행정대집행법상 대집행의 대상이 되는 대체적 작위의무는 공법상 의무이어야 할 것인데, 토지 등의 협의취득은 사법상 매매 내지 사법상 계약의 실질을 가지는 것이므로, 이러한 철거의무는 공법상의 의무가 될 수 없고, 이 경우에도 행정대집행법을 준용하여 대집행을 허용하는 별도의 규정이 없는 한 위와 같은 철거의무는 행정대집행법에 의한 대집행의 대상이 되지 않는다(대판 2006.10.13. 2006두7096).

③ 현행 건축법상 위법건축물에 대한 이행강제수단으로 대집행과 이행강제금(제83조 제1항)이 인정되고 있는데, 행정청은 개별사건에 있어서 위반내용, 위반자의 시정의지 등을 감안하여 대집행과 이행강제금을 선택적으로 활용할 수 있으며, 이처럼 그 합리적인 재량에 의해 선택하여 활용하는 이상 중첩적인 제재에 해당한다고 볼 수 없다(헌재 2004.2.26. 2001헌바80 등).

12 난도 ★★☆ 정답 ③

실효성 확보수단 > 행정강제

정답의 이유

③ 공유재산 및 물품 관리법에 따른 공유재산 원상복구의 강제적 이행은 원상복구의무와 그 불이행을 전제하므로 행정대집행에 해당한다.

오답의 이유

① 이행강제금은 작위의무 또는 부작위의무를 불이행한 경우에 그 의무를 간접적으로 강제이행시키기 위하여 일정한 기간 안에 의무이행이 없을 때에는 일정한 금액을 부과할 것을 계고함으로서 의무의 이행을 확보하려는 수단으로 집행벌이라고도 한다.

② 직접강제란 행정법상의 의무의 불이행이 있는 경우에 의무자의 신체나 재산에 실력을 가하여 의무의 이행이 있었던 것과 동일한 상태를 실현하는 작용을 말한다. 따라서 식품위생법상 영업소 폐쇄명령을 받은 후에도 계속하여 영업을 하는 경우 식품위생법에 따른 영업소 폐쇄조치는 직접강제에 해당한다.

④ 행정벌은 여러 유형으로 분류할 수 있으나, 처벌의 내용에 따라 행정형벌과 행정질서벌로 구별할 수 있다. 행정질서벌이란 행정법규 위반행위에 대하여 형법상의 벌이 아닌 과태료를 과하는 경우를 말하고, 부동산등기 특별조치법에 따른 과태료의 부과가 그 예이다.

13 난도 ★★☆ 정답 ①

실효성 확보수단 > 행정강제

정답의 이유

① 헌법 제12조 제3항의 사전영장주의원칙은 인신보호를 위한 헌법상의 기속원리이기 때문에 인신의 자유를 제한하는 국가의 모든 영역(예컨대, 행정상의 즉시강제)에서도 존중되어야 하고 다만 사전영장주의를 고수하다가는 도저히 그 목적을 달성할 수 없는 지극히 예외적인 경우에만 형사절차에서와 같은 예외가 인정된다고 할 것이다(대판 1995.6.30. 93추83).

오답의 이유

② 행정상 즉시강제란 행정강제의 일종으로서 목전의 급박한 행정상 장해를 제거할 필요가 있는 경우에, 미리 의무를 명할 시간적 여유가 없을 때 또는 그 성질상 의무를 명하여 가지고는 목적달성이 곤란할 때에, 직접 국민의 신체 또는 재산에 실력을 가하여

행정상 필요한 상태를 실현하는 작용이며, 법령 또는 행정처분에 의한 선행의 구체적 의무의 존재와 그 불이행을 전제로 하는 행정상 강제집행과 구별된다(헌재 2002.10.31, 2000헌가12).

③ 불법게임물에 대하여 관계당사자에게 수거·폐기를 명하고 그 불이행을 기다려 직접강제 등 행정상의 강제집행으로 나아가는 원칙적인 방법으로는 목적달성이 곤란하다고 할 수 있으므로, 등급분류를 받지 아니하거나 등급분류를 받은 게임물과 다른 내용의 게임물을 발견한 때에는 관계공무원으로 하여금 이를 수거하여 폐기하게 할 수 있도록 규정(즉시강제 규정)의 설정은 위와 같은 급박한 상황에 대처하기 위한 것으로서 그 불가피성과 정당성이 충분히 인정되는 것으로 판단된다(헌재 2002.10.31, 2000헌가12).

④ 행정상 즉시강제는 엄격한 실정법상의 근거를 필요로 할 뿐만 아니라, 그 발동에 있어서는 법규의 범위 안에서도 다시 행정상의 장해가 목전에 급박하고, 다른 수단으로는 행정목적을 달성할 수 없는 경우이어야 하며, 이러한 경우에도 그 행사는 필요 최소한도에 그쳐야 함을 내용으로 하는 조리상의 한계에 기속된다(헌재 2002.10.31, 2000헌가12).

14 난도 ★★☆
정답 ④

행정과정의 규율 > 정보공개와 개인정보보호

정답의 이유

㉠ 개인정보자기결정권의 보호대상이 되는 개인정보는 개인의 신체, 신념, 사회적 지위, 신분 등과 같이 인격주체성을 특징짓는 사항으로서 개인의 동일성을 식별할 수 있게 하는 일체의 정보를 의미하며, 반드시 개인의 내밀한 영역에 속하는 정보에 국한되지 않고 공적 생활에서 형성되었거나 이미 공개된 개인정보까지도 포함한다(대판 2016.3.10, 2012다105482).

㉡ 대판 2016.8.17, 2014다235080

㉣ 甲 등이 인터넷포털사이트 등의 개인정보 유출사고로 자신들의 주민등록번호 등 개인정보가 불법 유출되자 이를 이유로 관할 구청장에게 주민등록번호를 변경해 줄 것을 신청하였으나 주민등록번호 변경을 거부하는 취지의 통지를 한 사안에서, 피해자의 의사와 무관하게 주민등록번호가 유출된 경우에는 조리상 주민등록번호의 변경을 요구할 신청권을 인정함이 타당하고, 구청장의 주민등록번호 변경신청 거부행위는 항고소송의 대상이 되는 행정처분에 해당한다(대판 2017.6.15, 2013두2945).

오답의 이유

㉢ 개인정보 보호법 제26조와 정보통신망법 제25조에서 말하는 개인정보의 '처리위탁'은 본래의 개인정보 수집·이용목적과 관련된 위탁자 본인의 업무 처리와 이익을 위하여 개인정보가 이전되는 경우를 의미한다. 개인정보 처리위탁에 있어 수탁자는 위탁자로부터 위탁사무 처리에 따른 대가를 지급받는 것 외에는 개인정보 처리에 관하여 독자적인 이익을 가지지 않고, 정보제공자의 관리·감독 아래 위탁받은 범위 내에서만 개인정보를 처리하게 되므로, 개인정보 보호법 제17조와 정보통신망법 제24조의2에 정한 '제3자'에 해당하지 않는다(대판 2017.4.7, 2016도13263).

15 난도 ★★☆
정답 ④

행정쟁송 > 행정소송

정답의 이유

㉠ (×) 취소소송은 처분 등이 있음을 안 날로부터 90일 이내에 제기하여야 한다. 다만, 제18조 제1항 단서에 규정한 경우와 그 밖에 행정심판청구를 할 수 있는 경우 또는 행정청이 행정심판청구를 할 수 있다고 잘못 알린 경우에 행정심판청구가 있은 때의 기간은 재결서의 정본을 송달받은 날부터 기산한다(행정소송법 제20조 제1항).

㉡ (×) 처분이 있음을 안 날부터 90일 이내에 행정심판을 청구하지도 않고 취소소송을 제기하지도 않은 경우에는 그 후 제기된 취소소송은 제소기간을 경과한 것으로서 부적법하고, 처분이 있음을 안 날부터 90일을 넘겨 청구한 부적법한 행정심판청구에 대한 재결이 있은 후 재결서를 송달받은 날부터 90일 이내에 원래의 처분에 대하여 취소소송을 제기하였다고 하여 취소소송이 다시 제소기간을 준수한 것으로 되는 것은 아니다(대판 2011.11.24, 2011두18786).

㉢ (×) • 행정소송법 제20조 제1항이 정한 제소기간의 기산점인 '처분 등이 있음을 안 날'이란 통지, 공고 기타의 방법에 의하여 당해 처분 등이 있었다는 사실을 현실적으로 안 날을 의미한다. 상대방이 있는 행정처분의 경우에는 특별한 규정이 없는 한 행정처분이 상대방에게 고지되어 상대방이 이러한 사실을 인식함으로써 행정처분이 있다는 사실을 현실적으로 알았을 때 행정소송법 제20조 제1항이 정한 제소기간이 진행한다고 보아야 한다(대판 2014.9.25, 2014두8254).

• 지방보훈청장이 갑에게 '고엽제후유증전환 재심신체검사 무변동처분'통보서를 송달하자 갑이 위 처분의 취소를 구한 경우 갑이 통보서를 송달받기 전에 의무기록에 관한 정보공개를 청구해 위 처분을 하는 내용의 통보서를 비롯한 서류를 교부받은 날부터 제소기간을 기산한 것은 위법하다(대판 2014.9.25, 2014두8254).

㉣ (○) 행정처분의 무효확인을 구하는 소에는 특단의 사정이 없는 한 그 취소를 구하는 취지도 포함되어 있다고 보아야 하는 점 등에 비추어 볼 때, 동일한 행정처분에 대하여 무효확인의 소를 제기하였다가 그 후 그 처분의 취소를 구하는 소를 추가적으로 병합한 경우, 주된 청구인 무효확인의 소가 적법한 제소기간 내에 제기되었다면 추가로 병합된 취소청구의 소도 적법하게 제기된 것으로 봄이 상당하다(대판 2005.12.23, 2005두3554).

행정작용법 > 행정입법

정답의 이유

② 헌법 제38조, 제59조에서 채택하고 있는 조세법률주의의 원칙은 과세요건과 징수절차 등 조세권행사의 요건과 절차는 국민의 대표기관인 국회가 제정한 법률로써 규정하여야 한다는 것이나, 과세요건과 징수절차에 관한 사항을 명령·규칙 등 하위법령에 위임하여 규정하게 할 수 없는 것은 아니고, 이러한 사항을 하위법령에 위임하여 규정하게 하는 경우 구체적·개별적 위임만이 허용된다(대결 1994.9.30, 94부18).

오답의 이유

① 법률이 공법적 단체 등의 정관에 자치법적 사항을 위임한 경우에는 헌법 제75조가 정하는 포괄적인 위임입법의 금지는 원칙적으로 적용되지 않는다고 봄이 상당하고, 그렇다 하더라도 그 사항이 국민의 권리·의무에 관련되는 것일 경우에는 적어도 국민의 권리·의무에 관한 기본적이고 본질적인 사항은 국회가 정하여야 한다(대판 2007.10.12, 2006두14476).

③ 법률에서 위임받은 사항에 관하여 대강을 정하고 그중의 특정사항을 범위를 정하여 하위법령에 다시 위임하는 경우에는 재위임이 허용된다. 이러한 법리는 조례가 지방자치법 제22조 단서에 따라 주민의 권리제한 또는 의무부과에 관한 사항을 법률로부터 위임 받은 후, 이를 다시 지방자치단체장이 정하는 '규칙'이나 '고시' 등에 재위임하는 경우에도 마찬가지이다(대판 2015.1.15, 2013두14238).

④ 법률의 시행령이나 시행규칙은 그 법률에 의한 위임이 없으면 개인의 권리·의무에 관한 내용을 변경·보충하거나 법률에 규정되지 아니한 새로운 내용을 정할 수는 없지만, 법률의 시행령이나 시행규칙의 내용이 모법의 입법 취지 및 관련 조항 전체를 유기적·체계적으로 살펴 보아 모법의 해석상 가능한 것을 명시한 것에 지나지 아니하거나 모법 조항의 취지에 근거하여 이를 구체화하기 위한 것인 때에는 모법의 규율 범위를 벗어난 것으로 볼 수 없으므로, 모법에 이에 관하여 직접 위임하는 규정을 두지 않았다고 하더라도 이를 무효라고 볼 수는 없다(대판 2014.8.20, 2012두19526).

행정쟁송 > 행정소송

정답의 이유

ⓒ 국민권익위원회가 소방청장에게 인사와 관련하여 부당한 지시를 한 사실이 인정된다며 이를 취소할 것을 요구하기로 의결하고 그 내용을 통지하자 소방청장이 국민권익위원회 조치요구의 취소를 구하는 소송을 제기한 사안에서, 처분성이 인정되는 국민권익위원회의 조치요구에 불복하고자 하는 소방청장으로서는 조치요구의 취소를 구하는 항고소송을 제기하는 것이 유효·적절한 수단으로 볼 수 있으므로 소방청장이 예외적으로 당사자능력과 원고적격을 가진다(대판2018.8.1, 2014두35379).

ⓒ 법무사규칙 제37조 제4항이 이의신청 절차를 규정한 것은 채용승인을 신청한 법무사뿐만 아니라 사무원이 되려는 사람의 이익도 보호하려는 취지로 볼 수 있다. 따라서 지방법무사회의 사무원 채용승인 거부처분 또는 채용승인 취소처분에 대해서는 처분상대방인 법무사뿐만 아니라 그 때문에 사무원이 될 수 없게 된 사람도 이를 다툴 원고적격이 인정되어야 한다(대판 2020.4.9, 2015다34444).

오답의 이유

ⓐ 사증발급의 법적 성질, 출입국관리법의 입법 목적, 사증발급 신청인의 대한민국과의 실질적 관련성, 상호주의원칙 등을 고려하면, 우리 출입국관리법의 해석상 외국인에게는 사증발급 거부처분의 취소를 구할 법률상 이익이 인정되지 않는다(대판 2018.5.15, 2014두42506).

ⓔ 개발제한구역 중 일부 취락을 개발제한구역에서 해제하는 내용의 도시관리계획변경결정에 대하여, 개발제한구역 해제대상에서 누락된 토지의 소유자는 위 결정의 취소를 구할 법률상 이익이 없다(대판 2008.7.10, 2007두10242).

행정쟁송 > 행정소송

정답의 이유

④ 행정청이 관련 법령에 근거하여 행한 공사중지명령의 상대방이 명령의 취소를 구한 소송에서 패소함으로써 그 명령이 적법한 것으로 이미 확정되었다면, 이후 이러한 공사중지명령의 상대방은 그 명령의 해제신청을 거부한 처분의 취소를 구하는 소송에서 그 명령의 적법성을 다툴 수 없다(대판 2014.11.27, 2014두37665).

오답의 이유

① 일반적으로 기속행위나 기속적 재량행위에는 부관을 붙일 수 없고 가사 부관을 붙였다 하더라도 무효이다(대판1995.6.13, 94다56883).

② 국민의 신청에 대하여 한 행정청의 거부행위가 취소소송의 대상이 되기 위하여는 국민이 그 신청에 따른 행정행위를 하여 줄 것을 요구할 수 있는 법규상 또는 조리상의 권리가 있어야 하는 것인데, 공사중지명령에 있어서는 그 명령의 내용 자체로 또는 그 성질상으로 명령 이후에 그 원인사유가 해소되는 경우에는 잠정적으로 내린 당해 공사중지명령의 해제를 요구할 수 있는 권리를 위 명령의 상대방에게 인정하고 있다고 할 것이므로, 위 회사에게는 조리상으로 그 해제를 요구할 수 있는 권리가 인정된다(대판 1997.12.26, 96누17745).

③ 신청에 대한 거부처분의 효력을 정지하더라도 거부처분이 없었던 것과 같은 상태, 즉 거부처분이 있기 전의 신청 시의 상태로 되돌아가는 데에 불과하고 행정청에게 신청에 따른 처분을 하여야 할 의무가 생기는 것이 아니므로, 거부처분의 효력정지는 그 거부처분으로 인하여 신청인에게 생길 손해를 방지하는 데에 아무런 소용이 없어 그 효력정지를 구할 이익이 없다(대결 1992.2.13, 91두47).

행정쟁송 > 행정소송

정답의 이유

② 개별공시지가결정에 위법이 있는 경우에는 그 자체를 행정소송의 대상이 되는 행정처분으로 보아 그 위법 여부를 다툴 수 있음은 물론 이를 기초로 한 과세처분 등 행정처분의 취소를 구하는 행정소송에서도 선행처분인 개별공시지가결정의 위법을 독립된 위법사유로 주장할 수 있다고 해석함이 타당하다(대판 1994. 1.25, 93누8542).

오답의 이유

① 개별공시지가결정은 이를 기초로 한 과세처분 등과는 별개의 독립된 처분으로서 서로 독립하여 별개의 법률효과를 목적으로 하는 것이나, 개별공시지가결정에 위법이 있는 경우에는 그 자체를 행정소송의 대상이 되는 행정처분으로 보아 그 위법 여부를 다툴 수 있음은 물론 이를 기초로 한 과세처분 등 행정처분의 취소를 구하는 행정소송에서도 선행처분인 개별공시지가결정의 위법을 독립된 위법사유로 주장할 수 있다고 해석함이 타당하다(대판 1994.1.25, 93누8542).

③ 토지소유자는 지목을 토대로 토지의 사용·수익·처분에 일정한 제한을 받게 되는 점 등을 고려하면, 지목은 토지소유권을 제대로 행사하기 위한 전제요건으로서 토지소유자의 실체적 권리관계에 밀접하게 관련되어 있으므로 지적공부 소관청의 지목변경신청 반려행위는 국민의 권리관계에 영향을 미치는 것으로서 항고소송의 대상이 되는 행정처분에 해당한다(대판 2004.4.22, 2003두9015 전합).

④ 토지대장에 기재된 소유자 명의가 변경된다고 하여도 이로 인하여 당해 토지에 대한 실체상의 권리관계에 변동을 가져올 수 없고 토지 소유권이 지적공부의 기재만에 의하여 증명되는 것도 아니다. 따라서 소관청이 토지대장상의 소유자명의변경신청을 거부한 행위는 이를 항고소송의 대상이 되는 행정처분이라고 할 수 없다(대판 2012.1.12, 2010두12354).

단원종합

정답의 이유

③ 식품위생법 시행규칙 제53조에서 [별표 15]로 같은 법 제58조에 따른 행정처분의 기준을 정하였다 하더라도, 이는 형식은 부령으로 되어 있으나 성질은 행정기관 내부의 사무처리준칙을 규정한 것에 불과한 것으로서 보건사회부장관이 관계행정기관 및 직원에 대하여 직무권한행사의 지침을 정하여 주기 위하여 발한 행정명령의 성질을 가지는 것이지 같은 법 제58조 제1항의 규정에 의하여 보장된 재량권을 기속하는 것이라고 할 수 없고, 대외적으로 국민이나 법원을 기속하는 힘이 있는 것은 아니다(대판 1993.6.29, 93누5635).

오답의 이유

① 甲은 불이익 처분의 직접 상대방으로서 B군수의 영업정지처분을 다툴 법률상 이익이 있으므로 A도 행정심판위원회에 행정심판을 청구할 수 있다(행정심판법 제6조 제3항 제2호).

제6조(행정심판위원회의 설치)

③ 다음 각 호의 행정청의 처분 또는 부작위에 대한 심판청구에 대해서는 시·도지사 소속으로 두는 행정심판위원회에서 심리·재결한다.

1. 시·도 소속 행정청
2. 시·도 관할구역에 있는 시·군·자치구의 장, 소속 행정청 또는 시·군·자치구의 의회(의장, 위원회의 위원장, 사무국장, 사무과장 등 의회 소속 모든 행정청을 포함한다)
3. 시·도의 관할구역에 있는 둘 이상의 지방자치단체(시·군·자치구를 말한다)·공공법인 등이 공동으로 설립한 행정청

---

② 취소소송은 법령의 규정에 의하여 당해 처분에 대한 행정심판을 제기할 수 있는 경우에도 이를 거치지 아니하고 제기할 수 있다(행정소송법 제18조 제1항).

④ 행정청의 재량에 속하는 처분이라도 재량권의 한계를 넘거나 그 남용이 있는 때에는 법원은 이를 취소할 수 있다(행정소송법 제27조).

행정법총론 | 2021년 지방직 9급

한눈에 훑어보기

 영역 분석

행정법통론   01 05 08
3문항, 15%

행정작용법   02 03 04 06 07
5문항, 25%

행정과정의 규율   09 10
2문항, 10%

실효성 확보수단   11 13 14
3문항, 15%

손해전보   15
1문항, 5%

행정쟁송   12 16 17 18 20
5문항, 25%

단원종합   19
1문항, 5%

빠른 정답

01	02	03	04	05	06	07	08	09	10
④	①	③	③	①	④	②	②	③	④
11	12	13	14	15	16	17	18	19	20
③	②	④	②	③	②	②	③	②	①

점수 체크

구분	1회독	2회독	3회독
맞힌 문항 수	/ 20	/ 20	/ 20
나의 점수	점	점	점

01 난도 ★☆☆   정답 ④

행정법통론 > 행정법의 법원

[정답의 이유]

④ 관보의 내용 해석 및 적용 시기 등에 대하여 종이관보와 전자관보는 동일한 효력을 가진다(법령 등 공포에 관한 법률 제11조 제4항).

[오답의 이유]

① 법령 등 공포에 관한 법률 제11조 제1항
② 법령 등 공포에 관한 법률 제11조 제2항
③ 법령 등 공포에 관한 법률 제12조

더 알아보기

법령 등 공포에 관한 법률
제11조(공포 및 공고의 절차) ① 헌법개정·법률·조약·대통령령·총리령 및 부령의 공포와 헌법개정안·예산 및 예산 외 국고부담계약의 공고는 관보(官報)에 게재함으로써 한다.
② 「국회법」 제98조 제3항 전단에 따라 하는 국회의장의 법률 공포는 서울특별시에서 발행되는 둘 이상의 일간신문에 게재함으로써 한다.
③ 제1항에 따른 관보는 종이로 발행되는 관보(이하 "종이관보"라 한다)와 전자적인 형태로 발행되는 관보(이하 "전자관보"라 한다)로 운영한다.
④ 관보의 내용 해석 및 적용 시기 등에 대하여 종이관보와 전자관보는 동일한 효력을 가진다.

02 난도 ★★☆   정답 ①

행정작용법 > 행정행위

[정답의 이유]

① 국세기본법상 부과의 취소에 위법사유가 있다고 하더라도 당연무효가 아닌 한 일단 유효하게 성립하여 부과처분을 확정적으로 상실시키는 것이므로, 과세관청은 부과의 취소를 다시 취소함으로써 원부과처분을 소생시킬 수는 없고 납세의무자에게 종전의 과세대상에 대한 납부의무를 지우려면 다시 법률에서 정한 부과절차에 좇아 동일한 내용의 새로운 처분을 하는 수밖에 없다(대판 1995.3.10, 94누7027).

[오답의 이유]

② 행정기본법 제19조 제1항 제3호
③ 수익적 행정행위의 철회는 행정절차법상 '권리를 제한하는 처분'에 해당하므로 특별한 규정이 없는 한 행정절차법상의 절차(사전통지, 의견제출 등)를 따라야 한다.

④ 행정처분을 한 처분청은 그 처분의 성립에 하자가 있는 경우 이를 취소할 별도의 법적 근거가 없다고 하더라도 직권으로 이를 취소할 수 있다(대판 2002.5.28, 2001두9653).

더 알아보기

행정행위의 취소와 철회

구분	취소	철회
권한자	• 직권취소: 처분청 • 쟁송취소: 행정심판위원회, 법원	처분청
사유	원시적 하자	후발적인 새로운 사정
효과	• 직권취소 - 다수설: 부담적 행정행위 → 소급효, 수익적 행정행위 → 장래효 - 판례: 원칙상 소급효 • 쟁송취소: 소급효가 원칙	장래효
근거	• 직권취소: 근거 불필요(통설· 판례) • 쟁송취소: 실정법에 있음	근거 불필요 (통설·판례)

03 난도 ★★☆
정답 ③

행정작용법 > 행정행위

[정답의 이유]
③ 행정처분과 부관 사이에 실제적 관련성이 있다고 볼 수 없는 경우 공무원이 위와 같은 공법상의 제한을 회피할 목적으로 행정처분의 상대방과 사이에 사법상 계약을 체결하는 형식을 취하였다면 이는 법치행정의 원리에 반하는 것으로서 위법하다(대판 2009.12.10, 2007다63966).

[오답의 이유]
① 행정기본법 제17조 제2항
② 대판 2009.2.12, 2005다65500
④ 행정행위의 부관은 부담인 경우를 제외하고는 독립하여 행정소송의 대상이 될 수 없는 바, 기부채납 받은 행정재산에 대한 사용·수익허가에서 공유재산의 관리청이 정한 사용·수익허가의 기간은 그 허가의 효력을 제한하기 위한 행정행위의 부관으로서 이러한 사용·수익허가의 기간에 대해서는 독립하여 행정소송을 제기할 수 없다(대판 2001.6.15, 99두509).

04 난도 ★☆☆
정답 ③

행정작용법 > 기타 행정작용

[정답의 이유]
③ 계약직공무원에 관한 현행 법령의 규정에 비추어 볼 때, 계약직공무원 채용계약해지의 의사표시는 일반공무원에 대한 징계처분과는 달라서 항고소송의 대상이 되는 처분 등의 성격을 가진 것으로 인정되지 아니하고, 일정한 사유가 있을 때에 국가 또는 지방자치단체가 채용계약 관계의 한쪽 당사자로서 대등한 지위에서 행하는 의사표시로 취급되는 것으로 이해되므로, 이를 징계해고 등에서와 같이 그 징계사유에 한하여 효력 유무를 판단하여

야 하거나, 행정처분과 같이 행정절차법에 의하여 근거와 이유를 제시하여야 하는 것은 아니다(대판 2002.11.26, 2002두5948).

[오답의 이유]
① 현행 실정법이 전문직공무원인 공중보건의사의 채용계약 해지의 의사표시는 일반 공무원에 대한 징계처분과는 달라서 항고소송의 대상이 되는 처분 등의 성격을 가진 것으로 인정되지 아니하고, 일정한 사유가 있을 때에 관할 도지사가 채용계약 관계의 한쪽 당사자로서 대등한 지위에서 행하는 의사표시로 취급하고 있는 것으로 이해되므로, 공중보건의사 채용계약 해지의 의사표시에 대하여는 대등한 당사자간의 소송형식인 공법상의 당사자소송으로 그 의사표시의 무효확인을 청구할 수 있는 것이지, 이를 항고소송의 대상이 되는 행정처분이라는 전제하에서 그 취소를 구하는 항고소송을 제기할 수는 없다(대판 1996.5.31, 95누10617).
② 법률우위의 원칙은 모든 행정작용에 적용되므로 공법상 계약의 내용이 법령에 위반되지 않아야 한다.
④ 행정기본법 제27조 제2항

05 난도 ★★☆
정답 ①

행정법통론 > 행정·행정법

[정답의 이유]
(가) (×) 행정청이 상대방에게 장차 어떤 처분을 하겠다고 확약 또는 공적인 의사표명을 하였다고 하더라도, 그 자체에서 상대방으로 하여금 언제까지 처분의 발령을 신청을 하도록 유효기간을 두었는데도 그 기간 내에 상대방의 신청이 없었다거나 확약 또는 공적인 의사표명이 있은 후에 사실적·법률적 상태가 변경되었다면, 그와 같은 확약 또는 공적인 의사표명은 행정청의 별다른 의사표시를 기다리지 않고 실효된다(대판 1996.8.20, 95누10877).
(나) (×) 시장이 농림수산식품부에 의하여 공표된 '2008년도 농림사업시행지침서'에 명시되지 않은 '시·군별 건조저장시설 개소당 논 면적' 기준을 충족하지 못하였다는 이유로 신규 건조저장시설 사업자 인정신청을 반려한 사안에서, 위 지침이 되풀이 시행되어 행정관행이 이루어졌다거나 그 공표만으로 신청인이 보호가치 있는 신뢰를 갖게 되었다고 볼 수 없다(대판 2009.12.24, 2009두7967).
(다) (○) 행정청의 공적 견해표명이 있었는지의 여부를 판단하는 데 있어 반드시 행정조직상의 형식적인 권한분장에 구애될 것은 아니고 담당자의 조직상의 지위와 임무, 당해 언동을 하게 된 구체적인 경위 및 그에 대한 상대방의 신뢰가능성에 비추어 실질에 의하여 판단하여야 한다(대판 1997.9.12, 96누18380).
(라) (○) 국가배상법에 따른 위법행위에 대해서 요구되는 법령의 위반은 성문법, 불문법 및 행정법의 일반원칙(비례의 원칙, 신뢰보호의 원칙, 신의성실의 원칙, 평등의 원칙 등)의 위반을 포함한다.

행정작용법 > 행정행위

[정답의 이유]

④ 행정행위의 불가변력은 당해 행정행위에 대하여서만 인정되는 것이고, 동종의 행정행위라 하더라도 그 대상을 달리할 때에는 이를 인정할 수 없다(대판 1974.12.10, 73누129).

[오답의 이유]

① 행정처분이 아무리 위법하다고 하여도 그 하자가 중대하고 명백하여 당연무효라고 보아야 할 사유가 있는 경우를 제외하고는 아무도 그 하자를 이유로 무단히 그 효과를 부정하지 못하는 것으로, 이러한 행정행위의 공정력은 판결의 기판력과 같은 효력은 아니지만 그 공정력의 객관적 범위에 속하는 행정행위의 하자가 취소사유에 불과한 때에는 그 처분이 취소되지 않는 한 처분의 효력을 부정하여 그로 인한 이득을 법률상 원인 없는 이득이라고 말할 수 없는 것이다(대판 1994.11.11, 94다28000).

② 대판 2010.4.8, 2009다90092

③ 물품세 과세대상이 아닌 것을 세무공무원이 직무상 과실로 과세대상으로 오인하여 과세처분을 행함으로 인하여 손해가 발생된 경우에는, 동 과세처분이 취소되지 아니하였다 하더라도, 국가는 이로 인한 손해를 배상할 책임이 있다(대판 1997.4.10, 79다262).

행정작용법 > 행정입법

[정답의 이유]

② 대판 2009.6.11, 2008두13637

[오답의 이유]

① 일반적으로 법률의 위임에 의하여 효력을 갖는 법규명령의 경우, 구법에 위임의 근거가 없어 무효였더라도 사후에 법 개정으로 위임의 근거가 부여되면 그때부터는 유효한 법규명령이 되나, 반대로 구법의 위임에 의한 유효한 법규명령이 법 개정으로 위임의 근거가 없어지게 되면 그 때부터 무효인 법규명령이 되므로, 어떤 법령의 위임 근거 유무에 따른 유효 여부를 심사하려면 법 개정의 전·후에 걸쳐 모두 심사하여야만 그 법규명령의 시기에 따른 유효·무효를 판단할 수 있다(대판 1995.6.30, 93추83).

③ 입법부가 법률로써 행정부에게 특정한 사항을 위임했음에도 불구하고 행정부가 정당한 이유 없이 이를 이행하지 않는다면 권력분립의 원칙과 법치국가 내지 법치행정의 원칙에 위배되는 것으로서 위법함과 동시에 위헌적인 것이 되는 바, 구 군법무관임용법(1967.3.3, 법률 제1904호로 개정되어 2000.12.26, 법률 제6291호로 전문 개정되기 전의 것) 제5조 제3항과 군법무관임용 등에 관한 법률(2000.12.26, 법률 제6291호로 개정된 것) 제6조가 군법무관의 보수를 법관 및 검사의 예에 준하도록 규정하면서 그 구체적 내용을 시행령에 위임하고 있는 이상, 위 법률의 규정들은 군법무관의 보수의 내용을 법률로써 일차적으로 형성한 것이고, 위 법률들에 의해 상당한 수준의 보수청구권이 인정되는 것이므로, 위 보수청구권은 단순한 기대이익을 넘어서는 것으로서 법률의 규정에 의해 인정된 재산권의 한 내용이 되는 것으로 봄이 상당하고, 따라서 행정부가 정당한 이유 없이 시행령을 제정하지 않은 것은 위 보수청구권을 침해하는 불법행위에 해당한다(대판 2007.11.29, 2006다3561).

④ 법규명령의 위임근거가 되는 법률에 대하여 위헌결정이 선고되면 그 위임에 근거하여 제정된 법규명령도 원칙적으로 효력을 상실한다(대판 2001.6.12, 2000다18547).

행정법통론 > 행정·행정법

[정답의 이유]

② 대판 2011.7.28, 2005두11784

[오답의 이유]

① 구 관광진흥법(2010.3.31, 법률 제10219호로 개정되기 전의 것) 제8조 제4항에 의한 지위승계신고를 수리하는 허가관청의 행위는 단순히 양도·양수인 사이에 이미 발생한 사법상 사업양도의 법률효과에 의하여 양수인이 그 영업을 승계하였다는 사실의 신고를 접수하는 행위에 그치는 것이 아니라, 영업허가자의 변경이라는 법률효과를 발생시키는 행위이다. 그리고 구 체육시설의 설치·이용에 관한 법률(2010.3.31, 법률 제10219호로 개정되기 전의 것) 제20조, 제27조의 각 규정 등에 의하면 체육시설업자로부터 영업을 양수하거나 문화체육관광부령으로 정하는 체육시설업의 시설 기준에 따른 필수시설을 인수한 자가 관계 행정청에 이를 신고하여 행정청이 수리하는 경우에는 종전 체육시설업자는 적법한 신고를 마친 체육시설업자의 지위를 부인당할 불안정한 상태에 놓이게 되므로, 그로 하여금 이러한 수리행위의 적법성을 다투어 법적 불안을 해소할 수 있도록 하는 것이 법치행정의 원리에 맞는다(대판 2012.12.13, 2011두29144).

③ 건축법 제14조 제2항에 의한 인허가 의제 효과를 수반하는 건축신고는 일반적인 건축신고와는 달리, 특별한 사정이 없는 한 행정청이 그 실체적 요건에 관한 심사를 한 후 수리하여야 하는 이른바 '수리를 요하는 신고'로 보는 것이 옳다(대판 2011.1.20, 2010두14954 전합).

④ 주민등록은 단순히 주민의 거주관계를 파악하고 인구의 동태를 명확히 하는 것 외에도 주민등록에 따라 공법관계상의 여러 가지 법률상 효과가 나타나게 되는 것으로서, 주민등록의 신고는 행정청에 도달하기만 하면 신고로서의 효력이 발생하는 것이 아니라 행정청이 수리한 경우에 비로소 신고의 효력이 발생한다(대판 2009.1.30, 2006다17850).

행정과정의 규율 > 행정절차

[정답의 이유]

③ 세액산출근거가 기재되지 아니한 납세고지서에 의한 부과처분은 강행법규에 위반하여 취소대상이 된다 할 것이므로 이와 같은 하자는 납세의무자가 전심절차에서 이를 주장하지 아니하였거나, 그 후 부과된 세금을 자진납부하였다거나, 또는 조세채권의 소멸시효기간이 만료되었다 하여 치유되는 것이라고는 할 수 없다(대판 1985.4.9, 84누431).

[오답의 이유]

① 국가공무원법상 직위해제처분은 구 행정절차법(2012.10.22. 법률 제11498호로 개정되기 전의 것) 제3조 제2항 제9호, 구 행정절차법 시행령(2011.12.21. 대통령령 제23383호로 개정되기 전의 것) 제2조 제3호에 의하여 당해 행정작용의 성질상 행정절차를 거치기 곤란하거나 불필요하다고 인정되는 사항 또는 행정절차에 준하는 절차를 거친 사항에 해당하므로, 처분의 사전통지 및 의견청취 등에 관한 행정절차법의 규정이 별도로 적용되지 않는다(대판 2014.5.16, 2012두26180).

② 처분 당시 당사자가 어떠한 근거와 이유로 처분이 이루어진 것인지를 충분히 알 수 있어서 그에 불복하여 행정구제절차로 나아가는 데에 별다른 지장이 없었던 것으로 인정되는 경우에는 처분서에 처분의 근거와 이유가 구체적으로 명시되어 있지 않았다고 하더라도 그로 말미암아 그 처분이 위법한 것으로 된다고 할 수는 없다(대판 2013.11.14, 2011두18571).

④ 당사자 등은 청문조서의 내용을 열람·확인할 수 있으며, 이의가 있을 때에는 그 정정을 요구할 수 있다(행정절차법 제34조 제2항).

행정과정의 규율 > 정보공개와 개인정보 보호

[정답의 이유]

④ 실제로는 해당 정보를 취득 또는 활용할 의사가 전혀 없이 정보공개 제도를 이용하여 사회통념상 용인될 수 없는 부당한 이득을 얻으려 하거나, 오로지 공공기관의 담당공무원을 괴롭힐 목적으로 정보공개청구를 하는 경우처럼 권리의 남용에 해당하는 것이 명백한 경우에는 정보공개청구권의 행사를 허용하지 아니하는 것이 옳다(대판 2014.12.24, 2014두9349).

[오답의 이유]

① 정보공개법 제17조 제1항

② 정보공개법 제11조 제5항 제1호

③ 대판 2003.12.12, 2003두8050

실효성 확보 > 수단행정강제

[정답의 이유]

③ 부동산 실권리자명의 등기에 관한 법률(이하 '부동산실명법'이라 한다) 제10조 제1항, 제4항, 제6조 제2항의 내용, 체계 및 취지 등을 종합하면, 부동산의 소유권이전을 내용으로 하는 계약을 체결하고 반대급부의 이행을 완료한 날로부터 3년 이내에 소유권이전등기를 신청하지 아니한 등기권리자 등(이하 '장기미등기자'라 한다)에 대하여 부과되는 이행강제금은 소유권이전등기신청의무 불이행이라는 과거의 사실에 대한 제재인 과징금과 달리, 장기미등기자에게 등기신청의무를 이행하지 아니하면 이행강제금이 부과된다는 심리적 압박을 주어 의무의 이행을 간접적으로 강제하는 행정상의 간접강제 수단에 해당한다. 따라서 장기미등기자가 이행강제금 부과 전에 등기신청의무를 이행하였다면 이행강제금의 부과로써 이행을 확보하고자 하는 목적은 이미 실현된 것이므로 부동산실명법 제6조 제2항에 규정된 기간이 지나서 등기신청의무를 이행한 경우라 하더라도 이행강제금을 부과할 수 없다(대판 2016.6.23, 2015두36454).

[오답의 이유]

① 전통적으로 행정대집행은 대체적 작위의무에 대한 강제집행수단으로, 이행강제금은 부작위의무나 비대체적 작위의무에 대한 강제집행수단으로 이해되어 왔으나, 이는 이행강제금 제도의 본질에서 오는 제약은 아니며, 이행강제금은 대체적 작위의무의 위반에 대하여도 부과될 수 있다(헌재 2004.2.26, 2002헌바26).

② 구 건축법상의 이행강제금은 구 건축법의 위반행위에 대하여 시정명령을 받은 후 시정기간 내에 당해 시정명령을 이행하지 아니한 건축주 등에 대하여 부과되는 간접강제의 일종으로서 그 이행강제금 납부의무는 상속인 기타의 사람에게 승계될 수 없는 일신전속적인 성질의 것이므로 이미 사망한 사람에게 이행강제금을 부과하는 내용의 처분이나 결정은 당연무효이고, 이행강제금을 부과 받은 사람의 이의에 의하여 비송사건절차법에 의한 재판절차가 개시된 후에 그 이의한 사람이 사망한 때에는 사건 자체가 목적을 잃고 절차가 종료한다(대결 2006.12.8, 2006마470).

④ 현행 건축법상 위법건축물에 대한 이행강제수단으로 대집행과 이행강제금(제83조 제1항)이 인정되고 있는데, 양 제도는 각각의 장·단점이 있으므로 행정청은 개별사건에 있어서 위반내용, 위반자의 시정의지 등을 감안하여 대집행과 이행강제금을 선택적으로 활용할 수 있으며, 이처럼 그 합리적인 재량에 의해 선택하여 활용하는 이상 중첩적인 제재에 해당한다고 볼 수 없다(헌재 2004.2.26, 2002헌바26 등).

이행강제금(집행벌)의 특징

- 행정상 강제집행 중 유일한 간접적 강제수단에 해당한다.
- 이행강제금은 처벌이 아니므로 행정형벌과는 달리 반복 부과할 수 있다.
- 과거의무 위반에 대한 제재인 행정벌과는 달리 장래 의무이행 확보수단에 해당한다.
- 이행강제금은 처벌이 아니므로 고의 또는 과실이 없어도 부과할 수 있다.
- 이행강제금과 행정벌은 목적과 기능을 달리하므로 병과할 수 있다. 병과하더라도 일사부재리원칙에 위반되지 않는다.
- 헌법재판소는 대체적 작위의무 위반에 대해서도 이행강제금을 부과할 수 있다고 판시하였다(헌재 2004.2.26, 201헌바80).
- 현행법상 대체적 작위의무를 불이행한 경우에 이행강제금을 부과한 규정이 존재한다(건축법 제80조).

12 난도 ★★☆ 　　　　　　　　　 정답 ②

행정쟁송 > 행정소송

정답의 이유

② 사정판결은 항고소송 중 취소소송에서는 인정되나, 무효등확인소송은 인정되지 않는다.

오답의 이유

① 행정소송법 제28조 제1항

③ 행정소송법 제28조 제2항

④ 행정소송법 제28조 제3항

13 난도 ★★☆ 　　　　　　　　　 정답 ④

실효성 확보수단 > 행정벌

정답의 이유

④ 신분에 의하여 성립하는 질서위반행위에 신분이 없는 자가 가담한 때에는 신분이 없는 자에 대하여도 질서위반행위가 성립한다(질서위반행위규제법 제12조 제2항).

오답의 이유

① 질서위반행위규제법 제6조

② 경찰서장이 범칙행위에 대하여 통고처분을 한 이상, 범칙자의 위와 같은 절차적 지위를 보장하기 위하여 통고처분에서 정한 범칙금 납부기간까지는 원칙적으로 경찰서장은 즉결심판을 청구할 수 없고, 검사도 동일한 범칙행위에 대하여 공소를 제기할 수 없다고 보아야 한다(대판 2020.4.29, 2017도13409).

③ 질서위반행위규제법 제20조 제1항 · 제2항

14 난도 ★★☆ 　　　　　　　　　 정답 ②

실효성 확보수단 > 행정강제

정답의 이유

② 대집행의 계고 · 대집행영장에 의한 통지 · 대집행의 실행 · 대집행에 요한 비용의 납부명령 등은 타인이 대신하여 행할 수 있는

행정의무의 이행을 의무자의 비용부담하에 확보하고자 하는 동일한 행정목적을 달성하기 위하여 단계적인 일련의 절차로 연속하여 행하여지는 것으로서, 서로 결합하여 하나의 법률효과를 발생시키는 것이므로 선행처분인 계고처분이 하자가 있는 위법한 처분이라면, 비록 하자가 중대하고도 명백한 것이 아니어서 당연무효의 처분이라고 볼 수 없고 대집행의 실행이 이미 사실행위로서 완료되어 계고처분의 취소를 구할 법률상 이익이 없게 되었으며, 또 대집행비용납부명령 자체에는 아무런 하자가 없다 하더라도, 후행처분인 대집행비용납부명령의 취소를 청구하는 소송에서 청구원인으로 선행처분인 계고처분이 위법한 것이기 때문에 그 계고처분을 전제로 행하여진 대집행비용납부명령도 위법한 것이라는 주장을 할 수 있다(대판 1993.11.9, 93누14271).

오답의 이유

① 대판 1998.10.23, 97누157

③ 행정대집행법 제6조 제3항

④ 행정대집행법 제7조

15 난도 ★★★ 　　　　　　　　　 정답 ③

손해전보 > 행정상 손해배상

정답의 이유

③ 국가배상법 제5조 제1항 소정의 '공공의 영조물'이라 함은 국가 또는 지방자치단체에 의하여 특정 공공의 목적에 공여된 유체물 내지 물적 설비를 말하며, 국가 또는 지방자치단체가 소유권, 임차권 그 밖의 권한에 기하여 관리하고 있는 경우뿐만 아니라 사실상의 관리를 하고 있는 경우도 포함된다(대판 1998.10.23, 98다17381).

오답의 이유

① 국가배상법 제6조 제1항

② 공무원이 고의 또는 과실로 그에게 부과된 직무상 의무를 위반하였을 경우라고 하더라도 국가는 그러한 직무상의 의무 위반과 피해자가 입은 손해 사이에 상당인과관계가 인정되는 범위 내에서만 배상책임을 지는 것이고, 이 경우 상당인과관계가 인정되기 위하여는 공무원에게 부과된 직무상 의무의 내용이 단순히 공공 일반의 이익을 위한 것이거나 행정기관 내부의 질서를 규율하기 위한 것이 아니고 전적으로 또는 부수적으로 사회구성원 개인의 안전과 이익을 보호하기 위하여 설정된 것이어야 한다(대판 2010.9.9, 2008다77795).

④ 공무원이 직무수행 중 불법행위로 타인에게 손해를 입힌 경우에 국가 등이 국가배상책임을 부담하는 외에 공무원 개인도 고의 또는 중과실이 있는 경우에는 불법행위로 인한 손해배상책임을 진다고 할 것이지만, 공무원에게 경과실뿐인 경우에는 공무원 개인은 손해배상책임을 부담하지 아니한다(대판 1996.2.15, 95다38677 전합).

16 난도 ★★☆　　　　　　　　　정답 ②

[정답의 이유]

② 신청에 대한 거부처분의 효력을 정지하더라도 거부처분이 없었던 것과 같은 상태, 즉 거부처분이 있기 전의 신청 시의 상태로 되돌아가는 데에 불과하고 행정청에게 신청에 따른 처분을 하여야 할 의무가 생기는 것이 아니므로, 거부처분의 효력정지는 그 거부처분으로 인하여 신청인에게 생길 손해를 방지하는 데에 아무런 소용이 없어 그 효력정지를 구할 이익이 없다(대결 1992. 2.13, 91두47).

[오답의 이유]

① 대결 1988.6.14, 88두6
③ 행정소송법 제23조 제2항
④ 대결 1992.6.8, 92두14

17 난도 ★★☆　　　　　　　　　정답 ②

행정쟁송 > 행정심판

[정답의 이유]

② • 제1항부터 제6항까지의 규정은 무효등확인심판청구와 부작위에 대한 의무이행심판청구에는 적용하지 아니한다(행정심판법 제27조 제7항).
　• 제1항과 제2항은 무효등확인심판에는 적용하지 아니한다(행정심판법 제44조 제3항).

> **제27조(심판청구의 기간)**
> ① 행정심판은 처분이 있음을 알게 된 날부터 90일 이내에 청구하여야 한다.
> ② 청구인이 천재지변, 전쟁, 사변(事變), 그 밖의 불가항력으로 인하여 제1항에서 정한 기간에 심판청구를 할 수 없었을 때에는 그 사유가 소멸한 날부터 14일 이내에 행정심판을 청구할 수 있다. 다만, 국외에서 행정심판을 청구하는 경우에는 그 기간을 30일로 한다.
> ③ 행정심판은 처분이 있었던 날부터 180일이 지나면 청구하지 못한다. 다만, 정당한 사유가 있는 경우에는 그러하지 아니하다.
> ④ 제1항과 제2항의 기간은 불변기간(不變期間)으로 한다.
> ⑤ 행정청이 심판청구 기간을 제1항에 규정된 기간보다 긴 기간으로 잘못 알린 경우 그 잘못 알린 기간에 심판청구가 있으면 그 행정심판은 제1항에 규정된 기간에 청구된 것으로 본다.
> ⑥ 행정청이 심판청구 기간을 알리지 아니한 경우에는 제3항에 규정된 기간에 심판청구를 할 수 있다.
> ⑦ 제1항부터 제6항까지의 규정은 무효등확인심판청구와 부작위에 대한 의무이행심판청구에는 적용하지 아니한다.
>
> **제44조(사정재결)**
> ① 위원회는 심판청구가 이유가 있다고 인정하는 경우에도 이를 인용(認容)하는 것이 공공복리에 크게 위배된다고 인정하면 그 심판청구를 기각하는 재결을 할 수 있다. 이 경우 위원회는 재결의 주문(主文)에서 그 처분 또는 부작위가 위법하거나 부당하다는 것을 구체적으로 밝혀야 한다.제44조(사정재결)

> ② 위원회는 제1항에 따른 재결을 할 때에는 청구인에 대하여 상당한 구제방법을 취하거나 상당한 구제방법을 취할 것을 피청구인에게 명할 수 있다.
> ③ 제1항과 제2항은 무효등확인심판에는 적용하지 아니한다.

[오답의 이유]

① 행정심판법 제18조(현 제27조) 제1항 소정의 심판청구기간 기산점인 '처분이 있음을 안 날'이라 함은 당사자가 통지·공고 기타의 방법에 의하여 당해 처분이 있었다는 사실을 현실적으로 안 날을 의미하고, 추상적으로 알 수 있었던 날을 의미하는 것은 아니라 할 것이다(대결 1995.11.24, 95누11535).
③ 행정심판법 제51조
④ 대판 2015.11.27, 2013다6759

18 난도 ★★★　　　　　　　　　정답 ③

행정쟁송 > 행정소송

[정답의 이유]

㉠ 지방의회 의원에 대한 제명의결 취소소송 계속 중 의원의 임기가 만료된 사안에서, 제명의결의 취소로 의원의 지위를 회복할 수는 없다 하더라도 제명의결 시부터 임기만료일까지의 기간에 대한 월정수당의 지급을 구할 수 있는 등 여전히 그 제명의결의 취소를 구할 법률상 이익이 있다(대판 2009.1.30, 2007두13487).

㉡ 파면처분취소소송의 사실심 변론종결 전에 동원고가 허위공문서등작성 죄로 징역 8월에 2년간 집행유예의 형을 선고받아 확정되었다면 원고는 지방공무원법 제61조의 규정에 따라 위 판결이 확정된 날 당연퇴직되어 그 공무원의 신문을 상실하고, 당연퇴직이나 파면이 퇴직급여에 관한 불이익의 점에 있어 동일하다 하더라도 최소한도 이 사건 파면처분이 있은 때부터 위 법규정에 의한 당연퇴직일자까지의 기간에 있어서는 파면처분의 취소를 구하여 그로 인해 박탈당한 이익의 회복을 구할 소의 이익이 있다 할 것이다(대판 1985.6.25, 85누39).

[오답의 이유]

㉢ 공익근무요원 소집해제신청을 거부한 후에 원고가 계속하여 공익근무요원으로 복무함에 따라 복무기간 만료를 이유로 소집해제처분을 한 경우, 원고가 입게 되는 권리와 이익의 침해는 소집해제처분으로 해소되었으므로 위 거부처분의 취소를 구할 소의 이익이 없다(대판 2005.5.13, 2004두4369).

19 난도 ★★☆

정답 ②

단원종합

정답의 이유

② 거부처분의 처분성을 인정하기 위한 전제요건이 되는 신청권의 존부는 구체적 사건에서 신청인이 누구인가를 고려하지 않고 관계 법규의 해석에 의하여 일반 국민에게 그러한 신청권을 인정하고 있는가를 살펴 추상적으로 결정되는 것이고, 신청인이 그 신청에 따른 단순한 응답을 받을 권리를 넘어서 신청의 인용이라는 만족적 결과를 얻을 권리를 의미하는 것은 아니다(대판 1996.6.11, 95누12460).

오답의 이유

① 개인의 고유성, 동일성을 나타내는 지문은 그 정보주체를 타인으로부터 식별 가능하게 하는 개인정보이므로, 시장·군수 또는 구청장이 개인의 지문정보를 수집하고, 경찰청장이 이를 보관·전산화하여 범죄수사목적에 이용하는 것은 모두 개인정보자기결정권을 제한하는 것이다(헌재 2005.5.26, 2004헌마190 등).

③ 대판 2004.4.22, 2003두9015 전합

④ 대판 2017.8.29, 2016두44186

20 난도 ★★☆

정답 ①

행정쟁송 > 행정심판

정답의 이유

㉠ 행정심판법 제49조 제2항

㉡ 행정심판법 제49조 제1항

> **제49조(재결의 기속력 등)**
> ① 심판청구를 인용하는 재결은 피청구인과 그 밖의 관계 행정청을 기속(羈束)한다.
> ② 재결에 의하여 취소되거나 무효 또는 부존재로 확인되는 처분이 당사자의 신청을 거부하는 것을 내용으로 하는 경우에는 그 처분을 한 행정청은 재결의 취지에 따라 다시 이전의 신청에 대한 처분을 하여야 한다.

오답의 이유

㉢ 재결의 기속력은 재결의 주문 및 그 전제가 된 요건사실의 인정과 판단, 즉 처분 등의 구체적 위법사유에 관한 판단에만 미친다고 할 것이고, 종전 처분이 재결에 의하여 취소되었다 하더라도 종전 처분 시와는 다른 사유를 들어서 처분을 하는 것은 기속력에 저촉되지 않는다고 할 것이며, 여기에서 동일 사유인지 다른 사유인지는 종전 처분에 관하여 위법한 것으로 재결에서 판단된 사유와 기본적 사실관계에 있어 동일성이 인정되는 사유인지 여부에 따라 판단되어야 한다(대판 2005.12.9, 2003두7705).

㉣ 위원회는 피청구인이 제49조 제2항(제49조 제4항에서 준용하는 경우를 포함한다) 또는 제3항에 따른 처분을 하지 아니하면 청구인의 신청에 의하여 결정으로 상당한 기간을 정하고 피청구인이 그 기간 내에 이행하지 아니하는 경우에는 그 지연기간에 따라 일정한 배상을 하도록 명하거나 즉시 배상을 할 것을 명할 수 있다(행정심판법 제50조의2 제1항).

PART 5

행정학개론

한눈에 훑어보기

✔ 빠른 정답

01	02	03	04	05	06	07	08	09	10
③	①	②	④	②	③	①	①	②	③
11	12	13	14	15	16	17	18	19	20
①	④	④	②	②	③	④	③	④	①

✔ 점수 체크

구분	1회독	2회독	3회독
맞힌 문항 수	/ 20	/ 20	/ 20
나의 점수	점	점	점

---

01 난도 ★★☆   정답 ③

행정학총론 > 행정학의 주요 이론

[정답의 이유]

③ 신행정론은 1970년대 전후 미국 사회의 격동기에 등장한 문제들을 해결하기 위하여 행태론의 논리실증주의 접근법을 비판하고 형평성과 적실성을 강조한 새로운 행정학 접근법이다.

[오답의 이유]

① 과학적 관리론은 최고관리자의 기능을 연구한 것이 아니라 현장의 실무를 담당하는 노동자의 직무를 분석한 이론이다. 귤릭(Gulick)의 POSDCoRB이론은 과학적 관리론이 아니라 최고관리자의 기능을 연구한 것으로 행정관리설에 해당한다.

② 사이먼(Simon)의 행정행태론은 가치를 기반으로 한 것이 아니라 가치와 사실을 구분하고 사실에 근거한 행정학의 과학화를 추구한 접근법이다.

④ 민간과 공공 부문의 파트너십을 강조하고 기업가 정신보다 시민권을 중요시한 것은 신공공관리론이 아니라 신공공서비스론이다. 신공공관리론은 민·관의 경쟁과 고객중심주의를 강조한 이론이다.

02 난도 ★★☆   정답 ①

조직론 > 조직의 구조형태

[정답의 이유]

① 베버(Weber)의 이념형 관료제 성립배경은 봉건적·전근대적 지배체제의 확립이 아니라 법적·합리적 지배를 바탕으로 한 근대적 사회 확립이다.

[오답의 이유]

② 이념형 관료제는 법적·합리적 권위에 기초를 둔 근대사회의 조직구조이다.

③ 관료의 권한과 임무는 문서화된 법규에 의하여 규정된다.

④ 관료제 내에서 하급관료는 원칙적으로 상관이 임명하고 지휘·감독한다.

03 난도 ★☆☆   정답 ②

재무행정론 > 예산이론

[정답의 이유]

② 점증주의는 거시적 예산결정이 아니라 미시적 예산결정이론이며, 다원화된 사회를 배경으로 한 예산결정이론이다. 거시적 예산결정과 예산삭감을 설명하기에 적합한 이론은 총체주의이다.

① 계획예산(PPBS), 영기준예산(ZBB)은 총체주의의 대표적 예산 제도이며, 품목별예산(LIBS), 성과주의예산(PBS)은 점증주의의 대표적 예산제도이다.

③ 총체주의는 합리적 분석을 통하여 자원을 효율적으로 배분하려는 합리주의 예산이다.

④ 점증주의는 예산을 결정할 때 모든 대안을 총체적으로 고려하는 것이 아니라 기본적인 대안(전년도 예산)을 인정하고 신규로 요구되는 추가 부분만 고려하여 분석한다. 모든 대안을 총체적으로 고려하는 것은 영기준예산(ZBB)이다.

04 난도 ★☆☆

정답 ④

정책론 > 정책의제설정

④ 무의사결정론은 신다원주의가 아니라 신엘리트이론에 해당한다. 무의사결정론을 대표하는 이론가인 바흐라흐(Bachrach)는 다원주의가 권력의 두 얼굴 중 '밝은 얼굴'만 고려하고 '어두운 얼굴'은 고려하지 못했다고 비판하였다.

① 무의사결정은 정책의제 설정과정에서 주로 나타나지만 넓게는 정책의 모든 과정에서 나타난다고 볼 수 있다.

② 기존의 규범이나 절차 · 편견을 동원하여 변화 요구를 봉쇄하는 것도 무의사결정의 한 수단이다. 이를 샤츠슈나이더(Schattschneider)는 '편견의 동원'이라 하였다.

③ 무의사결정은 정책문제화를 막기 위해 폭력이나 강제력을 사용하기도 한다.

05 난도 ★★★

정답 ②

재무행정론 > 재무행정의 기초이론

② 통합재정은 일반회계, 특별회계, 기금을 포함한 국가재정 전체를 의미하지만, 공공 부문 전체가 포함되는 것은 아니다.

① 세입과 세출은 거래의 성격에 따라 경상거래(단기적 · 소모적 계정)와 자본거래(장기적 · 투자적 계정)로 구분하여 작성한다.

③ 통합재정은 정부의 재정이 국민 경제에 미치는 효과를 총체적으로 파악하기 위하여 작성되는 예산의 분류체계이다.

④ 통합재정은 내부거래와 보존거래를 제외한 예산순계형식으로 작성된다.

06 난도 ★☆☆

정답 ③

정책론 > 정책평가

③ 내적 타당성은 정책수단(집행된 정책내용)과 정책효과 사이의 상관관계에 관한 인과적 추론의 정확성 정도를 의미한다.

① 외적 타당성에 대한 설명이다. 외적 타당성은 분석 및 평가 결과가 다른 상황에서도 일반화될 수 있는지의 정도를 의미한다.

② 구성적 타당성에 대한 설명이다. 구성적 타당성은 이론적 구성요소들의 추상적 개념을 성공적으로 조작화한 정도를 의미한다.

④ 신뢰성에 대한 설명이다. 신뢰성은 반복해서 측정했을 때 일관성 있는 결과를 얻는 정도를 의미한다.

더 알아보기

정책평가 타당성의 종류

구성적 타당성	처리, 결과, 모집단 및 상황들에 대한 이론적 구성요소들이 성공적으로 조작화된 정도
통계적 결론의 타당성	정밀하고 강력하게 연구설계(평가기획)가 이루어진 정도로, 제1종 및 제2종 오류가 발생하지 않은 정도
내적 타당성	조작화된 결과에 대하여 찾아낸 효과가 다른 경쟁적인 원인(외생변수)들에 의해서라기보다는 조작화된 처리(원인변수)에 기인한 것이라고 볼 수 있는 정도 → 인과적 추론의 정확도 정도
외적 타당성	실험결과를 다른 상황에까지 일반화시킬 수 있는지의 정도

07 난도 ★★★

정답 ①

지방행정론 > 지방공무원법

① 지방의회의원, 정당의 당원, 공무원 임용결격사유가 있는 자 등은 지방공무원법상 시 · 도 인사위원회의 위원으로 임명 또는 위촉될 수 없다(지방공무원법 제7조 제6항).

제7조(인사위원회의 설치)
⑥ 다음 각 호의 어느 하나에 해당하는 사람은 위원으로 위촉될 수 없다.
  1. 제31조 각 호의 어느 하나에 해당하는 사람
  2. 「정당법」에 따른 정당의 당원
  3. 지방의회의원

② · ③ · ④ 지방공무원법 제7조 제5항

제7조(인사위원회의 설치)
⑤ 지방자치단체의 장과 지방의회의 의장은 각각 소속 공무원(국가공무원을 포함한다) 및 다음 각 호에 해당하는 사람으로서 인사행정에 관한 학식과 경험이 풍부한 사람 중에서 위원을 임명하거나 위촉하되, 위원의 자격요건에 관하여 필요한 사항은 대통령령으로 정한다. 다만, 시험위원은 시험실시기관의 장이 따로 위촉할 수 있다.
  1. 법관 · 검사 또는 변호사 자격이 있는 사람
  2. 대학에서 조교수 이상으로 재직하거나 초등학교 · 중학교 · 고등학교 교장 또는 교감으로 재직하는 사람

3. 공무원(국가공무원을 포함한다)으로서 20년 이상 근속하고 퇴직한 사람

4. 「비영리민간단체 지원법」에 따른 비영리민간단체에서 10년 이상 활동하고 있는 지역단위 조직의 장

5. 상장법인의 임원 또는 「공공기관의 운영에 관한 법률」 제5조에 따라 지정된 공기업의 지역단위 조직의 장으로 근무하고 있는 사람

08 난도 ★☆☆ 정답 ①

조직론 > 조직의 구조형태

정답의 이유

① 사업(부) 구조는 조직의 산출물에 기반을 둔 구조화 방식으로, 사업부 내에서의 이질적 기능 조정이 용이하다.

더 알아보기

데프트(Daft)의 조직유형

조직	특징
기계적 구조	• 고전적이고 전형적인 관료제 조직 • 엄격한 분업과 계층, 좁은 통솔범위, 높은 공식화 · 표준화 · 집권화
기능 구조	• 전체 업무를 공동 기능별로 부서화한 조직 • 기능 간 수평적 조정 곤란, 높은 전문성, 규모의 경제 구현
사업 구조	• 산출(성과)중심의 자기완결적 조직 • 부서 내 기능 간 조정 용이, 사업부서(영역) 간 갈등, 전문성 저하, 규모의 불경제
매트릭스 구조	• 기능 구조와 사업 구조를 결합한 이중적 권한 구조로, 전문성과 대응성을 결합한 조직 • 수평적 조정, 규모의 경제
수평 구조	• 핵심업무과정 중심으로 조직화한 구조 • 의사소통 · 수평적 조정 용이, 팀 내 계층 타파, 절차의 병렬화
네트워크 구조	• 핵심역량만 조직화하고 나머지는 다른 조직에 아웃소싱하여 수행하는 구조 • 시장과 계층제의 중간 형태
유기적 구조	• 가장 유기적인 조직으로 학습조직(지식의 창조 · 공유 · 활용)이 대표적 • 낮은 표준화 · 공식화, 분권과 참여적 조직, 팀조직 · 네트워크 · 가상조직 등도 포함

09 난도 ★★☆ 정답 ②

인사행정론 > 인사행정의 기초이론

정답의 이유

연공주의란 개인의 실적(성과)이나 능력보다는 경력, 특히 근속년수를 기준으로 하는 인사제도로 공직입문시기나 선임순위(seniority), 근무연한 등 연공서열을 중시하는 폐쇄형 인사제도를 말한다.

ⓒ 연공주의는 장기근속으로 조직에 대한 충성도 및 공헌도를 높인다.

ⓔ 연공주의는 연공서열에 따른 계층적 서열구조 확립으로 조직 내 안정감 및 질서유지에 기여한다.

오답의 이유

ⓛ · ⓐ 성과주의에 대한 설명이다. 성과주의는 개인의 성과에 따라 적절한 보상을 제공하여 조직구성원의 사기를 진작시키고 조직 내 경쟁을 통해 개인의 역량 개발에 기여한다.

10 난도 ★☆☆ 정답 ③

정책론 > 정책결정모형

정답의 이유

③ 관료정치모형(모형 Ⅲ)은 참여자들 간의 갈등과 타협에 의해 이루어지는 의사결정모형으로 구성원 간 목표 공유 정도와 정책결정의 일관성이 매우 낮다.

오답의 이유

① 정책결정과정에서 갈등의 준해결을 중시하는 것은 조직과정모형(모형 Ⅱ)에 대한 설명이다.

② 정책결정자들이 국가 전체의 이익이나 전략적 목표를 극대화하기 위한 결정을 하는 것은 합리모형(모형 Ⅰ)에 대한 설명이다.

④ 정부를 독립적 하부조직의 느슨한 연합체라고 보는 것은 조직과정모형(모형 Ⅱ)에 대한 설명이다.

11 난도 ★★☆ 정답 ①

정책론 > 정책결정

정답의 이유

① 집단사고란 조직원들의 사회적 배경과 관념의 동질성이 높을 때 집단이 외부로부터 고립되어 충분한 토의가 일어날 수 없는 상황에서 의사결정이 이루어짐으로써 결국 잘못된 의사결정에 도달하게 되는 현상을 말한다. 따라서 토론을 바탕으로 한 집단지성의 활용은 집단사고를 방지할 수 있는 방안에 해당한다.

더 알아보기

재니스(Janis)의 집단사고 증상 8가지

무오류의 환상	집단이 절대 잘못될 리 없다는 생각
합리화의 환상	내 · 외부의 경고를 무시하기 위해 자신들의 주장을 집단적으로 합리화하는 현상. 집단의 생각과 맞지 않는 상호 모순되는 생각은 철저하게 무시
도덕성의 환상	자신들이 도덕적으로 우월하다고 생각
적에 대한 상동적인 태도	반대 집단에 대해 부정적 편견을 갖는 태도
동조압력	집단과 다른 견해에 대해 무언의 압력을 행사
자기검열	시키지는 않았지만 집단이 싫어할까봐 알아서 자기자신을 검열하는 것
만장일치의 환상	조직원 상호 간에 만장일치로 동의했다고 믿음
집단 초병	방어기재로 외부의 반대 정보를 적극적으로 차단

12 난도 ★★★

정답 ④

조직론 > 조직이론

정답의 이유

④ 조직군 생태학이론은 조직군의 변화를 유발하는 변이가 외부환경에 의하여 계획적·우연적으로 일어나며 조직은 이에 수동적으로 대응할 수밖에 없다는 극단적인 환경결정론적 거시조직론이다.

오답의 이유

① 구조적 상황이론은 개별조직이 놓여 있는 상황에 따라 조직의 구조를 설계하는 것이 효과적이라고 보는 이론으로 안정된 환경에서는 기계적 구조가, 불안정한 환경에서는 유기적 구조가 적합하다고 여긴다.

② 전략적 선택이론은 환경이 조직을 지배하는 것이 아니라 관리자의 전략적 선택이 중요하다고 보는 이론으로 동일한 환경에서도 환경에 대한 관리자의 가치관이나 지각·신념 등의 차이로 상이한 구조나 전략이 선택될 수 있다는 이론이다.

③ 거래비용이론은 시장에서의 거래비용이 조직 내 거래비용(행정비용)보다 크면 거래가 필요 없는 거래의 내부화(내부조직화)가 나타난다고 본다.

13 난도 ★★☆

정답 ④

인사행정론 > 인사행정의 기초이론

정답의 이유

④ 직위분류제의 직무평가 방법 중 요소비교법은 기준직무와 평가할 직무를 비교하여 점수를 설정하고 보수액을 정해주는 계량적 평가방법이다.

오답의 이유

① 점수법은 직무평가기준표에 의하여 직무의 구성요소별로 점수를 부여하고 이를 합산하여 평가하는 방법이다.

② 분류법은 미리 정한 등급기준표에 의하여 직무 전체를 평가하여 등급을 결정하는 비계량적 방법이다.

③ 서열법과 분류법은 직무를 구성요소별로 나누지 않고 직무 전체의 중요도를 종합적으로 평가하는 방법이다.

14 난도 ★★★

정답 ②

조직론 > 전자정부와 지식정부론

정답의 이유

② '전자정부기본계획'은 행정안전부장관이 5년 단위로 수립한다. 과학기술정보통신부장관이 3년마다 작성하는 기본계획은 '지능정보사회종합계획'이다(전자정부법 제5조 제1항·제2조 제4호).

제5조(전자정부기본계획의 수립)

① 중앙사무관장기관의 장은 전자정부의 구현·운영 및 발전을 위하여 5년마다 제5조의2 제1항에 따른 행정기관 등의 기관별 계획을 종합하여 전자정부기본계획을 수립하여야 한다.

제2조(정의)

이 법에서 사용하는 용어의 뜻은 다음과 같다.

4. "중앙사무관장기관"이란 국회 소속 기관에 대하여는 국회사무처, 법원 소속 기관에 대하여는 법원행정처, 헌법재판소 소속 기관에 대하여는 헌법재판소사무처, 중앙선거관리위원회 소속 기관에 대하여는 중앙선거관리위원회사무처, 중앙행정기관 및 그 소속 기관과 지방자치단체에 대하여는 행정안전부를 말한다.

오답의 이유

① 정부는 지능정보사회 정책의 효율적·체계적 추진을 위하여 지능정보사회 종합계획을 3년 단위로 수립하여야 한다(지능정보화 기본법 제6조 제1항).

③ 전자정부법 제2조 제8호

④ 지능정보화 기본법 제8조 제1항

15 난도 ★★★

정답 ②

행정환류 > 행정책임과 통제

정답의 이유

② 롬젝(Romzeck)은 행정책임의 원천과 통제의 정도에 따라 행정책임 유형을 4가지로 나누었다. 그중 법적 책임은 표준운영절차(SOP) 등 내부규칙이나 규정에 따른 통제가 아닌 입법부·사법부 등 외부 법률 관련 기관에 의한 통제를 의미한다.

오답의 이유

① 계층적 책임은 상명하복의 원칙에 따라 상급자에 대하여 하급자가 지는 책임을 의미한다.

③ 전문가적 책임은 전문가가 기관장에 대하여 지는 내부적 책임으로 전문직업적 규범이나 전문가 집단의 관행 등을 중시한다.

④ 정치적 책임이란 관료가 외부 유권자나 민간 고객, 이익집단, 일반대중 등 이해관계자의 기대에 부응하는 책임을 의미한다.

더 알아보기

듀브닉(Dubnick)과 롬젝(Romzek)의 행정책임성 유형

구분		관료조직 통제의 소재	
		내부	외부
조직의 자율성 (통제의 정도)	낮음(높음)	계층적 책임성	법률적 책임성
	높음(낮음)	전문적 책임성	정치적 책임성

16 난도 ★★☆   정답 ③

재무행정론 > 예산과정

정답의 이유

③ 재정사업 자율평가 결과 기획재정부장관이 필요하다고 판단하면 재정사업 심층평가를 실시할 수 있다(국가재정법 시행령 제39조의3 제1항 제1호).

제39조의3(재정사업의 성과평가 등)

① 기획재정부장관은 법 제85조의8 제1항에 따라 각 중앙관서의 장과 기금관리주체에게 기획재정부장관이 정하는 바에 따라 주요 재정사업을 스스로 평가(이하 "재정사업 자율평가"라 한다)하도록 요구할 수 있으며, 다음 각 호의 어느 하나에 해당하는 사업에 대해서는 심층평가를 실시할 수 있다. 다만, 「과학기술기본법」 제11조에 따른 국가연구개발사업에 대한 평가는 「국가연구개발사업 등의 성과평가 및 성과관리에 관한 법률」에 따른 성과평가로 재정사업 자율평가 또는 심층평가를 대체할 수 있다.

1. 재정사업 자율평가 결과 추가적인 평가가 필요하다고 판단되는 사업

오답의 이유

① 국가재정법 제85조의2 제1항

제85조의2(재정사업의 성과관리)

① 정부는 성과중심의 재정운용을 위하여 다음 각 호의 성과목표관리 및 성과평가를 내용으로 하는 재정사업의 성과관리(이하 "재정사업 성과관리"라 한다)를 시행한다.

1. 성과목표관리: 재정사업에 대한 성과목표, 성과지표 등의 설정 및 그 달성을 위한 집행과정·결과의 관리
2. 성과평가: 재정사업의 계획 수립, 집행과정 및 결과 등에 대한 점검·분석·평가

---

② 국가재정법 제85조의10 제2항

제85조의10(재정사업 성과관리 결과의 반영 등)

② 기획재정부장관은 재정사업의 성과평과 결과를 재정운용에 반영할 수 있다.

---

④ 재정사업 자율평가는 미국 클린턴(Clinton) 정부 시절(1992) 관리예산처(OMB)가 도입한 PART(Program Assessment Rating Tool)가 그 시초이며 우리나라는 2005년 이를 우리 실정에 맞게 수정·도입하였다. 미국의 PART는 2010년 폐지되었다.

17 난도 ★★☆   정답 ④

인사행정론 > 사기앙양과 근무규율

정답의 이유

④ 이해충돌 위반행위는 감사원, 수사기관, 국민권익위원회 등에 신고할 수 있으며, 위반행위가 발생한 공공기관 및 그 감독기관에도 신고할 수 있다(공직자의 이해충돌 방지법 제18조 제1항).

제18조(위반행위의 신고 등)

① 누구든지 이 법의 위반행위가 발생하였거나 발생하고 있다는 사실을 알게 된 경우에는 다음 각 호의 어느 하나에 해당하는 기관에 신고할 수 있다.

1. 이 법의 위반행위가 발생한 공공기관 또는 그 감독기관
2. 감사원 또는 수사기관
3. 국민권익위원회

---

18 난도 ★★☆   정답 ③

인사행정론 > 사기앙양과 근무규율

정답의 이유

③ 직위해제는 일정기간 직위를 부여하지 않는 처분으로 직무수행 능력이 부족하거나 근무성적이 극히 나쁜 자에 대해서는 직위해제가 가능하다.

오답의 이유

① 직위해제는 일정기간 직위를 부여하지 않는 것으로, 징계처분에 해당하지는 않는다(국가공무원법 제79조).

제79조(징계의 종류)

징계는 파면·해임·강등·정직·감봉·견책(譴責)으로 구분한다.

---

② 직위해제는 공무원 신분은 유지되고 직무수행만 정지된다.

④ 직위해제의 사유가 소멸된 경우 임용권자는 지체 없이 직위를 부여하여야 한다(국가공무원법 제73조의3 제2항).

제73조의3(직위해제)

① 임용권자는 다음 각 호의 어느 하나에 해당하는 자에게는 직위를 부여하지 아니할 수 있다.

1. 삭제
2. 직무수행 능력이 부족하거나 근무성적이 극히 나쁜 자
3. 파면·해임·강등 또는 정직에 해당하는 징계 의결이 요구 중인 자
4. 형사 사건으로 기소된 자(약식명령이 청구된 자는 제외한다)
5. 고위공무원단에 속하는 일반직공무원으로서 제70조의2 제1항 제2호부터 제5호까지의 사유로 적격심사를 요구받은 자
6. 금품비위, 성범죄 등 대통령령으로 정하는 비위행위로 인하여 감사원 및 검찰·경찰 등 수사기관에서 조사나 수사 중인 자로서 비위의 정도가 중대하고 이로 인하여 정상적인 업무수행을 기대하기 현저히 어려운 자

② 제1항에 따라 직위를 부여하지 아니한 경우에 그 사유가 소멸되면 임용권자는 지체 없이 직위를 부여하여야 한다.

지방행정론 > 지방자치단체와 주민

정답의 이유

④ 주민의 법규 발안에 있어 종래에는 주민조례개폐청구만 인정되고 규칙에 대해서는 의견 제출 규정이 없었으나, 지방자치법 개정(2021.1.12. 개정, 2022.1.13. 시행)에 의하여 주민들이 자치단체장에게 규칙 개폐 의견을 제출할 수 있도록 하는 주민규칙개폐의견 제출제도가 처음 도입되었다(지방자치법 제20조).

제20조(규칙의 제정과 개정·폐지 의견 제출)

① 주민은 제29조에 따른 규칙(권리·의무와 직접 관련되는 사항으로 한정한다)의 제정, 개정 또는 폐지와 관련된 의견을 해당 지방자치단체의 장에게 제출할 수 있다.

② 법령이나 조례를 위반하거나 법령이나 조례에서 위임한 범위를 벗어나는 사항은 제1항에 따른 의견 제출 대상에서 제외한다.

③ 지방자치단체의 장은 제1항에 따라 제출된 의견에 대하여 의견이 제출된 날부터 30일 이내에 검토 결과를 그 의견을 제출한 주민에게 통보하여야 한다.

④ 제1항에 따른 의견 제출, 제3항에 따른 의견의 검토와 결과 통보의 방법 및 절차는 해당 지방자치단체의 조례로 정한다.

오답의 이유

①·②·③ 우리나라의 주민참여제도는 조례 제정·개폐청구제도(1999) → 주민감사청구제도(1999) → 주민투표제도(2004) → 주민소송제도(2005) → 주민소환제도(2006)의 순으로 도입되었다.

정책론 > 정책평가

정답의 이유

① 통제집단 사전·사후 설계는 무작위로 실험집단과 통제집단을 구분하기 때문에 검사 효과를 통제할 수 없다.

오답의 이유

② 준실험은 진실험에 비해 실현 가능성과 외적 타당도가 높다는 장점이 있다.

③ 회귀불연속 설계는 실험집단과 통제집단에 실험대상을 배정할 때 분명하게 알려진 자격기준에 따라 두 집단을 다르게 구성하여 집단 간 회귀분석의 결과를 비교하는 방식으로, 구분점(구간)에서 회귀직선의 불연속적인 단절을 이용한다.

④ 솔로몬 4집단 설계는 사전측정을 생략한 통제집단 사후 설계와 통제집단 사전·사후 설계를 결합한 방식으로, 검사효과를 방지할 수 있다는 통제집단 사후 설계의 장점과 최초의 차이점을 파악할 수 있다는 통제집단 사전·사후 설계의 장점을 갖는다.

한눈에 훑어보기

✔ 영역 분석

행정학총론 04 09 14 18
4문항, 20%

정책론 03 05 13 19
4문항, 20%

조직론 02 07 17
3문항, 15%

인사행정론 01 12 15
3문항, 15%

재무행정론 06 08 10 20
4문항, 20%

지방행정론 11 16
2문항, 10%

✔ 빠른 정답

01	02	03	04	05	06	07	08	09	10
①	④	②	②	②	④	①	②	④	③
11	12	13	14	15	16	17	18	19	20
①	②	④	②	③	②	③	③	①	④

✔ 점수 체크

구분	1회독	2회독	3회독
맞힌 문항 수	/ 20	/ 20	/ 20
나의 점수	점	점	점

---

01 난도 ★☆☆ 정답 ①

인사행정론 > 인사행정의 기초이론

[정답의 이유]
① 직무의 속성을 중심으로 공직을 분류하는 제도는 직위분류제이다.

[오답의 이유]
② 계급제는 최하위 계층에만 문호가 개방되어 있는 폐쇄형 충원방식을 원칙으로 한다.
③ 계급제는 직위분류제와는 달리 직렬, 직군 등의 구분이 없으므로 일반행정가 양성을 지향한다.
④ 계급제는 직위분류제와는 다르게 일반행정가 양성을 강조하기에 변동하는 직무상황에 대응이 용이하고 융통성이 있으며, 탄력적으로 인사를 관리할 수 있다.

02 난도 ★☆☆ 정답 ④

조직론 > 조직의 양태와 조직유형

[정답의 이유]
④ 홀라크라시는 자율성과 의사결정 권한을 지닌 각각의 부문들이 유기적으로 협력하면서 공동의 목적을 달성하는 조직구조를 말한다.

[오답의 이유]
①·②·③ 민츠버그(Mintzberg)가 제시한 조직유형에는 기계적 관료제, 전문적 관료제, 사업부제, 애드호크라시 등이 있다.

03 난도 ★★☆ 정답 ②

정책론 > 정책결정모형

[정답의 이유]
② 사이버네틱스모형은 자동온도조절장치와 같이 시간의 흐름에 따라 환류되는 정보를 분석하여 잘못된 점이 있으면 수정·보완하는 방식의 모형이다.

[오답의 이유]
① 1960년대 미국의 쿠바 미사일 위기사건을 설명하기 위해 연구된 모형은 앨리슨(Allison) 모형이다. 혼합주사모형은 거시적 맥락의 근본적 결정에 해당하는 부분에서는 합리모형의 의사결정 방식을 따른다.
③ 갈등의 준해결, 문제 중심의 탐색, 불확실성 회피, 표준운영절차의 활용을 설명하는 모형은 회사모형이다. 쓰레기통모형은 조직화된 무질서 상태에서 어떠한 계기로 인해 우연히 정책이 결정된다고 본다.

④ 만족할 만한 수준에서 의사결정이 이루어진다고 설명하는 모형은 만족모형이다. 합리모형은 정책결정자가 모든 문제에 대하여 완전한 정보를 가지고 있으며 문제해결을 위한 목표와 수단을 명확히 정의할 수 있다고 전제한다.

04 난도 ★★☆
정답 ②

행정학총론 > 행정학의 주요 이론

[정답의 이유]

(가) 테일러(Taylor)의 과학적 관리론은 1911년에 소개되었다.

(나) 신공공관리론은 1980년대 초에 영미국가 중심으로 등장하였으며 1990년대 초 클린턴(Clinton) 정부 시기 오스본과 게블러(Osborne&Gaebler)의 '정부재창조방안'에 의하여 제창되었다.

(다) 왈도(Waldo)의 신행정론은 1968년 시라쿠세 대학 미노브룩 회의를 계기로 태동하였다.

(라) 사이먼(Simon)의 행정행태론은 1946년에 소개되었다.

따라서 행정이론의 발달을 오래된 순서대로 바르게 나열한 것은 ② (가) – (라) – (다) – (나)이다.

05 난도 ★★☆
정답 ②

정책론 > 정책의제설정

[정답의 이유]

② 명성접근법은 헌터(Hunter)에 의하여 제시되었다. 밀즈(Mills)는 사회적인 지위가 높은 소수지배계층이 의제설정을 주도한다는 지위접근법을 사용하여 미국 엘리트들을 분석하였다.

[오답의 이유]

① 고전적 엘리트이론에서 엘리트들은 폐쇄적이고 동질적이며 다른 계층에 대해서 책임을 지지 않는다.

③ 달(Dahl)은 권력이 사회의 다양한 계층에게 분산되어 있음을 전제로 다원주의를 주장하였다.

④ 바흐라흐와 바라츠(Bachrach&Baratz)는 엘리트가 자신들에게 불리한 주장의 표출이나 채택을 의도적으로 방해하는 행위인 무의사결정이 의제설정뿐만 아니라 정책결정, 정책집행, 정책평가 등 정책과정 전반에 걸쳐 나타날 수 있다고 주장하였다.

06 난도 ★★☆
정답 ④

재무행정론 > 재무행정의 기초이론

[정답의 이유]

④ 잠정예산은 가예산과 마찬가지로 국회의 의결이 필수적이다.

[오답의 이유]

①·② 현재 우리나라에서 채택하고 있는 준예산은 예산 불성립 시 헌법에 명시된 일정한 경비를 전년도에 준하여 국회 승인 없이 지출할 수 있는 임시예산제도이다.

③ 가예산은 최초 1개월분의 예산을 국회의 의결을 거쳐 집행하는 것으로, 우리나라는 1948년 정부수립 후 가예산제도를 채택하여 운영한 경험이 있다.

더 알아보기

비상적 예산제도 비교

구분	가예산	잠정예산	준예산
기간	1개월	무제한	무제한
국회의결	필요	필요	불필요
지출 항목	전반적	한정적	전반적
채택 국가	프랑스	영국, 미국, 캐나다, 일본	한국, 독일

07 난도 ★★☆
정답 ①

조직론 > 조직관리

[정답의 이유]

① 로크(Locke)의 목표설정이론은 인간의 행동이 의식적인 목표와 성취의도에 의하여 결정된다고 보고, 욕구의 내용이 아니라 목표의 성격, 즉 난이도와 구체성, 목표성취도에 대한 환류 등에 따라 개인의 성과가 결정된다고 보았다.

[오답의 이유]

② 앨더퍼(Alderfer)의 ERG이론에서 욕구의 좌절과 퇴행을 강조했다.

③ 브룸(Vroom)의 기대이론은 유의성, 수단성, 기대감을 동기부여의 핵심으로 보았다. 해크만과 올드햄(Hackman&Oldham)의 직무특성이론에서는 직무의 특성이 직무수행자의 욕구수준에 부합할 때 긍정적인 동기유발 효과를 보인다고 하였다.

④ 허즈버그(Herzberg)는 위생요인이 충족되었다고 하더라도 동기부여가 되는 것은 아니라고 주장하였다.

08 난도 ★☆☆
정답 ②

재무행정론 > 예산제도

[정답의 이유]

② 영기준 예산제도에 대한 설명이다. 품목별 예산제도는 사업이 아닌 항목 중심의 예산이므로 엄격한 통제를 특징으로 하나 정부 활동에 대한 총체적인 사업계획이나 우선순위 결정은 어렵다.

[오답의 이유]

① 품목별 예산제도는 1920년대 미국 공무원의 예산낭비와 부정부패를 막고 절약과 능률을 향상시키기 위한 재정개혁의 일환으로 1921년 미국의 예산회계법에 의하여 도입된 통제중심의 예산제도이다.

③ 품목별 예산제도는 예산을 세부품목별로 편성함으로써 예산의 책임성과 재정민주주의를 구현하기 위한 통제지향적 예산제도이다.

④ 품목별 예산제도는 품목 중심의 예산제도이므로 사업의 지출 성과에 대해서 파악하기는 어렵다.

09 난도 ★★☆ 　　　　　　　　　　　　　　　　 정답 ④

행정학총론 > 행정학의 주요 이론

정답의 이유

블랙스버그 선언(1983)은 미국 사회에서 일어나고 있는 필요 이상의 관료 공격, 대통령의 반관료적 성향, 정당 정치권의 반정부 어조 등 행정의 정당성을 침해하는 정치·사회적 문제점을 지적하고 그 원인의 일부를 행정학 연구의 문제점에서 찾는다.

④ 신행정학은 1968년 미노브루크 회의를 계기로 태동하였다.

10 난도 ★☆☆ 　　　　　　　　　　　　　　　　 정답 ③

재무행정론 > 재무행정의 기초이론

정답의 이유

③ 특별회계예산은 일반회계예산와 함께 예산편성에 있어 국회의 심의 및 의결을 받는다.

오답의 이유

① 기금은 예산 외로 운영되기 때문에 단일성 예산원칙의 예외에 해당하고, 어느 정도 탄력적으로 운용되기에 통일성 원칙의 예외에 해당한다.

② 특별회계예산은 특정한 세입(조세 외 수입)으로 특정한 세출을 충당할 필요가 있을 때 법률로써 설치하는 예산으로, 일반회계와 구분하여 운용된다.

④ 기금은 특정한 세입이 특정한 세출로 지출되는 것을 허용하는 자금이므로 통일성 원칙의 예외에 해당한다.

11 난도 ★☆☆ 　　　　　　　　　　　　　　　　 정답 ①

지방행정론 > 지방자치단체와 국가

정답의 이유

① 기관위임사무는 위임기관이 처리에 드는 경비를 전액 부담하는 것이 원칙이다.

오답의 이유

② 단체위임사무는 지방자치단체가 법령에 근거하여 국가 또는 상급 지방자치단체로부터 위임받아 처리하는 사무를 말한다.

③ 단체위임사무는 지방자치단체에 위임된 사무이므로 지방의회가 참여하며 조례제정권도 갖는다.

④ 자치사무는 지방자치단체 고유사무이므로 정부는 사후 감독을 주로 한다.

12 난도 ★☆☆ 　　　　　　　　　　　　　　　　 정답 ②

인사행정론 > 인사행정의 기초이론

정답의 이유

② 대표관료제는 실적주의의 형식적인 기회균등이 실질적으로 형평성을 달성하지 못하는 문제를 비판하며 등장한 인사제도이다.

오답의 이유

① 양성채용목표제, 장애인 의무고용제 등은 대표관료제의 논리를 반영하고 있는 균형인사정책수단이다.

③ 대표관료제는 할당제를 강요하여 특정집단을 공직임용에 우대함으로써 역차별 문제를 야기할 수 있다.

④ 대표관료제는 임용 전 사회화가 임용 후 행태로 자동으로 이어진다는 가정, 즉 피동적 대표성이 능동적 대표성으로 이어진다는 가정하에 출발한 제도이다.

13 난도 ★★☆ 　　　　　　　　　　　　　　　　 정답 ④

정책론 > 정책결정모형

정답의 이유

ⓛ 킹던(Kingdon)의 정책흐름모형은 코헨과 마치(Cohen&March)의 쓰레기통모형을 발전시킨 모형이다.

ⓒ 킹던(Kingdon)의 정책흐름모형에서 세 가지 흐름은 문제의 흐름, 정책의 흐름, 정치의 흐름이다.

오답의 이유

ⓖ 경쟁하는 연합의 자원과 신념 체계를 강조하는 것은 사바티에(Sabatier)의 통합모형인 정책지지연합모형의 특성에 해당한다.

14 난도 ★★☆ 　　　　　　　　　　　　　　　　 정답 ②

행정학총론 > 행정의 이념(가치)

정답의 이유

② 효과성은 목표의 달성도를 나타내고, 효율성(능률성)은 투입 대비 산출의 비율을 의미한다.

15 난도 ★★☆ 　　　　　　　　　　　　　　　　 정답 ③

인사행정론 > 임용과 능력발전

정답의 이유

③ 초기 실적이나 최근의 실적을 중심으로 평가함으로써 발생하는 시간적 오류는 '근접행태에 의한 착오'이다. 연쇄효과란 특정 평정요소에 대한 선입견이 다른 요소의 평정에 영향을 주는 것을 의미한다.

오답의 이유

① 피평정자를 잘 모를 때 보통 중간점수를 주고자 하는 집중화(중심화) 오류가 나타난다.

② 평정기준이 일정하지 않을 때 불규칙적으로 나타나는 오류는 총계적 오류이고, 반대로 평정기준이 일정할 때 규칙적으로 나타나는 오류는 규칙(체계)적 오류이다.

④ 평정자가 후한 점수를 주는 관대화 경향의 폐단을 막기 위해서는 등급분포비율을 강제로 할당하는 강제배분법을 활용할 수 있다.

16 난도 ★★☆ 　　　　　　　　　　　　　　　　 정답 ②

지방행정론 > 정부간관계모형

정답의 이유

② 대등권위모형은 연방정부와 주정부가 동등한 권한을 가지고 있지만 지방정부는 주정부에 예속되어 있는 형태이다.

① 라이트(Wright)는 정부 간 상호권력관계와 기능적 상호의존관계를 기준으로 정부 간 관계(IGR)를 포함형, 분리형, 중첩형으로 구분한다.

③ 내포권위모형은 지방정부는 주정부에, 주정부는 연방정부에 예속되어 있는 수직적 포함관계로 본다.

④ 중첩권위모형에서는 연방정부, 주정부, 지방정부가 서로 일부 기능을 공유하면서 협력하는 관계로 본다. 그러나 어디까지나 각 정부는 상호독립적인 실체로 존재한다.

17 난도 ★☆☆ 　　　　　　정답 ③

조직론 > 조직관리

③ 구성원 개개인에게 관심을 가지고 배려하는 것은 거래적 리더십에 대한 설명이다.

더 알아보기

거래적 리더십과 변혁적 리더십

구분	거래적 리더십	변혁적 리더십
초점	하급관리자	최고관리층
동기부여 전략	외재적 동기부여	내재적 동기부여
리더십 요인	• 업적에 따른 보상 • 예외에 의한 관리 • 현상유지적 관리	• 카리스마 · 영감 · 지적 자극 • 영감적 동기부여 • 이상적 영향력(역할모델)
변화관	안전지향	변화지향
조직구조	고전적 관료제	탈관료제

18 난도 ★★☆ 　　　　　　정답 ③

행정학총론 > 행정의 주요 이론

③ 무어(Moore)의 공공가치창출론은 정부 역할을 지나치게 부정적으로 인식하며 행정의 수단적 가치(효율, 성과 등 기업적 가치)만을 중시하는 신공공관리론(NPM)에 대한 대안으로 등장하였다.

① 공공가치창출론은 행정의 정당성을 부정적으로 접근하는 사회적 분위기를 극복하기 위한 대안적 접근에 해당한다.

② 무어(Moore)는 공공가치창출론에서 공공가치의 전략적 창출을 위한 세 가지 연계모형인 전략적 삼각형(strategic triangle)을 제시하였다.

④ 무어(Moore)는 시장에는 공공가치가 공급되지 못하므로 정부관리자들이 공공가치 실현에 적극 힘써야 한다고 주장하였다.

19 난도 ★☆☆ 　　　　　　정답 ①

정책론 > 정책유형

① 로위(Lowi)는 정책유형을 분배정책, 규제정책, 재분배정책, 구성정책으로 구분하였고 리플리와 프랭클린(Ripley&Franklin)은 정책유형을 분배정책, 경쟁적 규제정책, 보호적 규제정책, 재분배정책으로 구분하였다. 앨먼드와 파월(Almond&Powell)은 정책유형을 분배정책, 규제정책, 추출정책, 상징정책으로 구분하였으므로, 로위(Lowi)의 정책유형과 리플리와 프랭클린(Ripley&Franklin)의 정책유형에는 없지만 앨먼드와 파월(Almond&Powell)의 정책유형에 있는 것은 '상징정책'이다.

20 난도 ★★☆ 　　　　　　정답 ④

재무행정론 > 예산팽창이론

④ 니스카넨(Niskanen)의 관료예산극대화 가설에 대한 설명이다. 니스카넨(Niskanen)은 관료가 자신들의 권력 극대화를 위하여 예산팽창을 등장시킨다고 보았다. 파킨슨(Parkinson)도 정부팽창을 주장하기는 하였지만 본질적인 업무량에 관계 없이 관료들의 심리적인 요인에 의하여 공무원 수가 늘어난다고 주장하였다.

① 바그너(Wagner)는 경제 발전에 따라 국민의 욕구 부응을 위한 공공재 증가로 인해 정부 예산이 증가한다는 경비팽창의 법칙을 제시하였다.

② 피코크(Peacock)와 와이즈맨(Wiseman)의 단속효과에서는 전쟁과 같은 사회적 변동이 끝난 후에도 공공지출이 그 이전 수준으로 되돌아가지 않는 데에서 예산팽창의 원인을 찾고 있다.

③ 보몰(Baumol)은 정부 부문과 민간 부문 간의 생산성 격차를 통해 정부 예산의 팽창 원인을 설명한다. 이를 일명 '보몰의 병'이라 한다.

한눈에 훑어보기

✓ 빠른 정답

01	02	03	04	05	06	07	08	09	10
①	①	②	②	①	④	④	②	③	②
11	12	13	14	15	16	17	18	19	20
③	④	②	④	④	③	④	①	③	②

✓ 점수 체크

구분	1회독	2회독	3회독
맞힌 문항 수	/ 20	/ 20	/ 20
나의 점수	점	점	점

01 난도 ★☆☆ 정답 ①

인사행정론 > 인사행정의 기초이론

[정답의 이유]

① 직업공무원제는 생활급 중심 보수체계를 특징으로 한다. 직무급 중심 보수체계는 직위분류제에 기반한 실적주의의 특징에 해당한다.

[오답의 이유]

② 직업공무원제는 장기적인 발전 가능성이나 잠재능력을 중요시하므로 다양한 능력발전의 기회를 부여한다.

③·④ 직업공무원제는 폐쇄형 충원방식, 신분보장, 일반행정가 등을 특징으로 한다.

더 알아보기

직업공무원제와 실적주의 비교

구분	직업공무원제	실적주의
공통점	• 신분보장 • 정치적 중립 • 자격이나 능력에 의한 인사	
친화적인 제도	계급제	직위분류제
결원보충 방식	폐쇄형	개방형
행정가	일반행정가	전문행정가
채용 시 중시되는 요소	장기적인 발전 가능성 (잠재능력)	채용 당시의 직무수행 능력
보수체계	생활급	직무급
임용 시 제한	연령·학력 등이 제약된 기회균등	연령·학력 등의 제한이 없는 기회균등
신분보장	강함	상대적으로 약함

02 난도 ★☆☆ 정답 ①

정책론 > 정책의 유형

[정답의 이유]

① 정책목표에 의해 일반국민들로 하여금 인적·물적 자원을 동원하고 부담시키는 정책은 추출정책이다. 징병, 조세, 각종 부담금 및 성금, 토지수용 등과 관련된 정책이 이에 해당한다.

[오답의 이유]

② 구성정책은 정부기관의 신설 및 변경 등 체제의 구조와 운영에 관련된 정책을 말한다.

③ 분배정책은 정부가 국민들이 필요로 하는 재화나 서비스 등의 가치를 분배하는 정책을 말한다.

④ 상징정책은 정부의 정통성과 국가 권력에 대한 순응을 확보하기 위해 국가적 상징물을 활용하는 정책을 말한다.

03 난도 ★★☆
정답 ②

인사행정론 > 인사행정의 기초이론

[정답의 이유]
② 직급이란 직무의 종류와 곤란도·책임도가 상당히 유사한 직위의 군을 말한다. 직무의 종류가 유사하고 곤란도·책임도가 서로 다른 군을 의미하는 것은 직렬이다.

[오답의 이유]
① 직위란 한 사람의 근무를 필요로 하는 직무와 책임의 양을 말한다.
③ 직류란 같은 직렬 내에서 담당 분야가 같은 직무의 군을 말한다.
④ 직무등급이란 직무의 종류는 다르지만 직무의 곤란도·책임도가 유사하여 동일한 보수를 줄 수 있는 직위의 군을 말한다.

04 난도 ★☆☆
정답 ②

행정학총론 > 윌슨의 규제정치모형

[정답의 이유]
② 제시문은 윌슨(Wilson)의 규제정치 유형 중 고객정치에 대한 설명이다. 고객정치는 정부규제로 인하여 발생하게 될 비용이 불특정 다수에게 분산되고 편익은 소수에게 집중되어 있는 상황이므로 소수 집단은 자신들의 이익을 보장받기 위하여 적극적으로 압력을 행사하게 된다.

[오답의 이유]
① 대중정치는 정부규제로 인하여 발생되는 비용과 편익이 모두 이질적인 불특정 다수에게 분산되어 있는 상황이다.
③ 기업가정치는 비용은 소수에게 집중되어 있으나 편익은 불특정 다수에게 분산되어 있는 상황이다.
④ 이익집단정치는 비용과 편익이 모두 소수에게 집중되어 있는 상황이다.

더 알아보기

윌슨(Wilson)의 규제정치모형

구분		정책 편익	
		분산	집중
정책 비용	분산	대중정치	고객정치
	집중	기업가정치	이익집단정치

05 난도 ★★☆
정답 ①

조직론 > 과정이론

[정답의 이유]
㉠·㉡·㉢ 브룸(Vroom)의 기대이론, 애덤스(Adams)의 공정성이론, 로크(Locke)의 목표설정이론은 과정이론에 해당한다.

[오답의 이유]
㉣·㉤ 앨더퍼(Alderfer)의 ERG이론, 맥그리거(McGregor)의 X이론·Y이론은 내용이론에 해당한다.

더 알아보기

동기부여이론 체계

과정이론	기대이론	• Vroom의 기대이론 • Porter&Lawler의 업적만족이론 • Georgopoulos의 통로·목표이론
	형평성이론	Adams의 공정성이론
	목표설정이론	Locke의 목표설정이론
	학습이론	• Pavlov의 고전적 조건강화이론 • Skinner의 조작적 조건강화이론
내용이론		• Maslow의 욕구계층이론 • Alderfer의 ERG이론 • McGregor의 X·Y이론 • Herzberg의 동기·위생요인이론 • Argyris의 성숙·미성숙이론 • Likert의 4대 관리체제론 • McClelland의 성취동기이론 • Schein의 복잡인모형 • Hackman&Oldham의 직무특성이론

06 난도 ★★☆
정답 ④

지방행정론 > 지방자치의 의의와 종류

[정답의 이유]
④ 구성 지방자치단체의 장은 지방자치법 제109조(겸임 등의 제한)에도 불구하고 특별지방자치단체의 장을 겸할 수 있다(지방자치법 제205조 제2항).

[오답의 이유]
① 지방자치법 제199조 제1항
② 특별지방자치단체는 법인으로 한다(지방자치법 제199조 제3항). 따라서 보통의 지방자치단체와 같이 법인격을 갖는다.
③ 지방자치법 제204조 제1항

07 난도 ★★★
정답 ④

정책론 > 정책집행과 기획

[정답의 이유]
④ 지시적 위임형은 정책결정자가 구체적인 목표는 설정하지만 목표 달성에 필요한 수단(권한)은 정책집행자에게 위임하는 유형이다. 따라서 정책결정자가 구체적인 목표를 설정한 다음 권한을 위임하면 정책집행자들은 집행자 상호 간의 협상을 통해 정책을 집행한다.

[오답의 이유]
① 고전적 기술자형은 정책결정자가 구체적인 목표를 설정하면 정책집행자는 그 목표를 지지하고 목표 달성을 위한 기술적인 수단을 강구하여 충실하게 정책을 집행하는 유형이다.

② 재량적 실험형은 정책결정자가 추상적인 목표를 설정하고 정책 집행자에게 목표와 수단을 명확하게 달성할 수 있도록 광범위한 재량권을 부여하는 유형이다.

③ 관료적 기업가형은 정책집행자가 목표를 설정하여 수단을 강구한 다음 정책결정자를 설득하고, 정책결정자는 정책집행자가 설정한 목표와 수단을 지지하는 역할을 담당하는 유형이다.

더 알아보기

나카무라(Nakamura)와 스몰우드(Smallwood)의 정책집행유형 분류

집행유형	정책결정자	정책집행자
고전적 기술자형	• 구체적인 목표를 설정 • 목표 달성을 위해 정책집행자에게 기술적 문제에 관한 권한 위임	• 정책결정자가 설정한 목표를 지지 • 목표 달성을 위한 기술적 수단을 강구
지시적 위임형	• 구체적인 목표를 설정 • 정책집행자에게 목표 달성에 필요한 수단을 강구할 행정적 권한 위임	• 정책결정자가 설정한 목표를 지지 • 목표 달성 수단에 관하여 집행자 상호 간 협상
협상형	• 정책결정자가 목표를 제시하지만 정책집행자는 무조건 동의하지는 않음 • 정책결정자와 정책집행자는 목표와 수단에 관하여 협상	
재량적 실험형	• 추상적 목표를 설정 • 정책집행자가 목표와 수단을 설정할 수 있도록 광범위한 재량권 위임	정책결정자를 위하여 목표와 수단을 구체화
관료적 기업가형	정책집행자가 설정한 목표와 수단을 지지	목표와 수단을 강구하여 정책결정자를 설득

08 난도 ★☆☆　　　　　　　　　　　정답 ②

조직론 > 관리과정론

정답의 이유

㉠ 목표관리제는 상관과 부하직원들의 적극적인 참여를 바탕으로 협의를 통하여 목표를 설정한다.

㉢ 목표관리제는 유동적이고 복잡한 환경보다는 안정적이고 예측 가능한 조직에서 성공확률이 높다.

오답의 이유

㉡ 목표관리제는 중·장기목표보다는 비교적 단기적이고 측정 가능한 목표를 강조한다.

㉣ 목표관리제는 정성적이거나 주관적인 목표가 아닌 구체적이고 계량적인 목표를 강조한다.

09 난도 ★☆☆　　　　　　　　　　　정답 ③

재무행정론 > 재무행정의 기초이론

정답의 이유

③ 예산의 성립을 기준으로 볼 때 시기적으로 빠른 것부터 나열하면 수정예산, 본예산, 추가경정예산의 순이다. 수정예산은 본예산이 의결되기 전에 수정하여 제출한 예산을 말하고, 추가경정예산은 본예산이 의결된 후에 추가 또는 변경하여 제출한 예산을 말한다.

더 알아보기

예산 성립시기에 따른 구분

수정예산	정부가 국회에 제출한 본예산안에 대하여 의결되기 전에 다시 수정하여 제출한 예산
본예산 (당초예산)	당초에 국회의 의결을 얻어 확정·성립된 예산
추가경정예산	예산이 국회에서 의결된 이후에 새로운 사정으로 인하여 본예산에 추가 또는 변경을 가하는 예산
준예산	새로운 회계연도가 개시될 때까지 예산이 국회에서 의결되지 못한 경우, 의회의 승인 없이 전년도 예산에 준하여 경비를 지출할 수 있는 예산

10 난도 ★★☆　　　　　　　　　　　정답 ②

행정학총론 > 행정학의 주요 이론

정답의 이유

(가) 1990년대에 등장한 뉴거버넌스에 대한 설명이다.

(나) 1970년대에 등장한 공공선택론에 대한 설명이다.

(다) 1900년에 등장한 정치·행정 이원론에 대한 설명이다.

(라) 1960년대 말에 등장한 신행정론에 대한 설명이다.

따라서 행정이론이 등장한 시기를 순서대로 나열한 것은 ② (다) → (라) → (나) → (가)이다.

11 난도 ★☆☆　　　　　　　　　　　정답 ③

재무행정론 > 예산제도

정답의 이유

③ 예산의 재배정은 중앙관서의 장이 예산 배정의 범위 내에서 하급기관에게 예산액을 배정해주는 것을 말하며, 예산집행의 통제와 관련된 제도이다.

오답의 이유

① 계속비는 장기간에 걸쳐 소요되는 공사·제조·연구개발사업에 대하여 미리 국회의 의결을 얻은 범위 안에서 지출을 할 수 있도록 허용하는 제도이다.

② 수입대체경비는 국가가 용역 및 시설을 제공함으로써 발생하는 수입의 범위 내에서 초과지출을 운용할 수 있는 제도이다.

④ 예산의 이체는 정부조직 등에 관한 법령의 제정·개정·폐지로 인하여 그 직무와 권한에 변동이 있을 때에 예산의 책임소관을 변경하는 제도이다.

예산집행의 신축성 유지 방안과 통제 방안

신축성 유지 방안	• 이용 · 전용 • 이체 • 이월 • 계속비 • 예비비 • 국고채무부담행위 • 수입대체경비	• 국고여유자금의 활용 • 총액예산 • 조상충용 • 장기계속계약제도 • 수입 · 지출의 특례 • 추가경정예산 • 준예산
통제 방안	• 예산의 배정 · 재배정 • 지출원인행위에 대한 통제 • 정원 · 보수에 대한 통제 • 회계기록 및 보고제도 • 계약의 통제 • 총사업비 관리 • 예비타당성조사	

---

12 난도 ★★☆ 정답 ④

행정학총론 > 행정의 기초

정답의 이유

④ 하이에크(Hayek)는 『노예의 길』에서 정부실패를 비판하고 작은 정부를 강조하였다.

오답의 이유

① 19세기 근대 자유주의 국가는 정부의 간섭과 개입을 최소화하고 개인의 자유주의를 강조하는 야경국가를 지향하였다.

② 경제대공황 이후 케인스주의와 루스벨트 대통령의 뉴딜정책 등을 통해 정부의 적극적인 개입의 필요성을 주장하는 큰 정부관이 강조되었다.

③ 영국의 대처리즘, 미국의 레이거노믹스는 신자유주의를 바탕으로 작은 정부를 지향하였다.

---

13 난도 ★★☆ 정답 ②

인사행정론 > 사기양양과 근무규율

정답의 이유

② 정직은 징계처분의 일종으로, 정직 기간 중에는 보수의 전액을 감하도록 되어 있다(국가공무원법 제80조 제3항).

제80조(징계의 효력)
③ 정직은 1개월 이상 3개월 이하의 기간으로 하고, 정직 처분을 받은 자는 그 기간 중 공무원의 신분은 보유하나 직무에 종사하지 못하며 보수는 전액을 감한다.

오답의 이유

① 직권면직은 일정한 사유에 의하여 직권으로 면직시키는 처분으로 국가공무원법상 징계의 종류에는 규정되어 있지 않다.

---

③ 국가공무원법 제71조 제1항

제71조(휴직)
① 공무원이 다음 각 호의 어느 하나에 해당하면 임용권자는 본인의 의사에도 불구하고 휴직을 명하여야 한다.
1. 신체 · 정신상의 장애로 장기 요양이 필요할 때
2. 삭제
3. 「병역법」에 따른 병역 복무를 마치기 위하여 징집 또는 소집된 때
4. 천재지변이나 전시 · 사변, 그 밖의 사유로 생사(生死) 또는 소재(所在)가 불명확하게 된 때
5. 그 밖에 법률의 규정에 따른 의무를 수행하기 위하여 직무를 이탈하게 된 때
6. 「공무원의 노동조합 설립 및 운영 등에 관한 법률」 제7조에 따라 노동조합 전임자로 종사하게 된 때

④ 임용권자는 직무수행 능력 부족을 이유로 직위해제된 자에게 3개월의 범위에서 대기를 명할 수 있고, 대기 명령을 받은 자가 그 기간에 능력 또는 근무성적의 향상을 기대하기 어렵다고 인정된 때에는 직권으로 면직시킬 수 있다(국가공무원법 제70조 제1항 제5호).

---

14 난도 ★☆☆ 정답 ④

정책론 > 립스키의 일선관료제

정답의 이유

립스키(Lipsky)의 일선관료제란 정책의 최종적 과정에서 고객과 접촉하며 상당한 재량권을 행사하는 하위직(교사, 경찰, 복지요원 등)으로 구성된 공공서비스 집단을 말한다.

④ 단순하고 정형화된 정책대상집단은 일선관료들의 적응방식과 관련된다. 일선관료들은 문제가 발생하게 되면 상황에 유연하게 대처하기보다는 습관적이고 정형화된 형태로 문제를 해결하려고 한다.

오답의 이유

① 일선관료들은 과중한 업무량에 비하여 인적 · 물적 자원이나 시간적 · 기술적 자원이 부족하다.

② 일선관료들의 업무현장에서는 권위에 대한 도전과 위협이 존재한다.

③ 일선관료들의 업무현장에서 고객의 목표와 기대는 모호하고 대립되며 비현실적인 경우가 많다.

---

15 난도 ★★☆ 정답 ④

정책론 > 의사결정모형

정답의 이유

④ 회사모형은 조직의 불확실한 환경을 회피하고 조직 내 갈등을 극복하기 위하여 단기적인 전략과 문제중심 탐색의 중요성을 강조한다.

① 최적모형은 경제적 합리성뿐만 아니라 직관·판단·통찰 등과 같은 초합리성을 함께 고려해야 한다고 보는 규범적·처방적 모형이다.

② 쓰레기통모형은 조직 구성원 사이의 응집성이 약하고 혼란스러운 상황, 즉 조직화된 무정부상태에서 이루어지는 의사결정형태를 설명하려는 비합리모형이다.

③ 점증모형은 기존 정책을 바탕으로 현실을 긍정하고 그보다 약간 향상된 내용을 추구하는 의사결정모형으로 정치적 합리성을 중시한다.

16 난도 ★★☆
정답 ③

인사행정론 > 공무원의 행동규범

③ 공무원의 정치적 기본권을 강화하면 정치적 중립과 기본권인 참정권 등이 제한될 수 있다는 한계가 있다.

① 정치적 중립과 객관성을 통하여 엽관주의의 문제점을 극복하고 행정의 안전성과 전문성을 제고할 수 있다.

② 공무원은 국민 전체의 봉사자로서 정치적 중립을 지키며 공평무사하게 임해야 하는 신분이다.

④ 공무원의 정치적 중립을 통해 부정선거를 방지하여 공명선거가 가능해지고 이에 따라 민주적 기본질서를 제고할 수 있다.

17 난도 ★★☆
정답 ③

지방행정론 > 지방재정

③ 지방교부세는 자치단체의 신청 없이도 법적 기준에 따라 재원을 교부한다. 신청주의를 원칙으로 하며 각 중앙관서의 예산에 반영되어야 하는 것은 국고보조금이다.

① 지방교부세는 지역 간의 재정력 격차를 완화시키기 위한 제도이며, 국세의 일부로서 징수한 재원을 기준에 따라 각 자치단체에 배분하여 수평적·수직적 조정을 하는 역할을 한다.

② 지방교부세법 제3조

④ 부동산교부세는 종합부동산세를 재원으로 하며 지방자치단체에 전액 교부하여야 한다(지방교부세법 제9조의3 제1항).

> **제9조의3(부동산교부세의 교부)**
> ① 부동산교부세는 지방자치단체에 전액 교부하여야 한다.

18 난도 ★★☆
정답 ①

정책론 > 정책평가

① 특정평가는 중앙행정기관을 대상으로 하며, 공공기관은 대상이 아니다(정부업무평가 기본법 제2조 제4호).

> **제2조(정의)**
> 이 법에서 사용하는 용어의 정의는 다음과 같다.
> 4. "특정평가"라 함은 국무총리가 중앙행정기관을 대상으로 국정을 통합적으로 관리하기 위하여 필요한 정책 등을 평가하는 것을 말한다.

② 정부업무평가의 실시와 평가기반의 구축을 체계적·효율적으로 추진하기 위하여 국무총리 소속하에 정부업무평가위원회를 둔다(정부업무평가 기본법 제9조 제1항).

③ 행정안전부장관은 평가의 객관성 및 공정성을 높이기 위하여 평가지표, 평가방법, 평가기반의 구축 등에 관하여 지방자치단체를 지원할 수 있다(정부업무평가 기본법 제18조 제4항).

④ 자체평가라 함은 중앙행정기관 또는 지방자치단체가 소관 정책 등을 스스로 평가하는 것을 말한다(정부업무평가 기본법 제2조 제3호).

19 난도 ★★☆
정답 ③

재무행정론 > 재무행정의 기초이론

③ 우리나라 정부의 결산보고서 재무제표는 재정상태표, 재정운영표, 순자산변동표로 구성된다(국가회계법 제14조 제3호).

> **제14조(결산보고서의 구성)**
> 결산보고서는 다음 각 호의 서류로 구성된다.
> 3. 재무제표
> 　가. 재정상태표
> 　나. 재정운영표
> 　다. 순자산변동표

20 난도 ★★☆
정답 ②

조직론 > 전자정부와 지식정부론

② 제시문은 전자정부법에서 정의하고 있는 정보기술아키텍처에 대한 설명이다(전자정부법 제2조 제12호).

> **제2조(정의)**
> 이 법에서 사용하는 용어의 뜻은 다음과 같다.
> 12. "정보기술아키텍처"란 일정한 기준과 절차에 따라 업무, 응용, 데이터, 기술, 보안 등 조직 전체의 구성요소들을 통합적으로 분석한 뒤 이들 간의 관계를 구조적으로 정리한 체제 및 이를 바탕으로 정보화 등을 통하여 구성요소들을 최적화하기 위한 방법을 말한다.

① 전자문서란 컴퓨터 등 정보처리능력을 지닌 장치에 의하여 전자적인 형태로 작성되어 송수신되거나 저장되는 표준화된 정보를 말한다(전자정부법 제2조 제7호).

③ 정보시스템이란 정보의 수집·가공·저장·검색·송신·수신 및 그 활용과 관련되는 기기와 소프트웨어의 조직화된 체계를 말한다(전자정부법 제2조 제13호).

④ 정보자원이란 행정기관 등이 보유하고 있는 행정정보, 전자적 수단에 의하여 행정정보의 수집·가공·검색을 하기 쉽게 구축한 정보시스템, 정보시스템의 구축에 적용되는 정보기술, 정보화예산 및 정보화인력 등을 말한다(전자정부법 제2조 제11호).

행정학개론 | 2022년 지방직 9급

한눈에 훑어보기

영역 분석

행정학총론   01   04   09
3문항, 15%

정책론   07   08   17   20
4문항, 20%

조직론   02   03   06   13
4문항, 20%

인사행정론   10   14   16   19
4문항, 20%

재무행정론   12   15   18
3문항, 15%

지방행정론   05   11
2문항, 10%

빠른 정답

01	02	03	04	05	06	07	08	09	10
③	④	①	④	③	③	①	①	①	④
11	12	13	14	15	16	17	18	19	20
③	②	④	②	④	②	①	②	②	④

점수 체크

구분	1회독	2회독	3회독
맞힌 문항 수	/ 20	/ 20	/ 20
나의 점수	점	점	점

01 난도 ★☆☆   정답 ③

행정학총론 > 행정의 이념(가치)

[정답의 이유]

㉠ 실체설에 의하면 공익은 사익을 초월한 규범적·도덕적 개념이다.

㉡ 과정설에 의하면 공익은 사익 간 갈등을 조정·타협하는 과정에서 산출되는 것이라고 본다.

㉣ 플라톤(Plato)과 루소(Rousseau)는 모두 공익의 실체설을 주장하였다.

[오답의 이유]

㉢ 과정설은 공익을 사익의 조정과 타협의 산물로 보는 것이므로 다원적 민주주의에 도움을 준다.

02 난도 ★☆☆   정답 ④

조직론 > 조직관리

[정답의 이유]

④ 허즈버그(Herzberg)의 욕구충족요인 이원론에서 성취감은 동기요인에 해당한다.

[오답의 이유]

①·②·③ 모두 위생요인에 해당한다.

03 난도 ★★☆   정답 ①

조직론 > 조직관리

[정답의 이유]

㉠ 서번트 리더십은 인간존중을 바탕으로 구성원들의 성장을 도모하면서 목표를 이뤄 나갈 수 있도록 환경을 조성하고 도와주는 섬기는 리더십이다.

㉢ 그린리프(Greenleaf)는 서번트 리더십의 핵심요소로 존중, 봉사, 정의, 정직, 공동체 윤리를 강조했다.

[오답의 이유]

㉡ 보상과 처벌을 핵심 관리수단으로 하는 것은 거래적 리더십이다. 서번트 리더십은 신뢰와 봉사를 핵심 관리수단으로 한다.

㉣ 리더의 최우선적인 역할로 업무를 명확하게 지시하도록 강조하는 리더십은 지시적 리더십이다.

04 난도 ★★☆　　　　　　　　　　정답 ④

행정학총론 > 행정학의 주요 이론

[정답의 이유]

④ 뉴거버넌스론은 정부·시장·시민사회 간 네트워크를 통한 협력을 중요시하는 이론으로 대표적인 학자로는 로즈(Rhodes)와 피터스(Peters)가 있다.

[오답의 이유]

① 행정생태론은 환경 요인을 중요시하는 이론으로 대표적인 학자로는 가우스(Gaus)와 리그스(Riggs)가 있다. 오스본(Osborne)과 게블러(Gaebler)는 신공공관리론의 대표적인 학자이다.

② 후기행태주의는 가치지향적인 연구를 중요시하는 이론으로 대표적인 학자로는 이스턴(Easton)이 있다. 가치중립적·과학적 연구를 강조하는 것은 사이먼(Simon)의 행태론이다.

③ 신공공관리론은 시장원리인 경쟁의 도입을 강조하는 이론으로 대표적인 학자로는 오스본(Osborne)과 게블러(Gaebler)가 있다. 리그스(Riggs)는 생태론, 비교행정론의 대표적인 학자이다.

05 난도 ★☆☆　　　　　　　　　　정답 ③

지방행정론 > 지방행정의 기초이론

[정답의 이유]

③ 티부(Tiebout) 모형은 최소한 한 가지 이상의 고정적 생산요소가 존재한다고 가정한다.

> **더 알아보기**
>
> **티부(Tiebout) 모형의 내용**
> - 공공재는 중앙정부에 의해서만 공급될 수 있다는 사무엘슨(Samuelson)의 공공재이론에 대한 반론으로 제시한다.
> - 주민들의 자유로운 선택으로 지방공공재의 적정규모를 결정한다.
> - 소규모의 지방자치의 당위성을 옹호하는 이론으로서 경쟁의 원리에 의한 지방행정의 효율성, 지역 내의 동질성과 소통·접촉은 높아지지만 지역 간 형평성은 저하될 우려가 있다.

06 난도 ★☆☆　　　　　　　　　　정답 ③

조직론 > 조직의 구조형태

[정답의 이유]

③ 관료들의 세력 팽창 욕구로 인한 기구와 인력의 증대는 관료제 국주의에 해당한다. 피터(Peter)의 원리는 계층제로 인하여 관료들이 무능력의 수준까지 승진하는 현상을 말한다.

[오답의 이유]

① 할거주의는 자신이 소속된 기관이나 부서만을 생각하고 다른 기관이나 부서는 배려하지 않는 현상을 말한다.

② 형식주의는 복잡한 절차와 형식을 중요시하여 번거로운 문서 처리 등의 문제점이 나타날 수 있는 현상을 말한다.

④ 전문화로 인한 무능은 한정된 분야에서의 전문성을 강조하여 다른 분야에 대한 이해력이 부족하고 적응하지 못하는 현상을 말한다.

07 난도 ★☆☆　　　　　　　　　　정답 ①

정책론 > 정책집행

[정답의 이유]

㉠·㉢ 엘모어(Elmore)의 후방향적 집행연구와 립스키(Lipsky)의 일선관료제는 상향적 접근방법에 해당한다.

[오답의 이유]

㉡·㉣ 사바티어(Sabatier)와 매즈매니언(Mazmanian)의 집행과 정모형과 반 미터(Van Meter)와 반 호른(Van Horn)의 집행연구는 하향적 접근방법에 해당한다.

> **더 알아보기**
>
> **정책집행 연구의 하향적 접근과 상향적 접근**
>
> | 구분 | 하향적 접근 | 상향적 접근 |
> | --- | --- | --- |
> | 정책 상황 | 안정적·구조화된 상황 (목표 수정 필요성 낮음) | 유동적·동태화된 상황 (목표 수정 필요성 높음) |
> | 주요 행위자 | 정책결정자 | 정책집행자(일선관료) |
> | 집행자의 재량 | 재량 불인정 | 재량 인정 |
> | 정책평가의 기준 | 집행의 충실성과 성과 | 환경에의 적응성 |
> | 결정과 집행 | 정책결정과 집행을 분리 (정치·행정 이원론) | 정책결정과 집행을 통합 (정치·행정 일원론) |

08 난도 ★☆☆　　　　　　　　　　정답 ①

정책론 > 정책변동의 유형

[정답의 이유]

① 정책혁신은 기존의 조직이나 예산을 기반으로 하지 않고 완전히 새로운 형태의 개입을 결정하는 것을 의미한다. 즉, 무에서 유를 창조하는 정책을 말한다.

[오답의 이유]

② 정책승계는 정책의 기본 목표를 유지하면서 정책의 일부나 전부를 변경하는 것으로 선형적 승계, 정책통합, 정책분할, 부분종결 등의 유형이 있다.

③ 정책유지는 기존 정책의 목표나 수단 등 기본 골격은 유지하면서 부분적인 변화만 이루어지는 경우를 말한다.

④ 정책종결은 다른 정책으로의 대체 없이 기존 정책을 완전히 폐지하는 것이다.

09 난도 ★★★　　　　　　　　　　정답 ①

행정학총론 > 경쟁가치모형

[정답의 이유]

① 위계 문화는 경쟁가치모형 중 내부과정모형에 해당하며 안정성과 균형을 강조한다. 응집성을 강조하는 것은 인간관계모형이다.

[오답의 이유]

② 혁신지향 문화는 개방체제모형에 해당하며 융통성과 창의성을 강조한다.

③ 과업지향 문화는 합리목표모형에 해당하며 생산성과 능률성을 강조한다.

④ 관계지향 문화는 인간관계모형에 해당하며 응집성과 사기 유지를 강조한다.

퀸(Quinn)과 로보그(Rohrbaugh)의 경쟁적 가치 접근법

구분	조직(외부)	인간(내부)
통제	합리목표모형(과업지향 문화) • 목표: 생산성, 능률성 • 수단: 기획, 목표 설정	내부과정모형(위계지향 문화) • 목표: 안정성, 균형 • 수단: 정보관리, 의사소통
유연성	개방체제모형(혁신지향 문화) • 목표: 성장, 자원 확보 • 수단: 융통성, 창의성	인간관계모형(관계지향 문화) • 목표: 인적자원개발 • 수단: 응집성, 사기 유지

10 난도 ★★☆　　　　　　　　　정답 ④

인사행정론 > 사기앙양과 근무규율

[정답의 이유]

④ 퇴직급여의 산정 기준은 전체 재직기간의 평균기준소득월액이다. 평균기준소득월액이란 재직기간 중 매년 기준소득월액을 공무원보수인상률 등을 고려하여 대통령령으로 정하는 바에 따라 급여의 사유가 발생한 날의 현재가치로 환산한 후 합한 금액을 재직기간으로 나눈 금액을 말한다(공무원연금법 제3조 제1항 제5호).

제3조(정의)

① 이 법에서 사용하는 용어의 뜻은 다음과 같다.

5. "평균기준소득월액"이란 재직기간 중 매년 기준소득월액을 공무원보수인상률 등을 고려하여 대통령령으로 정하는 바에 따라 급여의 사유가 발생한 날(퇴직으로 급여의 사유가 발생하거나 퇴직 후에 급여의 사유가 발생한 경우에는 퇴직한 날의 전날을 말한다. 이하 같다)의 현재가치로 환산한 후 합한 금액을 재직기간으로 나눈 금액을 말한다. 다만, 제43조 제1항·제2항에 따른 퇴직연금·조기퇴직연금 및 제54조 제1항에 따른 퇴직유족연금(공무원이었던 사람이 퇴직연금 또는 조기퇴직연금을 받다가 사망하여 그 유족이 퇴직유족연금을 받게 되는 경우는 제외한다) 산정의 기초가 되는 평균기준소득월액은 급여의 사유가 발생한 당시의 평균기준소득월액을 공무원보수인상률 등을 고려하여 대통령령으로 정하는 바에 따라 연금 지급이 시작되는 시점의 현재가치로 환산한 금액으로 한다.

[오답의 이유]

① 퇴직연금 지급률은 1.9%에서 2035년까지 1.7%로 단계적으로 인하된다.

② 퇴직연금 수급 재직요건은 20년 이상에서 10년 이상으로 완화되었다.

③ 퇴직연금 기여율은 기준소득월액의 7%에서 9%로 단계적으로 인상되었다.

11 난도 ★★☆　　　　　　　　　정답 ③

지방행정론 > 지방재정

[정답의 이유]

ㄴ·ㄹ·ㅂ 특별시·광역시의 보통세와 도의 보통세에 공통적으로 속하는 세목은 지방소비세, 레저세, 취득세이다.

과세주체별 지방세의 종류

구분	광역자치단체		기초자치단체	
	특별시·광역시세	도세	시·군세	자치구세
보통세	취득세, 레저세, 담배소비세, 지방소비세, 주민세, 지방소득세, 자동차세	취득세, 등록면허세, 레저세, 지방소비세	담배소비세, 주민세, 지방소득세, 재산세, 자동차세	등록면허세, 재산세
목적세	지역자원시설세, 지방교육세	지역자원시설세, 지방교육세	−	

12 난도 ★★★　　　　　　　　　정답 ②

재무행정론 > 재무행정의 기초이론

[정답의 이유]

② 재무회계는 발생주의 복식부기 회계방식이, 예산회계는 현금주의 단식부기 방식이 적용된다.

[오답의 이유]

① 국가회계는 디브레인(dBrain) 시스템(디지털예산회계시스템)을 통해 처리되고, 지방자치단체회계는 e−호조 시스템(지방재정관리시스템)을 통해 처리된다.

③ 발생주의는 재무에 영향을 줄 수 있는 사건이 발생한 시점을 기준으로 기록하는 방식이므로 미수수익이나 미지급금을 자산과 부채로 표시할 수 있다.

④ 재무제표는 거래가 발생하면 차변과 대변 양쪽에 동일한 금액으로 이중기입하는 복식부기의 방식을 채택하고 있다.

13 난도 ★☆☆　　　　　　　　　정답 ④

조직론 > 조직의 기초이론

[정답의 이유]

㉠ 정부위원회는 복수의 구성원으로 이루어진 합의제 조직이므로 책임이 분산되어 책임성이 결여될 수 있다.

㉢ 정부위원회는 다수의 참여와 합의를 통한 의사결정으로 민주성을 제고하는 장점이 있다.

㉣ 정부조직법상 방송통신위원회, 공정거래위원회, 국민권익위원회, 금융위원회, 개인정보 보호위원회, 원자력안전위원회는 중앙행정기관이다.

정부조직법 제2조(중앙행정기관의 설치와 조직 등)
② 중앙행정기관은 이 법에 따라 설치된 부·처·청과 다음 각 호의 행정기관으로 하되, 중앙행정기관은 이 법 및 다음 각 호의 법률에 따르지 아니하고는 설치할 수 없다.

1. 「방송통신위원회의 설치 및 운영에 관한 법률」 제3조에 따른 방송통신위원회
2. 「독점규제 및 공정거래에 관한 법률」 제54조에 따른 공정거래위원회
3. 「부패방지 및 국민권익위원회의 설치와 운영에 관한 법률」 제11조에 따른 국민권익위원회
4. 「금융위원회의 설치 등에 관한 법률」 제3조에 따른 금융위원회
5. 「개인정보 보호법」 제7조에 따른 개인정보 보호위원회
6. 「원자력안전위원회의 설치 및 운영에 관한 법률」 제3조에 따른 원자력안전위원회
7. 「신행정수도 후속대책을 위한 연기·공주지역 행정중심복합도시 건설을 위한 특별법」 제38조에 따른 행정중심복합도시건설청
8. 「새만금사업 추진 및 지원에 관한 특별법」 제34조에 따른 새만금개발청

오답의 이유
ⓒ 업무의 계속성과 상시성이 요구되는 위원회는 행정위원회이다.

14 난도 ★☆☆　　　　　　　　　　　　　정답 ②

인사행정론 > 사기앙양과 근무규율
정답의 이유
② 연공급은 전문지식이나 능력이 아닌 근속연수를 기준으로 보수를 지급하기 때문에 전문기술인력 확보에 불리하다.
오답의 이유
① 직능급은 직무수행능력(노동력의 가치)에 따라 보수를 지급하므로 자격증 등 능력을 갖춘 유능한 인재의 확보에 유리하다.
③ 직무급은 동일노동에 대한 동일임금을 지급하기 때문에 합리적이고 공평한 보수 책정이 가능하다.
④ 성과급은 직무수행의 결과에 따라 보수를 지급하므로 결과를 중시하며 변동급의 성격을 가진다.

15 난도 ★☆☆　　　　　　　　　　　　　정답 ④

재무행정론 > 예산과정
정답의 이유
④ 예비타당성조사는 총사업비가 500억 원 이상이고 국가의 재정지원규모가 300억 원 이상인 신규사업을 대상으로 한다(국가재정법 제38조 제1항).

제38조(예비타당성조사)
① 기획재정부장관은 총사업비가 500억 원 이상이고 국가의 재정지원 규모가 300억 원 이상인 신규 사업으로서 다음 각 호의 어느 하나에 해당하는 대규모사업에 대한 예산을 편성하기 위하여 미리 예비타당성조사를 실시하고, 그 결과를 요약하여 국회 소관 상임위원회와 예산결산특별위원회에 제출하여야 한다. 다만, 제4호의 사업은 제28조에 따라 제출된 중기사업계획서에 의한 재정지출이 500억 원 이상 수반되는 신규 사업으로 한다.

1. 건설공사가 포함된 사업
2. 「지능정보화 기본법」 제14조 제1항에 따른 지능정보화 사업
3. 「과학기술기본법」 제11조에 따른 국가연구개발사업
4. 그 밖에 사회복지, 보건, 교육, 노동, 문화 및 관광, 환경 보호, 농림해양수산, 산업·중소기업 분야의 사업

16 난도 ★★★　　　　　　　　　　　　　정답 ②

인사행정론 > 사기앙양과 근무규율
정답의 이유
② 공직자윤리법상 재산등록의무자는 대령 이상의 장교 및 이에 상당하는 군무원이다(공직자윤리법 제3조 제1항 제7호).
오답의 이유
①·③·④ 공직자윤리법 제3조 제1항 제3호·제5호·제9호

제3조(등록의무자)
① 다음 각 호의 어느 하나에 해당하는 공직자(이하 "등록의무자"라 한다)는 이 법에서 정하는 바에 따라 재산을 등록하여야 한다.

3. 4급 이상의 일반직 국가공무원(고위공무원단에 속하는 일반직 공무원을 포함한다) 및 지방공무원과 이에 상당하는 보수를 받는 별정직 공무원(고위공무원단에 속하는 별정직 공무원을 포함한다)
5. 법관 및 검사
7. 대령 이상의 장교 및 이에 상당하는 군무원
9. 총경(자치총경을 포함한다) 이상의 경찰공무원과 소방정 이상의 소방공무원

17 난도 ★★☆　　　　　　　　　　　　　정답 ①

정책론 > 정책집행과 기획
정답의 이유
① 살라몬(Salamon)의 정책도구 분류에서 강제성이 가장 높은 것은 경제적 규제이다.
오답의 이유
②·④ 바우처와 직접대출은 강제성이 중간인 정책수단이다.
③ 조세지출은 강제성이 낮은 정책수단이다.

18 난도 ★★☆ 정답 ②

재무행정론 > 재무행정의 기초이론

정답의 이유

② 특별회계와 기금은 단일성과 통일성의 원칙의 예외에 해당한다. 예산총계주의 원칙의 예외에는 수입대체경비, 현물출자, 전대차관 등이 있다.

오답의 이유

① 국가재정법 제4조 제2항

③ 우리나라는 일반회계, 특별회계, 기금 모두 국회로부터 결산의 심의 및 의결을 받아야 한다.

④ 정부는 전쟁이나 대규모 재해가 발생하여 예산에 변경을 가할 필요가 있는 경우 추가경정예산을 편성할 수 있다(국가재정법 제89조 제1항 제1호).

> 제89조(추가경정예산안의 편성)
> ① 정부는 다음 각 호의 어느 하나에 해당하게 되어 이미 확정된 예산에 변경을 가할 필요가 있는 경우에는 추가경정예산안을 편성할 수 있다.
>> 1. 전쟁이나 대규모 재해(「재난 및 안전관리 기본법」 제3조에서 정의한 자연재난과 사회재난의 발생에 따른 피해를 말한다)가 발생한 경우

19 난도 ★★☆ 정답 ②

인사행정론 > 사기앙양과 근무규율

정답의 이유

② 제시문은 집약근무형에 대한 설명이다. 집약근무형은 탄력근무제의 유형 중 하나로 1일 8시간에 구애받지 않고 10~12시간 근무하면서 주 3.5~4일 동안 집약해서 근무할 수 있다.

오답의 이유

① 재택근무형은 원격근무제의 유형 중 하나로 정보통신망을 이용하여 사무실이 아닌 자택에서 근무하는 것을 말한다.

③ 시차출퇴근형은 탄력근무제의 유형 중 하나로 1일 8시간을 근무하되 출근 시간을 자율적으로 조정하는 것을 말한다.

④ 근무시간선택형은 탄력근무제의 유형 중 하나로 주 5일 근무는 유지하되 1일 4~12시간으로 조정하여 근무하는 것을 말한다.

20 난도 ★★☆ 정답 ④

정책론 > 정책의제설정

정답의 이유

④ 정책의제설정 유형 중 (라)는 동원형에 해당한다. 동원형은 정책결정자가 이슈를 제기하면 자동적으로 정책의제화가 되지만 성공적인 집행을 위해서는 공중의 지지가 필요하므로 정부의 주도적인 PR 활동 등이 이루어지는 모형이다.

오답의 이유

① (가)는 외부주도형으로 시민사회단체 등과 같은 민간집단이 이슈를 제기하면 확산의 과정을 거쳐 정책의제에 이르는 유형이다.

② (나)는 내부주도형으로 특별히 의사결정자에게 접근할 수 있는 영향력 있는 집단이 정책을 주도하는 유형이다.

③ (다)는 굳히기(공고화)형으로 이미 공중의 지지가 높은 정책문제에 대하여 정부가 공고화를 시도하는 유형이므로 정책이 결정된 후 집행이 용이하다.

> **더 알아보기**
>
> 홀릿(Howlett)과 라메쉬(Ramesh), 메이(May)의 의제설정모형
>
> | 대중의 지지
논쟁의 주도자 | 높음 | 낮음 |
> | --- | --- | --- |
> | 사회적 행위자 | 외부주도형 | 내부주도형 |
> | 국가 | 굳히기(공고화)형 | 동원형 |

행정학개론 | 2021년 국가직 9급

한눈에 훑어보기

✓ 영역 분석

행정학총론 01 07 08 18
4문항, 20%

정책론 09 16 19
3문항, 15%

조직론 02 03 14 15 20
5문항, 25%

인사행정론 06 11
2문항, 10%

재무행정론 10 12 13
3문항, 15%

지방행정론 05 17
2문항, 10%

행정환류 04
1문항, 5%

✓ 빠른 정답

01	02	03	04	05	06	07	08	09	10
③	④	③	④	③	③	②	①	②	③

11	12	13	14	15	16	17	18	19	20
①	④	④	④	①	①	④	②	②	④

✓ 점수 체크

구분	1회독	2회독	3회독
맞힌 문항 수	/ 20	/ 20	/ 20
나의 점수	점	점	점

01 난도 ★☆☆

정답 ③

행정학총론 > 행정과 환경

[정답의 이유]

③ X-비효율성은 경쟁체제가 아님으로 인하여 비용이 상승하거나 생산성이 저하되는 현상을 말한다. 이는 시장실패가 아니라 정부실패의 원인이며 정부의 독점적 성격, 종결메커니즘의 결여, 산출물 측정의 곤란성, 생산기술의 불확실성 등으로 인해 발생한다.

[더 알아보기]

시장실패와 정부실패의 원인

시장실패 원인	• 공공재의 존재 • 불완전경쟁 • 자연독점 • 외부효과의 발생 • 정보의 비대칭성
정부실패 원인	• X-비효율성, 비용체증 • 사적 목표의 설정 • 파생적 외부효과 • 권력의 편재

02 난도 ★☆☆

정답 ④

조직론 > 조직목표

[정답의 이유]

④ 조직목표는 조직의 존재 그 자체와 조직활동을 사회 내에서 정당화하는 정당성의 근거를 제공한다.

[더 알아보기]

조직목표의 기능

조직 활동의 방향 제시	조직이 추구하는 미래의 상태를 밝혀줌으로써 조직구성원들에게 방향감각과 행동기준을 제공
정당화의 근거	조직의 존재 그 자체와 조직활동을 사회 내에서 정당화하는 정당성의 근거를 제공
동기유발	조직구성원들이 조직에 일체감을 느끼고 조직활동의 동기를 유발하게 하는 데 필요한 기초를 제공
조직평가의 기준	조직의 성공도와 그에 대한 기여도를 평가하는 기준을 제공
조직설계의 준거	조직의 구조와 과정을 설계하는 준거를 제공

03 난도 ★☆☆ 정답 ③

조직론 > 조직의 양태와 조직유형

[정답의 이유]

③ 네트워크 조직은 조직의 자체기능은 핵심역량 위주로 합리화하고, 여타 기능은 외부와 계약 관계를 통해 수행하는 구조이다.

[오답의 이유]

① 태스크 포스는 특별한 임무를 수행하기 위하여 편성되는 임시조직으로서 과업이 완성된 후 해체되는 조직을 말한다.

② 프로젝트 팀은 특정 사업을 추진하거나 과제를 해결하기 위하여 전문가나 이해관계자로 구성되는 임시적·동태적 조직을 말한다.

④ 매트릭스 조직은 기능 구조와 사업 구조의 화학적 결합을 시도하는 조직 구조로서 기능부서 통제 권한의 계층은 수직적으로 흐르고, 사업부서 간 조정권한의 계층은 수평적으로 흐르는 이원적 권한체계를 지닌다.

04 난도 ★★☆ 정답 ④

행정환류 > 행정책임과 통제

[정답의 이유]

ⓛ 국회의 국정조사는 입법통제로서 외부통제에 해당한다.

ⓔ 국민들의 조세부과 처분에 대한 취소소송은 행정소송에 의한 민중통제로서 외부통제에 해당한다.

ⓗ 환경운동연합의 정부정책에 대한 반대는 시민단체에 의한 통제로 외부통제에 해당한다.

ⓞ 언론의 공무원 부패 보도는 언론기관에 의한 통제로 외부통제에 해당한다.

[오답의 이유]

ⓣ 행정안전부의 각 중앙행정기관 조직과 정원 통제는 정부막료부처에 의한 통제로 내부통제에 해당한다.

ⓒ 기획재정부의 각 부처 예산안 검토 및 조정은 정부막료부처에 의한 통제로 내부통제에 해당한다.

ⓜ 국무총리의 중앙행정기관에 대한 기관평가는 정부업무평가에 의한 통제로 내부통제에 해당한다.

ⓢ 중앙행정기관장의 당해 기관에 대한 자체평가는 정부업무평가에 의한 통제로 내부통제에 해당한다.

05 난도 ★★☆ 정답 ③

지방행정론 > 지방자치단체의 권한

[정답의 이유]

③ 지방자치단체는 조례를 위반한 행위에 대하여 조례로써 1천만 원 이하의 과태료를 정할 수 있다(지방자치법 제34조 제1항).

[오답의 이유]

① 지방자치단체는 법령의 범위에서 그 사무에 관하여 조례를 제정할 수 있다. 다만 주민의 권리 제한 또는 의무 부과에 관한 사항이나 벌칙을 정할 때에는 법률의 위임이 있어야 한다(지방자치법 제28조 제1항).

② 지방자치단체는 주민의 복리증진과 사업의 효율적 수행을 위하여 지방공기업을 설치·운영할 수 있다(지방자치법 제163조 제1항).

④ 지방자치단체의 장이나 지방자치단체조합은 따로 법률로 정하는 바에 따라 지방채를 발행할 수 있다(지방자치법 제139조 제1항).

06 난도 ★★☆ 정답 ③

인사행정론 > 임용과 능력발전

[정답의 이유]

③ 관대화 경향은 하급자와의 불편한 인간관계를 의식하여 평정결과 분포가 전반적으로 우수한 쪽에 집중되는 경향을 말하며, 관대화의 경향을 완화하는 방법으로는 강제배분법(강제할당법)과 서열법을 고려할 수 있다.

[오답의 이유]

① 일관적 오류는 평정자의 기준이 다른 사람보다 높거나 낮은 데서 비롯되므로 등급분포비율을 할당하는 강제배분법을 완화방법으로 고려할 수 있다.

② 근접효과는 최근의 실적을 중심으로 평가할 때 발생하며 이를 방지하기 위해 독립된 평가센터, 목표관리제 평정, 주요사건기록법 등이 활용된다.

④ 연쇄효과는 한 평정요소에 대한 평정자의 판단이 연쇄적으로 다른 요소의 평정에도 영향을 주는 오류를 말하며 연쇄효과를 완화하기 위한 방식으로 각 평정요소별로 모든 피평정자를 순차적으로 평정하는 방식 등이 있다.

07 난도 ★☆☆ 정답 ②

행정학총론 > 행정학의 주요 이론

[정답의 이유]

② 조직 내의 인간은 사회적 욕구에 의해 동기가 유발된다고 전제하는 것은 인간관계론에 대한 설명이다. 테일러(Taylor)의 과학적 관리론은 경제적 욕구를 지나치게 강조하여 자기실현 욕구나 사회적 욕구를 간과했다는 비판을 받는다.

더 알아보기

인간관계론과 과학적 관리론의 비교

구분	인간관계론	과학적 관리론
인간관	사회적 인간관 (Y인간)	합리적·경제적 인간관 (X인간)
연구의 중점	인간 중심	직무 중심
분석 대상	비공식적 인간관계	공식적 구조
능률관	규범적·사회적 능률관	가치중립적·기계적 능률관
동기부여 요인	사회심리적 욕구충족	경제적 유인체계 강조
이론적 기초	호손실험	시간과 동작연구
공헌	민주성 확립	절약과 능률 증진

행정학총론 > 행정학의 주요 이론

정답의 이유

① 뉴거버넌스와 신공공관리론은 정부의 역할을 방향잡기(steering)로 본다.

오답의 이유

② 신공공관리의 인식론적 기초는 신자유주의이다.

③ 신공공관리가 중시하는 관리 가치는 경쟁이다.

④ 뉴거버넌스가 중시하는 관리기구는 서비스연계망이다.

더 알아보기

신공공관리론과 뉴거버넌스의 비교

구분	신공공관리론	뉴거버넌스
인식론적 기초	신자유주의 · 신공공관리	공동체주의 · 참여주의
관리 가치	결과(생산성)	과정(민주성, 신뢰)
관리 기구	시장주의	서비스연계망(공동체)에 의한 공동생산
관료 역할	공공기업가	조정자
서비스	민영화, 민간위탁	공동생산 (시민 · 기업의 참여)
작동 원리	시장 메커니즘	신뢰와 협력체제
관리 방식	고객지향	임무 중심
분석 수준	조직 내	조직 간
정치성	정치 · 행정 이원론	정치 · 행정 일원론
정부 역할	방향키(수비수)	방향키(심판관)

09 난도 ★★☆ 　　　　　　　　　　　　　　　　정답 ②

정책론 > 정책유형

정답의 이유

㉠ 규제정책은 개인이나 일부집단에 대한 권리행사의 제한이나 의무를 부과하는 정책유형으로 그 행사에 있어서 강제력을 갖는다.

㉢ 재분배정책은 고소득층으로부터 저소득층으로 소득이전을 목적으로 하기 때문에 가진 자와 못 가진 자, 노동자 계급과 자본 계급의 대립 형태인 계급대립적 · 계급정책적 성격을 가진다.

㉤ 구성정책은 주로 정부기구의 구조와 기능의 변화와 관련되며, 정치체제에서 투입을 조직화하거나 체제의 구조와 운영에 관련된 정책이다.

오답의 이유

㉡ 사회보장 및 의료보장정책은 재분배정책에 해당한다.

㉣ 대덕 연구개발 특구 지원은 분배정책에 해당한다.

재무행정론 > 예산제도

정답의 이유

③ 준예산은 회계연도 개시 전까지 예산안이 의결되지 못한 경우 헌법에 규정된 일정한 범위의 경비만을 전년도 예산에 준하여 집행할 수 있는 예산을 말한다.

> **헌법 제54조**
> ③ 새로운 회계연도가 개시될 때까지 예산안이 의결되지 못한 때에는 정부는 국회에서 예산안이 의결될 때까지 다음의 목적을 위한 경비는 전년도 예산에 준하여 집행할 수 있다.
> 　1. 헌법이나 법률에 의하여 설치된 기관 또는 시설의 유지 · 운영
> 　2. 법률상 지출의무의 이행
> 　3. 이미 예산으로 승인된 사업의 계속

오답의 이유

① 국회는 정부의 동의 없이 정부가 제출한 지출예산 각항의 금액을 증가하거나 새 비목을 설치할 수 없다(헌법 제57조).

② 정부는 감사원의 세출예산요구액을 감액하고자 할 때에는 국무회의에서 감사원장의 의견을 들어야 한다(국가재정법 제41조).

④ 국회는 결산에 대한 심의 · 의결을 정기회 개회 전까지 완료하여야 한다(국회법 제128조의2).

11 난도 ★★☆ 　　　　　　　　　　　　　　　　정답 ①

인사행정론 > 공무원의 의무

정답의 이유

① 부패행위 신고의무는 부패방지 및 국민권익위원회의 설치와 운영에 관한 법률에 규정되어 있다.

더 알아보기

국가공무원법상 공무원의 13대 의무

① 성실 의무
② 복종의 의무
③ 직장 이탈 금지의 의무
④ 친절 · 공정의 의무
⑤ 비밀엄수의 의무
⑥ 청렴의 의무
⑦ 외국정부의 영예 등 수령 규제
⑧ 품위 유지의 의무
⑨ 영리 업무 및 겸직 금지
⑩ 정치 운동의 금지
⑪ 집단 행위의 금지
⑫ 선서의 의무
⑬ 종교중립의 의무

12 난도 ★★☆
정답 ④

재무행정론 > 예산과정

[정답의 이유]
④ 감사원의 2021년도 예산에 대한 결산검사보고서의 작성은 2022년도에 이루어지므로 2021년도에는 볼 수 없다.

[오답의 이유]
① 2022년도 예산에 대한 예산요구서는 2021년 5월 31일까지 기획재정부장관에게 작성 및 제출되어야 한다.
② 2021년도 예산에 대한 예산배정은 당해연도인 2021년도에 이루어진다.
③ 2022년도 예산안에 대한 대통령의 국회 시정연설은 전년도인 2021년도 정기국회에서 이루어진다.

13 난도 ★☆☆
정답 ④

재무행정론 > 재무행정의 기초이론

[정답의 이유]
④ 경제협력, 해외원조를 위한 지출을 예비비로 충당해야 할 우려가 있는 경우는 추가경정예산안 편성이 가능한 사유에 해당하지 않는다.

[오답의 이유]
① · ② · ③ 국가재정법 제89조 제1항

> **제89조(추가경정예산안의 편성)**
> ① 정부는 다음 각 호의 어느 하나에 해당하게 되어 이미 확정된 예산에 변경을 가할 필요가 있는 경우에는 추가경정예산안을 편성할 수 있다.
>   1. 전쟁이나 대규모 재해(「재난 및 안전관리 기본법」 제3조에서 정의한 자연재난과 사회재난의 발생에 따른 피해를 말한다)가 발생한 경우
>   2. 경기침체, 대량실업, 남북관계의 변화, 경제협력과 같은 대내 · 외 여건에 중대한 변화가 발생하였거나 발생할 우려가 있는 경우
>   3. 법령에 따라 국가가 지급하여야 하는 지출이 발생하거나 증가하는 경우

14 난도 ★★☆
정답 ④

조직론 > 조직의 구조형태

[정답의 이유]
④ 주식회사형 공기업은 특별법 또는 상법에 의해 설립되지만 일반행정기관은 아니다. 따라서 일반행정기관에 적용되는 조직 · 인사 원칙이 적용되지 않는다.

[오답의 이유]
① 공공수요가 있으나 막대한 자본이 소요되는 사업은 민간기업의 참여가 쉽지 않으므로 공기업의 설립이 정당화된다.

② 독점성이 나타나는 사업의 경우 민간독점을 방지하기 위해 공기업의 설립이 정당화된다.
③ 공기업은 전통적인 자본주의적 사기업 질서에 반하여 정부가 개입하는 형태이므로 사회주의적 간섭을 하는 것으로 볼 수도 있다.

15 난도 ★★☆
정답 ①

조직론 > 조직관리

[정답의 이유]
① 아담스(Adams)의 공정성이론에 따르면 자신의 노력과 보상의 정도가 준거인과 비교하여 불공정하다고 인식할 때 동기가 유발된다.

[오답의 이유]
② 매클리랜드(McClelland)의 성취동기이론에 따르면 개인들의 욕구는 사회문화와 상호작용하는 과정에서 학습된다.
③ 브룸(Vroom)의 기대이론에서 기대감은 노력 및 능력을 투입하면 성과가 나타날 수 있다는 것으로, 통상 주관적 확률로 표시된다.
④ 앨더퍼(Alderfer)의 ERG이론에 따르면 상위욕구 충족이 좌절되면 하위욕구를 충족하고자 하는 '좌절-퇴행접근법'이 나타날 수 있다.

16 난도 ★★☆
정답 ①

정책론 > 정책평가

[정답의 이유]
① 연구자의 측정기준이나 측정도구가 변화되는 경우, 내적 타당성을 저해하는 요인으로 작용할 수 있다.

[오답의 이유]
② 표본의 대표성이 부족하면 그 결과를 일반화하기 곤란하여 외적 타당성을 저해하는 요인이 된다.
③ 호손효과에 대한 설명으로, 외적 타당성을 저해하는 대표적인 요인이다.
④ 크리밍효과에 대한 설명으로, 외적 타당성을 저해하는 요인에 해당한다.

더 알아보기

외적 타당성 저해요인

호손효과	실험집단이 실험대상이라는 사실을 인지하여 평소와 다른 심리적 행동을 하는 현상(실험조작 반응효과)
다수적 처리에 의한 간섭	동일 집단에 여러 번 실험적 처리를 가하여 실험조작에 익숙해짐으로 인해 발생하는 현상
표본의 대표성 부족	표본집단의 사회적 대표성 부족으로 인해 일반화가 곤란한 현상
크리밍효과	큰 효과가 나타날 집단만을 의도적으로 실험집단에 배정하여 일반화가 곤란한 현상

17 난도 ★★☆

정답 ④

지방행정론 > 지방자치단체와 주민

[정답의 이유]

④ 군수를 소환하려고 할 경우에는 해당 군의 주민소환투표청구권자 총수의 100분의 15 이상의 서명을 받아 청구해야 한다(주민소환에 관한 법률 제7조 제1항 제2호).

> 제7조(주민소환투표의 청구)
> ① 전년도 12월 31일 현재 주민등록표 및 외국인등록표에 등록된 제3조 제1항 제1호 및 제2호에 해당하는 자(이하 "주민소환투표청구권자"라 한다)는 해당 지방자치단체의 장 및 지방의회의원(비례대표선거구시 · 도의회의원 및 비례대표선거구자치구 · 시 · 군의회의원은 제외하며, 이하 "선출직 지방공직자"라 한다)에 대하여 다음 각 호에 해당하는 주민의 서명으로 그 소환사유를 서면에 구체적으로 명시하여 관할선거관리위원회에 주민소환투표의 실시를 청구할 수 있다.
>   2. 시장 · 군수 · 자치구의 구청장: 당해 지방자치단체의 주민소환투표청구권자 총수의 100분의 15 이상

[오답의 이유]

① 주민소환제도는 선거로 취임한 지방공직자에 대한 해임을 주민에 의하여 결정하는 제도로, 가장 유력한 직접민주주의 제도이다.

② 주민은 그 지방자치단체의 장 및 지방의회의원(비례대표 지방의회의원은 제외)을 소환한다. 비례대표 지방의회의원은 주민소환 대상이 아니다.

③ 주민소환제도는 주민들이 지방공직자에 대한 해임 등을 청구한다는 점에서 공직자에 대한 심리적 통제 효과가 크다고 할 수 있다.

18 난도 ★★☆

정답 ②

행정학총론 > 행정학의 주요 이론

[정답의 이유]

② 신공공서비스론에서는 공익을 공동체가 공유하는 가치에 대한 담론의 결과로 인식한다. 공익을 개인적 이익의 집합체로 보는 것은 신공공관리론이다.

[오답의 이유]

① 신공공서비스론에서 정부는 서비스 제공자로서, 시민에 대해 봉사하여야 한다.

③ 신공공서비스론에서의 책임은 다원적이고 복잡하다. 따라서 관료들은 헌법과 법률, 지역사회의 가치, 정치적 규범 등 다양한 측면에 관심을 기울여야 한다.

④ 신공공서비스론에서 공공조직은 단순히 생산성이 아니라 인간 존중 의식을 바탕으로 한 리더십과 협력의 과정을 통해 작동되어야 한다고 본다.

19 난도 ★★☆

정답 ②

정책론 > 정책결정

[정답의 이유]

㉠ 할인율이 높을 때는 미래가치를 더 낮게 평가하게 되므로 할인기간이 긴 장기투자사업의 경우 순현재가치가 낮아져 불리하지만, 단기투자사업은 유리하다.

㉣ 내부수익률은 편익과 비용의 현재가치가 같아지도록 만드는 할인율로, 할인율이 제시되지 않은 경우에 유용하게 사용될 수 있다.

[오답의 이유]

㉡ 직접적이고 유형적인 비용과 편익뿐만 아니라 간접적이고 무형적인 비용과 편익까지도 모두 포함되어야 한다.

㉢ 순현재가치란 편익의 총현재가치에서 비용의 총현재가치를 뺀 것을 말하며, 0보다 클 경우 사업의 타당성을 인정할 수 있다.

20 난도 ★★★

정답 ④

조직론 > 조직관리

[정답의 이유]

④ 페리와 와이스(Perry & Wise)는 합리적 차원, 규범적 차원, 정서적(감성적) 차원을 제시하였다.

[오답의 이유]

① 공공부문 종사자들은 민간부문 종사자들과 달리 공공봉사동기를 갖고 있다고 전제한다.

② 공공봉사동기이론은 정책에 대한 호감, 공공에 대한 봉사, 동정심 등의 개념으로 구성되어 있고, 이들 각각이 합리적 차원, 규범적 차원, 감성적 차원의 하위 차원에 해당한다고 본다.

③ 공공봉사동기이론에 따르면, 공공봉사동기가 높은 사람을 공직에 충원해야 한다는 주장의 근거가 될 수 있다.

행정학개론 | 2021년 지방직 9급

✓ 빠른 정답

01	02	03	04	05	06	07	08	09	10
①	②	④	①	③	②	③	①	④	②
11	12	13	14	15	16	17	18	19	20
④	②	②	①	②	③	④	③	①	④

✓ 점수 체크

구분	1회독	2회독	3회독
맞힌 문항 수	/ 20	/ 20	/ 20
나의 점수	점	점	점

01 난도 ★★☆　　　　　　　　　　　　정답 ①

행정학총론 > 행정의 본질

[정답의 이유]

① 정치 · 행정 일원론은 1930년대 경제대공황의 발생으로 인한 뉴딜정책 등 행정국가의 등장과 연관성이 깊다.

[오답의 이유]

② 윌슨(Wilson)의 「행정연구」는 정치 · 행정 이원론에 공헌하였다.

③ 정치는 의사결정의 영역이고 행정은 결정된 내용을 집행한다고 보는 것은 정치 · 행정 이원론의 입장이다.

④ 정치 · 행정 이원론은 행정과 경영의 유사성과 행정이 지향하는 가치로 절약과 능률을 강조하였다.

02 난도 ★★☆　　　　　　　　　　　　정답 ②

행정학총론 > 행정학의 주요 이론

[정답의 이유]

② 신공공관리론에서 지향하는 기업가적 정부는 노젓기가 아니라 방향잡기를 강조한다.

[오답의 이유]

① · ③ · ④ 기업가적 정부는 전통적 관료제와 달리 경쟁적 정부, 성과지향적 정부, 미래지향적 정부 등을 특징으로 한다.

03 난도 ★★☆　　　　　　　　　　　　정답 ④

인사행정론 > 공직의 분류

[정답의 이유]

④ 경력직 공무원은 실적과 자격에 의하여 임용되고 신분이 보장되는 공무원을 말하며, 일반직과 특정직으로 분류된다(국가공무원법 제2조 제2항).

> **제2조(공무원의 구분)**
> ② "경력직 공무원"이란 실적과 자격에 따라 임용되고 그 신분이 보장되며 평생 동안(근무기간을 정하여 임용하는 공무원의 경우에는 그 기간 동안을 말한다) 공무원으로 근무할 것이 예정되는 공무원을 말하며, 그 종류는 다음 각 호와 같다.
> 　1. 일반직 공무원: 기술 · 연구 또는 행정 일반에 대한 업무를 담당하는 공무원
> 　2. 특정직 공무원: 법관, 검사, 외무공무원, 경찰공무원, 소방공무원, 교육공무원, 군인, 군무원, 헌법재판소 헌법연구관, 국가정보원의 직원, 경호공무원과 특수 분야의 업무를 담당하는 공무원으로서 다른 법률에서 특정직 공무원으로 지정하는 공무원

① 소방공무원은 경력직 공무원 중 특정직 공무원에 해당한다.

② 국회 수석전문위원은 별정직 공무원에 해당한다.

③ 차관은 정무직이며, 1급에서 3급 공무원까지는 일반직 공무원에 해당한다.

04 난도 ★★☆　　　　　　　　　　　　　　정답 ①

재무행정론 > 예산제도

정답의 이유

① 품목별 예산제도는 지출의 대상 및 성질을 기준으로 예산을 항목별로 구분하는 것으로, 행정부의 재량권 남용을 방지하기 위한 통제지향적 예산제도이다.

오답의 이유

② 성과주의 예산제도는 세부사업별로 예산을 편성하는 제도로, '사업량×단위원가=예산액' 방식으로 계산된다.

③ 계획예산제도는 프로그램을 통해 장기적인 계획과 단기적인 예산편성을 유기적으로 연계시킨다.

④ 영기준 예산제도는 전년도 예산에 구애받지 않고 계속사업과 신규사업을 모두 검토한다.

05 난도 ★★☆　　　　　　　　　　　　　　정답 ③

재무행정론 > 재무행정의 기초이론

정답의 이유

③ 합목적성 차원에서 특별회계 예산보다 자율성과 탄력성이 강한 것은 기금에 대한 설명이다.

오답의 이유

① 기금은 국가가 특정한 목적을 위하여 특정한 자금을 신축적으로 유지할 필요가 있을 때 법률로써 설치하며, 예산외로 운영할 수 있는 자금이다. 따라서 특정 수입과 지출의 연계가 강하다.

② 특별회계 예산은 특정한 목적을 위해 세입과 세출을 일반회계와 별도로 구분·경리하는 예산이다. 따라서 일반회계와 마찬가지로 세입과 세출의 운영 체계를 갖는다.

④ 특별회계와 기금 모두 결산서를 국회에 제출하여 심의·의결을 받아야 한다.

06 난도 ★★☆　　　　　　　　　　　　　　정답 ②

지방행정론 > 지방재정

정답의 이유

② 국고보조금은 용도가 정해진 특정재원이므로 통제를 수반하고, 지방재정운영의 자율성을 저해한다.

오답의 이유

① 재정자립도는 일반회계 총세입 중 자주재원(지방세 수입+세외수입)이 차지하는 비중이다.

③ 지방교부세는 수평적 조정재원으로, 지방재정의 결함이나 불균형을 시정해주는 기능을 한다.

④ 지방자치단체는 공유재산의 조성, 재해예방 및 복구사업, 대규모 세입결함 보전, 지방채의 차환 등을 위하여 지방채를 발행할 수 있다(지방재정법 제11조 제1항).

> **제11조(지방채의 발행)**
>
> ① 지방자치단체의 장은 다음 각 호를 위한 자금 조달에 필요할 때에는 지방채를 발행할 수 있다. 다만, 제5호 및 제6호는 교육감이 발행하는 경우에 한한다.
>
> 1. 공유재산의 조성 등 소관 재정투자사업과 그에 직접적으로 수반되는 경비의 충당
> 2. 재해예방 및 복구사업
> 3. 천재지변으로 발생한 예측할 수 없었던 세입결함의 보전
> 4. 지방채의 차환
> 5. 「지방교육재정교부금법」 제9조 제3항에 따른 교부금 차액의 보전
> 6. 명예퇴직(「교육공무원법」 제36조 및 「사립학교법」 제60조의3에 따른 명예퇴직을 말한다. 이하 같다) 신청자가 직전 3개 연도 평균 명예퇴직자의 100분의 120을 초과하는 경우 추가로 발생하는 명예퇴직 비용의 충당

07 난도 ★★☆　　　　　　　　　　　　　　정답 ③

조직론 > 조직관리

정답의 이유

③ 변혁적 리더십은 부하에게 새로운 비전을 제시·공유하도록 하는 영감적 기능과 새로운 관념을 촉발시키는 지적 자극 등을 구성요소로 한다.

오답의 이유

① 변혁적 리더십은 조직의 안정보다는 적응 및 변화를 강조한다.

② 변혁적 리더십은 기계적 조직보다 유기적 구조에 적합하며 개인적 배려를 중시한다.

④ 변혁적 리더십이 아니라 거래적 리더십의 특징에 해당한다.

08 난도 ★★☆　　　　　　　　　　　　　　정답 ①

조직론 > 조직이론

정답의 이유

① 인간관계론은 사회심리적 측면의 욕구 충족을 통한 동기 유발을 강조한다.

오답의 이유

② 시간-동작 연구를 통해 과학적 관리론을 주장한 학자는 테일러(Taylor)이다.

③ 고전적 조직이론은 기계적 능률을 강조하고, 인간을 합리적 경제인으로 간주한다.

④ 상황이론은 모든 상황에 적용되는 유일·최선의 조직구조보다는 개별 조직의 상황에 맞는 구조를 중시한다.

조직론 > 조직관리기법

[정답의 이유]

④ 정책 순응도는 고객 관점의 지표에 해당하지만 시민참여, 적법 절차, 공개 등은 프로세스 관점의 지표이고, 내부 직원의 만족도 등은 학습과 성장 관점의 지표에 해당한다.

[오답의 이유]

① · ② 균형성과표는 장기와 단기, 재무와 비재무 등의 성과지표를 균형적으로 고려한다.

③ 균형성과표는 재무적 관점, 고객 관점, 프로세스 관점, 학습과 성장 관점을 균형 있게 고려하는 포괄적 · 통합적 성과관리시스템이다.

더 알아보기

성과측정지표

- 재무관점: 우리 조직은 주주들에게 어떻게 보일까? → 매출신장률, 시장점유율, 원가절감률, 자산보유 수준, 재고 수준, 비용 절감액 등
- 고객관점(외부시각): 재무적으로 성공하기 위해서는 고객들에게 어떻게 보여야 하나? → 고객확보율, 고객만족도, 고객유지율, 고객 불만 건수, 시스템 회복시간 등
- 내부 프로세스 관점: 프로세스와 서비스의 질을 높이기 위해서는 어떻게 해야 하나? → 전자결재율, 화상회의율, 고객 대응 시간, 업무처리시간, 불량률, 반품률 등
- 학습 및 성장관점(미래시각): 우리 조직은 지속적으로 가치를 개선 · 창출할 수 있는가? → 성장과 학습지표, 업무숙련도, 사기, 독서율, 정보시스템 활용력, 교육훈련 투자 등

정책론 > 정책집행과 기획

[정답의 이유]

② 정책옹호연합모형에서 중시하는 정책지지연합별 행위자들의 기저핵심신념은 쉽게 변화되지 않는다. 행위자들은 이러한 신념을 관철시키기 위하여 경쟁하며 그 과정에서 정책이 변동된다.

[오답의 이유]

① 정책지지연합 등 정책을 둘러싸고 있는 외적인 환경변수를 집행 과정과 연계하여 정책변동을 설명한다.

③ 정책중개자는 옹호연합 간 갈등이 발생했을 때 이를 조정 · 중재 하는 중요한 역할을 맡는다.

④ 옹호연합은 자신들의 신념 체계를 정부 정책에 관철시키기 위해 여론, 정보, 인적 · 물적자원 등을 동원 · 활용한다.

인사행정론 > 인사행정의 기초이론

[정답의 이유]

④ 실적주의는 공개경쟁채용시험제도를 통해 공직 임용에 대한 기회균등을 보장한다.

[오답의 이유]

① 개인의 능력, 적성, 기술을 공직 임용 기준으로 하는 것은 실적주의이다.

② 엽관주의하에서는 집권 정치인들이 고위공직자를 임명하므로 정치지도자의 국정 지도력이 강화된다.

③ 국민에 대한 관료의 대응성을 높일 수 있다는 것은 엽관주의의 장점이다.

인사행정론 > 인사행정의 기초이론

[정답의 이유]

② 고위공무원단제도는 기존의 계급이나 연공서열 중심의 인사관리보다는 성과와 책임을 중시하는 제도이다.

[오답의 이유]

① · ③ · ④ 역량 중심, 성과와 책임 중심, 개방과 경쟁 중심의 인사관리는 모두 고위공무원단제도에서 중시하는 내용이다.

더 알아보기

고위공무원단제도의 핵심요소

개방과 경쟁	개방형 직위 제도, 공모직위 제도 등의 활용
성과와 책임	직무성과계약제, 직무성과급제, 적격성 심사 등의 활용
능력발전	개별식 · 맞춤형 교육, 역량평가제
범정부적 · 통합적 시야	범정부적 통합 관리, 직위공모제 등의 활용

행정환류 > 4차 산업혁명

[정답의 이유]

② 대량 생산 및 규모의 경제 확산은 1 · 2차 산업혁명의 특징이다. 4차 산업혁명에서는 다품종 소량생산 및 속도의 경제 · 범위의 경제를 중시한다.

[오답의 이유]

① 4차 산업혁명의 핵심적인 특징으로 초연결성, 초지능성, 초예측성 등을 들 수 있다.

③ 사물과 사물, 사물과 인간 등을 모두 연결시켜 주는 사물인터넷(IoT)은 스마트 도시 구현에 도움이 된다.

④ 빅데이터 등 신기술을 바탕으로 개인별 맞춤 공공 서비스를 제공할 수 있다.

14 난도 ★★☆ 　　　　　　　　　정답 ①

행정환류 > 행정책임과 통제

정답의 이유

㉠ 파이너(Finer)는 누구도 스스로의 행동에 대한 심판관이 될 수 없다며, 외부에 의한 통제를 통한 외재적 책임을 강조하였다.

오답의 이유

㉡ 감사원은 대통령 소속 기관이다. 따라서 감사원의 직무감찰, 회계감사, 결산확인 등은 내부통제에 해당한다.

㉢ 프리드리히(Friedrich)는 파이너(Finer)와 반대로 개인의 양심 및 자율에 의한 내부통제의 실효성을 강조하였다.

15 난도 ★★☆ 　　　　　　　　　정답 ②

지방행정론 > 지방자치

정답의 이유

② 자치경찰제도는 지역 간 격차 발생 등으로 경찰행정의 통일성이나 효율성을 저하시킬 수 있다.

오답의 이유

① 자치경찰제도는 지역 설정에 맞는 치안 행정을 펼칠 수 있다.

③ 제주자치경찰단은 지방공무원 신분의 자치경찰조직으로, 주로 주민의 생활안전 활동에 관한 업무를 수행한다.

④ 자치경찰제도가 전국적으로 시행됨에 따라 자치경찰 사무를 관장하기 위하여 광역자치단체별로 시·도자치경찰위원회를 설치하였다(국가경찰과 자치경찰의 조직 및 운영에 관한 법률 제18조 제1항).

> 제18조(시·도 자치경찰위원회의 설치)
> ① 자치경찰사무를 관장하게 하기 위하여 특별시장·광역시장·특별자치시장·도지사·특별자치도지사 소속으로 시·도자치경찰위원회를 둔다.

16 난도 ★★★ 　　　　　　　　　정답 ③

지방행정론 > 지방재정

정답의 이유

③ 지방의회 예산안 심의 결과, 폐지되거나 감액된 지출항목에 대해서는 예비비를 사용할 수 없다(지방재정법 제43조 제3항).

오답의 이유

①·②·④ 지방재정법 제43조 제1항·제2항

> 제43조(예비비)
> ① 지방자치단체는 예측할 수 없는 예산 외의 지출 또는 예산 초과 지출에 충당하기 위하여 일반회계와 교육비특별회계의 경우에는 각 예산 총액의 100분의 1 이내의 금액을 예비비로 예산에 계상하여야 하고, 그 밖의 특별회계의 경우에는 각 예산 총액의 100분의 1 이내의 금액을 예비비로 예산에 계상할 수 있다.
> ② 제1항에도 불구하고 재해·재난 관련 목적 예비비는 별도로 예산에 계상할 수 있다.
> ③ 지방자치단체의 장은 지방의회의 예산안 심의 결과 폐지되거나 감액된 지출항목에 대해서는 예비비를 사용할 수 없다.

17 난도 ★★★ 　　　　　　　　　정답 ④

정책론 > 정책결정모형

정답의 이유

④ 제시문은 앨리슨(Allison) 모형 중 관료정치모형에 대한 내용이다. 관료정치모형에서는 각 부처를 대표하는 개인들이 갈등과 타협 등의 과정을 거치면서 정책결정을 하게 된다. 앨리슨(Allison)은 국가적 위기 시에 합리적 행위자 모형에 의해서만 정책결정이 이루어지는 것이 아니라, 관료정치모형에서와 같이 정치적 결정도 함께 고려하여 정책결정이 이루어질 수 있음을 주장하였다.

18 난도 ★★☆ 　　　　　　　　　정답 ③

행정학총론 > 행정학의 주요 이론

정답의 이유

③ 사회학적 제도주의는 결과성의 논리보다 적절성의 논리를 중시한다.

오답의 이유

① 신제도주의에서 제도는 공식적인 법률 외에도 규범이나 관습 등을 포함한다.

② 역사적 제도주의는 제도가 역사적 경로에 의존한다고 본다.

④ 합리적 선택 제도주의에서 제도는 합리적이며 자기 이익을 추구하는 개인의 행태를 제약한다고 본다.

19 난도 ★★☆ 　　　　　　　　　정답 ①

정책론 > 정책평가

정답의 이유

① 제시문은 내적 타당성 저해요인 중 검사요인에 대한 설명이다. 검사요인은 측정 그 자체가 실험에 영향을 주는 것을 말한다.

오답의 이유

② 선발요인은 실험집단을 구성할 때 선발의 차이로 인해 나타나는 오류를 말한다.

③ 상실요인은 연구기간 중 실험대상의 일부 탈락으로 인해 발생하는 오류를 말한다.

④ 역사요인은 실험기간 중 일어난 역사적 사건이 실험에 영향을 미치는 것을 말한다.

지방행정론 > 지방자치단체와 국가

[정답의 이유]

④ 의회-시지배인 형태에서 시지배인은 의례적이고 명목적인 기능을 수행하는 것이 아니라 실질적인 행정을 총괄한다.

[오답의 이유]

① 강시장-의회 형태는 일종의 기관대립형으로, 시장이 강력한 정치적 리더십을 발휘한다.

② 위원회 형태는 일종의 기관통합형으로, 주민 직선으로 선출된 지방의회 의원들이 집행부서의 장을 맡게 된다.

③ 약시장-의회 형태는 일종의 기관대립형으로, 의회가 입법권을 행사할 뿐 아니라 직접 집행업무에 관여한다. 여기서 시장은 지극히 제한된 범위의 행정권한만을 가진다.

오랫동안 꿈을 그리는 사람은 마침내 그 꿈을 닮아간다.

- 앙드레 말로 -

무언가를 시작하는 방법은 말하는 것을 멈추고 행동을 하는 것이다.

– 월트 디즈니 –

좋은 책을 만드는 길, 독자님과 함께하겠습니다.

2024 SD에듀 기출이 답이다 9급 공무원 일반행정직 전과목 3개년 기출문제집 한권으로 끝내기

개정9판1쇄 발행	2024년 01월 05일 (인쇄 2023년 09월 20일)
초 판 발 행	2016년 01월 15일 (인쇄 2015년 09월 14일)
발 행 인	박영일
책 임 편 집	이해욱
편 저	SD 공무원시험연구소
편 집 진 행	박종옥 · 이병윤
표 지 디 자 인	박수영
편 집 디 자 인	박지은 · 채현주
발 행 처	(주)시대고시기획
출 판 등 록	제10-1521호
주 소	서울시 마포구 큰우물로 75 [도화동 538 성지 B/D] 9F
전 화	1600-3600
팩 스	02-701-8823
홈 페 이 지	www.sdedu.co.kr
I S B N	979-11-383-5841-5 (13350)
정 가	27,000원

SD에듀가 합격을 준비하는 당신에게 제안합니다.

성공의 기회! **SD에듀**를 잡으십시오.
성공의 Next Step!

결심하셨다면 지금 당장 실행하십시오.
SD에듀와 함께라면 문제없습니다.

기회란 포착되어 활용되기 전에는
기회인지조차 알 수 없는 것이다.

– 마크 트웨인 –

공무원 수험생이라면 주목!

9급 공무원

2024년 대비 SD에듀가 준비한

과목별 *기출이 답이다* 시리즈!

국어
국가직 · 지방직 · 법원직 등 공무원 채용 대비

영어
국가직 · 지방직 · 법원직 등 공무원 채용 대비

한국사
국가직 · 지방직 · 법원직 등 공무원 채용 대비

행정학개론
국가직 · 지방직 · 국회직 등 공무원 채용 대비

행정법총론
국가직 · 지방직 · 국회직 등 공무원 채용 대비

합격의 길! 공무원 합격은 역시 기출이 답이다!

※ 도서의 이미지는 변동될 수 있습니다.

SD에듀의
지텔프 최강 라인업

1주일 만에 끝내는 **지텔프 문법**　　　10회 만에 끝내는 **지텔프 문법 모의고사**　　　답이 보이는 **지텔프 독해**

스피드 **지텔프 레벨2**　　　지텔프 Level2 실전 모의고사 6회분

※ 도서의 이미지는 변동될 수 있습니다.

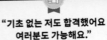